Sunyo Translation Series in Accounting Classics

CONTEMPORARY AUDITING

Eleventh Edition

Real Issues and Cases

Michael C. Knapp

三友会计名著译丛

“十二五”国家重点图书出版规划项目

审计案例

（第11版）

[美] 迈克尔·纳普 ● 著

池国华 等 ● 译

东北财经大学出版社 大连

Dongbei University of Finance & Economics Press

辽宁省版权局著作权合同登记号：图字06-2018-62号

图书在版编目（CIP）数据

审计案例：第11版 / （美）迈克尔·纳普（Michael C.Knapp）著；池国华等译.—大连：东北财经大学出版社，2020.5
（三友会计名著译丛）
ISBN 978-7-5654-3765-6

Ⅰ.审…　Ⅱ.①迈…②池…　Ⅲ.审计-案例-教材　Ⅳ.F239

中国版本图书馆CIP数据核字（2020）第029486号

东北财经大学出版社出版发行
大连市黑石礁尖山街217号　邮政编码　116025
网　址：http：//www.dufep.cn
读者信箱：dufep@dufe.edu.cn
大连图腾彩色印刷有限公司印刷

幅面尺寸：185mm×260mm　字数：585千字　印张：29.5　插页：1
2020年5月第1版　2020年5月第1次印刷
责任编辑：刘东威　责任校对：刘　佳　刘慧美
封面设计：冀贵收　版式设计：钟福建
定价：88.00元

教学支持　售后服务　联系电话：（0411）84710309
版权所有　侵权必究　举报电话：（0411）84710523
如有印装质量问题，请联系营销部：（0411）84710711

译者前言

过去的20年是会计职业和独立审计师行业历史上最动荡不安的时期之一。在世纪之交之后不久，安然与世通公司的破产将投资大众、媒体、政府注意力集中到了会计审计职业上。2002年，美国《萨班斯-奥克斯利法案》（Sarbanes-Oxley Act，SOX，本书简称《SOX法案》）正式通过，同时美国上市公司会计监督管理委员会（PCAOB）成立。随后，2008年秋季，美国的次贷危机导致全球股市崩盘，全球信贷市场“冻结”。金融危机摧垮了美国经济中的许多中流砥柱，雷曼兄弟首当其冲，而这些公司在倒闭前的会计年度里，为它们提供服务的一干会计师事务所给出的财务报表审计意见均为无保留审计意见。紧接着，就在美国国会和监管当局努力重振美国经济之际，2009年初世界历史上最为引人注目的庞氏骗局登上了各大报纸头条——被称为“华尔街奇才”的伯纳德·麦道夫是个骗子。

这一系列的事件逐渐摧毁了公众对审计行业的信任，同时也暴露出许多审计活动开展过程中的问题，为审计与内部控制的教学提供了经典案例素材，由迈克尔·纳普教授所著的《审计案例》一书就是一部既具有严密的逻辑性又不失阅读趣味性的审计案例学习教材。纳普教授是杰出的审计学教育工作者，有着20多年本科生和研究生审计课程的教学经验，同时也具有丰富的实践经验，曾在多项审计类诉讼案件中出庭作证。由他整理撰写的本书，案例丰富，涉及的资料浩繁，用生动易懂的语言描述了审计领域所发生的最新或经典的实用案例，这些经过分类汇总的真实案例体现了当代全球审计职业界和注册会计师行业所共同面临的问题。

首先，本教材涵盖多个主题：综合案例、高风险账户审计、内部控制问题、会计师的职业道德责任、独立审计师的职业道德责任、职业角色与职业问题，总分式的结构安排可以让读者在阅读案例时更充分地体会到审计行业所面临的风险点，全面了解审计人员在开展审计活动时所处的复杂环境。

其次，这部教材凸显了独立审计师面临的“人性”考验。大多数审计工作的失败并不单纯是由于审计技术存在缺陷，更多的是因为审计师玩忽职守，对客户纵容包庇，以及审计客户隐瞒真相、粉饰报表，故意阻碍审计的实施。学生们通过阅读解析这些审计案例，可以培养正确的职业道德观，提高识别潜在审计失败危险信号的洞察力，更好地开展业务工作，在未来职业生涯中可以游刃有余地处理相关复杂问题。

再次，本教材所介绍的真实案例具有非常强的典型性、时效性，阅读这些经典的审计案例可以使学生们进一步巩固审计学的相关理论，更好地掌握审计流程与具体审计程序，也能让已经涉足该行业的从业人员获得启发并从中汲取经验。

最后，这本教材语言生动易懂，书中引用了大量对话和丰富的可视性图表来展现案例的具体内容，有利于读者对案例的理解与相关理论的把握。

总之，第11版《审计案例》通过清晰的逻辑思路、生动的语言模式呈现了审计领域所发生的最新或经典的实用案例，增加了审计学习的趣味性，同时全面系统地展现了审计过程中所面临的风险与问题，是有志于掌握审计学课程所有本科生和研究生的最佳案例教材之一，同时也是企业财务人员和审计从业人员继续教育和学习的首选读物。

本书的翻译工作是在南京审计大学中内协内部审计学院院长池国华教授的主持下，由池国华教授与深圳证券交易所博士后工作站邹威博士、南京审计大学政府审计学院硕士研究生楼昕悦、霍晓星、朱霁与鲍雨冉共同完成的。在这个过程中，东北财经大学出版社的编辑在授权、翻译、审稿以及出版方面做了大量细致的组织与协调工作，在此表示由衷的感谢！同时还需要感谢南京审计大学政府审计学院硕士研究生吴亚丹、朱晨源、盛雨澜、鄢琛、杨梦恬、王中杰、张越、袁石慧、苗云青等同学的校对工作。

由于本书译者的翻译水平有限，难免存在疏漏和不妥之处，在此敬请业界专家和读者批评指正，并为完善翻译工作提出建设性意见。我的邮箱是cgh_lnhz@163.com。

池国华

2019年11月18日

于南京审计大学位育楼

前　言

审计和会计行业在过去的20年中受到不小的冲击。21世纪初，安然和世通的经营失败将投资大众、媒体、华尔街以及国会的注意力集中到了审计和会计职业上。安然的破产在一定程度上推进了审计和会计行业的发展，2002年上市公司会计监督管理委员会成立，同期颁布的《SOX法案》对上市公司的审计师提出了一系列新的要求，其中包括必须审计客户的内部控制问题，并禁止审计师向客户提供某些咨询服务。

紧接着便是以国际财务报告准则替代美国公认会计原则。2008年秋季由美国次贷危机引发的经济衰退使许多曾经是美国经济中坚力量的公司倒闭，雷曼兄弟公司就是最好的例子，而这些公司收到的审计意见都是合格。

2009年初，有关世界历史上最大庞氏骗局的新闻成为新闻头条。全世界的投资者无不震惊地发现，被称为“华尔街奇才”的伯纳德·麦道夫是个骗子。司法部门认定，麦道夫的公司麦道夫证券账面持有的数十亿美元客户投资并不存在。商业媒体跟进报道称，数十年来，麦道夫证券的财务报表每年都会收到一家纽约会计师事务所出具的无保留审计意见。2010年，一名由法庭指定的破产案审查员公开指出，雷曼兄弟的前审计公司应为这家华尔街投资银行倒闭造成的巨额财务损失承担最大责任。

最近，上市公司会计监督管理委员会采取了较为激进的监管措施，使得几家占据主流地位的大型会计师事务所受到公开谴责。此外，上市公司会计监督管理委员会还提议审计事务所进行强制轮换，此举引发了业内广泛的争议，最终美国国会也介入此事。

作为学者，我们有责任为我们的专业正名，特别是在审计师受到一系列不利影响之际，审计教学人员有义务帮助恢复独立审计师职能的信誉。为实现这一目标，我们可以采用以下策略：采纳会计教育改革委员会多年前提出的改革建议，其中许多改革措施已被最近成立的Pathways委员会采纳（Pathways委员会是美国注册会计师协会和美国会计学会共同举办的一个联合项目），会计教育改革委员会的建议之一是，会计教育工作者应使用更广泛的教学资源，尤其是经验资源，旨在激励学生的学习积极性。而我的《审计案例》为教学人员提供了大量可以在本科生和研究生审计课程中使用的这类材料。

这本教材更重视审计过程中的人为因素而并非技术操作，如果您查看最近的“审计失败”案例，就会发现有缺陷的审计通常存在以下两种情况之一或两者兼而有之：故意不配合审计工作的客户人员或未能履行所分配职责的审计人员。这些被曝光的审计问题案例可以让学生识别“红旗”信号。此外，这种体验式的方法为学生提供了特定的情境，使他们更容易掌握重要的审计概念。

本书中的案例也让学生熟悉审计人员的工作环境。在学习这些案例之后，学生将会更好地理解客户压力、同行压力、时间预算以及其他相关因素是如何使得独立审计人员的工作角色更加复杂的，在这些案例中还嵌入了审计人员每天面对的许多模棱两可的情景。在本书的案例中，典型的审计环境包括缺少相关文件、相互矛盾的审计证据、审计人员对客户和财务报表使用者的双重责任，以及在许多情况下缺乏明确的专业标准。

本书作为案例手册，其使用方式具有多样化。读者可以将案例手册作为本科审计课程的补充教材，或作为研究生审计研讨会的主要教材（教师手册包含一个大纲，便于研究生审计课程使用）。案例手册也可用于许多五年会计课程的核心专业实践课程。如后面所解释的，这个案例手册的自定义版本适用于广泛的会计课程。

在编写这个版本时，我保留了那些经典案例。这些案例包括安然公司、金熊高尔夫国际公司、雷曼兄弟控股公司、会计职员李·安·沃克、麦道夫证券公司、电车道奇队和ZZZZ贝斯特股份有限公司。您将会发现许多经典案例已针对自上一版本出版后的具体情况和事件进展进行了更新。

新版本变化

这个版本有多个新案例。新案例之一——乐自然公司是一个综合性案例。1989年，前注册会计师格雷戈里·波德拉科创办了瓶装水公司乐自然，很快就将公司的产品线扩大到各种水、水果和茶饮料。尽管在竞争异常激烈的饮料行业经营，乐自然公司的收入依旧增长迅速，2005年的销售额接近3亿美元。波德拉科几乎只采用债务资本作为公司快速增长的支撑资金，包括高收益或“垃圾”债券、长期借款安排和创新设备租赁。麻烦出现在2003年末，当时两名高管辞职，并告知公司的安永审计业务合伙人，他们怀疑乐自然公司会计记录的可靠性。安永随后要求进行法务会计调查，乐自然公司却提供了一份清白的健康报告，同时解聘安永。三年后，会计欺诈的指控再次浮出水面。法院指派了一名调查员，经过审查很快发现，乐自然公司会计记录实际上是伪造的。例如，在2005年，波德拉科和他的同伙伪造了公司90%的收入，随后一系列的刑事指控让波德拉科和他的几个家庭成员以及商业伙伴锒铛入狱。除了探讨一系列的会计和审计问题外，本案例还突出了乐自然管理团队的公司治理责任，以及这些责任如何与公司的会计师、法务会计师和独立审计师的专业责任相关联。

这个版本中还有几个新案例包含在被读者所喜爱的两个部分中——高风险账户审计和内部控制问题。审计高风险账户的新案例包括银率网公司、Overstock公司和帕克海尔希公司。银率网公司案例凸显出为了达到或超过华尔街分析师为其公司发布的季度盈利预期，企业高管所承受的巨大压力。银率网公司的高管们使用了各种前所未闻的方法向独立审计机构隐瞒公司夸大的利润。Overstock公司的高级管理层和公司的前审计人员就一项收入交易的不同会计处理方式展开了一场有争议的公开论战。帕克海尔希公司案例向学生介绍了库存观察程序，在既定情况下，一位审计经理在发现客户记录的一项有价值存货的数量存在明显违规后，拒绝屈服于无情的压力。

萨克斯第五大道（精品百货店）是内部控制问题部分的新案例。萨克斯第五大道精品百货店案例已有所更新，曾出现在案例手册的早期版本中。这一案例反映了萨克斯百货店对员工盗窃的“零容忍”政策，以及公司应该采取哪些措施来维护和促进员工的公民权利。

这个版本中所囊括的新案例，有三个收录在了职业道德责任的两个部分中。案例4.7的主角——会计专业的赞恩·卡宾对会计职业道德责任缺乏深入的了解，年轻的卡宾先生被选为毕业班的优等生，结果却让人叹息。为什么呢？因为他提交给评奖委员会的简历被粉饰过了。第五部分中凯撒娱乐公司的新案件聚焦于德勤的一位审计合伙人，此人曾担任德勤母公司的首席风险官。在凯撒审计业务团队担任顾问合伙人期间，他从凯撒的一家赌场借了大笔资金。第五部分再次出现了乐自然公司，该部分集中讨论了一个第一部分中未涉及的会计丑闻的特点，随着乐自然欺诈案引发的骚动愈演愈烈，联邦当局对该公司的审计业务合作伙伴展开了一项平行的刑事调查，该调查导致合伙人被控向美国国税局提交虚假的所得税申报单。

第六部分新增两个案例：审计经理麦迪逊·威尔斯和办公室管理合伙人蒂尔曼·罗林斯。麦迪逊·威尔斯一案围绕一系列情况展开，最终审计业务团队未能在年底发现审计客户违反了某些债务契约，这些违约本应使该公司的长期债务被重新归类为流动负债。在公司向美国证券交易委员会提交财务报表后，麦迪逊·威尔斯得知了这个重大错误，意识到自己的上司将会生气——而上司确实生气了。在办公室管理合伙人案例中，蒂尔曼·罗林斯是一家偏远的小型四大律师事务所办公室的管理合伙人。罗林斯面临的一个反复出现的恼人问题是，要确保他的办公室的专业人员“规模适中”，罗林斯在员工短缺的情况下雇用了一名资历可疑的年轻人，这让他的下属感到不安。罗林斯在办公室冬季繁忙季节结束时解雇了那个年轻人，这让他的下属更加痛苦了。

在第七部分“职业问题”中出现的新案例包括安永华盛顿委员会、互联网丑闻和得克萨斯药品仓库。2012年初，路透社的三名调查记者发现，安永的一个部门曾向四大会计师事务所的某些审计客户提供咨询服务，这一发现最终使得美国证券交易委员会对安永处以400万美元罚款。互联网丑闻将会计行业几位年轻从业者在电子邮件方面的不当礼仪编成了一系列轶事，这些人很快就认识到，在信息高速公路上犯下的社会错误会对一个人的职业生涯造成极大的损害。得克萨斯药品仓库是案例手册的更新案例。在这个案例中，一位前审计客户起诉毕马威存在疏忽并从事“欺骗性商业行为”，后一项投诉的根据是，毕马威没有将客户年度审计的重大人事和预算变动通知客户。

专题汇编

下面列出了本书中包含的七部分案例的简要描述。

第一部分　综合案例：这些案件大多数涉及国际主流会计师事务所高度关注的

审计问题。涉及的审计客户包括安然公司、雷曼兄弟控股公司、莱斯利·费伊公司、利文特公司、麦道夫证券公司和ZZZZ贝斯特股份有限公司。这些案例都涉及广泛的审计、会计和道德问题。

第二部分 高风险账户审计。与第一部分的案例不同，本部分案例突出了由单个账户或一组账户构成的有争议的会计和审计问题。例如，杰克·格林伯格食品公司案例主要集中于存货审计程序。Take-Two交互软件公司案例提出了与应收账款相关的审计问题，而碧罗公司案例则审查了与期末费用应计项目相关的审计问题。

第三部分 内部控制问题。本部分的案例向学生介绍与独立审计绩效相关的内部控制主题。这些主题将在各种不同的客户环境背景中进行研究。例如，古德纳兄弟股份有限公司案例主要是针对一个批发商的内部控制问题，而霍华德街珠宝股份有限公司案例则给学生提供了一个机会来讨论与零售企业相关的内部控制问题。

第四部分 会计师的职业道德责任。将道德规范融入审计课程需要的不仅仅是了解美国会计师协会的职业行为准则，而且本章给出了会计师被迫处理令人困惑的道德困境的具体场景。学生通过研究出现的重大伦理问题的实际情况，会在自己未来的职业生涯中更好地解决类似问题。这一部分中的四个案例将会对会计专业的学生产生影响，因为它们涉及相关专业。例如，在威利·杰克逊一案中，一名即将毕业的会计专业学生必须决定，是否要在一份就业前文件中披露一项尚未对他提起的指控。另一个案例飞思卡尔半导体有限公司涉及一系列专业会计师的令人尴尬的内幕交易案件。

第五部分 独立审计师的职业道德责任。本部分的案例突出了独立审计人员遇到的道德困境。在卡迪洛旅游系统股份有限公司案例中，两名审计合伙人面临着大多数审计从业人员在职业生涯的某个阶段都会遇到的道德困境。对于客户高管提供给他们的可疑客户交易，审计人员必须做出决定：是接受难以置信的解释，还是坚持对交易进行全面调查，从而“复杂化”相关情况。

第六部分 职业角色。在本章中，将研究审计规程中的特定工作角色。这些案例探讨了与这些角色相关的职责，以及这些角色的专业人员通常会遇到的相关挑战。汤米·康奈尔的案例涉及一名年轻的审计师，他最近被提升为高级审计师。升职后不久，汤米发现自己被派去监督一项规模不大但颇具挑战性的审计工作，项目中汤米唯一的下属是一位年轻人，而这位年轻人的正直和职业道德一直受到他前任上司的质疑。本部分中的两个案例突出了会计人员的工作角色，许多学生将在毕业后亲身体验这些角色。

第七部分 职业问题。这些案例涉及审计领域中敏感但重要的主题。有两个“经典”案例，弗雷德·斯特恩公司和芝加哥第一证券公司。这两个案例帮助学生理解会计师事务所在当前诉讼环境中面临的重大法律责任。本部分中收录的其他案例的主题包括：独立审计人员加班的时间长短、主要会计师事务所面临的“服务范围”问题以及这些事务所必须考虑的全面质量控制问题。

自定义案例手册

为了最大限度地提高您使用这些案例的灵活性，本书读者可以依据自身需求自定义案例专题。在俄克拉何马大学，我定制的案例专题被用来放在管理会计本科课程中以增加伦理方面的相关知识。事实上，由于本书中的案例是在不同的背景下研究伦理问题，因此读者可以自定义伦理案例集来补充几乎所有的会计课程。

这个案例专题设计非常适合本科的审计课程。例如，审计课程教师想要在他们的课程中添加一个丰富的国际元素，可以自定义一个包含一系列国际案例的专题。同样，为了扩大本科审计课程中伦理问题的覆盖面，教师可以从本书中选取一系列突出的伦理问题案例。以下是几个定制版本的案例专题，可以很容易地集成到本科的审计课程中。

（1）会计师的职业道德责任专题：苏泽特·华盛顿（案例4.3）、威利·杰克逊（案例4.5）、阿维尔·斯玛特（案例4.6）、李·安·沃克（案例6.1）、汉密尔顿·王（案例6.3）、阿维斯·洛夫（案例6.5）。前三个案例让学生有机会讨论和辩论与会计专业直接相关的伦理问题。后三个案例让学生接触到重要的伦理问题，如果他们选择进入公共会计领域，毕业后不久可能会遇到这些问题。

（2）独立审计师的职业道德责任专题：克利夫·库尔披萨有限公司（案例4.1）、飞思卡尔半导体有限公司（案例4.4）、会计人员理查德·格里姆斯（案例5.6）。这些案例适用于对美国会计师协会职业行为准则相关的各种道德主题特别感兴趣的那些审计教师。

（3）综合专题：安然公司（案例1.1）、利文特公司（案例1.8）、ZZZZ贝斯特股份有限公司（案例1.9）、碧罗公司（案例2.8）、卡迪洛旅游系统股份有限公司（案例5.1）、凯撒娱乐公司（案例5.3）。本系列案例将为学生提供独立审计实务的概括性介绍。这些案例在不同的客户环境中引发了广泛的技术、专业和道德问题。

（4）职业角色专题：会计职员李·安·沃克（案例6.1）、会计主管比尔·德伯格（案例6.2）、高级审计师汤米·康奈尔（案例6.4）、会计职员阿维斯·洛夫（案例6.5）、审计管理人员查尔斯·托里森（案例6.6）、办公室管理合伙人蒂尔曼·罗林斯（案例6.8）。对于选择依赖标准教科书来涵盖审计中的关键技术主题的审计教师来说，这个专题将非常有用——教师们也希望让自己的学生接触到在审计公司中占据不同职业层次的个人所面临的日常道德和专业挑战。

（5）高风险账户审计专题：第二部分中的每个案例将为学生提供相对繁重的作业任务，主要关注对审计人员提出较高要求的财务报表项目。

当然，您可以按照您的具体需求自由组合本书中的案例，将其收录在您所教的本科审计课程或其他会计课程的自定义案例手册中。有关如何设计您的自定义案例手册的更多信息，请联系您的圣智学习销售代表或访问教材网站：http：//compose.cengage.com/content/home。

致谢

我非常感谢以下为本书提供见解和建议的早期版本审阅人：亚历克斯·安帕多

(Alex Ampadu)，布法罗大学；芭芭拉·阿珀斯托洛（Barbara Apostolou），路易斯安那州立大学；桑德拉·奥古斯丁（Sandra A. Augustine），希尔伯特学院；简·贝尔德（Jane Baird），曼卡托州立大学；杰森·伯格纳（Jason Bergner），肯塔基大学；詹姆斯·比尔斯特克（James Bierstaker），维拉诺瓦大学；埃德·布洛赫（Ed Blocher），北卡罗来纳大学；苏珊·凯恩（Susan Cain），南俄勒冈大学；科特·查洛佩基（Kurt Chaloupecky），密苏里州立大学；雷·克莱（Ray Clay），北得克萨斯大学；杰弗里·科恩（Jeffrey Cohen），波士顿学院；玛丽·杜塞特（Mary Doucet），佐治亚大学；拉菲克·伊莱亚斯（Rafik Elias），加利福尼亚州立大学洛杉矶分校；露丝·恩格尔（Ruth Engle），拉法叶学院；戴安娜·弗朗茨（Diana Franz），托莱多大学；克里斯林·弗瑞德（Chrislynn Freed），南加州大学；卡罗琳·加林特（Carolyn Galantine），佩珀代因大学；索哈·加拉布（Soha Ghallab），布鲁克林学院；拉塞尔·哈丁（Russell Hardin），南亚拉巴马大学；米歇尔·亨尼（Michele C. Henney），俄勒冈大学；劳伦斯·约翰逊（Laurence Johnson），科罗拉多州立大学；唐纳德·麦克康奈尔（Donald McConnell），得克萨斯大学阿灵顿分校；海蒂·迈耶（Heidi Meier），克利夫兰州立大学；唐·尼科尔斯（Don Nichols），得克萨斯基督教大学；玛西娅·奈尔斯（Marcia Niles），爱达荷大学；托马斯·诺兰德（Thomas Noland），南亚拉巴马大学；勒斯·努恩（Les Nunn），南印第安纳大学；注册会计师罗伯特·拉姆齐博士（Dr.Robert J. Ramsay），肯塔基大学；约翰·瑞斯比（John Rigsby），密西西比州立大学；迈克·沙佩罗（Mike Shapeero），布鲁斯堡大学；爱德华·史密斯（Edward F. Smith），波士顿学院；吉恩·史密斯博士（Dr. Gene Smith），东新墨西哥大学；拉金德拉·斯里瓦斯塔瓦（Rajendra Srivastava），堪萨斯大学；理查德·艾伦·特彭（Richard Allen Turpen），亚拉巴马大学伯明翰分校；斯特林·韦策尔（T. Sterling Wetzel），俄克拉何马州立大学；吉姆·亚德利（Jim Yardley），弗吉尼亚理工大学。这个项目还离不开我妹妹宝拉·凯·康纳瑟（Paula Kay Conatser）、我妻子卡罗尔·安·纳普（Carol Ann Knapp）和我儿子约翰·威廉·纳普（John William Knapp）的编辑与帮助。我还要感谢格伦·麦克劳克林（Glen McLaughlin）继续慷慨资助开发重要伦理问题的教学材料。最后，我要感谢我的学生对这些案例的内容和使用提出了宝贵的意见和建议。

迈克尔·C.纳普
麦克劳克林商学系主任
伦理学、大卫·罗斯·博伊德讲座教授
会计学教授
俄克拉何马大学

目　录

第一部分

综合案例

1

案例 1.1

安然公司

约翰·安达信和玛丽·安达信在1881年从挪威移民到了美国，夫妻俩在位于芝加哥市中心西南约40英里处的伊利诺伊州普莱诺市安顿了下来，在一个小农业社区开始了新的生活。在过去的几十年里，大量的挪威家庭在普莱诺市郊定居。实际上，这对夫妻的新居距离伊利诺伊州以挪威命名的这个小镇并不远，只有几英里。1885年，他们的儿子亚瑟·爱德华·安达信出生了。亚瑟·爱德华在年幼的时候就对数字产生了浓厚的兴趣，而他的父母并没有想到亚瑟的这个兴趣会影响他的一生。从亚瑟出生不到一个世纪的时间里，以亚瑟·爱德华命名的一家会计师事务所就成了当时世界上最大的专业服务机构，它拥有1 000多名合伙人，并在全球许多国家经营。

深思熟虑，直言不讳

约翰·安达信和玛丽·安达信对儿子强调了三个关键词，分别是纪律、诚实和职业道德，安达信家族也不断地告诉他接受教育的重要性。不幸的是，亚瑟的父母最终没能亲眼看到他实现这个目标。他在很小的时候便成了孤儿，情势所迫，他白天做一份全职的邮差，晚上上夜校以完成高中学业。高中毕业后，安达信就读于伊利诺伊大学，同时在生产拖拉机和其他农业设备的Allis-Chalmers公司担任兼职会计，该公司总部位于芝加哥。1908年，安达信接受了普华永道在芝加哥办事处的一个职位，当时，在19世纪早期成立于英国的普华永道是美国当时最大的注册会计师事务所。

安达信在23岁的时候成为伊利诺伊州最年轻的注册会计师，几年后，安达信和他的朋友克拉伦斯·德兰尼成立了一个合伙企业，提供会计、审计和其他相关服务。这两位年轻的会计师给他们的公司取名为安达信·德兰尼公司，当德兰尼决定退出时，安达信将公司更名为安达信公司。

1915年，安达信遇到了一个难题，而这个难题将会影响他今后的职业生涯。安达信有一个审计客户是一家货运公司，该公司拥有并经营着几艘蒸汽货船，将各种商品运送到密歇根湖的港口。然而就在该公司的会计年度结束后、安达信发布财务报表审计报告之前，客户的一艘船在密歇根湖沉没了。当时，几乎没有什么正式规定来规范公司编制的年度财务报表，也没有规定要求公司报告重大资产损失等日后事项。但是安达信坚持要求他的当事人披露这艘船的损失。安达信认为，使用该公司财务报表的第三方（包括公司的债权人）希望得到有关损失的信息。尽管客户对安达信提出的要求不太情愿，但最终还是妥协了，并在财务报表的附注中披露了损失。

20年以后，安达信再次面临类似的情况，只是这次的审计客户规模更大、知名度更高，对安达信的公司来说利润更高。安达信作为大型化工公司杜邦的独立审计公司，在临近年度审计结束时，其负责审计业务团队的成员和杜邦公司的高管就如何界定公司的经营收入发生了争执。杜邦管理层坚持认为营业收入是一个较为广义的概念，应该包括投资收益。最终安达信请来仲裁机构以解决这场纠纷。而就在安达信支持下属的观点的时候，杜邦的管理团队却与安达信解约了，并聘请了另一家会计师事务所。

在安达信的职业生涯中，他一直坚信并恪守着一个简单的座右铭——深思熟虑，直言不讳。安达信也要求他的合伙人和公司其他员工在与客户、潜在客户、银行家、监管机构以及代表安达信公司进行交易时坚持这一原则，在实施财务报表审计业务时，他也坚持要求对审计客户直言不讳。以前的同事和团队经常评价安达信是个固执己见、有时甚至难以相处的人，即便如此，他们都非常敬佩安达信的诚实。“安达信不会容忍任何瑕疵，他追求百分之一百的公正，如果有人违反，他就会解雇他们，如果审计客户想做一些他不同意的事情，他会试着说服对方或者解除审计业务约定。”①

在当时会计服务行业飞速发展的时代背景下，安达信很快意识到，开创新的审计领域对于一家想要站稳脚跟发展壮大自身的专业服务机构的重要性。安达信认为，20世纪20年代美国经济的繁荣在很大程度上依赖于参与能源生产和分配的公司。随着经济的增长，电力、石油、天然气和其他能源的需求会稳步增长，因此，他努力争取能源行业的客户，尤其是在招揽电力公司客户方面取得了成功。到20世纪30年代初，安达信公司在中西部地区的业务蒸蒸日上，成为全国领先的区域性会计师事务所之一。

美国经济在20世纪30年代的大萧条期间急剧下滑，大多数企业都受到了波及，这也给安达信公司在电力行业的审计客户带来了巨大的财务问题。大萧条爆发后，安达信亲自与美国几家最大的都市银行交流合作，帮助其客户取得了他们迫切需要的融资，以继续经营，渡过难关。与安达信打过交道的银行家和其他相关金融

---

① R. Frammolino and J. Leeds, "Andersen's Reputation in Shreds," *Los Angeles Times*(online), 30 January 2002.

家很快就意识到，安达信所坚持的诚实、公正在会计和报告中的重要作用。正是由于他诚实正直的名声，让债权人可以信心十足地使用经安达信审核的财务数据。最终，许多陷入困境的公司获得了得以继续生存下去的资金。同时，安达信在全国一流金融高管中所赢得的尊重，也让安达信公司获得了越来越多的美国中西部潜在客户的推荐。

在安达信晚年的职业生涯中，他俨然成了正直的代言人。他撰写了大量的著作并在全国各地演讲，介绍了对会计、审计以及新兴会计职业道德标准的要求。安达信不断敦促他的会计师们采用公共服务理念，而这种理念长期以来一直是从事法律和医学等更成熟行业的基本前提。他还四处宣讲强制性继续职业教育（continuing professional education，CPE）的要求。安达信意识到，注册会计师们需要通过继续职业教育来紧跟商业领域的发展，这些发展对会计和财务报告的实际运用有着重大影响。事实上，安达信公司早在州会计委员会采纳这一要求之前，就已对其员工实施了强制性的继续职业教育。

到20世纪40年代中期，安达信公司已经在美国东部一半地区设有办事处，雇用了1 000多名会计师。当亚瑟·安达信于1947年去世时，许多商界领袖都认为，如果没有了创始人，这家公司将会解体，毕竟在过去的40年里，安达信一直独自管理公司。然而，在经历了几个月的内部动荡和纷争之后，安达信公司其他合伙人选择了安达信生前最信任的合伙人和门生来接替他。

就像1928年亲自聘用他的前辈和朋友一样，雷纳德·斯派塞克很快就赢得了一个意义非凡的称号——一名审计师的审计师，他坚定地认为，独立审计师的主要作用是确保他们的客户向公众出具的财务报表是合法并公允的。

斯派塞克在安达信担任首席执行官的漫长任期中，持续推动了安达信改进美国会计和审计业务的程序。斯派塞克公开批评了会计准则存在的缺陷导致了不同公司财务报告之间不具有可比性，[①]这种批评促使美国加快建立一个更加公正规范的标准。在20世纪50年代后期，美国成立了会计原则委员会（Accounting Principles Board，APB），以研究有争议的会计问题并制定适当的新标准。1973年，财务会计准则委员会（Financial Accounting Standards Board，FASB）取代了会计原则委员会。

雷纳德·斯派塞克坚持的另一个安达信的理念是，要求该公司的专业员工在整个职业生涯中接受继续教育。在斯派塞克的任期内，安达信公司成立了世界上最大的私立大学——安达信职业教育培训中心，位于伊利诺伊州圣查尔斯，离安达信的出生地不远。

雷纳德·斯派塞克凭借自身强大的领导力和商业技能，将安达信公司打造成一

① R. Frammolino and J. Leeds, "Andersen's Reputation in Shreds," *Los Angeles Times*(online), 30 January 2002.

家大型国际会计师事务所。当斯派塞克于1973年退休时，安达信公司不仅是美国最受尊敬的会计师事务所，更是全世界知名的会计师事务所。30年后，也就是新千年的黎明之后不久，安达信公司雇用了8万多名专业人员，在80多个国家设有办事处，年收入接近100亿美元。然而，在2001年末，该公司面临着自其创始人去世以来最严重的危机。具有讽刺意味的是，这场危机源于安达信对一家能源公司的审计，这家公司成立于1930年，与安达信的许多客户一样，曾艰难挺过金融危机。

世界上最大的公司

北方天然气公司成立于1930年，位于内布拉斯加州的奥马哈市。这家新公司的主要投资者包括一家总部位于得克萨斯州的公司——孤星天然气公司（Lone Star Gas Corporation）。在最初的几年里，北方天然气公司一直在努力说服消费者使用天然气来供暖，由于天然气泄漏引起的几起不幸事件与广为报导的爆炸案，许多北方人不敢使用天然气供暖。但是，随着大萧条的持续，由于天然气价格相对低廉，越来越多手头不宽裕、寒冷地区的人们成为北方天然气公司的客户。

20世纪30年代，由于存在大量的廉价劳动力，北方天然气公司开发了一个庞大的管道输送网络，将天然气输送到它在大平原各州所服务的住宅区和工业市场。随着公司收入和利润的增长，公司管理层开始了一系列收购，在收购了数十家规模较小的竞争对手后，北方天然气公司的高管确定了公司的战略目标——成为美国北部最大的天然气供应商。1947年，该公司的股票在纽约证券交易所上市，这是一件重要的里程碑式的大事，上市为该公司提供了更多进入美国资本市场的渠道，并为公司在接下来的20年里以并购来实现增长打下了很好的资金基础。

20世纪70年代，北方天然气公司成为阿拉斯加输油管道开发的主要投资者，这条管道建成后，北方天然气公司可以开发利用在加拿大获得的巨大天然气储量。1980年，北方天然气公司更名为国际北方天然气公司，在接下来的几年中，公司管理层逐渐扩大公司的经营范围，开始投资于天然气行业以外的项目，包括石油勘探、化工、煤炭开采和燃料交易业务。当然公司的核心业务仍是天然气。1985年，国际北方天然气公司以23亿美元收购了休斯敦天然气公司，这次收购使得国际北方天然气公司掌控了长达4万英里的天然气管道网络，距离成为美国最大的天然气公司的目标又进了一步。

1986年，国际北方天然气公司更名为安然公司，休斯敦天然气公司前董事长肯尼斯·雷成为新成立公司的首席执行官，该公司选择了得克萨斯州的休斯敦作为公司总部。雷在很短的时间内就接受了国际北方天然气公司的激进式增长战略，他聘请杰弗里·斯基林担任他的高级助手。在20世纪90年代，斯基林制订并实施了一项计划，将安然从一个传统的天然气供应商转变为一家能源贸易公司，在主要生产天然气、电力的能源生产商和最终用户之间充当中介。2001年初，虽然雷保留在董事会的头衔，但斯基林认为雷担任的是安然首席执行官的职位。在安然公司2000年年报里管理层给股东的信中，雷和斯基林解释了安然公司选择转型的原因：

安然的运营已经不再是它初期的样子了，在过去的15年里，安然的发展已经彻底超出了我们的预期。我们已经从一个资产密集型、能源生产型公司转变为以市场为导向的营销公司，这更易于建立一个更大的商业模式，同时也更易于吸收更多的创新型人才。

在2000年的年报里，安然公司讨论了四大业务领域。能源批发服务是该公司最大的收入来源，2000年，该部门的交易量同比增长了60%。这得益于安然公司在1999年末创建的B2B电子交易市场——安然在线的迅速发展，仅在2000年一年的会计年度中，安然在线就完成了超过3 350亿美元的交易，使安然轻松成为全球最大的电子商务公司。安然的另外三个主要业务部门包括：安然能源服务部门，负责该公司的零售业务；安然运输服务部门，负责公司管道运营；安然宽带服务部门，是负责在消费者与供应商之间提供中介服务的新业务部门。表1列示了安然公司1996—2000年的财务状况。

表1　安然公司2000年度财务报告　单位：百万美元

	2000	1999	1998	1997	1996
收入	100 789	40 112	31 260	20 273	13 289
净收益					
经营成果	1 266	957	698	515	493
调整数	(287)	(64)	5	(410)	91
合计	979	893	703	105	584
每股盈余（美元）					
经营成果	1.47	1.18	1.00	0.87	0.91
调整数	(0.35)	(0.08)	0.01	(0.71)	0.17
合计	1.12	1.10	1.01	0.16	1.08
每股股利（美元）	0.50	0.50	0.48	0.46	0.43
总资产	65 503	33 381	29 350	22 552	16 137
经营活动现金流量	3 010	2 228	1 873	276	742
资本支出和股权收益	3 314	3 085	3 564	2 092	1 483
纽约证券交易价格幅度					
高	90.56	44.88	29.38	22.56	23.75
低	41.38	28.75	19.06	17.50	17.31
结束于12月31日	83.12	44.38	28.53	20.78	21.56

安然成功开创新经济商业模式使肯尼斯·雷、杰弗里·斯基林以及其助手们被誉为成功的企业家，他们成为商界炙手可热的人物。雷作为美国第七大公司的首席执行官，步入政界，接触到政府要员。2001年，雷作为“临时团队”的一员，帮助布什总统参加竞选。2001年6月，斯基林被选为“全美首席执行官”，同时安然被誉为“美国最具创新精神的公司”①；安然的首席财务官安德鲁·法斯多以其为规模最大、业务最复杂的公司设计财务结构而广受好评，1999年，法斯多凭借其“开创性的财务方法”被CFO杂志评选为最优秀的资本结构管理人。②

在安然公司任职期间，肯尼斯·雷和杰弗里·斯基林一直致力于提高公司的经营业绩。在安然2000年的年报中，两人在致股东的信中指出，“安然是专注于每股收益的，我们也预计将会继续保持强劲的盈利表现”。安然高管层的另一个重要目标是提高公司在商界的知名度。在2001年1月的一次演讲中，雷透露他的最终目标是让安然成为“世界上最伟大的公司”③。

随着安然公司的收入和利润不断增长，公司的高层管理人员逐渐变得肆无忌惮，特别是斯基林，他因对公司竞争对手和批评人士做出粗鲁的评论而闻名。在2001年席卷加利福尼亚电力行业的危机中，许多参加竞选的官员和企业高管指责安然公司以虚高的价格向加州出售电力而牟取暴利。斯基林却对这种批评置之不理，甚至在一次重要的商业会议的演讲中，斯基林问观众是否知道加利福尼亚州和泰坦尼克号的区别，在短暂的停顿之后，斯基林给出了答案：“至少当泰坦尼克号下沉时，灯是亮着的。”④

不幸的是，对雷、斯基林、法斯多和数以千计的安然员工和股东来说，雷未能实现创建世界上最伟大公司的目标。在2001年的头几个月后，安然公司迅速倒闭，安然的突然倒闭令全国投资者震惊，《新闻周刊》的一位专栏作家将其称为“1929年以来投资者经历的最大危机”⑤。安然破产的悲剧是因为深陷财务危机，大量惊人的财务丑闻接连曝出，而安然公司每年的财务报表都经过安达信事务所的独立审计。

债权、债务与安然

整个2001年，安然的股价持续下跌，安然公司的高管在公开场合声称该公司股价暴跌是由于天然气价格下跌、对安然在线等电子市场长期潜力的担忧以及国家经济整体疲软。截至10月中旬，该公司股价已从2001年初的80美元跌至30美元左右。

---

① K. Eichenwald and D. B. Henriques, "Web of Details Did Enron In as Warnings Went Unheeded," *New York Times*(online), 10 February 2002.

② E. Thomas, "Every Man for Himself," *Newsweek*, 18 February 2002, 25.

③ Eichenwald and Henriques, "Web of Details."

④ Eichenwald and Henriques, "Web of Details."

⑤ N. Byrnes, "Paying for the Sins of Enron," *Newsweek*, 11 February 2002, 35.

2001年10月16日，安然公司发布了2001年第三季度收益报告，该报告显示，公司在本季度遭受了巨大损失。而让很多财务分析师疑惑的是，公司的所有者权益和资产毫无征兆地减少了12亿美元，这似乎是在财务报告发布后才披露的，账面价值的减少是由于还原了以前的交易，包括把公司股票转为应收票据，安然公司已从相关第三方收到了应收票据，这些第三方在公司组织和赞助的有限合伙企业中进行了投资。在更深入地研究了这些交易之后，安然的会计人员和安达信的审计人员得出结论，应收票据不应该出现在公司资产负债表的资产部分，而应该作为所有者权益的减少。

2001年10月16日，新闻曝光后安然的股价持续下跌，3周后的11月8日，安然重述了之前5年的盈利报告，抹去了该公司在此期间报告的约6亿美元利润。事实证明，这一重述敲响了安然倒闭的丧钟。2001年12月2日，来自债权人的巨大压力、针对安然及其管理人员的未决诉讼和诉讼威胁以及执法部门发起的调查，迫使安然申请破产。安然没有成为美国最大的公司，反而成为美国历史上最大的破产公司，单单对股东就造成了超过600亿美元的损失，然而安然的破产与下一年安达信的另一个审计客户——世界通信公司1 000亿美元的破产金额相比，简直是小巫见大巫。

2001年秋天，安然破产引发了大规模公众抗议，新闻界也在质疑：这家美国第七大上市公司——一家在过去几年中利润不断增长的公司——究竟为何在短短几个月内陷入破产境地。在这件事发生之前，金融界的财务分析师就怀疑安然在20世纪90年代末和2000年的出色财务表现是一场骗局，是公司管理层在一群财务人员的帮助下精心策划的骗局。2001年8月，当安然公司财务人员写给肯尼斯·雷的信被新闻界曝光时，这些质疑就烟消云散了，至少在大多数公众脑海中如此，许多网站公布了信的具体内容，美国几乎所有的主流报刊都有报道。

表2中包含了沃特金斯在2001年8月写给雷的信中的关键内容节选。沃特金斯是安然公司的副总裁，但她同时也是一位接受过专业训练并且在安达信会计师事务所工作过的会计师。杰弗里·斯基林在担任安然首席执行官6个月后突然辞职，促使沃特金斯写了这封信，在将自己的担忧传达给雷之前，沃特金斯曾试图与雷的一位下属讨论这个问题，当沃特金斯将能够证明安然公司先前做出的会计决策存在重大问题的文件呈报给雷的时候，沃特金斯说雷拒绝了她并说“宁可没有看到这些文件”[①]。

沃特金斯非常熟悉安然公司一系列复杂的大型交易，以及安然公司创建的数十家有限合伙企业的激进会计决策。这些合作关系就是所谓的特殊目的实体（specialpurpose entities，SPE），安然公司的高管们给这些公司编造了各种有创意的名字，

① T. Hamburger, "Watkins Tells of 'Arrogant' Culture; Enron Stifled Staff Whistle-Blowing," *Wall Street Journal*(online), 14 February 2002.

表2 沃特金斯8月写给肯尼斯·雷的信

亲爱的肯尼斯·雷先生：

安然是否已经是一个危险的工作场所？对于过去几年一直坚持原则的我们来说，我们还能持续下去吗？

杰弗里·斯基林的突然离职增加了我对会计处理不当和股价问题的怀疑。安然公司一直在会计方面表现得非常激进——最为显著的交易是Raptor公司的业务和Conder工具……

我们通过与Raptor公司的交易已经确认了超过5.5亿美元的股票公允价值收益，但是那只股票的价值已经严重缩水……对Raptor公司来说，掉期交易的价值并不重要，因为安然公司将再次发行股票来抵销这些损失。Raptor是LJM（Lea Jeffrey Michael）公司的一个实体，LJM是安然首席财务官安德鲁·法斯多创立的一个公司。这个公司看起来是局外人，其实我们的损失隐藏在这个关联公司里，以后再用安然的股票来补偿这些损失。

我非常紧张，我们将在一系列丑闻中崩溃。我在安然公司虽然有8年的工作经历，但是这些丑闻将使我的简历一文不值，企业界会认为过去的成功不过是一个精心设计的会计骗局。杰弗里·斯基林因为"个人原因"提出辞职，但我认为不是这样的，他不想再继续这样做，是因为这样做是危险的，所以他宁愿现在放弃而不愿在2年后引咎辞职。

我们的会计专家现在有没有办法来处理这些交易？我在反复思考这个问题，这是一个大问题，一直困扰着我，在1999年和2000年我们已经把Condor和Raptor的交易以可观的高股价入账，许多高管都出售了股票，然后，我们试图还原或修正2001年的交易，这有点像在1年内抢劫银行，并试图在2年后偿还……

我认为有很多聪明人正在注视着这一切，包括安达信的会计师们也在期望这些有问题的会计处理不被发现。如果这些业务公布于众，那么安然将陷入危机之中。

会计基本原则高于一切，因为如果你能给大街上的一个人解释"会计处理"，那么你会不会影响他的投资决策？他能在全面地了解事实的基础上买入或卖出股票吗？

我担心的是，附注不能充分解释这些交易。如果可以，投资者就会知道，附注里描述的关联方"实体"的资本是脆弱的，股东是没有表决权的，这些实体的所有价值（不幸的是在这种情况下是一个很大的损失）表现为衍生金融工具、安然股票和N/P的潜在价值……

关联方附注设法解释这些交易。难道你不认为几个有利益关系的公司、股票分析师、记者、基金经理等都在忙着挖掘杰弗里·斯基林离开的原因吗？难道你不觉得那些最聪明的人正关注着附注里的披露吗？我刚刚听到议论："看起来好像他们在账面上从这个关联方公司交易中确认了5亿美元的收益。我认为，在这半页纸里辨认不出安然对这个关联方实体的贡献，我认为关联方是以安然公司的股票出资的。"……"不，不，不，你全错了，不可能是那样，那太糟糕了，太骗人了，你肯定安达信会让它们侥幸逃脱这些吗？"

包括Braveheart、Rawhide、Raptor、Condor和Talon。安然公司的首席财务官安德鲁·法斯多也参与了数个特殊目的实体的创建和运营，还以自己三个孩子的名字给实体命了名。

SPE指的是为特殊目的创立的实体，可以几种组织形式创立，但通常是有限合伙形式组织。自20世纪90年代以来，数百家大公司开始建立特殊目的实体。在大多数情况下，SPE被用来为购置资产、建设项目或相关活动提供资金，无论出于何种目的，创建这些实体的根本动机基本都是"债务规避"。换言之，这些实体为大公司提供了一种机制，可以为各种目的筹集所需资金而无需在资产负债表中申报债务。《财富》杂志指出，企业首席财务官通过特殊目的实体这把"手术刀"在资产负债表上进行整容手术。[①]20世纪90年代初，美国证券交易委员会和财务会计准则委员会曾对SPE引起的有争议的会计和财务报告问题进行过激烈的讨论，尽管如此，证券交易委员会和财务会计准则委员会几乎没有对大公司以及财务人员编制关于特殊目的的实体的财务报告进行规范。

权威机构对特殊目的实体执行的最重要的指导方针是所谓的3%规则。但是这个规则极具争议性，只要能满足独立于公司的各方可以提供实体资本的3%的条件，就允许公司在合并财务报表中不合并特殊目的的实体的资产和负债。几乎就是一瞬间，3%的门槛变成了技术指标和实践的最大值。也就是说，使用实体结构的大公司安排外部各方提供这些实体总资本的3%，其余的97%的资金通常来自外部贷款人的贷款，而这些贷款通常由创造实体的公司自身进行安排和担保。

许多批评者指责这个3%规则削弱了会计行业的基本原则，即合并财务报表应该由一个共同的所有权控制实体编制。“有一种假设认为，合并财务报表比个别财务报表更有意义，而且当集团中的一家公司直接或间接地在其他公司拥有控股权时，合并财务报表通常是更加公允的表述。”[②]《商业周刊》指责美国证券交易委员会和财务会计准则委员会支持了3%规则：

“由于会计实务中存在漏洞，公司可以创建神秘的法律结构，通常被称为特殊目的实体（SPE）。然后，母公司可以为这些实体提供高达97%的初始投资资金，而不必在合并报表中进行披露……更具争议的是，外部投资者只需要对特殊目的实体投资3%的资本，就能使这些实体独立并脱离资产负债表，而这恰恰是美国证券交易委员会和财务会计准则委员会的失误造成的。”[③]

整个20世纪90年代，许多公司利用特殊目的实体将巨额负债转移到了资产负债表外。其中最为积极、最具有创新力的就是安然公司，它创立了数百个特殊目的实体。与大多数公司不同的是，安然没有将这些实体局限于融资活动。在许多情况下，安然利用实体来容纳不良资产，而这些实体的报表并不需要纳入合并报表。例如，安然将安排第三方为特殊目的实体投资至少3%的资本，然后将资产出售给这些实体，该实体将通过抵押安然公司的普通股取得贷款来购买这些资产。在某些情况下，安然与特殊目的实体的名义所有者签订了保密协议，使这些投资者免受投资损失，还保证他们有额外收益。更令人不安的是，安然经常以过高的价格将资产出售给特殊目的实体，从而使该公司能够从这些交易中获得巨额“账面”利润并将其定期报告在利润表之中。

对于特殊目的实体交易，安然只是披露了名义财务报表信息，如果不是语言

---

① J. Kahn, "Off Balance Sheet—and Out of Control," *Fortune*, 18 February 2002, 84.

② Accounting Research Bulletin No. 51, "Consolidated Financial Statements" (New York: AICPA, 1959).

③ D. Henry, H. Timmons, S. Rosenbush, and M. Arndt, "Who Else Is Hiding Debt?" *Business Week*, 28 January 2002, 36-37.

上隐藏得好，这些披露通常很混乱。一位会计学教授指出，安然公司为其特殊目的实体交易提供的信息披露不充分，这意味着“非专业投资者根本不会知道安然的实际负债有多少”[①]。《华尔街日报》在介绍安然公司简短而晦涩的报表时也表示，安然公司资产负债表的表外负债和关联方交易的披露是如此“复杂、令人难以理解”[②]。

大多数投资者都很难分析安然公司的财务报表。正如2001年8月沃特金斯在给雷的信中所透露的那样，安然的许多特殊目的实体存在巨额而又复杂的交易，使得安然将其报告为未实现的股票增值收益，实际上安然与特殊目的实体的交易就是和自己交易。2001年秋天，安然公司董事会成立了一个特别调查委员会，并任命了一位得克萨斯大学法学院院长威廉·C.鲍尔斯来担任主席，专门研究安然公司的大型特殊目的实体交易。2002年2月，该委员会就其调查结果发表了一份长篇报告，这份文件被新闻界称为颇具影响力的报告，该报告详细讨论了安然特殊目的实体交易的“拜占庭”式性质，以及所产生的不正当收益。

> 会计原则通常禁止公司在利润表中确认其股本价值的增加……特殊目的实体交易的实质，就是允许安然公司在利润表中报告安然股票及收到安然股票的合同产生的利得。[③]

安然公司广泛使用特殊交易实体和相关不正当会计手段的主要动机，是20世纪90年代公司增长需要大量资金。正如肯尼思·雷和杰弗里·斯基林将安然公司从一个相当标准的天然气供应商转变为能源行业的新经济中介，该公司不断需要额外的资金来实现这一转型。与大多数新兴产业一样，安然的互联网业务并没有立即产生正现金流。该公司的管理团队意识到，为了说服债权人继续源源不断地向安然提供资金，安然不得不维持高信用评级，也就是说安然必须公布虚假的财务报表。

促使安然公司的高管开始粉饰公司财务报表的一个相关因素是，必须将安然的股价维持在一个较高水平。安然公司和许多特殊目的实体签订的贷款协议包括所谓的价格“触发器”，如果安然的股票市场价格跌至指定的水平（触发价格）以下，安然公司就必须给已获得的贷款提供额外的股票抵押，向特殊目的实体支付一定的现金，或者与特定目的的实体进行债务重组。最坏的情况是，安然公司可能被迫解散一个特殊目的实体并合并其资产与负债到公司的合并财务报表中。

> 安然公司股价如此重要的原因是，公司与合伙企业（特殊目的实体）之间的重

---

① D. Henry, H. Timmons, S. Rosenbush, and M. Arndt, "Who Else Is Hiding Debt?" *Business Week*, 28 January 2002, 36-37.

② J. Emshwiller and R. Smith, "Murky Waters: A Primer on the Enron Partnerships," *Wall Street Journal*(online), 21 January 2002.

③ W. C. Powers, R. S. Troubh, and H. S. Winokur, "Report of Investigation by the Special Investigative Committee of the Board of Directors of Enron Corporation," 1 February 2002, 129-130.

要交易都是由法斯多运作的，这些交易使得安然数亿美元的潜在损失存在于账外，实际上这是在用安然的股票融资。如果股票价格下跌太多，那些交易就会作废。[①]

2001年，随着安然股价一路下跌，安然公司的法律和会计复杂难题亟待解决。更糟的是，安然公司的许多特殊目的实体因从安然购买资产而损失惨重，安然的高管们被迫向这些实体投入更多的额外资金，来保持它们的偿债能力。

由于安然公司的财务问题，主要负责特殊目的实体交易的高管人员被指控在参与运作时假公济私。安德鲁·法斯多在担任安然首席财务官的同时，也负责监管安然特殊目的实体的投资，并从中获得了3 000万美元的利润。他的几个朋友也同样从投资中获利，其中一些人从最初的5 800美元投资中获得了高达100万美元的利润。更令人难以置信的是，法斯多的朋友们在短短60天内就实现了这些收益。

截至2001年10月，安然股价暴跌，公司大量特殊目的实体蒙受大量损失，安达信审计师对此高度重视，并迫使公司高管采取行动。安然的管理层被迫将几家陷入困境的特殊目的实体纳入了公司的合并财务报表。这一决定导致安然2001年秋季报告的巨额亏损，以及对公司过去5年盈利的相关重述。2001年12月2日，安然通过互联网提交了破产申请。就在此前6个月，杰弗里·斯基林在评论安然2001年第一季度业绩时还颇为得意："结果显示，第一季度的业绩很好，我们对新业务非常乐观，我们也有信心在今后几年里保持持续的增长。"[②]

当执法部门、国会调查委员会和商业记者在翻查2002年初公开的大量安然文件时，该公司滥用会计和财务报告的做法方得以浮出水面，安然创造性地使用特殊目的实体成为批评的主要目标。不但如此，该公司还大量使用了其他会计手段。例如，安然在涉及各种能源大宗商品（主要是天然气和电力）的长期合同中滥用了颇具争议的按市值计价的会计方法。考虑到它们的业务性质，能源贸易公司经常签订长期合同来交付能源商品，然而公司的一些大宗商品合约的期限超过20年，涉及大量特定大宗商品。当安然公司最终完成这些交易时，公司高管层往往凭借一些缺乏依据的假设来虚增合同的账面利润。

即使合同期限持续时间很长，能源交易商也必须根据本季度的供货合同记录本季度发生的所有交易的预计利润。这意味着公司可以通过不现实的价格预测来夸大利润，安然公司就因此而成为被告。如果一家公司在2010年签订了以每千立方英尺3美元的价格购买天然气的合同，能源交易供货方假设每年能以2美元的成本供应天然气，则边际利润为1美元。[③]

2002年初，商业媒体报道了大量有关安然公司激进业务、会计和财务报告决策的惊人真相，由此引发了一场针对安然公司主要高管雷、斯基林和法斯多的批评

① Eichenwald and Henriques, "Web of Details."

② Eichenwald and Henriques, "Web of Details."

③ P. Coy, S. A. Forest, and D. Foust, "Enron: How Good an Energy Trader?" *Business Week*, 11 February 2002, 42-43.

浪潮。针对这三名高管的指控的一个共同点是，他们营造了一种企业文化，而这种文化虽然不鼓励但实则促进了“规则的打破”。《财富》杂志评论说：“如果不出意外，雷允许打破规则的这种文化蓬勃发展。”[①]而沃特金斯证实，安然公司的企业文化是“傲慢”和“恐吓”，阻止员工报告和调查可疑的企业行为。[②]最后，Dynegy公司（曾意图在2001年底与安然公司合并）的一位高管报告称“安然公司内部控制的缺失令人难以置信”[③]。

2002年初，当被要求在国会作证时，肯尼斯·雷和安德鲁·法斯多都援引了第五修正案来自证无罪，但杰弗里·斯基林没有这样做。在美国国会调查人员对安然公司的会计和财务报告决策进行调查时，斯基林冷静且反复地强调：“我不是一名会计。”

在财务报告领域有一个广为接受的前提，即公司高管和他们的会计师最终要对公司财务报表的真实性负责，然而，由于缺少安然公司内部人士提供的关键会计和财务报告相关问题的答案，因此最终国会调查人员、商业媒体和公众将注意力集中在安然公司的独立会计师事务所——安达信上。他们坚持要求安达信的代表解释，如果安然公司的财务报表是不可信的，那么为什么他们对安然公司的审计并没有使安然的财务报表更加透明化。更尖锐的问题是，这些批评人士要求安达信解释，在作为安然公司的独立审计公司长达15年的任期内，是如何能够对安然的财务报表发表无保留审计意见的。

自称不知内情

就在约瑟夫·伯拉迪诺成为安达信的首席执行官之后不久，安达信事务所就因其第二大客户安然公司的倒闭而受到铺天盖地的指责。1972年，伯拉迪诺从大学毕业之后，就在安达信开始了他的职业生涯。2002年夏，雷纳德·斯派塞克在安达信结束了自己漫长而辉煌的职业生涯。纵观安达信的历史，公司政策一直是只用一种声音说话，即首席执行官的声音，因此，约瑟夫·伯拉迪诺被迫承受了安然公司倒闭后安达信所受到的愤怒抨击和指责，尽管他并没有在安然公司的审计期间做出关键决策。

针对伯拉迪诺的共同问题是，他的事务所是否意识到了沃特金斯在2001年8月所提出的指控，如果是，那么安达信事务所又是如何回应的。沃特金斯在国会证实了与肯尼斯·雷沟通关于她所关注的安然公司可疑的会计和财务报告决策不久后，她曾与几年前在安达信公司任职的一名同事会面。在安达信内部的一份备忘录中，这名同事将沃特金斯的担忧传达给了另外几位同事，其中包括安然审计业务合伙人戴维·邓肯。也正是由于这件事情，安达信在芝加哥总部的高管开始系统地检查安

---

① B. McLean, "Monster Mess," *Fortune*, 4 February 2002, 94.

② Hamburger, "Watkins Tells of 'Arrogant' Culture."

③ N. Banjeree, D. Barboza, and A. Warren, "At Enron, Lavish Excess Often Came before Success," *New York Times*(online), 26 February 2002.

然公司审计团队所做出的决策。

事实上，早在几个月前，安达信事务所的代表已经意识到安然公司迅速恶化的财务状况，并帮助安然的高管应对危机。安达信事务所的工作包括协助安然高管层重组公司的某些特殊目的实体，使它们能够继续有资格成为合并报表之外的实体。随后的新闻报道显示，2001年2月，由于安然公司会计和财务报告事件被揭露，安达信的一些高管开始建议放弃安然这个审计客户。[①]

2001年12月12日，伯拉迪诺在美国众议院金融服务委员会作证。在早期的证词中，伯拉迪诺坦率地承认，安然公司的审计业务团队成员在分析1999年发生的一宗大型特殊目的实体交易时犯了一个重大错误。"我们对适当的会计处理做了专业的调整，然而最后证明是错误的。"[②]根据伯拉迪诺的说法，安达信的高管是在2001年秋天发现这个错误的，他们立即通知了安然公司高管，并告诉他们"更正它"。安然在2001年11月8日宣布对以前的6亿美元收益进行重述，大约有20%是由于这个事件。

伯拉迪诺指出剩余80%的盈利重述涉及安然公司在1997年创建的另一个特殊目的实体。但是安达信会计师事务所不知道的是，这个特殊目的实体至少3%的"外部"股本中，有一半实际上是安然公司投入的，所以该实体不符合特殊目的实体成立的条件，也就是说这个实体的财务数据从一开始就应该包含在安然公司的合并财务报表中。当安达信的审计师在2001年秋天发现这一违反3%规则的行为时，他们立即通知了安然公司的会计人员，安达信还告知该公司的审计委员会，如果安然公司的高管不揭示特殊目的实体的初始资金来源，那就是违反了1934年的《证券交易法案》。伯拉迪诺暗示说，安达信事务所对这个特殊目的实体有关会计和财务报告不应该承担责任，因为这是由于特殊目的实体的客户缺乏诚信。

伯拉迪诺还向国会解释说，安达信的审计人员也受到了安然公司业务处理调整的牵连，这些调整最终导致安然公司在2001年10月16日报告的所有者权益减少了12亿美元。这些调整的业务大部分发生在2001年初，安达信没有审计按照业务处理调整前编制的2001年季度财务报表（上市公司的季度财务报表无须进行审计）。

然而伯拉迪诺2001年12月在国会的证词未能平息外界对安达信事务所的抨击，相反，在接下来的几个月里，伯拉迪诺发现自己面临着越来越多的关于安达信的指责，这些指控大多集中在三个关键问题上。首先，在对安然公司进行审计的期间，许多批评者对安达信扮演的角色和安达信提供的"服务范围"颇有争议。在20世纪的最后几十年里，主流会计师事务所逐渐扩展了为主要审计客户提供的专业服务。对近600家大公司的一项调查研究显示，早在1999年初发布的财务报表

① S. Labaton, "S.E.C. Leader Sees Outside Monitors for Auditing Firms," *New York Times* (online), 18 January 2002.

② J. Kahn and J. D. Glater, "Enron Auditor Raises Specter of Crime," *New York Times* (online), 13 December 2001.

中，这些公司向独立审计师每支付1美元的审计费用，还得支付2.69美元用于非审计咨询服务，[①]这些服务涉及不同的业务，如内部审计、会计系统的设计、电子商务活动可行性研究，以及各种各样的其他信息技术（IT）服务。

2002年3月雷纳德·斯派塞克的女儿在接受《纽约时报》采访时透露，她的父亲坚决反对会计师事务所为审计客户提供咨询服务，"我记得他愤怒地说安达信不能为同一个客户提供咨询和审计业务，因为两者之间存在利益冲突。现在我可以非常确定地告诉你他就是这么说的。"[②]20世纪90年代末，美国证券交易委员会主席亚瑟·莱维特发起了一场声势浩大的运动，旨在限制会计师事务所为其审计客户提供咨询服务的范围，莱维特尤其希望限制会计师事务所向其审计客户提供IT服务和内部审计服务。五大会计师事务所在媒体和竞选官员中进行了广泛而高代价的游说活动，希望他们能反对莱维特的主张。

根据公开报道，安达信在2000年期间从安然公司赚取了大约5 200万美元的收入，其中只有2 500万美元直接与2000年的审计服务相关，这使得外界产生了对事务所服务范围的质疑。有批评人士指责道，会计师事务所从审计客户那里赚取的巨额咨询费破坏了独立性，"很明显，安达信帮助安然"加工"了这些账目，安达信休斯敦分公司一周从安然公司收取100万美元的收入，这就使得其客观性荡然无存。"[③]这些批评人士重申了几年前广为流传的一个观点，这种观点认为大型会计师事务所把独立审计职能当作"一种亏本出售的商品、一种走入一家公司向其出售利润更为丰厚的咨询服务的方式"[④]。这一观点从五大会计师事务所的前任合伙人处得到了确切的证明。这位人士透露，他以前所在的会计师事务所会不断地施加压力，迫使他向他的审计客户推销各种专业服务，有时候他的推销并不受待见。有一次一个审计客户的管理人员十分失望地对他说："你究竟是我的审计师还是一个推销员？"[⑤]

抨击指向安达信事务所的第二个原因是，安达信在安然公司与特殊目的实体有关的激进会计和财务报告中发挥了核心作用。2002年2月向公众发布的权威报告使得安达信受到了很多批评。这份冗长的报告详细审查了安然公司的几笔最大且最可疑的特殊目的实体交易，权力机构的报告颇具针对性地反复证明了安达信的人员已经深入参与了这些交易。表3列示了这份权威报告的摘录，该报告提到了安达信在"分析"和"审查"安然的特殊目的实体交易中所扮演的角色。

---

① N. Byrnes, "Accounting in Crisis," *Business Week*, 28 January 2002, 46.

② D. Barboza, "Where Pain of Arthur Andersen Is Personal," *New York Times* (online), 13 March 2002.

③ SmartPros.com, "Lawsuit Seeks to Hold Andersen Accountable for Defrauding Enron Investors, Employees," 4 December 2001.

④ J. Kahn, "One Plus One Makes What?" *Fortune*, 7 January 2002, 89.

⑤ I. J. Dugan, "Before Enron, Greed Helped Sink the Respectability of Accounting," *Wall Street Journal* (online), 14 March 2002.

表3 安达信参与安然公司特殊项目的实体业务主要会计和财务报告决策事项摘录

第5页：安然公司几乎所有的特殊目的实体交易的会计处理都有外部的广泛参与，都是取自安达信的意见，并向董事会报告

第17页：各种披露（关于安然公司的特殊目的实体交易）由一个或多个安然公司的外部（安达信）审计师和其内部、外部顾问批准。然而，这些披露都是无关紧要的，没有完整地、清楚地说明交易的实质，并没有传达安然公司和这些合伙企业之间发生交易的实质

第24页：我们已有的证据表明，安达信在审计安然公司的财务报表时没有履行专业职责或没有尽到义务，也就是没有提醒安然公司董事会（或审计委员会）关注对特殊目的实体交易的内部控制

第24页：安达信参与了对特殊目的实体交易的操作和会计处理，并收取超过100万美元的服务费，这显然丧失了客观的会计判断，因为它应该阻止这些交易的操作

第25页：最近有公开信息披露，安达信也没有提醒安然公司的审计委员会注意安达信合伙人对内提出的关于关联方交易重要的保留意见

第25页：董事会似乎合理地依靠了安达信对安然公司的财务报表和对其关联方交易的控制适当性两个方面的职业判断。但是我们的调查表明，安达信在这两个方面未能履行其职责

第100页：安达信的会计师亲自参与了特殊目的实体交易……安然公司的记录显示，安达信在2000年的前几个月从与创建Raptor有关的工作中获利接近33.5万美元

第107页：考西（Causey）（安然公司的首席会计师）告知财务委员会，安达信“已经花了足够时间分析Talon的结构和LJM2的治理结构，并对所提议的（特殊目的实体）交易表示满意”

第126页：当时（2001年9月），安然公司会计人员和安达信得出的结论（定性分析）认为先前的特殊目的实体交易的错误不是重大的，财务报表重述也是没有必要的

第129页：恰当的财务会计不允许出现这一结果（安然公司的特殊目的实体交易的某些可疑的会计处理）。要做到这一点，安然公司的会计人员和安达信——包括当时的审计项目组和安达信在芝加哥总部的一些专家，必须克服会计规则的重重障碍

第132页：安达信的会计师应该客观计量和正确处理这些交易，但是他们并没有这样做，这是非常令人惊讶的。根据对那些交易的记忆和收集的大量书面证据，毫无疑问，安达信的会计师理解特殊目的实体的所有重要特征，提出了恰当的会计处理建议。安达信从与特殊目的实体有关的工作中获得的收入大约有130万美元。事实上，大量的证据表明，特殊目的实体从开始、重组到最终结束，安达信每一步都为安然公司提供了建议。安然公司也采纳了那些建议

第202页：我们没有发现安达信在这些问题上得到了利益，我们收集的证据表明，安达信会计师没有有效地检查公司采用的披露方法。安达信复印了财务报表附注草稿和股东签署的委托书，我们得知它经常提供有关关联方交易披露方面的建议。我们也明白，安达信与安然全球财务（Enron Global Finance）公司关系密切的审计人员共同起草一些披露文件。最近国会听证会上公布的2001年2月的一封安达信内部电子邮件显示，安达信可能已经担心关联方交易在财务报表附注中的披露。但是安达信没有向董事会表达这样的担心。相反，这封邮件发出之后一周，安达信的审计项目合伙人告诉审计委员会，对关联方交易披露的适当性已经进行了检查，并且安达信会对其财务报表发表无保留意见

所有针对安达信牵涉安然公司特殊目的实体的抨击者中，最为严厉的是美国证券交易委员会前首席会计师林恩·特纳。在20世纪90年代任职于美国证券交易委员会期间，特纳参与了联邦机构针对安达信事务所审计废物管理公司的调查。调查最终以对安达信7个审计师的处罚和对废物管理公司财务报表进行14亿美元的重述而告终，这也是美国历史上最大的财务重述案。安达信最终支付了7 500万美元和解金，以解决与审计有关的各种民事诉讼，并向美国证券交易委员会支付了700万

美元的罚款。

在接受《纽约时报》采访时，林恩·特纳表示，针对废物管理公司、新光、安然和其他知名客户的非审计业务收费一直困扰着安达信。特纳将安达信的问题与几年前普华永道经历的问题进行了比较（当时他是普华永道会计师事务所的审计合伙人）。据特纳的说法，一系列“不合格的审计”是普华永道问题的根源所在。“我们遭受了媒体的致命一击，人们甚至不想看到我们出现在他们的家门口。这听起来很残忍，但我们罪有应得。因为我们把精力用于为公司做商业判断的要求上了。”[①]显然，独立审计师的角色不包括为客户做出“商业判断”。相反，审计师有责任对那些依据判断做出的会计和财务报告决策提出客观的看法。

最让约瑟夫·伯拉迪诺和他的安达信同事们尴尬的是，安达信会计师事务所休斯敦分所尽其所能地销毁了与安然公司审计有关的大量文件。早在2002年1月初，安达信的管理层人员就告知联邦调查人员，休斯敦分所的工作人员“销毁了大量与安然公司及其财务有关的文件，具体数量不详”[②]。美国证券交易委员会宣布对安然公司的财务问题开展正式调查后，从2001年9月到11月一直持续开展了大量工作。销毁文件的消息出来之后，立刻激起了大量的批判声音，批评者说安达信的休斯敦分所正在试图阻止执法机构获取安然倒闭案件中关于安达信可能的犯罪证据。正在调查安然丑闻的美国参议院政府事务委员会主席约瑟夫·利伯曼参议员也警告说，销毁安然相关文件会给安达信事务所造成负面影响。

当时，包括安达信事务所和安然公司高管在内的内部人士，都知道安然陷入了真正的困境，安然的屋顶即将坍塌，公司的丑闻将会暴露，所以安达信销毁了这些文件……这就涉及一个非常严重的问题：（销毁相关文件）妨碍司法。在事情结束之前，安达信的员工可能最后会以被起诉方的姿态结束整个公司的历史。[③]

在2002年的头几个月里，针对安达信的一系列抨击攻势不减。具有讽刺意味的是，这其中有一些批评来自安然公司的管理层。2002年1月17日，肯尼斯·雷发布了一则声明，称他的公司已决定解聘安达信作为其独立审计公司，[④]在新闻发布会上，基于安然审计团队对审计文件的“破坏”，以及该公司休斯敦分所的几位安达信合伙人因在安然审计事件中的行为而面临“纪律处分”这一事实，肯尼斯称

① F. Norris, "From Sunbeam to Enron, Andersen's Reputation Suffers," *New York Times*(online), 23 November 2001.

② K. Eichenwald and F. Norris, "Enron Auditor Admits It Destroyed Documents," *New York Time*(online), 11 January 2002.

③ R. A. Oppel, "Andersen Says Lawyer Let Its Staff Destroy Files," *New York Times*(online), 14 January 2002.

④ Kenneth Lay resigned as Enron's chairman of the board and CEO on January 23, 2002, one day after a court-appointed "creditors committee" had requested him to step down.

这一决定是合理的。[①]

安然公司申请破产后，安达信事务所陷入了公关困境。在这整场噩梦中，约瑟夫·伯拉迪诺采用的一种主要战术是，反复坚称导致安然垮台的是安然公司经营不善，而不是由于安达信的失误才导致投资者、债权人和其他各方遭受巨额损失。“说到底，并不是我们导致公司破产的。”[②]然而这并没有使人们对安达信事务所产生一丝一毫的同情，就连《今日会计》（当时会计行业的主要出版物之一）的总编也对伯拉迪诺的言辞无动于衷。“如果你接受审计业务并收取了审计费用，那么就应该准备好接受指责。否则你不是解决方案的一部分，而是问题的一部分。”[③]

嘲笑与回顾

2001年事件临近尾声，《纽约时报》报道称，对于安达信事务所来说今年无疑是有史以来最糟糕的一年。“会计师事务所曾被誉为业界良心企业”，[④]而接下来的一年则会是更为黑暗难熬的时期。2002年初的几个月里，安达信事务所面临着国会的调查，安然公司股东和债权人也提起了大量集体诉讼，还有因为销毁有关安然审计文件所引发的联邦刑事诉讼。

2002年3月下旬，在与其他五大事务所的合并谈判失败后，出乎意料的是，约瑟夫·伯拉迪诺辞去了安达信事务所首席执行官职位。在接下来的几周内，数十位安达信客户解聘了安达信事务所作为他们的独立审计公司，因为他们担心一旦安达信被判有罪，则事务所就不复存在。巨大的客户流失迫使安达信在4月中旬裁掉了超过25%的员工。在宣布裁员消息后不久，美国司法部官员透露，前安然审计业务合伙人戴维·邓肯承认妨碍司法公正，并同意作证进行指控。邓肯的认罪对于安达信事务所而言可谓是致命的打击。2002年6月，联邦陪审团裁定安达信妨碍司法公正的罪名成立。这一判决迫使安达信终止了与其他客户的合作，安达信在美国会计行业的悠久而自豪的历史也戛然而止。

三年后，美国联邦最高法院一致推翻了对安达信的重罪指控。在首席大法官威廉·伦奎斯特撰写的一份意见书中声明：最高法院裁定，在安达信撕毁对安然公司审计的工作底稿时，联邦检察官没有直接证据证明安达信事务所有意干预联邦调查。然而最高法院的判决对安达信的两万多名合伙人和员工来说并没有什么安慰，他们早在安达信因被裁定重罪时就被迫失业。

许多安然的高管由于卷入安然欺诈案而面临刑事起诉，其中包括安德鲁·法斯

① M. Palmer, “Enron Board Discharges Arthur Andersen in All Capacities,” *Enron.com*, 17 January 2002.

② M. Gordon, “Labor Secretary to Address Enron Hearings,” *Associated Press*(online), 6 February 2002.

③ B. Carlino, “Enron Simply Newest Player in National Auditing Crisis,” *The Electronic Accountant* (online), 17 December 2001.

④ Norris, “From Sunbeam to Enron.”

多、杰弗里·斯基林和肯尼斯·雷。法斯多承认自己犯有共谋证券欺诈和一些其他指控的罪行，他被判10年有期徒刑，在他作证指控斯基林和雷之后，刑期减少到6年，法斯多还被没收他在安然任职期间积累的近2 500万美元个人资产。基于法斯多的证词，斯基林和雷在2006年5月因欺诈和阴谋罪落网。4个月后，斯基林被判处24年监禁，但在2013年，刑期缩短至14年。肯尼斯·雷2006年7月死于心脏病，3个月后，一名联邦法官推翻了对雷的判决（当时雷已经无法上诉）。

安然丑闻对公共会计行业造成的负面影响并不仅限于安达信及其合伙人或员工。针对安达信的嘲讽使得全国几乎每一个会计师都蒙羞难堪，包括公共执业的会计师和在私营企业工作的会计师。安然的噩梦促使业内进行深刻的反思，并引发了公众对加强独立审计职能、改进会计和财务报告质量的强烈需求。立法和监管当局迅速回应了公众对改革的需求。

安然事件的直接结果就是，财务会计准则委员会针对特殊目的实体制定了更严格的会计和财务报告准则。这些新规则要求大多数公司在合并财务报表中包含这些实体的财务数据（称为可变权益实体）。2002年，美国国会通过了《SOX法案》，通过提高独立审计的严格程度和质量，加强对上市公司财务报告的监督。《SOX法案》限制了独立审计师可以向客户提供的咨询服务的类型，并要求上市公司就内部控制的质量编制年度报告。安然丑闻促使整个行业发生的一个根本性变化是成立了一个新的联邦机构——上市公司会计监督管理委员会，负责监督独立审计准则制定过程。

2002年初，证券交易委员会前主席理查德·布雷登在国会作证时，就会计行业面临的挑战和问题发表了言论。布雷登指出，这一职业所面临的困境有一个简单的解决办法，他呼吁会计师和审计师在分析、记录和报告商业交易时采用一个简单的经验法则，无论这些交易是涉及“新经济”还是“传统经济”。“当你做完所有事情的时候，结果会更公正地反映你看到的东西。”①

现在回想起来，布雷登的建议似乎是在重申安达信事务所“直言不讳”的座右铭。安达信和他的同事坚持认为，他们的审计客户在编制财务报表时应该严格遵守诚信标准。2001年12月，约瑟夫·伯拉迪诺在接受《纽约时报》采访时说，当他在处理某些难相处的审计客户（如安然公司）时，可能和同行有不同的态度。“昨天接受采访时，约瑟夫·伯拉迪诺说安达信没有权力去强迫任何一个公司披露其在特殊目的实体中所隐藏的风险和损失。一个客户说‘没有要求披露这项内容，你不能用更高的标准要求我’。”②

约瑟夫·伯拉迪诺的话肯定是正确的，任何一家会计师事务所都不能强迫自己的客户履行更高的标准。事实上，亚瑟·爱德华·安达信也没有这个权力，但是安

---

① R. Schlank, "Former SEC Chairmen Urge Congress to Free FASB," *AccountingWeb*(online), 15 February 2002.

② F. Norris, "The Distorted Numbers at Enron," *New York Times*(online), 14 December 2001.

达信先生会告诉自己的客户寻找其他的会计师事务所。[①]

思考题

1.安然的瓦解引发了公众对于会计行业的“信任危机”，罗列出你认为应该对这次危机负责的责任方，并说明理由。

2.写出近年来会计师事务所为审计客户提供的三种类型的咨询服务，并指出提供每种服务对于有损会计师事务所独立性的具体表现。

3.假设表3中的报告能够对安达信参与安然公司的会计和财务报告决策进行准确描述，你认为安达信在参与这些决策时是否违反了某些专业审计准则？如果有，请列出违反的准则并简要说明理由。

4.简要描述在专业审计准则中对编制和保留审计工作底稿的要求。审计工作底稿应该由会计师事务所保留还是客户保留？

5.写出五条已经提出的用于加强审计独立性的建议。针对每条建议说明你是否支持并说明理由。

6.对于与公共会计学科有关的“职业精神”概念，你认为在过去的几十年里它发生了重大变动吗？如果是，请说明概念是如何变化的，并说明引起变化的主要因素。

7.如案例所述，美国证券交易委员会不要求上市公司的季度财务报表接受审计。那么会计师事务所对于客户的季度财务报表负有什么责任？你认为季度财务报表应该接受审计吗？说明理由。

---

① 2015年8月，美国证券交易委员会报告说，正在关闭安然受害者信托基金。联邦机构设立了这项信托基金，用于支付证券交易委员会和美国司法部在安然相关法律诉讼中向被告收取的财务和解费用。总的来说，安然受害者信托基金向公司前股东支付了超过5亿美元。已公布的报告表明，由于对包括公司以前几家银行在内的多个相关方提起了民事诉讼，安然公司已向其前债权人和股东分配了200多亿美元。这些追回金额仅占安然公司前债权人和股东估计损失800亿美元的一小部分。

案例 1.2

雷曼兄弟控股公司

愚行与罪行多源于债务。

本杰明·迪斯雷利

1929年10月24日，星期四，这一天被认为是华尔街有史以来最具戏剧性的一天。[①]当天，股市大崩盘袭来并在接下来的几年内造成了道琼斯工业平均指数（Dow Jones Industrial Average，DJIA）下跌近90%。虽然没有像“黑色星期四”那么富有戏剧性，但2008年9月15日也是华尔街业内人士不会很快忘记的日子。当天，华尔街标志性的投资银行之一雷曼兄弟申请破产。一个多世纪以来，雷曼兄弟对美国证券市场的发展起到了不可磨灭的作用，然而该公司的光荣史却以破产告终。

雷曼兄弟破产时拥有约7 000亿美元资产，这使其成为美国历史上规模最大的企业破产案，轻松超越了安然、通用汽车和世通等之前备受关注的破产案件。相比之下，电信巨头世界通信公司的资产总额还不到雷曼兄弟的1/6。

雷曼兄弟申请破产的声明令世人震惊，短短几小时内道琼斯工业平均指数就重挫了500多点，而这一巨大的损失还只是未来灾难的预兆。在随后的6个月内，道琼斯工业指数相较2007年10月9日达到的历史最高水平14 164.53点下降了50%多。股市的下跌直接使股票投资人整整10万亿美元的“纸上财富”化为乌有，使美国和世界经济陷入所谓的“大萧条”。

2010年春天，当法院指定的雷曼破产案审查员公开了2 200页的报告时，雷曼公司破产事件再次成为世界瞩目的焦点。在准备这份备受期待的报告时，破产案审查员和其他工作人员审阅了2 000万份文件和1 000万封电子邮件，花费了3 800万

① 我要感谢格伦·麦克劳克林(Glen Mclaughlin)，感谢他慷慨而持续的支持，将道德融入商学课程。我还要感谢T.J.吉列(T.J.Gillette)，感谢他出色的研究，对此案例的开发有很大的帮助。

美元。这份大规模的报告记录了导致雷曼破产的各种情况和事件，以及破产案审查员认为应当对此次事件承担民事责任的当事人。

这份破产报告的发布引发公众哗然，因为它披露了雷曼的高管经常利用数十亿美元的“会计驱动”交易来美化粉饰他们公司的财务数据。据称，这些交易是为了达到提高财务比率这一目的而进行的。而监管机构、股市分析师和投资者认为，财务比率是衡量公司整体财务状况的一个关键指标。

由于2007年和2008年雷曼的财务状况迅速恶化，公司高管加大了对这些有争议交易的利用，导致该公司的负债被低估高达500亿美元。最令人震惊的是，雷曼兄弟从未在其定期提交给美国证券交易委员会（SEC）的年度报告和季度报告中披露或提及这些交易。

破产报告中另一项令公众震惊的事实是，雷曼聘请的审计公司已经意识到了雷曼公司利用几十亿美元的交易来粉饰财务报表。根据破产案审查员的说法，四大事务所曾多次与公司管理人员讨论过这些交易，但没有坚持，也没有明确建议公司在财务报表或附注中披露这些交易。

破产案审查员还坚称，会计师事务所没有恰当地告知雷曼的管理层和审计委员会一名内部举报人的指控，即管理层故意歪曲雷曼的财务报表。由于涉嫌职业渎职，雷曼的会计师事务所也被破产案审查员判定为对公司股东和债权人损失承担民事责任的当事人之一。

棉花大王

19世纪，政治动荡和国内恶劣的经济状况促使600万名德国人移民到美国，这些移民包括来自德国东南部美丽山区巴伐利亚的三兄弟。1844年，23岁的亨利·雷曼（Henry Lehman）来到亚拉巴马州的蒙哥马利市，一个人口不足5 000人的小城。在接下来的几年里，亨利的两个兄弟伊曼纽尔和迈耶，也随他来到了蒙哥马利。

三兄弟开了一家小零售店，店里出售各种各样的商品，包括杂货、衣服和五金器具。零售店的主要客户是附近农村地区的棉农，他们经常用打包好的棉花来偿付商品，兄弟们很快意识到，买卖棉花比经营一家零售店更有利可图，于是他们转行成为棉花商人。

到1860年，“棉花大王”占据了整个南方地区市场，当时南方各州占世界棉花产量的3/4，棉花也是美国最大的出口商品，占美国年度出口总额的60%。1858年，新英格兰蓬勃发展的纺织业对棉花产生了巨大需求，这使雷曼兄弟在曼哈顿城建了一间办公室，距离华尔街金融区只有几个街区。但是1861年爆发的内战迫使支持美国南部联盟的雷曼兄弟关闭了该办公室。

内战期间，林肯总统对南方实行的贸易禁运意味着像雷曼兄弟这样的棉花商人失去了他们最大的市场。由于雷曼兄弟意识到，战后对棉花的需求会急剧上升，因此他们在战争期间购进大量棉花，并将其储存在分散于南方各处且隐蔽性良好的仓库中。战后，雷曼兄弟利用出售棉花获得的利润重建了自己的公司，成为战后南方最大的棉花商之一。到1870年，雷曼兄弟重新在纽约开设了办公室，不久之后，他们把那间办公室变成了他们公司的总部。

在19世纪末的几十年里，雷曼兄弟逐渐扩大了业务范围，开始经营其他商品，包括咖啡、糖、小麦和石油产品等。三兄弟还决定购买一个纽约证券交易的席位。他们意识到需要金融中介机构来汇集私人投资资金并投入到对美国经济增长起重要作用的大公司。由于他们所从事行业的性质，三兄弟对银行和信贷行业非常熟悉，他们相信可以利用这一经验轻松地进入新兴且利润丰厚的投资行业。

到20世纪初，由雷曼家族第二代成员管理的雷曼兄弟公司已与棉花行业完全脱离，把精力几乎完全集中在投资银行业务上。在此期间，雷曼兄弟公司成为几家公司的担保人，包括B.F.古德里奇公司、金宝汤公司、F.W.伍尔沃斯公司、R.H.梅西公司以及西尔斯公司，这些公司后来都成为美国经济的中坚力量。

投资银行通过对风险进行有效的评估“定价”，促进投资资本在自由市场经济中的流动。也就是说，投资银行家可以帮助买卖双方确定给定证券的风险与这些证券最初的售价之间的适当关系。这种定价过程有助于确保有限的投资资金以有效的方式分配给企业、其他商业组织和需要外部资金为其业务融资的政府机构。

投资银行公司所面临的商业风险涉及范围十分广泛。例如，投资银行有时会在担保期内取得新顾客的证券但无法出售给第三方，从而蒙受巨大损失。影响投资银行风险的最重要因素是其利用金融杠杆的程度。与商业银行类似，投资银行严重依赖债务资本，而非投资资本。一方面，在强劲的经济环境下，投资银行业繁荣发展，这种高财务杠杆通常会给公司股东带来巨额利润；另一方面，在经济低迷时期，投资银行往往会遭受巨额损失，使其股东的大部分权益化为乌有。

纵观雷曼兄弟的发展历史，它经历了投资银行业常见的商业周期起伏的高潮和低谷。20世纪90年代，雷曼兄弟及其竞争对手使得一系列投资产品风靡华尔街，也正是这些产品放大了商业周期的风险。

铤而走险

雷曼兄弟和其他大型投行成为20世纪最后十年出现的金融衍生品市场的主要参与者。投资百科（www.investopedia.com）对金融“衍生品”的定义如下：

> 金融衍生工具是一种价格取决于或衍生于一个或多个标的资产的证券。衍生品本身只是两个或多个当事人之间的合同。它的价值取决于标的资产的波动。最常见的标的资产包括股票、债券、大宗商品、货币、利率和市场指数。大多数衍生品的特点是高杠杆率。

许多类型的金融衍生品已经有了几十年的历史，包括最普通的衍生工具，如普通股票的看跌期权和看涨期权。然而，在20世纪90年代中期，一些新型的金融衍生品变得越来越流行。这些新型衍生品包括债务抵押证券、信用违约互换产品和利率互换产品等。机构投资者的购买量在这些新证券的交易量中占了很大一部分，因为大多数个人投资者对这些新证券知之甚少，因此他们对其避而远之。

新型衍生品为投资银行业带来了巨大的利润。不利的一面是，在经济衰退时这些新证券带来的风险往往难以评估，而反过来又使这些风险难以管理。一些经济学家和华尔街专家认为，与这些衍生品产生的回报率相比，这些衍生品带来的风险实际上高得难以想象，而且这些投资机构处在最宽松的管理监督之下，这无疑在一定程度上增加了它们的风险。

在2009年对证券市场的回顾综述中，美国总统贝拉克·奥巴马指出，在过去的20年里，市场体现出“风险狂热”的特点。[①]奥巴马总统补充说，在那个时期流行起来的许多新证券结构复杂且多样化，以至于20世纪30年代针对证券市场制订的“旧监管计划”没有对它们起到充分的监管作用。

20世纪90年代及以后，随着衍生品市场的规模迅速扩大与重要性迅速提升，雷曼兄弟公司得以良性发展，公司在住房抵押贷款支持证券（residential mortgage-backed securities，RMBS）市场尤其活跃。到世纪末，政府机构、经纪公司和投资银行每年都产生大量的住房抵押贷款证券，这种“证券化”过程包括从银行、抵押贷款公司和其他实体购买住房抵押贷款，将这些抵押贷款打包或“汇集”起来，并将这些抵押贷款出售。住房抵押贷款证券的购买者实际上是在购买由“支持”这些证券的抵押贷款产生的现金流索取权。到2004年，雷曼兄弟公司每年交易的住房抵押贷款证券数量位列全美第一。[②]

住房抵押贷款证券的高收益使得人们对这些新型混合证券的需求激增。相应地，由于人们对住房抵押贷款支持证券的需求不断增加，导致抵押贷款的发放者更加激进，他们向那些由于过去几年收入不足、信用记录不佳或其他问题而无法获得住房抵押贷款的个人放贷，而这些人中大多数都是被称为“次级”借款人的首次购房者。抵押贷款发放者并没有顾及当房价下降时由于次级借贷者出售贷款而产生的巨大违约风险，并将风险转移给了住房抵押贷款证券的购买者。

影响住房抵押贷款支持证券风险的关键因素是美国住房市场的潜在安全状况。从1995年到2005年的十年间，房价稳步上涨，使住房抵押贷款的违约风险降低。然而，华尔街分析师警告称，一方面，房价下跌将引发抵押贷款违约率上升，这将给住房抵押贷款的持有者带来麻烦；另一方面，房价的突然大幅下跌对这些投资者来说可能是灾难性的。不幸的是，后一种末日景象确实发生了。

美国房价在2006年达到了顶峰，到2007年底，房价已经开始下跌，2008年中期，许多住房市场中房屋价格下跌了20%甚至更多。在拉斯维加斯和南佛罗里达等过去几年房价涨幅最大的一些住宅市场，房价甚至下跌了50%。

房价下跌导致越来越多的美国房主“倒挂”，这意味着他们房屋的市场价值低于抵押贷款的未付余额。到2008年初，大约有900万美国人的房屋净值为负，这导

---

① S. Labaton, “Obama Sought a Range of Views on Finance Rules,” *New York Times*(online), 17 June 2009.

② 雷曼兄弟公司购买了大量由美国主要次级贷款公司之一的新世纪财务公司证券化的住房抵押贷款。案例1.11记录了新世纪财务公司简短而又动荡的历史。

致了抵押贷款违约和丧失赎取权率的迅速增加。住房价格急剧下跌损害住房抵押贷款市场只是时间问题。

政府机构、大型机构投资者和投资银行突然发现，当房价将继续直线下跌时，住房抵押贷款证券的价值急剧下降。在某些情况下，抵押贷款支持证券市场是“冻结”了，这意味着这些证券不能以任何价格出售。当房地产市场崩溃时，雷曼兄弟公司正是持有大量抵押贷款证券的实体之一。2007年底，该公司拥有近900亿美元的此类“有毒”资产，相比之下，雷曼当时的所有者权益仅为225亿美元。

在房地产市场崩溃之前，雷曼公司高风险的商业模式创造了一连串破纪录的年份。表1列示了雷曼2003年至2007年5年间卓越的财务表现，同时也是该公司2007年年报中财务报表的精简版。值得注意的是，在这段时间内，公司每年都报告创纪录的收入和净利润。雷曼公司一系列令人印象深刻的经营业绩在2008年初仍然继续，当该公司公布2008年第一季度高于预期的业绩时，其普通股价格在一天内飙升了近50%。

表1　　雷曼兄弟公司2003—2007年财务报告

单位：10亿美元（每股金额除外）

	2007	2006	2005	2004	2003
收入	19.3	17.6	14.6	11.6	8.7
净收益	4.2	4.0	3.3	2.4	1.7
总收益	691.1	503.6	410.1	357.2	312.1
所有者权益	22.5	19.2	16.8	14.9	13.2
每股盈余（美元）	7.26	6.81	5.43	3.95	3.17
每股股利（美元）	0.60	0.48	0.40	0.32	0.24
年终股价（美元）	62.63	73.67	63.00	41.89	36.11
股本回报率	20.8%	23.4%	21.6%	17.9%	18.2%
财务杠杆率	30.7	26.2	24.4	23.9	23.7%
净财务杠杆率	16.1	14.5	13.6	13.9	15.3%

雷曼的高管们从公司持续强劲的财务表现中获得了丰厚的收益。从1994年到2008年，理查德·富尔德一直担任雷曼的首席执行官，在那段时间里，富尔德获得了近5亿美元的收入。除了金钱奖励之外，雷曼的高管们还得到了大量的赞扬，就在2008年雷曼的金融帝国开始衰落之际，《巴伦周刊》将富尔德列入了全国前30位首席执行官名单，并称其为“华尔街先生”。

尽管2007会计年度和2008年第一季度的经营业绩都很抢眼，但雷曼管理层意识到公司正面临着严峻的挑战。“雷曼公司虽然向公众展示了未来美好的憧憬，但它正在为公司的深层次问题苦恼。”[①]雷曼管理层面临的复杂问题是，金融分析师和其他密切关注投资银行业的各方已开始对公司的财务状况提出严重质疑。这些问题主要源于雷曼面临的两个事件：其中一个是房地产市场的重创；第二个也是更重要的问题是，公司“过度杠杆化”[②]。这一问题至关重要，因为在当时，华尔街普遍认为，投资银行的财务杠杆水平是评估其财务状况最重要的指标。

在表1雷曼的财务报表中列出了两个衡量财务杠杆的指标。传统的财务杠杆率是用总资产除以所有者权益来计算的。在2007年底，雷曼兄弟公司的财务杠杆率为30.7，这意味着每1美元的所有者权益对应着30.70美元的公司资产。在该公司2007年年报中，雷曼管理层称，“净财务杠杆率”比传统杠杆率更能衡量公司的财务杠杆率。在计算净财务杠杆率时，该公司将大量“低风险”资产从总资产中扣除。值得注意的是，雷曼公司2007年的净财务杠杆率比传统杠杆率低了近50%。

2007年末，财务分析师将雷曼的杠杆比率（尤其是净财务杠杆比率）视为重要因素，这促使理查德·富尔德下令在全公司范围内实施“去杠杆化战略”。在这段时间内，在公司内部的沟通中，富尔德的一个下属写道：“降低杠杆对重获市场、借款人以及投资者的信心是极为重要的。”[③]富尔德的另一位下属随后证实，从2007年末开始，雷曼公司设定资产负债表目标的目的是降低评级机构用来衡量雷曼业绩表现的杠杆比率。

雷曼管理层选择了一种不常见的方法来降低公司的净财务杠杆率，这一临时策略涉及大量在季度报告结束时的“会计驱动”交易，这在公司内部被称为“基于基本的回购协议”。由于基于基本的回购协议并没有披露在雷曼公司提交给美国证券交易委员会的文件中，第三方财务报表使用者对于公司净财务杠杆率被管理层刻意调整的事实并不知情。“雷曼公司从来没有披露自己的净财务杠杆率是基于基本的回购协议的，但是它们却以净资产杠杆率为依据向公众证明公司财务业绩与运行情况是安全的。”

回购交易中心

在买回或回购协议中，一方向另一方出售证券，同时在合同中承诺以后回购这些证券，并规定证券约定的回购价格名义上高于原始售价。事实上，证券的最初“销售者”是从最初的“购买者”处贷款，并将转让给买方的证券作为贷款的抵押

---

① L. Story and B. White, "The Road to Lehman's Failure Was Littered with Lost Chances," *New York Times*(online), 6 October 2008.

② D. Leonard, "How Lehman Brothers Got Its Real Estate Fix," *New York Times*(online), 3 May 2009.

③ 除非特别说明，以下引用皆来自于：Lehman Brothers Holdings, Inc., et al., Debtors, "Report of Anton R. Valukas, Examiner," U.S. Bankruptcy Court for the Southern District of New York, Chapter 11 Case No. 08-13555, 11 March 2010.

品，而原售价与回购价格之间的差额是原购买者从贷款中获得的利息。

回购交易的另一个特征是“折扣”。贷款方（卖方）给借款人（买方）作为抵押品的证券价值高于其交易中证券的票面价值。例如，如果雷曼公司以回购协议的方式向另一方借款1亿美元，那么雷曼公司将会给借款人超过1亿美元的证券作为借款的抵押品。雷曼的回购折扣通常为2%，在刚才的例子中，虽然实际借款额为1亿美元，但是雷曼公司要给借款人1.02亿美元证券。

回购交易是大公司常用于满足在短期内大量资金需求的融资工具。同时，回购贷款方认为，这些交易是一种相对安全的方式，因为可以将过剩的现金以较低的回报率进行投资，而不会在较长一段时间内冻结这些资金。与其他投行类似，雷曼公司将回购交易作为短期融资的主要渠道。

为达到会计目的，贷款方通常将回购交易处理为融资交易而非真实的证券销售，雷曼公司就将其所有的一般回购交易记录为融资交易。当时，这种会计处理是由《财务会计准则公告第140号》（Statement of Financial Accounting Standards No.140，简称SFAS No.140）“金融资产和清偿债务的转让与服务会计”所规定的。然而，当出现特殊情况的时候，SFAS No.140提供了一般原则下的例外情况处理方式，即回购交易中的贷款方可以将回购交易记录为证券销售。[①]

雷曼公司的高管们意识到，SFAS No.140的特殊情况可以用来为自己谋利，即降低公司的净杠杆比率。这一策略的关键在于大量的基于基本的回购协议，这些回购协议被公司记录为销售而非金融交易的回购协议。雷曼公司将基于基本的回购协议视为出售的理由是此类交易中存在大量的“折扣”，而对于基于基本的回购协议来说，折扣率是5%，这就解释了雷曼公司将其归类为销售的原因。雷曼公司的会计人员坚持认为，基于基本的回购协议中较大的折扣额使其能被归类为销售，而这也是符合SFAS No.140的特殊情况。[②,③]由于对SFAS No.140的解释存在争议，在从事基于基本的回购协议之前，公司管理层决定得到一份可以证明此类交易是“真实销售”了证券的律师意见书。

雷曼管理层在美国找不到一家律师事务所愿意发表法律意见，证明基于基本的回购协议是真实的销售，但是该公司的高管们并没有气馁，而是开始寻找一家能够发表此类意见的外国律师事务所。最终，英国一家大型律师事务所帮助雷曼公司达成了目的。

---

① SFAS No.140近年已修正，主要是SFAS No.166“金融资产转让的会计处理”。

② 雷曼公司对其会计处理的详尽解释记录在一些资料中，其中就包括破产案审查员报告中所提及的一长段解释。关于雷曼公司对其会计处理的讨论可以在以下资料中查阅到：S. K. Dutta，D. Caplan，and R. Lawson，“Poor Risk Management，”*Strategic Finance*，August 2010，23-29. 雷曼坚称从根本上来说，基于基本的回购协议中较大的折扣额可以证明公司已经将证券的控制权转移给了另一方，而这正是SFAS No.140中规定的回购交易处理为销售需要满足的条件。

③ 我们需要认识到这里所指的“折扣”并不等同于回购交易中贷款方付给借款人的利息。由于回购交易倾向于较短时期，贷款方付出的利息通常是1%，虽然年利率可能为8%。

由于无法在美国国内找到一家律师事务所愿意提供一份在相关法律下将此类交易处理为真实销售的律师意见书，雷曼公司在有了年利达律师事务所的律师意见书后实施了公司的基于基本的回购交易。年利达律师事务所位于伦敦，它依据英国法律对雷曼欧洲国际公司（LBIE）——雷曼公司位于伦敦的欧洲经纪交易商，出具了相关律师意见书。

由于基于基本的回购协议需要在英国完善，所以雷曼公司将交易中涉及的证券从公司的美国分部转移到英国分部，即雷曼欧洲国际公司，虽然这些交易在英国比较完善，但是它们最终会包含在雷曼公司在美国发布的合并财务报表中。

实际上，每笔基于基本的回购协议都有两步：第一步，将证券“销售”给第三方；第二步，雷曼公司用在销售中得到的收益来偿付一部分未付的债务。综合两个步骤看，基于基本的回购协议可以帮助雷曼公司降低其净财务杠杆率，从而粉饰了公司的表面财务状况。

我们应该意识到基于基本的回购协议第一步对净资产是没有影响的。在基于基本的回购协议中，销售证券时，记录此交易的记账分录为借记现金，贷方为相应的投资账户，双方的记录金额相等。[①]但是在第二步中，公司用基于基本的回购协议中获取的收益偿付负债，这样会使得雷曼公司的总资产减少，相应地降低雷曼公司的净财务杠杆率。传统的回购交易在会计上处理为短期借款，这样并不能达到降低财务杠杆率的效果。[②]

雷曼破产案审查员记录了一个事实：雷曼公司基于基本的回购协议在每个季度末急剧增加，交易选择在这一时机使雷曼公司可以在其财务部关账并准备季度或年度报告的前几天或几个小时内大幅度降低公司净财务杠杆率。几天后，公司就用新借来的钱将那些证券重新买回来从而撤销基于基本的回购协议。在2007会计年度末，雷曼公司未完成的基于基本的回购协议金额高达390亿美元，3个月后，这个数字上升到500亿美元。

雷曼公司在2007年和2008年利用基于基本的回购协议来粉饰报告的财务状况，成为联邦法院破产案审查员提交的2 200页报告的重点。让破产案审查员尤其感到震惊的是，雷曼管理层试图将公众的注意力吸引到公司不断下降的杠杆水平上，同时又掩盖了大量的基于基本的回购交易。例如，在跟踪雷曼股票财务分析师的“财报电话会议”中，该公司首席财务官强调，公司的财务杠杆正在降低。然而，她只字未提公司使用基于基本的回购协议，与此同时，首席财务官告诉那些分

---

① 这是对雷曼公司针对基于基本的回购协议会计处理的一个简要概括。雷曼公司用来记录基于基本的回购协议的假设会计分录的案例可以在以下资料中查阅到：S. K. Dutta, D. Caplan, and R. Lawson, “Poor Risk Management,” *Strategic Finance*, August 2010, 23–29.

② 传统的降低净财务杠杆率的方法是简单地出售资产然后用收到的钱偿付债务。由于雷曼公司的资产所在的销售市场具有非流动性，所以雷曼公司不会使用传统方法。如果要出售那些资产，那么雷曼公司就不得不吸收大量负债，而这些负债既会减少其所有者权益，也不会达到降低其净财务杠杆率的目的。

析师，她的公司致力于提供高度透明的资产负债表。

破产案审查员坚称，即使对基于基本的回购协议的会计处理符合SFAS No.140，这样的会计处理也是违反公认会计原则的，以至于雷曼的财务报表具有误导性。为了支持自己的观点，这位破产案审查员提到了联邦地方法院在针对这一会计事项做出的裁决："公认会计原则意识到严格遵守一些特殊的公认会计原则可能会导致财务报告具有误导性，并且提出了一个整体性的要求，就是财务报告作为一个整体应该准确地反映公司的财务状况。"

根据破产案审查员的说法，基于基本的回购协议没有最起码的商业目的。相反，这些交易的唯一目的，是粉饰雷曼公司的资产负债表。总而言之，这些交易具有非常鲜明的"会计驱动"特点，破产案审查员提出了美国证券交易所原先的一份声明来支持自己的观点。

"会计驱动"交易指的是因报告与交易的经济情况不一致并且损害财务报告透明度而实施的交易。试图以不同于其实质内容的方式描述交易有损于投资者利益并违反了证券相关法律。

破产案审查员揭露了大量可以用以证明基于基本的回购协议是会计驱动这一事实的公司内部沟通事例。在对关于雷曼公司为何在每季度末实施大量基于基本的回购协议的调查询问的回复中，公司的一位管理者对另一位管理者说："这基本上就是粉饰门面。我们是基于法律细则而将其称为真实销售。"公司另一位管理者证明道："全公司都接受基于基本的回购协议是用于季末调节资产负债表这一事实。"雷曼公司一名低层员工将基于基本的回购协议称为"会计伎俩"以及"调节财务报表的懒方法"。最终，雷曼公司财务部的一位高层员工向破产案审查员承认这些交易都是虚假的，他们进行这些交易的唯一目的是降低资产负债表中（资产）的数额。

基于基本的回购协议比雷曼公司正常的回购交易花费更多，这一事实可以进一步证实破产案审查员的观点，即基于基本的回购协议是由会计驱动的。这是因为雷曼公司可以通过传统的回购交易，以花费更少的方式获得其利用基于基本的回购协议获得的数百亿美元的短期借款。雷曼公司本可以与基本相同的交易另一方，针对相同的资产进行普通的回购交易来以更少的花费获得等同于基于基本的回购协议筹集来的资金。

当考虑雷曼公司对其基于基本的回购协议进行的会计处理是否使其财务报告具有误导性时，破产案审查员援引了《财务会计概念公告第2号》的概念定义及会计信息质量特征。

根据周围的环境，会计信息的遗漏或错报使理性人依据此信息做出的判断被改变或影响。

破产案审查员调查了大量依据雷曼公司财务报表的"理性"当事人，几乎所有的当事人都坚持自己原本应该知道雷曼公司采用基于基本的回购协议来粉饰其资产负债表和主要财务指标。雷曼公司的董事、评级机构和政府监管部门都对雷曼公司运用基于基本的回购协议的情况一无所知，他们告诉审查员，对于雷曼公司运用回购协议的事情，如果他们知道的话就可以加以规避。实际上，2008年雷曼欧洲公司的管理人员给在美国的同事发了电子邮件，并提醒说大量集中在季度末的基于基本的回购协议没有如实表述其所面临的风险。破产案审查员依据这个陈述做出了判断，认为法官或法院能够发现基于基本的回购协议使得雷曼公司的财务报表具有很大的误导性。

为了支持自己的结论，破产案审查员指出了雷曼公司的独立会计师事务所——安永——在2007年工作底稿中关于重要性水平的探讨。安永事务所在有关调整资产负债表的相关文件中写道："重要性被定义为单独或者累计可以对净财务杠杆率产生0.1或大于0.1的影响（通常为18亿美元）。"基于基本的回购协议对净财务杠杆的影响不是0.1，这也是问题所在。如表1所示，雷曼公司公示的2007会计年度净财务杠杆率为16.1。按照破产案审查员的说法，如果雷曼公司将基于基本的回购协议处理为融资交易，那么真实的净财务杠杆率达17.8。

在调查过程中，审查员花费了大量时间和精力来审查安永事务所的工作底稿，这家优秀的会计师事务所最终也因为这次事件而受到牵连，同时也成为破产案审查员的批评对象。

一线审计师

1994年到2008年间，安永负责雷曼公司的独立审计工作。2007年度审计，也就是雷曼公司破产前的最后一次审计，支付给安永事务所2 950万美元的费用，其中包括了2007年的审计费用、安永事务所为雷曼公司提供税务服务费用以及其他相关费用。威廉·施利西担任2007年雷曼公司审计项目的合伙人。在2008年7月，安永的长期合伙人施利西被任命为安永全球银行及资本市场的业务主管，而这项业务是安永承接的最大的个人业务。

在调查期间，审查员曾多次采访施利西，而施利西告诉审查员，安永已经发现了基于基本的回购协议的存在，也注意到雷曼公司没有在其提交给证券交易委员会的财务报表中对此有所披露。同时，施利西说，雷曼公司管理层曾经在制定基于基本的回购协议政策时就向安永进行过咨询，虽然报告中写着安永没有直接参与并同意这项会计政策。

雷曼公司前任首席财务官马丁·凯利证明说，自己在2007年和施利西讨论过基于基本的回购协议。凯利告诉审查员，自己对雷曼公司没能从美国任何一家律师事务所取得一份支持此类交易处理方法的律师意见书感到不安。凯利回忆说，自己和安永事务所的审计师谈起过没能得到一份支持此类交易的意见书这个话题。

出人意料的是，施利西却告诉审查员自己不清楚安永项目组成员是否真正审查了由年利达事务所出具的针对基于基本的回购协议的律师意见书。施利西说这项审查工作应该由位于英国的安永分所来做，也正是安永的英国分所审计了雷曼欧洲国际公司的会计记录。雷曼欧洲国际公司是雷曼公司的子公司，也是执行基于基本的回购协议的公司。

在调查过程和报告中，审查员多次将基于基本的回购协议称为"会计驱动"交易，这类交易没有相关的会计目标，只是为了粉饰雷曼公司的财务报表和净财务杠杆率。在审查员对施利西的采访中，施利西却坚持维护雷曼公司对这类交易的会计处理方式。他坚称对于基于基本的回购协议的账务处理是符合会计规则的，并非醉翁之意不在酒。当审查员问施利西，如果严格遵守SFAS No.140或者其他会计规定是否还会使得雷曼公司财务报表存在错报时，施利西一言不发。审查员给了安永事务所两次机会来解释或阐述雷曼公司采取基于基本的回购协议的目的所在，但是每次安永事务所的代表（毫无疑问是施利西）都婉拒了。

最终，审查员指责安永事务所没能说明雷曼公司将基于基本的回购协议仅仅描述为会计驱动交易是为了掩盖其缺乏商业目的的可能性。据审查员说，安永事务所应该意识到基于基本的回购协议的存在就是为了粉饰雷曼公司的财务报表，尤其是为了改变净财务杠杆率。审查员认为，安永对净财务杠杆率有充分的认知，而且审计师深知净财务杠杆率对于第三方财务报表使用者的重要性。

在采访施利西时，审查员将关注点聚焦在基于基本的回购协议的重要性水平上，审查员曾询问过施利西，安永认为多大规模的基于基本的回购协议是重要的，施利西给出的答复是安永在资产负债表方面对重要性水平没有一个严格的规定，涉及资产负债表的事项，重要性水平的高低主要取决于具体情况。在报告中，审查员将施利西的话和2007年安永事务所对雷曼公司审计底稿中对雷曼净资产财务杠杆率重要性水平的具体定义进行整合，重新定义为："重要性水平是单独或累计对净财务杠杆率产生0.1或者大于0.1的影响（通常是18亿美元）。"

当审查员进一步提出针对基于基本的回购交易重要性水平的质疑时，施利西说安永的审计计划中并没有要求对雷曼公司基于基本的回购协议的数量、发生时间进行审查。作为2007年审计的一部分，安永没有询问雷曼公司任何有关趋势性的问题，如基于基本的回购协议在2007年度是否增加了。破产案审查员说，施利西无法确认雷曼公司在2007年末到2008年中期是否加大了对基于基本的回购协议的使用。

破产案审查员问施利西的最后一个重要事项，是安永事务所对于2008年5月由雷曼财务部高管层寄出检举信的回应。雷曼公司的管理层曾经邀请安永加入到对检举信中所指控事件的调查。[①]在其他指控中，检举者说在雷曼公司的资产负债表中，公司的资产和负债一直存在数十亿美元的错报。为提醒上司对财务报表负有的责任，检举者在信中也附上了雷曼公司的道德守则，具体如下：[②]

全体员工都应确保雷曼公司交给证券交易委员会的文件、披露给公众的信息是完整、公正、准确、及时且可读的。另外，每一位参与编制公司财务报表的员工都应该使财务报表符合公认会计原则或其他惯用的会计规则，这样公司财务报表才能做到在

① 在读了检举信后，施利西通过电子邮件向他的两个同事透露说，信中所提之事非常糟糕，需要"我们"花费很长时间来处理。

② 检举者在将检举信递交给雷曼高层大概一个月后被解雇，公司对外称其被解雇的理由是公司裁员。

所有重大方面（财务状况、经营绩效以及公司现金流）得以公平公正的反映。

大约过了四周，安永事务所才询问了检举者（这次询问是由施利西和安永的另外一位合伙人希拉里·汉森共同完成的）。汉森在询问记录中所做的笔记指出，检举者指控雷曼公司用数十亿美元的回购协议来粉饰季末资产负债表。然而，审查员说，安永不曾再次询问过那位检举者，也没有跟进追查雷曼公司其他关于基本的回购协议的不当使用情况。

在询问检举者的第二天，安永事务所审计师和雷曼公司的审计委员会成员见了面。但是根据审查员的说法，审计师并没有将检举者所述的基于基本的回购协议的问题告知审计委员会成员。一直到三周后，安永事务所的审计师们再次和雷曼公司的审计委员会成员见面，对此依旧只字未提。最后，审查员审阅了安永事务所2007年的审计工作底稿和2008年度的季度相关文件，依然没有发现任何有关与雷曼公司审计委员会成员交流时涉及的基于基本的回购协议的记录。

在和破产案审查员的沟通中，施利西表示，自己与汉森会见检举者时检举者并没有提及基于基本的回购协议。但是当审查员告知他汉森在采访记录中承认了检举者提及了基于基本的回购协议时，施利西并没有对记录提出异议。

审查员针对安永事务所对雷曼公司审计进一步开展了调查。在调查汇总中，审查员报告称有足够的证据支持至少三个针对安永事务所与雷曼公司基于基本的回购协议运用有关指控“貌似可信的、真实的论断”[①]。第一个论断指控安永没能对检举者的指控开展深入调查，也未将这项指控告知给雷曼公司的审计委员会；第二个论断指控安永事务所没有采取适当的行动来审查雷曼公司2008年前两个季度的财务报表是否由于公司未披露基于基本的回购交易而具有较强的误导性；第三个论断指控安永事务所面对雷曼公司2007年采用基于基本的回购协议而具有重大误导性的财务报表没能采取充分措施。[②]

审查员针对安永事务所的指控在会计界可谓一石激起千层浪。针对基于基本的回购协议的会计处理以及安永事务所对雷曼公司会计处理，一位会计学教授为雷曼公司的默许态度辩护。在回复关于雷曼公司将此类交易处理为真实证券销售是否合理的问题时，这位教授说雷曼公司这样的会计处理是完全可以的，即便雷曼公司有意为之来粉饰自己的财务报表。教授说因为雷曼公司只是发现了一个有利于公司的规则并且一直遵守这一规则，[③]问题是雷曼公司一直使用的规则是不正确的，规则应该进行修改。

---

① “貌似可信的、真实的论断”是一个法律术语。貌似可信的、真实的论断即合理的法律论断，指的是在法律依据大体正确且在法庭上事实可以得到证明的条件下，很可能被支持的论断。(http://topics.law.cornell.edu)

② 破产案审查员写道，安永可能对审查员向其事务所提起的控告做出了有效的抗辩。审查员讨论了这些抗辩，其中就包括很多审计准则没有对审计师的行为提出明确规定而仅仅提出了一般指引这一事实。

③ D. Albrecht, “Repo 105 Explained with Numbers and Detail,” 24 April 2010, http://profalbrecht.wordpress.com/2010/04/24.

其他三位会计学教授与之持完全相反的态度，这三位教授写道："会计报告的基本目标之一就是通过会计记录来反映出交易的经济实质，而这一目标凌驾于所有具体规则使用之上。"[①]他们还认为："在财务报告程序中担任重要角色的当事人不应该利用会计规则来掩盖交易的经济实质。"[②]最后，这三位教授对于雷曼公司破产相关的审计师职业职责做了如下总结：

外部审计师、内部审计师以及管理会计都有需要遵守的职业准则。无论雷曼的审计师和会计人员是否达到了准则的最低要求，使其能规避法律和职业法规的制裁，可以明确的是，他们都没有做到职业准则所提出的较高要求，而这样的要求是所有管理会计师和审计师应该尽力做到的。[③]

尾声

雷曼公司破产案审查员发布的报告中提及的指控、揭露的事情立刻引起了美国证券交易委员会的关注并做出了回应。2010年3月，美国证券交易委员会一位发言人报告称，联邦政府机构并没有意识到一些华尔街公司利用基于基本的回购协议来粉饰财务报告的情况。证券交易委员会表示委员会正在和20家主要的金融机构接触，来判断这些金融机构是否也采用了类似的手段来粉饰资产负债表。截止到现在，证券交易委员会尚未对外报出该调查结果，也无法得知其接触的机构是否采用了类似的手段。

雷曼公司的破产报告是一封关于对安永事务所提起民事诉讼的"请柬"，[④]而事实正是如此。在2010年，很多由于雷曼公司破产而蒙受损失的当事人提起了诉讼，并将安永事务所作为被告。在众多的诉讼当中，最为瞩目的是由纽约的总检察长和州长安德鲁·科莫在2010年12月末针对安永事务所提起的民事欺诈诉讼。在该诉讼中，科莫说如果雷曼公司是一座空中楼阁，那么安永事务所就是帮助其向投资者隐瞒真相的帮凶。[⑤]

在雷曼破产公告发布后不久，安永事务所也发表了声明，称自己对雷曼公司2007年财务报表发表的意见是合规的："我们对雷曼公司2007年财务报告发表的审

---

① S. K. Dutta, D. Caplan, and R. Lawson, "Poor Risk Management," *Strategic Finance*, August 2010, 29.

② S. K. Dutta, D. Caplan, and R. Lawson, "Poor Risk Management," *Strategic Finance*, August 2010, 29.

③ S. K. Dutta, D. Caplan, and R. Lawson, "Poor Risk Management," *Strategic Finance*, August 2010, 29.

④ Texas Society of Certified Public Accountants, "Accounting Web—April 2, 2010," http://www.tscpa.org.

⑤ P. Lattman, "Cuomo Sues Ernst & Young Over Lehman," *New York Times*(online), 21 December 2010.

计意见完全基于美国公认会计原则，并且我们坚持这一点。”[①]在安永事务所的声明中还提及：“雷曼公司的破产是由于金融市场中一系列无法预计的负面事件所引起的，而不是由于会计问题或披露不当引起的。”[②]

安永事务所在回应与雷曼公司相关的诉讼时，坚决反对审查员所提出的指控。例如，安永事务所多次声称雷曼公司对于基于基本的回购协议的会计处理是符合公认会计原则的。在联邦法院登记的相关文件中，安永事务所的辩护律师坚称，雷曼将基于基本的回购协议处理为真实销售证券是符合SFAS No.140规定的。[③]同样，安永事务所坚持当时雷曼公司没有必要在财务报表中披露基于基本的回购协议。安永事务所的律师指出，SFAS No.166“金融资产转让会计”条例对此类交易披露做出要求是在2009年6月，而在2007年雷曼公司自然就没有这个必要去披露。[④]

破产案审查员对雷曼公司基于基本的回购协议对净财务杠杆率的影响关注颇多，但是安永事务所反驳说净财务杠杆率不包括在雷曼公司的财务报表中，也不需要用公认会计原则为依据进行审计。[⑤]安永事务所激烈地辩称，雷曼公司的审计员没能将2008年5月检举者向雷曼公司管理层提交的检举信中的指控告知审计委员会。

有媒体的不实报道说安永对雷曼审计委员会隐瞒了2008年5月的检举信，这封信提到了大量关于雷曼财务控制以及财务报表的潜在问题，但是确实没有提及基于基本的回购协议，并且这封信是直接交给雷曼公司的管理层的。当我们得知这封信的时候，我们的合伙人电话通知了审计委员会主席。我们一直以为雷曼公司的管理层将检举信的事情告诉了美国证券交易委员会和美国联邦储备银行。安永的主要合伙人在2008年6月和7月与雷曼审计委员会关于检举信的事情至少进行了三次讨论。[⑥,⑦]

2013年，安永同意支付9 900万美元，以了结雷曼前股东对其提起的集体诉讼。两年后的4月，安永再次支付了1 000万美元，以了结安德鲁·科莫对安永提

① M. Cohn,“Ernst & Young Defends Lehman Audits,” *WebCPA*,25 March 2010.(http://www.accountingtoday.com)

② M. Cohn,“Ernst & Young Defends Lehman Audits,” *WebCPA*,25 March 2010.(http://www.accountingtoday.com).

③ *In Re Lehman Brothers Equity/Debt Securities Litigation*, No. 08 Civ. 5523(LAK),“Civil Action No. 09 MD 2017(LAK),U.S. District Court for the Southern District of New York.”安永的辩护律师辩称，雷曼已经推动了对基于基本的回购协议中证券的有效控制，在这种情况下将其记录为真实销售证券是符合SFAS No.140规定的。并不令人感到奇怪的是，原告律师不同意上述关于SFAS No.140的解释。

④ *In Re Lehman Brothers Equity/Debt Securities Litigation*, No. 08 Civ. 5523(LAK),“Civil Action No. 09 MD 2017(LAK),U.S. District Court for the Southern District of New York.”

⑤ Texas Society of Certified Public Accountants,“Accounting Web—April 2,2010.”雷曼公司的净财务杠杆率是出现在2007年年报的财务汇总表中的，在2007年年报的管理层讨论与分析这部分中也提及了净财务杠杆率。

⑥ Texas Society of Certified Public Accountants,“Accounting Web—April 2,2010.”

⑦ 应注意到安永称其与雷曼的审计委员会就检举信一事进行了讨论，但破产案审查员称安永没有提出让审计委员会成员关注基于基本的回购协议。虽然基于基本的回购协议在检举信中被暗示性地指出，并且在施利西和汉森对检举者的面谈中被提及，但是正如安永所说，基于基本的回购协议并没有在检举信中被明确指出。

起的诉讼。安永自始至终没有承认在这两宗交易中有任何不当行为，相反，安永会计师事务所坚称自己同意和解，支付高昂费用来了结每一宗诉讼。迄今为止，雷曼前股东收到的最大一笔和解金是，在这些股东提起的集体诉讼中，包括雷曼前高管在内的被点名的被告共同支付的5亿美元。

和之前安然、世通公司的破产类似，雷曼公司的破产引发了公众对会计、审计以及相关财务报表改革的要求，尤其是很多对雷曼的会计和审计人员抱有批判态度的当事人，开始催促相关机构明确关于类似基于基本的回购协议这种复杂交易的会计和财务报告规则。实际上，FASB在雷曼公司破产后也确实通过对SFAS No.140规定进行多方面的修正来达到相关目的。

但是在实务导向的会计期刊中有一篇文章指出，发布新的、更具体的会计规则并不能规避类似于雷曼公司破产这般丑闻的发生。这篇文章的作者认为，规避类似丑闻的有效途径是在会计界形成更好的道德文化氛围，这种文化能使会计人员、审计人员在向公众提供服务时做到职业核心价值所包含的诚信、客观、守信等要求。

道德行为与遵守法律不同，个人和组织的行为完全可以是合法而不道德的。道德行为是对一系列价值观的遵从。在规则不能作为选择的依据时，这些价值观就成为做出决定的依据和检验标准。[①]

思考题

1.当雷曼公司制定关于基于基本的回购协议的会计政策时，安永事务所有无责任参与其中？一般来说，当客户在制定重要的会计政策时，事务所应该在其中扮演什么角色？分析事务所在该过程中及随后应负的责任。

2.你是否同意“故意运用会计规则漏洞没有错”这一观点？（即报告实体是否应该被允许运用会计规则或利用会计规则之外的情况来粉饰财务报表。）写出你的理由和观点。

3.审计师是否有责任判断审计客户的重要交易是否是“会计驱动”的？说明理由。

4.施利西称，安永英国分所有责任审查英国律师事务所关于基于基本的回购协议处理为证券销售的律师意见书。你认为施利西应该审查该律师意见书吗？说明理由。一般来说，国际会计师事务所应该怎样在同一项目组的分所之间分配任务？

5.雷曼公司的净财务杠杆率没有在财务报表中披露，但是却出现在了公司年报中的财务汇总表和管理层讨论与分析部分。审计师对公司年报中的财务汇总表和管理层讨论与分析部分的准确性是否负有责任？如果有，是什么责任？

6.基于基本的回购协议使得雷曼公司2007会计年度净财务杠杆率从17.8降低

① Dutta et al.,“Poor Risk Management.”

到16.1，你认为这在重要性水平之上吗？说明理由。

7.一般来说，在调查检举者关于审计客户财务报表准确性指控时，审计师负有什么责任？

8.在各州与联邦法院关于雷曼公司的诉讼中安永事务所是其中的被告，指出在州法院诉讼与联邦法院诉讼中，影响安永的法律风险因素。

案例1.3

Just for FEET 运动鞋股份有限公司

生命是如此脆弱。在某一时刻，一个糟糕的选择可能会使你的生活发生翻天覆地不可逆转的变化。

美国地方法官C. 林伍德·史密斯

1971年，25岁的托马斯·夏因创立了一家小型运动用品公司——Logo7，最终被称为Logo Athletic。托马斯的公司生产销售各种各样的衬衫、帽子、夹克衫等，大胆地展示了丹佛野马队、底特律红翼队、圣地亚哥帕德雷斯和其他几十个职业运动队的标志。2001年，夏因将其公司商标出售给锐步，并成为该公司体育和娱乐营销的高级副总裁。在任职期间，夏因经常和体育明星在一起并说服他们和锐步签订独家代言合同。

托马斯·夏因在漫长的职业生涯中成为体育用品行业最知名、最受尊敬的领导者之一。然而，2004年2月，当他承认美国司法部对他提起的刑事指控时，他的声望和信誉受到了严重打击。美国司法部指控夏因的公司在1999年初签署了一份虚假的审计确认文件，该文件是公司最大的客户之一寄来的，而确认文件则表明公司欠了那位顾客大约70万美元。虽然夏因知道没有这样的债务存在，但迫于客户经理的压力，他依旧签署了确认文件，并将其返还给了客户的独立会计师事务所德勤。由于夏因伏法认罪，他面临着可能被判5年的联邦监禁和25万美元的罚款。

走出南非

托马斯·夏因在美国开展零售业务的同时，哈罗德·路滕伯格在南非也开展了同样的业务。路滕伯格是约翰内斯堡人，依靠晚上和周末在高档男装店做销售员挣来的钱支付自己的大学学费。毕业后，他开始从美国进口李维斯牛仔裤并放在自己的车上卖，他的最终目标是攒够钱开一家零售店。很快，路滕伯格就实现了自己的目标，这时他30岁，拥有了一家小型的男装连锁店。

20世纪70年代初期与中期的南非，要克服政治和经济上的问题十分困难，所以路滕伯格决定全家移民到美国。但是南非苛刻的移民法使得路滕伯格不得不把自己几乎全部的财产留在了南非。当他带着妻子和三个孩子在1976年到达加利福尼亚州的时候，他只有不到30 000美元。尽管资金有限，对于美国的商业管理也不熟悉，但是他野心勃勃并定下目标成为零售业的成功企业家。

不久，路滕伯格就意识到了加利福尼亚的商铺租金过高，自己承担不起，所以他再次搬了家，搬到了可以承担开销的亚拉巴马州的伯明翰。路滕伯格在伯明翰的商场里租了一间空房作为店面，几个月后开了一家童装零售店——Hang Ten运动世界。由于他良好的职业道德以及对于成功的强烈渴望，路滕伯格的生意在接下来的几十年里发展良好。

1998年，路滕伯格决定赌一把成立一家新企业，他意识到在零售鞋业有机会大赚一笔。当时，高档运动鞋市场，尤其是篮球鞋市场，发展迅速且不断壮大，颇有前景。阿迪、耐克、锐步以及其他主要运动鞋厂商的运动鞋零售店在上千个购物中心里都是一些较为小型的商店，也就是说，运动鞋零售业这一行业是高度分散的。在这个市场里，五家最大的运动鞋零售商年销售量占比都不足10%。

路滕伯格意识到在郊区购物中心占地面积相对较小的鞋店会限制销售商展示丰富多样的运动鞋产品，而购物中心商铺的租金过高，加上拥挤的交通情况限制了鞋商的获利。为了解决这些问题，路滕伯格决定在购物中心旁边建一家独立的大型超市——Just for FEET。为了从购物中心吸引顾客。路滕伯格施行了一个三大商业战略，注重“选择”、“服务”以及“娱乐”。

路滕伯格在自己的大型超市中所施行的商业战略包含一种店中店的理念，即在大型零售店中设立几个小店，每家小店都是专卖店。他认为这样的店铺设计可以同时吸引买家和卖家。只想购买某一品牌的顾客不需要逛整个商店。同样，他初步设计的楼层模式可以给供应商提供参与到其商店销售的机会。路滕伯格希望通过这样的楼层设计使主要供应商在支付所谓的供应商津贴时互相竞争，以求自己的商品展示比其他竞争者的商品展示更具有吸引力。

顾客服务导向是路滕伯格的运动鞋商场商业计划的第二个主要导向。路滕伯格计划给自己的商店招聘大量职员，使销售员数量和顾客数量之比非常高。每位销售员必须完成一项关于鞋类技术的拓展培训课程，这样他们在顾客提问时就会游刃有余。例如当顾客需要试穿一双鞋时，可以让销售员从仓库中把顾客需要的鞋子取来。通过这项培训，销售员可以和顾客充分沟通，赢得顾客的信任并与其保持良好的关系。

Just for FEET的1998年年报充分凸显了路滕伯格打造“娱乐购物体验”的第三大购物导向目标。当顾客进入商场时，他们将会听到摇滚乐和色彩明亮的商品陈列展示；当顾客疲于购物时可以在商场入口附近或厂商背后的半个篮球场进行投篮比赛，也可以在商场顾客休息区欣赏多屏幕的影片放映。商场内促销活动十分繁多。例如，绿湾包装工队运动明星前四分卫球员（同时也是公司股东之一的）巴特·斯达尔的签名会。

最终，路滕伯格将另外两大导向融入到了超级市场的建筑平面图中。虽然Just for FEET没有将对价格敏感的顾客设定为目标顾客，但是路滕伯格在每个商店中增加了一个区域，在这个区域里顾客可以在大量特定品牌的停产商品、残次品和其他打折商品“战斗区域”中寻找自己想要的商品。“长城区”则有很多不依照品牌而根据不同功能进行分类的鞋，在那里，顾客可以快速地浏览跑鞋、散步鞋、篮球鞋和多用途鞋等许多不同类型产品的主要特征。

了不起的FEET公司

Just for FEET在伯明翰的第一家店毫无疑问是一个巨大的成功，带来了大量的收入。这一成功的典范帮助路滕伯格在美国南部的几个大型城市开设了类似的零售店，并在拉斯维加斯耀眼的凯撒广场购物中心开了一个展示超市。到1992年，Just for FEET已经拥有了5个超级市场并把特许经营权卖给了其他几家商店。公司年销售额逼近2 000万美元，但是依旧只占了零售鞋业全年150亿美元销售额的一小部分。

为了成为鞋业中的龙头企业，路滕伯格深知自己要在国内扩大销售链，所以他决定上市。1994年3月9日，Just for FEET在纳斯达克交易所开始挂牌交易，股票代号FEET，公司股票初始价格为每股6.33美元，但仅仅两年股价便迅速飙升，高达每股37美元。

路滕伯格利用Just for FEET首次公开筹集的资金完成了一个侵略性的扩张计划。在20世纪90年代中期，公司新开了许多超级市场并收购了几个小型竞争者，其中包括在1997年3月收购的Athletic Attic以及1998年7月收购的Sneaker Stadium。公司报告了1996会计年度的利润和销售额，分别为1 390万美元和2.5亿美元。两年过后，公司销售额大约高达7.75亿美元，利润额达到2 670万美元。到1998年底，Just for FEET在美国前30家鞋业零售商中排名第二位。

在20世纪90年代中期，Just for FEET的普通股处于华尔街最严密的监控与炒作之中。分析师和投资者跟踪其财务情况却惊讶地发现，Just for FEET公司有能力胜过主要竞争对手并且一直保持领先优势。到20世纪90年代末，运动鞋行业开始饱和并出现边际利润下降的情况。虽然其他运动鞋零售商的利润微薄，收入也不稳定，但是路滕伯格却依旧在发布大量声明与新闻稿，高调炫耀公司屡破纪录的利润额和持续稳健增长的销售额。让人印象深刻的是，Just for FEET公司截止到1998年第四季度已经实现了连续21个季度同店销售额增长。

在1997年11月，特尔斐投资公司发布了对Just for FEET公司的长篇财务分析报告。报告中给出了对Just for FEET公司股票的买入建议，并且特尔斐在其中谈及了“哈罗德·路滕伯格因素”，这篇报道将公司财务的巨大成功和良好的发展前景归功于公司具有传奇色彩的创始人与Just for FEET理念的提出人路滕伯格。

在大量的商业访谈中，当路滕伯格提及自己成为零售业最为成功的企业领导者的过程中自己所克服的困难时，并没有表现出谦逊。他直接表明自己在20世纪80年代末期提出了Just for FEET公司商业计划的草稿纲要。在被赋予“1996年年度零售企业家”的头衔之后，路滕伯格说Just for FEET公司成功的主要原因就是自己为公司设计的独特营销策略。他说：“消费者喜欢我们的商店是因为其独特性，我们不做盲目的模仿者，没有人和我们采取相同的做法，我们商场的表现就是最直接的证据。”①在同一个访谈中，路滕伯格表示自己对竞争对手的商店不以为然：“我从他们身上没有什么可以学习的，我也不屑于借鉴他们。”②最终，路滕伯格对于自己高傲而又专横的名声不以为然，他说：“我是一个要求很高、难以相处的上司，但是我清楚地知道应该如何组建团队，让多数人变得富有。”③

路滕伯格意识到有必要组建培训出一个新的管理团队，这个团队在自己退休之后将承担起公司的运转工作。“作为创始人，我的工作是将员工安排在合适的岗位上，我正在为公司将来的25年做准备工作，一直到我退休之后。”④路滕伯格为公司精心挑选带领公司走向美好未来的领导者之一——他的儿子——唐·艾伦·路滕伯格先生，年轻的小路滕伯格先生的固执和他的父亲如出一辙。1997年，29岁的小路滕伯格被任命为Just for FEET公司新部门的副部长。两年过后，小路滕伯格被提升为公司执行总裁。

和大多数成功企业殊途同归的是，Just for FEET公司也没能躲过成功道路上时常会出现的陷阱。1995年，华尔街对于Just for FEET公司股票的狂热由于“开店成本”的会计异议而平息了下来。Just for FEET公司在存续期间一直在每家新店面开张时计提“开店成本”，记录在资产类账户之中，并在店铺开张之后的12个月内摊销。而零售业更为普遍的处理方式是在新店开业的当月全部摊销。由于“开店成本”处理方式不当，Just for FEET公司招来了大量的批评之声，管理层重新采用常规的处理方式，而这使公司在1996年记录了由于会计原则调整而产生的210万美元的累计效应。

1996年夏天，当路滕伯格、他的妻子与儿子在二级市场上大量抛售Just for FEET公司的股票时，华尔街开始怀疑并留意这家公司。路滕伯格一家通过抛售股票获得了大约4 950万美元，路滕伯格一边对公司发展前景表示充分的肯定，一边举家抛售公司股票，主流投资者与分析师对此提出了质疑。

FEET的崩盘

对于Just for FEET公司在20世纪90年代中后期创造出的惊人收入和利润，任何人都无法否认。表1、表2、表3显示了公司从1996会计年度到1998会计年度三年的主要财务报表，并记录了相关趋势。但是大量的危险信号隐藏在公司三年财报中。注意表3的现金流量表，虽然显示Just for FEET在20世纪90年代后期利润持续上升，但是公司的经营现金流却是负的。一直到1999年初，负经营现金流给公司

① Chain Store Age, “Retail Entrepreneurs of the Year: Harold Ruttenberg,” December 1996, 68.

② Chain Store Age, “Retail Entrepreneurs of the Year: Harold Ruttenberg,” December 1996, 68.

③ Chain Store Age, “Retail Entrepreneurs of the Year: Harold Ruttenberg,” December 1996, 68.

④ Chain Store Age, “Retail Entrepreneurs of the Year: Harold Ruttenberg,” December 1996, 68.

带来了巨大的流动性问题。为解决这一问题，Just for FEET公司在1999年4月买入了2亿美元的高收益“垃圾债券”。

表1 Just for FEET资产负债表 单位：千美元

会计年度截至1月31日

	1999	1998	1997
流动资产：			
现金及现金等价物	12 412	82 490	138 785
待出售有价证券	—	—	33.961
应收账款	18 875	15 840	6 553
存货	399 901	206 128	133 323
其他流动资产	18 302	6 709	2 121
流动资产合计	449 490	311 167	314 743
固定资产	160 592	94 529	54 922
商誉	71 084	36 106	—
其他资产	8 230	6 550	6 169
资产合计	689 396	448 352	375 834
流动负债：			
短期借款	—	90 667	100 000
应付账款	100 322	51 162	38 897
应计费用	24 829	9 292	5 487
应付所得税	902	1 363	425
一年内到期的长期负债	6 639	3 222	2 105
流动负债合计	132 692	155 706	146 914
长期负债	230 998	24 562	10 364
负债合计	363 690	180 268	157 278
所有者权益：			
股本	3	3	3
实收资本	249 590	218 616	190 492
留存收益	76 113	49 465	28 061
所有者权益合计	325 706	268 084	218 556
负债和所有者权益合计	689 396	448 352	375 834

表2　　Just for FEET合并利润表　　单位：千美元

会计年度截止于1月31日

	1999	1998	1997
净销售额	774 863	478 638	256 397
销售成本	452 330	279 816	147 526
总利润	322 533	198 822	108 871
其他收入	1 299	1 101	581
营业费用			
商店营业费	232 505	139 659	69 329
开店成本	13 669	6 728	11 240
无形资产摊销	2 072	1 200	180
综合行政管理费	24 341	18 040	7 878
营业费用合计	272 587	165 627	88 627
营业收入	51 245	34 296	20 825
利息费用	(8 059)	(1 446)	(832)
利息收入	143	1 370	4 750
税前利润及会计原则调整	43 329	34 220	24 743
备付所得税	16 681	12 817	8 783
调整前净收益	26 648	21 403	15 960
会计原则调整	—	—	(2 041)
净收益	26 648	21 403	13 919

表3　　Just for FEET公司合并现金流量表　　单位：千美元

会计年度截止于1月31日

	1999	1998	1997
经营活动：			
净收益	26 648	21 403	13 919
将净利润调整为经营活动现金流：			
会计原则调整累计影响	—	—	2 041
折旧与摊销	16 129	8 783	3 971
递延所得税	12 100	2 194	（744）
递延租金	2 655	2 111	1 456
扣除收购净影响后资产、负债变化引起现金流：			
应收账款变动	（2 795）	（8 918）	（3 143）
存货变动	（170 169）	（56 616）	（76 685）
其他资产变动	（8 228）	（5 643）	（271）
应付账款变动	34 638	7 495	16 628
应计费用变动	7 133	2 264	2 709
应付所得税变动	（181）	543	（2 506）
经营活动净现金流	（82 070）	（26 384）	（42 083）
投资活动：			
购买固定资产	（78 984）	（43 446）	（33 206）
净现金收购	（199）	（25 548）	—
购买有价证券	—	（14 726）	（44 778）
有价证券到期销售	—	51 653	63 132
投资活动净现金流	（79 183）	（32 067）	（14 852）
筹资活动：			
信贷额度下借款	（90 667）	（9 333）	45 000
长期借款	291 076	12 739	479
支付长期借款本金	（132 290）	（2 054）	（1 335）
发行股票所得	20 000	—	52 900
行权所得	3 056	804	1 822
筹资活动净现金流	91 175	2 156	98 866
现金及现金等价物变动	（70 078）	（56 295）	41 931
年初现金及现金等价物	82 490	138 785	96 854
年末现金及现金等价物	12 412	82 490	138 785

在出售债券几周后，Just for FEET发布了盈利警告，提醒投资者公司可能在1999年第二季度发生亏损。而在一个月后，Just for FEET公司宣布不会支付2亿美元债券的利息支出。这一举动震惊了公司的投资者和债权人。1999年7月，投资者收到了更加令人不安的消息，小路滕伯格出人意料地辞去了Just for FEET执行总裁一职，而接手公司的是公司周转专家海伦·洛基。辞职之后小路滕伯格坚称Just for FEET公司的财务问题只是暂时的，公司在1999年第三季度就会恢复盈利。

小路滕伯格的声明并没有让投资者感到一丝一毫的安心，在1999年的春季和夏季，公司股价直线下跌，在7月底甚至跌到了每股4美元。9月，Just for FEET公司宣布1999年第二季度亏损了2 950万美元，这个数字远远超过了华尔街的预期。不到两个月，也就是1999年11月2日，公司向联邦法院申请破产保护，这一举动再次震惊了公司的投资者们。

Just for FEET公司在短短几个月之内的快速崩盘引起了对公司及其主管的大量控诉，针对公司财务管理不善以及会计处理不当的控告，州法院和联邦法院执行机构着手对Just for FEET公司的财务状况展开调查，其中包括亚拉巴马证券委员会、FBI、美国证券交易委员会和美国司法部。2003年5月，司法部宣布Just for FEET前主管亚当·基尔本承认汇款及证券舞弊。这位前主管在Just for Feet公司担任过多个管理职位，他承认了自己和其他公司高管在1996—1999年间夸大公司盈利的事实。

> 基尔本的证词指出，大概从1996年开始，Just for FEET公司的执行总裁小路滕伯格在每个季度末召开会议。在会议上，他会展示分析师对公司盈利的预期，并且分别列出增加收入的“好事”和降低收入的“坏事”。小路滕伯格明确指示Just for FEET的员工增加“好事”而减少“坏事”，来保证公司盈利并达到华尔街分析师的预期。①

在基尔本认罪之后大约两年，证券交易委员会发布了一系列执行公告，详细记录了Just for FEET公司管理层实施诈骗的三大关键点：“Just for FEET公司通过以下三个方面篡改财务报表：（1）不恰当地确认非劳务所得以及虚假应收账款；（2）没有恰当记录存货积压；（3）不恰当地将摊位展示费确认为收入。”②

如前文所述，哈罗德·路滕伯格店中店的设计为Just for FEET的店家提供了在超市中直接参与产品营销的机会。每年Just for FEET公司从其主要供应商处获得几百万美元的供应商津贴与广告费。这些费用被Just for Feet公司用于广告宣传。

虽然供应商津贴的数额庞大，但是并没有一份明确的书面协议来界定Just for FEET公司应该在什么情况下获得这笔收入，也没有相关说明规定每个客户经理在

① U.S. Department of Justice, “Former ‘Just for Feet, Inc.’ Executive Pleads Guilty to Conspiracy to Commit Wire, Securities Fraud,” www.usdoj.gov, 12 May 2003.

② U.S. Securities and Exchange Commission, “SEC Charges Deloitte & Touche and Two of Its Personnel for Failures in Their Audits of Just for Feet,” www.sec.gov, 26 April 2005.

费用数额和缴费时间方面有多大的权力。Just for FEET公司对一家店的产品进行一系列广告宣传之后，店家会收到宣传材料的副本，然后店家依据宣传产品卖出的数额向Just for FEET公司支付相关费用。

公认会计原则指出，只有当广告已播放或者其他促销手段已经开始实施时，供应商津贴才可以与广告费相抵销。但是Just for FEET公司通常将预期的供应商津贴直接确认为应收账款，在相关广告促销活动开展之前就冲抵了广告费用。1998年度，Just for FEET公司管理层在提前确认供应商津贴上存在的问题尤为严重，1997会计年度末，Just for FEET公司拥有惊人的超过400万美元应收供应商津贴。12个月后，也就是在1998会计年度末，这一金额高达2 900万美元。[①]

在1998会计年度，Just for FEET公司的存货扩大了一倍，从1998年1月31日的20 600多万美元增长到1999年1月31日的40 000万美元。即便Just for FEET公司有大量低流动性的存货，但是管理层在年末对重要资产进行价值评估时拒绝使用成本与净值孰低法。因此，在1997年与1998会计年度结束的时候，公司对存货跌价计提的准备是名义上的150 000美元。

主流运动鞋供应商经常会在Just for FEET公司的商场中设立促销展示会或者相关摊位，这些摊位由供应商的销售代表管理，为供应商所有的财产。在1998年初，唐・艾伦・路滕伯格虚构金额，使得Just for FEET公司有几百万美元的摊位收入。在没有了解供应商的前提下，Just for FEET公司每月依旧确认供应商的摊位收入，对此收入的抵销计入摊位资产（booth assets）的借方。[②]一直到1998年末，由于采取了上述骗局，Just for FEET公司记录了900万美元的虚假资产与相关收入，其中80%的虚假交易都被记录在第三、第四季度中，来满足公司达到早期宣布的盈利目标。

Just for FEET公司会计舞弊的一大重点是唐・艾伦・路滕伯格和主流运动鞋供应商领导之间的密切关系。由于Just for FEET公司是这些供应商的最大客户之一，公司对其领导有很大的经济杠杆作用。年轻的路滕伯格先生利用这个杠杆来说服供应商向Just for FEET公司的独立会计师事务所德勤事务所回复虚假函证。这些函证直接邮寄给Just for FEET公司的供应商，确认公司会计骗局的核心虚假应收账款。在大多数情况下，这些虚假应收账款是由于Just for FEET公司多记或不合规处理供应商津贴所形成的。唐・艾伦・路滕伯格试图说服的五大高管中包括Logo Athletic公司的托马斯・夏因，其他四大供应商（Asics-Tiger、New Balance、Reebok以及Timberland）的高管都拒绝向德勤事务所提供虚假函证。颇具讽刺意味的是，2001年托马斯・夏因在Reebok收购Logo Athletic时成为Reebok的高管。

---

① 尽管从理论上说是应收账款，但据称由于Just for FEET产生的供应商津贴已从既定的供应商应付账款余额中扣除，这就是表1中这些应收账款没有出现在公司的资产负债表中的原因。

② 这一欺诈计划实际上取代了路滕伯格从1996年12月开始就使用的以虚增Just for FEET公司经营业绩的骗局。

合计与交叉合计

德勤事务所是在1992年到1999年12月初，也就是Just for FEET公司申请破产前一个月的期间内担任其独立审计工作的。德勤事务所每年都对Just for FEET公司的财务报表发表无保留意见，包括公司在1994年上市时向证券交易委员会提交的上市登记表S-1。

史蒂芬·巴里在1998年担任对Just for FEET公司审计的重要合伙人。巴里原本是罗斯会计师事务所的员工，随后在1988年被提升为该事务所的合伙人。第二年，巴里在德勤与罗斯合并后成为德勤事务所的合伙人。1996年，巴里成为亚拉巴马州德勤伯明翰分所的执行合伙人。1998年对Just for FEET公司进行审计的核心审计人员是卡伦·贝克。贝克是在1993年开始加入Just for FEET公司审计团队的，她在1995年从高级审计员晋升为审计经理。

德勤在和Just for FEET公司签订审计合约期间，针对1998年财务报表实施了比一般情况更为苛刻的风险控制。为了监控高风险审计契约，德勤采取了一次"全国风险管理活动"。在1997年与1998年，Just for FEET公司运营范围内每一个参与其中的客户都被任命为"全国审查合伙人"。这一合伙人的职责包括"对具体风险点进行讨论并制订计划应对风险，审查与风险点有关的执行情况的工作底稿，重点审查公司财务报表和德勤审计报告中对具体审计风险点的识别、披露以及审计报告的恰当性"。①

在1997年的审计底稿中，审计人员识别出了几个具体的审计风险因素，这些因素包括"管理层高水平风险的接受"、"太关注盈利"以及"对于会计准则解读一直很激进"。1997年的另一份审计底稿记录说，公司的管理团队非常重视达成前期发布的盈利目标，执着于将公司股价维持在一个高水平上，并且在每年年末进行复杂而晦涩的交易。1997年名为"风险因素工作表"的审计报告概要中也提到路滕伯格对Just for FEET公司采取独裁管理，并且伪造公司账目。

在1997年到1998年的审计期间，德勤人事部正在准备进行"顾客风险预测"。两次审计的工作底稿将供应商津贴和存货价值估计识别为关键审计风险点。在1996年，德勤总部办公室发布了公司内部的"风险警告"，来告知执行办公室供应商津贴对于零售商来说应该被识别为高风险点。

根据证券交易委员会的相关信息，德勤的项目组在1998年审计期间识别出了一些因素，而这些因素应当促使巴里和贝克对Just for FEET公司供应商津贴保持高度的职业怀疑。在这些因素中最为重要的是，1997—1998年间的应收供应商津贴激增。在1998年末的几周内，Just for FEET公司记录了1 440万美元的供应商津贴，占年终资产负债表中列示的供应商津贴的一半。虽然Just for FEET公司一名主管承

① Securities and Exchange Commission, *Accounting and Auditing Enforcement Release No. 2238*, 26 May 2005. 除非特别说明，本案例其余引用皆出自此来源。

诺会提供相关文件，但是德勤没有收到关于1 130万美元供应商津贴的支撑证据。大约在1998年后的3个月，即1999年4月23日，德勤事务所完成了对Just for FEET公司1998年审计的现场工作。在这时，Just for FEET公司依旧没有收到账面上记录的1 130万美元的供应商津贴，也根本没有任何证据表明这1 130万美元的津贴是真实发生的。

在1999年5月，德勤事务所向Just for FEET公司的13家供应商邮寄了应收账款询证函。这13家供应商总计持有1998年末2 890万美元供应商津贴中的2 200万美元。唐·艾伦·路滕伯格再次企图说服公司的5家供应商向德勤事务所提供虚假的应收账款回函，即便函证中的应收账款供应商津贴被虚增或根本不存在。根据美国证券交易商协会的相关信息，8家供应商给出的回函是“不标准的”，包括警告、免责声明或其他相关声明的询证函，德勤事务所应该对这些应收账款的存在性保持高度警惕。美国证券交易商协会强调说，其中5家给出“不标准”回函的供应商并没有按照审计师的要求对1998年欠Just for FEET公司的账款给出明确的证实，而只是对1998年Just for FEET公司可获得的供应商津贴提供相对模糊的信息。另外一封回函明确说明没有应该支付给Just for FEET公司的“额外资金”。

8家给出的不标准回函占据了德勤事务所对应收供应商津贴函证2 200万美元中的1 600万美元。“虽然这其中有些偏差，但是德勤事务所的巴里和贝克确实接受了这些回函，并由此证实了Just for FEET公司财务报表列报的1 600万美元应收账款。”美国证券交易委员会对德勤的审计调查揭露了以下事实：虽然巴里和贝克接受了有偏差的回函，但是1998年审计项目结束后，项目组中两位高级审计人员继续对函证中明显的矛盾点进行了追查，这两位审计师在1998年审计完成后的几个月内两次与Just for FEET公司的高管接触，试图获取这8家非标准回函的合理解释。Just for FEET公司的高管既没有回复这两位高级审计师，也没有向巴里和贝克做出回复，但是却坚称对这些有问题的款项提供了相关的文件或者给出了相关解释。

1998年，Just for FEET公司存货的大幅度上升引起了德勤审计人员的关注，其中最为重要的是对存货计提的跌价准备是否充足。德勤事务所针对Just for FEET公司1998年存货跌价准备计提的合理性采取的审计措施，主要是取得并测试公司副总裁对存货计提准备的分析。具体包括以下三个存货项目（这些具体项目按照公司内部规定都应该采用成本与市价孰低法进行计量）：（1）公司中只有4种或者4种以下的鞋款；（2）鞋或者其他低于成本价出售的货物；（3）最近12个月内没有任何销售的存货。但是1998年计提存货跌价准备时，并没有包括第三项，这也是德勤事务所忽略的地方，既没有提出质疑也没有对此开展调查。德勤事务所的审计师其实发现了Just for FEET公司库存中大量存货并没有被包含在公司副总裁进行的存货跌价计提中，但是审计师选择了不进一步提出质疑。

在完成了对存货的审计程序后，德勤审计师得出结论认为Just for FEET公司年末对存货计提跌价准备严重不足。美国证券交易委员会指出，虽然针对Just for FEET公司存货跌价准备的审计程序存在不足，但是德勤事务所还是得出了以上结论。

虽然采用副总裁提供的有偏差的存货分析并忽视了新泽西仓库物品有缺陷的存货信息，但是审计人员还是得出了结论，即Just for FEET公司存货跌价准备应为44.1万美元到100万美元。

德勤审计人员提出应该将存货跌价准备提高40余万美元，并将其列入审计调整事项中，但是Just for FEET公司拒绝了这项审计调整。也就是说，年末资产负债表上显示的存货跌价准备依旧为15万美元。

即便1998年Just for FEET公司针对所记录的900万美元的摊位收入所采取的会计政策没有被列入重大审计风险识别点，德勤事务所的审计师也对其关注颇多。德勤审计师找到了Just for FEET公司1998年每月记录的摊位费日记账分录，并填写了一份记录该分录的工作底稿。"贝克审查的位于工作底稿底端的分析说明，Just for FEET公司所做的摊位相关日记账分录，提高了资产与收入。审计负责人（巴里和贝克）并没有展开进一步的分析来确认这些日记账分录财务基础的准确性。"换句话说，德勤事务所审计师没有独立调查这些分录，而是接受了Just for FEET公司高管的解释，这些分录对于公司净利润没有影响。根据这位高管的说辞，每月的摊位收入被供应商付给Just for FEET公司的应收供应商津贴与广告费抵销了。也就是说，Just for FEET公司并没有用广告收入来减少已经列报的广告费用，而是将其记为摊位收入。

在1998年末，虚假摊位收入日记账的存在使得Just for FEET公司记录了900万美元不存在的摊位资产。由于"公司和审计师都没有对这些摊位资产（900万美元）记录的相关证据"，德勤项目组决定通过对Just for FEET公司的相关供应商函证来证实这些资产的存在性与所有权问题。不幸的是，当时Just for FEET公司已经意识到虚假的摊位收入即将被发现，而这些函证又是在知情的高管协助之下进行的。毫无疑问，这些高管和收到函证的供应商代表私下接触并告诉他们应该如何回复询证函。供应商回复给德勤事务所的回函大多是错误的或者含糊不清的，一位审查这些回函的高级审计员对此感到十分困惑，并让巴里和贝克对此多留意。

一位高级审计员审查了这些回函并告知巴里和贝克，由于大量的回复不合规而又含糊不清，所以她决定对供应商进行多次函证。但是审计负责人并没有从这些迹象中发现Just for FEET公司不拥有这些摊位所有权的证据。

尾声

2000年2月，在意识到Just for FEET公司已经穷途末路时，海伦·洛基依据《联邦破产法案》第7章规定对Just for FEET公司开始进行破产清算。在接下来的几年中，多数和Just for FEET公司会计舞弊和由此引发的公司破产相关联的大型诉讼都得到了宣判。Just for FEET公司前主管和德勤事务所是这些诉讼中的主要被告，由Just for FEET公司前股东提起的集体诉讼也在其中。最终，在2002年联邦法院宣判公司赔偿3 240万美元。

Just for FEET公司前主管由于涉嫌大型会计舞弊而受到了刑事指控，其中包括唐·艾伦·路滕伯格。2005年4月，联邦法院宣判小路滕伯格20个月的监禁并处以5万美元的罚金。在唐·艾伦·路滕伯格被宣判的同时，司法部门宣布哈罗德·路滕伯格由于身患重度脑癌而逃过一劫不会被起诉。2006年1月，哈罗德·路滕伯格去世，终年63岁。

Just for FEET前供应商的5位高管由于向审计师提供虚假回函而受到了多项刑事指控。其中托马斯·夏因被判缓刑，阿迪达斯的前销售主管蒂莫西·迈克尔比较特别，他被判4个月的非监禁惩罚。当迈克尔被判决的时候，美国司法部的林伍德·史密斯说："生命是如此脆弱。在某一时刻，一个糟糕的选择可能会使你的生活发生翻天覆地不可逆转的变化。"①

值得商榷的是，被Just for FEET公司丑闻牵连而受到大量法庭和企业谴责的是德勤事务所。2005年4月，美国证券交易委员会根据《会计审计执行法案》第2238号严惩了德勤事务所针对Just for FEET公司的不合格审计，处罚金为375 000美元，并将史蒂芬·巴里调离项目组，禁止其两年内在证券交易委员会注册，海伦·贝克则被停职1年。

美国证券交易委员会宣布对德勤事务所进行处罚的同时，联邦政府机关也发布了对德勤事务所的处罚。由于德勤事务所针对大型电子通信公司Adelphia公司的审计不充分（Adelphia通信公司和Just for FEET公司具有一定相似性，两者都曾经业绩超群，但在2002年毫无征兆地崩盘。随后由德勤事务所审计的财务报表被揭发存在大量错报），美国证券交易委员会就Adelphia公司丑闻事件对德勤事务所处以5 000万美元罚款，以此来警告审计界，而这也是联邦政府对会计师事务所开出的最高额罚单。

就在德勤事务所由于Just for FEET公司和Adelphia通信公司的事件接受美国证券交易委员会处罚后不久，德勤事务所CEO詹姆斯·奎格利发布了一篇新闻稿进行回应。在这篇新闻稿中，奎格利说："我们面临的最大挑战之一就是对舞弊早期端倪的察觉，特别是当客户及其管理层和其他人员串通一气，专门蒙骗审计人员时。"②而奎格利的这番言辞让美国证券交易委员会的高层十分震怒，一位发言人在回应奎格利的新闻稿时说："在这次事件中德勤事务所没有被欺骗。调查发现，相关信息就在他们触手可及的地方，显而易见，是德勤事务所没有履行好职责。尽管德勤事务所发现了舞弊信号与舞弊端倪，但是他们忽略掉了并声称没有发现。"③

美国证券交易委员会还指出，奎格利的新闻稿件已经违反了处理Just for FEET公司与Adelphia公司案件时政府和德勤事务所已达成的协议中的相关条款。根据这些条款，德勤事务所无须承认证券交易委员会调查发现的事情，同时也不能对此否

---

① *The Associated Press State & Local Wire*, "Adidas America Executive Sentenced in Just for Feet Case," 22 March 2004.

② S. Laub, "Deloitte Statement Irks SEC," CFO.com, 28 April 2005.

③ S. Hughes, "SEC Rebukes Deloitte over Spin of Adelphia Audit," *The Associated Press State & Local Wire*, 27 April 2005.

认，随后，德勤事务所撤回了奎格利的新闻稿件，并同时发布了另一份略微但也没有完全收回其冒犯美国证券交易委员会言辞的声明。

思考题

1. 列示Just for FEET公司1996—1998年的资产负债表与利润表。计算流动比率、偿债比率、营运比率及收益率。在这些数据的基础上，你认为Just for FEET公司1998年高风险的财报项目有哪些？

2.Just for FEET公司经营大型零售店，说明这种类型企业的内部控制风险，并说明这种风险对审计工作有什么样的影响。

3.Just for FEET公司所在行业竞争度很高，指出处于如此高竞争环境企业的固有风险因素，以及这些因素对审计工作有什么影响。

4. 列出1998年对Just for FEET公司审计的审计风险因素，说明你认为对审计成功最重要的5个因素，将这些因素按重要性由低到高排序，并说明德勤事务所的审计人员对于你列出的5个因素的处理是否得当。

5. 假设你是托马斯·夏因，当小路滕伯格要求你对德勤事务所的回函造假时，你会如何处理？你的行为会影响到哪些当事人？

案例 1.4

健康管理有限公司

克利福德·霍特遇到麻烦了，他的公司没能实现盈利目标。财务分析师曾预计在1995年4月30日截止的会计期间里，总部位于纽约的药品分销商健康管理有限公司的每股收益将达到0.74美元。而在1995会计年度结束后，健康管理有限公司的首席财务官德鲁·伯格曼告诉公司的首席执行官霍特，1995会计年度的实际收益仅为每股0.54美元。根据伯格曼的说法，霍特并不想面对这种打击，也就是说在公布令人失望的收益之后公司的股价必定下跌。[①]与之相反，霍特希望公司能根据财务分析师的预测报告来报告1995年的会计收益。[②]

伯格曼篡改了健康管理有限公司的会计记录，使得公司能够达到1995年的盈利目标。为了降低销售成本，提高公司的毛利和净利润，伯格曼将公司的年终盘点数额增加了大约180万美元。

伯格曼还在公司的会计记录上进行了一些更小的“调整”，他和霍特都意识到，在事务所面前，他们将不得不采取周密的措施来掩盖其会计欺诈行为。伯格曼自从几年前受雇于德豪会计师事务所以来，就非常熟悉它的审计程序。事实上，伯格曼曾在1989年和1990年参与过德豪会计师事务所针对健康管理有限公司的审计。

健康管理有限公司的库存舞弊欺诈并不特别具有创新性，想要美化公司经营业绩的企业高管们意识到，夸大年终盘点是实现这一目标的最简单方法之一。健康管理有限公司盘点舞弊骗局的独特之处在于，它面临的是一部极具重要性而又颇有争议性的联邦新法律（1995年《私人证券诉讼改革法案》（Private Securities Litigation Reform Act，PSLRA））的首次重大考验，PSLRA也是克林顿总统第一届任期内国

---

① 除非另有说明，本案例中的引文摘取自健康管理有限公司证券诉讼案的法庭笔录，该案于1999年10月由美国地方法院（纽约东区）审理。

② 我想感谢我以前的一位学生——艾米·霍利斯，她出色的研究为这个案例做出了贡献，同时我也非常感谢迈克尔·杨的帮助。

会通过的唯一法案。

通过PSLRA，最为受益的是大型国际会计师事务所。这些公司在20世纪后期的诉讼损失不断增加，促使它们游说国会改革美国的民事诉讼制度。这些公司辩称，它们受到越来越多的不公正的集体诉讼。这些诉讼大部分都是依据1934年的《证券交易法案》所提出的，1934年的《证券交易法案》是联邦法规之一，它在20世纪30年代初为美国证券市场创建了监管基础框架。

主流会计师事务所的高层认为，修改了1934年《证券交易法案》主要条款的PSLRA将使原告律师难以令事务所收到大量的法律判决，陪审团在健康管理有限公司诉讼案中支持德豪会计师事务所的判决似乎认同了这一结论。健康管理有限公司的股东对德豪会计师事务所提出了诉讼，因为事务所未能发现德鲁·伯格曼和克利福德·霍特所策划的库存欺诈舞弊。著名的纽约律师迈克尔·杨（Michael Young）曾领导了德豪会计师事务所的法律辩护团队，他预计此案将成为会计界努力遏制诉讼损失的"分水岭事件"。[①]

赤裸裸的敲诈

20世纪30年代初，国会通过的《证券交易法案》不仅为证券市场建立了正式的监管结构，还强化了一种非正式的控制机制——私人证券诉讼，这种机制长期以来一直在促进和维护资本市场的完整性。《证券交易法案》明确规定，在美国证券交易委员会注册的公司所发布的财务报表，歪曲其财务状况和经营结果是违法的。然而，法院也允许将这些法规作为民事诉讼的基础。投资者和债权人可以提起侵权诉讼，要求赔偿由于相关当事人提供虚假财务报表而遭受的损失。

在联邦证券法规通过之前的几十年里，大都会银行等主要的机构投资者和大型债权人已经提起了大量的私人证券诉讼。因信赖虚假财务报表而遭受损失的个人投资者和债权人普遍认为，凭借法院收回损失并不是经济可行的。在20世纪70年代，足智多谋的律师们用"集体诉讼"的概念来解决了这个"问题"。在这样的诉讼中，大量个人原告的法律诉讼被合并成一个联合声明。作为代表这些共同原告的条件，律师将获得一笔或有费用，其数额为原告获得集体判决或和解费的一定比例。

由于发现可以提起集体诉讼，专门从事私人证券诉讼的律师们开始积极起诉那些直接或间接与《证券交易法案》相关的提供虚假或误导性财务报表的当事人。大多数的诉讼都声称违反了《证券交易法案》规则10b-5，禁止"使用操纵和欺骗手段"，与注册公司的财务报表的编制和披露息息相关。[②]

到20世纪70年代末，基于《证券交易法案》规则10b-5的集体诉讼已经司空见惯。一位法律学者观察指出，"低交易成本"导致了原告律师滥用《证券交易法

---

① G. Cheney,"BDO Wins Landmark Case under New Tort Reform Law," Accounting Today, November 22 December 12, 1999, 3.

② Case 7.6,"First Securities Company of Chicago," presents the complete text of Rule 10b-5.

案》而频频提起集体诉讼。[①]美国证券交易委员会前主席理查德·布里登经常公开表示反对集体诉讼，这些诉讼困扰着公司、公司高管以及相关的当事人。布里登将“证券集体诉讼制度”定性为“一个脱离了是非原则的法律制度，充斥着滥用权力的行为，这几乎就是赤裸裸的敲诈勒索”[②]。

对于那些审计大型上市公司财务报表的大型会计师事务所来说，证券集体诉讼尤其成问题。这些事务所核心业务决定了它们没有办法避免这种情况，总会有一个客户公司，其主管选择使用“创造性”甚至是公然欺骗的会计核算方法。一家普通会计师事务所对后来被证明包含重大错误的财务报表出具了无保留的意见，可能只会因为接受管理不善或不道德的客户而感到愧疚。然而，大型会计师事务所的财务资源使它们成为投资者和债权人的诱人目标，这些财务报表上的误导性陈述对大型事务所极为不利。

许多大型会计师事务所的高管们认为，应对针对自己的集体诉讼最合理的方法是，尽可能迅速而平和地将这些诉讼在法庭外私了解决。德勤前首席执行官迈克尔·库克在国会作证时表示，他的公司经常使用这种策略，因为原告律师对公司造成的影响颇大。这一杠杆作用源于德勤会计师事务所可能面临的重大判决，以及它在集体诉讼中以被告的名字出庭受审。相对于其他会计师事务所，最让库克和他的同事们感到沮丧的是，他们需要支付大笔款项，以了结他们确信自己没有过错的案件。库克说：“我不得不解决一些我认为我们公司没有做错的事情。”[③]

也有人质疑库克和其他大型会计师事务所高管这种说法的真实性。然而，与审计相关的诉讼方面的权威——佐伊维纳·帕姆罗斯教授的实证研究确实表明，大型会计师事务所之所以被推上集体诉讼的被告席，是因为它们的“雄厚资金”，而不是因为它们有什么过错。[④]在20世纪90年代中期之前，一项关于证券集体诉讼的研究证实了原告律师的能力，只有2%的起诉上了法庭，20%的起诉被驳回。在其余的78%的案件中，原告从被告那里得到了庭外和解，通常是数百万美元的和解费。[⑤]

救赎之光——PSLRA

1991年，六大会计师事务所发起了一场耗资巨大、目标一致的运动，说服国

---

① H. E. Milstein, “Recent Developments in the Private Securities Litigation Reform Act,” *Securities Litigation & Regulation Reporter*, 12 January 2000, 12.

② R. M. Phillips and G. C. Miller, “The Private Securities Litigation Reform Act of 1995: Rebalancing Litigation Risks and Rewards for Class Action Plaintiffs, Defendants, and Lawyers,” *The Business Lawyer*, August 1996, 51 Bus. Law. 1009.

③ R. M. Phillips and G. C. Miller, “The Private Securities Litigation Reform Act of 1995: Rebalancing Litigation Risks and Rewards for Class Action Plaintiffs, Defendants, and Lawyers,” *The Business Lawyer*, August 1996, 51 Bus. Law. 1009.

④ Z-V. Palmrose, “The Joint and Several vs. Proportionate Liability Debate: An Empirical Investigation of Audit-Related Litigation,” *Stanford Journal of Law, Business and Finance*, 1994(Vol.1), 53 72.

⑤ W. Hamilton, “Stock-Fraud Suits Increase Despite ’95 Law,” *Los Angeles Times*, 1 July 1998, D1.

会改革美国的私人证券诉讼制度。在20世纪90年代中期，国会终于开始着手处理这件事。由此引起国会展开了异常激烈而又影响深远的讨论，并受到了媒体的广泛关注。在这场辩论中，最具争议的问题是，当决定允许某项诉讼进行审判时，联邦法官是否应该援引“恳求标准”。六大公司希望国会能提高诉讼标准，使得证券集体诉讼在提交后不久就被驳回。

1995年12月，在推翻了克林顿总统对该法案的否决后，国会站在了六大公司的立场上。克林顿总统否决了这一法案，是因为他认为PSLRA强硬的辩护标准会使那些拥有合法权利的原告很难在法庭上具有正当理由。一般来说，联邦法院对PSLRA的解释是，要求原告指控被告至少是“鲁莽”的，以便案件进行审判。该法还规定，原告必须查明或申辩具体事实，以支持其对被告的指控。原告律师现在被禁止在对会计师事务所提起集体诉讼时，对专业不当行为进行全面、广泛的指控，而这恰恰是他们在PSLRA之前常用的一种手段。[①]

国会在PSLRA中引入了比例责任规则，这对于会计师事务所来说也是一大胜利。此前，联邦法院对被证明在民事案件中违反联邦证券法规的被告实施连带责任制。根据这一标准，每一个被告都对原告的判决赔偿负全责。如果一名或多名被告不能支付他们的一份判决赔偿，他们的部分必须由其他有偿付能力的被告支付。由于在集体诉讼中，会计师事务所往往是唯一的有偿付能力的被告，因此连带责任制对会计师事务所惩处颇大。PSLRA只对故意参与欺诈的被告施加连带责任，若被告犯的罪不超过“刻意鲁莽”的界限，一般只负责赔偿原告损失的一定百分比，这个百分比等于被告对产生这些损失的一系列事件的责任过失的百分比。

PSLRA对会计职业界的另一个重要影响是，允许联邦法官对那些处理琐碎的证券诉讼的原告律师进行罚款。PSLRA还包含了一些直接与独立审计功能相关的条款，其中一些条款是根据行业自身的技术标准改编的。规章要求审计公司制定科学的审计计划，并提供合理保证，以查明对客户的财务报表是否有实质性和直接影响的违法行为。同样，法律规定审计师应使用适当的审计程序和方法来评估客户的关联方交易，并判断客户在接下来的12个月内的持续经营能力。PSLRA对审计人员提出了一项新要求，在公司拒绝向美国证券交易委员会提供对其客户财务状况有重大影响的报告时，审计人员需要向美国证券交易委员会报告这项违法行为。

在PSLRA法案通过之后，会计界人士、审判律师和其他利益相关方都在焦急地等待一个重大的诉讼案件来检验新法规的可行性，这最终在健康管理有限公司的股东针对德豪会计师事务所提起的集体诉讼上得到了检验。

霍特的存货

克利福德·霍特是一名考取了相关执照的药剂师，拥有药理学博士学位，曾任

① 鉴于PSLRA是1934年《证券交易法案》的修正案，因此该法规仅适用于涉及上市公司（向SEC提交定期财务报表的公司）财务报表的诉讼。

纽约州药学委员会主席，于1986年创立了名为Homecare Management的公司。这家小公司出售医疗用品和设备给公众，并给公司与个人提供家庭医疗服务。霍特的公司发展迅猛，并扩展到了其他业务领域。到20世纪90年代中期，霍特已经将他的公司上市，改名为健康管理公司（Homecare Management Inc.，HMI）。这段时间里，公司的核心业务是“慢性疾病管理”。这家公司专门从事昂贵药物的销售，这些药物主要提供给患有艾滋病、阿尔茨海默病、帕金森综合征和精神分裂症等多种慢性疾病患者。

1989年，霍特聘请德豪会计师事务所作为其审计公司。而根据随后的法庭证词，健康管理公司原先的审计公司因对库存管理的会计流程感到担忧而辞聘。1989—1990年间，被指派到健康管理公司的审计小组的成员之一是德鲁·伯格曼。1979年，伯格曼从皇后学院毕业，并进入了一家小型会计公司任职，而这家公司后来便与德豪会计师事务所的前身合并。1987年，伯格曼调任到德豪会计师事务所的长岛分所。1989年和1990年他任职健康管理公司的高级审计经理。在法庭证词中，伯格曼提供了以下叙述作为担任高级审计经理的职责：

在这个职位上，我的职责是从开始负责某一特定项目起，确保派遣员工的准确性，我们有合适的人员来做必要的工作，并积累必要的工作成果来支持我们在对财务报表发表意见之前所得出的结论。

在1989年和1990年的健康管理有限公司审计中，美亚·蔡是伯格曼的下属之一。在伯格曼为德豪会计师事务所长岛分所工作的三年里，他分配蔡去了他监督的大约20个项目。在1989年和1990年的健康管理公司审计中，蔡担任高级审计师职务。当伯格曼从德豪事务所辞职时，蔡被提升为审计经理，并在随后的健康管理审计中承担了伯格曼的职责。在伯格曼离开德豪会计师事务所之后，他和蔡保持了他们在会计师事务所工作时的友谊，蔡和伯格曼的妻子南希之间的交情更是加深了这种友谊。从1986年到90年代中期，南希是德豪事务所长岛分所的营销总监和行政办公室经理。在那段时间里，南希和蔡成了亲密的朋友，这两位女士和她们的丈夫，经常带着他们的孩子互相拜访，偶尔一起度假。

1990年，霍特聘用了伯格曼，并任命他为健康管理公司的首席财务官。伯格曼说，他对公司会计记录“负最终责任”，并“生成财务报表，然后将其汇报给各个政府机构”。在担任首席财务官期间，伯格曼经常与霍特会面，一起讨论健康管理公司的重要会计及财务问题。1995年6月的第一个星期，伯格曼向霍特传递了一个令人不快的消息：截至1995年4月30日的会计年度，公司的净利润低于预期利润。

在仔细研究了公司的会计记录，并确认了收入的不足后，霍特告诉他的首席财务官伯格曼，公司不会报告一个明显低于预期的盈利数据。而财务分析师所预期的公司1995会计年度每股收益为0.74美元。伯格曼惊诧不已地说：“可是我们已经在年底了……现在是6月，4月早就结束了，销售也已经完成了，库存也入了账。”在一段尴尬的沉默之后，霍特告诉伯格曼报告令人失望的收入“不是一种选择”，他更清楚地表达了自己的想法，这时候伯格曼终于明白了他在暗示什么。

在“克服”了他所陷入的困境之后，伯格曼当天晚些时候去了霍特的办公室，提出了一个建议。“我回到霍特那里，我说，霍特，听我说，我不想做任何事……但如果你能出面并且让其他下属配合，那么我愿意做（会计）调整。”在接下来的两个星期里，伯格曼和霍特实施了他们的计划。最终，伯格曼决定虚增企业1995年4月30日的库存，约为180万美元。他为什么这么做？他在4月30日汇编公司年终盘点的结果时，忽略了180万美元的运输库存。伯格曼和霍特编造了一系列事件并伪造了几份文件来支持运输库存的事情。伯格曼后来在法庭上承认，做这些的目的是“忽悠德豪事务所”，以向审计人员隐瞒自己的库存舞弊欺诈行为。

在运输途中库存舞弊骗局的核心是一笔130万美元的库存转移，按其说辞是在健康管理公司匹兹堡仓库和纽约的另一个仓库之间进行的。1995年4月28日星期五，公司的一位卡车司机驾驶一辆载有近130万美元药品的货车离开了公司位于匹兹堡的仓库。（这些药物是健康管理公司最昂贵的产品之一，这就可以解释为什么如此大额的存货可以用较为小型的车辆运输。）由于驾驶员在清点库存程序之前离开了匹兹堡仓库，因此货车内的药品未包含在现场的年终实际库存中，当卡车司机在1995年5月1日星期一下午到达纽约仓库时，存货盘点已在该工厂完成，[①]因此，130万美元的药品也被排除在纽约仓库的年终盘点之外。

另一笔价值超过50万美元的虚假库存转移，是伯格曼所编造的年终中转库存的剩余部分。据称，这些药物与纽约仓库的其他药物分开存放，并故意将其排除在该仓库的年终盘点之外。在返回匹兹堡的途中，卡车司机本应将这50万美元的库存货物运送到公司的匹兹堡仓库，但是根据伯格曼的说法，这一库存货物到达匹兹堡的时间太迟了，无法将其纳入实际库存。

在盘点舞弊骗局中充当同谋者的7名健康管理公司员工包括卡车司机、在公司仓库工作的药剂师以及直接向伯格曼汇报的公司负责人。这些员工得到了应该如何向德豪事务所审计人员解释关于年终库存转移的具体指示，目的是确保每个同谋者的说辞与伯格曼所描述的骗局是一致的。健康管理公司的财务总管随后作证说，负责监督1995年健康管理公司审计工作的审计高级主管汤姆·博伊尔曾经问他，为什么要有130万美元的年终库存转移。财务总管说“伯格曼基本上告诉了我必须和审计人员说的事情，而我只是向博伊尔重复了伯格曼和我说的话”。

伯格曼意识到，健康管理公司缺乏永续的库存系统会让德豪的审计师们很难发现他和霍特策划的库存舞弊骗局。不过，伯格曼非常担心，德豪事务所将对库存进行重新盘点，以证实所谓运输中库存的存在性。在回答联邦法官主持健康管理公司诉讼的问题时，伯格曼解释了他为什么如此担心这种情况。

法官大人，假设我再次掌握了所有的信息、所有被出售的数量以及在那一段时

① 卡车司机是霍特的亲戚，（据说）周末去新泽西看望他的姑妈，这意味着在私家车道上，价值130万美元的存货有超过两天的时间处于无人看守的状态。

间内购买的所有数量，你就会知道最终的结果是什么以及在运输过程中这一存货是存在的还是不存在的。

“噢，顺便提一下……”

美亚原计划于1995年6月中旬开始对健康管理公司进行审计，但伯格曼坚持让审计师比原计划晚一个星期到达，伯格曼和他的舞弊同盟者尚需要一周的时间来完成并梳理运输库存策略的细节。

德豪事务所的审计组最终在6月下旬到达了健康管理公司的总部。在客户办公室的第一天，美亚就被她的老朋友吓到了。在与美亚的一次会面中，伯格曼告诉她年底有180万美元的中转库存。根据伯格曼的说法，美亚在听到这个情况之后反问：“180万美元的运输库存？”[①]毫无疑问，美亚对这一数字感到震惊，因为它是健康管理公司980万美元年末库存的近1/5，以及纽约仓库年终库存的近一半。该公司在年底时通常没有或只有少量的库存。年末库存转移的另一个不同寻常的特点是，它们都是用健康管理公司的运输工具运输的，该公司通常使用常见的运营商——比如联合包裹服务公司（UPS）——将大量的库存从一个地方转移到另一个地方。

伯格曼作证说，他只是在另一个场合与审计小组成员讨论了运输库存问题，第二次讨论牵涉美亚和两位德豪事务所的审计合伙人，其中一位是健康管理公司审计项目合伙人弗雷德·伯恩斯坦，而另一位合伙人是沃伦·菲斯克。他是参与审计项目的联合审查合伙人。第二次会议大约在7月15日进行，也就是审计结束前10天左右，其间伯恩斯坦训斥了以前的下属：“你怎么能让这种事情发生？你是一名会计，还是当了20年的会计，你知道这样的事情永远不应该发生。”

沃伦曾计划在1996年接替伯恩斯坦来担任健康管理公司的审计合伙人。他对伯格曼说，大量运输库存让他“不舒服”。沃伦通知伯格曼，自己和同事们正在考虑追加各种测试，以核实运输库存的存在性，并可能要求健康管理公司的高层签署一份单独的管理代表函以确认该项目。伯格曼回忆自己告诉沃伦说“你必须做你必须做的事情”。

运输库存是1995年对健康管理公司审计的一个重要焦点。在参与期间，几位德豪事务所的审计师询问、调查和核查该项目，这些人包括沃伦·菲斯克、弗雷德·伯恩斯坦、美亚·蔡、汤姆·博伊尔和吉尔·卡尼克，他们被指派主要负责审计运输库存。表1列出了德豪事务所针对运输库存采取的主要的审计程序。

---

① HMI案的审判发生在1999年10月，即1995年审计完成4年多之后。不足为奇，案件中的证人往往对审计期间发生的关键事件有不同的说辞。美亚·蔡作证说，她第一次是从汤姆·博伊尔那里了解到在途库存，汤姆·博伊尔是1995年HMI审计的高级审计师。根据蔡的证词，在审计初期，博伊尔在德豪事务所的长岛分所给她打电话并告诉她在途库存一事。

表1 德豪事务所针对运输库存采取的主要审计程序

1.要求健康管理公司提供所有运输库存的相关文件
2.证实了库存转移文件经运输和收货的药剂师签署，根据文件里所包含药物的清单，确认了这些药品的数量和单价，与健康管理公司提供的信息相一致
3.询问运输年终库存的卡车司机。将有关事件的年表与库存转移文件进行比较，并没有发现前后矛盾
4.检查了卡车司机的费用报告，发现与其相关事件的年表和其他健康管理公司人员提供的事件的年表是一致的
5.与健康管理的财务总管讨论了运输库存问题，对方提供了一个合理解释来说明为什么需要转移
6.与健康管理公司首席财务官（伯格曼）讨论了运输库存，他指出自己未能阻止运输，因为他直到事后才了解到这些转移
7.使用各种数学测试，包括毛利百分比测试，来检验公司年终库存的合理性，这些测试表明年终库存是合理的
8.获得一份针对运输库存的标准管理意见书和一份单独的公司高管的代表信，证实了在途存货的存在

在1995年的审计过程中，德豪事务所的审计团队也遇到了其他几个有争议的问题。在审计接近尾声的时候，健康管理公司的管理层和审计人员发生了争执，争执的核心是该公司3 000多万美元的应收账款备抵金额是否充足。审计人员提出了一项调整项，备抵账户的年终余额增加120万美元。管理层坚持认为只需要增加这一数值的一半即可。而让德豪事务所决定是否接受客户提出的调整的原因，是该审计公司几个月前从美国证券交易委员会收到的一份询问信。在这封信中，美国证券交易委员会表示了担忧，并要求健康管理公司提供有关备抵可疑账户使用的相关信息。尽管该调查的性质不同寻常，一名原告的专家证人作证说，德豪事务所1995年的工作底稿中并未提及，也没有证据证明审计人员因调查结果而修改了他们的备抵账户的审计程序。

在与健康管理公司高管们进行了激烈的讨论之后，伯恩斯坦决定接受客户对备抵账户所提出的60万美元的调整。在诉讼的证词中，伯恩斯坦为这一决定提供了如下理由：

首先，它是客户的财务报表，不是我们的财务报表。其次，我们可能不是一直都是对的。客户会查看我们提出的审计调整项目，并决定哪些是他同意的，哪些是他不同意的。这是一个让步和妥协。只要我们对客户的解释满意就行（我们就接受客户关于这些调整的决定）。

审计团队在1995年审计过程中遇到了另一个问题，健康管理公司在实地审计调查开始前一周发布了一份收益报告。这份报告包括健康管理公司的预期，即审计后的净利润，而这一收益数字被舞弊欺诈性的库存计划严重夸大了。这一收入让美亚和她的上司感到苦恼，尽管没有硬性规定，但一般客户公司管理人员通常会推迟发布这些公告，直到他们审计人员确保收益数字是一个“确定”的数字。这家在年度审计完成前就报告其收益的公司，给审计人员施加了微妙但巨大的压力，审计人员所提出的调整项目会大大降低早先公布的盈利数据。如果审计人员坚持认为经过审计后财务报表中应呈报一个较低的盈利数据，那么由此产生的“收益异常”可能会导致客户的股票价格大幅下跌。

1995年5月，德豪事务所审计人员收到了一封匿名信，这比美国证券交易委员会关于健康管理公司对备抵账户的抵免额和公司提前收益报告的调查更让人苦恼，因为这封信指明了健康管理公司的部分会计程序缺陷，并暗示该公司误导了跟踪分析该公司股票的金融分析师。同时这封信还指控，由于伯格曼和审计团队一名未指名成员的密切关系（在审计过程中，美亚是这封信中提到的审计师），德豪事务所的独立性受到了破坏。在随后的法庭证词中，伯恩斯坦透露在自己30年的专业审计经历中从来没有收到过这样的一封信。

德豪事务所在1995年7月底完成了对健康管理公司的审计，与前几年针对健康管理公司财务报表给出的审计意见类似，1995年审计意见为无保留意见。1995年12月，伯格曼被授予了健康管理公司发展部主管的新头衔。①保罗·朱雷维奇接任健康管理公司的首席财务官，他在医疗行业有相当丰富的会计经验。就在朱雷维奇加入健康管理公司后不久，他和公司的负责人伯格曼以及其他舞弊同谋者谈了一次话。而就在这次谈话中，伯格曼认为朱雷维奇已经意识到了库存欺诈的问题，就实事求是地说明了情况。根据伯格曼的说辞，朱雷维奇瞬间“面色苍白”，匆匆结束了对话，片刻间，这位负责人就知道纸要包不住火了。

朱雷维奇转告了霍特自己偶然从负责人伯格曼那里得知的信息，霍特否认对库存欺诈有任何了解，并拒绝将此事提交给健康管理公司董事会其他成员或该公司的法律顾问，随后，朱雷维奇亲自将此事告知了公司的法律顾问。很快，公司的董事会邀请一名前联邦检察官来调查相关库存欺诈情况。1996年2月，健康管理公司发布了一份报告，报告称在公司的会计记录中发现了违规舞弊行为。报告发布后，健康管理公司的股价急剧下跌，并迫使德豪事务所撤销了对该公司1995年财务报表的审计意见，接下来，一连串的诉讼和刑事起诉书湮没了健康管理公司、公司的高管以及其他与1995年财务报表相关的各方。

联邦检察官对霍特和他的舞弊同谋者提出了一系列欺诈指控，而伯格曼由于愿意对霍特及其他同谋者进行指证被免于起诉。②霍特的初审悬而未决，他坚持声称伯格曼才是存货舞弊计划的罪魁祸首。但是，在第二次审判中，陪审团判定霍特14项阴谋和证券欺诈罪名成立，这位前首席执行官被判处有期徒刑9年，处以25

① Effective May 1,1995,HMI's board of directors had more than doubled Bergman's annual salary to $200,000.

② 德鲁·伯格曼被证券交易委员会惩处了。联邦机构禁止他担任上市公司的高管或董事，并罚款75 000美元。

万美元的罚款，并向库存舞弊的受害者返还960万美元。健康管理公司还来不及从伯格曼和霍特的创伤中恢复过来，就在1997年10月被另一家医疗公司以名义金额收购了。

在4 000多名健康管理公司股东所提起的集体诉讼中，最开始包括好几名被告，其中大部分是霍特和伯格曼的同谋，这些同谋者达成了庭外和解，并得以免诉。伯格曼也得以免诉，因为他同意指证其在健康管理公司任职期间进行的存货舞弊及其他相关事件的真实情况，剩下的两名被告是霍特和德豪会计师事务所。负责健康管理公司案件的法官阿瑟·斯普拉特下令对霍特进行"直接判决"，而霍特在援引宪法修正案第五条权利——免于自证有罪——而拒绝到庭。结果造成德豪事务所变成了集体诉讼中唯一的被告，健康管理公司股东的律师声称，库存舞弊让他们的客户损失了大约3 700万美元，而德豪事务所应该承担75%的损失。

正如之前所提到的，在PSLRA法案通过之前，大型会计师事务所都不愿"冒险"赌一把陪审团会站在它们的角度解决集体诉讼。但是，德豪事务所的律师团队认为，PSLRA使他们在法庭上胜诉的可能性非常高。德豪事务所听从了这些律师的建议，决定赌一把。当斯普拉特法官裁定原告做出了充分可信且具体的指控，允许此案进行审判时，德豪会计师事务所输掉了第一次赌博。

舞弊信号与骗子

在健康管理公司诉讼中，原告和被告的律师团队双方面临着共同的挑战，决定案件结果的陪审团主要由来自蓝领阶层的个体组成。也就是说，他们对复杂的会计问题、财务报告和在审判过程中所讨论的资本市场现象并不熟悉。

为了澄清和强化各自的观点，双方律师团队都请了著名的专家证人出庭作证。原告律师聘请了一位专门从事法医服务的注册会计师，以查明并解释德豪事务所审计程序存在的缺陷。为了反驳这名注册会计师的证词，被告律师请出了审计准则委员会的一名前成员。双方律师团队还聘请了一名损害赔偿专家，以估计该诉讼的有关健康管理公司股东所遭受的损失。根据审判记录，这两支队伍总共付给这些专家证人大约60万美元，这个数额是1995年德豪事务所在健康管理有限公司获得的审计费用的4倍。

双方律师都带着精心准备的"制胜战术"进入了审判。原告律师的主要目的是让陪审团相信，1995年审计师在审计过程中毫无顾忌地忽略了审计职业的技术标准，这种鲁莽的行为使他们无法揭露库存舞弊欺诈。为了在陪审员的脑海中描绘审计师的"鲁莽"形象，原告律师一再提醒人们注意审计师在健康管理公司审计中所忽视的舞弊信号：证券交易所对健康管理公司备抵账户的调查、该公司提前发布的1995年收益报告、在1995年审计开始前收到的匿名信中所包含的指控，以及在年终盘点时的可疑情况。

原告律师在向陪审团陈述案件时面临两大问题。首先，他们不得不让伯格曼作为他们的主要证人来抨击德豪事务所审计师的信誉和专业精神，而自从伯格曼承认自己就是健康管理公司库存舞弊欺诈的主谋者之后，陪审团对于伯格曼证词的可信度就有了充分的质疑理由。

原告律师面临的第二个问题是，将陪审团的注意力从伯格曼、霍特和其他策划了库存舞弊欺诈阴谋者明目张胆的犯罪行为中转移开。由于PSLRA的比例责任规则，原告律师必须说服陪审团，在1995年对健康管理公司的审计过程中，德豪的审计师全程一直是不顾后果的，他们要对公司股东所遭受的大部分损失负责。审判的一个可能结果是，陪审团认为审计师确实存在不当行为，但是他们只对股东的小部分损失负责。在整个庭审过程中，原告律师深陷让伯格曼描述他所设计的舞弊行为而苦苦挣扎的尴尬局面，同时还要试图让陪审团相信，德豪事务所应对该舞弊造成的大部分损失负有责任。

迈克尔·杨领导的辩护律师团队在审判过程中使用了一种"三管齐下"的策略来帮助他们的客户获胜。第一种策略是，只要逮到机会，杨和他的同事都试图把审计师描绘成库存舞弊欺诈的受害者，而不是伯格曼和霍特的"鲁莽"帮凶，杨和其他辩护律师不断重复强调并鲜明地对比了德豪审计师和健康管理公司的阴谋者。在他的开庭陈述中，迈克尔·杨向陪审团一一介绍了坐在法庭上的四名德豪事务所的审计师，这些审计师全身心投入了1995年的健康管理公司审计项目。"下一个，我要介绍的是美亚……她和她的丈夫以及两个孩子住在贝尔莫尔"。这一策略显然是要向陪审团成员传达这样的信息，即审计师与他们自己是相似的：在当地社区努力地生活和工作、以家庭为导向的个人。相比之下，当提到健康管理公司舞弊案的参与者时，辩护律师经常会引用一些嘲讽的绰号，比如"那些骗子"或"诈骗犯"。在审判临近结束时，一名辩护律师告诉陪审团成员，他们必须"区分说谎的人和被骗的人"。

辩护律师的第二种策略是反复地"叩问"审计职业的"圣经"，即专业审计标准。杨和他的同伙不断地向原告律师和他们的证人提出要求，要求他们明确审计师违反的专业标准的具体条目，辩护律师们指出，针对这些审计师的指控是基于对这些抽象的标准和基本无法辩护的解释。

辩护律师的最后一个策略是，淡化原告律师的一再指控，即德豪事务所未能恰当地调查180万美元的运输存货。在整个审判过程中，辩护律师使用了一个短语来描述审计师对该项目的想法："但他们并没有止步于此。"当原告律师将陪审员的注意力集中在伪造的运输存货清单上时，辩护律师们有理有据地罗列了表1中一系列的审计测试和其他程序，这些都是审计师用来证实年终盘点转移的。在每一次的审计测试或程序解释之后，辩护律师通常会转向陪审团，并说"但他们并没有就此罢手"——然后继续讨论下一个项目。

审判：重新执行与独立性

在审判期间出现的两个最具争议性的问题是，审计人员是否应该在1995年健康管理公司审计项目中对库存项目重新执行程序，以及伯格曼和美亚的关系是否会影响到德豪事务所的独立性。如前所述，伯格曼担心审计人员采用重新执行程序来检验180万美元运输库存的存在性，因此为原告作证的注册会计师坚持认为审计师应该对库存重新实施盘点，这样他们就会确定运输库存根本不存在。

福克斯先生（原告律师）：你是否看到过任何证据表明，德豪事务所审计师试图做任何类似于重新盘点库存的测试？

摩尔先生（原告专家证人）：在工作文件中并未涉及。

福克斯先生：您对于这种情况下德豪事务所审计人员是否应该对库存项目实行重新盘点有想法吗？

摩尔先生：有的。

福克斯先生：请问您的看法是？

摩尔先生：我认为这很容易做到。他们本可以重新盘点，而且这是唯一一个可以确凿证实是否存在运输存货的测试。

福克斯先生：如果德豪事务所实行了重新执行，那会证明什么？

摩尔先生：这将表明，运输库存并不存在，也不可能存在。

然后，专家证人使用了一张展示图，通过一个例子来向陪审团展示如何执行库存重新盘点。这位专家证人指控德豪事务所审计师没有完成重新盘点，而对于运输库存采取的是询问的审计方法，也就是说，专家指控审计师严重依赖客户陈述来支持库存的存在。

迈克尔·杨直言不讳地反驳了专家证人的断言，即德豪事务所审计师应该重新执行一次库存盘点。杨首先让证人同意，公认审计准则（GAAS）是评估独立审计师工作公认的基准。然后，杨就拿出了这些准则的装订副本。

杨先生：这是审计准则吧？

摩尔先生：对于审计人员而言，是的。

杨先生：好的。准则中并没有任何一节内容涉及所谓的“运输库存”，对吗？

摩尔先生：是的。只有一个我们讨论过的“库存”章节。

杨先生：没错，所以这本准则并没有告诉你如何去测试运输库存，是吗？

在进行这些对答之后，杨引用了以下部分的审计标准：“独立审计师必须行使自己的判断决定使用哪些审计程序。”杨坚称这一项声明表示，1995年审计期间内决定是否采取库存重新盘点是在审计师权力范围内的。陪审团意识到了专家证人对于审计期间应该对库存重新盘点的意见只是他的个人意见，但是杨没有到此为止。在随后的一次对答中，杨直截了当地问专家证人：“现在如果说，公认审计准则中要求采取库存重新盘点这一条目是你编造的，是否合理？”证人回答说：“不合理。”杨接着递给证人一份相关审计准则的副本，并要求他在这些标准的字母索引中找出“库存重新盘点”一词，当然，杨知道这个短语并没有包含在索引中。

杨先生：准则里并没有提及库存重新盘点，这样说可以吗？

摩尔先生：是的。

杨先生：基本上，这都归结于你的观点，即审计师应该做更多的事情（重新盘点），对吗？

摩尔先生：是的。

后来在审判中，吉尔·卡尼克（审计健康管理公司存货账户的主要负责人）出庭作证了。而当她透露，实际上自己在审计过程中尝试执行“库存前滚”，这在一定程度上等同于库存重新盘点时，陪审团感到十分惊讶。[①]但是开始这项工作三天之后，卡尼克变得十分沮丧，并决定不再继续下去了。她作证说，库存量和销售量实在是太大了，无法执行“库存前滚”。然后，有人问她，为什么在审计工作文件中没有显示出任何库存前滚的痕迹，她回答说，放弃“不确定”的审计结果是“正常的做法”。

卡尼克在证词中披露的另一个令人惊讶的消息是，针对运输库存的问题，她从未和健康管理公司审计项目的负责人美亚或审计合作人伯恩斯坦进行过直接对话。

史特劳斯先生（原告律师）：卡尼克女士，你从来没有跟你的上司说过关于运输库存的事吗？

卡尼克女士：面对面的确实没有。

史特劳斯先生：事实上，美亚从来没有要求你针对运输库存采取任何行动吗？

卡尼克女士：直接的指示没有。

史特劳斯先生：伯恩斯坦也没有让你针对运输库存采取行动吗？

卡尼克女士：直接的指示没有。

史特劳斯先生：所以，审计中最资深的两位（合伙人和高级经理），从来没有跟你提及过或者指示你做任何有关运输库存的事情。对吗？

卡尼克女士：是的。

在交叉询问中，迈克尔·杨让卡尼克澄清，中级审计师只接受工作指示，并由他们的直接上级主管审计业务，这是德豪事务所的制度。在1995年的健康管理公司审计中，被指派参与该审计业务的审计高级主管汤姆·博伊尔曾监督领导过卡尼克，在短时间的出庭作证中，博伊尔报告称在审计期间自己在审计库存方面只发挥了“有限的作用”，“吉尔主要是直接和我在一起的，因为我是吉尔的主管，我会对她的问题提供基本的指导”（事实是，这一证词似乎与吉尔从未直接和美亚提及运输库存的说法相左，这显然不是由原告或被告律师提出的）。

在审判期间提出的所有问题中，最具普遍性的问题是，在1995年健康管理公司审计中，伯格曼和美亚之间的亲密友谊是否已经削弱了德豪事务所的独立性。审计行业长期以来一直认为，独立性是审计职能的灵魂所在，如果一个审计团队的关键成员失去了独立性，那么所有其他关于该审计的质量或完整性的问题就会变得毫无意义。

作为原告专家证人的注册会计师认为伯格曼和美亚之间的社会关系违反了公认

---

① 卡尼克女士试图利用这12个月期间的库存购销数据，将1995年4月30日的库存向前推到1994年4月30日。所谓审计前滚是指针对监盘日在资产负债表日之前，且自监盘日至资产负债表日之间有大量的存货出入库，抽查这一期间的出入库单。

审计准则中包含的独立标准："在所有与工作相关的事项中，审计师应保持精神状态的独立性。"根据专家证人的说法，两人之间的友谊使美亚在审阅健康管理公司的财务报表时很难保持专业的怀疑态度。更重要的是，这位专家证人相信，这两个人的友谊会阻止美亚在发现库存舞弊骗局后去找伯格曼，并告诉他"我认为你是个小偷、是个骗子。"

美亚在证词中指出，德豪事务所的政策程序手册提及了审计师和客户之间的社会或个人关系所带来的独立性问题。在她的证词中涉及另一个相关事件，在1995年的某个时间点，她被任命为健康管理公司的首席会计官，但是她最终拒绝了这个提议。美亚作证说，她不清楚这一任命的具体时间。

史特劳斯先生（原告律师）：蔡小姐，在1995年的审计工作中，你被提名为健康管理公司的首席会计官，是否属实？

美亚：确有一次，但是我不记得具体是什么时候提名我的。

史特劳斯先生：你在1995年的审计工作期间被提名担任这一职务，是否属实？

美亚：我不知道具体时间。

史特劳斯先生：不是……？

美亚：当然不是在审计期间。

史特劳斯先生：你的朋友伯格曼在1995年审计工作期间向你推荐了那份工作（首席会计官），是否属实？

美亚：我刚才说了，我不知道具体的时间，但是肯定不在审计期间。

史特劳斯先生：你确定吗？

美亚：我确定不在审计期间。

后来在审判中，原告律师提出证据表明，在1995年7月20日举行的健康管理公司董事会会议上，伯格曼明确建议美亚担任首席会计官，而这恰好是德豪事务所对1995年健康管理公司财务报表发布审计报告的前一周。

迈克尔·杨在解决伯格曼与美亚之间友谊是否会影响德豪独立性这一争议问题时，采用了一项关键防御策略。在对原告的专家证人摩尔先生进行询问时，杨又一次拿出了一份审计准则的装订副本，以及一份AICPA职业行为准则的复印件，并问道："你能给陪审团看一下，准则中有提及审计师不能与审计客户成为朋友吗？"摩尔回答说，这些"特定的词"在任何一个条款中都不包括在内。杨接着问了摩尔另一个问题："一家审计公司的代表是否有可能与客户公司的代表成为社会朋友，而审计公司仍然是独立的？这可能吗，摩尔先生？"摩尔不情愿地回答说："这是可能的。"

一旦陪审团审判的证词收集齐，则首席法官必须在陪审团的审议过程中给陪审团提供详细的说明。临近审判结束时，在陪审团不在的情况下，双方律师在首席法官斯普拉特面前花了三天时间辩论，讨论这些信息是否应该包含在陪审团的说明中。斯普拉特法官面临的关键问题是如何在陪审团的说明中定义"不顾后果"。双方律师都意识到审判的结果可能取决于斯普拉特法官对这个关键术语的定义。斯普拉特法官最终确定了以下描述：原告必须证明，被告对很明显的事实或者调查可疑的事情做出了一种极端的抗拒，面对同样的事实情况，即便最不称职的审计师也不会做出这样的决定。

判决结果

在陪审团的审议过程中，陪审团主席向斯普拉特法官提出了一份报告，要求进一步澄清"不顾后果"一词。斯普拉特法官随后将陪审团成员带回法庭，并给予他们额外的说明。斯普拉特法官重申了过失与不顾后果之间的重要区别："我想说明的是，根据《证券交易法案》（1934年的《证券交易法案》）规则10b和10b-5，审计师无须为犯错过失和疏忽大意承担责任。我再说一遍，不顾后果不仅仅是疏忽，不顾后果的行为是非常不合理或有失分寸的行为。"

在再次被带回法庭后不久，陪审团做出了有利于德豪事务所的判决。在庆祝胜利的过程中，迈克尔·杨对PSLRA对此案的影响发表了评论："一家会计师事务所能鼓起勇气，在没有先例的情况下将这样的案件坚持到法庭宣判结果，这是关键所在。"[①]杨接着解释说，PSLRA消除了连带责任，而对审计师来说，而这些责任仅仅是鲁莽的，这是德豪事务所生出在法庭上为自己辩护的"勇气"的主要来源。

原告律师之一杰弗瑞·兹维尔林在庭审后与几名陪审员进行了交谈，[②]他说，即使在要求法官斯普拉特再次澄清"不顾后果"的定义之后，陪审员们依旧难以明晰。杰弗瑞暗示，这种混乱可能会让陪审团做出倾向于审计师的裁决。德豪事务所的总法律顾问对审判结果提出了不同的见解，他坚持认为，原告律师依靠伯格曼作证的策略着实打脸，因为伯格曼在庭审中承认，他专门设计了舞弊骗局来欺骗审计师。[③]

尽管健康管理公司对德豪事务所的诉讼取得了有利的结果，但整体趋势对会计行业来说依旧是喜忧参半。自1995年以来，集体证券诉讼案件呈现同比下降的趋势，然而，基于会计违规行为的诉讼比例普遍上升。这对审计师来说是个坏消息，因为当客户被指控操纵会计记录时，他们更有可能被列为集体诉讼案中的被告，而且对审计公司来说，更大的坏消息是解决涉及会计违规指控的集体诉讼的平均和解费用也在上升。

思考题

1.德豪事务所的律师指出，审计准则并没有禁止审计师和客户人员成为"朋

① M. Riccardi, "Accounting Fraud Trial Breaks New Ground," *New York Law Journal*, 29 October 1999, 1.

② E. L. Rosen, "Defendants Heartened by the First Trial of PSLRA Case," *The National Law Journal*, 15 November 1999, B5.

③ E. MacDonald, "Federal Jury Exonerates BDO Seidman in Accounting Suit over Audit of Firm," *Wall Street Journal*, 28 October 1999, B2.

友”。这种关系在什么情况下违反了审计师的独立性和审计准则？举例说明。

2.根据法庭证词，1995年7月20日，伯格曼向健康管理公司的董事会推荐美亚任职公司的首席会计官。一周后，德豪事务所发表了关于健康管理公司1995年度财务报表的审计报告。在现有的审计准则下，这种情况是否会对德豪事务所的独立性产生影响？

3.在什么情况下，需要对库存执行重新盘点程序？这项审计程序获取的审计证据证明力如何？详细解释一下。

4.吉尔由于工作量的繁杂放弃了继续执行库存前滚，你认为在此情况下做出这样的决定是否恰当？审计员应如何权衡审计程序的成本、时间和其他资源，以及它所产生的证据的数量和质量？

5.不确定的审计结果是否应该包括在审计工作底稿中？详细说明你的想法。

6.这次审判的主要焦点是德豪事务所对1995年健康管理公司审计中明显的“舞弊信号”的考虑和处理。请给出“舞弊信号”的定义并解释审计员在审计的每个主要阶段确定舞弊信号的作用。

7.PSLRA要求审计人员向证券交易委员会报告非法行为将“对客户的财务报表产生实质性影响”（在客户管理部门拒绝这样做的情况下）。简要描述审计师发现的三种潜在的非法行为，指出参与这些案件的审计师是否应坚持要求客户管理人员向证券交易委员会报告这些问题。为你的决定辩护。

案例1.5

莱斯利·费伊公司

1969年，保罗·波利山毕业并获得了会计学学位，进入了位于纽约的女装制造商莱斯利·费伊公司会计部就职，莱斯利·费伊公司的创始人弗雷德·波梅兰茨亲自聘用了保罗。公司内部人士回忆说，波梅兰茨在年轻的会计学专业毕业生身上看到了曾经的自己，他们拥有许多相同的品质，这两个人都具有雄心壮志，干劲十足，却又生性冲动。

在加入莱斯利·费伊公司之后，保罗很快就和公司创始人的儿子约翰·波梅兰茨建立了友谊。约翰是在1960年获取了宾夕法尼亚大学沃顿商学院经济学学士学位后加入公司。1972年，年轻的约翰成为莱斯利·费伊公司的总裁，并负责公司的日常运营。在接下来的几年里，保罗成为新总裁约翰最信任的员工之一，他在公司的地位逐渐上升，最终成为公司的首席财务官兼副总裁。

莱斯利·费伊公司的总部位于曼哈顿繁华的服装区中心。然而，该公司的会计部门则位于宾夕法尼亚州威尔克斯巴雷的西北方向100英里处。在保罗担任莱斯利·费伊公司的高级会计师和首席财务官期间，位于威尔克斯巴雷的会计部门被冠以“保罗世界”的绰号。

严厉而专制的保罗以铁腕方式管理着威尔克斯巴雷办公室。在会计期结束的时候，保罗经常要求他的下属上16个小时的班，并在周末加班，即便上班只迟到了两分钟，保罗也会对其严厉斥责。为了确保他的员工明白他的要求，保罗为威尔克斯巴雷办公室制定了一系列规则，详细规定了对员工的具体要求。例如，他们有权在自己的办公桌上放一张家庭照片，但是只可以有一张。即便是公司曼哈顿总部的工作人员也不得不忍受保罗的专制，当总部办公室的高级管理人员要求财务部门提供相关信息时，保罗经常给他们一张纸条，要求他们告知为什么需要这些信息。

在威尔克斯巴雷的会计部门，保罗的高级助理唐纳德·肯尼亚是该部门的负责人。由于保罗经常去曼哈顿总部，肯尼亚便接管了会计部门，与他的上司不同，肯尼亚是一个说话轻声细语的人，相对于下达指令，他更喜欢听从命令。然而1993

年2月初在约翰・波梅兰茨的施压下，肯尼亚对一起大型会计舞弊负全责，由于肯尼亚温和的性格，他的朋友和同事对此都无比震惊。随后调查人员进一步确定，从1990年到1992年，莱斯利・费伊公司的收入被高估了大约8 000万美元。

在舞弊骗局被公开披露之后，约翰再三强调，他和莱斯利・费伊公司的其他高管，包括保罗，都对肯尼亚犯下的大量会计违规行为一无所知。然而，公司内外的许多人都对约翰撇清关系表示怀疑。肯尼亚不是大股东，也没有签订与公司收益挂钩的激励性薪酬合同，这意味着他所编造的严重夸大的盈利数据不能直接为他带来一丝一毫的利益。同时，约翰、保罗和其他几位莱斯利・费伊公司的高管持有该公司大量股票，并获得了丰厚的年终奖金，肯尼亚在会计舞弊期间，这些高管的奖金比他的年薪还要高。

甚至在肯尼亚承认犯有欺诈罪之后，外界对其主导舞弊案仍然持怀疑态度。当被记者问及肯尼亚的供词时，一位在莱斯利・费伊公司就职的肯尼亚密友表示，他是一个“正直的人，一个真正的好人”，然后补充说道，“这里面有点不对劲”[①]。

口红色劳斯莱斯与东方快车

和许多同龄人一样，弗雷德・波梅兰茨在第二次世界大战（以下简称二战）期间为国效力，但是弗雷德没有参加诺曼底登陆，也没有在北非追捕隆美尔，而是通过为妇女军团做制服来服务国家。二战结束后，弗雷德决定利用他的经验，创建一家生产女装的公司，并以他的女儿莱斯利・费伊的名字命名了这家公司。

弗雷德的前下属和业内同行回忆说，他是个“人物”。多年来，他对赌博产生了浓厚的兴趣，喜欢举办奢华的派对，还会刻意拉低他的衬衫，露出他在纽约一些环境艰苦的社区里遇到歹徒搏斗留下的刀痕，以此来吸引他的新朋友和商业伙伴。在纽约上流社会中，为弗雷德添加传奇色彩的是他口红色的劳斯莱斯，他曾在曼哈顿拥挤的街道上开着它肆意游荡。

弗雷德对冒险和狂欢的偏爱并没有影响他迅速建立起自己的公司，他在动荡不安、竞争激烈的女装行业成为关键人物。从一开始，弗雷德就把莱斯利・费伊公司的生产专注于该行业的一个关键领域，他和他的设计师们为30~55岁的女性设计价格适中且风格保守的服装。

在二战后的几十年里，莱斯利・费伊公司的主要客户是大型百货公司连锁店，这些连锁店在一线大都市区蓬勃发展。到20世纪80年代后期，莱斯利・费伊公司成了百货公司女装最大的供应商。当时，莱斯利・费伊的主要竞争对手包括Donna Karan、Oscar de la Renta、Nichole Miller、Jones New York，以及Albert Nipon等公司。但是，在大多数业内人士的心目中，丽兹・克莱本公司是一个新贵，它是由一位不知名的设计师和她的丈夫于1976年创立的，但它很快成为莱斯利・费伊公司最熟悉、最强劲的竞争对手。20世纪80年代末，丽兹・克莱本公司是唯一一家销

① S. Strom, “Accounting Scandal at Leslie Fay,” *New York Times*, 2 February 1993, D1.

售额超过莱斯利·费伊的公司。

1952年，莱斯利·费伊公司上市了。20世纪80年代初，该公司经过约翰·波梅兰茨精心策划的杠杆收购，在数年时间里实现了私有化。1982年，父亲弗雷德去世后，约翰成为公司的首席执行官和董事长。1986年，当这家公司重新成为一家上市公司时，年轻的约翰获得了4 000万美元的收入，还有莱斯利·费伊公司的大量股票。

就像他的父亲一样，约翰认为时尚服装公司的高管应该表现出一点气派，所以这位受欢迎且性格外向的商人投资了几场百老汇演出，成为曼哈顿名流圈的中流砥柱。约翰用在20世纪80年代初发的横财在佛罗里达州棕榈滩买下了一处幽静的地中海风格的庄园，冬天他经常在那里与纽约的名流们交往。为了奖励他的公司最好的客户，他曾经租了一辆传奇的东方快车，这辆快车从巴黎一直开到伊斯坦布尔。

尽管莱斯利·费伊公司在服装行业已经具备一定的规模和知名度，约翰仍然采用他父亲的模式经营了这家公司几十年。与其他竞争对手不同，约翰放弃使用广泛的市场测试来衡量女性在服装方面的需求变化。相反，他依靠自己和设计师的直觉来开发每一季的新产品。约翰延缓了用电脑系统整合公司内部关键业务运行的进度，在大多数女性服装制造商已开发出计算机联网技术，用于监控其产品在主要客户门店的日常销售的时候，莱斯利·费伊的员工们每周仍在给大客户打电话，来跟踪销售进度。约翰坚持以“传统的方式”经营公司的业务，这也意味着位于威尔克斯巴雷的会计部门在利用计算机处理数据的速度和效率方面进展缓慢。

约翰子继父业之后，管理层对现代商业模式的厌恶和女性服装行业内的激烈竞争，并没有阻止莱斯利·费伊公司的繁荣发展。多亏了年轻的约翰的商业经营技巧，莱斯利·费伊公司的年收入和销售额在他的带领下持续高增长。

从时尚沦为过时

20世纪80年代末，在女装行业持续了好几年的趋势变得更加明显，在那十年里，时尚逐渐变得不再流行。所谓美国的“随意化”意味着，数百万消费者开始对是否购买服装制造商推出的设计新款犹豫不决，转而选择牛仔裤、T恤和其他更舒适的服装，包括多年前购买的还没有穿破的衣服。最初，这种趋势对年轻女性的购买习惯影响更为明显，但渐渐地，即使是30岁至55岁年龄段的女性，也就是莱斯利·费伊公司所针对的目标消费者，也开始认为休闲随意是一种不错的选择。

休闲服装的流行趋势对女士裙装的销售造成了极其显著的影响。自从莱斯利·费伊公司创立以来，该公司一直将生产供应集中在裙装上，即便在20世纪70年代，大家都认为裤装适合所有年龄段的女性。20世纪70年代初，裙装年度销售额开始逐渐下滑。女性服装行业的大多数企业高管都认为这种趋势最终会被扭转。然而，在20世纪80年代所形成的对于休闲裤装的偏好使得裙装销售额持续下降，这种情况持续到20世纪末。

20世纪80年代末和90年代初的经济衰退恶化了女装行业所面临的问题，经济衰退导致许多消费者缩减了他们的可支配支出，其中包括购买新衣服。零售支出的大幅下滑对美国主要的百货连锁店——莱斯利·费伊公司的主要客户——产生了特别大的影响。

即使经济的其他领域有所改善并逐渐走出了经济衰退的影响，零售业经济却持续疲软，这严重影响了百货公司的销售量和盈利额。最终，几家大型连锁企业被迫与竞争对手合并经营，或步入清算阶段。1989年末，在大型零售商联邦百货商店申请破产后，莱斯利·费伊公司注销了相关的应收账款，这让公司蒙受了巨大损失。许多百货连锁店在其供应商的财务妥协中幸存了下来，这些让步包括延长的付款时间、宽松的退货政策，以及增加的资金援助，以维持零售店的陈列商品、售货亭和服饰精品店的经营。

20世纪80年代末至90年代初，女装行业经济结构的变化主要对行业领头公司产生了巨大影响。丽兹·克莱本公司收入从1979年的4 700万美元飙升到1987年10亿美元，即便是这样的公司，其主要产品线的销售额增长仍在放缓，最终被迫进行大规模的资产减记。偶尔，行业相关出版物也会报告说季度销售额温和稳健增长，但那些受益最大的公司是把自己的产品推销给折扣店，并不是领头的服装制造商。

20世纪80年代末和90年代初，尽管莱斯利·费伊公司的主要竞争对手经历了创伤，但其依旧报告了令人印象深刻的销售额和利润。在这段时间里，莱斯利·费伊公司的季度收益报告显示，该公司在刚刚结束的一段会计期间内实现了创纪录的收益和销售额。例如，1991年10月，约翰·波梅兰茨宣布，尽管“零售情况和消费者支出持续疲软，莱斯利·费伊公司在今年第三季度依然实现了创纪录的利润”[①]。

表1列示了莱斯利·费伊公司1987—1991年的合并资产负债表和利润表。为了便于比较，表2列示了1991年女装行业中关键财务比率的相关标准。这些基准比率是依据投资机构报告的数据得出的综合数据，这些数据揭示了主要行业的财务比率。

表1　1987—1991年莱斯利·费伊公司合并资产负债表和利润表　单位：百万美元

资产	1991	1990	1989	1988	1987
流动资产：					
现金	4.7	4.7	5.5	5.5	4.1
应收账款（净值）	118.9	139.5	117.3	109.9	82.9
存货	126.8	147.9	121.1	107.0	83.0
待摊费用和其他流动资产	19.7	22.5	19.5	16.4	15.9
流动资产合计	270.1	314.6	263.4	238.8	185.9
固定资产	39.2	30.0	27.2	25.9	24.1
商誉	81.3	88.1	91.2	94.1	90.3

① *Business Wire*, "Leslie Fay Announces Record Earnings," 17 October 1991.

续表

资产	1991	1990	1989	1988	1987
递延费用和其他资产	5.2	6.2	5.5	4.2	5.1
资产合计	395.8	438.9	387.3	363.0	305.4
负债和股东权益					
流动负债：					
应付票据	35.0	48.0	23.0	29.0	15.5
一年内到期的长期负债	0.3	0.3	0.3	0.3	1.4
应付账款	31.9	43.3	38.6	45.6	31.6
应计未付利息	3.0	3.8	4.1	3.9	3.7
应付工资	16.9	14.9	19.5	16.6	10.6
其他应计费用	4.3	6.4	5.8	7.2	7.4
应交所得税	1.4	2.3	4.6	6.1	1.8
流动负债合计	92.8	119.0	95.9	108.7	72.0
长期负债	84.4	129.7	129.0	116.3	116.6
其他非流动负债	2.8	2.6	2.7	4.2	4.9
所有者权益：					
普通股	20.0	20.0	20.0	20.0	20.0
股票溢价	82.2	82.2	82.1	82.2	82.2
留存收益	156.9	127.6	98.5	72.8	50.5
其他	(34.3)	(31.5)	(31.9)	(32.0)	(31.7)
库存股	(9.0)	(10.7)	(9.0)	(9.1)	(9.1)
所有者权益总额	215.8	187.6	159.7	133.8	111.9
负债和所有者权益总计	395.8	438.9	387.3	363.0	305.4
净销售额	836.6	858.8	786.3	682.7	582.0
销售成本	585.1	589.4	536.8	466.3	403.1
总利润	251.5	269.4	249.5	216.4	178.9
营业费用：					
商店营业费	186.3	199.0	183.8	156.2	132.5
无形资产摊销	2.7	2.9	2.6	3.3	3.8
营业费用总计	189.0	201.9	186.4	159.5	136.3
营业收入	62.5	67.5	63.1	56.9	42.6
利息费用	18.3	18.7	19.3	18.2	16.4
非经常性费用前利润	44.2	48.8	43.8	38.7	26.2
非经常性费用	–	–	–	–	(5.0)
税前利润	44.2	48.8	43.8	38.7	31.2
所得税	14.8	19.7	18.0	16.4	11.5
净收益	29.4	29.1	25.8	22.3	19.7
每股净收益	1.55	1.53	1.35	1.17	1.03

表2 1991年女装行业主要财务比率基准

流动性：	
流动比率	1.8
速动比率	0.9
偿债能力：	
资产负债率	0.53
利息保障倍数	4.2
长期负债股权比率	0.14
运营能力：	
存货周转率	6.7
库存平均天数	53.7天
应收账款周转率	8.0
应收账款账龄	45.5天
总资产周转率	3.1
盈利能力：	
毛利率	31.5%
销售利润率	2.2%
总资产回报率	6.0%
净资产收益率	14.0%

即便莱斯利·费伊公司的竞争对手对其在经济衰退之时维持如此高的销售额与盈利数表示怀疑，在社会公众面前，约翰·波梅兰茨也依旧认为公司的未来前景一片光明。然而，私底下约翰非常担心，他意识到零售商对于自己公司的生产线越来越挑剔，公司的销售人员在做电话推销时经常听到“过时”“单调”“跟不上潮流”“定价高”这样的形容。

为了让公司的大客户满意，面对公司产品的大量剩余库存，约翰不得不批准了莱斯利·费伊公司批发价格大幅降低的决定，并给予那些客户很大的折扣。为了让投资者满意，约翰游说财务分析师追踪莱斯利·费伊公司的股票。一位分析师说，“生气”的约翰在1992年给她打了电话，指责她给莱斯利·费伊公司发布了一个过于“悲观”的收益预测。①

① T. Agins, "Dressmaker Leslie Fay Is an Old-Style Firm That's in a Modern Fix," *Wall Street Journal*, 23 February 1993, A8.

休斯敦，我们有麻烦了

1993年1月29日，星期五早上，保罗给正在加拿大出差的约翰打电话，告诉约翰说："我们有麻烦了，也许不仅仅只是一个麻烦。"[①]随后，保罗向他的老板报告了肯尼亚在过去几年里秘密进行的巨大会计骗局，按照保罗的说法，肯尼亚已经承认策划了这起诈骗，他的一些下属帮助他实施并将各种骗局瞒天过海。得知这个令人震惊的消息后，约翰的第一反应是"什么？不可能，我认为这是在开玩笑"[②]。

在周一向媒体揭露这次舞弊欺诈的时候，约翰完全否认自己知道任何线索表明肯尼亚可能对莱斯利·费伊公司的财务数据进行了舞弊处理。他补充说自己和公司的其他高管对肯尼亚的行为都没有怀疑过，他极力为自己的铁哥们儿保罗辩护，他坚定地告诉记者"保罗对此一无所知"[③]，然而保罗曾监督过肯尼亚的工作，并直接对莱斯利·费伊公司会计记录的完整性负责。

在接下来的一段时间里，越来越多的商业媒体向约翰施压逼问更多的欺诈细节，批评人士则公开质疑他是否真的对肯尼亚的会计舞弊行为一无所知。面对这些批评，这位已然陷入困境的首席执行官坚称，他是舞弊的主要受害者，并不是欺诈案的主导者。"我是否对舞弊有个人责任？不，在我的内心深处，我觉得自己是一个受害者。我知道还有其他的受害者，但我才是最大的受害者。"[④]约翰这样的声明并不能阻止评论家们质疑他，质疑他为什么会在竞争对手们苦苦挣扎以求生存的同时，欣然接受了自己公司惊人的运营业绩。

在约翰公开披露肯尼亚的财务舞弊行为后不久，莱斯利·费伊公司的审计委员会便对公司过去几年财务报表所造成的影响展开了深入调查。审计委员会聘请安达信事务所来协助完成这次调查，而在调查结果出来之前，约翰不得不让保罗暂时带薪休假。

德豪会计师事务所自20世纪70年代中期以来一直负责莱斯利·费伊公司的审计工作，并且每年都在莱斯利·费伊公司的财务报表上发表无保留的审计意见。而在约翰披露欺诈行为之后，德豪会计师事务所撤销了对莱斯利·费伊公司1990年、1991年财务报表的审计意见。在接下来的几周里，莱斯利·费伊公司的股东们纷纷以莱斯利·费伊公司的管理团队和德豪会计师事务所为被告提起了诉讼。

1993年4月，德豪·赛德曼会计师事务所的高管联系了美国证券交易委员会，咨询了这些有关莱斯利·费伊公司悬而未决的诉讼对自己独立性的影响情况，美国证券交易委员会告知德豪会计师事务所，其独立性已经受到这些诉讼的危害，迫使

---

① Strom, "Accounting Scandal at Leslie Fay."

② T. Agins, "Leslie Fay Says Irregularities in Books Could Wipe Out '92 Profit; Stock Skids," *Wall Street Journal*, 2 February 1993, A5.

③ T. Agins, "Leslie Fay Says Irregularities in Books Could Wipe Out '92 Profit; Stock Skids," *Wall Street Journal*, 2 February 1993, A5.

④ E. Lesly, "Who Played Dress-up with the Books?" *Business Week*, 15 March 1993, 34.

该公司在1993年5月初结束了对莱斯利·费伊公司的相关审计工作，莱斯利·费伊公司随后聘用安达信事务所进行审计工作。

1993年9月，莱斯利·费伊的审计委员会结束了针对这件会计舞弊案长达8个月的调查，这份长达600页的报告由莱斯利·费伊公司的董事会成员过目审阅后，提交给美国证券交易委员会和联邦检察官。虽然这份报告没有公开发表，但其中一些重要发现泄露给了媒体，事件中舞弊的普遍性令人震惊，据了解该报告的一位公司内部人士透露："在那些年里，公司的账簿上每一项内容都经过了某种不可告人的重新调整处理。"①

舞弊事件的核心是莱斯利·费伊公司的库存。肯尼亚和他的下属们虚构夸大了每季度的服装产量，减少成品的单位成本，来提高公司的销售毛利率。在会计期末实物盘点的时候，舞弊共谋者"制造"了显示在公司会计记录上的"幻影库存"。为不存在的产品伪造库存标签，将特定款式服装的数量虚构夸大，并制造大量虚假的中转库存，这些都是在会计期末用于虚增库存的常见做法。

肯尼亚使用的会计舞弊花招还包括：未产生期末费用和负债，将从客户那里收到的订单提前完成销售入账以提高公司在会计期末的收入，不注销无法收回的应收账款（呆账），忽略给大客户应收账款的折扣来减缓公司产品的销售速度，等等。据说，每过一段时间肯尼亚都要决定这段期间内公司应该报告多少利润，然后，他和他的下属一起调整虚构了公司的关键财务数据，一直到实现所定的盈利目标数。从1990年到1992年底，舞弊所夸大的公司利润大约有8 000万美元。

肯尼亚和舞弊同谋者们共同伪造了莱斯利·费伊公司的财务报表，使关键的财务比率与历史趋势基本保持一致。舞弊主要针对的财务比率是公司的毛利率。几年来，该公司的毛利率一直徘徊在30%左右。20世纪90年代初的时候，莱斯利·费伊公司的实际毛利率约为20%，但肯尼亚的各种会计舞弊手段将财务比率虚增夸大到接近历史趋势的30%。

根据媒体透露的审计委员会报告的部分内容，很大程度上，约翰对莱斯利·费伊公司的会计违规舞弊行为负有责任。报告指出，确实没有证据表明约翰和莱斯利·费伊公司的总部管理团队的其他成员早就了解肯尼亚的舞弊行为，但报告也确实批评了这些高管，因为他们对肯尼亚在舞弊过程中表现出来的可疑和不寻常的情况没有积极追查。审计委员会认为，如果对这些可疑情况进行有力的调查，那么舞弊欺诈行为可能在1993年1月就可以被揭露。特别是考虑到当时其他女装制造商所面临的重大问题，以及莱斯利·费伊公司当期许多新产品的市场反应明显不佳，审计委员会质疑为什么约翰在20世纪90年代初没有调查莱斯利·费伊公司显著稳定的毛利率。

---

① T. Agins, "Report Is Said to Show Pervasive Fraud at Leslie Fay," *Wall Street Journal*, 27 September 1993, B3.

1993年9月审计委员会调查结束之后，莱斯利·费伊公司的董事会允许约翰继续担任CEO的职位，但解除了他与公司运营相关的所有财务职务。就在公司处理大型舞弊后续事宜的时候，董事会成立了一个外部董事委员会，负责监督该公司的日常运营情况，董事会还解除了保罗所担任的公司首席财务官和财务高级副总裁的职务，并由曾经参与审计委员会调查的安达信合伙人接替他的工作。

四面楚歌的德豪会计师事务所

1993年4月，莱斯利·费伊公司根据《联邦破产法案》第11章规定申请了对债权人的保护。据媒体报道，肯尼亚的舞弊事件已经彻底中断了该公司为继续正常运营而从外部获得额外借款和权益资本。到1993年4月初，莱斯利·费伊公司的股票价格下跌了近85%，因为早在两个月前，舞弊的首个细节已经被公开。公司股价暴跌以及商业媒体对其高管的不断批评让愤怒的股东们对约翰、莱斯利·费伊公司其他高管以及公司长期聘任的会计师事务所——德豪会计师事务所提起了更多的诉讼。

在20世纪90年代初，德豪会计师事务所被指控在对莱斯利·费伊公司审计定期财务报表时粗心大意。会计学教授、法务会计专家霍华德·施里特在一则商业新闻中表示，莱斯利·费伊公司的财务数据中有很多舞弊信号：公司财务数据难以置信的趋势线，关键财务报表项目之间不可能的关系，以及支付给高管不合理的与收益直接挂钩的高额奖金。1991年，约翰收到了360万美元的总薪酬和奖金，是丽兹·克莱本（公司CEO）1991年薪酬的3倍，而该公司的销售额是莱斯利·费伊公司销售额收入的2倍多。

德豪会计师事务所出具了莱斯利·费伊公司的相关审计报告，为此受到了不少批评。事务所管理层对此感到十分恼火，他们坚称新闻报道是含沙射影或者信息残缺的。这些人还认为，莱斯利·费伊公司的最高管理层（主要针对约翰）才应该承担起大规模舞弊的主要责任。

在莱斯利·费伊公司舞弊案曝光后，各种相关法庭诉讼中许多当事人都质疑莱斯利·费伊公司审计委员会调查的客观性。因为这个调查结果洗脱了约翰的责任，质疑者认为审计委员会根本就不愿意指责约翰。为了平息这样的批评，主持莱斯利·费伊公司破产申请的联邦法官任命了一个独立审查员查理斯·斯蒂尔曼，命其准备另一份关于欺诈细节的报告，斯蒂尔曼还负责判断谁应该为舞弊负责、谁应该为掩盖舞弊事实负责。

1994年8月，美国破产法庭公布了斯蒂尔曼的报告，这份文件佐证了莱斯利·费伊公司审计委员会调查的主要结果。与审计委员会的报告类似，在很大程度上，斯蒂尔曼的报告洗脱了约翰的责任："审查员的报告得出结论，没有证据表明，对于莱斯利·费伊公司的现任管理层或董事会成员，存在可指控的行为。"①

① *Business Wire*, "Independent Examiner Confirms Findings of Leslie Fay's Audit Committee Investigation," 16 August 1994.

斯蒂尔曼的报告还说，对于莱斯利·费伊公司前任高管肯尼亚和保罗的现有信息可能存在一些“切实可行的索赔”线索[1]，但是这些个人资产的有限性使得破产法庭无法执行这些索赔。最后，斯蒂尔曼的报告对德豪会计师事务所关于莱斯利·费伊公司的审计质量提出了指控，称可能存在“值得追究的索赔”[2]，认为“很可能德豪会计师事务所在为莱斯利·费伊公司履行审计服务时存在过失行为”[3]。

在斯蒂尔曼的报告公布之后，莱斯利·费伊公司的股东们在联邦破产法庭上对德豪会计师事务所提起了一起大规模的民事诉讼。大约在同一时间，德豪会计师事务所对莱斯利·费伊公司包括约翰在内的主要高管提起了诉讼，事务所的高管们认为莱斯利·费伊公司的高管应该对这次舞弊事件负主要责任，并且坚称自己出具的审计报告是被莱斯利·费伊公司故意误导的。[4]

得知德豪会计师事务所针对约翰和其他高管起诉之后，莱斯利·费伊公司的相关管理部门立即给出了回应：“德豪会计师事务所提出的指控是完全没有事实依据的，这是历史修正主义的典型，很明显会计师事务所在试图通过指责其他人来把大家的注意力从自己显而易见的疏忽中摆脱出来。”[5]

1997年7月，联邦法官批准了一项高达3 400万美元的和解协议，以解决莱斯利·费伊公司的股东和债权人对该公司及其高管和德豪会计师事务所提起的大量诉讼。德豪会计师事务所也向和解提供了800万美元，尽管该公司报告中说，它同意和解只是因为“把这个问题归咎给我们”是解决问题的最经济、最快捷的方式。[6] 1997年6月，莱斯利·费伊公司走出了联邦破产法庭，在接下来的几年里，这家规模缩小了许多的公司在2001年末被一家大型投资基金收购后，又回到了盈利状态。几个月后，2002年4月，约翰还在由行业领先企业与相关组织机构赞助举办的大型时尚界活动中获得了年度美国形象奖的终身成就奖。

1996年10月31日，联邦检察官对保罗提出了21项欺诈指控，具体的指控包括共谋、对证券交易委员会的虚假陈述、银行欺诈和电信欺诈。三年前，在联邦调查人员的无情追问下，唐纳德·肯尼亚的财务舞弊行为被揭露。但不为人所知的是，

---

① *Business Wire*, “Independent Examiner Confirms Findings of Leslie Fay's Audit Committee Investigation,” 16 August 1994.

② *Business Wire*, “Independent Examiner Confirms Findings of Leslie Fay's Audit Committee Investigation,” 16 August 1994.

③ *Business Wire*, “Leslie Fay Responds to Unfounded Allegations by BDO Seidman,” 29 March 1995.

④ *PR Newswire*, “BDO Seidman Announces Cross-Claims and Third Party Complaints Against Key Leslie Fay Figures,” 29 March 1995.

⑤ *Business Wire*, “Leslie Fay Responds to Unfounded Allegations.”

⑥ *The Electronic Accountant* (online), “BDO to Pay $8 Million to Settle Leslie Fay Lawsuit,” 10 March 1997. 有一个情况是这样的，目前还没有任何公开报告显示，德豪（BDO Seidman）对约翰·波梅兰茨等人提起的诉讼有任何解决方案。最有可能的是，在联邦法官批准和解之后，德豪撤销了诉讼。.

肯尼亚承认了他的前老板保罗是莱斯利·费伊舞弊欺诈案的主谋。根据肯尼亚的证词，保罗监督并指导了舞弊行为的每一个主要方面。由于保罗咄咄逼人的强势个性，肯尼亚和他的几个下属同意在莱斯利·费伊公司的会计记录中伪造大量的欺诈性虚假记录。在1993年1月下旬，由于知晓欺诈会很快暴露，保罗还迫使肯尼亚对会计舞弊行为负全责。

2000年夏天，在经过一系列漫长而激烈的审前听证会后，保罗的刑事案件终于被联邦法院审理。在21项针对他的欺诈指控中，保罗被判18项罪名成立，他的律师立即针对这份有罪判决提起了上诉。在上诉期间，律师们的主要观点是几乎没有物证将他们的当事人与欺诈案联系起来，相反，他们坚持认为，保罗的定罪几乎完全取决于肯尼亚证词的真实性。

主持保罗上诉的联邦法官没有对其律师的主要论点提出异议，在整个欺诈案中，这位前首席财务官确实煞费苦心地避免留下会把自己与舞弊违规行为直接联系在一起的证据，尽管如此，法官还是否决了保罗的上诉。法官注意到在审判过程中存在大量的间接证据，在仔细研究了这些证据之后，法官裁定肯尼亚的证词与这些间接证据更为契合。

法官做出这样的决定的一个关键因素，是在莱斯利·费伊公司的长期任职中，保罗和肯尼亚之间存在着一种不寻常的关系，而这种关系在审判期间被重点记录下来并进行讨论。法官指出，保罗通过高压态势和恐吓“控制”了肯尼亚。在发表的意见中，法官多次提到1992年的某一事件，已证明保罗是如何完全控制住肯尼亚的，在迫使肯尼亚对在莱斯利·费伊公司的会计记录中发现的会计舞弊承担责任时，保罗坚持让肯尼亚告诉另一位公司高管：“我是个白痴。”[①]

2002年1月21日，在莱斯利·费伊公司欺诈案新闻曝光的9年后，保罗被判入狱9年，罪名是主导和操纵舞弊欺诈行为。[②]保罗在1999年申请了个人破产，声称只有17 000美元的资产，还要被罚款900美元。在上诉被否决后，保罗于2003年9月上旬在宾夕法尼亚州的舒尔基尔县的联邦惩教所开始了他的9年刑期。为了换取肯尼亚针对保罗罪行的证词，肯尼亚被判定具有两项对SEC做虚假陈述的罪名。2001年，肯尼亚被判在宾夕法尼亚州蒙哥马利的爱伦伍德联邦监狱服刑2年。

思考题

1.为莱斯利·费伊公司编制1987—1991年的财务报表（同时期，莱斯利·费伊公司的相关比率在表2中）。参考这些数据，你认为在1991年对莱斯利·费伊公司的审计中，德豪会计师事务所应该对哪些财务报表项目特别感兴趣？解释一下。

---

① United States of America v. Paul Polishan, 2001 U.S. Dist. LEXIS 10662.

② 保罗的律师向主审法官要求减刑，因为据保罗称其患有自恋型人格障碍。法官拒绝了这个要求。

2.除了表1和表2所示的数据外，如果你负责制定1991年莱斯利·费伊公司的审计计划，你还能获得什么其他财务信息？

3.在制订审计计划时，请列出审计师应该考虑的客户行业的非财务变量或相关因素。对于每一个项目，简要描述它们的审计含义。

4.保罗显然完全掌控了莱斯利·费伊公司的会计和财务报告管理以及他的下属。这种情况对一家公司的独立审计师有什么影响？审计人员在制订审计计划时应如何考虑这些情况？

5.解释美国证券交易委员会为什么裁定德豪会计师事务所的独立性受到了诉讼的损害（这些诉讼将会计事务所、莱斯利·费伊公司和莱斯利·费伊公司的高管列为共同被告）？

案例 1.6

乐自然公司

1984年在西弗吉尼亚大学取得会计和金融学位毕业后，格雷戈里·波德拉科决定和自己的父亲加布里艾尔一起工作，他的父亲在宾夕法尼亚西部有一个小型的商业帝国。[①]这个小型的商业帝国的业务范围包括汽车零部件配件连锁、一家乙醇燃料公司、几家房地产公司，其中最引人注目的是琼斯酿酒公司，该公司的“Stoney”品牌系列啤酒十分出名。

1989年，格雷戈里·波德拉科决定开始自己创业。他利用从父亲公司中获得的资金，在宾夕法尼亚州拉特罗布建立了一家瓶装水公司，这也正是高尔夫名将阿诺德·帕尔默的家乡。1992年，这位企业家和前注册会计师扩展了自己公司的产品线，产品包括各种水、水果和茶饮料。

虽然饮料行业竞争十分激烈，但是波德拉科的公司（最终命名为乐自然公司）发展迅速，前景良好。一直到2006年，该公司已经成为美国第33大饮料生产商，年销售额逼近2.9亿美元，拥有数百名员工。就在一年前，一家投资集团提出以12亿美元的价格向波德拉科收购该公司，但遭到了拒绝。波德拉科没有选择卖掉公司，而是决定将公司上市。然而不幸的是，无论是波德拉科还是他的投资伙伴以及公司债权人，都没有看到这个梦想实现的那一天。

战略融资

波德拉科是乐自然公司的首席执行官。由于公司多年来一直在扩张，波德拉科主要聘请自己的家人和朋友在公司中担任关键职位。他聘请了自己的弟弟乔纳森担任乐自然公司的首席运营官。同时，他让自己22岁的儿子杰西负责公司旗下生产瓶装茶产品大型子公司的日常会计工作。他还聘请了自己的几位朋友，其中包括罗

---

① 管理会计师协会享有这个案例的版权。这个案例首次发表在 *IMA Educational Case Journal*, Vol. 8, Issue 4, 2015. 卡罗·A. 纳普（Carol A. Knapp）是本案例的合著者.

伯特·林恩，多年来，林恩在该公司担任过多个职位，其中包括销售执行副总裁。

尽管已经担任了公司的首席执行官，格雷戈里·波德拉科仍积极参与公司的日常会计工作。[①]该公司的总会计师被称为"会计主管"，由波德拉科的另一位好朋友唐米·安德雷卡担任。然而，安德雷卡是一位没有接受过大学教育或者没有接受过正规会计教育的单身母亲。公司内部人士曾透露，安德雷卡在公司的主要角色是作为波德吉的红颜知己。有时候在和第三方公司打交道时，波德拉科甚至会称安德雷卡为自己的"秘书"。

对于任何一家处于成长期的小公司来说，最常见的问题就是资金短缺。波德拉科采用大量不同的战略为公司扩张运营筹资，在他担任乐自然公司首席执行官的14年中，善于表达而又外向开朗的波德拉科为公司筹集了将近10亿美元的借款和股本。

1999年，波德拉科聘请了一家金融咨询公司来为乐自然公司寻找潜在的投资者。在2000年到2002年期间，这家咨询公司安排了两家投资基金，两者共同购买了800万股乐自然公司的优先股。同时，它们有权利将这些优先股转换为公司的普通股。如果这两只基金同时行使可兑换期权，它们将控制乐自然公司所发行的45%的普通股，而波德拉科拥有自己公司所有流通在外的普通股。

通过出售优先股的方法，乐自然公司筹集了将近3 000万美元的资金。由于购买优先股的每一只投资基金都有权利任命个人进入公司的董事会，这也直接影响了乐自然公司的治理结构。董事会中大部分成员都是"内部"董事，其中包括波德拉科、他的兄弟乔纳森以及其他公司高管。

波德拉科所采用的另外一种融资方式就是长期设备租赁。在该类交易中，波德拉科聘请了一个北卡罗来纳州的租赁代理商，并和威斯康星州的一家德国制造公司子公司签约。这家德国公司所制造的设备用于乐自然公司的瓶装业务。鉴于北卡罗来纳的租赁代理商是中介公司，乐自然公司从德国公司位于威斯康星州的子公司租赁设备，租赁协议要求公司向租赁代理商支付一笔大额托管保证金。乐自然公司向美国一家银行借了这一笔钱，波德拉科总共通过这种方式出资获得了大约3亿美元的设备。

波德拉科为自己公司筹集资金的主要方法是常规的长期借款安排。瓦乔维亚银行是一家总部位于北卡罗来纳州的多元化金融服务公司，它为乐自然公司承销了大约5亿美元的长期债券。[②]例如，在2005年，瓦乔维亚银行为乐自然公司发行了1.5亿美元的债券。高收益或者"垃圾"债券主要出售给养老基金和退休基金。比如，美国最大的养老基金——加州公务员退休基金。

波德拉科严重依赖乐自然公司经过审计的财务报表来为自己的公司融资。以1.5亿美元的债券发行为例，瓦乔维亚银行参考了乐自然公司审计过的财务报表以

---

① R. Gazarik, "Lawsuit Alleges Fraud in Le-Nature's Dealings," http://triblive.com/x/pittsburghtrib/news/westmoreland/s_565150.html, 1 May 2008.

② 瓦乔维亚银行在2008年底至2009年金融危机最严重的时期被富国银行收购。

及相关债券的宣传材料。同样，穆迪投资者服务公司也利用乐自然公司的财务报表对这些债券和公司其他相关未偿付债务进行信用评级。

怀疑+辞职=调查

2003年8月，乐自然公司的独立审计师安永事务所完成了对该公司2003年第二季度财务报表的审计。安永事务所在季度评估中所执行的一个标准程序就是询问客户的高管，询问其是否知道或者怀疑公司内部存在欺诈活动。当安永事务所的审计合伙人理查德·利波维奇向当时的首席财务官约翰·希格比提出这个问题时，希格比十分坦率地回答说，自己对公司的销售数据可靠性持严重怀疑态度，利波维奇也收到了来自乐自然公司首席行政官和行政副总裁的类似回复。而就在向利波维奇表达了自己的担忧后第二天，这三名公司高管就向波德吉递交了辞职信。

这三位高管在辞职信中表示，波德拉科和乐自然公司的茶叶供应商、设备供应商和相关客户存在不恰当的行为。[①]希格比曾经在安达信会计师事务所担任了20年的审计合伙人，其中有16年是该会计师事务所匹兹堡分所审计业务的负责人。他在辞职信中提到，波德拉科一再拒绝向自己提供主要的交易文件，而这些文件应该反映在公司的会计记录中，他认为波德拉科没有提供这样的文件，“对于任何一位高管（包括公司的首席财务官）来说都是一种令人感到极其震惊、极其不妥当的限制性行为”[②]。这种限制已经妨碍了希格比履行对公司的治理责任。

在相关报告中，希格比还指出了自己所认为的乐自然公司内部控制的几个实质性缺陷。这些缺陷包括，波德拉科对于公司“详细财务记录”的“绝对控制”，以及缺乏对公司关键资产的“制衡”。例如，长期设备租赁和单品库存的大额托管存款。[③]

希格比以及他的两位前同事在辞职信中所提到的惊人声明促使利波维奇给乐自然公司的董事会写了一封信。在这封信中，利波维奇要求乐自然公司聘请一家独立的律师事务所来调查，并提交一份关于三名前公司高管指控的报告。利波维奇告知公司董事会，安永事务所不会对公司的任何财务报表负任何责任，除非满足以下情况：（1）外部调查已经完成；（2）安永事务所已经审阅了相关报告；（3）安永事务所已经决定还需要采取哪些审计程序（如果有的话）。

乐自然公司董事会针对利波维奇的信件做出了回应，成立一个特别委员会来调查三名前高管的相关指控。该委员会由公司董事会的外部成员组成，其中包括由购买公司优先股的投资基金所任命的董事。特别委员会聘请了一家独立的律师事务所

---

① *Mark Kirschner v. K. & L Gates LLP, et al.*, Superior Court of Pennsylvania, 46 a.3d 737(2012), 2012 PA Super 102, 19 July 2012.

② *Mark Kirschner v. K. & L Gates LLP, et al.*, Superior Court of Pennsylvania, 46 a.3d 737(2012), 2012 PA Super 102, 19 July 2012.

③ *Mark Kirschner v. K. & L Gates LLP, et al.*, Superior Court of Pennsylvania, 46 a.3d 737(2012), 2012 PA Super 102, 19 July 2012.

K & L Gates（以下简称Gates事务所）前来调查相关情况，这家事务所也是美国十大律师事务所之一，而Gates事务所也聘请了另外一家独立会计公司Pascarella & Wiker来协助调查。

2003年11月底，Gates事务所向波德吉提供了一份报告草案，虽然波德拉科并不是特别委员会的成员。这位公司首席执行官就该报告内容向事务所提供了相关反馈信息。一周后，Gates事务所向特别委员会提供了一份经过修订的报告，在这份报告中写道“没有发现欺诈和渎职的证据”[①]，虽然确实发现了许多内部控制的缺陷。而针对这些内部控制缺陷，事务所提出了相应的建议，具体包括加强对设备租赁、存货和采购等关键交易的职责划分，对这些交易采用更为严格的流程标准，并设立一个由外部董事组成的审计委员会。

特别委员会的外部董事接受了该调查报告的结果，并表示自己将会和乐自然公司董事会的其他成员合作解决这些内部控制缺陷。此后不久，乐自然公司就终止了安永会计师事务所作为独立审计公司，转而聘请了德豪事务所，也正是德豪事务所审计了公司2003年至2005年的财务报表。

欺诈指控再次浮出水面

2003年的调查之后，波德拉科重新致力于提升公司在饮料行业的地位并扩大公司规模。2005年，瓦乔维亚银行准备并分发了一份“机密备忘录”，提出将公司出售给竞价最高的竞标者，同时为竞标者定了底价12亿美元。而令乐自然公司优先股股东感到失望的是，波德拉科拒绝了这个提案。优先股股东声称，波德拉科此番行动是在拒绝让潜在买家接触到公司的相关会计记录，并故意破坏了公司的销售。波德拉科对此持否认态度，并且坚持说自己拒绝买断报价是因为觉得这个价格太低。

2006年5月，优先股股东对乐自然公司高管和波德拉科提起了诉讼，要求直接出售公司。即便被提起了诉讼，波德拉科还是在Gates事务所的帮助下，开始为乐自然公司准备首次公开募股，与此同时，瓦乔维亚银行也在为公司筹集超过3亿美元的额外长期贷款。

由于乐自然公司会计欺诈的指控浮出水面，波德拉科的计划被打乱了。这位首席执行官反驳了相关指控（这些指控指出乐自然公司独立审计机构每年都对财务报表发表了无保留审计意见），并坚称“公司的财务稳定性非常好”[②]。他还大胆乐观地预测公司的销售额将在未来的4年里提高近4倍，也就是从每年大约2.9亿美元增加到10亿美元。

2006年10月，乐自然公司的优先股股东在向特拉华州法院提交的一份请愿书中要求对公司下达限制令。在请愿书中，优先股股东向法院披露了一宗由乐自然公

---

① *Mark Kirschner v. K. & L Gates LLP, et al.*, Superior Court of Pennsylvania, 46 a.3d 737(2012), 2012 PA Super 102, 19 July 2012.

② R. Gazarik, "Greg Podlucky Had Visions of Taking Le-Nature's to the Top," http://triblive.com/x/pitts-burghtrib/news/westmoreland/s_480492.html, 19 November 2006.

司安排的设备租赁欺诈案件，一家银行为该公司长期租约提供融资。在一位笔迹专家的鉴定下，确认了该特定交易的相关文件是伪造的。伪造文件所牵涉的由贷款人提供资金的租赁托管保证金中有2 000万美元被不正当地转移到了公司账户中。

特拉华州法颁布了请愿书中所要求的限制令，并将波德拉科从公司总部除名，同时，法院任命了一名来自专门从事企业扭亏为盈和重组咨询公司的人员史蒂芬·帕纳戈斯，由他来担任乐自然公司资产和运营的保管人。随后不到一周，帕纳戈斯向法院提交了一份宣誓书，其中指出了公司内部存在大规模会计欺诈的证据，他还指出，有大量证据证明波德吉在被迫离开公司前，“疯狂粉碎”①了公司的文件，更让人感到头疼的是，他发现该公司有两套会计账。

帕纳戈斯的这份宣誓书直接导致乐自然公司的债权人提交了一份请愿书，在请愿书中提出对该公司发起非自愿的破产程序。一名联邦破产案法官批准了这一申请，同时任命一名破产案受托人来接管乐自然公司，并对公司进行清算，对参与破坏公司的个人和实体提起可行的法律诉讼。

大规模欺诈

法院指定的公司管理人、破产案受托人和执法部门对乐自然公司的会计记录进行了调查。这项调查揭示了20世纪90年代末，由格雷戈里·波德吉所策划的无耻会计骗局的具体细节。在揭开欺诈案件的过程中，起到最大帮助作用的是唐米·安德雷卡，她是公司的会计主管，也是波德拉科最为信任的助手。在对多项刑事指控认罪后，安德雷卡同意与负责调查乐自然公司会计欺诈事件的执法部门合作。随后，一名联邦法官指出，她和波德拉科是最清楚乐自然公司会计欺诈严重性的两个人之一。②

美国司法部的联邦检察官詹姆斯·加勒特负责乐自然公司的会计舞弊一案，他称波德拉科策划的会计欺诈行为就是“金融界的海市蜃楼，这种情况我做梦都不会想到会在现实中发生。”③2002年，该公司报告销售额超过1.35亿美元，而实际销售额却不足200万美元。3年后（2005年），也就是财务欺诈被发现的前一年，公司经审计的财务报表显示，公司收入为2.87亿美元。而事实上，公司实际收入不足4 000万美元。乐自然公司所记录的大部分虚假收入都是通过其茶叶子公司进行循环利用产生的。从2000年到2006年，该子公司账面销售额为2.4亿美元，而实际销售额则不到10万美元。④

---

① R. Gazarik, "Greg Podlucky Had Visions of Taking Le-Nature's to the Top," http://triblive.com/x/pitts-burghtrib/news/westmoreland/s_480492.html, 19 November 2006.

② J. Mandak, "Robert Lynn, Former Chief Revenue Officer of Le-Nature's, Sentenced to 15 Years in Prison for Massive Accounting Fraud," http://huffingtonpost.com/2012/01/03/robert-lynn-le-nature_n_1181909.html, 3 January 2012.

③ CNS News, "Ex-Pa. Soft-drink CEO Gets 20 Years in Prison," http://cnsnews.com/ex-pa-soft-drink-ceo-gets-20-years-prison, 23 October 2011.

④ *USA v. Karla Podlucky*, U.S. Court of Appeals for the Third Circuit, Docket No. 12-2469, 27 May 2014.

波德拉科以及他的同伙还利用乐自然公司的制图部门伪造了大量订单、销售发票以及相关文件。这些伪造文件使波德吉的欺诈计划瞒天过海，虚构了巨额收入，而乐自然公司的贷款人、独立审计师和监管机构都被蒙在鼓里。根据公司的一家租赁代理商判断，波德拉科还利用伪造的文件将租赁代理商所托管的存款不当地转移到公司账户中。相反，这家租赁代理商向公司的独立审计师揭发该公司故意夸大其所持有的美元存款金额。

在大规模的会计舞弊中，乐自然建立了两套相互独立的会计账户。一套会计账户收集了公司的实际交易数据并记录了公司的实际经营情况，而这套账户只有波德拉科和安德雷卡才可以查看。而另一套账户则虚构了公司的收入，记录了包含欺诈性的财务数据。公司的独立审计人员并不知道公司从前的会计制度，波德吉也因此成功隐瞒了2003年特别委员会欺诈调查中由Gates事务所和Pascrella & Wiker会计公司审核的会计系统。

波德拉科利用乐自然公司经过美化粉饰后的财务报表向第三方公司借款，随后他抽走了其中的大量资金供自己使用。由于挪用的资金必须偿还，波德拉科又不得不借入额外的资金，由于利用新贷款来偿还挪用资金这种拆东墙补西墙的做法，执法部门将其欺诈行为定性为庞氏骗局。

正如法院指定的破产案受托人所指出的那样，2003年特别委员会的调查结果对公司优先股股东和债权人造成了事与愿违的结果，而他们正是波德拉科财务骗局的主要受害者。特别委员会接受了调查报告上所写的“不存在欺诈行为”的结论，而这使得波德拉科和他的同伙们继续“掠夺”这家公司，“肆意浪费公司的资金用于可以规避的交易”整整三年。[①]

波德拉科所策划的这场大型的财务骗局最终以联邦执法部门开出的近7亿美元罚单而终结。在一项具有代表性的裁决中，美国地方法官布洛赫对波德拉科下达了6.61亿美元的赔偿令，这个数字中包括了乐自然公司根本无利可图的商业运作模式所遭受的巨大损失，以及波德拉科和他的家庭成员挪用、肆意挥霍的资金。

波德拉科运用自己挪用的资金，过上了奢侈阔绰的生活。针对波德拉科个人财务状况的审计结果显示，有一年他花了45 000美元购买一双鞋，而当时他在公司的年薪是5万美元。在他对乐自然公司失去控制权时，他正在公司总部附近建造一幢富丽堂皇、面积达2.5万平方英尺的房子，当时房子造价将近2 000万美元。在公司总部的一个隐秘的房间中，发现了价值将近3 000万美元的珠宝，而这些珠宝正是用乐自然公司的资金购买的。数年后，当波德拉科家族的成员试图通过苏富比拍卖行来出售这些珠宝时，又发现了价值数百万美元的其他珠宝。执法部门没收了波德拉科的一些其他个人奢侈财产，包括一批豪华小汽车和一个巨大的火车模型收藏品，这些是波德拉科花了100万美元购买的。

① *Mark Kirschner v. K. & L Gates LLP，et al.*

乐自然公司会计欺诈的核心是公司内部控制治理体系的致命缺陷，这也是波德拉科可以单枪匹马操控、扭曲公司财务业绩的原因所在。在工作之余，波德拉科表面上是一个爱交际、善良的人，他经常参与慈善、宗教、政治组织活动，然而在内心深处，波德拉科具有傲慢而又反复无常的个性，他也正是用这种专横的个性来控制着自己的下属。

在各种法庭诉讼证词中，波德拉科的前同事们都指责他“满嘴脏话，作风独裁”[①]。以前，波德拉科时常恐吓他的同事们，迫使他们向自己屈服。最明显的一个例子就是，波德拉科强迫一位同事脱下自己的鞋子，他要求这位同事把他的鞋子擦干净，然后再穿回脚上。这位高管还被迫为波德拉科系鞋带，整理他的袜子。

杰西·波德拉科连同他的父亲和乐自然公司的前高管一样，由于参与了乐自然公司的会计舞弊而面临刑事指控。杰西的律师在辩护中采取的主要策略是，坚称年轻的杰西一生都被他残暴的父亲控制着，据称这一策略确实减轻了对他的处罚。杰西的律师报告说，由于格雷戈里·波德拉科脾气“反复无常，难以掌控”，他的孩子在家庭中长期处于一种“恐怖统治”之下。[②]杰西回忆道，他记得有一次父亲把自己的生日蛋糕砸到了墙上，甚至还用贬义的绰号来称呼自己的孩子。在另外一个情景中，杰西回忆道，他的父亲甚至把自己打得面目全非。[③]

后记

2011年10月，格雷戈里·波德拉科在联邦法官阿兰·布洛赫的宣判听证会上出庭作证。在此，他承认自己犯有邮件欺诈、逃税和共谋洗钱罪。在和法官布洛赫沟通时，波德拉科说：“主啊，我对我自己的行为感到震惊。”[④]随后在听证会上，波德拉科称自己是“肮脏的抹布”，并请求法官宣判他无罪，这样他就可以建立一个慈善机构来满足联邦监狱关押囚犯的需要。布洛赫法官无视波德拉科的痛哭流涕和花言巧语，对于其恶劣的犯罪行为，判处了他20年监禁。

波德拉科的7位亲戚和商业伙伴也因参与乐自然公司会计欺诈而被判入狱。尽管律师试图将杰西的罪名归咎于专横的父亲，但是杰西依旧在裁定洗钱罪后被判处9年徒刑。波德拉科的妻子，也就是杰西的母亲卡拉·波德拉科又被判处了类似的罪名而面临4年监禁。针对这对母子的洗钱指控，来自他们秘密销售利用公司资金购买的珠宝，母子俩将出售珠宝所得用于不正当的支出，包括支付波德拉科的法律账单以及购买一辆价值为8万美元的梅赛德斯-奔驰汽车。

波德拉科的好友唐米·安德雷卡虽然配合执法部门调查乐自然公司的欺诈舞弊

---

① CNS News,“Ex-Pa. Soft-drink CEO Gets 20 Years in Prison.”

② *USA v. G. Jesse Podlucky*, U.S. District Court for the Western District of Pennsylvania, Case 2:11-cr-00047-ANB, Document 201, 19 April 2012.

③ *USA v. G. Jesse Podlucky*, U.S. District Court for the Western District of Pennsylvania, Case 2:11-cr-00047-ANB, Document 201, 19 April 2012.

④ *CNS News*,“Ex-Pa. Soft-drink CEO Gets 20 Years in Prison.”

行为，但是她依旧被判处5年监禁。乐自然公司的前首席运营官乔纳森·波德拉科在承认一项银行欺诈罪名后被判处5年徒刑。与杰西和卡拉类似，乐自然公司的前销售执行副总裁罗伯特·林恩选择了陪审团审判而不是承认对自己的刑事指控。林恩在被判10项欺诈罪名后，受到了15年监禁的处罚。另一位乐自然公司的前高管在承认银行欺诈罪名后被判处10年有期徒刑，公司的一位前租赁代理商也被提出了类似的控诉，结果被判处5年监禁。

包括德豪事务所在内的几家和乐自然公司相关的公司被提起了多起民事诉讼。这些诉讼的原告包括公司的债券持有人、其他相关债权人以及公司，法院指定了破产案受托人为马克·科施纳。科施纳和德豪事务所达成了1 200万美元的庭外和解费用，和Gates事务所达成了2 370万美元的和解费用，和Pascarella & wiker会计公司达成了89.5万美元的和解费用。[①]这位破产受托人最大的收获就是，让两家公司集体支付了1.25亿美元，而这两家公司参与了波德拉科所策划的欺诈性设备租赁交易。

科施纳同意和富国银行达成3 800万美元的和解协议（富国银行在2008年收购了瓦乔维亚银行）。在达成和解协议之前，科施纳曾经对瓦乔维亚银行提起联邦欺诈诉讼。除指控外，他还坚称，尽管有许多舞弊信号表明运营业绩受到了美化粉饰，但是瓦乔维亚银行依旧为乐自然公司安排融资。[②]根据相关报道，瓦乔维亚银行所安排的巨额贷款（主要由其他贷款人提供资金）为银行赚取了数千万美元。[③]

2006年，瓦乔维亚银行采取了让普华永道会计师事务所来调查乐自然公司的会计决策这一不同寻常的举措。这一决定是由瓦乔维亚银行的金融分析师提出来的，他们公开质疑公司财务数据的真实性。一位分析师质疑乐自然公司公布的销售数据，因为该公司的产品没有一样是由主要零售商销售的。另一位分析师则认为，公司所公布的财务数据毫无价值。[④]

思考题

1.识别并写出受到企业公司治理质量影响的各方，公司的高管对这些人应该负有什么样的责任?

2.识别并说明公司会计师、独立审计师和公司聘请的外部会计师在执行司法调查时需要履行的公司治理的相关责任。

① 其他原告针对乐自然的关联方提起的诉讼是私下解决的。

② J. Bell,“Le-Nature's's Trustee Names Wachovia in RICO Suit,” http://www.law360.com/articles/78765/ le-nature-s-trustee-names-wachovia-in-rico-suit,2 December 2008.

③ Ibid.

④ R. Gazarik,“Le-Nature's CEO Podlucky Accused of $110M Bait-and-Switch,” http://triblive.com/x/ pittsburghtrib/business/s/_603409.html,18 December 2008.

3.指出乐自然公司内部控制的明显缺陷，并阐述这些缺陷与COSO内部控制五要素和舞弊三者之间的关系。

4.乐自然公司并不是美国证券交易委员会的注册成员。说明对美国证券交易委员会注册成员所实施的公司治理保护措施。

5.在2003年特别委员会调查后，安永事务所被解聘，乐自然公司转而聘请了德豪事务所承担公司的独立审计。有什么措施可以用来减轻审计师变更对独立审计信誉和公正性的影响？

6.比较分析由独立审计师所执行的季度审计和年度审计之间的区别。

7.Pascarella & Wiker会计公司受Gates事务所聘请参与特别委员会所提出的欺诈调查。Pascarella & Wiker会计公司应该提供什么样的专业服务？在提供服务期间，其行为又有哪些专业标准？

案例 1.7

那维斯达国际公司

塞勒斯·麦考密克在19世纪中期发明了一种机器式收割机，这种收割机彻底改变了美国的农业。他的马拉式收割机成为麦考密克收割机公司的主要产品。几十年后，塞勒斯·麦考密克二世将父亲的公司与三家竞争对手合并，成立了国际收割机公司，这也是美国最大的农业设备制造商。

麦考密克一家除了是成功的商人之外，还都是管理学领域的先驱。他们每个人都知道现代管理技术对于大公司成功是至关重要的。例如，为了帮助自己掌握对快速增长公司的控制，塞勒斯·麦考密克二世掌管维持了一家独立会计师事务所的运营，以便在上市公司被要求进行独立审计之前对其财务报表进行审计。这家会计师事务所就是德勤事务所的前身，而德勤事务所是目前公认的会计行业四大会计师事务所之一。

到20世纪80年代末，国际收割机公司更名为那维斯达国际公司（以下简称那维斯达公司）。公司主要业务也已经从农业设备转移到了卡车、校车和汽车发动机的制造方面。尽管公司在过去几十年中不断发展和变化，但最为持久的关系仍是塞勒斯·麦考密克二世自1908年以来所维持的和会计师事务所之间的关系。然而在2006年，时隔98年之后，那维斯达公司解雇了德勤事务所作为其独立审计公司，这也让整个商界感到无比震惊，更让人震惊的是，随后那维斯达公司向德勤事务所提起了高达5亿美元的诉讼。在其诉讼中，那维斯达公司指控德勤事务所欺骗其提供专业和优质的会计审计服务。[1]德勤事务所与那维斯达公司之间的关系戏剧性的结束引起了上市公司会计监督管理委员会的注意，使得该机构首次正式调查一家四大会计师事务所。

---

① J.Stempel, "Navistar Sues Ex-Auditor Deloitte for $500 million," 26 April 2011, www.reuters.com.

新的合伙人……新的审计工作

2005年末，在德勤事务所针对截至2005年10月31日的会计年度所进行的那维斯达审计业务已经接近尾声时，审计业务合伙人突然申请了“神秘的病假”①并被替换。那维斯达公司的新审计业务合伙人曾经是安达信事务所的合伙人，在2002年安达信事务所被判处重罚后加入了德勤事务所。②这位新合伙人对那维斯达公司的会计记录状况以及在2005年审计期间所做的工作感到震惊。“新首席审计合伙人开始质疑几乎所有以前运行的或者批准过的事情……拒绝接受任何工作……即便这些工作审计团队已经做了。根据那维斯达公司的说法，基本上就是重新开始审计工作。”③

那维斯达的高管层对事情的突变非常不满意。2005年审计工作的延迟使得那维斯达公司无法在截止日期之前向美国证券交易委员会提交10-K年度表格，这让公司的高管层更加不满意。2006年2月，德勤事务所向那维斯达高管层提出建议，公司不能再依赖于公司财务总监的陈述，这也使得那维斯达公司立刻更换了此人。德勤事务所还要求那维斯达公司重新指派其大型金融子公司的一名高管。德勤事务所与那维斯达公司之间的紧张关系最终在2006年4月结束了，当时那维斯达公司的审计委员会解聘了德勤事务所，转而聘请毕马威事务所担当公司的独立审计工作。

在接下来的20个月里，“那维斯达公司花费了超过2亿美元来重新开展2002年至2004年的审计工作，重新完成2005年的审计工作，并重新评估财务报告、内部控制的一连串重大缺陷。”④那维斯达公司聘请普华永道事务所和安永事务所两家公司作为咨询公司，来对其会计和财务报告体系进行全面改革。与此同时，纽约证券交易所将那维斯达的普通股退市，这使得公司的资金筹集工作变得更加复杂。2007年底，那维斯达公司才提交了2005年的10-K表格，并向美国证券交易委员会重述了2003年度、2004年度和2005年度前三个季度的财务报表，财务重述后，公司利润减少了将近6.8亿美元。

那维斯达公司2005年的10-K表格报告了该公司财务报告内部控制的15个重大缺陷。表1简要总结了从相关报告中摘录的重要缺陷。

美国证券交易委员会介入

由于那维斯达公司提交2005年10-K表格的拖延时间过长，最终导致美国证券交易委员会介入调查该公司的财务状况。2010年，联邦机构发布了一系列针对该公司及其管理团队的执法和诉讼文件，虽然美国证券交易委员会确实发现了故意虚

① F.McKenna,“Navistar Sues Deloitte Proving No Statute of Limitations on Idiocy,”31 May 2011, www.forbes.com.

② 2005年，美国最高法院推翻了亚瑟·安达信的重罪判决，但此时再恢复运营该公司是不切实际的。

③ McKenna,“Navistar Sues Deloitte.”

④ McKenna,“Navistar Sues Deloitte.”

表1 那维斯达公司2005年的10-K表格内部控制摘录的重要缺陷

1.控制环境：截至2005年10月31日，管理层未能形成足够强烈的意识，使得公司所有领域的道德准则具有一致性，也并没有意识到内部控制对财务报告（遵守公认会计原则）的重要性
2.会计人员：不具备充足数量的会计人员，在应用会计原则方面不具备相关的会计知识、经验和培训水平
3.会计政策：没有建立一个正式的过程来监控、更新、执行符合公认会计原则标准的会计政策程序
4.内部审计：内部审计部门并没有对公司财务报告进行有效监控
5.职责分工：没有采取有效的控制来保证合理充分的职责分工
6.信息技术（IT）：对计算机程序开发、计算机程序更改、计算机操作和系统用户访问程序的数据并没有设计有效的控制
7.日记账：对日记账的编制、记录、审批并没有进行有效控制
8.账户核对：针对账户核对和财务分析审查并没有进行有效控制
9.会计期间终止：在会计期间终止过程中并没有采取有效的控制
10.养老金账户：没有采取有效控制措施来估计养老金并履行其他退休后福利（other post-employment benefits，OPEB）义务
11.保修费账户：没有采取适当的保修费会计成本模型，没有充分估计保修费应计项目，没有对保修成本定期进行财富分析
12.所得税会计：没有采取合理的模型，也没有一个过程来验证积极或消极的证据来确定是否需要降低估值的额度，是否需要降低递延所得税的账面价值
13.存货核算：没有对存货核算过程采取有效的控制
14.收入核算：没有对收入核算过程采取有效的控制
15.合同和协议：没有对合同和协议进行有效的审查，具体包括客户协议，供应商协议，与可变利益实体、衍生品、债务和租赁相关的协议，来评估与合同和协议相关的会计影响

报财务报表金额的情况，但是最终得出结论，那维斯达公司管理层并没有涉嫌舞弊欺诈来虚报公司财务报表。与之相反，美国证券交易委员会称，那维斯达公司主要是由于“内部控制系统存在缺陷”。

这些调查结果并没有反映出高管存在为了个人利益而操纵公司报告的行为，与之相反，这些调查结果确实反映了不当行为，但是这些不当行为在很大程度上是由于内部控制系统存在缺陷。而这在一定程度上是由于接受会计培训的员工数量不足，缺乏书面会计政策和程序以及公司组织结构存在缺陷。[①]

美国证券交易委员会发现了几项“不当会计做法”，这些行为确实夸大了那维斯达公司在21世纪初的利润，财务重述受到最大影响的会计年度是2003年，那维斯达公司最早报告2003年的净亏损为1 800万美元，而在财务重述过后，净亏损为3.33亿美元。最大的误报之一是公司低估了其汽车发动机产品线的保修相关支出准备金，公司通过每年从与保修相关的估计费用中减去“预计的供应商补偿”，从而

① Securities and Exchange Commission, *Accounting and Auditing Enforcement Release No.3165*, 5 August 2010.

低估了这一储备情况。也就是说，那维斯达公司的会计人员预计，如果从供应商那里购买的零部件出现故障，公司的供应商将承担维修或者更换汽车发动机的费用。而事实上，供应商的偿付并不是合同要求的，供应商也没有主动提供这种偿付。

那维斯达公司还不恰当地核算供应商返利，这些返利是由公司在某一特定时期内的购买量所决定的。那维斯达公司的会计并没有严格记录退税的发放时间，而是记录了供应商的预计回扣金额，这些回扣金额是基于未来供应商销售额计算的。

在公认会计原则下，公司只能在实际获得返利时才确认返利，也就是实体基本上完成了有权获得这种返利的相关程序。因此，那维斯达公司只有在有权获得回扣的情况下，才可以将全额回扣记录为当期收入。相反，如果公司拒绝未来业务，那么在当期公司是被禁止将其作为回扣收入的。[①]

那维斯达公司还不恰当地推迟了与一个主要客户谈判长期合同相关的"启动成本"。由于预期会签署该项合同，那维斯达公司花费了将近6 000万美元，其中包括一项生产设备建设开支，以供制造合同涉及的发动机，而当客户取消了该项合同谈判时，那维斯达公司就不得不承担这些成本。美国证券交易委员会称，那维斯达公司有权推迟该项"启动成本"，但是仅在"已存在经客观验证并可测量偿付合同保证金额"的情况下。[②]

虽然美国证券交易委员会判定那维斯达公司虚报财务报表并不是刻意舞弊欺诈，但是委员会依旧对那维斯达公司的几名高管进行了制裁。这些高管包括那维斯达公司董事会主席兼首席执行官丹尼尔·乌思甜和首席财务官罗伯特·兰纳特。除了要求其停止违反联邦证券法规的行为外，两人还被没收了超过100万美元的奖金，这些奖金也是由于那维斯达公司夸大的利润而带来的。美国证券交易委员会并没有对那维斯达公司处以罚款，因为该公司已经采取了一系列广泛的措施来消除严重的内部控制缺陷，这些措施包括增聘50名会计师、一名新首席会计官、一名新主管内部审计的副总裁和一名新首席信息官。

那维斯达公司的会计操作导致投资者对该公司提起了集体诉讼，这些投资者在公司财务报表被虚假报告期间购买了该公司的普通股。那维斯达公司最终在2011年与投资者达成和解，同意向原告支付1 300万美元。在此之前，一名联邦法官驳回了德勤事务所为被告的上诉。法官裁定，原告律师对德勤事务所提出的指控缺乏充分的依据。如果上市公司会计监督管理委员会（PCAOB）参与调查那维斯达的审计工作，那么德勤事务所就不会如此幸运了。

德勤事务所与联邦政府

2005年6月，美国证券交易委员会无意中透露说，上市公司会计监督管理委员

---

① Securities and Exchange Commission, *Accounting and Auditing Enforcement Release No.3165*, 5 August 2010.

② Securities and Exchange Commission, *Accounting and Auditing Enforcement Release No.3165*, 5 August 2010.

会正在调查德勤事务所对那维斯达公司2003年的审计工作。在一份不打算向公众公布的文件中，上市公司会计监督管理委员会将调查结果告知了美国证券交易委员会。美国证券交易委员会的一名发言人承认，委员会不经意间将这份文件和其他例行公开的文件放在了一起，发言人对此行为表示抱歉，并表示正在采取措施改善美国证券交易委员会的行政组织结构。上市公司会计监督管理委员会这份文件的发布具有标志性的意义，因为这标志着上市公司会计监督管理委员会正式调查四大会计师事务所。

在美国证券交易委员会无意间披露这份文件之前，美国证券交易委员会和德勤事务所之间的关系已经十分紧张。2005年4月，美国证券委员会由于德勤事务所审计2002年破产的大型电信公司Adelphia Communications而没有发现虚假财务报表，对其处以5 000万美元的罚款，这也是美国证券交易委员会有史以来对四大会计师事务所开出的最大额罚单。

在美国证券交易委员会宣布5 000万美元的罚单后不久，德勤事务所的首席执行官詹姆斯·奎格利发表了一份激怒美国证券交易委员会高管层的新闻稿。在这份新闻稿中，奎格利指出："我们面临的最大挑战之一就是对舞弊早期端倪的察觉，特别是在当客户及其管理层和其他人员串通一气，专门蒙骗审计人员时。"[①]美国证券交易委员会的发言人对奎格利的声明做出了严肃的回应，称德勤在这个事件上并没有受骗。调查结果显示，相关信息就摆在他们眼前，德勤事务所根本就没有做简单明了、应尽的工作，他们对舞弊信号视而不见，他们用旗子蒙住自己的脸，声称自己什么都看不见。[②]

美国证券交易委员会还指出，奎格利新闻稿违反了委员会和德勤事务所达成的和解协议，根据该协议的条款内容，德勤事务所既不需要"承认"美国证券交易委员会的调查结果，也不允许"否认"。随后，德勤事务所撤销了这篇新闻稿并重新发布了一份，在新的稿件中删除了部分冒犯美国证券交易委员会的内容。[③]

德勤事务所和美国证券交易委员会的风波爆发几周后，上市公司会计监督管理委员会开始调查德勤事务所2003年对那维斯达公司的审计。上市公司会计监督管理委员会对此次审计的调查是在该机构强制要求德勤事务所进行年度检查之外进行的。2002年的《SOX法案》要求在美国证券交易所上市的注册会计师事务所的会计师在上市公司会计监督管理委员会注册，而委员会每年对拥有100多名在美国证券交易委员会注册的会计师事务所进行检查，而少于100名的会计师事务所则每三

---

① S.Laub,"Deloitte Statement Irks SEC," *CFO.com*, 28 April 2005.

② S.Hughes, "SEC Rebukes Deloitte over Spin of Adelphia Audit," *The Associated Press State & Local Wire*, 27 April 2005.

③ 2007年底，德勤的一位审计合伙人将成为PCAOB禁止的首位与该机构批准的审计SEC注册成员的会计师事务所关联的个人，这名员工名叫拉齐奥，他曾负责监督总部位于圣地亚哥的配体制药公司的审计工作。SEC与PCAOB联合调查后，德勤受到公开指责，并被罚款100万美元。见案例7.1"配体制药公司"。

年接受一次检查。

上市公司会计监督管理委员会的检查旨在"识别和消除与公司审计方式相关的弱点和缺陷"[①]。委员会发现了两种类型的缺陷，一种是在委员会检查人员审查的具体过程中发现的，另一种则涉及更为普遍的"与公司质量控制体系相关的问题"[②]。委员会认为个别会计师事务所出具的公开检查报告中有13项审计业务存在缺陷，虽然这些披露并没有明确说明特定审计客户的身份，至少在最初的阶段，委员会向公众发布的检查报告中排除了质量控制方面更为关键的缺陷。如果一家公司未能在检验报告公布日起12个月内妥善解决和纠正委员会检查人员所提出的质量控制缺陷，那么委员会随后就会向公众披露这些质量控制事项。

2008年5月，上市公司会计监督管理委员会公布了对德勤事务所2007年的检查报告。在这份报告中，委员会透露，检查小组访问了德勤事务所在美国的全部总部以及该公司在美国约70家分所中的18家。在德勤事务所审查的61项审计中，有9项存在审计缺陷。人们普遍认为，鉴于美国证券交易委员会无意透露了上市公司会计监督管理委员会正在审查2003年那维斯达公司的审计工作，那么这些客户之一就有那维斯达公司。

根据上市公司会计监督管理委员会的相关政策规定，在2007年的检查报告中，并没有提及德勤事务所在审计过程中的任何质量控制缺陷。对于任何此类项目，检查报告包括以下声明："本报告非公开部分讨论了公司质量控制体系的任何缺陷，除非公司未能在本报告发出之日起12个月内达到相关要求并使董事会满意，否则本报告将继续不公开。"[③]

被上市公司会计监督管理委员会制裁的那维斯达审计合伙人

2008年11月，上市公司会计监督管理委员会首次就2003年那维斯达公司的审计结果调查发表公开声明。委员会报告称，已经对德勤事务所芝加哥办事处的审计合伙人克里斯托弗·安德森处以2.5万美元罚款，并暂停其在委员会注册的会计师事务所工作一年。这也是上市公司会计监督管理委员会首次对个人处以罚款，安德森在2003年监督了那维斯达金融子公司（NFC）的审计工作，而该子公司2003年的财务报表包括在那维斯达当年的合并财务报表中。[④]

在另一项指控中，上市公司会计监督管理委员会报告说，安德森已经认可了那维斯达公司审计团队一名成员所做出的决定，他作为那维斯达公司审计的合伙人在

---

① Public Company Accounting Oversight Board, *PCAOB Release No.*104-2008-070A, "Report on 2007 Inspection of Deloitte & Touche LLP," 19 May 2008.

② Public Company Accounting Oversight Board, *PCAOB Release No.*104-2008-070A, "Report on 2007 Inspection of Deloitte & Touche LLP," 19 May 2008.

③ Public Company Accounting Oversight Board, *PCAOB Release No.*104-2008-070A, "Report on 2007 Inspection of Deloitte & Touche LLP," 19 May 2008.

④ 由于那维斯达金融子公司发行的债务证券是公开交易的，除了母公司提交的年度10-K表格外，那维斯达还向SEC提交了年度10-K表格。

2003年对那维斯达和其子公司审计的最后几天里，突然将那维斯达金融子公司的重要性水平提高了50%。根据上市公司会计监督管理委员会的说法，安德森“认为最初的数值仍然是合适的，并且认为提高的数值将使人们更容易将已知错报陈述为无关紧要的”[①]。委员会所指的已知错报是指在2003年审计完成前不久那维斯达子公司会计记录中发现的错报。

在上市公司会计监督管理委员会宣布该制裁后，该发言人报告称，安德森仍然在事务所“承担与和解协议一致的责任”[②]。一名上市公司会计监督管理委员会的管理人员拒绝回应为什么德勤事务所没有在对安德森处罚的同时受到制裁。“我们不会对公司或被点名受访者以外的人发表评论。”委员会只发现与安德森有关的违规行为。[③]当被问及同一问题时，一位委员会的前高管给出了更为详尽的回答：“当监管失败时，会计师事务所往往会受到纪律处分。但是如果只是某个合伙人犯了一个错误，而事务所并不存在疏忽，那么只有该合伙人在诉讼中会被点名。”[④]

对安德森进行制裁后不到一年，上市公司会计监督管理委员会发布了第二份执法报告，主要关注点依旧是德勤事务所在2003年针对那维斯达及其子公司的审计工作。第二次发布针对的是德勤事务所合伙人托马斯·林登，他曾经监督过那维斯达1997年到2003年期间的审计工作，实际上，在2003年的审计工作中，林登是安德森的上司。林登被上市公司会计监督管理委员会罚款7.5万美元，并被停职两年。发布的报告显示，在2009年8月委员会制裁林登的时候，他已经和德勤事务所没有关联了。

2003年12月1日，林登参与了那维斯达公司审计委员会的会议，并讨论了公司2003年的经营成果。审计委员会正在调查这些结果，预计第二天就会通过电话会议向追踪该公司普通股的证券分析师公布这些结果。在12月1日的会议上，林登“当时通知审计委员会，德勤事务所已经基本完成了审计工作，预计将会发布一份无保留的报告”[⑤]。第二天，那维斯达公司管理层提供给高层的收益指南的预先审核操作结果被告知给了公司的证券分析师。

---

① Public Company Accounting Oversight Board, *PCAOB Release No.*105-2008-003, “Order Instituting Disciplinary Proceedings, Making Findings and Imposing Sanctions, In the Matter of Christopher E. Anderson, CPA, Respondent,”31 October 2008.

② T.Whitehouse, “PCAOB Suspends Second Deloitte Engagement Partner,”3 November 2008, www.complianceweek.com.

③ T.Whitehouse, “PCAOB Suspends Second Deloitte Engagement Partner,”3 November 2008, www.complianceweek.com.

④ T.Whitehouse, “PCAOB Suspends Second Deloitte Engagement Partner,”3 November 2008, www.complianceweek.com.

⑤ 除非特别说明，本案例此处引用以及其余引用皆来自：Public Company Accounting Oversight Board, *PCAOB Release No.105-2009-004*, “Order Making Findings and Imposing Sanctions, In the Matter of Thomas J.Linden, CPA, Respondent,”11 August 2009.

林登预计，那维斯达公司将于12月18日（圣诞节前一周）向美国证券交易委员会提交2003年的10-K表格，其中包括德勤事务所的审计报告。而在此之前的两天，也就是12月16日晚上，克里斯托弗·安德森告诉林登，他的下属发现那维斯达金融子公司账户中存在2 000万美元的错报，该错报严重夸大了那维斯达子公司的资产收入和盈利状况，这一数字对于那维斯达合并财务报表也具有非常大的影响。[①]

那维斯达和其子公司的高管突然被告知存在2 000万美元的错报。由于该子公司的财务报表会被整合到那维斯达公司的合并报表中，因此，这项错报可能导致公司不得不修改此前公布的收益。根据上市公司会计监督管理委员会的说法，林登知道那维斯达公司的高管对这一错报有“一定程度的焦虑”，他们“宁愿不修改公司公布的收益”。

接下来的两天中，那维斯达金融子公司进行了一系列会计调整，来“修正”审计团队所发现的大多数错报。例如，该公司重新计算了2003年某些证券化交易的收益，在林登对此知情的情况下，这些交易增加的收益额“抵销”了原先审计员所发现的2 000万美元错报中的大约720万美元。

在进行“修正调整”之后，这项被发现的错报就只有450万美元。那维斯达金融子公司的会计人员选择将这450万美元的冲销推迟到2004年的第一季度，林登意识到，该子公司在“根据公认会计原则没有找到足够依据”的情况下决定推迟做那笔冲销。

12月17日的早上，林登告知安德森决定将2003年那维斯达金融子公司审计税前收入的重要性水平提升50%。在安德森监督那维斯达子公司审计工作的4年中，每年的税前收入重要性水平均为5%，而林登现在将这一数值提高到了7.5%。这一重要性水平的提高，使得德勤事务所的审计师接受了那维斯达金融子公司的决定，也就是说，对于推迟记录450万美元减记这一事项不记录为调整项。换句话说，正是德勤事务所将重要性水平提高的政策使得450万美元的错报变得“无关紧要”，而如果重要性水平保持不变，那么450万美元的错报将会是“重大错报”[②]。

除了临时提高那维斯达金融子公司的重要性水平，林登还准备了一份审计工作报告来证明这种调整是合理的。“林登在纳维斯达金融子公司审计团队的协助下，撰写了一份那维斯达金融子公司审计工作报告，这份报告并没有准确地描述此次调整的原因和具体情况。”

---

① 在2003会计年度，那维斯达报告净亏损1 800万美元。不过，该公司2003年第四季度的利润为7 700万美元。在2003年的前三个季度，公司报告的净收益(损失)分别为9 900万美元、1 400万美元和1 800万美元。显然，公司管理层打算不降低第四季度的审计前收益，以便向投资者发出公司正处于重大转机的信号。在2002会计年度，该公司报告净亏损5.36亿美元。尽管这2 000万美元的错误对那维斯达金融子公司的财务报表至关重要，但PCAOB最关心的是那维斯达金融子公司的错误处理对那维斯达合并财务报表的影响。

② 最初确定的重要性水平约为410万美元，订正后约为610万美元。

来自上市公司会计监督管理委员会的压力

2011年10月，上市公司会计监督管理委员会出乎意料地发布了德勤事务所2007年检查报告的第二部分，该报告的第二部分讨论了委员会在2007年对德勤事务所检查中所发现的质量控制缺陷（这些缺陷之前并没有向公众披露）。这也是上市公司会计监督管理委员会首次发布四大会计师事务所检查报告的第二部分。之所以公布这些信息，是由于德勤事务所在首次报告发布后的12个月内并没有妥善处理先前报告中所提出的问题。表2包括摘自2007年报告第二部分的相关声明。

表2　2007年对德勤会计师事务所的检查报告第二部分“有关质量控制的问题”

1.审计业务的审查结果令人担忧，公司的质量控制系统可能并不足以确保执行适当的审计程序或者会计估计，包括评估管理层的假设和测试支持会计估计的数据
2.审计业务的审查结果显示，公司质量控制在所得税余额执行审计程序方面的有效性存在缺陷
3.审计业务的审查结果显示，公司对聘请专家方面的质量控制有效性存在缺陷
4.审查结果令人担心，公司的质量控制系统可能不足以确保会计、审计问题的评估满足审计准则所要求的客观性
5.公司在许多方面未能保持对客户管理层的职业怀疑，具体包括对管理层的评估、投资证券的估值、执行与确认相关的替代程序、测试所得税账户和披露
6.审计业务的审查结果显示，公司的质量控制系统可能不会在必要时保证有效的协商机制。此外，公司关于协商的政策也存在缺陷，缺乏一种合理的机制，以便将各种问题按照重要性水平分类处理，并确保分析过程具备足够的严谨性
7.德勤事务所运用其全球内部检查计划来评估和监控公司的审计工作质量，然而，对成员公司和业务分所的检查具体结果并没有告知给公司的合伙人。因此，全球内部检查计划并没有为其海外分支机构审计业务合伙人提供一个评估资质基准，并符合美国公认会计原则、上市公司会计监督管理委员会标准和美国证券交易委员会报告的要求

上市公司会计监督管理委员会在2007年检验报告第二部分中提出的最有说服力的理由，是德勤事务所的内部“文化”。上市公司会计监督管理委员会尤其质疑德勤事务所的普通员工是否“接受”了这种变化的审计方式。

这些缺陷的存在可能在一定程度上源于一种企业文化，这种企业文化容忍了这样的审计方法，这些方法并不总是强调适当地批判性分析并客观地收集审计证据，而这些方法主要依赖于管理层的表述。虽然在上市公司会计监督管理委员会多年的检查中，德勤事务所似乎对其审计实践做出了积极的改变，而且公司的高管层也认可了这样做的必要性，但是依旧存在一定的问题，公司的基层审计人员是否已欣然接受了这样的一个概念，即为了达到上市公司会计监督管理委员会的相关标准，必须改变审计执行方式。[①]

① Public Company Accounting Oversight Board, *PCAOB Release No.104-2008-070A*, “Report on 2007 Inspection of Deloitte & Touche LLP,” 19 May 2008.

在2008年5月向公众公开2004年的检查报告之前，德勤事务所可以对该报告的草案做出回应，德勤事务所给上市公司会计监督管理委员会写了两封邮件作为回应。其中一封是关于审计委员会对德勤事务所质量控制观察结果的报告（也就是报告第一部分），另一封是针对委员会对德勤质量控制中发现的缺陷（第二部分）。德勤事务所意识到，除非委员会将第二部分的报告公布于众，否则针对第二部分所撰写的信函不会被公众所知。

德勤事务所在针对第二部分检查报告的信件中，极力反对上市公司会计监督管理委员会关于企业文化需要改变的建议。“我们认为，委员会这份声明歪曲了我们的审计方法。此外我们强烈反对我们的文化和质量控制系统容许这样的审计方法。我们认为，不应该支持委员会的这份声明，这份声明也不应该被列入到最终报告中。”[①]

德勤事务所还反对表2中所列出的许多问题，德勤事务所认为上市公司会计监督管理委员会的声明是不合理的，这份声明只是基于检查组所观察到的“有限实例”。德勤事务所还指出，上市公司会计监督管理委员会不恰当地“事后批评”相关专业人士的判断，“在必要的审计程序中，所达成的审计结论和所需要的审计证据性质可能与专业人士的判断有所不同，我们认为合理的判断不应该被二次质疑”[②]。

在上市公司会计监督管理委员会公布对德勤事务所2007年审计检查的第二部分后，德勤事务所首席执行官再次为其公司审计实践进行辩护。但与此同时，他也承认，公司需要意识到不断提高其专业服务的质量。“我们对自己的专业人员和审计质量完全有信心，我们一致同意确实存在可以改进的地方。”[③]

那维斯达公司起诉德勤事务所

2011年8月，在上市公司会计监督管理委员会公布对德勤事务所2007年检查报告第二部分的两个月前，那维斯达公司对前审计公司也就是德勤事务所提起了5亿美元的诉讼。[④]那维斯达公司对德勤事务所最为严厉的指控是，由于专业人员培训不足，审计服务存在严重缺陷。[⑤]在针对德勤事务所长达134页的起诉中，那维斯达公司的律师表示，德勤事务所远不仅仅是那维斯达公司的独立审计公司，事实上，德勤事务所已经彻底深入参与了那维斯达公司的会计和财务报告编制，以至于

---

① Public Company Accounting Oversight Board, *PCAOB Release No.104-2008-070A*, “Report on 2007 Inspection of Deloitte & Touche LLP,” 19 May 2008.

② Public Company Accounting Oversight Board, *PCAOB Release No.104-2008-070A*, “Report on 2007 Inspection of Deloitte & Touche LLP,” 19 May 2008.

③ S.Johnson, “PCAOB: Deloitte Trusted Management Too Much,” 17 October 2011, www3.cfo.com.

④ 在诉状中，德勤受到的具体民事指控包括欺诈、欺诈性隐瞒、疏忽性虚假陈述、专业渎职、违反合同和违反诚信义务。

⑤ Stempel, “Navistar Sues Ex-Auditor.”

德勤事务所成了“那维斯达公司会计部门附属机构”。

德勤事务所为那维斯达公司提供的不仅仅是审计服务，还担任那维斯达公司的业务顾问和会计师。例如那维斯达公司还聘请德勤事务所就如何根据公认会计原则进行会计处理为其提供咨询。德勤事务所建议并指导了那维斯达公司在会计处理方面的相关工作，除了对那维斯达公司的财务报表进行审计之外，事务所还针对许多复杂的会计问题提供了相关服务。德勤事务所甚至直接通过面试应聘者，在选择那维斯达公司最为资深的会计人才方面发挥着辅助作用。①

当针对那维斯达公司提起的诉讼被广泛报道时，审计业内许多人都为德勤事务所辩护。一位在业内颇具地位的人士指出，那维斯达公司针对德勤事务所的诉讼忽略了审计客户关系的两个重要特征：(1）公司财务报表最终由高管层负责。(2）上市公司的审计委员会“有责任保证审计师的独立性，并在其独立性、客观性受损时，对其提供的服务进行变更或解雇当事人”②。

毫无疑问，审计业内对这起诉讼最为激烈的反应来自于德勤事务所自身。事务所的代表在媒体上为自己的公司进行了有力的辩护，德勤事务所发言人对《今日会计》表示，那维斯达公司的诉讼是“为了推卸那维斯达公司自身管理不当行为的责任，这是一种非常不负责任、毫无根据的行为”③，这位发言人补充说，“那维斯达过去和现在的管理团队中，有几名成员因涉及诉讼中的事项而受到美国证券交易委员会的制裁。那维斯达的说法毫无根据，我们必定维护自己的权利”④。

后记

2008年6月，那维斯达公司普通股重新在纽约证交所上市，许多金融人士经过观察后得出结论，该公司已经从损害声誉、令人尴尬的会计丑闻中恢复过来，在接下来的几年里，该公司实现了令人印象深刻的利润。2011年净利润达到了创纪录的17亿美元。然而，在2012年8月，当美国证券交易委员会对该公司的会计记录展开另一项调查时，又出现了新的问题。这次调查结果的公布导致公司股价大幅下跌，在此后不到四周，那维斯达的董事会解雇了公司董事长兼首席执行官丹尼尔·乌思甜。2012年12月，该公司公告了30亿美元的巨额亏损。在接下来的几个月里，抱有不满的投资者对那维斯达公司提起了几项集体诉讼，指控该公司及其高管层发布具有误导性的财务报告。

随着那维斯达公司暴露的问题越来越多，该公司在2013年第一季度通过10-Q表格宣布，已经解决了2011年针对德勤的诉讼。那维斯达公司和德勤事务所均未就和解协议的有关财务方面公开置评。

2013年10月，上市公司会计监督管理委员会宣布对德勤事务所处以200万美

---

① McKenna,“Navistar Sues Deloitte.”

② McKenna,“Navistar Sues Deloitte.”

③ M.Cohn,“Navistar Sues Deloitte Over Audits,”28 April 2011,www.accountingtoday.com.

④ McKenna,“Navistar Sues Deloitte.”

元的罚款，原因是该事务所允许克里斯托弗·安德森在被停职的一年间提供审计服务。根据已发表的报道，安德森预计自己将会被停职，于是他选择了德勤事务所合伙人的职位，并接受了该事务所一名带薪的董事职位，在这个职位上，安德森与德勤事务所的三个审计团队进行了互动，并就审计事宜提供了相关建议。[①]

上市公司会计监督管理委员会积极履行其立法职责，以加强在美国证券交易委员会注册的机构的独立审计职能。委员会在2011年8月发布了一份概念报告，报告面向公众征询如何加强审计独立性的意见，报告中将强制会计师事务所轮换列为公共会计职业中最为热门的话题。上市公司会计监督管理委员会强调的一项措施是，将上市公司审计师的任期限制在数年之内。委员会主席詹姆斯·多蒂在讨论长期的审计师-客户关系所带来的问题时提出了这种举措的可能性。

> 上市公司会计监督管理委员会正在努力通过检查和执法来解决这些问题，但是考虑到我们现在所观察到的职业怀疑的缺失，以及由于审计工作的执行对独立性具有根本的重要性，委员会正在考虑解决审计质量问题的所有可能方法，包括强制审计公司轮换，是否有助于解决由于审计师是由客户支付薪酬而产生的固有矛盾。[②]

尽管上市公司会计监督管理委员会的高管层从未提及德勤事务所在那维斯达公司长达98年的审计师任期，也未提及两者在那段时间内所建立的所谓“舒适关系”，但是多方认为，这种关系是促使委员会有意强制轮换审计公司的一个重要因素。[③]

2012年3月，多蒂被要求在美国众议院资本市场和政府资助企业小组委员会出席作证。小组委员会希望与多蒂探讨的主要议题是强制性轮换审计公司，美国众议院议员斯利特·加勒特的开场白为听证会定下了基调。“我认为有必要提醒上市公司会计监督管理委员会的是，它并不是一个决策实体，不能够决定政策，国会才是这个决策者。上市公司会计监督管理委员会的职责是监管会计行业，我非常关心上市公司会计监督管理委员会最近所提出的一些激进的建议。”[④]

加勒特议员和小组委员会的其他成员随后询问多蒂，为什么把强制性甚至事务所轮换定为其机构正在进行的主要议程项目。加勒特曾一度要求多蒂提供“相关数据”，而不仅仅是“传闻”的情况，来证实审计师和客户之间的长期关系会损害审计师的独立性。多蒂无法提供相关的数据，但是他指出，在这样的情况下，审计师

---

① S.Strahler, "Deloitte Fined $2 Million for Letting Suspended Exec Work on Audit," www.chicago-business.com, 23 October 2013.

② F.McKenna, "Two Wildly Different Stories About Deloitte: Or Are They?" 8 June 2011, http://retheauditors.com.

③ The record for the longest auditor-client relationship involving a Big Four accounting firm and a public company belongs to Deloitte and Procter & Gamble.That relationship began in 1890.

④ J.Hamilton, "'Mission Creep' Replaced 'Increased Skepticism' as the Word of the Day," 30 March 2012, *Accounting News Report* (http://accountingnewsreport.com).

缺乏职业怀疑精神，“多年来在我们的调查结果中反复出现”，这不是一个孤立偶然的问题。[①]

国会小组委员会的成员提议道，存在其他的策略来加强审计师的独立性，这些策略成本会更低，也更为有成效。其中一个建议是，限制上市公司会计监督管理委员会所注册的会计师事务所可以从任何一个客户那里取得收入的比例。

2013年，美国国会再次讨论了强制轮换审计师事务所的问题。2013年6月19日，美国众议院金融服务委员会一致通过了一项法案，该法案禁止对美国证券交易委员会注册成员强制轮换会计师事务所。国会委员会主席、美国众议院议员杰布·亨萨灵在评论该法案时说，“最终应该由董事会、管理层和股东来决定哪些会计师事务所可以审计一家公司的财务情况，而不是由上市公司会计监督管理委员会来决定”[②]。三周后，2013年7月8日，美国众议院以321票对62票通过了该法案，并将其提交给美国参议院进行审议，截止到目前，参议院还没有将该法案列入议程之中。

思考题

1.说明会计师事务所强制轮换的优点和缺点。美国会计师事务所是否有现行的轮换规则，如果有的话，是什么样的规则？

2.内部控制的重大缺陷正式定义是什么？内部控制的重大缺陷与内部控制的重要缺陷有何区别？请找出你认为最为关键的三个重大缺陷，并补充说明原因。一个组织是否会由于内部控制过于不充分而无法被审计？说明原因。

3.对于审计公司来说，像客户会计部门的附属机构一样发挥作用是否合适？说明原因。2006年4月，德勤事务所作为那维斯达公司的独立审计机构被解聘，主要原因是什么？应该由哪一方负责？说明原因。

4.定义计划重要性水平。在确定重要性水平时，应该考虑哪些因素？在什么样的条件下，审计师在审计工作开始之后更改计划重要性水平才是合理的。

5.这个案例引用了一位上市公司会计监督管理委员会前高管的说法：“当监管失败时，会计师事务所往往会受到纪律处分。但是如果只是某个合伙人犯了一个错误，但事务所并不存在疏忽，那么只有该合伙人在诉讼中会被点名。”你认为除了林登和安德森之外，德勤事务所应该在2003年那维斯达的审计中受到上市公司会计监督管理委员会的制裁吗？

6.会计师事务所为其审计实践制定质量控制措施时所要依据的职业标准是什

---

① J.Hamilton,"'Mission Creep' Replaced 'Increased Skepticism' as the Word of the Day," 30 March 2012, *Accounting News Report* (http://accountingnewsreport.com).

② S.Lynch,"House Panel OKs Bill to Prohibit Mandatory Auditor Rotation," 19 June 2013, Reuters (www.reuters.com).

么？质量控制应解决哪些关键问题？在评论德勤事务所质量控制时，上市公司会计监督管理委员会提到了德勤事务所的“文化”，影响会计师事务所审计业务文化的关键因素是什么？

7.上市公司会计监督管理委员会就会计师事务所强制轮换的必要性开展了一系列对话，这是否逾越了其监管权责的范围？你同意美国众议院议员加勒特关于委员会不是一个决策机构的观点吗？

8.德勤事务所坚持认为，上市公司会计监督管理委员会的检查团队对于专业人士的“合理判断”进行“事后猜测”是不合理的。你是否同意？说明原因。

案例1.8

利文特公司

一出戏的内容不外乎总是讲述鸟如何自食其果的故事。

阿瑟·米勒

1995年，加拿大人玛利亚·梅西纳（Maria Messina）取得了公共会计行业最为抢手的职位——晋升为美国德勤会计师事务所加拿大分所的合伙人。在获得晋升后不久，梅西纳接受了一家会计行业刊物的采访，在采访中，她指出“成为合伙人让人无比兴奋，任何事情都离不开你”[①]。梅西纳的晋升为她赢得了家人、朋友和同事的尊敬与钦佩，并使她跻身高纳税阶层，享受了更舒适的生活。但很快又出现了另一个更具诱惑力的机会，这个机会可以给梅西纳带来更多内在和外在的奖励。

20世纪90年代，利文特公司是唯一一家以现场戏剧表演为主营业务的上市公司。利文特公司的联合创始人加思·德拉宾斯基（Garth Drabinsky）被认为是创意天才，也正是由于他公司获得了一系列令人印象深刻的奖项，如托尼奖（Tony Award）。利文特的审计公司便是德勤会计师事务所。梅西纳在担任利文特公司前几次审计的审计经理后，担任1996年审计项目的合伙人。1996年利文特公司审计项目完成后，德拉宾斯基邀请梅西纳离开德勤事务所，进入利文特公司作为首席财务官为自己效力。在仔细权衡了这个机会带来的挑战、机遇和潜在弊端后，梅西纳放弃了她垂涎已久的德勤会计师事务所的合伙人职位，而转入了拥有高薪和更高社会地位的纸醉金迷的娱乐圈从事幕后工作。

在与利文特公司签约几周后，梅西纳开始怀疑自己的决定是否明智。虽然梅西纳在德勤事务所任职期间，时间预算、外地旅行、缺乏经验的下属以及其他一些主流会计师事务所合伙人面临的常见“压力源”，都让她的职业和个人生活变得复杂

---

① T.Frank,“Opportunity Knocks,”*CA Magazine*,March 1997,27.

而又困难重重，但在利文特公司，她面临的压力还要大得多，而且更难管理和控制，有时甚至会影响自己的身体健康。这些压力每个月都给梅西纳带来更沉重的负担。到1998年夏末，梅西纳的生活完全乱了套。几个月后，也就是1999年1月，梅西纳因参与大规模金融欺诈而被判重罪。在此之后，这位有个10岁女儿的单身母亲面临着最高5年的监禁和25万美元的罚款。

没有比演艺圈更好的生意

加思·德拉宾斯基很小就被娱乐产业深深地吸引着，与他在演艺界的许多同事不同，德拉宾斯基没有来自演艺界的家人和朋友。相反，德拉宾斯基依靠自己的努力、灵感和不屈不挠的职业精神，爬上了风云变幻的娱乐业的顶峰。德拉宾斯基1947年出生于多伦多，三岁时因患小儿麻痹症而病倒，导致他有严重的跛足。这位年轻的加拿大人并没有因为自己身体上的缺陷而停止实现目标。事实上，德拉宾斯基坦率地承认，他的身体问题和他所接受的温和教育——他的父亲是一名空调销售员——是促使他“目标高远”的关键因素。

德拉宾斯基在大学期间首次涉足演艺界，他出版了一本免费杂志，杂志上刊发了对当地影院上映的电影的评论。德拉宾斯基从法学院（在那里，他专注于研究娱乐业）毕业后，他开始涉足房地产开发。这位年轻的律师希望积累一笔积蓄，以便开始制作电影和进行现场演出。一个公寓项目的成功为他提供了开始涉足电影和百老汇戏剧所需的启动资金。到30岁时，德拉宾斯基已经制作了三部长篇电影和一部百老汇音乐剧，但没有一部受到评论家和购票者的特别欢迎。

1979年，德拉宾斯基和他的好友麦伦·葛利柏决定通过“走后门”进入演艺圈。这两位年轻的企业家说服了一位多伦多的著名商人，使其投资了近100万加元给他们设计的一个“多元化影院”项目。[①]这个项目将一个大型购物中心的地下室改造成一个多屏幕的剧院。“多元化影院”的设计包括每个剧院的豪华内饰、豪华座椅以及大堂的卡布奇诺酒吧。德拉宾斯基打算去当地的电影院看看，那是几十年前好莱坞平静的日子里的一次迷人的经历。

大多数业内人士预测，德拉宾斯基的电影院概念蓝图将会失败，主要是由于其影院的巨额开销迫使他的公司比竞争对手收取更高的票价。但实际情况却完全相反，多伦多的影迷非常愿意多花几美元在德拉宾斯基的高档影院观看一部电影。在接下来的几年里，德拉宾斯基和葛利柏在富有的投资者的帮助下扩大了他们的公司，他们说服投资者为加拿大和美国的多屏幕剧院的开发提供大笔资金。到20世纪80年代中期，他们公司的影城剧场控制着近2 000家影院，成为北美第二大连锁影院。

最终，影城剧场的几家主要投资者开始抱怨德拉宾斯基的挥霍无度。该公司的迅速扩张和德拉宾斯基为新剧院所研发的日益奢华的设计，要求影城剧场从银行和

① 本案例重要的财务数据均以加拿大元计。

其他借贷者那里借入大量资金。1989年的一项内部调查发现，该公司的会计记录存在违规行为，使得该年度的巨额利润化为乌有，结果导致影城剧场报告了重大亏损。这项会计违规行为的发现引发了大量争议，这也让电影院的主要投资者获得了迫使德拉宾斯基和葛利柏辞职所需的筹码。在迫使他们离开该公司的谈判过程中，德拉宾斯基和葛利柏收购了多伦多的大型现场演出剧院潘塔格斯剧院（Pantages Theatre），以及某些百老汇戏剧在加拿大的版权。

在从影城剧场离职后的几周内，德拉宾斯基和葛利柏就组织了现场娱乐公司，在他们的家乡多伦多制作百老汇式的节目。德拉宾斯基对这家新公司的构想是，将“企业管理”引入到以随心所欲和散漫著称的演艺界。他曾试图说服多家大型投资者和贷款机构为这家新公司提供资金。在一系列广受好评的作品之后，该公司于1993年上市，更名为利文特有限公司（简称利文特公司）。[①]1995年5月，利文特公司向美国证券交易委员会（SEC）提交了在美国发行股票的申请，委员会批准了这一申请，利文特公司的股票开始在纳斯达克证券交易所上市交易。在两年内，美国投资者获取了利文特公司的大部分流通股。

到1998年初，利文特公司在加拿大和美国拥有5家现场制作剧院，其中包括纽约的一家百老汇大剧院。该公司的作品包括《福斯》、《蜘蛛女之吻》、《拉格泰姆》、《表演之舟》和《歌剧魅影》，共获得20多项托尼奖。商业人士将利文特公司的迅速崛起归功于德拉宾斯基的作品，在组织了《渴望》之后，德拉宾斯基很快就对吸引公众的节目类型产生了敏锐的嗅觉。更重要的是，他能够找到并招募到有才华的导演、演员、布景设计师，以及制作成功的百老汇演出所需的其他熟练技工。刚愎自用的德拉宾斯基不仅对利文特公司运营的创意领域进行微观管理，还对公司运营的其他各个主要方面进行微观管理，尽管他非常依赖他的朋友兼密友葛利柏——具有会计背景——来帮助他监督公司的会计和财务报告。

该公司在艺术上取得了成功，且在娱乐圈的地位也在不断提高，但在20世纪90年代，德拉宾斯基一直处于评论家的关注之中。神秘的德拉宾斯基在华尔街分析师、都市银行家和其他公司高管中享有盛誉，他们认为德拉宾斯基是迷人的。但批评家们指出，德拉宾斯基的性格也有阴暗面。“他——刚愎自用——刁钻而令人难以理解，古怪而又好打官司，野心勃勃，固执一根筋，以自我为中心。”[②]据公司内部人士称，德拉宾斯基可能会对下属“专横且残暴”[③]，当下属达不到他的完美

① 德拉宾斯基和葛利柏的公司与总部位于加州的Live Entertainment公司没有关联，何塞·梅内德斯在1988年创办了该公司，但在1989年8月他和妻子凯蒂一起被谋杀。在众多的“世纪审判”中，梅内德斯的儿子莱尔和埃里克后来被判谋杀父母。

② K.Noble, “The Comeback King: Garth Drabinsky Is Back, and Creating a Lot of Showbiz Buzz,” *MacLean's* (online), 4 June 2001.

③ M.Potter and T.Van Alphen, “Livent Charges $7.5 Million Kickback Scam,” *Toronto Star* (online), 19 November 1998.

主义标准或质疑他的决定时，他会斥责他们。玛利亚·梅西纳随后透露，利文特公司的会计师是德拉宾斯基和利文特公司其他高管经常辱骂的对象。“利文特公司的会计师经常被告知，他们的报酬是闭上嘴，按照（脏话）说的去做，他们不需要思考。”①

批评人士还指责德拉宾斯基未能兑现自己的承诺，即将一种纪律严明的企业管理风格引入百老汇。实际上，德拉宾斯基在管理利文特公司的财务方面一点也不自律。由于他要求公司现场制作“完美电影”，所以利文特公司的大部分节目，尤其是那些卖座率高的节目，都出现了巨大的成本超支。到1998年，利文特公司在德拉宾斯基为公司的奢华制作所欠下的巨额债务重压之下，已逐渐开始崩溃。1998年初，华尔街投资银行家、德拉宾斯基的密友罗伊·弗曼说服他接受迪士尼前高管迈克尔·奥维茨2 000万加元的投资，以缓解利文特公司的财务问题。但是奥维茨进行投资的条件是，他要求被授予足够的普通股投票权，使他能够控制公司的董事会。

20世纪80年代，奥维茨曾担任好莱坞顶级经纪人。当他成为创意艺术家经纪公司（Creative Artists Agency）的董事长时，商业期刊给他贴上了“好莱坞最有权势人物”的标签。1995年底，迪士尼首席执行官迈克尔·艾斯纳（Michael Eisner）选择奥维茨担任自己的高级助理，并授予他公司总裁的头衔。一年多后，这两位好莱坞重量级人物的多次个性冲突导致艾斯纳解雇了奥维茨。毫无疑问，奥维茨希望利文特公司能够为自己提供一个机会，重新树立他在娱乐行业的声誉，而在他短暂而动荡的迪士尼公司职业生涯中，他的声誉曾受到负面影响。同样重要的是，控制利文特公司会让奥维茨与前任上司展开正面交锋。当时，迪士尼的《狮子王》是对百老汇的一个巨大冲击。

在同意投资利文特公司之前，行事谨慎的奥维茨聘请了五大会计师事务所之一的毕马威会计师事务所，对该公司的会计记录进行审查。在毕马威的“尽职调查”为利文特公司会计记录出具了一份合格证明后，奥维茨于1998年6月初成为该公司最大的股东，并获得了该公司的实际控制权。奥维茨在公司董事会中占有一席之地，成为董事会执行委员会主席，而弗曼则接替德拉宾斯基担任董事会主席和首席执行官，德拉宾斯基被授予副主席和首席创意总监的头衔。在新职位上，德拉宾斯基继续监督利文特公司业务的所有重要创造性方面。为了不让德拉宾斯基在艺术方面出现一言堂，奥维茨任命著名的制作人和词曲作者昆西·琼斯（Quincy Jones）为利文特公司董事会成员。

奥维茨也给麦伦·葛利柏安排了一个副总裁的职位，麦伦·葛利柏是迪士尼的前管理人员，与奥维茨一起离开迪士尼，他以前是利文特公司的总裁。奥维茨对利文特公司的管理结构做出的改变之一，是聘用了前毕马威事务所审计合伙人罗伯

① *Profit*, "Backstage at Livent," May 1999, 29.

特·韦伯斯特担任公司执行副总裁。韦伯斯特曾监督过毕马威事务所对利文特会计记录的尽职调查，他被赋予了相应的权限，但他的主要职责是为奥维茨的新管理团队监督利文特公司的会计和财务职能。

韦伯斯特的不满之夏

和玛利亚·梅西纳一样，很快罗伯特·韦伯斯特就发现利文特公司的工作环境并不理想。在1998年夏初加入利文特后，韦伯斯特发现，包括仍担任利文特公司首席财务官的梅西纳在内的会计人员，都不愿与他讨论相关会计问题。韦伯斯特后来作证说，一些不愿透露姓名的会计师告诉他："德拉宾斯基先生警告他们，未经过他审查和批准的某些财务信息，不得对外提供。"[①]更让韦伯斯特头疼的是德拉宾斯基的管理风格，韦伯斯特在证词中说："我以前从未见过像德拉宾斯基这样蛮横无礼的人。"[②]令他震惊的是，利文特公司的高管经常对公司的会计大喊大叫。韦伯斯特报告说，利文特公司的会计人员有时在与德拉宾斯基会面后哭泣，甚至心生厌恶。在一次与德拉宾斯基会面之后，韦伯斯特回忆起梅西纳的状态"像树叶一样颤抖"[③]。

当韦伯斯特要求利文特的会计师为自己提供不受限制地查阅公司会计记录的机会时，这位毕马威事务所的前合伙人就成了德拉宾斯基愤怒的对象。德拉宾斯基指责韦伯斯特的调查试图"分裂公司"，并告诉他，韦伯斯特的存在是为了满足他（德拉宾斯基）的要求。[④]韦伯斯特没有被德拉宾斯基的恐吓战术打倒。1998年8月初，韦伯斯特对发现的一个可疑交易提出质疑后，梅西纳和她的四个下属秘密约见了他，这五名会计师向韦伯斯特承认，利文特的会计记录被一系列由德拉宾斯基和利文特其他高管发起和串谋的欺诈计划所扭曲。

韦伯斯特把这一令人不安的消息告诉了利文特公司的董事会。1998年8月11日，弗曼发布了一份声明，宣布发现了"严重的财务违规行为"，对利文特公司过去三年的财务报表产生了负面影响。该声明还指出，德拉宾斯基和葛利柏已被无限期停职，等待毕马威事务所的调查结果。1998年秋季，公司高管层接连发布声明，暗示会计违规行为的影响将比最初想象的更为严重。利文特面临的更大问题是，该公司所有的股票交易都被暂停，以及一系列针对该公司及其管理人员的大型集体诉讼。仅在1998年8月，就有12起这样的诉讼。

1998年11月18日，利文特董事会宣布，毕马威事务所的调查显示："该公司

---

① M.Petersen, "The Roar of the Accountants: The Strange Last Days of a Theater Impresario's Reign," *New York Times* (online), 10 October 1998.

② A.Clark, "An Epic from Livent: Executive Accuses Drabinsky of Bullying Tactics," *MacLean*'s (online), 1 March 1999.

③ A.Clark, "An Epic from Livent: Executive Accuses Drabinsky of Bullying Tactics," *MacLean*'s (online), 1 March 1999.

④ A.Clark, "An Epic from Livent: Executive Accuses Drabinsky of Bullying Tactics," *MacLean*'s (online), 1 March 1999.

存在大量系统性的会计违规行为。”[①]利文特公司董事会发布的声明还披露，德勤事务所撤回了对该公司1995—1997年财务报表的审计意见。最后，声明指出，德拉宾斯基和葛利柏被解雇，利文特同时在加拿大和美国申请破产。几周后，纽约的一个联邦大陪审团对德拉宾斯基和葛利柏提出了16项欺诈指控。利文特公司这两个前高管没有出席法庭的初步听证会，一名美国联邦法官对这两名加拿大公民发出了逮捕令，并启动了引渡程序。

一起“错综复杂”的诈骗案

由加思·德拉宾斯基和麦伦·葛利柏合谋的大型欺诈案细节最终由美国证券交易委员会、安大略省证券委员会（加拿大的机构，相当于美国证券交易委员会）公之于众，并公开了各种民事诉讼中的法庭审理记录。在众多的执法和诉讼文件中，美国证券交易委员会在提到利文特舞弊时，反复使用“错综复杂”的描述性措辞。欺诈的早期要素之一是巨额回扣计划。

“早在1990年开始，一直持续到1994年，德拉宾斯基和葛利柏就与利文特公司的两家供应商串谋实施了一项回扣计划，目的是将公司数百万美元直接吸进自己的口袋。”[②]据报道，葛利柏要求这两家供应商在其提交给利文特公司的发票中增列并没有向公司提供的服务费用。在利文特公司支付了虚增的发票金额后，德拉宾斯基和葛利柏收到的回扣相当于伪造的服务费用。根据美国证券交易委员会的数据，在20世纪90年代的四年时间里，德拉宾斯基和葛利柏从两家利文特公司供应商处获得了大约700万加元的回扣。这些开出的虚假费用被记入了该公司正在开发的各种节目的“前期制作”成本账户，这些账户的合理费用包括为新节目布景和制作服装的费用，这些费用最多在五年内摊销。

到20世纪90年代中期，利文特公司旗下的几家公司都出现了回扣计划和巨额亏损，使得该公司越来越难以实现德拉宾斯基和葛利柏向华尔街分析师透露的季度盈利目标。这两名舞弊串谋者意识到，如果利文特公司未能实现这些盈利目标，公司的信用评级和股价将会下跌，将会危及公司筹集维持运营所需额外资本的能力。面对这些情况，美国证券交易委员会报告称，从1994年开始，德拉宾斯基和葛利柏指示利文特的会计人员进行一系列“会计操纵”，以掩盖公司的财务问题。

这些会计操纵行为包括一些明目张胆的小把戏，比如在每个季度末，简单地抹去之前记录的支出和负债的会计记录。利文特公司内部一个特别常见的会计骗局涉及将前期制作成本从一个正在运行的节目转移到一个仍在制作中的节目，这种转移使得公司可以（有时是无限期地）推迟这些主要成本项目的摊销。为了进一步降低前期生产成本的阶段性摊销费用，利文特公司的会计师开始向各个固定资产账户收

---

① *In re Livent, Inc. Noteholders Securities Litigation*, 151 F.Supp.2d 371 (2001).

② Securities and Exchange Commission, *Accounting and Auditing Enforcement Release No.1095*, 19 May 1999.

取此类费用。这些资产通常折旧超过40年，而生产前成本的摊销期为5年。最终，公司的会计人员开始从长期固定资产账户中扣除工资费用和其他一般运营费用。

美国证券交易委员会估计，在20世纪90年代中期，通过会计操纵利文特公司的支出被低估了逾3 000万加元。尽管这对利文特的财务报表产生了正面的效应，但德拉宾斯基和葛利柏最终意识到，需要付出更多努力来美化粉饰公司的财务数据。因此，从1996年开始，两人组织并实施了美国证券交易委员会所称的“虚增收入”计划。

这个新骗局涉及德拉宾斯基和葛利柏所安排的几笔数百万加元的交易。这些交易的具体细节略有不同，但其中大部分涉及将利文特公司拥有的制片权出售给第三方。例如，利文特公司将在美国多家影院放映的影片*Ragtime*和*Show Boat*的版权卖给了得克萨斯州的一家公司。这笔交易的合同表明，在任何情况下，这家得克萨斯的公司支付给利文特公司的1 120万加元费用都不可退还。然而，由于利文特公司管理层安排的一项秘密附带协议，使这家得克萨斯的公司免于在这笔交易中蒙受任何损失，实际上，还保证了其巨额投资的合理回报率。尽管利文特公司的会计人员在1996年和1997年的损益表中包括了至少3 400万加元的交易收入，实际利润（如果有的话）是相当不确定的。

美国证券交易委员会记录的最后一桩欺诈案件涉及夸大主要影片的票房收入。1997年末，利文特公司在洛杉矶一家剧院上映了影片*Ragtime*。与该剧院达成的协议允许其在周票房低于50万加元的情况下下线。利文特的高管计划于1998年1月在百老汇推出影片*Ragtime*。这些高管意识到，如果该片在洛杉矶的表现不佳，它在百老汇的首映可能会受到影响。为了提高*Ragtime*在洛杉矶的票房，利文特公司的管理人员安排了两家公司的供应商购买数十万加元的电影票，同时给购票的供应商报销，并将该笔款项记入固定资产账户。

利文特公司高管设计的欺诈方案导致该公司的定期财务报表遭到严重扭曲。例如，1992年，该公司报告税前利润为290万加元，而实际数字仅约为10万加元。4年后，利文特公司报告税前利润为1 420万加元，实际亏损超过2 000万加元。到1997年，由于各种会计舞弊方案的存在，该公司总固定资产2.008亿加元被夸大了近2 400万加元。

美国证券交易委员会发现，利文特公司欺诈行为的两个特点尤其令人不解。20世纪90年代，随着欺诈案的规模逐步扩大，该公司的会计人员发现，向最高管理层提供有实际意义的财务数据越来越困难。“由于操纵的规模和金额巨大，高管们有必要同时编制一套真实账目和一套虚假账目。”[①]据称，该公司负责财务和行政事务的高级副总裁戈登·埃克斯坦和玛利亚·梅西纳的顶头上司曾指示一名下属开发

---

① Securities and Exchange Commission, *Accounting and Auditing Enforcement Release No.1095*, 19 May 1999.

能够解决这个问题的电脑软件。这个软件可以用来从公司的会计记录中过滤出虚假数据，这个秘密软件还有另一个用途，即帮助利文特公司的会计师记录欺诈交易，“而不会留下任何可能被利文特公司外部审计人员无意中发现的书面痕迹”[①]。会计人员以批处理的方式处理利文特公司高管所要求的会计记录上的欺诈性变化，在处理这些所谓的“调整”时，会替换给定交易的初始日记账分录，使这些调整看起来像是原始交易，从而欺骗了德勤的审计人员。

根据美国证券交易委员会的说法，利文特公司舞弊案第二个极具迷惑性的特点是，该公司的管理团队在组织和实施欺诈时采取落到实处的方式。据报道，德拉宾斯基、葛利柏和利文特公司的首席运营官罗伯特·托波尔定期与埃克斯坦、梅西纳以及公司会计人员会面，并讨论欺诈的细节。在这些会议上，三位高级主管会审查会计人员编制的初步财务报告，并就改进或润色这些报告所需的“调整”向会计人员下指示。正如之前提到的，利文特的高管们依靠强迫和恐吓来威胁包括梅西纳在内的会计师，迫使他们接受这些非法的调整。一旦进行了调整，“这些虚假数字就会被提交给利文特公司的审计委员会、审计人员和投资者，并最终提交给委员会”[②]。

把审计人员蒙在鼓里

媒体对涉及上市公司的大型会计欺诈的报道，常常引发对该公司独立审计公司的严厉声讨。1998年夏末和秋季披露的利文特公司舞弊报道导致德勤事务所成为此类声讨的对象。一位加拿大金融分析师指出，投资者依赖审计机构来给他们的客户施压，迫使他们编制可靠的财务报告。“他们（审计人员）是唯一能够质疑政策、质疑数字、确保财报正确的人。”[③]

批评人士轻而易举地指出，德勤事务所在承担利文特公司审计职责期间对存在的一些舞弊信号或欺诈风险因素，以及可能存在的财务报表虚假陈述本应保持高度警惕。这些因素包括：有一个极端激进、以增长为导向的管理团队；德拉宾斯基和葛利柏以前在财务报告中有过不当行为；对额外资本的不断增长的需求以及关联方交易的存在。关于后一个因素，美国证券交易委员会记录的利文特公司“创收交易”欺诈案中有几笔涉及与利文特有关的公司或公司管理人员或管理团队。

德勤事务所在辩护中说道，一个涉及客户高管和其会计师的广泛参与的大规模串通欺诈行为很难被察觉。对德勤事务所来说，更糟糕的是利文特公司管理层对独立审计人员的轻蔑态度。有一次，一位高管对下属说，独立审计人员是“必要的恶

① M.A.Hiltzik and J.Bates, "U.S.Indicts Stage Producer Drabinsky," *Los Angeles Times* (online), January 1999.

② Securities and Exchange Commission, *Accounting and Auditing Enforcement Release No.1095*.

③ J.McCarten, "Auditors Taking the Heat after Financial Scandals," *Toronto Star* (online), 18 August 1998.

魔，公司高管管理公司的方式与任何人无关”[①]。另一件使德勤审计工作复杂化的事情是，德勤审计团队前成员玛利亚·梅西纳和克里斯托弗·克雷布在利文特公司关键会计职位就岗，审计人员与梅西纳和克雷布之间的私人关系可能在审计工作中损害了他们的客观性。

1995年，克雷布接替梅西纳担任利文特审计项目团队的审计经理。1996年审计完成后，德拉宾斯基聘请克雷布担任利文特公司的高级预算总监。加入利文特公司不久之后，特许会计师克雷布就开始负责将利文特公司的“真实”会计数据与其伪造数据分离开来。在随后的证词中，克雷布回说起曾与埃克斯坦会面，讨论过利文特分离的会计系统。埃克斯坦向克雷布解释了为什么必须同时做真假两套账：“我必须把所有的谎言都说清楚。我必须知道我在对这些人（外部审计人员）撒什么谎。我对不同的人撒了很多谎，我必须确保对他们都说得通。”[②]

和克雷布一样，玛利亚·梅西纳也意识到，向德勤事务所的审计人员隐瞒欺诈行为是她的主要职责之一。在梅西纳加入利文特公司不久后的一次会议上，她意识到公司的高管们对公司独立审计人员的敌对态度。在这次会议上，当梅西纳提出关于向德勤递交文件的问题时，托波尔非常生气。托波尔愤怒地爆发了。“（脏话）你们这些审计……我不在乎他们看到或没看到什么。”[③]

尽管利文特公司的管理人员努力破坏他们的独立审计，但德勤的审计人员仍将注意力放在他们发现的几宗可疑交易上。在1996年和1997年，德勤的审计人员对利文特的会计记录越来越怀疑，当时德拉宾斯基和他的同事们正忙于掩盖公司日益恶化的财务状况，并试图筹集急需的债务和股本。

美国德勤会计师事务所在1996年审计接近尾声时，起初不允许其加拿大分所对利文特公司发表无保留的审计意见。美国总部的高级合伙人认为利文特公司在一些大额交易中确认收入的方式太过激进。美国总部和加拿大分所对这些包含了虚假信息的交易都不知情。在利文特公司高管与德勤会计师事务所代表举行了一系列会议后，双方达成了妥协。利文特公司同意将上述两笔大型交易中的一笔收入确认推迟到1997年。作为回报，德勤允许为另一条有争议的交易记录全部确认为收入。

1997年，利文特与一家房地产公司的一笔重大交易引发了德勤与利文特公司高管之间的另一场冲突。同年第二季度，该房地产公司以740万加元的价格收购了利文特公司部分价值不菲的土地的开发权，两家公司之间的合同包括一项规定，即“补充协议”，允许房地产公司在开始开发该物业之前取消交易。当德勤审计业务合

---

① Securities and Exchange Commission, *Accounting and Auditing Enforcement Release No.1096*, 19 May 1999.

② Securities and Exchange Commission, *Accounting and Auditing Enforcement Release No.1096*, 19 May 1999.

③ Securities and Exchange Commission, *Accounting and Auditing Enforcement Release No.1097*, 19 May 1999.

伙人得知该协议时，他坚称这笔交易无法确认为收入。令事情变得复杂的是，由于葛利柏曾在这家房地产公司的母公司担任董事，交易涉及一个关联方。

为了消除审计合伙人的担忧，葛利柏安排了一位房地产公司的高管给合伙人寄去一封信，表明前述附属协议已经被取消——但是事实上没有。在收到这封信后，德勤的合伙人告诉葛利柏，交易产生的收入可以在利文特公司的第三季度进行记录，届时声称该附属协议已被取消。此时，葛利柏无视合伙人的决定，擅自把有争议的收入硬生生加入了利文特公司1997年第二季度的收入报表中。

当德勤的管理人员得知利文特公司公开发布收入时，他们要求与利文特公司董事会召开见面会。在这次会议上，德勤事务所威胁要解除合作。经过长时间的讨论，利文特公司董事会和德勤代表达成了妥协。根据随后的一份法律记录，董事会同意将记载在第二季度总额为740万加元的交易分录调整到第三季度进行录入，董事会还同意发布第二季度修正后的收益报告。作为这些让步的交换，据说德勤的人员允许利文特公司冲销一些在第二季度末登记的应计负债，在第二季度修正后的收益新闻稿中，利文特公司报告的利润“修正”减少了约20%。[①]

在上述争议解决后不久，利文特公司高管与德勤审计师之间又出现了严重分歧。1997年第三季度，利文特管理层计划以1 250万加元的价格出售其现有影院的冠名权，以及该公司计划新建的影院。梅西纳和德勤审计师认为1 250万加元的货款不能立即确认为收入，因为利文特和另一方AT&T公司之间的合同完全是一个口头协议，因为影院尚未建立。葛利柏聘请安永会计师事务所对此事进行审查。

安永提交给葛利柏的报告在收入确认问题上没有明确立场。相反，安永的报告只是建议，为冠名权支付的1 250万加元可以“考虑”在第三季度入账。在收到安永的报告副本后，德勤聘请了普华永道事务所来审查这笔交易。当普华永道事务所得出与安永事务所相同的结论时，德勤允许利文特在第三季度记录1 250万加元的收入。

不要责怪我，要怪就怪……

消除重大会计和财务报告舞弊涉及的法律影响可能需要数年时间。然而，一名加拿大记者表示，在利文特一案中，法律纠纷可能会持续更长时间，甚至可能长达数十年。[②]从一开始，使这个案件的解决复杂化的一个关键因素是它的“跨国界”性质。

从1998年底开始，在确定由哪个机构将首先起诉这起欺诈案的关键当事人时，加拿大和美国联邦机构的几个高管就卷入了一场冗长而又有争议的斗争。这些机构包括加拿大皇家骑警、安大略省证券委员会、美国证券交易委员会和美国

---

① 在利文特公司票据持有人证券诉讼中，作为一项信息，这份法律记录不包括德勤对这些谈判性质和结果的任何评论。

② Noble, “The Comeback King.”

司法部等。在试图引渡加思·德拉宾斯基和麦伦·葛利柏到美国法院面对一系列针对他们的联邦欺诈指控方面，美国执法当局未能争取到加拿大同行的合作。更令美国当局失望的是，加拿大当局对这两名涉嫌诈骗的当事人采取法律行动的步伐缓慢。

当加拿大和美国的执法部门在管辖权问题上纠缠不清的时候，这部最后“作品”的主角们却在各大城市的主要报纸和法庭上相互发动了一场公关战争。德拉宾斯基和葛利柏是这些人中声音最响亮的。他们一再坚称，他们对利文特公司内部发现的各种欺诈阴谋不负责任。在1999年初举行的一次新闻发布会上，德拉宾斯基表示，他忙于监督利文特公司的创造性业务，而没有参与任何创造性的记账工作。[①]德拉宾斯基以他典型的莎士比亚风格宣称：“这场悲剧的最后一幕尚未上演，当它上演时，我和麦伦·葛利柏完全有信心被证明是清白的。”[②]

1999年1月，葛利柏对梅西纳、克里斯托弗、埃克斯坦以及其他三名前利文特公司会计师提起民事诉讼，这起诉讼指控这六个人对会计欺诈负有责任。在提起诉讼的法庭文件中，葛利柏声称自己不是“会计实务方面的专家”，他依靠利文特公司的会计人员来确保公司财务报表的准确性。[③]在回应这起诉讼时，除了埃克斯坦外，其他五名被告声称，他们是被迫参与欺诈的，这些被告还反驳了葛利柏关于他不熟悉会计实务的断言。[④]“葛利柏过去和现在都是一位经验丰富的商人，他对会计和审计问题有着深入而全面的了解，对利文特的会计实务细节有着深入的了解。”[⑤]

埃克斯坦最终在回应葛利柏的诉讼时，指控利文特公司联合创始人是会计欺诈的关键策划师。[⑥]埃克斯坦还坚称，玛利亚·梅西纳在这起欺诈案中扮演了关键角色。特别是，埃克斯坦声称，梅西纳利用她与德勤审计师的关系，确保他们批准了利文特的欺诈性财务报表。[⑦]

梅西纳对埃克斯坦和其他批评人士的回应是，她坚称自己曾试图劝阻利文特公司的高管不要利用会计花招来虚增公司收入和利润。她声称，她曾“恳求”德勤事务所的前同事，严厉打击利文特公司管理层采取的激进收入确认政策。[⑧]为了证明

---

① M.Lewyckyj,“Livent′s Accounting Designed to Deceive,”*Toronto Sun* (online),15 January 1999.

② C.Brodesser and M.Peers,“U.S.Indicts Duo in Liventgate,”*Variety*,18 January 1999,137.

③ The Gazette (online),“Livent Co-Founder Sues 6 Employees,”19 February 1999.

④ V.Menon,“Livent Whistle-Blowers File Defence,”*Toronto Star* (online),1 April 1999.

⑤ B.Bouw,“Livent Employees Fight Back: ‘Gottlieb to Blame,’”*National Post* (online),1 April 1999.

⑥ B.Shecter,“Drabinsky′s Assertions Refuted,”*National Post* (online),26 June 1999.

⑦ B.Shecter,“Drabinsky′s Assertions Refuted,”*National Post* (online),26 June 1999.

⑧ *Profit*,“Backstage at Livent.”In a deposition filed in one of the many lawsuits triggered by the Livent fraud,Messina described Deloitte′s audits of the company as “inadequate.”See D.Francis,“Livent: A Bean Counter Scandal,”*National Post* (online),10 May 2001.

自己不是利文特公司阴谋集团的傀儡，梅西纳指出，她拒绝签署1996年和1997年的审计意见书，其中每一份意见书都表明利文特公司的财务报表没有重大错报。事实上，在1997年审计接近尾声时，梅西纳重新起草了德勤的预格式化陈述信，将她的名字从信中删除。①

1998年6月，迈克尔·奥维茨解雇了德拉宾斯基和葛利柏之后，与他在利文特公司组建的新管理团队成员一起，以3.25亿加元起诉了该公司的联合创始人，理由是他们涉嫌参与欺诈性会计计划。这起诉讼促使德拉宾斯基和葛利柏对奥维茨及其同事提起了2亿加元的诽谤诉讼。

1998年9月，德拉宾斯基起诉毕马威事务所。这一年的早些时候，奥维茨聘请毕马威事务所进行尽职调查，1998年8月，该事务所被利文特公司董事会聘请调查玛利亚·梅西纳及其下属披露的会计违规指控。这起诉讼要求获得逾2 600万加元的赔偿，其依据是在过去20年里，德拉宾斯基一直是毕马威的客户。德拉宾斯基指控，毕马威在1998年8月同意进行利文特公司董事会要求的审计时，将自己置身于两个客户之间的利益冲突之中。②

德勤会计师事务所是众多原告的主要目标，这些原告试图找人背黑锅，对利文特公司的崩溃和由此造成的财务损失负责。1999年12月，在利文特公司的前股东提起的诉讼中，一名美国联邦法官将德勤斥为被告。法官得出的结论是，原告没有提出合理的理由证明德勤事务所审计人员存在“疏忽大意”的行为。根据1934年的《证券交易法案》提起的诉讼，被1995年的《私人证券诉讼改革法案》（PSLRA）所修正，原告必须指控被告至少存在“疏忽大意”的行为。

在另一起由愤怒的债权人提起的集体诉讼中，2001年6月，一名联邦法官裁定原告达到了疏忽大意行为的标准，这意味着诉讼可以继续进行。这位法官指出，利文特公司的“会计操纵行为”如此明目张胆，以至于有理由推断德勤是因疏忽大意而没有发现。“德勤事务所在利文特公司操纵其账簿和记录方面的行为和疏忽显示出默许和被动，在本法院对诉状的阅读中，这种默许和被动超越了普通的合理谨慎行为的界限，进入了疏忽大意地带。”③已公布的报告显示，德勤同意向为利文特前债权人设立的赔偿基金支付550万加元后，不再是此案的被告。

后记

正如所预料的那样，加拿大执法当局在调查和起诉加思·德拉宾斯基、麦伦·葛利柏和卷入利文特丑闻的其他关键人物时非常有条理。2002年底，加拿大皇家

---

① 在一份法庭文件中，梅西纳报告说，她在1998年8月之前没有披露任何欺诈计划，因为她害怕德拉宾斯基和葛利柏，她坚信自己会“被牵连”。B.Bouw，“Livent Employees Fight Back：‘Gottlieb to Blame,’” *National Post* (online)，1 April 1999.

② 德拉宾斯基和毕马威最终庭外和解。尽管和解协议的财务条款没有披露，但毕马威承认，它同意执行利文特公司董事会要求的法务审计这一事项，违反了对德拉宾斯基的“受托责任”。

③ *In re Livent，Inc.Noteholders Securities Litigation.*

骑警最终对德拉宾斯基和葛利柏提出欺诈指控，指控内容包括19项个人指控。5年后，戈登·埃克斯坦承认了1项欺诈罪，并同意作证指控德拉宾斯基和葛利柏。在对德拉宾斯基和葛利柏长达11个月的刑事审判中，埃克斯坦的证词和玛利亚·梅西纳的证词将成为关键证据。审判于2009年3月底结束，德拉宾斯基和葛利柏都被判欺诈罪和伪造罪。

经验丰富的加拿大法官驳回了德拉宾斯基和葛利柏的主要论点，即他们不知道大规模的会计欺诈，而且这是由他们的下属策划的。法官在宣判时得出结论，认为这两名高管“启动了不当的会计制度”，“系统地操纵”了利文特公司的运营业绩和财务状况。2009年8月，法官分别判处德拉宾斯基和葛利柏7年与6年徒刑。[①,②]

德拉宾斯基和葛利柏在上诉中败诉，但上诉法院将他们的刑期分别减为5年和4年。两人于2011年开始服刑。在服刑时间过了约1/3后，葛利柏于2013年初被假释。德拉宾斯基在服刑17个月后，于2013年2月获得了“日间假释”，这意味着他在白天可以自由地离开服刑的过渡教习所，但每天晚上必须回到那里。2014年1月，德拉宾斯基获得了假释。加拿大刑法中关于双重危险的规定防止这两名男子被引渡到美国，在那里他们将因在加拿大被定罪的同一罪行受到起诉。

1999年7月，SFX娱乐收购了利文特公司的剩余资产，结束了利文特公司10年的戏剧性经营和动荡。2000年6月，安大略省特许会计师协会纪律委员会（ICAO）制裁了曾公开承认参与利文特公司欺诈案的前会计师。玛利亚·梅西纳承认3项职业不当行为指控，被罚款7 500加元，并被暂停执业会计师资格两年。克雷布被判处6个月的缓刑和1 000加元的罚款。

2007年，安大略省特许会计师协会纪律委员会发现，1997年被分配到利文特公司审计团队的3名德勤审计人员存在职业不端行为，被公开谴责，并对他们和德勤处以总计155万美元的罚款。2010年初，加拿大一家上诉法院推翻了这些制裁。法院裁定，安大略省特许会计师协会纪律委员会未能证明德勤审计人员在1997年的利文特公司审计中“严重偏离”专业标准。

美国证券交易委员会制裁了克雷布和另外3名曾承认参与了利文特公司会计欺诈的会计师。在对德拉宾斯基和葛利柏进行刑事审判期间，他们的辩护律师透露，利文特公司的破产清算人每年向玛利亚·梅西纳支付32.5万加元，让她在各种与利文特有关的诉讼中作证。这些律师还报告说，如果德拉宾斯基和葛利柏最终被送进监狱，美国的执法当局私下同意放弃对梅西纳的所有指控。在德拉宾斯基和葛利柏被监禁后，美国证券交易委员会和美国司法部都没有公开评论梅西纳的地位。1999年，在承认违反美国联邦证券法规后，梅西纳的判决被推迟，等待针对德拉宾斯基

① *Reuters* (online), "Former Broadway Impresario Drabinsky Found Guilty," 25 March 2009.

② 利文特前首席运营官罗伯特·托波尔面临的指控与德拉宾斯基和葛利柏面临的指控类似。然而，这些指控在2008年被驳回，当时他的律师说服了法官，他被剥夺了快速审判的权利。

和葛利柏的刑事指控裁定。

对德拉宾斯基和葛利柏的刑事定罪和随后的监禁并没有使德勤结束长期的法律折磨。2014年4月，一名加拿大法官命令德勤支付8 500万加元给利文特公司的破产清算人，原因是该公司有审计疏忽。2016年1月，加拿大一家上诉法院维持了这一判决。当时，应计利息使德勤获得的判决总额达到1.18亿加元。

思考题

1.识别娱乐公司对独立审计人员所构成的常见固有风险因素。列出并简要描述具体的审计程序（这些程序也许不适用于典型的审计业务，但却是利文特公司这样的影院出品公司所必需的）。

2.比较大型会计师事务所审计合伙人与大型上市公司首席财务官的职责。你认为哪个角色更重要？哪个压力更大？你更喜欢哪个角色？为什么？

3.解释为什么一些公司高管认为他们的独立审计师是“必要的恶魔”。审计人员如何对抗或改变这种态度？

4.当审计人员与客户在审计业务中出现纠纷时，客户或现有审计人员有时会聘请另一家会计师事务所，就争议的焦点问题提供一份客观报告——就像德勤1997年审计利文特公司时发生的那样。假如某会计师事务所被聘请出具这样的报告，这个事务所应该承担什么责任？

5.你认为德勤会计师事务所应该批准利文特公司在1997年第三季度将1 250万加元的“冠名权”确认为收入的决定吗？在为这类交易确定适当的会计处理时，应该考虑哪些会计概念？

6.玛利亚·梅西纳作证称，她是在成为利文特公司的首席财务官不久后才得知该公司的会计违规行为，她感到“被迫联合犯罪”，这使她无法向监管机构或执法部门披露欺诈行为。解释你认为她说的是什么意思。换位思考，假设你现在就是梅西纳，在发现影响会计记录的欺诈计划后，你会怎么做？

7.会计师事务所实施“尽职调查”适用哪些专业标准？

案例 1.9

ZZZZ贝斯特股份有限公司

1987年5月19日，《华尔街日报》刊登了一篇报道说，位于加利福尼亚州里西达地区的ZZZZ贝斯特股份有限公司（简称贝斯特公司）签订了一份价值1 380万美元的保险重建合同，这份合同也是贝斯特公司最新签订的一系列金额较大的重建项目之一。贝斯特公司坐落于加利福尼亚州南部的圣费尔南多山谷，从1982年起开始营业，当时只是一家挨家挨户进行地毯清洁的小公司。贝斯特公司的创始人是巴里·明科，性格外向的明科在16岁时就创办了公司，公司最初是在他父母的车库中运营的。在刚成立的几年里，公司收入和利润都爆炸性增长，发展迅猛。从1984年到1987年这3年里，公司的净利润从不到20万美元激增到500万美元以上，而此时的销售收入也达到了5 000万美元。

当贝斯特公司在1986年上市的时候，明科和他的几位合伙人一夜间变成千万富翁。截至1987年春天，明科拥有公司股份的市场价值已超过1亿美元，而此时贝斯特公司的市场总价值则已超过2亿美元。这位年轻的首席执行官享受着奢侈的生活，他在洛杉矶郊区拥有一栋雅致的住宅和一辆红色法拉利，明科的个人魅力和创业天赋使他成为电视脱口秀节目的宠儿，报刊及电视媒体把他吹捧成美国青年人白手起家的偶像。1987年4月，明科被邀请作为《奥普拉·温弗瑞脱口秀》的特邀嘉宾时，他热切地看着同龄人并告诉他们要“胸怀大志”，还把自己的座右铭送给大家，“天际才是极限所在”。

就在《奥普拉·温弗瑞脱口秀》播出后不到2年，明科就开始了长达25年的铁窗之狱，他被指控犯有57项债券欺诈罪，还被曝光是一个花言巧语的诈骗高手，骗取了他最亲密的朋友和华尔街数百万美元。据联邦检察官的保守估计，明科挥霍投资人和债权人的资金高达1亿美元。实际上，他的公司是一个精心策划的庞氏骗局，其公司所报告的利润都是不存在的，那些价格不菲的合约也是虚构的。正如一位记者所报道的那样，与其说明科创建了一个股份公司，不如说他创建的是一个空壳公司。1987年7月，也就是贝斯特公司股票市值达到2.2亿美元的3个月后，其资产拍卖净值仅为6.2万美元。

和大多数财务欺诈不同的是，贝斯特公司的财务欺诈是在美国证券交易委员会的监管下发生的。美国证券交易委员会和贝斯特公司的法律顾问（一家位于美国西海岸的知名律师事务所、一家出色的华尔街经纪公司，还有一家国际会计师事务所），居然都没能揭露明科的财务欺诈行为，最后，由于一名愤愤不平的主妇坚持说自己被贝斯特公司骗走了几百美元，明科的骗局才得以昭示。

一个十几岁的欺骗专家如何玩弄了美国证券市场监管体系，这是负责调查贝斯特公司事件的国会专门委员会提出的核心问题。这个专门委员会由美国国会能源贸易委员会主席、众议院议员约翰·D.丁格尔领导，在整个调查过程中，丁格尔及其同事主要关注的是贝斯特公司的独立审计师在丑闻中所扮演的角色。

> 贝斯特公司的招股说明书告诉公众，来自保险重建合约的收入和盈利都在飙升，但是没有透露这些合同完全是假的。此时，那些独立审计师和那些被雇来提醒公众小心欺诈骗局的人都在哪里呢？[①]

和其他财务欺诈案件一样，贝斯特公司的丑闻导致立法机关重新审视了美国公司监管体系基本的财务报告及其监管制度的状况。然而，《华尔街日报》的记者丹尼尔·阿克特在记录了贝斯特公司的崛起和衰落后指出，这是不可避免的。“修改会计规则和证券法确实是有用的，但是明科和贝斯特公司现象仍会再次出现的，我认为这样的财务欺诈是自然存在的，会和人类的需求一样永恒和持久。”[②]

贝斯特公司的早期发迹史

明科12岁时在母亲的引导下进入地毯清洁行业，他的母亲在一家小地毯清洁公司做电话推销员来维持家庭生计。虽然地毯清洁业的大部分公司都是合法的，但是这个行业的性质却吸引了很多从事不法行为的公司，因为进入该行业基本没有任何限制，不需要经过批准，也不需要有适当的培训期，只要具备开业的最低资本限额即可。一个年仅16岁的年轻人只要拥有驾照，就可以轻而易举地进入地毯清洁行业，明科建立贝斯特公司时正是如此。

明科很快就意识到地毯清洁是一种艰苦的谋生方式，顾客的抱怨、残酷的竞争、空头支票以及不断要求付款的供应商，都使这个年轻企业家的生活十分混乱。在短短几个月里，明科就遇到了小企业主的终极克星——运营资本的短缺，由于他的年龄和贝斯特公司微薄的利润，银行拒绝给他提供贷款。不过，这个“足智多谋”的年轻人大胆地提出了自己的融资创新方案：签发空头支票，伪造信用卡，制造虚假失窃欺骗保险公司。

---

① 除非特别说明，本引用及后面的引用皆来自：U.S.Congress，House，Subcommittee on Oversight and Investigations of the Committee on Energy and Commerce，*Failure of ZZZZ Best Co.*(Washington，DC：U.S.Government Printing Office，1988).

② D.Akst，Wonder Boy，*Barry Minkow—The Kid Who Swindled Wall Street*（New York：Scribner，1990），271.

毫无疑问这些融资方案是违法的，但由于明科的年龄和个人智慧，使他躲过了法律的惩罚，而现行制度的漏洞百出，使他更肆无忌惮地实施自己的融资方案。

在经营贝斯特公司期间，明科意识到拥有广泛社交关系有很大的好处。这些人脉很多都是他在洛杉矶俱乐部里认识和结交的。在他成为保险公司理赔协调员汤姆·帕吉特的朋友后，他就想到了可以利用他们之间的友谊。明科承诺每周支付帕吉特100美元现金，但是帕吉特要打电话向银行或者其他相关利益方证实贝斯特公司是许多大型保险重建项目的承建方。当然，明科也已经签订过不少合约，负责清理以及做一些因火灾或风暴等其他自然灾害所引起的灾后重建工作。明科说服了帕吉特，欺骗他这么做的目的只是为使贝斯特公司避开保险行业官僚体制下的繁文缛节。

贝斯特公司的财务欺诈最开始还有所节制，但到了后来就一发不可收拾。最初，明科使用虚假保险重建合同所产生的账面收入和利润，粉饰财务报表的销售额和利润以骗取银行的信任取得贷款，使明科达到了融资的目的。接着明科走出了圣费尔南多山谷开办了几家地毯清洗点，扩大了业务规模。当明科能够确切地掌控其保险重建业务的规模和盈利能力时，他很快意识到，没有必要把他的前途寄托在利润有限的地毯清洗行业。很快，保险重建业务就替代了地毯清洗成为贝斯特公司资产负债表上的主要收入来源。

明科所认为的"天际才是极限所在"的人生座右铭成为他不断"创新"的动力。这个野心勃勃的年轻企业家开始大肆利用虚假的财务报表，吸引他那个日益扩张的社会关系网中的有钱人向贝斯特公司投资。明科的最终目标是要让他的公司上市，只有这样才可以让他肆无忌惮地使用全国投资者的钱。

贝斯特公司的上市

明科决定让自己的公司上市，这就意味着他不能再完全掌控公司的财务信息披露。因为要在美国证券交易委员会登记注册，贝斯特公司的财务报表就必须经过审计师、投资银行家及外部律师的审阅。

首先，贝斯特公司最近12个月（截至1986年4月30日）的财务资料需要经过全面的独立审计。乔治·格林斯潘是唯一一位负责贝斯特公司审计的审计师，他和汤姆·帕吉特取得联系并证实了贝斯特公司主要保险重建合同的真实性，帕吉特曾担任州际评估服务的首席官员。据报道，州际评估部门负责签合同把业务承包给贝斯特公司，此时帕吉特已成为明科财务欺诈的主动参与者。明科开设州际评估与保险财产管理业务的唯一目的，就是便于贝斯特公司编制虚假保险重建合同服务。

在调查贝斯特公司丑闻的国会专门委员会收集证据时，格林斯潘坚持认为自己已经对明科的公司进行了适当的审计。他作证说，在执行1986年的审计计划时，他实施了各种分析性复核程序来确定贝斯特公司的财务数据中是否存在不正常关系。这些分析性复核包括将贝斯特公司的重要财务比率和行业标准相比较。至于保险重建合同，格林斯潘表示，他不仅证实其存在性，而且还获得并审阅了相关重要文件的复印件，但是他承认，他并没有去现场检查过任何保险重建工地。

国会议员兰特：格林斯潘先生，我对贝斯特公司和美国证券交易委员会签订的S-1文件有几个问题想问……你在一份报告中说你所实施的审计是依据公认审计准则进行的，因此包括检查会计资料以及其他你认为必要的审计程序……但是你没有在报告中说你实施任何的现场观察程序。

格林斯潘先生：我认为是没有必要的。有些时候你确实有必要做，有些时候是不必要的。我对这些重建业务的存在性非常认可，我的认可至少来自六种不同的证据，其中包括相关款项的支付。你还想要什么比这更好的证据呢？

国会议员兰特：那么你一定认为你是一名诚实且信誉卓著的会计师了。

格林斯潘先生：是的。

国会议员兰特：但你和这个公司的其他投资者一样，是这个事件的受害者，是吗？

格林斯潘先生：我是一个不折不扣的受害者……对这件事我和其他人一样非常震惊。现在每天晚上我都会反问自己：为什么没有发现这个财务欺诈？

贝斯特公司转聘安永事务所

就在格林斯潘完成了对贝斯特公司1986年度财务报表（截至1986年4月30日）的审计后不久，明科就解雇了他，转而聘请八大会计师事务所之一的安永会计师事务所执行下一年度的审计。贝斯特公司的投资银行家认为，明科转而聘请八大会计师事务所明显是为了提高公司财务报表的可信度，几乎与此同时，也是基于相同的原因，明科又聘请一家声誉卓著的洛杉矶法律事务所担任公司的法律顾问。

国会专门委员会询问了格林斯潘，问他向安永会计师事务所提供的有关贝斯特公司的信息内容。专门委员会主要想知道，格林斯潘是否就保险重建合同与后任事务所进行了沟通。

国会议员韦登：格林斯潘先生，1986年9月，安永事务所开始担任贝斯特公司的新任审计合作单位，关于保险重建合同，你和安永会计师事务所进行了哪些沟通？

格林斯潘先生：没有，没有任何沟通，他们从来没有和我联系。后任事务所应当与前任事务所进行联系这是一项规定，但他们从来没有和我联系，到现在这仍然是个谜。

安永会计师事务所的代表后来表示，实际上在接受贝斯特公司审计委托之前他们就与格林斯潘进行了沟通，但他没有说明具体沟通的内容和性质。格林斯潘也没有撤回其对安永会计师事务所这一表示的反驳。①

表1给出了安永会计师事务所和明科在1986年9月签订的业务约定书。业务约定书中列出了安永会计师事务所计划为贝斯特公司提供的4项服务：复核公司截至1986年7月31日3个月期间的财务报表；协助公司编制美国证券交易委员会所要求的登记报表；为承销商提供一份文件以及提供1987年度（截至1987年4月30日）的全面审计。安永会计师事务所完成了审阅，也为承销商提供了文件，显然也协助贝斯特公司编制了美国证券交易委员会所要求的登记报表，但是没有完成1987年的年度审计。在极度担心贝斯特公司财务报表存在严重错报的情况下，安永会计师事务所于1987年6月2日解除了审计约定。

表1　　安永会计师事务所给贝斯特公司提供审计业务的约定书

1986年9月12日

贝斯特公司董事长巴里·明科先生

加利福尼亚州里西达地区达比路7040号

敬爱的明科先生：

作为贝斯特公司的独立审计机构，这封信是为了加强我们之间的了解，明确我们为贵公司提供服务的性质和范围。

我们将为贵公司提供如下服务：

1.我们将审阅贵公司1986年4月30日—7月31日的利润表、留存收益表及财务状况变动表是否遵循美国注册会计师协会制定的准则。我们不执行这些财务报表的审计，因为审计的目的是对相关财务报表整体发表意见，因此我们将不对这些财务报表发表审计意见。我们出具的报告将采取如下形式：

“我们已经审阅了1986年4月30日—7月31日的贝斯特公司的合并资产负债表、附注、相关合并利润表以及1986年4月30日—7月31日3个月期间的财务状况变动表，以确认其是否遵循美国注册会计师协会制定的准则。我们没有对可比期间的合并财务报表进行审阅。

财务信息的审阅主要包括以下程序：了解贵公司形成期间财务信息的程序，对财务数据进行分析性复核，向相关人员询问财务事项的责任分工。

依据公认审计准则，审阅的范围比审计的范围小。审计是对全年的财务报表整体发表意见，显然我们不能发表这样的意见。基于我们的审阅，我们没有发现贵公司需要依据公认会计原则要求对上述合并财务报表做出任何重大变更。”

我们的工作并不能查错防弊、揭露包括欺诈或贪污在内的违法行为。但是如果我们获知这些事项，我们将会通知你们。

2.我们将依据1933年颁布的《证券法案》，包括建议以及咨询有关财务报表的相关信息，来协助贵公司编制所要求的登记报表。

3.我们将协助解决在编制上述登记报表时出现的财务会计问题。

4.如果必要的话，我们将为承销商提交一份文件。我们也会时刻警惕自己关于财务数据方面的限制情形。

① 经过长时间的调查，美国注册会计师协会于1998年裁定，没有发现格林斯潘在贝斯特公司为其客户审计期间违反职业行为准则的“初步证据”。格林斯潘注册从事公共会计的两个州会计委员会也得出了类似的结论。

续表

5.我们将依据美国注册会计师协会制定的公认审计准则审计贵公司截至1987年4月30日的合并财务报表并发表出具我们的审计报告。这些准则要求考虑以下问题：（1）我们将研究和评价贵公司的内部控制制度，以此为基础来确定会计资料的可靠性并决定测试的范围。（2）我们将获得充分的证据作为我们对财务报表发表意见的基础。但是应当明确的是，我们的报告是由我们的审计结果来决定的。另外，依据情况的变化，我们可能还会修改我们所出具的无保留意见。如果有情况表明我们不能发表无保留意见，作为一个必要的审计程序，我们将会把情况通知你们。因为我们的审计是建立在制度基础上，所以我们不可能发现所有存在的错弊。但是如果我们的审计确实发现了错弊，我们将立即通知你们。

我们的审计费用根据不同的审计人员所确定的费用率来计算，再加上外勤差旅费。有些因素可能会影响审计时间，这些因素除了难以预测的环境外，还有会计记录的总体情况、贵公司相关人员对我们收集数据工作的协助以及交易的复杂程度。依据当前我们对贵公司情况的了解，对我们提供的各项服务收费估计列示如下：

截至1986年7月31日的财务报表审阅	5 000~7 500美元
协助编制登记报表	8 000~30 000美元
确认信	4 000~ 6 000美元
截至1987年4月30日的财务报表审计	24 000~29 000美元

每月，我们会将前一个月的审计时间及费用向贵公司开具发票，费用应于发票送达时支付。合伙人拉里·格雷作为客户服务主管，已在协议上签字。项目经理彼得·格里菲（Peter Griffith）和税务经理迈克尔·麦考密克（Michal McCormick）也都已在协议上签章。

我们真诚感谢贵公司对事务所的聘用。如果有什么疑问，我们很乐意与贵公司协商。如果同意上述协议，请签名盖章后退回所附的复印件。这封信是我们协议的全部条款。

此致诚挚问候！

安永会计师事务所
拉里·格雷

收信人：贝斯特公司
董事长巴里·J.明科（签章）
1986年9月16日

国会专门委员会就虚构的保险重建合同（这些合同给贝斯特公司带来了报告利润的90%）询问了安永会计师事务所的代表。国会证词显示，安永会计师事务所多次坚持要观察几个大型重建工程现场，而明科和其同事则极力阻止。最后，明科意识到审计师们是不会放弃观察这些重建工程现场的，于是就同意安排他们观察了部分重建工程现场，当然他很清楚，这些重建现场根本不存在。

为了让安永会计师事务所相信保险重建合同是真实的，明科策划实施了一系列秘密行动，总共花费了数百万美元。1986年下半年，负责贝斯特公司审计的合伙人拉里·格雷告知明科自己想要观察位于萨克拉门托的重建工程现场，对于这项重建工程，公司报告说签订了一个数百万美元的合同。明科派他的两名下属去萨克拉门托寻找一栋正在建造或者翻新的楼房，为重建工程合同提供一个真实的工程现场。于是，格雷提前几星期就出发前往萨克拉门托寻找明科拒绝作任何说明的工程现场，也许是巧合，贝斯特公司所选中的楼房正是格雷认为最可能是保险重建的楼房。

明科的两个下属装扮成财产公司的租赁代理人，以一个享有盛名且有意向的承租单位希望在租赁前能参观一下现场为借口，说服建筑工地的监管人在周末提供了楼房钥匙。在格雷和贝斯特公司的律师事务所的一名律师到达之前，明科的下属查看了现场，并在一个显眼的地方钉了一个告示牌，表示贝斯特公司是楼房修建的订约人，这两个属下布置得天衣无缝，他们甚至贿赂了楼房保安，让保安向来访者打招呼，来证明他早就知道他们要对楼房进行察看以及察看的目的。虽然楼房并没有被损坏，相反却即将完工，但欺骗活动仍如期进行。表2给出了格雷对楼房观察所作的记录（此文件包含在安永会计师事务所对贝斯特公司进行审计的审计工作底稿中）。

表2　　安永会计师事务所对贝斯特公司重建工程现场观察的内部记录

分类　贝斯特公司文件

来源　拉里·D.格雷

主题　对萨克拉门托重建工程的现场观察

在我们的要求下，公司于1986年11月23日安排了萨克拉门托重建工程的现场观察。对这个工程（因为和客户签订有秘密协议，所以我们事先没有确定），我在10月27日已经私下观察过了。我大概知道工程的地址，所以通过完工进度就可以辨别出来。

11月23日，马克·莫尔斯及Hughes Hubbard & Reed律师事务所的马克·莫斯科兹和我一起前往萨克拉门托。我们首先观察了建筑公司经理——受保财产管理有限公司的马克·罗迪——的办公室。罗迪被保险公司雇来（据莫尔斯说，是汤姆·帕吉特建议的）监管修建活动及房屋租赁的。罗迪陪我们去了工程现场。

我们得知，楼房的毁坏是由楼房房顶的自动灭火系统受损造成的。由于水的渗漏，从而导致17层和18层建筑结构被毁坏，主要是临时储水塔下的浴室被毁坏。溢出的水又通过16层向下大约漫浸了五六层。如果不是储水池将水储存，可能还会继续漫溢。

我们简要观察了一下17层（这一层目前被一个法律公司所使用），然后又观察了12层（这一层的房屋大部分尚未租出）和7层。莫尔斯告诉我们，更换地毯、刷漆和清洁工作都是贝斯特公司的职责。我们记下了其他地方还没有完成的工作（以及尚未租出的房屋）。但是据马克说，这不是贝斯特公司的职责，因为承租户有他们自己的打算。

依据莫尔斯（和罗迪）的介绍，贝斯特公司的工作已经完工并且通过了最后的检测，很快就要进行结算，对贝斯特公司的最后付款定在12月初。

莫尔斯清楚地讲述了楼房的历史以及贝斯特公司的工作范围。此次观察对楼房发生毁坏的范围以及公司的业务性质有了一个很好的了解

国会调查员向格雷询问，他采取什么样的审计程序来证实贝斯特公司对萨克拉门托的那栋楼房确实签有重建合同。他们尤其关注格雷从未揭示那栋楼房在几个月前并未遭受像贝斯特公司有关人员所称的几百万美元的毁损。

国会议员兰特：你检查了那栋楼房的建筑许可证了吗？

格雷先生：没有，先生。那对于我完成计划的任务是没有必要的。

国会议员兰特：你没有向楼房主人核实一下其是否保存有保险赔偿书吗？

格雷先生：也没有，那是没有必要的。我已经查阅过我的委托人的内部资料，他能够提供大量支持性证据，因此我没有必要再去核实。

国会议员兰特：你现在明白你所看到的并不是真的……你现在意识到你被他们骗了，不是吗？

格雷先生：正是如此。

明科在现场观察中的阴谋得逞，在很大程度上还要归功于现场观察前，他坚持要求他的律师事务所和安永会计师事务所达成了一个秘密协议。表3给出了这项协议的副本。这份秘密协议的下列条件使国会专门委员会的成员们感到不解："我们保证不给任何合同签订者、保险公司、楼房的主人及其他和这个合同有关的个人打追踪电话。"这个条件有效限制了审计师和律师向有关第三方核实该保险重建合同。

表3 安永会计师事务所与贝斯特公司就重建工程项目现场观察达成的秘密协议

贝斯特公司董事长巴里·明科先生

加利福尼亚州里西地区达比路7040号

敬爱的巴里：

和贵公司的普通股和认股权证组成的提名上市股票小组联系后，我们就要求对公司的第18886号合同中的在加利福尼亚州萨克拉门托的重建工程现场进行观察。在遵守以下保证条件的情况下，公司已经同意安排现场观察。这个现场观察由附属于州际评估部门的受保财产管理有限公司的代表带领。公司的以下签名者亲自和安永会计师事务所的代表签订保证条款如下：

1.我们保证不把这栋楼房的位置或其他与该楼房相关信息透露给任何其他第三方或我们事务所的其他任何成员。

2.我们保证不和任何合同签约方、保险公司、楼房主人或其他任何与重建工程项目有关的个人进行追踪电话沟通。

3.我们遵守公司、州际评估部门和代表制定的所有现场安全和其他法规。

4.以下签章者是事务所派往此次现场观察的唯一代表。

这个秘密协议的制定是为了保护州际评估部门的利益，同时也是为了保护贵公司的利益

安永事务所解除审计业务约定

一系列令人震惊的事件引起了安永会计师事务所对巴里·明科诚实程度的怀疑。为此，事务所于1987年6月2日解除了对贝斯特公司的审计约定。首先，1987年5月中旬，《洛杉矶时报》的一篇文章引起了安永会计师事务所的恐慌，这篇文章揭露明科在十几岁时就卷入了一场信用卡伪造案件。其次，1987年5月28日，贝斯特公司在没有向事务所咨询，也没有通知安永会计师事务所的情况下，就向记者发布消息透露其创纪录的利润和收入。当然，明科是想利用这个消息来恢复投资者对贝斯特公司的信心，因为投资者的信心已经受到《洛杉矶时报》那篇文章的极大影响。最后也是最重要的一点，5月29日，安永会计师事务所的审计师们在几周前收到了举

报信，称贝斯特公司的保险重建合同是虚假的，而现在有了相关支持证据。

安永会计师事务所于1987年4月收到了那封匿名信，但是那封信中索要25 000美元作为其提供事务所的一个客户从事大量财务欺诈信息的报酬，安永会计师事务所拒绝支付。举报者在安永会计师事务所意识到他的举报和贝斯特公司有关之前，就宣布撤回其举报（后来国会提供的证据表明，那个举报者之所以撤回其举报，是因为明科收买了他）。尽管那个举报者撤回了举报，安永会计师事务所仍然怀疑明科和贝斯特公司的董事会与该举报相关。尽管明科坚称不知道是谁提出的指控，但1987年5月29日，安永会计师事务所的审计师发现了几张作废的支票，这些支票是数月前明科支付给那个举报者的。

由于贝斯特公司是一家上市公司，所以它的独立审计师辞任必须向美国证券交易委员会提交8-K文件，这也可以提醒投资人和债权人关注公司可能出现了导致审计师发生变动的情况。这一规定要求美国证券交易委员会的在册登记公司在15日内把8-K文件（审计师变更的公告）提交备案。贝斯特公司虽然在规定的期限内公告了审计师的变更，但关于安永会计师事务所一再坚持的举报信情况，贝斯特公司仍没有在8-K文件中提及。

美国证券交易委员会还要求会计师事务所准备一份文件，即事务所前任委托人在8-K文件（审计师变更的公告）中的一个声明文件，要求评价8-K文件的准确性和完整性。1987年，前任事务所应当在30天内提供这份声明书，这也是安永会计师事务所向美国证券交易委员会提交声明书的期限。在那个声明书里，安永会计师事务所揭示了贝斯特公司的保险重建合同可能是虚假的。

国会专门委员会提醒美国证券交易委员会，45天已经过去，对贝斯特公司的财务报表虚假性陈述的控告仍然没有公之于众。当美国证券交易委员会将安永会计师事务所的声明公之于众时，贝斯特公司依据《联邦破产法案》第11章提出了破产保护请求。在安永会计师事务所提出解约到它的8-K文件公之于众期间，贝斯特公司又从多方筹集了巨额资金，其中包括从明科的一个好朋友那里筹到的100万美元，但这些投资者的资金一去不复返。作为贝斯特公司垮台的直接结果，美国证券交易委员会缩短了注册人及其前任审计师在提交审计师变更文件之前需要等待的时间段。

国会专门委员会也向接替安永会计师事务所之后审计贝斯特公司的新任审计师普华永道会计师事务所进行了询问，[①]国会议员韦丹想知道，安永会计师事务所是否就明科的诚信问题和普华会计师事务所进行过沟通。

国会议员韦登：我想就你在1987年6月9日所作的题目叫“和后任注册会计师的沟通”的备忘录问几个问题。格雷先生，在6月4日和普华永道会计师事务所的丹·莱尔就贝斯特公司管理当局的诚信进行沟通的会议上，你声明在董事会的调查结果出来之前，没有对任何应当报告的不一致持保留意见，也没有对管理当局的诚

---

① 普华永道从未就贝斯特公司的财务报表发表过审计报告。不到两个月后，贝斯特被清算。

信问题有所保留。然后你又说，你解除约定的原因是……我引用你的原话吧——“我们不想支持这个财务报表”，是吗？

格雷先生：是的。

国会议员韦登：格雷先生，你在1987年5月29日告诉委员会，当您发现有关财务欺诈举报的证据时，你决定整理好你的工作底稿离开贝斯特公司的审计现场。除了贝斯特公司的管理当局和董事会，你没有把你离开的原因告诉任何人，那么，这怎么帮助公众和投资者了解真相呢？

贝斯特公司丑闻的最后转折点是安永会计师事务所辞去贝斯特公司的审计职务一星期后，收到了一封匿名信。那天，除了安永会计师事务所和贝斯特公司的管理层外，没有其他人知道安永会计师事务所的辞聘。那封信（参看表4）包含了几条暗示贝斯特公司的财务报表是虚假的证据，安永会计师事务所于1987年6月17日把这封信交给了美国证券交易委员会。

表4　　安永会计师事务所收到的有关贝斯特公司的匿名信

1987年6月9日

加利福尼亚州洛杉矶南弗劳尔515号

安永会计师事务所

盖伊·维尔逊先生

敬爱的维尔逊先生：

我知道一些关于贝斯特公司财务状况的内幕信息，我已看过说明书和你在1986年10月3日发表的审计报告，认为你并没有依据公认审计准则进行审计，而原本这些审计是你可以做到的。

我想告诉你一些需要你去证实或者否认的重大事实：

1.资产负债表注释6所列的买价为1 970 000美元的发电机是贝斯特公司通过其他中介公司以不超过100 000美元的价格购买的。在购买时就已经报废。而后又以高估的价值转售给贝斯特公司。这样做的唯一目的就是虚增资产负债表上的资产。这批发电机公司从未使用过，也无丝毫的使用价值。

2.资产负债表注释5列示了联营合同和两项重建合同。这些合同都是虚构的，登记入账的目的是给它们的合法性提供证据。虽然州际评估部门（Interstate Appraisal Service （原文如此））确信这样的合同是存在的，但都反对这样的合同。资产负债表所列的700万美元的合同和4 000万美元到1亿美元的州际间的合同同样也是虚构的。

3.另外，在贝斯特公司及其联营者和一些小公司之间签发和流转的支票，正是这些合谋者们证实这些重建合同合法的手段。

4.贝斯特公司对外所报告的销售收入是根据保险重建合同估计的收入以及成本费用加成法计算的。而这些合同实际上是不存在的，更不会带来利润。这些合同是否存在，不仅可以通过实地观察证实，而且通过与承担人直接联系也能证实。

5.公司正在接受审计的1985年和1986年的收入和利润也是虚构的。

以上这些信息通过一定的努力，都是能证实的，这些努力对保护你自己也是必要的。

此致诚挚问候！

B.Cautious

（签章）

贝斯特公司的破产

1987年5月中旬，《洛杉矶时报》发表的那篇有损巴里·明科名誉的文章最终奠定了这个“天才少年”和他公司的失败。几年前，就有一个家庭主妇成为明科伪造信用卡的受害者，明科在这位女士付款账户的贷方账单上虚增了一笔支付金额，尽管这位女士再三催促，明科始终没有还给她那一小笔款项，而这位女士也始终没有忘记这件事情，她四处寻找并将那些被明科同样欺骗过的人记载下来。《洛杉矶时报》的一名记者调查了她的经历，并且这位女士的日记最终成为《洛杉矶时报》那篇文章的依据，这也是民众对华尔街“天才少年”的诚信产生怀疑的开端。

这篇文章的发表引发了一系列事件，导致不到3个月的时间，贝斯特公司就破产且分崩离析。首先，一个专门从事新股发行的小型经纪公司因怀疑贝斯特公司的营运史而开始卖空其股票，导致了贝斯特公司股价的混乱。其次，安永会计师事务所、贝斯特公司的律师事务所及其投资银行开始有更多的证据来证实那些关于明科和他的合伙人进行财务欺诈舞弊的指控。最后，也是最重要的，就是那篇文章让明科惶恐不已，导致他采取了几项大胆的行动，而这些行动更使他的诚信大打折扣，其中最致命的就是他在1987年5月28日发布的消息中说，其公司的收入和利润又创新纪录。

后记

在与贝斯特公司财务丑闻有关的各方中，受损害最大的是安永会计师事务所。国会提供的有关证据所形成的记录中，包括10条存在潜在错报的舞弊信号，事务所声称，审计师在审计贝斯特公司财务报表时忽略了这些舞弊信号（见表5)。有人认为，安永会计师事务所应当对贝斯特公司的财务欺诈承担部分责任。对此，安永会计师事务所的管理层断然拒绝，安永会计师事务所西海岸分所会计审计部经理拉鲁·加德在面对国会调查时坚称，当所有的事实都被披露时，就可以证明他的事务所是无罪的：

> 贝斯特公司的情况至少证明了一件事，那就是一个精心策划的财务舞弊欺诈通常会成功地愚弄谨慎、诚实又勤劳的人们……已经发生的事实证实，明科和他的同伙在贝斯特公司内外对安永会计师事务所进行了彻头彻尾的欺骗。例如，明科的同伙帕吉特在最近的一次电视采访中揭发，在对其业务现场进行观察中，明科花费了400万美元来欺骗安永会计师事务所……对于贝斯特公司财务报表的可信度，安永会计师事务所从来没有误导投资者。安永会计师事务所甚至从来没有对贝斯特公司发表过审计意见。在这个事件中，我们不是制造问题的一方，我们是解决问题的那一方。

在贝斯特公司财务欺诈事件所引发的一件大型民事诉讼中，安永会计师事务所被证实并没有误导加利福尼亚的一家大银行，这家银行在1986年提供给贝斯特公司一笔数百万美元的贷款。银行声称，提供这笔贷款的依据是安永会计师事务所公

表5 被审计师忽略的十分重要的舞弊信号

1.保险重建合同所标明的金额巨大。
2.贝斯特公司报告其所签订的数百万美元的保险重建合同的数目超过了同期全国范围内的该类合同总数目。
3.所报告的合同没有说明受保方、保险公司及业务地址。
4.合同只有一页，没有包括应有的详细工作计划。例如，所更换地毯的面积，而这是重建业务通常不能缺少的。
5.实际上所有的保险重建合同都是同一方签订的。
6.贝斯特公司的保险重建合同大部分都是在股票预售前突然签订的。
7.合同应支付的赔偿款项是全部支付给贝斯特公司或者明科本人，而不是支付给受保方或者贝斯特公司和受保方，这是不符合行业惯例的。
8.合同款项是由保险协调员支付的，这是不符合行业惯例的。通常应由保险公司直接支付给受保方或者支付给受保方和重建方。
9.贝斯特公司的重建业务利润率大大高于重建行业的正常利润率。
10.贝斯特公司的内部控制制度极其不健全

布的审阅报告（即对贝斯特公司截至1986年7月31日的3个月期间的财务报告发表的审阅报告）。然而受理上诉的法官做出的裁决是，既然安永会计师事务所在报告中已经清楚地表明，该报告不是对贝斯特公司的财务报表发表审计意见，那么加利福尼亚银行就不能证明其决策是依据审阅报告做出的。“因为安永只发布了一份审阅报告，还是拒绝对贝斯特的财务报表发表意见。该报告明确说明不对报表使用者依据该报告所做出的决策承担任何责任。”①

20世纪80年代末，贝斯特公司的原股东对安永会计师事务所、前任律师事务所以及前任投资银行提起集体诉讼。1996年3月，有网络杂志报道，这一诉讼已在私下和解了。该报道还说，被告共支付原股东3 500万美元，但每一位被告分担了多少，则没有具体报道。②

1994年末，巴里·明科被释放出狱。由于在狱中表现良好，明科原本25年的刑期获减。③例如，明科在狱中同时获得自由大学（Liberty University）的宗教学学士和硕士学位，这所大学是由杰里·菲尔维尔创建的。从狱中释放出来不久，明科就结婚了，他的妻子是他在狱中的同伴介绍的，他的这个同伴是林肯储蓄和贷款机构欺诈案的策划者查尔斯·凯汀的下属。

1995年初，明科开始在他的家乡里西达附近社区的一个福音派新教会的教堂里担任助理牧师。2年后，明科被任命为圣地亚哥的一个大教堂的主任牧师。此

① "Ernst & Young Not Liable in ZZZZ Best Case," *Journal of Accountancy*, July 1991, 22.

② C.Byron, "$26 Million in the Hole," *Worth Online*, March 1996.

③ M.Matzer, "Barry Minkow," *Forbes*, 15 August 1994, 134.

外，明科还担任一个名字叫“发现诈骗”的网络公司的发言人，这家网络公司专门提供各种舞弊的预防与侦查服务。目前，明科经常在全国各地举办讲座和培训班，讲述自己公司的造假经历，他还和许多注册会计师组织、教育机构进行交流，比如前往位于弗吉尼亚州匡提科的联邦调查局研究所进行交流。在讲座中，他经常奚落他的听众中的会计师和审计师，比如在一次报告中，明科指出“注册会计师是习惯的奴隶，他们只喜欢做核对和注释，从不愿意进行局外的思考”[①]。明科还批评审计人员，过于倾向接受那些无说服力的审计证据，如委托人的陈述。他提醒审计人员，“不要为了行事便利而放弃客观立场”[②]。

不幸的是，明科的救赎期在2011年戛然而止。同年5月，明科对合谋进行证券欺诈的行为供认不讳。执法部门认定，明科在2009年1月参与了一项压低Lennar公司股价的计划，并向该公司高管勒索资金。当时，明科错误地指控Lennar欺骗性地歪曲其公开披露的财务报表。

在2002年7月美联社的一次采访中，明科表示，他打算用其余生来偿还自己的2 600万美元债务，这是联邦法院裁决他应当支付给贝斯特公司造假案受害者的款项。在这次采访中，明科还鼓励联邦检察官们要求公司执行官对最近巨额的造假丑闻的蔓延承担责任。明科认为，“公正的司法体系不会对白领犯罪网开一面的，从来不会”。思考片刻后，明科又补充说“除了在我的案件中”。

思考题

1.安永会计师事务所仅对贝斯特公司截至1986年7月31日的季度财务报表发表了审阅报告而从来没有对财务报表发表审计意见。如何区分二者，尤其是考虑到审计报告的保证程度。

2.审计准则规定，财务报表包含主要管理层的认定，其中的存在性认定对贝斯特公司的保险重建合同非常重要，贝斯特公司的审计人员执行了以下3种获得证据的程序来支持合同的存在性：检查必要的文件、执行分析性复核程序以评价合同产生收益的合理性、观察所选择的重建工程现场。评价这些审计程序所提供的有关存在性认定证据的局限性。

3.在接受国会调查时，乔治·格林斯潘说，他的审计客户确实收到重建业务款项来证实这些保险重建合同。那么，这些明显可靠的审计证据怎么会使审计人员得出不正确的结论？

4.和前任审计师进行沟通的目的是什么？前后任审计师中，哪一方应当首先提出这种沟通？概括一下后任审计师应当从前任审计师处获得的信息。

---

① T.Sickinger, “Ex-Con Artist Helps Find Fraud,” *The Kansas City Star*, 18 October 1995, B1.

② T.Sickinger, “Ex-Con Artist Helps Find Fraud,” *The Kansas City Star*, 18 October 1995, B1.

5.明科要求安永会计师事务所签订的秘密协议是否不正当地限制了事务所对贝斯特公司的审计范围？为什么？讨论一下为客户保密可能会影响审计计划决策的几种情形，审计客户对审计范围的限制对审计意见类型有哪些影响。

6.职业准则要求审计师在资产负债表日到审计开始之前执行哪些审计程序？

案例 1.10

DHB 工业公司

你无法编造一个这样的故事。

哥伦比亚广播公司高级法律分析师安德鲁·科恩

土生土长于布鲁克林的大卫·布鲁克斯（David Brooks）小时候就喜欢马。[①] 1969年，当他14岁的时候，布鲁克斯去当地的一个赛马场当马夫，帮助养家。布鲁克斯喜欢这项艰苦的工作，这份工作需要在凌晨时分到达赛马场，为汗流浃背的马匹擦拭身体，整理大捆干草，清理马棚。虽然布鲁克斯一生都想在赛马行业工作，但他高中毕业后，他的家人鼓励他追求更稳定、更务实的职业。由于对股市很感兴趣，布鲁克斯最终决定在纽约市一所著名的大学主修商科。这位性格外向的年轻人兼职数个工作以支付他在纽约大学攻读会计学专业的商科本科学位的费用。

具有讽刺意味的是，布鲁克斯成功的商业生涯为他重返赛马行业铺平了道路。30多年来，大卫·布鲁克斯一直从事着赛马行业底层的一项工作，但他很快就登上了这项运动的巅峰，为此他花费了数千万美元，建立了自己的稳定、坚固的企业。布鲁克斯的马厩在鼎盛时期有400多匹赛马。2004年，布鲁克斯的一匹名叫“时间变换”（Timesareachanging）的马赢得了“小布朗壶”（Little Brown Jug）。[②]

---

① 本案例最初源自:the American Accounting Association in Issues in Accounting Education,Vol.28 (February 2013),131-152.The case was coauthored by Carol A.Knapp.我要感谢美国会计学会执行董事特雷西·萨瑟兰(Tracey Sutherland),感谢她允许我将此案例纳入本书。我要感谢格伦·迈克劳林(Glen McLaughlin)支持将伦理学纳入商业课程。

② 标准竞赛用马是北美发展起来的一种马,主要用于马具比赛。有两种类型的马具比赛:小跑和起搏比赛。

布鲁克斯兄弟与美国证券交易委员会之间的纠葛

20世纪80年代中期，大卫·布鲁克斯的哥哥，也是他最好的朋友杰弗里·布鲁克斯（Jeffrey Brooks）创办了一家小型经纪公司——杰弗里·布鲁克斯证券（Jeffrey Brooks Securities）公司。杰弗里邀请大卫加入公司，成为他的得力助手。几年后的1992年，由于两兄弟的一名下属被控内幕交易，与美国证券交易委员会（SEC）发生冲突。SEC指控布鲁克斯兄弟未能建立适当的控制程序，以防止其下属不当使用从客户那里获得的重要非公开信息。

除了罚款40.5万美元外，美国证券交易委员会还对这两兄弟分别发出了禁令。美国证券交易委员会禁止布鲁克斯在5年内担任经纪公司或投资公司的董事、高管或雇员。然而该禁令并没有禁止他担任证券交易委员会注册人的执行职务，注册人并非经纪公司或投资公司。

在美国证券交易委员会制裁布鲁克斯兄弟的几个月前，大卫在他兄弟的资助下，在纽约长岛郊区韦斯特伯里成立了一家小公司——DHB资本公司，后来更名为DHB工业公司（DHB是David Brooks的首字母），旨在为布鲁克斯希望建立的企业集团提供伞状组织。布鲁克斯的目标是找到并收购表现不佳的小公司，通过重组业务模式，将它们转变为盈利企业。

1994年，布鲁克斯试图使DHB在纳斯达克证券交易所（NASDAQ Stock Exchange）注册上市，以便让它更容易进入美国的资本市场。纳斯达克驳回了布鲁克斯的申请，因为对他的制裁依旧有效。为维护这一决定，纳斯达克指出，“考虑到美国证券交易委员会针对布鲁克斯指控的性质极其严重”，有必要把他的公司排除在纳斯达克这个市场之外，以“保护投资者和公众利益并维护公众信心”[①]。布鲁克斯向美国证券交易委员会上诉反控纳斯达克的决定，在审查此事后，证券交易委员会做出了支持纳斯达克的裁决。

> 事实是布鲁克斯仍然有严重违反证券法的历史。布鲁克斯拥有DHB公司重大所有权权益，仍作为DHB董事的职位，我们觉得很不合理，美国证券交易商协会回顾布鲁克斯兄弟过去的行为，仍然担心潜在的非法行为与DHB公司或其证券市场的运作，不愿让公众投资者存在蒙受损失的可能性。[②]

尽管遭到纳斯达克的拒绝，但意志坚定的布鲁克斯坚持让DHB工业公司的证券在美国证券交易所上市。几年后，当这些证券在美国证券交易所注册时，他终于实现了这个目标。

时间就是一切

布鲁克斯利用他哥哥为他提供的初始资金，以及DHB工业公司通过公开募股筹集的资金，在20世纪90年代收购了5家小公司。DHB工业公司的主要运营部门

① Securities and Exchange Commission, "Release No.34-37069," www.sec.gov, 5 April 1996.

② Securities and Exchange Commission, "Release No.34-37069."

是Point Blank Body Armor公司，这是一家总部位于佛罗里达州的公司，在破产后以200万美元现金被收购。在DHB工业公司存续的整个过程中，该子公司占其年度合并收入的95%以上。Point Blank Body Armor公司的主要产品是防弹背心，这是一种美国军方所有部门和执法机构都使用的防弹背心。

布鲁克斯的直接收购是一个及时的决定。这家小公司已经挣扎了几十年，但三种情况最终导致了DHB工业公司在直接收购后市场对防弹背心的需求激增。首先，2001年9月11日的恐怖袭击迫使全国各地的执法机构增加其人员武器和防护装备的预算。其次，在2003年初，乔治·W.布什总统发起了伊拉克自由行动（被媒体称为第二次海湾战争），促使美国陆军和海军陆战队购买了大量防弹背心。最后，该公司的主要竞争对手之一Second Chance Body Armor防弹衣公司在2004年被迫破产。此前，执法机构多次起诉该公司制造大量有缺陷的防弹衣。

布鲁克斯依靠自己外向的性格与坚持不懈的精神，最重要的是，他依靠华盛顿特区的三位政治游说者在竞争美国军方的保护性合同时，以谋略击败了其他竞争对手。从2001年到2005年，美国军方从DHB工业公司购买了近100万件防弹背心，占了该公司在此期间的大部分收入。2004年，在短短6个月的时间里，布鲁克斯从五角大楼获得了三份价值近5亿美元的防弹衣巨额合同。相比之下，DHB工业公司在2000年的总收入只有7 000万美元，而该公司在当年年底的股东总权益为-500万美元，原因是留存收益赤字超过2 900万美元。

DHB工业公司的快速扩张导致公司的收入和利润飙升。到2004年，DHB公司的年收入接近3.5亿美元，公司净利润超过3 000万美元。尽管这些数字令人印象深刻，但一些分析师对该公司运营现金流疲弱感到担忧。例如，在2004年，尽管该公司报告了3 000万美元的利润，但其经营现金流为-1 000万美元。表1列示了DHB公司在2005年初提交给SEC的2004年10-K表格中所包含的经审计的利润表和资产负债表。

表1　DHB工业公司2003—2004年资产负债表和利润表

12月31日　　单位：千美元

	2004年	2003年
流动资产：		
现金及现金等价物	447	441
应收账款（净）	47 560	33 707
应收账款（关联方）	6 583	—
存货	85 937	54 753
递延所得税资产	483	372
预付费用和其他流动资产	1 220	1 518
流动资产合计	142 266	90 791

续表

	2004年	2003年
净房产及设备	2 632	1 819
其他资产：		
递延所得税资产	593	437
存款及其他资产	366	381
资产总计	145 857	93 428
流动负债：		
应付账款	8 014	9 465
应计费用及其他流动负债	8 350	5 635
应付票据（银行）	4 000	2 000
应交所得税	14 816	6 869
流动负债合计	35 180	23 969
长期负债：		
应付票据（银行）	25 634	22 012
定期贷款支付	6 500	—
其他负债	1 086	502
长期负债总额	33 220	22 514
负债合计	68 400	46 483
合并子公司的少数权益	431	207
所有者权益：		
优先股	1	1
普通股	45	41
补缴资本	35 540	35 384
累计其他综合损失	—	(53)
留存收益	41 440	11 365
所有者权益合计	77 026	46 738
权益总计	145 857	93 428

续表

	2004年	2003年
净销售额	340 075	230 011
销售成本	245 940	166 670
净利润	94 135	63 341
销售、一般及行政费用	44 564	37 325
总利润	49 571	26 016
其他收入		
利息费用	(1 374)	(1 344)
其他投资冲销	—	(904)
出售附属股份所得	—	1 450
杂项收入	35	1 059
其他收入总计	(1 339)	261
税前收入	48 232	26 277
所得税费用	17 573	11 098
子公司的少数权益前的收入	30 659	15 179
子公司少数股东权益	(224)	(7)
净利润	30 435	15 172
股息-优先股（关联方）	(360)	(360)
普通股股东可获得的净利润	30 075	14 812
普通股每股收益（美元）	0.73	0.36
摊薄后普通股每股收益（美元）	0.67	0.34

爱国者还是奸商?

DHB工业公司在财务上的突然成功让公司董事会主席兼首席执行官大卫·布鲁克斯备受关注。由参谋长联席会议（Joint Chiefs of Staff）管理的军事机构——美国武装部队工业学院（Industrial College of The Armed Forces）称赞布鲁克斯为数十万名美国士兵开发了救生防弹衣技术。军方官员还赞扬布鲁克斯建立了一个慈善基金会，为受伤的退伍军人提供经济援助。

并非所有的注意力都集中在布鲁克斯和他的公司上。2003年，DHB工业公司的一群员工坚称，公司的防弹背心存在类似于Second Chance Body Armor公司防弹背心产品的显著缺陷。2004年11月，布鲁克斯和他的两名高级下属——DHB工业公司的首席运营官桑德拉·哈特菲尔德以及首席财务官道恩·施莱格尔——在出售了大部分DHB公司股票时获得大量财务收入，遭到媒体的批评。仅布鲁克斯一家就从出售其DHB公司大部分股票中获得了超过1.8亿美元的收益，这个数字是DHB公司2004年净利润的6倍。有关布鲁克斯在股市获得巨额收益的新闻报道，有家机构给他贴上了“防弹衣奸商”[①]的标签。DHB公司的发言人为布鲁克斯出售股票的行为辩护：“美国的经济体系以相应的利益回报那些冒着巨大风险的人。布鲁克斯获得的薪酬直接归因于他在帮助DHB公司资本化和为公司取得非凡业绩方面承担的风险。”[②]

布鲁克斯、哈特菲尔德和施莱格尔将大量股票抛售之后，DHB公司的股价急剧下跌。很快公司又传来了更多的坏消息。在几个月内，又有更多的指控浮出水面，称赴伊拉克的军事人员使用的大量Point Blank防弹背心存在“严重的、危及生命的缺陷”。[③]在这些指控之下，美国军方召回了2万多件防弹背心。然后，在2005年4月，DHB的审计公司以DHB公司评估库存的方法存在“缺陷”[④]为由辞任。这一声明尤其令投资者感到不安，因为这是自2001年以来DHB的审计公司第三次在就涉及公司内部控制的重大问题发表评论后辞任。

2005年11月，大卫·布鲁克斯在曼哈顿中城优雅的彩虹屋（Rainbow Room）为他13岁的女儿举办了一场成人礼。据多家主流媒体报道，他花了1 000多万美元为女儿举办了这场成人仪式，这对他的公众形象造成了更大的负面影响。布鲁克斯用DHB公司的飞机载着几位著名的音乐家参加晚会，为受邀嘉宾献唱小夜曲，这些音乐家包括50 Cent、Aerosmith、Kenny G、Stevie Nicks和Tom Petty。在晚会期间，布鲁克斯穿着一件粉色鹿皮紧身衣，还向观礼的来宾分发伴手礼，里面有各种各样的商品，包括一台数码相机和一个iPod，据说是用DHB公司的钱购买的。

“飓风布鲁克斯”

2006年7月，在对DHB公司会计记录可靠性的怀疑日益加剧之际，公司董事会解雇了大卫·布鲁克斯，并聘请了一个会计师团队对这些记录进行调查。调查显示，布鲁克斯及其两名高级下属桑德拉·哈特菲尔德和道恩·施莱格尔策划了一场

---

① T.O'Brien, "All's Not Quiet on the Military Supply Front," *New York Times* (online), 22 January 2006.

② T.O'Brien, "All's Not Quiet on the Military Supply Front," *New York Times* (online), 22 January 2006.

③ T.O'Brien, "All's Not Quiet on the Military Supply Front," *New York Times* (online), 22 January 2006.

④ J.Bernstein, "DHB Accountant Resigns," *Newsday* (online), 16 April 2005.

大规模的会计欺诈，严重夸大了DHB公司的经营业绩和财务状况。[①]除了揭露大规模的欺诈行为外，长达一年的法庭调查还发现了大卫·布鲁克斯在职期间该公司令人不安的企业文化。

> 布鲁克斯对DHB公司业务的每个方面都拥有绝对的控制权，利用薄弱的公司治理和几乎不存在的内部控制，来帮助和掩盖其同伙施莱格尔和哈特菲尔德指使的财务欺诈……布鲁克斯的控制权扩大到DHB公司的董事会，董事会由布鲁克斯的朋友、邻居和施莱格尔组成。在与这一行动有关的任何时候，布鲁克斯都对DHB的董事会有所保留，而董事会没有行使真正的监督……布鲁克斯还控制着与DHB公司外部审计师的沟通流程，后者认为布鲁克斯是关键的决策者。

布鲁克斯以人身伤害威胁来推行自己的政策和指示。当有人质疑DHB公司会计和财务报告存在欺诈行为时，布鲁克斯变得异常愤怒，并进行了威胁。在一次董事会会议上，布鲁克斯对一位质疑自己决定的董事会成员说："你知道我们对局外人做了什么……你知道我们对团队以外的人做了什么。"

布鲁克斯愤怒和威胁的主要对象是公司的独立审计师。当DHB公司的审计合伙人质疑某些会计条目的真实性时，布鲁克斯对另一位公司高管说："如果她（审计合伙人）不小心，就会被扔到大西洋里喂鱼。"随后，在同一次审计中，审计师直接询问了布鲁克斯在该公司之前的审计中发生的情况，该审计是由另一家会计师事务所进行的。在这段对话中，布鲁克斯表示"应该有人……在前一年审计业务合伙人的脑子里打了一颗子弹"。

布鲁克斯还经常向DHB公司的审计师隐瞒关键信息，包括有关重大关联方交易的信息。DHB公司从一家位于佛罗里达的私人公司TAP购买了很多用于制造其防弹背心的部件。2003年初，在发现布鲁克斯的妻子是TAP的首席执行官后，DHB公司的审计师坚持要求公司在2002会计年度发布一份修订后的10-K表格来披露这一事实。实际上，布鲁克斯完全控制了TAP的运营，这一事实既没有向审计师透露，也没有以10-K表格的形式披露。[②]

除了一再隐瞒TAP公司是一家关联方实体外，布鲁克斯在DHB公司提交给美国证券交易委员会的注册声明中并没有披露他曾在1992年被联邦机构制裁。该信息据称是对DHB公司的股东、潜在投资者以及与该公司有关的广泛的其他方有重大意义。

根据一名联邦检察官的说法，布鲁克斯的会计欺诈行为的一个主要目标是"确保DHB公司财务报告的毛利率始终保持在27%或更高，利润不断增长，以符合专

---

① 1992年成立公司后，哈特菲尔德曾在布鲁克斯手下工作过。布鲁克斯最终在2000年12月任命她为DHB的首席运营官。施莱格尔与DHB第一次联系时，她是一位独立审计师，1999年底，布鲁克斯聘请她担任DHB的首席财务官。施莱格尔是一名注册会计师，同时也是公司的董事会成员。

② 布鲁克斯利用他对两家公司的控制，通过TAP将数百万美元从DHB转到自己名下。

业股票分析师的预期”[①]。欺诈行为表现的一个方面是一系列伪造的日记账分录。从2003年到2005年，道恩·施莱格尔指示DHB公司会计部门的下属记录数百万美元的分录，将销售成本的组成部分重新分类为运营费用。尽管这些重新分类的分录并没有提高公司的“底线”利润，但它们确实起到了显著提高DHB公司每一时期毛利率的作用。

DHB欺诈的主要焦点是公司的库存账户。从2003年到2005年，DHB的期末库存一直在持续和实质性地膨胀。在这三年期间，“哈特菲尔德负责为存货计价，施莱格尔负责审查和批准存货计价，然后将其并入公司的综合财务报表”，布鲁克斯“直接监督施莱格尔和哈特菲尔德履行其所有职责，并要求审查其（提交给美国证券交易委员会）备案文件中包含的所有财务报表和信息披露”。

在2004会计年度接近尾声时，哈特菲尔德意识到，DHB公司的毛利率将远远低于布鲁克斯所要求的满足跟踪公司股票的金融分析师提出的27%这一比率。为了解决这个问题，哈特菲尔德通过各种“价格操纵”，将公司本已被高估的年底存货价值再次增加了数百万美元。“销售成本的抵销性降低使DHB公司的毛利率达到27%的门槛，并夸大了其报告的净利润。”

当DHB公司的会计主管审查公司2004年的年终存货价值时，他立即意识到这些价值被夸大了。在准备好记录库存报告的计划表之后，会计主管去找了哈特菲尔德和施莱格尔，后者“承认存货虚增了”。即便承认了这一点，两位高管还是拒绝修正库存价值。“由于担心公司存货价值虚增，会计主管提出辞职。”

在离开DHB公司之前，会计主管通知公司的独立审计师，他认为年底的存货价值被虚增了。审计师随后直接向布鲁克斯提出了这个问题。“布鲁克斯和哈特菲尔德告诉审计师，会计主管的库存分析是错误的，库存不存在什么问题。”

布鲁克斯与审计师会面后，冲进了会计主管的办公室。在随后对布鲁克斯的审判中，这位会计主管作证说，被激怒的布鲁克斯称自己为“一条蛇”，“把水泼到我身上”[②]。当一名身份不明的男子堵住了会计主管办公室的门时，布鲁克斯爆粗口喊道：“我要踢死你。”[③]布鲁克斯随后“没收了会计主管的库存分析报告，并将他粗暴地赶出了大楼”。后来，当DHB公司的审计师就会计主管被驱逐出公司总部一事询问布鲁克斯时，布鲁克斯回答说，当会计主管告诉他们他对存货估值的担忧时，会计主管“违反了……内部政策和程序”。

DHB公司会计主管辞职的情况增加了审计师对年终盘存价值的关注。更糟糕

---

① *Broward Bulldog*, “Update: Former Pompano Beach Body Armor Tycoon Convicted in Huge FraudTrial,” www.browardbulldog.org, 14 September 2010.

② R.Kessler, “Ex-controller: Brooks Threatened Me,” *Newsday* (online), 10 February 2010.

③ R.Kessler, “Ex-controller: Brooks Threatened Me,” *Newsday* (online), 10 February 2010.

的是，布鲁克斯指示他的下属在审计师结束对DHB公司库存的调查之前，直接向美国证券交易委员会提交公司2004年的10-K表格。这一决定令审计师深感不安。为了安抚审计师，布鲁克斯修订了公司2004年的10-K表格。这一修订事例暴露了DHB公司存货估价过程中的一个重大弱点。[①]

DHB公司在2004年修订后的10-K表格“财务报告内部控制管理报告”中指出，“公司的存货计价系统存在某些重大缺陷，使其无法准确地计算某些正在进行的工作以及成品存货的材料和人工成本”[②]。然而，报告继续指出，这一重大缺陷“并不影响公司的财务报表，也不要求对其存货或财务报表中任何其他项目的估值进行任何调整”[③]。

DHB的审计师坚持要求将关于公司内部控制报告的更新版本包含在修订后的10-K表格中。这份更新后的报告指出了内部控制的另外两个重大缺陷，而这些缺陷并没有被DHB公司的内部控制管理报告记录在案。表2是审计师更新后的内部控制报告的摘录，其中描述了这两个重大缺陷。第一项涉及DHB公司在审计师完成对该文件中关键财务报表金额的最终审查之前，决定提交其2004年原始10-K表格。另外一个重大缺陷表明，DHB公司的审计委员会对其在公司财务报告过程中的重要监督作用没有得到充分发挥。

表2　　DHB公司修订的2004年10-K表格中的内部控制审计报告摘录

重大缺陷是控制方面的缺陷或控制方面的缺陷的组合，这种缺陷导致无法防止重大错报，或者说发现年度或中期财务报表的重大错报的可能性微乎其微。我们确定了以下两项在管理评估中没有被确定的重大缺陷：

- 公司将2004年报以10-K表格的形式发布了，但是会计师事务所的审计师表示自己还没有完成对10-K表格终表的最后审查，审计师还未公布它的审计报告。即便打了电话通知，10-K表格还是上交给了委员会。
- 公司的审计委员会对其在公司财务报告过程中的重要监督作用没有得到充分发挥。

为了缓解报告中这两个重大缺陷所造成的损害，布鲁克斯采取了不同寻常的步骤。在2004年修订的10-K表格中加入了一项说明，对审计人员更新的内部控制报告提出质疑。在该说明中，DHB公司坚持认为审计师发现的两项实质性重大缺陷实际上并不是真正的重大缺陷（见表3）。负责审计DHB公司的审计师在公司提交给美国证券交易委员会的文件中公开该争议分歧后不久就辞职了。

---

① 修订后的10-K表格在2004年原始10-K表格公布之前就已经提交给了美国证券交易委员会。

② DHB Industries，Inc.，“Form 10-K/A (Amendment No.2)，”Securities and Exchange Commission，2 May 2005.

③ DHB Industries，Inc.，“Form 10-K/A (Amendment No.2)，”Securities and Exchange Commission，2 May 2005.

表3 管理层对DHB公司修订的2004年10-K表格中包含的内部控制报告的回应

管理层对内部控制评估的意见有分歧：
Weiser LLP的认证报告确定了该公司认为的内部控制的另外两个重大缺陷：（1）公司将2004年报以10-K表格的形式发布，但是审计师们还未公布审计报告，还没有完成对10-K表格终表的最后审查。公司于2005年4月14日提交了一份经修订的10-K表格，其中包括公司在2005年4月14日提交的8-K表格中所记载的财务报表的某些更改。（2）需要加强审计委员会的作用，提高审计委员会的工作效率。公司认为，在很大程度上，对这两个问题的评估涉及主观判断，公司不同意这两个问题都构成财务报告内部控制的重大缺陷。当公司得知Weiser LLP在对10-K表格的最终审查中发现了需要更正的问题时，本公司立即采取行动修改了2004年的10-K表格，而10-K/A表格是在10-K表格向公众披露之前提交的。此外，公司认为其审计委员会成员一贯负责和适当地履行其职责和义务。尽管本公司不认为Weiser LLP的结论有合理的依据，但本公司认真对待Weiser LLP的观点，并打算探索改善提交给美国证券交易委员会的文件编制过程和审计委员会有效性的机会。

DHB公司在2005会计年度第一季度的10-Q表格中报告了760万美元的净利润——该公司在此期间的净运营现金流为-500万美元。该公司当季毛利率为27.4%，几乎与2003会计年度和2004会计年度的毛利率持平。DHB公司在2005年第一季度超过了27%的“高额”毛利润门槛，因为哈特菲尔德和施莱格尔在公司的库存会计记录中增加了63 000个不存在的背心部件，从而夸大了季度期末库存。

向DHB公司的存货清单中添加虚构存货的决定，给这三位舞弊共谋者带来了一个他们没有预料到的棘手问题，即如何向公司的新审计师隐瞒这个事实。(以前这三名高管为掩盖虚增DHB公司的存货价值，增加了分配给个别存货项目的单位成本，并没有在会计分录中直接增加虚构项目。）2005年底，布鲁克斯提出了一个解决虚构库存问题的计划。布鲁克斯告诉施莱格尔，把价值700万美元的冒牌背心成本计入一个DHB公司已经停止业务的大规模核销项目中。[①]

几个月后，在2005年的审计中，DHB公司的审计人员询问了布鲁克斯关于由于停止经营而造成的损失所涉及的库存。布鲁克斯对审计人员说，700万美元的背心部件必须注销，因为美国军方已经改变了对背心颜色的要求。当被问及废弃的背心部件在哪里时，思维敏捷的布鲁克斯回答说，它们已经不存在了，因为存放它们的仓库几个月前被飓风摧毁了。布鲁克斯后来把这个假的解释转述给施莱格尔，这样她就可以在与审计人员进行核实时有所准备。“施莱格尔恼怒地问布鲁克斯为什么要编这个谎言，因为他们对这个谎言没有任何支持性证据，审计人员想要的是支持性证据和相关细节。”尽管施莱格尔对此表示担忧，但她还是按照指示行事，并在DHB公司审计人员询问她700万美元的库存项目时证实了这一

① 2005年8月，一家政府机构“取消”了用于生产DHB背心某一生产线的防弹材料的认证，导致DHB该生产线下线。

消息。

当审计人员继续追问有关已登记库存的更多细节时，布鲁克斯慌慌张张地改变了自己的说法。他对审计人员说，“飓风”的解释是他的下属编造的谎言，他把消息转达给审计人员时并不知道。布鲁克斯和他的下属都无法解释那神秘的700万美元库存，这一令人不安的情况让DHB公司的审计人员开始质疑他们能否对公司2005年的财务报表发表意见。

2006年3月初，审计人员向布鲁克斯表示，他们将无法及时发布对DHB公司2005年财务报表的审计报告，这使得DHB公司无法赶上美国证券交易委员会对10-K表格提交规定的截止日期。执法部门随后发现，布鲁克斯试图“购买有利的审计意见”，用另一家他曾秘密接触过的审计公司取代这家审计公司。事实证明，这种努力并未奏效。几个月后的2006年7月，布鲁克斯作为DHB公司创始人和高管的动荡任期结束，他被公司董事会解雇。

随后一个月，DHB公司召回了2003年和2004年的审计财务报表，并警告第三方，他们不能再依赖这些报表。DHB公司针对那两年的财务报表重新发表了声明，从根本上改变了公司先前报告的运营结果。例如，DHB公司在2004年重新公布的损益表中报告了950万美元的净亏损，而该公司当年最初报告的净利润为3 000万美元。表4列示了DHB 2003年和2004年重新编制的利润表和资产负债表。

表4　　DHB公司2003年和2004年重新编制的利润表和资产负债表　　单位：千美元

	2004年12月31日	2003年12月31日
流动资产：		
现金及现金等价物	498	441
应收账款（净）	47 425	33 565
存货	38 231	30 001
递延所得税资产	19 094	1 424
预付费用和其他流动资产	1 219	1 597
流动资产合计	106 467	67 028
净房产及设备	2 371	1 771
其他资产：		
递延所得税资产	—	124
存款及其他资产	366	381
资产总计	109 204	69 304

续表

	2004年	2003年
流动负债:		
应付票据——流动部分	10 500	2 000
应付账款	8 004	9 642
应计费用及其他流动负债	9 015	5 776
应交所得税	4 931	118
雇佣税扣缴税款	29 718	737
流动负债合计	62 168	18 273
长期负债:		
应付票据（银行）	25 644	22 022
其他负债	674	527
长期负债总额	26 318	22 549
负债合计	88 486	40 822
合并子公司的少数权益	49	（1）
所有者权益:		
可转换优先股	3 000	3 000
普通股	45	41
补缴资本	63 776	62 089
保留赤字	（46 152）	（36 647）
所有者权益合计	20 669	28 483
权益总计	109 204	69 304
净销售额	322 276	206 375
销售成本	265 607	177 066
毛利润	56 669	29 309
销售、一般及行政费用	37 461	29 478
诉讼和调查费用	943	=
雇佣税扣缴税款	28 981	737
总运营成本	67 385	30 215
营业损失	（10 716）	（906）

续表

	2004年	2003年
利息费用	1 371	1 410
其他费用	(190)	(1 925)
其他费用合计	1 181	(515)
所得税前损失费用	(11 897)	(391)
本期税收	14 726	413
递延所得税费用	(17 526)	3 172
所得税总费用	(2 800)	3 585
子公司的少数权益前的收入	(9 097)	(3 976)
子公司少数股东权益	48	(1)
净亏损	(9 145)	(3 975)
股息——优先股（关联方）	360	360
普通股股东可获得的净利润	(9 505)	(4 335)
普通股每股损失（美元）	(0.23)	(0.11)
摊薄后普通股每股损失（美元）	(0.23)	(0.11)

美国证券交易委员会于2006年8月18日对哈特菲尔德和施莱格尔提起民事诉讼。美国证券交易委员会指控称，这两人参与了一起严重伪造DHB公司报告的运营业绩和财务状况的会计欺诈。执法部门随后对哈特菲尔德和施莱格尔提出刑事欺诈指控。

2007年10月25日，美国证券交易委员会对大卫·布鲁克斯提起民事诉讼，指控他是DHB公司舞弊的主谋。当天上午晚些时候，联邦执法部门在布鲁克斯位于长岛的豪宅里逮捕了他，并在他被传讯期间对其提出了十几项刑事指控。在布鲁克斯被捕前两天，他的密友道恩·施莱格尔承认了两项刑事指控：一项是串谋欺骗政府，另一项是串谋隐瞒税务信息。作为量刑考虑的交换，施莱格尔同意在对布鲁克斯和哈特菲尔德的刑事审判中担任政府的“主要证人”。①

巡回审理

大卫·布鲁克斯和他的共同被告桑德拉·哈特菲尔德的刑事审判于2010年1月

① S.Gardiner and P.Hurtado,“DHB Industries Ex-Chief David Brooks Looted Company,Jury Told,” www.bloomberg.com,26 January 2010.

底开始。布鲁克斯面临17项联邦指控，包括公司欺诈、内幕交易、共谋和妨碍司法公正等。针对哈特菲尔德涉及的16项联邦起诉书也涉及类似指控。

在整个庭审过程中，源源不断的证据被呈到陪审团面前，这些证据记录了布鲁克斯是如何使用“DHB公司”作为他的个人储蓄罐的。用公司资金支付的个人消费包括购买豪华汽车、昂贵艺术品、珠宝、名牌服装和房地产。法庭证词显示，布鲁克斯挪用公款计划的最大支出项是他心爱的赛马业务。据报道，布鲁克斯通过TAP公司挪用了近1 500万美元的DHB公司资金来资助他昂贵的业余爱好。

在长达8个月的审判过程中，首席联邦法官乔安娜·赛博特面临着一项艰巨的任务，那就是在长岛的法庭上保持一种礼仪。第一部好戏涉及撤销大卫·布鲁克斯的保释。2008年1月，布鲁克斯首次被捕3个月后，他的律师的保释申请获批。因为赛博特法官认为布鲁克斯存在重大的逃跑风险，她要求布鲁克斯提交一份4亿美元的保释金，其中包括近5 000万美元的现金和其他抵押品。保释条件还要求布鲁克斯以每天3 500美元的估计费用来维持一家保安公司24小时监控他。美国广播公司报道称①，布鲁克斯的保释条件比几年前一位联邦法官对臭名昭著的黑帮头目约翰·戈蒂提出的保释条件更为严格。

就在对布鲁克斯的审判开始的时候，赛博特法官撤消了他的保释，并将他送进监狱，因为联邦调查局给了她两份报告。苏格兰场（英国首都伦敦警察厅）侦探转发给美国联邦调查局（FBI）的一段卧底视频显示，杰弗里·布鲁克斯和他的一名下属将数百万欧元转移到了伦敦一家银行的一个大保险箱。联邦调查局确信这些资金属于大卫·布鲁克斯。美国联邦调查局还告知法官赛博特，他们找到证据表明，布鲁克斯秘密将数千万美元转入欧洲小国圣马力诺的银行账户。法官赛博特撤消了布鲁克斯的保释，因为这两起事件违反了布鲁克斯的保释协议，该协议规定，布鲁克斯的所有金融资产必须“冻结”。

在审判进行到一半时，赛博特法官提出要把布鲁克斯从法庭带走，此前有人发现布鲁克斯试图将抑制焦虑的药物偷运进监狱。这些抗焦虑药物被藏在一支圆珠笔里，这支笔是布鲁克斯在法庭开庭期间休息时放在桌子上的。事件发生后，赛博特法官禁止杰弗里·布鲁克斯和大卫·布鲁克斯的一位密友出庭。布鲁克斯的私人精神科医生随后作证说，布鲁克斯所在监狱的精神科医生给他开的抗焦虑药物剂量不足。据报道，布鲁克斯需要比正常剂量更大的那种药物，以避免他再次诱发焦虑。

在随后的庭审中，联邦检察官透露，几个月前，大卫·布鲁克斯曾向一名从事马具业务的兽医索要一种用于治疗马的药物。如果被人服用，这种药物可能会抹去其记忆。根据兽医的说法，布鲁克斯希望在刑事审判开始前，以某种方式给原告的

---

① *ABC News*, "'War Profiteer' Gets 'Bulletproof' Bail Terms: Released on $400 Million Bond," http://blogs.abcnews.com, 4 January 2008.

主要证人道恩·施莱格尔服药。在2010年8月2日播出的热门电视节目《科尔伯特报告》(the Colbert Report)中，这一爆料以及布鲁克斯在庭审中的其他滑稽动作，让《喜剧中心》的斯蒂芬·科尔伯特(Stephen Colbert)将布鲁克斯命名为“本周的阿尔法狗”。

哥伦比亚广播公司(CBS News)的高级法律分析师安德鲁·科恩目睹了布鲁克斯庭审的全过程，他观察到布鲁克斯的许多细微动作都非常色情，以至于《纽约时报》等主流媒体都不愿报道。[①]一位资深记者总结了审判期间发生的一些更令人发指的事件和证词。

这并不是一场普通的联邦审判，辩方断言，公司付钱给妓女可能是一种可接受的激励员工的手段。被告说他有权让公司为他母亲的坟墓埋单，为他的孩子付营费，并支付全家去圣巴兹和圣特罗佩兹旅行的费用。[②]

在花了两个月的时间研究检察官提交的大量证据以证实相关指控后，联邦陪审团判定布鲁克斯的17项指控全部成立。布鲁克斯的前同事、共同被告桑德拉·哈特菲尔德在联邦起诉书中的16项指控中有14项被判有罪。

后记

2010年4月，在大卫·布鲁克斯刑事审判的中间点前后，DHB工业公司的继任者——Point Blank Solutions，在美国破产法庭申请保护其债权人。次年，一名联邦法官批准将该公司剩余资产出售给私人投资公司Sun Capital Partners，出售价格约为3 700万美元。

布鲁克斯的刑事审判结束后，他的律师立即对他的判决提出上诉。在其他的争论中，律师们坚持认为布鲁克斯的证词是无效的，他不能在审判的大部分时间里为自己辩护，因为他正在服用抗焦虑药物。2013年8月，在上诉失败后，布鲁克斯被法官乔安娜·赛博特判处17年监禁。

2011年2月，美国证券交易委员会对DHB公司审计委员会的3名前成员提起民事诉讼。联邦机构指控这3人“故意无视大量表明DHB公司存在会计欺诈、报告违规和盗用行为的舞弊信号”[③]。“民事诉状继续指控3名前审计委员会成员”只是“在出售DHB证券的同时，对DHB公司的高级管理层的决定敷衍了事”[④]。2011年末，这3人达成和解，同意支付总计160万美元的罚款，并永不担任美国证券交易委员会注册会员的高级官员或董事。

① A. Cohen, “Hurricane Brooks: The Trial of the Century (Finally) Ends,” www.theatlantic.com, 15 September 2010.

② A. Cohen, “Hurricane Brooks: The Trial of the Century (Finally) Ends,” www.theatlantic.com, 15 September 2010.

③ Securities and Exchange Commission v. Jerome Krantz, Cary Chasin, and Gary Nadelman, U.S. District Court, Southern District of Florida, Case No.0:11-cv-60432, 28 February 2011.

④ Securities and Exchange Commission v. Jerome Krantz, Cary Chasin, and Gary Nadelman, U.S. District Court, Southern District of Florida, Case No.0:11-cv-60432, 28 February 2011.

思考题

1. 表1和表4分别列示了DHB公司2003—2004年的原始资产负债表和利润表，以及这两年重新编制的资产负债表和利润表。回顾2004年的原始和重述财务报表，并找出它们之间的“重大”差异。

2. 识别DHB公司对其独立审计师构成的欺诈风险因素。你认为这些因素中哪一个应该是审计人员最关心的？

3. 在2004年DHB公司的审计中，公司的独立审计师很难获得可靠的审计证据来证实价值700万美元的废弃背心部件是否被飓风摧毁。当客户不能提供完成一个或多个审计测试或程序所需的证据时，审计人员有什么责任？

4. 审计人员有责任（如果有的话）检查关联方交易吗？如果审计人员发现客户从事了关联方交易，应对其采用什么审计程序？

5. 比较并对比上市公司管理层和独立审计师的内部控制报告责任。

6. 审计师的频繁变更对特定实体的独立审计质量有何潜在影响？说明旨在阻止审计师变更或披露相关情况的专业标准或其他规则和法规。

7. 大卫·布鲁克斯显然对公司的一些独立审计人员发表了威胁性言论。当审计师成为客户高管或员工实施恶意行动或发表恶意声明的目标时，他们应该采取什么行动？

8. 美国证券交易委员会是否有责任保护投资公众免受公司高管自私自利的伤害？专业审计标准或其他规则或条例是否将这种责任强加给独立审计人员？

9. DHB公司的审计委员会因未能履行其监督职责而受到批评。上市公司审计委员会的主要职责是什么？

案例 1.11

新世纪金融公司

我们的国民最好是对我们的银行和货币系统一无所知，如果他们懂的话，我相信在明天早上天亮之前就会爆发革命。

亨利·福特

从1962年到1992年，爱德华·麦克马洪在广受欢迎且长期播放的电视节目《今晚秀》中和强尼·卡尔森搭档，担任节目中的配角。在离开那档节目后，麦克马洪在一档由财团支持的选秀节目《谁最有明星脸》（*Star Search*）中连续担任了12年主持人，麦克马洪还在多项节目中长期担任搭档主持，这些节目包括*TV Bloopers and Practical Jokes*、每年的梅西百货感恩节游行以及杰里·刘易斯劳动节电视节目，同时，麦克马洪还是百威啤酒和美国家庭出版社的企业代言人。

由于具备50年的电视职业生涯，麦克马洪成为媒体行业中家喻户晓的名人之一。因此，在2007年新闻报道中，当人们发现麦克马洪有超过600 000美元的房屋抵押贷款未支付时，美国公众感到十分惊讶，而麦克马洪在比弗利山庄中的500万美元抵押贷款全部都是由全国金融公司发放的。

不幸的是，由于近期大萧条过后最大的金融危机席卷美国，在几百万名未付清抵押贷款的美国人中，只有类似于麦克马洪的一小部分人面临着失去房子的情况。由于金融危机快速恶化并且迅速蔓延至全球，公众开始寻找对此负责任的人，会计人员就在新闻界所指出的嫌疑人名单之中首当其冲，尤其是独立审计师。

抵押贷款的困境

在美国，大约一半遭到法院拍卖房屋的受害者都是从所谓的次级放贷人手中取得贷款的，而次级放贷人在最近的20年中成为抵押贷款行业的中坚力量，其中规模最大的就是全国金融公司、汇丰银行、新世纪金融公司以及富国银行。但是也有十几个大公司向有着不良信用记录的贷款人发放贷款，这一贷款行业中高利润、高风险的部门在2007年到2008年间美国金融危机中崩盘，金融危机很快就波及全球。

美国次级贷款崩溃的原因可以追溯到美国第二大次级房贷放贷人新世纪金融公司的倒闭一案上。1995年，新世纪金融公司由三位曾经一起在抵押银行工作的好友共同成立。最初，新世纪金融公司位于加州尔湾市，在其短暂的续存期内，新世纪金融公司成长迅速。1996年，新世纪金融公司对外报出1 450万美元的收益以及440万美元的资产，而就在9年后，公司对外报出24亿美元的收入以及260亿美元的资产。

2005年到2006年间是次级贷款的黄金期。在那期间，新世纪金融公司每个工作日都发放20 000万美元的新抵押贷款。就在新世纪金融公司主管坚称公司财务状况良好的几个月后，也就是2007年2月初，该主管披露，由于公司对公认会计原则的运用偏差，将导致对以前发布的财务报告进行重述，而这一行为让华尔街的金融人士心存怀疑。

就在两个月后，新世纪金融公司宣布破产。法庭指派的破产案审查员概括说，新世纪金融公司的破产对于全球经济影响颇深。

> 新世纪金融公司发放高风险贷款在2007年给公司埋下了一颗定时炸弹。它的破产是次级贷款市场崩溃的预兆，市场崩溃的影响力是巨大并且难以想象的。全球股票市场震荡、信贷市场紧缩，恐惧逐渐蔓延，损失的金额达到了几千亿美元，不幸的是，这个数字还在不断地增加。[①]

事实上，新世纪金融公司是在抵押贷款行业中第一个破产的著名公司，美国金融服务业中其他由于这次动荡而受损的公司还有贝尔斯登、雷曼兄弟和美林证券。

2008年9月，联邦政府掌握了联邦国民抵押贷款协会和联邦住宅贷款抵押公司的控制权。这些协会和公司是由政府发起而由社会所拥有的，就如同房利美和房地美。在那个时候，这两个机构联合拥有或者担保了美国大约2 000亿美元的房屋抵押贷款中的一半左右。几十年来，联邦政府通过房利美和房地美为房屋抵押贷款营造了一个有序且流动性良好的市场。但是2007年和2008年间，由于每年都有巨大的损失，使得房利美与房地美职能被迫削弱，并最终由美国财政部接管。

愤怒的投资者们猛烈抨击那些应该对此次金融危机负责任的人，其中包括美国主要次级贷款的放款人（如新世纪金融公司）、相关的政客、监管部门、评级机构以及没有阻止或者没能控制住这些放贷机构鲁莽行动的独立审计师。

就在安然公司和世通公司丑闻所引起的全面改革过后的几年，会计界再一次被一大群愤怒的批评者推到了风口浪尖。这些批评者中就有《纽约时报》，《纽约时

① "Final Report of Michael J.Missal, Bankruptcy Court Examiner," In re: New Century TRS Holdings, Inc., a Delaware corporation, et al., U. S. Bankruptcy Court for the District Delaware, Case No.07-10416 (KJC), 29 February 2008. 除非另有说明，本案例中出现的引文均来自该来源。

报》指责次级放贷人的独立审计师用其所提供的质量认证粉饰那些机构的财务报告。“虽然会计师事务所对其客户确实不具有法定的监管职能，但是它们和评级机构一样需要出具质量认证。因此，金融界的人士以及投资者们有理由相信审计师出具无保留意见之后，这家公司的会计实务就已经是公允公正的了。”①

本案例中的以下内容将会为读者提供美国次级抵押贷款放贷的相关历史。以新世纪金融公司在次级抵押贷款失败事件中所扮演的角色为核心，对公司的历史以及运营情况进行一个回顾。随后，本案例通过一份审查报告中对新世纪长期进行独立审计的毕马威事务所的批评进行评析，而这个案例正是在2007年初由调查新世纪金融公司破产案的联邦调查员所撰写的。

次级贷款的历史回顾

和所有其他行业一样，在经营过程中，抵押贷款公司也在风险和收益中寻找平衡。抵押贷款放款人一直面对的主要风险就是他们的客户能不能或者愿不愿意支付其抵押贷款的本金和利息。

在20世纪80年代初，拥有不良信用记录的人如果想要运用抵押贷款来购买房屋的话，只有两条路可以走，即在联邦住宅管理局或者退伍军人事务部的保证下获得房屋贷款。而拥有良好信用记录的，也就是所谓的优质借款人可以直接从银行、储蓄信贷机构或者其他金融机构处获得贷款。

而20世纪80年代初房贷业疏于监管，使得次级借款人获得贷款购买新房更加容易。1980年存款机构放松了管制，并且《货币控制法案》又取消了放贷机构在新抵押贷款上设置的利率上限。随后通过的立法又使得抵押放款人可以创造出多种融资选择来和行业内的主要长期产品（30年固定利率抵押贷款）进行竞争。最明显的是，这些非传统的抵押贷款（包括可调整利率抵押贷款）受到了有不良信用记录的抵押贷款人的欢迎。

虽然说20世纪80年代就具备了宽松管制的法案，但是抵押贷款业中次级贷款部分一直到世纪之交，也就是抵押贷款证券化变得普遍时，才得到了极速发展。维基百科将证券化定义为“资产、应收账款（抵押贷款的金融工具）等的取得、分类进入资金池并被当作抵押品提供给第三方投资者的结构化财务流程”。

证券化使许多抵押贷款放款人采用一种“贷款并证券化”的商业模式。这种新商业模式的运用，代表着新抵押贷款的信用风险不仅由放贷机构承担，同时也由全球购买抵押贷款支持证券的投资者承担。截止到2006年，美国大约1/4的新房屋抵押贷款是发放给借款者的，而剩下的3/4则是经过证券化售给了美国及全球的投资者。

投资者，尤其类似于大型银行、避险基金等机构投资者，对高收益的抵押贷款支持证券的巨大需求使得次级放贷人逐渐扩大其市场营销面。为了劝说有高信用风

---

① V.Bajaj and J.Creswell,“A Lender Failed.Did Its Auditor?”*New York Times*(online),13 April 2008.

险的人来借抵押贷款，次级市场的放贷人专门针对上述人群开发了新产品。

次级抵押贷款市场中最受欢迎的抵押贷款产品就是“收入声明”以及“无本金”抵押贷款。申请人收入声明贷款，仅需申请人在申请期间内报告几年收入即可，放贷人依据申请人自己申报的收入来决定其能够申请到的贷款金额。不难预料到，很多收入声明贷款的申请人，也就是抵押贷款业中众所周知的欺诈借款人，为了能够买下更大的房子而虚构了自己的收入。

无本金抵押贷款的借款人只需要在固定时间内交纳贷款利息即可，而且无本金抵押贷款可以在常规30年的贷款基础上延长5年到10年。

20世纪90年代后期以及21世纪的前几年内，在亚利桑那、加利福尼亚、南佛罗里达、拉斯维加斯、内达华等次级放贷的热门州，房价快速上涨。在房屋市场中，许多次级借款人都抱着短期利得的目的来购买房屋。当时人们全以贷款来支付购买一个价值200万美元的房屋，如果房价每年上涨10%，那么他们发现两年后自己就会在房子上赚得40多万美元。到那个时候，借款人再以抵押贷款的形式融资来获得上述收益。那么这笔收益又可以偿付新的抵押贷款中的月供，或者人们可以卖掉原先的房子，用赚得的钱以及更大额的抵押贷款来购买一个更大面积的房子。通过这样的方式，没过几年，所有的人都能够“飞黄腾达”。

虽然在先前的20个月内，有些州的房价有所下降，但是在2006年中期，美国的整体房价达到了顶点。到2007年末，几个大州的房价与其最高时期相比已经下降了10%，而到2008年中期，这些州的房价和其最高时期相比下降了20%，甚至更多。

由于房价不断下降，越来越多的次级借款人开始无法支付其抵押贷款的月供。事实上，很多次级借款人未支付的贷款余额很快就会超过其房屋的市场价值，到2008年初，有900万名美国人的房屋成为负资产。

房价的大幅下跌对于抵押放贷人来说，无疑是一个巨大的打击，特别是对像新世纪金融公司这样的次级贷款放贷人影响最为巨大。新世界金融公司发放和打包销售的许多次级贷款都包含有回购条款，如果上述贷款的违约率达到一定的水平，新世纪金融公司就不得不回购这些贷款。由于房市不景气，新世纪金融公司以及其他次级贷款放贷人几乎被贷款购回请求所淹没。

由于次级抵押贷款证券化的原因，抵押贷款业所面临的财务问题很快就波及开来。在金融服务业中，如同美林银行这样的许多著名公司虽然没有直接和大型的抵押贷款放贷人联系，但却因为抵押贷款支持证券的价格下跌而蒙受了巨大的损失。更为糟糕的是，美国大部分抵押贷款支持证券都已经卖到了全球，一位抵押贷款市场观察者曾说，贷款的证券化有效地将“次级抵押贷款的毒瘤传给了美国以及全球的投资者”①。

① K.Amadeo,"Understanding the Subprime Mortgage Crisis," *About.com* (online),9 October 2008.

新世纪金融公司：次级抵押贷款放贷者的标杆

当鲍伯·科尔、爱德华·戈特沙尔、布拉德·莫里斯工作多年的公司——Plaza房屋抵押贷款公司——在1995年被其强大的竞争者收购后，这三人发现自己失业了，于是他们决定合力开设一家专门做次级抵押贷款的公司，科尔担任新世纪金融公司的CEO，戈特沙尔担任CFO，而莫里斯是COO。在1997年6月，公司在纳斯达克挂牌上市的时候，莫里斯取代科尔成了公司的CEO，2004年新世纪金融公司的股票转入纽交所。

三人在公司任职期间的年薪并不高。例如，2005年每人工资仅为569 250美元。但是当公司完成或超额完成其财务目标时，三位创始人会因公司的激励政策而获得大量的奖金以及股票期权。2005年，每个人得到的总报酬大约为1 500万美元。除此之外，《纽约时报》报道称，在2004年到2006年间，三人通过售卖新世纪金融公司的股票获利4 000多万美元。[①]

新世纪金融公司的快速发展源于二个关键因素：第一，抵押贷款利率。抵押贷款利率在20世纪90年代中期达到了顶峰，平稳发展后在十多年间却出现了下降的趋势，而低贷款利率有利于房地产行业以及抵押贷款业的发展。第二，当时的经济和监管环境造就了次级放贷是抵押贷款行业中利润最高的部分。第三，公司所在的加州奥兰治县蓬勃的房市发展为公司提供了一个巨大且没有进入门槛的市场。

金融公司在奥兰治县成立之后，公司的三大巨头就开始在美国其他良好的房地产市场寻找扩张公司的机会。在顶峰时期，新世纪金融公司在全美国有200多个抵押贷款零售点。新世纪金融公司的员工可以在那里发放新的抵押贷款，公司的大额贷款都是由35 000多个独立抵押贷款经纪人组成的网络运营部门发放的。

新世纪金融公司交给美国证券交易委员会的2003年年报提供了公司相关商业模式的概述。

> 我们向那些不符合传统抵押贷款放贷人（例如房利美和房地美）的信用证明文件和其他认购条件要求的借款人提供抵押贷款。我们依据借款人的偿还贷款能力、借款人的还款历史记录以及由担保品放贷率衡量的借款人净资产来发放贷款。从1996年起，公司开始发放并销售上述贷款，而且我们已经有了一个相对合理且成熟的信用评价及风险定价程序，可以帮助我们有效管理次级抵押贷款中的潜在高风险。

2004年，新世纪金融公司的管理层将公司重构为房地产信托公司，这样一来，公司就能够享受国内税收法中的优惠税收待遇。公司的组织变化对其运营以及主要

① V.Bajaj, "Report Assails Auditor for Work at Failed Home Lender," *New York Times* (online), 26 March 2008.

业务（也就是次级抵押贷款的发放）的实质并没有产生任何影响。

1996年到2001年间，新世纪金融公司高速发展。次级放贷的巨大增长使得新世纪金融公司2002—2005会计年度的收益翻了两倍。在接下来的几年中，新世纪金融公司发放并售卖了560多亿美元的抵押贷款，并证券化了其中170多亿美元贷款，最终赚得净利润4.11亿美元。

新世纪金融公司自2002年起收入高速增长的主要原因是，高管层将公司市场营销集中于收入声明与无本金贷款，一直到2005年，公司所发放的贷款中大约有3/4是上述两种贷款。

在新世纪金融公司收益高速增长的几年里，公司发言人多次在新闻稿和提交给美国证券交易委员会的公开文件中声称，公司具有一个非常强大而成熟的内部控制系统，而这被指派来调查新世纪金融公司破产的审查员所质疑。

审查员从多次采访中得知，上述发言人所提到的新世纪金融公司的信息技术、数据输入以及处理系统并不是滴水不漏的，甚至很多地方不能满足新世纪金融公司业务的性质与规格要求。尤其在2005年秋，新世纪的贷款发放系统还是人工处理（劳动密集型）的，在那个时候，新世纪金融公司还在使用过时的DOS贷款认购系统及评价系统。从一次对管理层的采访来看，这种系统允许使用者做“任何的欺诈行为”并瞒天过海。

破产案审查员的报告还说明，财务系统在贷款回购请求跟踪方面，存在特别多的漏洞。破产条案审查员称，2006年底，新世纪金融公司才为跟踪贷款回购请求设立了自动化系统或协议。而在那时，由于公司所服务的主要地区房市不景气，公司已经收到了大量贷款回购请求。除了在存续期的大部分时间内没有适当对贷款回购请求进行跟踪之外，新世纪金融公司也没有对如何计算将会被回购的贷款计提储备金出台明确的政策。[①]

到2005年末，新世纪金融公司董事会中的几人公开质疑高管的高风险商业战略以及所做出的财务融资决策。这些批评声最主要的是来自任职于公司审计委员会中不参与管理的独立董事理查德·佐娜。

在佐娜漫长而又与众不同的职业生涯前期，她曾经是安永的高级合伙人，并担任过一段时期安永全国金融服务公司总监，其间她统管事务所的审计、税务以及管理咨询业务。在20世纪90年代末，佐娜还担任过联邦储备金监察小组的咨询委员。

2005年末，佐娜向新世纪董事会递交了辞职信。在辞职信中，她提及公司管理层操纵利润，采用激进的收入确认方法，却没有为贷款损失计提充足的储备金。[②]佐娜信件的摘要如表1所示。

---

① Bajaj and Creswell,“A Lender Failed.”

② 佐娜最终撤回了2005年的辞职信，并一直留在公司董事会直到2007年9月。

表1

在2005年10月25日至26日的董事会会议上，管理层告知董事会，除非管理层反向计提每股0.26美元的贷款损失储备金，否则，其对第三季度每股利润2.24美元的共识与预期将不会实现。显然，管理层在第三季度反向计提储备金的想法具有利润操纵的意味。
当与现金流相比较时，管理层利用表外收入夸大利润，这就产生了极为激进的收入确认。
最大的股东对贷款损失核算记录的合理性表示怀疑。
关于核算记录贷款损失，有一条由来已久的会计准则，即核算与记录应被设计、实施以使收入与费用相配比。管理层依据其对未来18个月所估计的坏账冲销额来计提贷款损失的做法并不能达到上述要求，由于坏账冲销是在其后完成的，管理层的做法没有使收入与费用相配比。

2006年，新世纪金融公司的财务状况和经营业绩都持续恶化，为了不被怀疑，新世纪金融公司的高管曾多次向华尔街保证，公司的财务运行状况良好。2006年8月，新世纪金融公司对外报出第二季度利润与以前年度同期相比大幅度上升。一位公司发言人写道，上述经营业绩就是公司强大而稳定的证据。新世纪金融公司在2006年第三季度盈利新闻稿中承认，由于拖欠还贷的增多，次级放款人面临着具有挑战性的市场。然而，在其新闻稿中，这位发言人向公众投资者保证，新世纪金融公司已经为预期的高水平贷款损失计提了足够的储备金。

2007年1月31日，新世纪金融公司高管团队与公司董事会及审计委员会的成员会面。在会议上，管理层告诉董事会以及审计委员会的成员，2006年前三个季度中每个季度都少报了贷款回购损失所需计提的储备金。新世纪金融公司管理层人员大卫·肯尼利将其归咎于计算储备金方法的无意疏忽。新世纪金融公司董事会和审计委员会成员证实，他们感到非常震惊，并将那次会议描述为“丑陋的”“难以平静的”。

2007年2月7日，新世纪金融公司向美国证券交易委员会提交了8-K文件，其中披露了上述对贷款回购储备金的不充分陈述。8-K文件指出不充分陈述是由于公司没能将处置回购贷款时预期贬损考虑在内，也由于其没能考虑到回购请求频率的大幅度提高，具体数额也在增加。但是8-K文件中并没有说明回购贷款损失储备金被低估的程度，只是说明前期所报出的2006年前三个季度的盈利信息不再可靠。

2007年3月2日，新世纪金融公司告知美国证券交易委员会，2006年的年报将会推迟，并最终报出年度亏损。同时，新世纪金融公司发现毕马威事务所正在考虑给新世纪2006年的财务报告出具附加持续经营事项段的审计意见。而就在几个星期后，毕马威事务所辞去了新世纪金融公司的审计工作，也就并没有对2006年的财务报表出具任何审计意见。2007年4月2日，新世纪金融公司向美国联邦法院申请破产，当时新世纪金融公司是美国历史上第九大提出破产的公司。[①]2008年5月，公司管理层宣布新世纪已经审计过的2005年财务报表也并不可靠。

---

① 2007年末申请破产的5个最大的公司都是抵押贷款放贷人，其中4个是次级放贷人。

新世纪金融公司申请破产后的几天内，公司股价由两个月前的每股30多美元下跌到每股不足1美元，而股价在2004年的最高峰时期为每股66美元。并不令人感到意外的是，就像当初安然和世通公司破产时一样，股东和其他当事人对公司的崩盘感到愤怒。表2中列示了公司众多批评者中一位关于新世纪金融公司破产的讽刺性评论，这则评论是以写给在线银行论坛读者的一封虚拟信的形式发布的。

表2

亲爱的BankNet360读者们：

大家好，我是布拉德·莫里斯。我刚从新世纪金融公司这艘即将沉没的船中逃出来。

但是请大家不要为我感到悲伤，我非常好。我可以使公司破产，让抵押贷款认购陷入寒冬，（这些人）比经济衰退造成的裁员还要多，但是我还有2 500万美元的存款。对所有的债权人，我只能说不好意思，但是和我没什么关系。

如果你问我有遗憾吗？是的，我是有遗憾的。当新世纪金融公司的股价由于可选择性调息贷款以及无本金贷款而快速上涨时，我投入了过多的资金。在那段时间里贷款从天而降，到了次级借款人的手中，让他们把布兰妮与J-Lo区分开，比让其明白将要面临的贷款重新定价还要轻松。

你知道的，我也想知道自己怎么能够为离开新世纪金融公司花这么多钱。我也不清楚首席重组官何丽·爱特林是从哪里来的，但是她随时都可以去我的豪宅，哦不，陋舍。

哦，你们快看呀，钱每时每刻都在流入我的账户中，我要去购物了。我问候次级抵押贷款业，我祝所有的华尔街人都能够应对此次风险。

您忠诚的

已经破产的新世纪金融公司创始人

布拉德·A.莫里斯

主力审计师

《纽约时报》将毕马威事务所描述为次级抵押贷款业的主力审计师。[①]毕马威事务所在次级抵押贷款业中的审计客户包括大型次级放贷人，如全国金融公司、汇丰银行、新世纪金融公司和富国银行。毕马威从1995年新世纪金融公司成立之初就承担其审计业务，直到2007年4月解约。

新世纪金融公司的破产引发了对毕马威事务所的抨击。《纽约时报》在安达信对安然公司的审计以及毕马威对新世纪金融公司的审计之间做比较。安达信事务所没能发现大型能源公司激进的会计处理方式。而根据《纽约时报》的说法，毕马威事务所没能警告投资者新世纪金融公司“这列载满抵押贷款的火车马上就要脱轨了”[②]。

新世纪金融公司的会计处理方法虚构了利润，吸引了投资者，使公司继续吸引着华尔街的资金来认购更多的抵押贷款。如果没有明显底线的出现，那么新世纪金

① Bajaj and Creswell, “A Lender Failed.”

② Bajaj and Creswell, “A Lender Failed.”

融公司的生命将会比现在还要短暂。[1]

在破产案审查员长达560页的报告中，他指出，对照职业准则，毕马威事务所在对新世纪金融公司的审计中并没有履行其职责。破产案审查员的具体指控包括对新世纪金融公司2005年审计中人员配备不合理以及审计师的独立性被削弱。破产案审查员还说，毕马威事务所没能充分考虑新世纪金融公司财务和金融报告系统中所显示出的严重内部控制问题，也没能合理审计公司最为关键的次贷回购损失储备金问题。表3是毕马威对新世纪财务报告出具的审计意见。

新世纪金融公司审计项目中的人员配备问题

2005年的春天，就在毕马威事务所完成2004年对新世纪金融公司审计后不久，一个几乎全新的审计团队，一共大约15名毕马威事务所员工加入到新世纪审计项目组，其中只有两名员工在参与完2004年的审计项目后继续参与2005年的审计，而且这两名员工都是一年见习审计师。2005年审计组中的两名关键人员（审计主要合伙人和高级经理）才刚刚加入到负责新世纪金融公司的执行办公室，即毕马威事务所在洛杉矶的营业点。

新世纪金融公司2005年审计项目的合伙人约翰·多诺万在2002年安达信事务所解散之前，在安达信担任了17年的审计合伙人。在安达信解散后，多诺万就成了安永的审计合伙人。随后在2005年初，他在毕马威事务所获得了一份类似的工作。

表3　　毕马威对新世纪财务报告出具的审计报告

新世纪金融公司董事会：

我们已经审计了2004年及2005年12月31日新世纪财务公司的合并资产负债表和子公司的资产负债表，也审计了截止到2005年12月31日近三年的每年相关合并利润表、综合收益表、所有者权益变动表以及现金流量表。合并财务报表由公司管理层负责，我们只负责基于相关审计准则对合并财务报表发表意见。

我们依据美国上市公司会计监督管理委员会的准则进行审计。该准则要求我们对审计进行计划来获取关于财务报表是否有重大错报的合理保证。审计包括基于测试的检查，收集支持财报中列示与披露事项的证据，评估会计原则使用情况、管理层的重大估计，以及评价财务报告整体表现。我们认为我们的审计已经为发表意见提供了合理的基础。

我们认为，合并报告在所有重大方面合理表述上，对于2004年及2005年12月31日新世纪金融公司及其子公司的财务状况、经营业绩，截止到2005年12月31日三年间每年的现金流量，都符合美国公认会计原则的要求。

我们也根据美国上市公司会计监督管理委员会的准则，基于COSO的标准，对公司2005年12月31日财务报告内部控制的有效性进行了审计。我们2006年3月15日的报告对公司财务报告内部控制的管理层评估及有效运行发表无保留审计意见。

毕马威有限责任合伙企业
加利福尼亚州洛杉矶
2006年3月15日

资料来源：新世纪2005年年度财务报告。

① Bajaj and Creswell, "A Lender Failed."

当毕马威事务所决定让多诺万成为2005年新世纪金融公司的审计合伙人时，公司的审计委员会成员表示不满。审计委员会成员认为，多诺万在审计抵押贷款业务方面缺乏经验，让他做审计监管者并不是好的选择，并要求毕马威事务所指派另外一个合伙人来监督审计工作的执行。当毕马威拒绝了这项要求后，审计委员会的成员决定不再聘用毕马威事务所，而换了另外一家会计师事务所。“最终审计委员会认为换会计师事务所具有破坏性，对于债权人来说是一个不良信号。”

马克·金姆于2005年5月在毕马威获得了一份工作，并且在2005年加入了新世纪金融公司审计项目组，成了一名高级经理。金姆有多年的从事审计工作的经验，他还曾经在一家小型抵押贷款放款公司担任了三年的财务总监助理。

在新世纪审计项目任职期间，马克·金姆曾经向约翰·多诺万抱怨，招募一组优秀的审计师来该审计项目非常困难。在发送给多诺万的一封电子邮件中，恼怒的金姆在其中写道：“由于项目组所承受的负面名声，我们永远都没有办法组建好一个团队。”在另外一封由新世纪会计师发给公司高管的电子邮件中，大卫·肯尼利基本赞同金姆的观点，他也提到毕马威事务所并没有指派合适的审计团队来参与新世纪金融公司的审计项目。

实际上，新世纪金融公司的前员工肯尼利才是审计项目组在毕马威洛杉矶营业点有负面名声的关键原因。新世纪金融公司破产案审查员所收集到的证据表明，该公司的会计职能很“弱”，并且是由“专横的”“难以相处的”“自我感觉良好的”但又“脾气暴躁的”肯尼利管理的，一位参与了新世纪审计项目组的毕马威员工证实，肯尼利经常斥责多诺万和金姆。在另外一封由金姆发送给多诺万的电子邮件中，金姆说道：“肯尼利似乎知道所有问题的答案，而其余的财务部人员和我们审计组一样，对于所发生的事情一无所知。这种情况让我们项目组中的每一个人都感到十分担忧。”

毕马威审计项目组成员和新世纪金融公司高管层之间的关系，特别是和肯尼利之间的关系在2005年审计接近尾声时进一步恶化。两名毕马威事务所专门审计金融衍生品的审计师在审计的最后阶段加入了该项目组，来审查新世纪金融公司对对冲基金和其他衍生金融品的会计处理是否恰当，他们要求新世纪金融公司提供多种文件来协助完成他们的审计工作。在新世纪金融公司拒绝提供相关文件之后，两人拒绝在相关会计决策文件上签字。这一情况使得多诺万无法对公司财务报告发表审计意见，而这也是需要包含在公司2005年10-K表格中的。

在向美国证券交易委员会提交新世纪金融公司2005年10-K表格截止期前几个小时，恼怒的多诺万给金融衍生品组的一名审计员发去邮件说：“我对于到现在还在讨论这件事情感到非常失望。在我看来，我们的工作已经结束了，客户也认为我们应该完工了。那么我们要做的事情就是放所有人一马。”同一天稍微晚一点的时候，毕马威事务所纽约总部的高级合伙人告诉多诺万对新世纪2005年财务报表发表无保留审计意见。虽然金融衍生组的两名审计师依旧没有同意，但是多诺万被授权发表了审计意见。[①]

第二天，新世纪金融公司审计委员会和多诺万、金姆召开了会议。据说在这次会议中，审计委员会的成员向毕马威事务所的两名审计师大喊大叫。随后，肯尼利告诉新世纪破产案审查员自己对“差一点就发生的灾难”感到非常“愤怒”，事实上，新世纪公司向美国证券交易委员会提交的10-K表格差点就错过了截止期。也正是由于这一情况，新世纪审计委员会开始考虑是否还要再次聘用毕马威事务所作为公司2006会计年度的会计师事务所。随后，多诺万证实自己担心过审计委员会可能会和毕马威事务所解约。

在接下来的两个多月里，多诺万向新世纪审计委员会保证“这种情况不会再出现”。在得到这个保证后，新世纪审计委员会决定再次聘用毕马威事务所。

破产案审查员指出，2005年10-K表格一事在其与新世纪公司续约后续期间内，削弱了审计师的独立性。“尤其是多诺万和金姆在涉及新世纪公司会计决策方面的关键问题时，可能不会像相关准则规定的那样保持他们应该保持的职业怀疑。”审查员继续指出：“多诺万和金姆本可以尝试提高独立性来挽回毕马威事务所的声誉。例如，他们可以在关于贷款、回购贷款储备金计提方面提出积极的建议。”

在随后《纽约时报》的采访中，破产案审查员再次提到新世纪金融公司项目的审计师热衷于取悦公司管理团队时，对于毕马威事务所的独立性提出了进一步的质疑。“它们和顾客过于亲密，这在后安然时代是难以想象的。”[②]在另外一个采访中，审查师也表达了类似的观点：“在后安然时代，会计人员应该是具有怀疑性、强势而又独立的。很明显，毕马威事务所的审计人员没有符合上述任何要求。”[③]

对内部控制问题的考虑欠妥

《SOX法案》第404条款要求上市公司的审计师对客户的财务报告内部控制有效性进行审计。[④]在2004年和2005年间，毕马威得出的结论都是新世纪公司财务报告内部控制是有效的。

2004年对新世纪金融公司内部控制进行审计时，毕马威的审计师识别出内部控制中的五个重要缺陷，并将此汇报给了新世纪的审计委员会。由于事务所的审计师将上述缺陷定义为非重大缺陷，所以事务所可以对新世纪公司2004年的内部控制发表无保留意见。2005年毕马威事务所在对新世纪公司内部控制进行审计时，

---

① 金融衍生品组的专家被要求不再参与对新世纪2005年财务报告发表审计意见一事，即使在2005年工作底稿包含一份“不同意备忘录”。在下一个月，新世纪终于提交了专家要求其提交的文件。对那些文件的审查可以看出，新世纪对其某些金融衍生品的处理不恰当，造成了“几百万美元的错报”。但是，毕马威认定上述错误是不重大的，即不必对2005年财务报告进行重述。

② Bajaj, “Report Assails Auditor.”

③ A.Beck, “KPMG Allowed Fraud at New Century, Report Says,” Reuters.com, 27 March 2008.

④ 毕马威在对新世纪进行2004年与2005年的审计工作时，美国《上市公司会计监督委员会审计准则》第2号——“对财务报告及财务报告内部控制有效性的审计”已生效。上述准则后来被美国《上市公司会计监督委员会审计准则》第5号所取代，两个准则非常相似。

得出的结论依旧是没有重大缺陷。

破产案审查员对毕马威做出新世纪公司2004年和2005年财务报告内部控制是有效的这一结论表示质疑。审查员指出，在新世纪续存期间，一直都没有对贷款购回请求有一个“有效的跟踪处理解决机制”。控制的缺失使得公司不能在任何时间点确定贷款回购的要求有多少，同样，公司也就不能合理估计需要在期末计提多少贷款回购损失储备金。

相关的内部控制缺陷是，新世纪公司没能在每个会计期末采用正规的政策和程序来计算贷款回购损失储备金。在每个报告期，计算储备金的基层会计人员证实到，他们也只是按照以前负责储备金计算的人员的指示来行事的。

在2004年到2005年的审计期间，事务所的审计师发现了和新世纪公司贷款回购损失储备金有关的内部控制缺陷。审查员提到在2005年贷款回购申请急剧增加时，上述缺陷对于新世纪公司是具有重大暗示性的。然而，即便有这些暗示，毕马威事务所还是在2005年审计期间将上述缺陷定义为非重大缺陷。由于内部控制问题没有被定义为重大缺陷，因此毕马威事务所没有和新世纪审计委员会对上述问题进行沟通。

破产案审查员坚称，至少在2005年审计中，有关贷款购回请求的会计程序不足以被确定为内部控制的重大缺陷，而这也使得毕马威事务所对新世纪内部控制发布了相反的审计意见。实际上，新世纪公司的高管曾在2007年初得到了类似的结论。

新世纪公司管理层在2007年初认定的重大缺陷为：(1) 未能在与公司关键审计政策（尤其是回购储备金计算）有关的会计规则解读和运用方面保持有效的控制。(2) 具体确定回购储备金时，公司没能在与重大的购买方要求有关的收集、分析、运用信息方面保持有效的控制。

戴比·比德尔是主要负责2005年内部控制审计的毕马威事务所高级审计师。和约翰·多诺万和马克·金姆相似，比德尔在加入毕马威事务所洛杉矶分所不久后就进入了2005年新世纪公司的审计项目组。比德尔是从毕马威事务所英国分所调到洛杉矶营业点的，负责2005年新世纪公司内部控制的审计之前，比德尔“完全没有审计美国公司和运用《SOX法案》的经验”。

破产案审查员称比德尔和他的同事们没有能够审查2004年新世纪公司的审计底稿。也就是说，他们可能对毕马威事务所审计师在一年前发现的内部控制问题一无所知，也就不可能在2005年审计时将上述问题考虑在内。

破产案审查员发现没有充分的证据能够证明，毕马威2005年审计项目组在依据《SOX法案》第404条款进行审计时，实施了正规的程序来进行公司内部控制的纵向对比。考虑到毕马威事务所审计项目的工作量，进行上述分析程序是非常明智的。而上述分析的失败影响非常重大，因为它直接影响了2005年针对第404条款的审计计划、2005年的评价结果以及年终审计计划。

对新世纪贷款回购损失储备金的审计失察

2005年初，由拖欠率和违约率等客观指标衡量的新世纪贷款组合的质量开始快速下滑。新世纪公司收集到的内部数据显示，2005年的贷款拖欠率和以前相比提高了一倍。在2006年间，由于房市情况的持续恶化，拖欠率随之不断上升。

新世纪公司不断上升的贷款拖欠率与违约率引起了购买大量贷款投资者所提出的贷款回购要求数量增加。由于对贷款购回请求的会计处理程序和内部控制失效，新世纪公司的财务人员没有在2005年以及以后的年度对贷款回购损失储备金加大计提幅度。例如，虽然2005年贷款回购请求大幅度增加，但是新世纪公司对贷款回购损失计提的储备金却在2004年到2005年间呈现出下降的趋势。

新世纪公司破产案审查员估计贷款回购损失储备金的计提不足以及相关账户的错误记录，使得新世纪公司2005年会计年度的税前利润增加了14.3%，也就是大约6 400万美元。审查员认为上述账户的错报同样使得新世纪公司2006年前三个季度的税前利润增加了59%，也就是大约2亿美元。

新世纪财务人员在每年财报期确定贷款回购损失储备金充分性时会进行一个为期90天的“回顾期”，也就是说计提准备金时只考虑资产负债表日前90天内发生的贷款回购请求。然而事实上，公司在资产负债表日前三个月也经常收到贷款回购请求。

破产案审查员指责毕马威事务所没有指出新世纪公司在计算贷款回购损失储备金时存在一个为期90天的空窗期。而实际上，毕马威事务所的工作底稿指出这种策略是非常合理的。“根据对公司回购记录的审查和与公司管理层的讨论，我们认为最近三个月是回购发生的高峰期。”审查员对毕马威事务所审查了回购记录的言辞表示怀疑，因为会计记录说明在贷款被售出的三年后，新世纪公司再次获得了以上贷款，而审查员没有发现证据可以证明新世纪主管已经告知毕马威事务所的审计师有大量90天以上的贷款被公司回购了。

毕马威的审计底稿记录显示，从2004年底开始，新世纪接到的贷款回购申请开始大幅度增加。相比于前一年回购的1.35亿美元的贷款，2005年新世纪公司回购了3.32亿美元贷款。虽然涨幅非常巨大，但是审查员说毕马威在2005年审计期间“未实施任何补充程序，也没有测试新世纪公司回购储备金”。

造成新世纪公司计提贷款回购损失储备金不足的第二个因素，是公司未能在每个报告期计算储备金时，将“利息支付”考虑在内。破产案审查员认为公司财务人员的上述疏忽是“令人费解的”。

由于审查员知道贷款回购协议规定，当借款人无法偿付时，新世纪公司需要向投资人支付上述未付的利息。也就是说，该需求是长期性的。那么在这种情况下，计算回购储备金时依旧没将利息支付考虑在内是令人费解的。

审计底稿中的记录表明，毕马威事务所在2005年审计时，实施的对公司贷款回购损失储备金的测试情况概要指出，利息支付是储备金的组成部分。

毕马威事务所在2006年1月的审计底稿中写道，对未来回购所预估的储备金应该包括"本应是借款人付给投资人，却因为借款人无法支付而由新世纪付给投资人的已计提的利息"。

毕马威事务所根据大卫·肯尼利的声明得出了错误的结论。破产案审查员批评毕马威事务所审计师没有依据其他审计证据对肯尼利的话进行证实。"如果毕马威事务所采取了充分的审计措施进行测试和计算，那么一定能够发现计算回购储备金时并没有将利息支付考虑在内。"

2006年初，新世纪公司改变了期末计算贷款回购损失储备金的方法。[①]这一变动导致在随后季度报告期内公司对相关储备金的计提更加不足。2006年的第三季度储备金大约被低估了1 000%。

肯尼利证实改变对储备金的计算是由毕马威高级审计经理马克·金姆提议的。金姆随后表示，他已经不记得是否提出了上述建议。然而，审查员收集到的证据得出了毕马威的审计师"基本上确实"提出了上述建议的结论。

曾经，毕马威事务所在自己的工作底稿证实下，意识到了市场条件愈发糟糕，回购也会增加。毕马威事务所提出建议，让新世纪公司从计算中移除对储备金有减少影响的部分，并且没有将此重要会计政策的变更告知审计委员会。

2006年11月，新世纪公司雇用了一位具有30年从事抵押贷款业务经验的新CFO。这位新上任的CFO马上对公司的贷款购回损失储备金的充足度表示了怀疑，并要求毕马威事务所向其提供一份储备金已经被合理表述的书面文件，然而，毕马威事务所拒绝提供上述书面文件。

由于新任CFO的不断要求，新世纪公司的财务人员最终意识到了会计方法的改变使得关于2006年贷款回购损失储备金的估计是不恰当的，而且导致了2006年前三个季度所计提的储备金都是不充足的。上述认识使得新世纪公司在2007年2月的8-K表格中报告了计提不足这一情况，而这一系列的事件，最终导致新世纪公司在两个月后申请了破产。

毕马威的辩护

毕马威事务所的代表对新世纪公司破产案审查员在其报告中对事务所的指控做出了有力的回应。特别是让毕马威事务所感到尴尬的是，在新世纪公司审计期间毕马威审计师对于客户主管"言听计从"[②]的说辞。在做回应时，毕马威事务所的发言人告诉《纽约时报》的记者："完全没有证据证明上述言论的正确性。"[③]在后来进行的《时代》周刊的采访中，这位发言人指出，破产案审查员的报告是不公平而且是"单方面"的。

---

① 计算损失储备金方法的改变包括将"inventory severity"部分从储备金中移除。这部分指的是自资产负债表日以来新世纪将会对已回购的贷款记录为损失。金姆支持将该部分移除，这是因为他认为新世纪公司已经在公司相关的大额贷款账户中将损失体现出来了。但事实并非如此。

② Bajaj,"Report Assails Auditor."

③ Bajaj,"Report Assails Auditor."

破产案审查员是由法院指定来识别破产案中潜在诉讼的。为了完成使命，审查员会做出一份带有单方面主观性的辩护文件，最终得出可以指控毕马威事务所存在疏忽的结论。审查员在其报告中还提到了赔偿问题，对于上述指控和赔偿，我们无法表示赞同。[①]

也有许多人士为毕马威事务所辩护。一位芝加哥大学的会计学教授指出，在新世纪公司的案件中，毕马威事务所并没有过错，公司破产是由于其高风险的商业模式。“新世纪公司的商业模式依赖于持续上涨的房地产价格，真正有错的是商业模式，由它引发了一切，而不是毕马威事务所。”[②]

新世纪公司破产报告至少给毕马威事务所带来了一系列不好受的公关事件。2005年毕马威事务所因为一系列针对富有的客户而进行有问题的避税项目而面临潜在的刑事诉讼。就在同年，毕马威事务所同意向美国证券交易委员会支付2.25亿美元来解决关于其最大客户施乐审计存在问题的指控。随后，毕马威事务所又支付了3.8亿美元来解决有关施乐审计的民事诉讼。

其实早在新世纪公司破产被报道之前，毕马威事务所就与抵押贷款业不断的危机和丑闻有着千丝万缕的联系。关于抵押贷款业的龙头企业房利美进行大额利润操纵的指控引起了人们对毕马威审计质量的怀疑。2008年1月初，毕马威事务所由于其客户（全国金融公司）会计舞弊而最终成为大型集体诉讼的共同被告。

后记

2008年8月，爱德华·麦克马洪表示他终于找到了一个人愿意买下他在比弗利山庄的房子，这样他就有足够的资金支付其大额抵押贷款。[③]但是，由于席卷美国抵押贷款业和房地产业的金融危机，大多数深陷泥潭的人都没有像麦克马洪那样的好运气。一直到2008年末，大约有超过150万名美国人面临其房屋被止赎，这也是美国历史上最大数量的房屋止赎事件。

为了阻止由抵押贷款和房地产业的寒冬而引起全国范围的金融危机，美国国会于2008年10月通过了发放上千亿美元的紧急救助款计划。虽然大量的救助金提供了支持，但是，主流专家认为美国经济和全球经济都会在未来的几年中受到挥之不去的负面影响。

新世纪公司的破产引发了由监管部门和法院执行机构进行的刑事侦查和大量的民事诉讼。2010年7月，针对包括布拉德·莫里斯和肯尼利在内的三位前新世纪公司主管诈骗指控，美国证券交易委员会表示已经有了相关的解决对策，除了对莫里斯和肯尼利分别处以75万美元和16万美元的罚款外，两人双双被禁止在五年内担任任何公司的主管。在民事诉讼判决期间，毕马威事务所同意，在2010年末，拿

① Bajaj and Creswell,“A Lender Failed.”

② Bajaj and Creswell,“A Lender Failed.”

③ Unfortunately,Mr.McMahon passed away in June 2009.

出4 500万美元来解决由新世纪前股东所提起的集体诉讼。

思考题

1.毕马威事务所担任许多大型次级抵押贷款放款公司的独立审计工作。请指出审计客户集中于一个行业或集中于一个子行业所带来的优势和劣势。

2.如案例所述，从2004年到2005年，新世纪公司审计项目组的成员基本都是新面孔，面对这种情况，事务所可以采取哪些质量控制机制来保证审计的高质量?

3.《SOX法案》第404条款要求上市公司的审计师分析并报告客户财务报告内部控制的有效性。上市公司的审计师承担着发现与报告内部控制重要缺陷和内部控制重大缺陷的职责。在什么样的情况下，审计师可以对客户的财务报告内部控制有效性发表无保留审计意见?

4.新世纪公司最为重要的账户之一就是贷款回购损失储备金账户。在每个会计期间，新世纪公司需要估计上述账户的期末余额。当审计重要会计估计时，审计师应当遵循哪些公认的原则和程序?

5.新世纪公司的破产案审查员指责毕马威事务所在审计时并没有遵守职业道德准则。列举出你认为毕马威事务所在审计过程中可能违反的公认审计准则或原则，并简要说明。

6.新世纪公司以及其他主要次级放贷人发行的抵押贷款支持性证券（MBS）在金融危机中成了关注的焦点。很多人指出MBS这样按照公允价值计量的证券产品是引起此次金融危机的主要原因。请简要说明采用公允价值计量的论据，你认为上述论据是否合理并说明原因。

7.指出你认为在这个案例中三个重要的学习点，并按照重要性从高到低排列，并解释说明原因。

案例 1.12

麦道夫证券公司

伯纳德渴望变得富有，他也毕生致力于此。

约翰·麦卡比，伯纳德·麦道夫的老朋友

伯纳德·劳伦斯·麦道夫于1938年4月29日出生于纽约市，麦道夫的童年是在皇后区的一个稍差一点的中产阶级街区度过的。高中毕业后，麦道夫就读于亚拉巴马大学，但在大二时，他转学到长岛的霍夫斯特拉学院，现在被称为霍夫斯特拉大学。三年后在1960年，他从霍夫斯特拉大学获得了政治学学位。

据他的一位老朋友说，麦道夫童年时就渴望变得富有，他也毕生致力于此，① 这种执念使得麦道夫一生都被股票市场所吸引。在十几岁的时候，麦道夫经常造访华尔街，并梦想成为金融界的“大亨”。因为他没有接受过正规教育和培训，大学毕业后也没有良好的人脉让他在华尔街找到一份好工作，所以麦道夫决定成立自己的经纪公司。

大学期间，麦道夫在夏季为居住在富裕郊区的纽约富人安装自动洒水系统，积累了5 000美元的积蓄。1960年的夏天，麦道夫利用这笔资金创建了伯纳德·麦道夫投资证券有限责任公司，简称为麦道夫证券公司。麦道夫的继父是一家小型会计公司的合伙人，他为麦道夫提供了公司的办公场所。近50年来，麦道夫一直担任麦道夫证券的首席执行官。在这段时间里，这位腼腆不擅交际甚至有些口吃的纽约人积攒了超过10亿美元的财产。

占领华尔街

麦道夫的经纪公司最初只交易小型公司的证券，这些证券通常被称为“低价

---

① J.Maccabee,“Mom and Dad and Ruth and Bernie,”*New York Magazine* (nymag.com),22 February 2009.

股”。当时，大多数大公司的证券在纽约证券交易所进行交易，这一交易的规则使得麦道夫等小型经纪公司很难与有效控制华尔街的大型经纪公司进行竞争。麦道夫和许多其他的小型经纪公司坚持认为纽约证券交易所的规则是反竞争的，与自由市场经济主旨不一致，麦道夫还确信，大型经纪公司人为地抬高证券交易成本，以牟取暴利，损害投资者，尤其是小型投资者的利益。

由于麦道夫对华尔街大型经纪公司的不满，他在将美国证券市场“民主化”作为自己使命的同时，也在致力于降低证券的交易成本。“伯纳德是民主化之王，救世主一般的存在，他推动了证券交易系统的自动化，在一台任何人都可以访问的电脑上列出买家和卖家。”①

事实上，麦道夫证券公司是最早利用计算机来加速证券交易处理的经纪公司之一。伯纳德·麦道夫也被认为是纳斯达克股票交易所（NASDAQ）的创始人之一。该交易所成立于1971年，纳斯达克旨在成为全球最大的电子交易所，也是全球交易量最大的交易所。在20世纪80年代末和90年代初，麦道夫三次成为纳斯达克的一年期主席。

在20世纪后几十年中，麦道夫在电子证券交易发展中的领导地位使得他的公司快速发展。在21世纪初期，麦道夫证券公司是纳斯达克最大的“做市商”，这意味着该公司在该交易所的日成交量比其他任何经纪公司都要多。②在那时，该公司也是纽约证券交易所最大的做市商之一，占其每日交易量的5%。做市业务对于麦道夫证券公司来说风险低且收益高。据报道，该公司的年利润高达数千万美元，且该公司在其存续的整个过程中利润都为私人所有。

1962年，麦道夫扩大了他的公司经营业务范围，开始提供投资咨询服务。在接下来的几年里，大多数投资麦道夫证券的投资账户所有者都是由他的继父介绍来的。尽管该公司是电子交易的先驱，并从其经纪业务中获得了可观的利润，但事实上投资咨询服务才是其最重要的业务。到2008年底，麦道夫证券公司管理的客户账户总价值已高达650亿美元。

全球投资者委托给麦道夫证券公司管理的资金数额激增的关键因素是，该公司每年给投资者的回报率颇高。数十年来，这些基金的年均回报率通常在10%～15%之间。尽管回报率颇高，但这些回报率并不引人注目，令人注目的是回报率一直保持在高水平上。2001年，《巴伦周刊》报道称，尽管几年内股市大幅下跌，但麦道夫公司一些大额投资基金从未经历过亏损，③即使在2008年末股市崩盘时，麦道夫的个人基金仍在报告中表现为盈利。

---

① S.Fishman, "The Monster Mensch," *New York Magazine* (nymag.com), 22 February 09.

② 在线商务用语百科全书、投资百科中对做市商的解释如下：指的是经纪公司承受持有股份的风险以求便于此证券的交易。每个做市商通过标出担保股份的卖价和买价来竞争客源。当收到一份订单时，做市商会马上售出自己的存货或者寻找一个抵销订单。

③ *Barron's* (online), "What We Wrote About Madoff," 12 December 2008.

尽管麦道夫成为数十位名人、职业运动员和其他富有人士的投资顾问，但他管理的大部分资金都来自所谓的“支线公司”，即大型对冲基金、银行和其他投资公司，而这些将资金投入这些支线公司的人通常不知道这些资金已经被移交给了麦道夫管理。

麦道夫和他的下属们尽可能少地披露他们公司在股票市场上成功的投资策略。有一次，麦道夫对一家支线公司的高管说：“这里发生的事情和其他人没有任何关系。”[①]《华尔街日报》报道称，麦道夫经常“拒绝”那些质疑他公司投资业绩的怀疑论者，他指出这些结果已经被审计过，并坚持认为他的投资策略“太过复杂，外人无法理解”[②]。

麦道夫证券公司提供的关于其投资政策的唯一实质性信息是，采用了一种可转换价差套利投资模式。简单地说，这一策略包括购买几十只蓝筹股，然后同时卖出看跌期权和看涨期权。据推测，无论是股市上涨还是下跌，这一策略确保了这些投资的正向回报率。

竞争者、金融分析师和学者都反复尝试复制麦道夫证券的投资策略，但都没有成功，反而提高了麦道夫在华尔街的地位和神秘感。正如一位业内人士在2001年指出的那样：“即使是懂行的人也无法说清他到底在做什么。”[③]一位CNN的记者观察到，在世纪之交，麦道夫被公认为是一个股票市场的奇才，华尔街上的“每个人”（包括他最强大的竞争对手）都“敬畏他”[④]。

泡沫破裂

2008年12月10日，麦道夫让他在麦道夫证券公司工作的两个儿子安德鲁和马克当晚到自己的公寓会面。据报道，在这次会面中，麦道夫告诉他的儿子们，在过去的几十年里，公司投资咨询部门的客户所获得的丰厚回报是虚构的，这些回报是一个精心策划的庞氏骗局，而在此之前麦道夫没有让任何员工或家庭成员知情。[⑤]第二天，一名代表麦道夫儿子的律师向证券交易委员会通报了他们父亲的供词。当天晚上，FBI探员来到麦道夫的公寓，其中一名探员问麦道夫，针对他的儿子们向证券交易委员会提供的信息作何“合理的解释”[⑥]。麦道夫回答说：“没有合理解

---

① *Barron's* (online), "What We Wrote About Madoff," 12 December 2008.

② G.Zuckerman, "Fees, Even Returns and Auditor All Raised Flags," *Wall Street Journal* (online), 13 December 2008.

③ G.Zuckerman, "Fees, Even Returns and Auditor All Raised Flags," *Wall Street Journal* (online), 13 December 2008.

④ A.Chernoff, "What Drove Bernie Madoff," *CNNMoney.com*, 5 January 2009.

⑤ 投资百科对庞氏骗局解释如下：指的是一个向投资者许诺低风险高回报的虚假投资骗局。骗局给老投资者的回报源于新的投资者。骗局能兑现向早期投资者承诺的高回报的条件是其拥有更多的新投资者，当没有新的投资者的时候这个骗局就会自行崩溃。

⑥ Fishman, "The Monster Mensch."

释。”[①]这些特工随后将麦道夫逮捕，并在数小时内对他提起证券欺诈指控。

2008年12月，麦道夫欺诈案的公开震惊了全世界的投资者，这一公告进一步削弱了全球股市的稳定性，美国的次贷危机已经“冻结”了全球信贷市场，导致股票价格急剧下跌，并有可能使全球经济陷入深度萧条。政客、记者以及普通市民都震惊地发现，这场历史上最大的投资欺诈，发生在全球经济实力最强的国家的资本市场中，并且整整几十年未被发现。更让人不安的是，在安然和世通公司的债务危机之后，美国国会授权颁布的一项法案，在实施了一系列的监管改革后，麦道夫欺诈案依旧在数年内都未被发现。

麦道夫欺诈案的消息点燃了各方的怒火，要求联邦政府和执法部门解释为什么国家的“监管”系统再次失败，而会计行业是公众愤怒的首要目标之一。在麦道夫骗局被公开报道的那天，《纽约时报》记者弗洛伊德·诺里斯问了一个非常简单的也是许多人都想问的问题：“审计师是谁？”[②]

未经审查即批准的财务报表

商业记者很快就发现麦道夫证券公司的会计师事务所是弗里林与霍洛维茨（Friehling & Horowitz)，一家位于纽约市郊区的会计师事务所。自20世纪90年代初以来，弗里林与霍洛维茨就对麦道夫公司的财务报表发表了无保留的审计意见，麦道夫每年给弗里林与霍洛维茨支付将近20万美元的年度审计费用。

进一步的调查显示，弗里林与霍洛维茨事务所只有一名注册会计师和一名非专业的雇员（秘书），只在一个占地约200平方英尺的小办公室里运营。注册会计师是大卫·弗里林，他对麦道夫公司进行了年度审计，并签署了无保留的审计意见。美联社采访的会计和审计专家坚持认为，一个人独自完成对一家公司的财务审计是极其“荒谬的”[③]。

弗里林和他的事务所同事是美国注册会计师协会（AICPA）的成员，但是该组织的一位发言人透露，弗里林每年都向AICPA报告自己没有进行任何审计，因此，弗里林的事务所没有被要求提交AICPA对注册会计师事务所进行的同行审查计划，也躲过了州一级施行的定期同行评审。当时，纽约州是六个没有对会计师事务所进行强制性同行审查的州之一。

2009年3月，《纽约时报》报道称，根据法院指定的事务所受托人获得的文件，弗里林在麦道夫证券公司有数十个投资账户，这些文件显示，弗里林与霍洛维茨事务所在麦道夫的公司开立了17个户头，弗里林与霍洛维茨事务所和弗里林的家族成员在麦道夫管理的基金处总共投资了1 500万美元。联邦检察官指出，这些投资“蔑视”了会计行业的审计师独立性原则，并撤销了弗里林担任麦道夫证券公司审

---

① Fishman, "The Monster Mensch."

② F.Norris, "Bernie Madoff," *New York Times* (online), 12 December 2008.

③ *Associated Press* (online), "Questions Surround Madoff Auditor," 17 December 2008.

计师的资格。[①]

弗里林是联邦执法部门对麦道夫欺诈案进行调查的第二名嫌疑人，在相关指控中，联邦检察官指控弗里林涉嫌证券欺诈，协助并教唆投资欺诈，妨碍美国国税局执行公务。检方没有指控弗里林对麦道夫欺诈计划知情，而是说他对麦道夫证券公司进行了“虚假审计”，而这“促成了麦道夫合法投资客户资金的假象”[②]。

有关弗里林涉嫌虚假审计的新闻报道使他在商业媒体上被斥责，美国联邦调查局的一名高级官员表示，弗里林“不仅仅是对他鉴证的报告未经审查就批准”，而且他背叛了“对投资者的受托责任，以及对监管机构的法律义务”[③]。美国证券交易委员会的一名人员坚称，弗里林在麦道夫的庞氏骗局没有被发现的17年里，“实际上是出卖了他的注册会计师执照”[④]。从美国证券交易委员会因其在麦道夫骗局中所扮演的角色而饱受轻蔑批评以来，很多当事人发现美国证券交易委员会官员在谈及弗里林时都是讽刺语气，并使用上述或其他的诋毁言论。

高洁之士和美国证券交易委员会

在麦道夫说出令世人震惊的供词之前的20年里，美国证券交易委员会针对麦道夫证券公司涉嫌违反证券法的行为至少调查了8次。然而，在每一宗案件中，调查得出的结论都是，美国证券交易委员会没有对麦道夫的任何违规行为提出指控，大多数调查都是源于一位名叫哈里·马科波洛斯的人向美国证券交易委员会提交的一系列投诉。

2009年3月1日，美国哥伦比亚广播公司新闻节目《60分钟》的编辑史蒂夫·克罗夫特说，直到几个月前，哈里·马科波洛斯一直是“默默无闻的金融分析师和来自波士顿的温和的欺诈调查员”。从1999年开始，马科波洛斯曾多次向美国证券交易委员会投诉，麦道夫正在实施着他所说的“世界上最大的庞氏骗局”。在2000年5月到2008年4月之间，马科波洛斯寄出或递交了文件和其他证据来证明自己的说法。尽管美国证券交易委员会官员礼貌地听取了马科波洛斯的指控，但他们没有积极开展调查。

2005年，马科波洛斯在发给美国证券交易委员会的一份长篇报告中指出了29个特定的“舞弊信号”，暗示麦道夫对他的客户实施了大规模的欺诈。在这些舞弊信号中，有一个是麦道夫拒绝让四大会计师事务所审查他的财务记录，同时麦道夫证券公司一直是由一家会计师事务所审计的，即弗里林与霍洛维茨事务所。另一个

---

① New York State Society of Certified Public Accountants, “Madoff Auditor Charged for Role in Massive Fraud,” 19 March 2009 (www.nysscpa.org/ezine/ETPArticles/ML31909a.htm).

② L.Neumeister, “Federal Appeals Court to Hear Madoff Jail Argument,” *Associated Press* (online), 19 March 2009.

③ W.K.Rashbaum and D.B.Henriques, “Accountant for Madoff Is Arrested and Charged With Securities Fraud,” *New York Times* (online), 18 March 2009.

④ W.K.Rashbaum and D.B.Henriques, “Accountant for Madoff Is Arrested and Charged With Securities Fraud,” *New York Times* (online), 18 March 2009.

令人怀疑的事实是，尽管麦道夫在电子证券交易中处于领先地位，但他拒绝为客户提供在线账户，而是通过邮寄的方式提供每月的账户信息。

马科波洛斯提供给美国证券交易委员会的最可信、最令人印象深刻的证据是数学分析和模拟证据，以证明麦道夫的可转换价差盈利投资策略无法持续产生其公司报告的投资结果。马科波洛斯指出，如果存在这样的投资策略，它将成为投资的"圣杯"，并最终被其他华尔街投资顾问复制。马科波洛斯还证明了即使麦道夫发现了这只投资的"圣杯"，在期权市场上，没有足够的交易可以满足麦道夫投资模式中所要求的期权量以供其账户进行买卖。

在麦道夫骗局公开后的几个月里，马科波洛斯在商业媒体中如偶像般受到了追捧。他曾多次被要求评论和解释麦道夫骗局的范围和性质。对麦道夫欺诈案的剖析表明，有三个关键因素导致了麦道夫的欺诈行为持续了几十年。首先，麦道夫的目标是那些不太可能质疑他的投资策略的投资者。根据马科波洛斯的说法，很多"聪明"的投资者拒绝投资麦道夫的公司，尽管他的业绩很好，"聪明的投资者会坚持他们的投资原则，然后走开，拒绝投资他们不理解的黑箱策略，贪婪的投资者会自己动手去给麦道夫打钱。"[①]

让麦道夫欺诈案得以延续数十年的第二个因素是他无可挑剔的资历。即便他令人印象深刻的投资业绩被忽视，麦道夫自身也很容易成为华尔街的标志性人物，他是电子证券交易的先驱。在他的整个职业生涯中，他在证券行业担任过无数的领导职务，包括三次成为纳斯达克的主席。麦道夫在华尔街的声望也因其广为人知的慈善事业而得到提升，他定期向几家慈善机构捐款。

让麦道夫维持其欺诈计划的最后一个也是最重要的因素是，股市监管职能的失灵。在国会和媒体的采访中，马科波洛斯坚称，如果联邦监管机构（尤其是美国证券交易委员会）更加努力地履行自己的职责，那么麦道夫的舞弊骗局可能会被避免，至少会大大减轻。根据马科波洛斯的说法，麦道夫知道证券交易委员会的会计师、律师和股票市场专家"无法理解一个基于衍生品的庞氏骗局"[②]，就像他策划的那样，而这一认知显然让麦道夫壮了胆，并怂恿他不断扩大自己的欺诈范围。

即使马科波洛斯向证券交易委员会官员解释了麦道夫欺诈案的性质，他们显然没理解。"我把史上最大的庞氏骗局交给他们……（但美国证券交易委员会）不理解我传递给他们的29个舞弊信号。"[③]这位直言不讳的美国证券交易委员会的批评者继续预测，"如果美国证券交易委员会不马上改进，它就有可能在即将到来的国家监管体制改革中被合并。"[④]

---

① D.Carrozza,"Chasing Madoff," *Fraud Magazine*, May/June 2009, 39.

② D.Carrozza,"Chasing Madoff," *Fraud Magazine*, May/June 2009, 57.

③ J.Chung and B.Masters,"SEC 'Illiteracy' to Blame for Madoff Affair," *Financial Times* (online), 4 February 2009.

④ Carozza,"Chasing Madoff,"58.

马科波洛斯对于美国证券交易委员会的尖锐批评，以及其他几家公司的严厉批评，迫使委员会的高层官员做出回应。主席克里斯托弗·考克斯尴尬地承认，他对委员会未能发现这一欺诈行为“深表忧虑”①。

令人惊讶的是，尽管美国证券交易委员会主席考克斯承认已意识到有关麦道夫投资证券有限责任公司存在许多舞弊信号，但没有认真对待。他下令该机构对纽约证券交易和投资管理公司的监管进行审查。②

后记

2009年3月12日，麦道夫站在了纽约联邦法院法官丹尼·陈的面前，在陈法官宣读了对麦道夫的11项欺诈、洗钱、伪证和盗窃罪名的指控后，他问穿着体面的被告是否进行抗辩，麦道夫给出了“认罪”的回答。陈法官随后让麦道夫解释他所做的事情。“法官阁下，在我于2008年12月11日被捕之前的很多年里，我通过我公司的投资咨询业务运作了一个庞氏骗局。”③麦道夫接着说，“我知道我做错了什么，这确实是犯罪。当我开始庞氏骗局的时候，我相信它很快就会结束，我将能够解救我自己和我的客户……但随着时间的流逝我意识到我被捕的这一天终将来临”④。

尽管有指控说他的两个儿子、他的兄弟和他的妻子至少了解他的欺诈行为，并且可能是同谋，但麦道夫拒绝将他们或他的任何下属牵扯进来。麦道夫声称，自己独自一人对这起诈骗案负责，而他的兄弟和他的两个儿子监管的经纪业务部门并没有受到庞氏骗局的影响。2009年6月29日，麦道夫再次出现在联邦法院，在对麦道夫的行为进行了严厉的斥责之后，陈法官判他在联邦监狱服刑150年，这意味着这位71岁的麦道夫先生要在监狱里度过余生。

2009年8月，麦道夫证券公司前首席财务官弗兰克·迪帕斯凯利承认参与了麦道夫骗局。在联邦法院出庭时，迪帕斯凯利作证说：“这都是假的，都是虚构的。这是错误的，我当时就知道。”⑤由于迪帕斯凯利与联邦执法机关的合作，麦道夫的其他十几名前下属或商业伙伴，包括他的兄弟彼得，将被判有罪或被判多项刑事指控。迪帕斯凯利于2015年5月去世，当时他正因涉入麦道夫骗局而被判刑。

2009年11月，麦道夫的长期固定审计人员弗里林承认了联邦检察官对自己提

---

① A.Lucchetti, K.Scannell, and A.Efrati, “SEC to Probe Its Ties to Madoffs,” *Wall Street Journal* (online), 17 December 2008.

② A.Lucchetti, K.Scannell, and A.Efrati, “SEC to Probe Its Ties to Madoffs,” *Wall Street Journal* (online), 17 December 2008.

③ D.B.Henriques and J.Healy, “Madoff Goes to Jail After Guilty Plea,” *New York Times* (online), 13 March 2009.

④ D.B.Henriques and J.Healy, “Madoff Goes to Jail After Guilty Plea,” *New York Times* (online), 13 March 2009.

⑤ C.Bray and T.Lauricella, “‘All Fake’: Key Madoff Executive Admits Guilt,” *Wall Street Journal* (online), 11 August 2009.

起的9项指控。弗里林的宣判听证会被延迟，但因他与麦道夫的骗局有关联，将持续接受调查。2009年AICPA宣布，由于弗里林不配合有关麦道夫证券公司审计的检查，已经开除了他。一年前，弗里林被纽约州吊销了注册会计师执照。关于弗里林的公司没有接受任何同行审查的争议，使得纽约州立法机构在2008年12月通过了一项法律，要求纽约的会计师事务所每三年进行一次同行评审。[①,②]

尽管四大会计师事务所中没有一家与麦道夫证券公司有直接关联，但法律专家推测，这些公司将在麦道夫欺诈案之后面临民事诉讼。这一潜在责任源于四大会计师事务所对大型"支线公司"的审计，这些公司将数十亿美元委托给了麦道夫。美国证券交易委员会前总会计师林恩·特纳认为，这些支线公司的审计人员有责任调查麦道夫的审计师。"如果他们不这样做，那么投资者将不得不让这些支线公司的审计师承担责任。"[③]

2009年2月，在麦道夫欺诈案引发的民事诉讼中，毕马威成为首个被列为被告的四大会计师事务所。加州一家慈善机构起诉这家著名的会计师事务所，赔偿因麦道夫骗局而损失的数百万美元。毕马威曾是一家大型对冲基金的独立审计师，该基金曾聘请麦道夫投资该慈善基金。毕马威会计师事务所涉嫌忽视了一个关键风险因素，即麦道夫的庞大组织是由一家小型会计公司审计的，而且这家公司在纽约郊区的一家购物中心运营。[④]

2015年11月，安永会计师事务所成为首家被在麦道夫的支线公司中遭受损失的投资者提起诉讼的四大会计师事务所。安永被要求向这些投资者支付约2 500万美元。普华永道公司在2016年1月也被提起了类似的诉讼，同意向麦道夫的另一家公司的投资者支付5 500万美元。

2009年初，奥巴马总统任命玛丽·夏皮罗接替克里斯托弗·考克斯担任美国证券交易委员会主席。在麦道夫欺诈案发生后，夏皮罗报告称，机构将修改其监督政策和程序，让投资顾问对客户资产进行实物托管。夏皮罗宣布的提议中包括每年对这些公司进行"突击审计"，以确保客户资金得到妥善保管。她还建议，这些公司必须由独立的会计师事务所进行内部控制审计，以确定它们是否有"适当的内部控制"。[⑤]最后，夏皮罗承诺，对类似于哈里·马科波洛斯关于麦道夫案进行的举报

---

① 具有讽刺意味的是，纽约的法律将拥有少于3个职业会计师的事务所排除在外。也就是说，如果麦道夫诈骗案发生期间上述法律已生效，那么弗里林与霍洛维茨事务所还是不需要进行同行评审。

② In November 2012, David Friehling's 23-years-old son, Jeremy, a medical student at Ohio State University, committed suicide.

③ I.J.Dugan and D.Crawford, "Accounting Firms That Missed Fraud at Madoff May Be Liable," *Wall Street Journal* (online), 18 February 2009.

④ USLaw.com, "The Madoff Saga Continues as Pomerantz Files the First Derivative Suit Against an Auditor," 11 February 2009.

⑤ S.N.Lynch, "SEC to Consider Surprise Audits of Advisers," *Wall Street Journal* (online), 14 May 2009.

行为会实施具体措施，以保证对其进行彻底和及时的调查。

麦道夫的受害者包括许多知名组织和个人。单是大型资产管理公司费尔菲尔德·格林威治顾问公司就有超过一半的投资组合投资于麦道夫，高达140亿美元，其他在麦道夫证券公司投资了大量资金的公司和组织包括荷兰大型银行富通银行、英国大型银行汇丰银行、国际奥林匹克委员会、马萨诸塞州共同人寿保险公司、纽约大学、奥本海默基金和叶史瓦大学。

一家媒体报道称，与麦道夫有过投资关系的个人名单读起来就像是20世纪80年代流行的电视节目《富人和名人的生活方式》。这些人包括获奖的男女演员、好莱坞导演和编剧、媒体高管、知名记者、职业运动员、诺贝尔奖得主和高知名度的政治家。在这些人中，有凯文·贝肯、莎莎·嘉宝、杰弗瑞·卡森伯格、亨利·考夫曼、拉里·金、艾德·科赫、桑迪·库法克斯、弗兰克·劳滕伯格、约翰·马尔科维奇、斯蒂芬·斯皮尔伯格、埃利·威塞尔和莫特·祖克曼。①

到2016年初，法院指定的受托人——负责追回被麦道夫窃取或滥用的数十亿美元资金——埃尔文·皮卡德，已经对广泛的被告提起了上千起民事诉讼。到目前为止，他已经收回了麦道夫投资者损失的110多亿美元。在麦道夫披露欺诈行为时，执法部门就没收了麦道夫相关资产，以及其他钱财，麦道夫受害者的净损失估计降到了100亿~200亿美元之间。

思考题

1.调查一下这个案例的最新进展，并通过列表方式整合。

2.假设一家大型投资公司将大约10%的资产投资于麦道夫证券公司管理的基金。投资公司的独立审计师应该对这些资产采取哪些审计程序？

3.描述“同行评审”的性质和目的。对弗里林公司的同行评审是否能够发现麦道夫欺诈案？为什么？

4.审计准则指出了金融舞弊发生时通常存在的三个关键“条件”，并确定了一系列的“舞弊风险因素”。简单解释一下舞弊“条件”和“舞弊风险因素”之间的区别，并举例说明麦道夫案中明显存在哪些舞弊条件和舞弊风险因素。

5.除了本案例中提到的改革之外，还有其他能有效防止或发现麦道夫案类似欺诈舞弊行为的与财务报告审计相关的改革吗？

① 目前为止，麦道夫案已引起了多起自杀，其中就包括麦道夫的儿子马克，他于2010年12月11日，即其父亲承认实施了一个巨大的投资骗局后的第二年，放弃了自己的生命。

案例1.13

AA资本合作公司

约翰·奥雷齐奥和保罗·奥利弗渴望自己当老板，强烈的创业精神促使他们辞职离开了高薪白领行业，开始了自己的创业之路。2002年2月，两人在芝加哥市中心历史悠久的LaSalle街成立了一家新投资咨询公司AA资本合作公司。两人意识到，投资咨询领域的竞争十分激烈，但是两人凭借自己广泛的朋友圈和商业伙伴网络体系，以及自身令人印象深刻的履历，让公司迅速发展。奥雷齐奥在芝加哥非常有名，他在商业社交宴会圈中是一个非常受欢迎的演讲者。几年来，他为美国第二大银行控股公司管理着一只高达50亿美元的私人股本基金。同一时期，保罗·奥利弗担任着荷兰银行的首席财务官。

逐渐起步

奥雷齐奥和奥利弗同意在AA资本合作公司成为平等的合伙人，奥雷齐奥担任新公司的总裁兼秘书，奥利弗则出任公司董事长兼财务主管。由于奥雷齐奥在投资管理方面有丰富的经验，两人达成共识，让奥雷齐奥监督公司的日常运营，奥利弗的主要职责是招募客户并管理AA资本合作公司的投资。起先奥雷齐奥打算把招聘工作交给当地工会的高管，他希望通过说服其中一部分人将工会养老基金的管理权委托给AA资本合作公司，这样他就能迅速建立起一个客户群体。

奥雷齐奥的计划毫无疑问是成功的。到2004年底，他已经成功说服了6家工会将其养老基金中的资产转移到AA资本合作公司，这些资金的总额达到了2亿美元。奥雷齐奥将这2亿美元分配给AA资本合作公司旗下的4只私人股本基金，这些资金中最大的是AA资本股票基金，通常也被称为股票基金。

AA资本合作公司的会计职责由玛丽·贝斯·史蒂文斯一个人全权负责，她并不是注册会计师，但是有几年的会计工作经验，最终被授予了公司首席财务官兼首席合规官的头衔。所谓首席合规官是指史蒂文斯有责任监督AA资本合作公司遵守联邦和州的各种错综复杂的政府规章制度，其中主要是指1904年发布的《投资顾问法案》。《投资顾问法案》要求管理超过2 500万美元资产的投资咨询公司在美国证券交易委员会进行注册，并向该联邦机构提交年度审计财务报表。与此同时，史蒂文斯还负责AA资本合作公司与公司独立审计师的联络工作。

认真的审计师

安永会计师事务所芝加哥分所审计了AA资本合作公司及其4只私人股本基金。2004年，安永事务所合伙人杰拉德·奥普林被分派监督AA资本合作公司的审计工作。奥普林在安永事务所卢森堡分所工作将近3年后刚返回芝加哥分所，他对于AA资本合作公司的具体情况并不熟悉。在同意担任公司审计业务合伙人之前，奥普林和几位与AA资本合作公司及其所有者相识的同事、商业伙伴进行了交谈，根据他的初步调查了解，奥普林认为AA资本合作公司会是一个"合法的并且值得尊敬的客户"。①

审计经理温迪·麦克尼利是2004年AA资本合作公司中审计项目团队奥普林的首席下属。和奥普林一样，麦克尼利对于AA资本合作公司的具体情况也一无所知。为了做好初步审计调查，麦克尼利审查了去年的审计工作报告，并了解了"客户结构实体性质及其行业特征"。参与AA资本合作公司审计项目的独立评估师是约翰·卡瓦诺，审计小组的其余成员由两名资深审计人员和两名会计人员组成。

在美国证券交易委员会随后撰写的一份报告中，对奥普林、麦克尼利和卡瓦诺在AA资本合作公司审计项目中所承担的角色和职责进行了如下描述。

奥普林是审计项目合伙人。他的职责是为审计工作定下基调，为审计小组分配合理的工作人员，并关注高风险领域。他有责任监督审计经理的工作，并签署审计报告。作为审计业务的合伙人，奥普林在审查具体工作底稿时有自由裁量权，但通常会审查涉及计划和审计策略的工作底稿，以及GAAP披露检查清单。②他的主要职责是审查和分析麦克尼利以及其他审计成员提请他注意的重大审计事项。

麦克尼利是审计项目经理。她负责审计计划的日常监督和审计程序的执行。同时，她还监督审计人员审查重大风险领域的审计工作底稿。

卡瓦诺负责质量控制，为此，他要阅读财务报表，了解相关审计程序，并确保财务报表是按照公认会计原则或者其他相关基础准则陈述的。

2005年4月下旬，在审计团队初次计划会之后，奥普林和麦克尼利在AA资本合作公司位于芝加哥中心的办公室会见了奥雷齐奥和史蒂文斯。在这次会议上，四人讨论了公司为防止和预防欺诈而采取的各种会计事项和相关程序。

随后麦克尼利在安永事务所标准审计文件中概述了AA资本合作公司的"审计计划和审计策略"，这份文件也被称为"审计策略备忘录"。在这份文件中，麦克尼

① Securities and Exchange Commission, In the Matter of Gerard A.M.Oprins, CPA, and Wendy McNeeley, CPA, Initial Decision Release No.411, 28 December 2010. 除非另有说明，本案例中出现的引文均出自该来源。

② 安永会计师事务所使用本文件来确定审计客户是否恰当地应用了公认会计原则，包括在其经审计的财务报表中做出所有适当的披露。

利指出自己以及下属不会“依赖AA资本合作公司的内部控制”。相反，审计团队将“针对所有账户余额进行实质性测试”。麦克尼利还监督了另一份标准审计文件的准备工作，该审计文件是针对AA资本合作公司内部控制和欺诈舞弊而准备的，其目的是识别“由于欺诈而导致重大错报的潜在风险”。

审计团队在2004年AA资本合作公司审计项目上花费了将近800个小时，这比预算时长多了整整200个小时。在审计项目结束时，安永事务所对AA资本合作公司、股票基金以及AA资本所设立和控股的三家规模较小的私人股本基金财务报表发表了无保留的审计意见。根据美国证券交易委员会的说法，安永事务所的审计程序主要集中在一系列财务报表中的三个关键项目上，这三个关键项目分别是投资、合伙人资本和支付给AA资本合作公司的管理费。

麦克尼利以及他的4个下属在现场审计工作中遇到的主要问题是合伙人的AA资本账户。在测试一份由AA资本合作公司提供的时间表时（这份表中列出了2004年相关账户的具体活动），审计人员发现了4笔向奥雷齐奥转移的不寻常的资金流，这些转账总金额高达192万美元。在这份由AA资本合作公司编制的时间表中，这些资金流向被定义为向“奥雷齐奥支付或者分配税款”（在其他文件和相关通信中，这些交易有时被称为“预提税”、“税收贷款”或者“税收转移”）。在每一种情形下，现金都从股票基金转移到了AA资本账户，最终都支付给了奥雷齐奥。由于这些交易，股票基金的年终会计记录中包括了AA资本账户应收款192万美元，同样，AA资本的年终会计记录包括从奥雷齐奥收到的应收款192万美元和向股票基金支付所抵销掉的192万美元款项。

征税问题

AA资本合作公司审计项目小组的一名审计人员向史蒂文斯询问股票基金向奥雷齐奥转账192万美元的原因，审计人员在一份工作报告中指出，“这笔转账实际上就是借给奥雷齐奥的”。据说，这笔贷款是必要的，因为美国国税局由于工作失误向奥雷齐奥征税192万美元，而这笔税款要么由美国国税局退还给AA资本合作公司，要么由奥雷齐奥偿还。

在审查了下属收集的关于给奥雷齐奥192万美元现金的相关信息后，麦克尼利“开始了一系列与史蒂文斯的电子邮件沟通，试图进一步了解转账的性质”。尽管她的下属在工作底稿中做了标注，但麦克尼利最初认为这192万美元的现金转移支付是由于AA资本合作公司存在争议的税务责任，而和奥雷齐奥本人没有关联。然而，和麦克尼利的假设相反，史蒂文斯回答说，实际上这笔应计税款与奥雷齐奥相关，而且“约翰受到美国国税局的困扰，并支付了多项税费”。史蒂文斯继续和麦克尼利解释说，国税局错误地运用税收评估标准来评估奥雷齐奥，而这个情况要到2004年审计结束后才能得以解决。在和史蒂文斯进行了一系列邮件沟通后，麦克尼利在安永事务所的审计底稿中做了如下注释：

> 在工作底稿的最后一页，股票基金在2004年为约翰·奥雷齐奥一共缴付了大约1 921 304美元的税款。股票基金已经从AA资本合作公司收到一笔应收账款，用

以偿还这笔款项。安永事务所已证实AA资本合作公司对股权应付账款余额是对等的，安永事务所也注意到AA资本有一笔来自约翰·奥雷齐奥的抵销性应收账款余额，这看起来很正常。

尽管麦克尼利得出结论，支付给奥雷齐奥的192万美元似乎是正当的，但是史蒂文斯的解释并没有让她完全满意。随后审计经理要求首席财务官向她提供“有关预提税款的所有文件”，然而，史蒂文斯从来没有回应过这个请求。

麦克尼利最终确定已经收集了足够的证据，于是她签字默认了把192万美元的税款转移到奥雷齐奥名下这一举动。这些证据包括AA投资合作公司所准备的时间表中的相关信息，其中报告了4笔现金转账的金额和时间，会计记录中的相关具体分录，以及奥雷齐奥和史蒂文斯在2004年签署的管理意见书，他们在管理意见书中表示“向安永事务所提供的会计记录完整，并且准确地反映了公司的所有交易”。

多年后，麦克尼利作证说自己在2004年审计工作开始时审查了AA资本合作公司的合伙协议，并对于那笔资金表示“可以理解”，因为当时那次审查“允许向奥雷弗奥进行税收分配和预支”。然而，当问及是否“在分析转移时”专门审查合作协议，她对此一无所知。麦克尼利还作证说，自己“不记得审计小组的任何成员跟奥雷齐奥和奥利弗谈及过转移的事情”。审计核对表项目要求审计团队“了解审计业务逻辑”，以避免“在正常业务之外”进行重大交易，这可能与掩盖“挪用资产”有关。针对清单上的相关项目，麦克尼利做出了以下表达：“没有人注意到。”

2004年，在针对AA资本合作公司及其私人股本基金的审计接近尾声时，麦克尼利进行了强制性的“最后阶段”审计测试，测试具体内容包括审查在特定客户的年终资产负债日之后发生的重大事件和交易，但该测试要在发布审计报告之前进行。麦克尼利随后对2005年1月1日至3月21日的时间段进行了回溯测试，安永事务所的工作报告表明“该段时期的支出因重大异常项目而受到审查”。麦克尼利在工作报告中指出，在审查这些款项时没有发现“不寻常的项目”，尽管在2005年头3个月就向奥雷齐奥额外支付了482 000美元的“税款”。

安永会计师事务所的审计师在完成审计工作前准备了一份简要审查备忘录。美国证券交易委员会将审查备忘录定义为“审计团队在审计快结束时所完成的文件，总结了审计过程中出现的主要会计和审计事项，以及核心团队对审计和即将发表的意见的最终结论”。在审计业务合伙人和独立调查人员审计结束时，将要完成这份备忘录文件，麦克尼利和她的下属都没有就2004年和2005年前3个月支付给约翰·奥雷齐奥的税款发表任何评论。

根据美国证券交易委员会的报告，在2004年底审计的股票基金资产负债表中，有192万美元通过AA资本合作公司向奥雷齐奥转账，转移到了一个名为AA资本合作公司应收账款的项目下。在AA资本合作公司2004年的资产负债表中，奥雷齐奥192万美元的应收账款嵌在230万美元的“附属公司应收账款”分录中，而应付股票基金的192万美元则嵌在250万美元的“费用和应付账款”分录中。AA资本合作公司的财务报表脚注中包括一份“关联方票据”，但该票据并未提及奥雷齐奥与股票基金相关的192万美元交易。

然而，出现了一个例外情况，使得2004年AA资本审计小组主要成员在2005年重返工作岗位。当时由于麦克尼利正在休产假，审计团队中的另外一位审计经理詹妮弗·阿基诺取代了她的位置。2004年发放给奥雷齐奥的192万美元税收借款，到2005年底还没有偿还。更为糟糕的是，到2005年底，AA资本代表奥雷齐奥的公司拖欠股票基金的款项已经累积到了570万美元，因为奥雷齐奥的公司在2005年从股票基金另外获取了380万美元的“税收借款”。

在2005年的审计过程中，詹妮弗·阿基诺向玛丽·史蒂文斯索要“支持570万美元的转账文件，但是却从未收到任何相关支持文件”。阿基诺指出：“除了史蒂文斯的调查和给奥雷齐奥发送的邮件之外，没有任何审计程序可以对这些转移款项进行审计，因为审计小组没有获得任何与该项目相关的审计证据。”在2005年的审计中，AA资本合作公司的审计组成员就奥雷齐奥的税收借款问题进行了几次“内部讨论”。在其中一次会议上，审计小组决定：“在奥雷齐奥偿还该税收借款，并收到足够的相关支持文件（已审计与该项贷款有关的交易）之前，他们不会继续2005年的审计工作。”2006年6月30日，杰拉德·奥普林通知了玛丽·史蒂文斯和约翰·奥雷齐奥这一事项。

2006年8月初，美国证券交易委员会收到匿名举报，该举报称AA资本合作公司的高管涉嫌“不当行为”，美国证券交易委员会随后就对该公司的财务情况展开了调查。6周后，一名联邦法官任命一位接管人接管了AA资本合作公司，也正是这一举措，促使安永事务所召回了自己对AA资本合作公司4只私人股本基金2004年财务报表的审计意见。

哦！奥雷齐奥

2010年2月，约翰·奥雷齐奥承认自己从AA资本合作公司的股票基金中挪用了大约2 400万美元，这一数额中也包括了被贴上税收标签的570万美元。奥雷齐奥并没有将从股票基金转移到自己名下的资金用于支付税款或者其他合法的用途，而用这笔挪用的钱享受奢侈的生活。

执法部门透露说，奥雷齐奥花费了数百万美元，为了和一位在底特律夜总会结识的年轻脱衣舞娘开展一段恋情。据说奥雷齐奥为自己的情妇购买了价值140万美元的珠宝，还为她购买了一艘船和几辆豪华汽车。同时，奥雷齐奥还支付了18万美元来翻修他情妇所在的俱乐部，这样俱乐部的老板就会为他的情妇升职，奥雷齐奥甚至还租了一个加勒比小岛，为自己的情妇和朋友们举办了一个派对。2005年末，奥雷齐奥还说服了自己的合伙人保罗·奥利弗，让其将AA资本合作公司应该给客户的870万美元投资到一个房地产的开发项目中。而事实上，奥雷齐奥只在房地产项目上投资了130万美元，而剩下的740万美元大部分都用于给其情妇购买密歇根马场。

拉斯维加斯是奥雷齐奥常去的地方，而与此同时，他却使用着从客户的养老基金中挪用的大量资金，这些养老基金本该为成千上万的木匠、磨坊主以及其他熟练机工退休人员提供资金支持。法庭相关记录显示，奥雷齐奥在拉斯维加斯的夜总会花费了超过30万美元，包括为其在米高梅电影公司的第54号工作室的一夜情花费的4 900美元，以及在永利度假村的狂欢派对花费的14 000美元，他甚至还花了客户的50万美元购买了一套拉斯维加斯公寓。

奥雷齐奥还花费了大量资金试图贿赂政治家和政府官员，因为这些人可以影响工会养老基金的投资决策。他曾经试图贿赂的政客之一就是底特律市长梅·基尔帕特里克，但他并未成功，奥雷齐奥曾经希望能说服基尔帕特里克把底特律警察和消防部门的大笔养老基金转移到AA资本合作公司名下。

除了贪污了2 400万美元之外，奥雷齐奥还承认自己要为工会客户所遭受的超过3 000万美元的额外损失承担责任，这其中最大的损失来自他代表这些客户在一家体育饮料公司的投资。这家公司是由他在拉斯维加斯认识的几个熟人组建的，这家合资企业最终以失败告终，AA资本合作公司最终只收回了大量投资资金中的小部分。

审计师成为问题的关键

一旦美国证券交易委员会认定了奥雷齐奥使用AA资本合作公司的股票基金作为自己的私人银行，联邦机构就立刻将矛头转向了安永会计师事务所，因为该事务所对AA资本合作公司的财务报表发表了无保留的审计意见。2010年3月，美国证券交易委员会发布了一则会计和审计执法报告，在这份报告中，美国证券交易委员会对安永事务所提出了批评。这份报告包括了以下声明，总结了美国证券交易委员会对安永事务所、杰拉德·奥普林和温迪·麦克尼利的批评。

在2004年审计期间，审计合伙人奥普林和审计经理麦克尼利了解到奥雷齐奥曾经借入192万美元的资金，来支付自己在AA资本合作公司私人股本基金的所有权权益所产生的个人税务责任。事实上，奥雷齐奥编造了所谓的“税收借款”事项，来掩盖他一直在挪用客户资金用于个人消费的事实。尽管在2004年审计过程中得知了“税收借款”很可能是虚假的，但是奥普林和麦克尼利依旧未能按照相关规定对该项交易进行审查，奥普林和麦克尼利没有恰当地将“税收借款”作为关联方交易进行评估，而是完全依赖AA资本合作公司的首席财务官玛丽·史蒂文斯提供的并没有经过证实且可疑的相关信息。结果造成了奥普林和麦克尼利发表了无保留的审计意见，尽管奥雷齐奥所谓的“税收借款”并没有按照公认会计原则进行充分披露，但安永事务所也没有按照公认审计准则的要求进行审计。[①]

《会计与审计强制执行公告》还指出了安永事务所其他的疏忽。

审计小组没有获取任何关于奥雷齐奥税收责任条款的文件。

---

① Securities and Exchange Commission, *Accounting and Auditing Enforcement Release No.3116A*, 1 March 2010.

审计小组没有和奥雷齐奥讨论过“税收借款”问题。

审计小组没有采取措施评估“税收借款”的可收回性。

审计小组没能和安永税务部门的同事讨论奥雷齐奥的税收责任，而后者为AA资本合作公司及其附属私人股本基金提供了相关税收文件。

美国证券交易委员会执法部门提议，奥普林和麦克尼利在2004年AA资本合作公司及其股票基金的审计中存在“不当职业行为”，因此被暂停执业三年，针对这一决定，两位审计人员提出了上诉。联邦法官罗伯特·马奥尼主持了他们的上诉听证会，听证会从2010年7月底一直持续到了8月初，整整两周时间。

在听证会上，安永事务所聘请了两位备受瞩目的专家证人来为奥普林和麦克尼利作证，其中一位专家是约翰·艾林森，他曾在德勤会计师事务所担任了25年的审计合伙人，其中有6年担任德勤事务所高级技术审计合伙人，艾林森还曾经在审计标准委员会任职4年。美国证券交易委员会则聘请了一名知名专家证人约翰·巴伦，他和艾林森一样，曾经是德勤会计师事务所的长期审计合伙人。

在一份长达41页的意见书中，马奥尼法官最终证实，美国证券交易委员会有权对有“不当职业行为”的会计师和审计师进行制裁。相关的联邦法规确定了两种不当的职业行为：“鲁莽的行为”和“疏忽的行为”。

要判断一名审计人员是否鲁莽，美国证券交易委员会的执行部门必须证实：“这名审计人员所进行的审计严重偏离了相关准则要求，要么拒绝看到显而易见的证据，要么拒绝调查非常可疑的事项。”要发现审计师的疏忽行为，即不太严重的不当职业行为，美国证券交易委员会必须切实证明审计师至少有过一次“高度不合理的行为”，这种不合理的行为涉及违反相关专业标准，在这样的情况下，审计师需要意识到应该加强审查。马奥尼法官指出，判断审计师是否存在高度不合理行为的关键标准，是将该审计师的行为和“一名合理的审计师在相同情况下应该采取的行动”进行对比。

马奥尼法官支持杰拉德·奥普林。在他看来，他认为审计合伙人并没有从事鲁莽或者存在高度不合理的行为。马奥尼法官做出这一决定的一个关键因素是约翰·艾林森所提供的证词，他指出审计业务合伙人“不需要对审计业务过程中所做出的所有决定负责”。马奥尼法官支持这一说法，所以他认为美国证券交易委员会由于约翰·奥雷齐奥税收转移而追究奥普林的责任是不恰当的，因为麦克尼利并没有将这些交易信息充分地告知他。作为审计业务的合伙人，奥普林理所当然地应该依赖麦克尼利。作为一个备受尊敬的审计师，应该依据相关专业标准进行审计工作，并将这类转移问题纳入自己的注意范围。法官坚持认为，是由于麦克尼利没有强调这类转移问题，也没有和审计合伙人讨论这些转移，所以奥普林完全没有意识到这已经“超出了正常的业务流程”。

马奥尼法官判定，奥普林具有充分的信息来确定税收转移是否符合关联方交易的条件，并且应该将此信息在股票基金和AA资本合作公司2004年的财务报表中进行披露。但是法官认为，这一疏忽并没有上升到鲁莽或者高度不合理的程度。

根据马奥尼法官的说法，应该是温迪·麦克尼利而不是杰拉德·奥普林来负责“确保2004年审计符合相关规定的标准”。因此，法官裁定，麦克尼利没有获得“充足而又有力的证据”来证实2004年约翰·奥雷齐奥“税收借款”的说辞，在将麦克尼利的“失败”上升到“重大”程度时候，马奥尼法官总结了她在2004年审计期间所犯的判断错误。

在整个审计过程中，她没有注意到明显的舞弊信号，尤其是在随后的回溯测试和调查中，已经发现了转移余额有所增加。她没有要求史蒂文斯提供相关书面文件来支持该说辞，而且她也未能确保财务报表按照公认会计原则披露了这些转移事项。

虽然马奥尼法官发现麦克尼利在对AA资本合作公司审计期间犯了几个严重的错误，但是他依旧认为，美国证券交易委员会之前的三年禁令的处罚对于她来说太过于苛刻。马奥尼法官之所以做出这个决定，是由于这一事实情况：“麦克尼利有着杰出的职业生涯，但是并没有相关学科背景。”法官判定麦克尼利停职一年，而麦克尼利继续提出了上诉。在进一步审查后，美国证券交易委员会决定将暂缓执行的期限缩短至6个月。为了证明麦克尼利被停职是合理的，美国证券交易委员会指出，“奥普林在审计期间的行为引发了足够的质疑，即他的监督是否充分，证实这项制裁比执行部门所要求的要简单”①。

后记

约翰·奥雷齐奥因被指控欺诈和挪用公款而面临最高25年的监禁，为了获得减刑，奥雷齐奥同意参加由联邦执法部门组织的“诱捕行动”。奥雷齐奥带着监视器记录自己的谈话，和20余个不同工会代表约定会面。这些接受奥雷齐奥提供的贿赂的工会代表也面临着重罪起诉。在和联邦调查局合作之后，奥雷齐奥在2010年承认了一项欺诈和一项盗窃罪，最终被判入狱9年零4个月。给奥雷齐奥判刑的联邦法官还要求他偿还AA资本合作公司养老基金客户由于他的盗窃和管理不善而遭受的5 000多万美元损失。当奥雷齐奥被正式宣判的时候，他已经被剥夺了所有剩余资产。

物质财产的损失并不是约翰·奥雷齐奥需要为自己荒谬行为所付出的最重要代价。在他挪用公款期间，他以已婚身份秘密地过着重婚生活，他甚至向自己的情妇求婚，但是当挪用公款欺诈舞弊案浮出水面之时，这种关系自然而然就不复存在。随后，他的妻子带着三个孩子也离开了他。在两段关系结束之后，奥雷齐奥在2009年试图自杀。在2010年6月被判刑之前，奥雷齐奥和他的母亲居住在新泽西，他在判刑时所提出的唯一要求就是把自己关在新泽西，这样他的三个孩子就可以在去看望祖母的路上顺便去监狱探望他。奥雷齐奥向法官保证说：“我将尽我所能在

---

① “Securities and Exchange Commission，Accounting and Auditing Enforcement Release No.3427，13 December 2012.

我剩下的日子里尽可能地补偿他们。”

2009年4月，杰拉德·奥普林离开了安永会计师事务所，成为一名私人顾问。温迪·麦克尼利在2006年7月就离开了安永事务所，最后一份报告显示，她受雇于另一家大型会计公司。[①,②]

思考题

1.什么因素可能导致安永会计师事务所在2004年AA资本合作公司的审计项目中存在疏忽行为？说明事务所可以采取减少这种疏忽行为的措施。

2.在2004年的审计期间，安永事务所决定不依赖AA投资合作公司的内部控制系统，这样做是否合理？在什么样的情况下，审计师可以选择不依靠客户的内部控制系统？

3.审计准则要求审计师在关联方中采取什么审计措施？采取这些审计程序是否能够帮助安永事务所发现奥雷齐奥税收借款的真相？

4.审计师期望在“最后的阶段”审计测试中实现什么样的目标？

5.你是否同意约翰·艾林森的判断，即审计业务合伙人不需要对审计过程中所做出的所有决策负责。说明相关原因。如果这个判断是正确的，那么对于审计公司的质量控制意味着什么？

---

① Daily Herald (online), "Ex-Arlington Heights Man Gets 9 Years in Prison in Pension Fraud," 18 June 2010.

② 玛丽·贝斯·史蒂文斯没有因为在约翰·奥雷齐奥欺诈案中扮演的角色而面临刑事指控。然而，美国证券交易委员会禁止史蒂文斯与注册投资咨询公司有任何联系，并对她处以约15万美元的罚款。联邦机构禁止奥雷齐奥的合伙人保罗·奥利弗在12个月内与投资咨询公司有任何联系，并对他处以罚款和其他民事制裁，总计13万美元。

第二部分

高风险账户审计

2

案例 2.1

杰克·格林伯格食品公司

审计人员在审计过程中通常会面临这样的情况：他们必须说服被审计单位管理层去做一些他们绝对不想去做的事情。因此当审计人员的说服工作失败后，他们可能会被迫无奈使用无论是临床心理学家、婚姻顾问、父母，还是其他人际关系专家通常都不会赞成的策略，也就是常说的“不合作，就受罚”的威胁。在20世纪90年代中期，致同会计师事务所的审计合伙人就曾经“威胁”一位顽固的客户高管，迫使他交出对审计结果有显著影响的关键文件。虽然这位高管最终屈服并交出了文件，但是也给审计过程带来了更多的问题。

格林伯格兄弟

数十年来，杰克·格林伯格管理着一家成功的肉类批发公司——他最终以自己的名字注册并命名了这家公司。[①]杰克·格林伯格食品公司（JGI）在美国东海岸的费城总部销售各种肉类、奶酪和其他食品。20世纪80年代初，由于杰克·格林伯格的身体状况欠佳，他不得不让自己的两个儿子到公司任职，以熟悉公司的日常运营管理。在杰克·格林伯格去世后，伊曼纽尔和弗雷德两兄弟就成了几乎平起平坐的合伙人。伊曼纽尔获得了公司总裁的头衔，而弗雷德成为公司的副总裁，两兄弟和他们的母亲共三人组成了公司的董事会，格林伯格家族的其他几位成员也在这家公司工作。

与许多家族企业和个体经营企业一样，JGI公司也没有把过多的精力放在内部控制上。和他们的父亲一样，格林伯格兄弟二人主要依靠自己的直觉、竞争力和关键下属的忠诚来管理和控制公司的运营。直到20世纪80年代中期，当这个私有企业的年销售额达到了数千万美元时，伊曼纽尔意识到公司需要开发一个更加完善的

① 本案的事实及所载的引文均取自以下法院意见：Larry Waslow, Trustee for Jack Greenberg, Inc., v. Grant Thornton LLP; United States Bankruptcy Court for the Eastern District of Pennsylvania, 240 B. R.486; 1999 Bankr.LEXIS 1308.

会计和内部控制系统。这一认识促使他开始寻找一个新的财务总监，借助财务总监的专业知识来改进公司过时的会计系统，并为不断壮大的公司设计一个合适的内部控制系统。1987年，伊曼纽尔聘请了注册会计师、永道会计师事务所的前审计师史蒂夫·科恩担任公司的财务总监。科恩有丰富的从业经验，善于与各种不同的存货系统打交道，他立即接手了这项新任务，即为JGI公司创建一个现代会计和控制系统。

公司还进行了多方面的改进，例如科恩实行了新的控制政策和程序，使得公司在交易过程中关键职务得以分离。科恩还在公司的大部分业务中引入了计算机处理系统，包括公司薪酬管理、应收账款和应付账款模块。此外，科恩实施的一个更重要的变革是开发了一个内部报告系统，该系统每月发布一份报告，这些报告可以用来辅助他们更及时、更明智地做出业务决策。科恩的新财务报告系统也允许JGI向三家银行更及时地发布资料和信息，使得三家银行可以为该公司提供大量的外部融资。到20世纪90年代初，JGI有至少1 000万美元的贷款来自这三家银行。

在JGI的日常经营中，科恩未能实现现代化的部分是公司预付存货的会计处理和控制程序。自该公司成立之初，进口肉类产品就占了公司年销售额的一大部分。由于外国供应商要求公司提前支付冷冻肉类的费用，该公司开设了两个存货账户，即预付存货和商品存货。进口肉类产品的预付款被记入预付存货账户，而该公司购回的所有其他商品都被记入商品存货账户。预付存货通常占公司总库存的60%和公司总资产的40%。

在科恩成为财务总监之前，杰克·格林伯格让他的儿子弗雷德负责采购、记账、控制以及其他会影响公司预付存货的决策。在父亲去世后，两兄弟同意弗雷德继续管理预付存货。当科恩试图重构计算机化的预付存货核算和控制程序时，遭到了弗雷德的拒绝。尽管科恩在几年的时间里多次坚定地请求，伊曼纽尔依旧拒绝让他的弟弟配合科恩的会计系统现代化计划。

预付存货的会计记录

弗雷德·格林伯格处理着公司从外国供应商那里购买的肉类产品的采购订单。购买的物品由国家指定的相关部门检验，然后装进冷藏用的储物柜，用船运往美国。当供应商提供给JGI公司的文件证明货物已在途中时，弗雷德则会批准向供应商支付款项。如前所述，这些款项是借记在公司的预付存货科目中的。弗雷德保留了一份手写的会计记录，名为“预付存货日志”，用来记录在任何时间点的预付存货账户中所发生的交易。

当一批进口肉类产品抵达美国港口时，JGI公司会派一名海关经纪人，安排对个别项目进行检查，并通过海关官员批准进入美国。在货物清关后，海关经纪人向弗雷德·格林伯格发送一份通知表格。当该产品运输至公司的仓库时，美国农业部（USDA）的官员会打开并检查订单中包含的货物。美国农业部官员会给出一份名为表9540-1的文件，以表明这些项目已经通过了检查。每份文件中均记录产品到达公司仓库的日期。

在完成美国农业部的检查程序后，新采购的存货便交给了公司的仓库经理。仓库经理会盖章以表明这些存货已经通过了美国农业部的检查，然后填写验收单，验收单上列出到达日期、供应商、产品类型和产品数量。仓库经理将验收单发送给费雷德，由他将表单信息与相应的供应商发票匹配。然后，费雷德再从预付存货科目中冲销已入库存货的预付存货金额，并将相应的发票和交付收据转发给科恩。科恩负责将产品从预付存货账户转移到商品存货账户。在每年年底，JGI公司会对仓库进行实物盘点，调整商品存货科目的余额，使其与实物盘点的结果相一致。

由于JGI公司采用两个存货账户记账，这会存在某种风险，即一些存货项目在年底会被“重复计算”。也就是说，如果在处理交付收据表单时存在任何延迟，那么在预付存货科目和商品存货科目中就都有可能包括这个存货项目。例如，假设在公司的会计年度结束前两天，即12月29日，有一批进口肉类产品到达了公司的仓库。如果弗雷德未能冲销预付存货日志中的相关记录，或未能及时将验收的收据和发票转发给科恩，那么已验收的物品将同时被包括在今年的预付存货账户和商品存货账户中。[①]为了降低出现这种错误的风险，科恩需要将弗雷德的预付库存日志与预付存货账户的年末余额进行调整。除此之外，科恩还要求弗雷德允许他审查在会计年度最后几天内收到的所有送货单。

弗雷德的舞弊

科恩意识到预付存货的会计程序增加了JGI公司年终盘点的风险。1992年初，科恩曾被任命为首席财务官，他为公司的预付存货设计了一套自动化的会计系统。科恩随后与格林伯格两兄弟举行了一次会议以介绍该系统，并展示了该系统可以提供的重要信息和风险控制优势，这些优势弥补了弗雷德多年来使用的“草率的”人工操作方式。几年后，科恩讲述了当年格林伯格兄弟对他的提议的反应。

我告诉弗雷德这是一个好主意，我相信这将是一个巨大的进步，能够实时监控预付存货……我把它拿给弗雷德看，并告诉他说：“这不是很棒吗？我们可以这样做。”然后我说：“你不想这么做吗？”他看着我说：“是的，不想。”

我当时目瞪口呆。我看着曼尼（伊曼纽尔），他只是坐在那里。我非常愤怒，我已经好几个星期没和弗雷德说话了。我在处理这件事上遇到了阻碍，我无法想象他为什么不希望我这样做。这对公司来说是件好事，可是他不想这样做。

1992年之后，坚持不懈的科恩决定亲自收集必要的信息，以继续公司预付存货自动化核算系统的设计。由于该仓库毗邻公司的行政办公室，科恩密切关注到达仓库的送货卡车。当一辆卡车到达时，无论是他还是他的下属都要去码头，为了得到每一批进口的肉制品运输单和其他文件的副本。“我们过去常常来回跑，试图获得仓库经理准备的相关单据和文件，然后就变成了一场游戏。关于我想要得到这些

---

① 由于这些项目将出现在JGI仓库的年终实物库存中，因此，账面到实物库存的调整将导致这些项目被记入12月31日的商品库存账户余额中。

信息的事情仿佛是一个笑话，我成了一个笑柄。”几周后，恼怒的科恩放弃了他的努力。

事实上，弗雷德·格林伯格不配合科恩多次试图改革公司预付存货的会计记账和控制程序是有他自己的目的的。自20世纪80年代中期以来，弗雷德故意虚增了公司的预付资金规模。这些预付存货的虚增导致低估销售成本，也虚增了该公司每年的总利润和净收益。在随后的法庭证词中，弗雷德报告说，由于父亲的健康状况不佳，他开始操纵报告结果。“为了避免父亲加重病情，我开始尝试（在预付费清单上造假），这样他就会觉得自己的生意更好。”

弗雷德还说，在他父亲去世后，“市场上发生的变化带来的不利影响”使他无法停止他的骗局。在20世纪80年代末和90年代初，弗雷德和他的兄弟发现，与那些想要吞并他们的大型批发商的竞争越来越困难了。为了与这些大公司竞争，公司被迫降低其销售产品的毛利率。为了降低这一竞争压力对经营业绩的影响，弗雷德经常夸大预付存货的规模，以获得接近公司以前年度实现的毛利率水平。

弗雷德操纵了预付存货的验收日期，以便使公司的经营活动从一段时期到另一段时期产生相同的经济效益。他通过确定需要预付多少存货来实现这一目标，从而使毛利率和净收入的变动百分比保持一致。

为了虚增预付存货的规模，弗雷德销毁了由仓库经理转发给他的送货单，并故意不及时更新已交付货物的预付库存日志。几周甚至几个月后，他再为这些已验收产品准备新的验收文件，从预付的库存日志中删除货物，然后将收据连同相应的供应商发票转给科恩。这种做法导致存货项目在他们到达仓库后仍然一直被记入预付存货账户中。

预付存货的审计

1986年至1994年，致同会计师事务所担任JGI的独立审计工作。由于预付存货是JGI最重要的资产，并且它带来了重大的审计风险，审计项目组为该项目分配了更多的审计资源。在每一年结束的前几周，该事务所会向科恩提供一份“审计业务合规清单”，该清单列示了审计项目组需要的用来完成审计工作的文件和其他信息。其中许多需要的文件都涉及JGI的预付存货，包括“政府表格、提单、保险信息和仓库人员准备的交付收据，证明仓库收到预付存货的日期”。每年，致同还会要求JGI提供一份弗雷德的预付存货日志、科恩对该记录中信息的审核，以及JGI的预付存货的总分类账。

致同没有要求科恩提供的一项材料是，记录了每一批运送到JGI仓库的进口肉制品的9540-1表格。致同的审计人员后来在1988年发现，JGI所收到的每一份预付的存货，都应该有对应的9540-1表格。然而，审计组直到1993年才知道，美国农业部完成9540-1表格后会将该文件的副本直接交给一名JGI仓库管理员。

科恩每年都在努力收集致同要求的信息，并在审计开始之前将其交给会计师事务所。只有一项例外，就是由于弗雷德未能及时向科恩提供预付存货日志、交付收据和其他信息，所以每年都是在审计工作开始后，致同才能收到这些信息。

致同审计了JGI的预付存货交易，测试了100%的预付存货交易，这意味着致同检查了每一份预付库存的发票，并查看了交付货物的时间，是否以及何时收到交付收据。通过检查发票和交付收据，审计人员可以确定哪些预付存货的购买行为在年底仍然是“未完成的”。也就是说，JGI的年终存货盘点是否适当地包含了预付存货。

由于弗雷德毁坏了仓库经理准备的许多交付收据，所以致同会计师事务所的审计人员未能发现JGI年底的预付存货中有很多是“重复计算的”。在随后的诉讼中存在一个关键问题，即致同会计师事务所是否完全依靠交付收据来审核JGI的年终预付款清单。审计人员坚持认为，由于JGI的仓库管理人员不涉及公司的预付存货的会计记录，只负责开具和交付验收单据，因此这些文件提供了可靠的证据来证实预付存货的存在。致同认为，由于JGI的库存控制程序是基于“职责分离”的制度，因此通过交付收据来核实交货日期，是可以接受的。致同的一名法务代表对“职责分离”一词的具体含义给出了如下解释。

问：你说的职责分离，是什么意思？

答：有人是单独工作的，你知道，例如采购系统是独立于收付系统的，审批与执行事务的人员也不同。

问：这是否意味着有不同的人做这些不同的事情？

答：是的，单独的人或部门。

1993年与1994年对JGI的审计

在1992年的JGI审计中，致同审计团队告诉科恩和伊曼纽尔，他们对于过去三年里预付存货的大幅增加感到十分担心。[①]审计人员还对预付存货的会计处理程序表示担忧。这些担心使审计人员在1992年审计结束时向伊曼纽尔提出的《内部控制结构可报告条件与咨询意见》的报告中给出了以下建议：“应当建立关于预付存货数据的电子数据系统，并随采购活动而每天更新。这有助于及时发现问题，并在出现相关问题时降低损失风险。”科恩后来表示，他曾经鼓励致同在提交给伊曼纽尔的报告中提出这一建议。尽管有这样的建议，伊曼纽尔也不会强迫他的兄弟与科恩合作，以强化预付存货会计记录的内部控制。

致同会计师事务所有权获得在美国港口收到预付的库存货物时海关经纪人发给弗雷德的通知。在1993年的审计中，致同会计师事务所的一位审计人员注意到，一部分存货的报关日期和到达JGI仓库的日期间隔过长，属于异常事项。当被问及这个问题时，弗雷德解释说，“中西部的洪水”阻碍了从西海岸港口到东海岸的许多货物的运输速度。一名致同审计人员就弗雷德的解释联系了JGI的海关经纪人。该经纪人告诉审计人员，弗雷德的解释是正确的。

在1993年审计结束的时候，致同会计师事务所的审计人员在JGI仓库的收货处

---

① 从1989年底到1992年底，JGI预付库存的价值（以美元计）增长了303%。

偶然发现了一大堆9540-1表格。发现之后，致同审计团队试图将每个交付收据与相关的9540-1表格相匹配，以核实交付收据上报告的日期。因为文件没有按字母顺序、时间顺序或数字顺序排列，“该项任务被认为是不可能完成的，因此被放弃了”。在解释审计人员为什么没有坚持检查时，致同代表指出，“1993年的审计程序中并没有要求将交付收据与9540-1表格进行交叉核对”。然而，致同认为，由于JGI有权使用这些表格，所以事务所希望在执行1994年的审计时JGI能把这些表格提供给事务所，这样审计人员就可以用它们来核实在交付收据上记录的日期。

在1993年的审计完成之后，致同再次提交了一份报告。在报告中，关于预付存货会计处理程序的改进，致同提出了一些具体的建议：按照一定的顺序保存9540-1表格，有利于完善公司的内部控制和协助外部审计人员的工作；另一项建议要求JGI使用一套基于计算机的会计核算及内部控制程序和预付存货程序。这也是科恩在1992年开发并提交给格林伯格兄弟的程序和文件。

在整个1994年，弗雷德仍然拒绝采纳致同会计师事务所关于改进会计核算的建议，并继续由自己控制预付存货。1994年秋，科恩联系了致同，告诉审计业务团队的成员，弗雷德没有采纳他们的建议。一名致同事务所的代表随后会见了弗雷德并告诉他，如果会计师事务所要完成1994年的审计，JGI至少要向致同提供9540-1表格，弗雷德还是拒绝。

在致同开始1994年审计后不久，审计业务团队的一名高级成员告知弗雷德，除非提供9540-1表格，否则会计师事务所可能会辞去JGI的独立审计工作。几天后，弗雷德把这些文件交给了致同。然而，在他这样做之前，他改变了这些文件上的日期。这些改动是如此明显，在只看了10秒钟后，致同就知道问题出在哪里了。致同告知伊曼纽尔和科恩，日期是伪造的，并终止了审计。当伊曼纽尔当面质问他有关文件日期的修改时，弗雷德突然懊悔不已，承认了一切。

在弗雷德认罪后，JGI让致同来确定欺诈计划对公司以往年份财务报表的影响，并重新编制了财务报表。格林伯格向公司的三家银行提供了这些信息。6个月后，JGI宣布破产。

后记

JGI的突然倒闭引发了一连串的诉讼。1997年2月，法院指定的破产案受托人发起了一项针对致同的民事诉讼，其中包含对致同的八项具体指控。这些指控包括违反合同、疏忽和欺诈。致同试图反驳这些指控，但这的确是JGI和致同管理层的共同过失。

致同认为JGI对于内部控制负有主要责任，如果内控质量高，则可以有效地防止或发现弗雷德的欺诈计划。致同指出，伊曼纽尔应该要求他的兄弟采纳科恩在1992年提出的以计算机为基础的会计核算和内部控制程序。这家会计师事务所还坚称，伊曼纽尔一直疏忽大意而没有发现弗雷德的诡计，因为他从来没有采取任何措施来检查或核实他兄弟做过的所有关于预付存货的重要工作。

联邦法官对JGI的破产案受托人对致同提起的诉讼做出了回应：会计师事务所

应当肩负更多的责任与义务去迫使弗雷德采纳科恩的建议，而不是一味地建议JGI的管理人员。科恩不能要求弗雷德对预付存货实行更严格的控制，但作为JGI的审计师，致同可以这样做。事实上，这也是欺诈行为得以在1994年被发现的主要原因。此外，法官指出，致同没有提供任何有力的证据让伊曼纽尔怀疑他的兄弟对JGI的预付存货有错误的描述。因此，伊曼纽尔没有理由检查或核实他兄弟的工作，也就是将配送收据与其他预付的库存文件进行核对。法官并不认为伊曼纽尔应当对他兄弟的不当行为负主要责任，而是应由独立审计人员发现这些欺骗计划的主要责任方。

鉴于弗雷德在公司中享有平等的所有权以及他在预付款上的控制权，不仅没有证据表明伊曼纽尔是“草率的”，也没有证据表明他可以阻止弗雷德的错误行为。更确切地说，在一个公司由家族成员共同拥有和经营的特殊情况下，制止不法行为的责任最应当由独立审计人员承担，如此立法可以鼓励他们在类似情形下更尽职地履责。

对致同的观点做出回应后，联邦法官批评了该事务所对JGI公司审计时存在的几个问题。尽管致同指出，在20世纪80年代末和90年代初，预付存货大幅增加是导致审计风险增加的重要因素，但法官认为，该会计师事务所并未彻底调查这一急剧增长的根本原因。同样，法官认为，在1993年的审计中，致同没有充分调查某些进口肉类货物到达美国港口的日期和交付给JGI仓库的日期之间异常漫长的时间间隔。[①]法官还稍带批评了致同，该批评出现在由JGI的破产案受托人聘请的专家证人撰写的一份报告中。这份报告批评致同直到1993年才发现JGI有9540-1表格的副本。根据专家证人的说法：“如果审计人员对JGI的重要会计和控制程序进行了例行的审计程序，他们就会立即发现第三方文件（9540-1表格）的存在，以核实存货的到达日期。”

联邦法官对致同会计师事务所在1993年底前有权获得JGI外部生成文件的情况下，仍然继续依赖公司内部生成的收货单据来核实预付存货交易和年末余额的行为提出了批评。在法官看来，这个审计结论的得出应该被认为是“鲁莽的”。

致同声称，虽然现在知道第三方交付日期的核查已经存在，但它认为在1993年的审计中没有必要提供美国农业部的表格，因为它依赖于JGI的职责划分。然而事实上，致同在1994年的审计工作中拒绝继续依赖JGI的职责分离控制。相反，在1994年的审计中它要求JGI提供美国农业部的表格。如果在1994年，致同不再仅仅依靠JGI的职责分离而发表无保留意见，那么为什么它会在1993年这样做呢？这显然说不通。

1999年10月，联邦法官发表了一份36页的声明，斟酌了JGI受托人对致同提

---

① 回想一下，JGI的报关员证实了弗雷德·格林伯格的说法，即1993年中西部各州的洪水是造成这一时间差的原因。显然，这种说法是站不住脚的。

出的指控内容，以及会计师事务所对这些指控的申辩，在否决了对致同的一项指控后，法官通过了其他的指控。由于在公开记录中没有进一步提及此案，显然说明致同和JGI的破产案受托人私下解决了此案。

思考题

1. 指出家族企业常见的重要审计风险因素。审计人员应该如何应对这些风险因素？

2. 在你看来，针对JGI的预付存货账户和商品库存账户，致同会计师事务所应该设置哪些审计目标？

3. 评价致同严重依赖JGI交付收据来执行预付库存审计程序的做法。更通俗地说，比较被审计单位内部生成的文件与来源于外部的审计证据的可靠性。

4. 描述“穿行测试”这一审计程序的特点和目的。这些审计程序是审计准则要求执行的吗？

5. 除了穿行测试之外，还有什么审计程序可以帮助审计人员发现弗雷德擅自修改JGI存货交付收据的舞弊行为？

6. 一旦事务所告知被审计单位管理层重要的内部控制缺陷，事务所对这些项目还有哪些进一步的责任？例如，事务所是否有责任坚持要求客户管理层纠正不足或以其他方式解决这些问题？

案例2.2

金熊高尔夫国际公司

1986年，杰克·尼克劳斯以46岁的高龄在著名的高尔夫球大师锦标赛夺得冠军，震惊了整个体育界。在过去的几年里，这位“金熊”一直在努力保持与几十个有天赋的年轻球员之间的竞争优势，在每年由职业高尔夫协会（Professional Golfers' Association，PGA）主办的几十个高尔夫锦标赛中获得了比赛的资格。

20世纪80年代中期，尼克劳斯面临的挑战并不仅仅是他在高尔夫球场上的成绩。金熊高尔夫国际公司（GBI，简称金熊国际公司）是管理运营这位著名高尔夫球手商业活动的企业。1985年的一天，这家私人公司的会计师理查德·贝林格鼓足勇气与他的雇主摊牌：贝林格告诉尼克劳斯，他的公司即将破产。由于尼克劳斯曾委托下属管理公司的运营，因此他被这一番话吓了一跳。在随后接受《华尔街日报》的采访时，尼克劳斯承认，在经过简短的调查后，他意识到他已经让他的公司变成了一个由一堆毫不相关的业务组成的集合体。“简直是一个会计噩梦……我不知道这些业务中的任何一个，其他人也不知道。”①

尼克劳斯立即致力于拯救公司，他的第一步是亲自担任首席执行官。随后，尼克劳斯让贝林格负责金熊国际公司的日常运营。几年之内，这两个人将金熊国际公司的资源集中在尼克劳斯最熟悉的业务线上，比如高尔夫球场设计、高尔夫学校以及高尔夫设备许可，从而使金熊国际公司重新盈利。

20世纪90年代末，杰克·尼克劳斯再次发现自己正在经历另一场“会计噩梦”。这一次，尼克劳斯无须为他所面对的困境而自责。相反，新危机产生的原因完全是因为尼克劳斯的两个主要下属，他们策划了一项欺诈性的会计计划，悄无声息地损害了他们雇主的商业帝国。

---

① R. Lowenstein, "A Golfer Becomes an Executive: Jack Nicklaus's Business Education," *Wall Street Journal*, 27 January 1987, 34.

世纪最佳球员

杰克·尼克劳斯从小就开始打高尔夫球，在十几岁的时候就已经掌握了这项运动。高中毕业后，这位高尔夫天才获得了奖学金，在他的家乡哥伦布市为俄亥俄州立大学打球。在21岁的时候，尼克劳斯参加了职业高尔夫球巡回赛，并很快取得了成功，几年内取得了超过12次的胜利。

在加入职业高尔夫球巡回赛后不久，有着商业头脑的尼克劳斯就意识到，赢得高尔夫球比赛并不是从他高超的技能中赚取利益的最快方式。当时，毫无争议的高尔夫球“国王”是阿诺德·帕尔默，他在高尔夫球场上以轻松的微笑及和蔼可亲的态度赢得了公众的喜爱。在一场比赛中，许多被称为“阿尼军队”的“粉丝”关注着帕尔默的一举一动。帕尔默在公众面前的声望带来的是一系列名气超高且收益可观的代言合同。与之相对的是，高尔夫球迷们普遍对尼克劳斯在高尔夫球场上的严肃态度表示不满。同样，“粉丝”们对尼克劳斯的反感甚至更多，因为很明显，这个梳着标志性平头的俄亥俄人很有可能取代帕尔默成为世界上最好的高尔夫球手——事实上他的确做到了。尼克劳斯最终赢得了创纪录的18个高尔夫球锦标赛冠军，并击败帕尔默而被誉为“世纪最佳球员”。

在一位职业体育经纪人的帮助下，尼克劳斯努力表现出一种更柔和、更有吸引力的公众形象。到20世纪70年代中期，对尼克劳斯的“改造”完成了，他的受欢迎程度堪比帕尔默。随着他的声望不断上升，尼克劳斯能够利用代言合同和其他商业机会赚钱。最终，尼克劳斯创立了金熊国际公司并作为他商业利益的保护伞。

1996年，尼克劳斯通过首次公开募股的方式剥离了金熊国际的子公司，从而扩大了自己的业务。尼克劳斯将新的上市公司命名为金熊高尔夫公司（简称为金熊公司）。金熊公司的主要业务之一是建造高尔夫球场。金熊国际仍将是一家私营公司，继续管理尼克劳斯的其他业务。尼克劳斯计划保留金熊公司超过50%的普通股股份，这样他和他的下属将能够完全控制新公司的运作。

尼克劳斯选择他的亲信理查德·贝林格出任金熊公司的首席执行官。随后，贝林格任命约翰·博伊德和克里斯托弗·科贝罗担任金熊全资子公司帕拉贡公司的高管。帕拉贡公司将负责金熊的高尔夫球场建设业务。博伊德成为帕拉贡公司的总裁兼首席运营官，而科贝罗则担任帕拉贡公司的副总裁。1996年8月1日，金熊公司上市，在纳斯达克交易所交易，股票代码为JACK。

金熊的三个魔鬼

在金熊成功上市后不久，帕拉贡的管理团队就收到了大量申请，要求建造杰克·尼克劳斯设计的高尔夫球场。几个月后，该公司签订了一份合同，修建了十几座高尔夫球场。华尔街分析师、投资组合经理和个人投资者预计，这些合约将为金熊公司带来可观的利润。不幸的是，这些利润从未实现。

在金熊公开募股之后不到一年，博伊德和科贝罗就意识到，他们对于该建筑工程毛利润的预测过于乐观了。帕拉贡将会使他们中的许多人遭受巨大的损失，而不是在那些项目上赚大钱。为了避免尴尬地公开披露帕拉贡曾在一系列无利可图的施工项目上白费精力，两位高管指示帕拉贡的会计人员美化公开披露的运营业绩。

导致博伊德和科贝罗决定隐瞒帕拉贡公司财务问题的一个关键因素是，他们与公司签订了对赌协议，如果帕拉贡的业绩达到一定水平，这两名高管可以获得相应的奖金。此外，博伊德已获得了大量的股票期权。

由于帕拉贡的建设项目需要一年多的时间才能完成，公司使用完工百分比法来重新计算与这些项目相关的收入。一开始，帕拉贡应用的是常用的“成本百分比法”，这种方法要求公司在给定的会计期间内，确定项目已发生成本占预计建设总成本的百分比，然后按照配比原则相应地确定收入百分比。

1997年第二季度，博伊德和科贝罗认定，如果采用成本百分比法来确认高尔夫球场建设项目的收入，帕拉贡将会有巨大的运营亏损。当时，两位高管指示帕拉贡的财务总监将会计估计方法更换为基于“增值法（earned value）”的完工百分比法。“在运用完工百分比法时，帕拉贡并不依赖于成本之类的客观标准，而是依赖于管理层对项目进展的主观估计。”①

在1997—1998会计年度的剩余时间里，帕拉贡的管理层经常夸大高尔夫球场建设项目每个季度的完工百分比。为了进一步提高帕拉贡的经营成果，该公司的会计人员在公司的大部分建设项目中都虚增合同收入。这些增加的收入据称可归因于“订单更改”，修改了帕拉贡和公司客户之间原有的建设合同。帕拉贡公司粉饰报表使用的最后一种方法是为“潜在的”建设项目确认收入。

在某些情况下，尽管帕拉贡没有签订与这些潜在项目有关的协议，但帕拉贡确认的收入与其在寻找新订单时所确定的潜在项目有关。在其他情况下，帕拉贡确认收入相关的项目要么来自帕拉贡和其他承包商的竞标，要么来自正在与帕拉贡谈判但还未签订协议的项目。②

在1998年的春天，约翰·博伊德和他的几个下属高管，包括克里斯托弗·科贝罗，试图从金熊手中收购帕拉贡公司。当这一努力失败后，博伊德和科贝罗辞去了他们的职务。在他们离开后，帕拉贡的新管理团队很快发现这一子公司的经营成果被严重扭曲了。

1998年10月，由安达信公司（帕拉贡的审计公司）、普华永道和金熊的外部法律事务所共同发起了一项关于1997年和1998年第一季度财务报表的重述工作。1997年，金熊最初报告了290万美元的净损失和高尔夫球场建设收入3 970万美元；重述的数额包括净损失2 470万美元和高尔夫球场建设收入2 180万美元。1998年第一季度，金熊公司公布了80万美元的净损失和高尔夫球场的建设收入1 600万美元，然而这些数额实际为净损失720万美元和高尔夫球场建设收入830万美元。

---

① Securities and Exchange Commission, Accounting and Auditing Enforcement Release No.1604, 1 August 2002.

② Securities and Exchange Commission, Accounting and Auditing Enforcement Release No.1603, 1 August 2002.

“失败的审计”

美国证券交易委员会（SEC）在该公司发布声明后不久，就对金熊公司进行了调查。SEC调查的主要目标是安达信的审计合伙人迈克尔·沙利文，他曾担任过金熊项目的审计合伙人。自1970年以来，沙利文一直受雇于安达信，自1984年以来一直是该公司的合伙人。

美国证券交易委员会执法部门披露了其对安达信的金熊公司审计业务的调查结果，其中有一段标题为“沙利文的审计失败”。根据SEC的说法，沙利文很清楚地意识到，使用“增值法”这一会计估计方法“加速了收入的确认”[①]。事实上，沙利文非常关注帕拉贡的会计处理方法，即从成本比例法转向“全新且未经检验的”增值法。这种担忧促使他在进行转换时警告帕拉贡的管理层，增值法所估计的经营成果应当与成本完工百分比法大体一致。为了监测增值法对帕拉贡经营结果的影响，沙利文要求帕拉贡的会计人员“提供详细对比表格，以比较帕拉贡1997年第二季度至1998年第一季度中每个报告期在两种会计处理下的经营成果”。到1997会计年度结束时，帕拉贡的会计人员编制的比较表格明显地表明，与成本比例法相比，增值法下核算的收入和利润明显更高。当沙利文对帕拉贡的高管们就这个问题提出质疑时，这些高管坚持认为，“未开发票”的建设成本导致成本比例法明显低估了建设项目的完工进度。为了消除沙利文的疑虑，在1998年会计年度初期，帕拉贡的管理层在1997会计年度的年终调整项目中记录了400万美元的未开发票建设成本。这些费用所产生的收入，将会相应地记录在成本比例法所核算的收入中，以接近增值法所核算的结果。沙利文不知道的是，这400万美元未开票的建设成本是伪造的。[②]

SEC批评沙利文和他的下属未能查清楚1997会计年度结束时的400万美元未开发票的建设成本。根据SEC的说法，沙利文几乎完全依靠管理层的口头陈述就确认了这些成本。

> 沙利文知道，帕拉贡的入账成本没有收到发票，也没有反映在公司的应付账款系统中，记录这些未开票的成本将大大减少两种估算方法得出结果之间的差距。虽然执行了发票和支付费用方面的审计程序，但沙利文没有采用任何程序来确定在年终时是否实际发生了未开发票的费用。

帕拉贡使用增值法虚增了其财务报告中的收入和利润，导致1997年底的未结算收入大幅增加。在金熊公司1997年的利润表中，约有30%的收入未向客户结算。当帕拉贡的高管们转换为增值法时，他们已经向沙利文保证，他们会以这个新的核

---

① 本案例其余的引用皆来自：Securities and Exchange Commission，Accounting and Auditing Enforcement Release No.1676，26 November 2002.

② 确认在调整分录中产生的400万美元未开发票的建设成本并没有减少金熊1997会计年度在增值法下确认的毛利润。400万美元的建设成本只是代替了在增值法下为产生“适当的”毛利润而记录的相等数额的费用。

算方法为基础向客户结算。尽管如此，帕拉贡还是继续以成本比例法向客户提供账单。帕拉贡不能将其在建筑项目上记录的全部收入向客户要求结算，因为这些客户通常都知道这些项目的实际完成情况。

SEC坚持认为，沙利文及其下属应该在1997年底对帕拉贡的大量未付费收入进行严格测试。“一个重要的未结算收入需要足够的测试，以确定公司没有全部向客户结算的原因，以及未结算的金额是否被恰当地确认为收入。”SEC指控沙利文“过分”依赖于帕拉贡高管的口头陈述来确认未结算的收入和相应的应收款项。

SEC报告指出，至少有一次，金熊公司审计团队的成员曾经要求正在建设项目的一位股东对帕拉贡在1997年底为该项目记录的200万美元未支付应收账款的合理性做出评价。这位股东声称帕拉贡高估了项目的完工进度。“尽管有大量证据表明，了解该项目实际状况的第三方对帕拉贡完工进度估计方法提出了质疑，但审计团队没有对该项目进行适当调查，或以其他方式扩大对帕拉贡未结算收入余额的测试范围。”根据SEC的说法，沙利文并不认为未结算的收入构成了重大审计问题，而认为这是一个帕拉贡必须与客户解决的“业务问题”。

虚增其报告利润的第二个策略是夸大单个建设项目的总收入。在1997年的审计过程中，审计人员选择帕拉贡的13个建设项目作为抽样样本，以证实该公司在对其未完工项目采用完工增值百分比会计法时使用的总收入数字。安达信的审计人员发现，在选定的13个项目中，有11个项目的收入总额超过了建筑合同中记录的金额。帕拉贡的管理层将这些差异归因于“处理特定项目变更”（这些“变更”并未经过签字同意），但不能提供任何支持这些口头陈述的文件。沙利文接受了客户的解释，即给定的收入数额是有效的。“在每一个案例中，沙利文都没有正确地追踪任何一项没有文件支持的收入金额；相反，沙利文完全依赖于帕拉贡管理层的口头陈述。”

帕拉贡用来夸大收入和利润的另一个策略是虚构项目以虚增利润。对沙利文在帕拉贡丑闻中所扮演角色的调查报告中，美国证券交易委员会的官员指出，美国注册会计师协会的《审计和会计指南——建筑合同》显然是帕拉贡等建筑公司审计工作应当遵循的准则。该指南建议审计师走访建筑工地，并与项目经理、建筑师和其他适当人员讨论被审计的项目。执行这些程序的目的是评估管理层的表述（如完成的进度和完成的估计费用）。尽管有这方面的指南条例，但在1997年审计期间，安达信审计师没有访问任何项目的施工场地。[①]这样的走访可能会帮助安达信发现项目虚构的舞弊行为。此外，安达信很可能已经发现帕拉贡虚增了其大部分现有工程项目的完工程度。

SEC谴责安达信没有访问过帕拉贡的任何施工场地，也没有与那些相关专家讨

① 据了解，帕拉贡的大部分高尔夫建设项目都在美国境外。1996年期间，安达信外国子公司雇用的审计师访问了其中一些网站。

论过这些项目。"在这种情况下，不与项目经理和其他现场施工人员讨论项目情况，包括竣工百分比的估计，是鲁莽地背离公认审计准则的做法。"

SEC还批评沙利文在1997年的财务报表中没有坚持要求金熊公司披露从成本比例法到增值法的变更。同样，SEC认为沙利文应该要求金熊公司披露帕拉贡和金熊控股股东杰克·尼克劳斯之间的重大关联交易。

最后，SEC指出，沙利文在制订金熊公司1997年的审计计划时，没有重点关注审计风险。在该审计的最初计划阶段，沙利文已经确定了几项因素，促使他将1997年的金熊审计确定为"高风险"审计业务。这些因素包括增值法的主观性、帕拉贡的巨额应收账款、金熊公司管理层所倡导的积极收入确认方法，以及帕拉贡的成本会计制度的严重缺陷。由于这些因素，SEC坚持认为，在1997年的金熊公司审计中，沙利文和他的下属应该特别谨慎，并需要执行严格而彻底的实质性审计程序。

后记

1998年8月，愤怒的金熊公司股东对公司及其主要管理人员和公司的名义所有者——杰克·尼克劳斯提起集体诉讼。就在同一个月，纳斯达克将该公司的普通股（以每股不到1美元的价格）退市，这个价格大大低于其20美元的历史高点。两个月后，理查德·贝林格辞去了金熊公司首席执行官的职务，以"追求其他利益"。1999年12月，金熊公司宣布，他们已经就该集体诉讼达成和解协议。该和解协议要求该公司向股东支付350万美元，并以每股0.75美元的价格购买其股票。2000年，当时还是一家私营公司的金熊被并入尼克劳斯公司，这是杰克·尼克劳斯管理其商业利益的新公司。

2002年11月，迈克尔·沙利文被美国证券交易委员会停职一年。几个月前，当一个联邦陪审团裁定安达信对其破产的客户安然公司的审计文件进行破坏时，该事务所被判有妨碍司法公正的罪名，然而实际上他的雇主安达信已经解散了。[①]

2002年8月，帕拉贡的前任财务总监被判两年监禁并取消其相关执业资格。与此同时，SEC处罚了三名前金熊高管，命令他们"停止"任何违反联邦证券法规的行为，其中一位高管是理查德·贝林格。SEC认为，贝林格批准了帕拉贡公司从成本比例法到增值法的变更。此外，SEC指控说，贝林格知道这一变化将增加金熊公司的收入和毛利，但他却未能要求公司在财务报表中披露这一变更。

最后，在2003年3月，联邦陪审团以证券欺诈和合谋证券欺诈的罪名起诉了约翰·博伊德和克里斯托弗·科贝罗。科贝罗于2003年3月14日在得克萨斯州的圣安东尼奥被捕，而博伊德则在哥伦比亚的波哥大被逮捕。几天后，特勤局和联邦调查局特工将他送往美国。2003年6月，科贝罗承认合谋进行证券欺诈，被判处三年半监禁。几个月后，博伊德承认了类似的指控，被判处五年监禁。

---

① 正如案例1.1所讨论的，安达信的判决后来被美国最高法院推翻。

思考题

1.审计准则将“管理层认定”确定为财务报告的基础构成项目。其中的哪些认定与帕拉贡的建设项目相关？对于你所列出的每一项认定，请描述安达信事务所可能用来证实该认定的审计过程。

2.SEC提到了迈克尔·沙利文涉嫌导致的几起“审计失败”。你认为SEC所说的“审计失败”指的是什么。对于金熊公司1997年审计中发现的缺陷，单单是沙利文一人的责任吗？请阐释你的理由。

3.沙利文认为，1997年的金熊公司审计是一项“高风险”业务。审计团队在高风险审计业务上的职责与“正常”审计业务相比有何不同？

4.AICPA已经发布了一些特定行业的审计和会计指南。审计人员在审计这些行业的客户时是否有责任参考这些指南？这些指南与审计准则是什么关系？替代还是包含？

5.帕拉贡关于完工百分比会计方法的变更是“会计政策变更”还是“会计估计变更”？简要描述关于两种变更的会计和财务报告的相关处理。

案例2.3

Take-Two 交互软件公司

《侠盗猎车手》是有史以来最畅销同时也是最具争议的电子游戏之一。自1997年该系列游戏首次发行到2013年《侠盗猎车手5》的发行，全球销量已超过1.25亿套。维基百科对该游戏进行了如下描述：

游戏关注的是一个开放的世界，在这个世界里，玩家可以选择任务来完成一个完整的故事，也可以参与一些内部活动，这些活动包括动作冒险、驾驶、偶尔的角色扮演、隐形和赛车元素。游戏的主题通常是对美国文化的喜剧性讽刺，但该系列因其色情和暴力主题而引发争议。

著名的政府官员、主要媒体和公共服务组织都谴责了《侠盗猎车手》。参议员希拉里·克林顿敦促联邦贸易委员会对这款游戏进行“仅限成人”的评级，因为它含有“色情和暴力内容”。参议员约瑟夫·利伯曼谴责这款游戏“可怕、怪诞”。纽约市市长迈克尔·布隆伯格直言不讳地指出，这款游戏“教孩子们杀人”。

事实上，执法部门已经将严重犯罪与《侠盗猎车手》联系起来。2003年6月，一名少年在亚拉巴马州杀害了三名警察，当时的情况与游戏中的场景相似。这名少年白天黑夜都在玩这个游戏，没有犯罪记录，他平静地告诉逮捕他的人，“生活就像电子游戏，每个人都有死的时候”。美国有线电视新闻网的一名评论员在谈到此案时，将《侠盗猎车手》称为“杀人模拟器”。

反对酒后驾车母亲协会（Mothers Against Drunk Driving，MADD）批评这款游戏鼓励酒后驾驶。“酒后驾车不是游戏，也不是玩笑。”游戏开发商Take-Two公司的一位发言人回应说，MADD的批评是不公平的，因为给定版本的《侠盗猎车手》只有一个醉酒驾车场景。“就像你不能仅凭一个场景就判断一个完整的电影或电视节目一样，你也不能仅从游戏的一个小瑕疵来判断《侠盗猎车手》。”

Take-Two的高管一直是多数针对《盗侠猎车手》强烈抨击的主要对象。一位跟踪Take-Two股价多年的华尔街分析师表示，“你很难找到更糟糕的人”。尽管多方都向联邦贸易委员会提交了《侠盗猎车手》的诉讼申请，但最终对该公司管理团队构成最重大挑战的联邦机构是美国证券交易委员会（SEC）。SEC对Take-Two的几位高管进行了处罚，原因是他们发布了一系列包含虚假陈述的财务报表。这些处罚要求Take-Two公司对2001—2004年这三期财务报表进行重述。

独自一人出征

1992年，瑞安·布兰特从宾夕法尼亚大学沃顿商学院毕业，获得经济学学士学位。20岁的布兰特在他父亲彼得·布兰特的一家公司开始了他的商业生涯。18个月后，布兰特决定离开那家公司，创办自己的公司。在从家庭成员和"天使"投资者那里筹集了150万美元之后，布兰特在1993年末成立了Take-Two公司。

罗伯特·菲什是Take-Two的独立审计方普华永道事务所的合伙人，他从Take-Two公司成立之初就担任布兰特的主要业务顾问。1998年，菲什成为普华永道纽约办事处风险投资业务的高级管理合伙人，为处于发展阶段的公司提供广泛的专业服务。

除了担任比他年轻得多的布兰特的业务顾问外，菲什还负责Take-Two从1994年到2001年的年度财务报表审计工作。1998年在接受*Crain's New York Business*采访时，菲什暗示他和布兰特情同父子。在讨论普华永道与Take-Two的关系时，菲什指出："我们（普华永道）将时间投资于增长型公司，"他接着说，"大多数初创企业之所以聘请大型会计师事务所，不仅仅是希望事务所能帮助协调会计业务，更希望事务所能对企业结构予以关注。"

普华永道对Take-Two的"投资"最初包括对其专业服务费用的折扣。根据布兰特的说法，普华永道收取的费用"仅为2万美元"，这个数字"大约是平均标准的1/3"。

在最初几年里，Take-Two公司通过几款电子游戏取得了一定的成功，包括《开膛手》（*Ripper*）和《地狱：网络朋克惊悚片》（*Hell：A Cyberpunk Thriller*）。为了在竞争异常激烈的视频游戏行业中生存下来，布兰特意识到他的公司必须快速成长。布兰特认为，实现这一目标的最佳策略是收购其他电子游戏公司，这需要大量的外部融资。为了筹集这些资金，布兰特于1997年通过首次公开募股将公司上市。布兰特严重依赖菲什为其提供的相关专业建议，这些建议涉及公司首次公开募股与随后收购相关的财务会计报告问题。20世纪90年代末，Take-Two进行了近20次收购，其中包括德国大型大众传媒公司贝塔斯曼的一个小型运营部门。《侠盗猎车手》的原版游戏正是此次收购的一部分，这也被证明是Take-Two的第一个游戏"特许经营"。每隔几年，Take-Two就会发布一款新游戏。2008年4月29日，也就是《侠盗猎车手4》发行的那一天，创下了视频游戏行业的单日销售纪录——售出360万套，总收入1.8亿美元。

《侠盗猎车手》使Take-Two成为全球领先的电子游戏开发商和发行商之一。这款成功的游戏也让Take-Two得以在始于2000年初的"科技股泡沫"破裂后的"科技股崩盘"中幸存下来。那次金融危机被证明是Take-Two的许多竞争对手的丧钟。

尽管在这段时间里Take-Two也面临着挑战，但该公司仍发布了令人意外的强劲经营业绩。

表1列示了Take-Two的关键财务数据，这些数据记录了该公司1998—2000年的快速增长，同时这三年也是公司上市后的最初、最完整的三年时间。部分金额详见表下注。

违规的“存放”

一位跟踪Take-Two财报的股票分析师指出，该公司公布的2000—2001年的销售额与NDP集团公布的数据存在明显差异。这位分析师的担忧促使SEC对Take-Two 2000年和2001年的财务报表展开调查。调查结果显示，Take-Two的高管确认了数百万美元的虚假销售交易，夸大了公司披露的经营业绩。这些交易是通过商品在公司与客户之间的临时“搁置”所虚构的。

2000年10月31日，也就是Take-Two公司2000会计年度的最后一天，公司的首席运营官和首席财务官安排了一场虚假交易，将价值540万美元的视频游戏卖给了位于弗吉尼亚州的视频游戏分销商Capitol。这是Take-Two有史以来最大的单笔交易。为了让这笔交易在普华永道的审计人员看来是合法的，Take-Two向Capitol运去了23万套游戏。在发货之前，双方都同意，在接下来的几个月里，Capitol将向Take-Two退货。在2001会计年度，当电子游戏被归还给Take-Two时，双方伪造了各种文件，让退货看起来好像是Take-Two从另一家公司购买新产品一样，而这家公司实际上是Capitol的子公司。

2001年，Take-Two向Capitol又另行销售了三款虚拟游戏，总销售额超过900万美元。与540万美元的那笔交易类似，这些发往Capitol的商品以库存购买的名义被退回到Take-Two。

在2000和2001会计年度，Take-Two记录了数十笔金额较小的虚假销售活动，这些都是卖给其他四家视频游戏分销商的。所有这些商品后来几乎都被Take-Two公司重新收购，其中一些交易被伪装成购买新存货，而其他交易则被处理并记录为正常的销售退货。在2000和2001会计年度，Take-Two还提前确认了一些游戏的收入，这些游戏仍在生产中，在随后的季度报告期内才会交付给客户。

表1　Take-Two交互软件公司1998—2000年财务亮点　单位：千美元

	2000	1999	1998
销售额	387 006	305 932	194 052
毛利	139 210	90 810	46 496
营业收入	45 061	27 381	10 690
净收入	24 963	16 332	7 181
应收账款	134 877	107 799	49 139
存货	44 922	41 300	26 093

续表

	2000	1999	1998
流动资产总额	214 908	187 970	95 302
资产总计	351 641	231 712	109 385
流动负债	152 023	146 531	73 505
负债总计	164 639	146 609	73 820
营业现金净流量	(55 259)	(16 748)	(8 022)
净投资现金流量	(12 906)	(21 540)	(727)
融资现金流量净额	71 564	46 780	9 017
注：以下1997年财务报表金额已包括在Take-Two 1999年10-K表格内			
销售额		97 341	
毛利		15 862	
营业收入		(895)	
净收入		(2 904)	
应收账款		36 369	
存货		20 784	
资产总计		56 395	
股东权益总额		11 935	
营业现金净流量		(14 460)	
净投资现金流量		(2 583)	
融资现金流量净额		18 809	

资料来源：Take-Two交互软件公司向美国证券交易委员会提交的10-K表格.

Take-Two在2000年的虚假会计记录使该公司达到并超过了当年的季度盈利预期。例如，在2000年第四季度，Take-Two公布的每股收益为42美元，略高于普遍预期的每股收益——41美元，大大高于公司每股0.27美元的实际收益。会计欺诈还使得Take-Two报告的当季净利润高于上季度报告的数字。对于Take-Two的首席财务官来说，这一事实意义重大，因为他每季度的奖金都取决于公司上一季度净利润的增长。

2002年2月，Take-Two重新发布了2000会计年度和2001会计年度前三个季度的财务报表，以消除这些期间记录的欺诈销售交易，并纠正其他会计处理不当的情况。两年后的2004年2月，在1999—2003会计年度发现了更多的不当会计决策后，Take-Two重新发布了财务报表。1999—2003年，这两份重述声明大幅降低了Take-Two的收入和利润，其中2000年公布的经营业绩首当其冲。Take-Two 2000年的销售额从3.87亿美元降至3.58亿美元，同期净利润从2 500万美元降至460万美元。

2001年普华永道对Take-Two的审计

尽管Take-Two故意向普华永道隐瞒了欺诈计划，但SEC指控普华永道在审计公司财务报表时未能遵守公认审计准则。SEC的指控集中于罗伯特·菲什应承担的责任，他是Take-Two 2000年审计的合伙人。

在为2000年的审计工作做准备时，菲什将“收入确认”和“应收账款准备金”确定为“风险较高的领域”，将在审计期间得到“特别关注”。在调查了2000年的审计之后，SEC得出结论：“菲什没有对这些风险做出恰当的反应，因为他没有表现出应有的专业判断和怀疑，也没有获得足够的证据。”SEC裁定，由于菲什的错误决定，普华永道不恰当地对Take-Two 2000年的财务报表发表了无保留意见。

2000年审计的重点之一是“国内”应收账款1.04亿美元，占2000会计年度末Take-Two应收账款总额的大部分。应用于国内应收款项的主要审计测试是向占应收款项约70%的客户发送积极式函证。普华永道的审计人员只收到了来自样本客户的一份回复，相关数额只占该公司国内应收款项的不到2%。Capitol正是未能回复函证的14家客户之一。

由于函证回复率很低，菲什决定应用替代审计程序。菲什和他的下属采用的主要替代审计程序是审查Take-Two在新会计年度收到的14位客户的付款，这些客户也没有回复确认信息。

普华永道的审计人员发现，在新会计年度的前6周内，Take-Two收到了来自14位客户的1 800万美元的付款。在调查过程中，SEC认定，审计机构未能追踪到许多此类付款所指向的特定的已开发票的销售交易，因为Take-Two的会计记录通常只反映个人客户的“合计”现金收入。

> 因此，菲什知道，或者应该知道，他无法确定自己从2000年11月1日到12月8日检查的现金是否与2000年10月31日存在的应收账款余额有关，或者与该日期之后的销售记录有关……Take-Two的记录往往只显示收集到的现金总额，这一事实对菲什来说是一个红旗标志，因为任何依赖这些数据的后续现金收入测试都将被证明是无效的。

SEC还严厉批评了普华永道用于测试客户销售退货准备金是否充足的审计程序。其中一项测试是对Take-Two在2001会计年度头几天收到的5笔销售退货进行检查。由于菲什和他的下属没有跟踪这些报表，所以他们没有发现证据表明Take-Two严重低估了年末的销售退货准备金。

> 在接受测试的5份具体退货单中，菲什没有将退货单与原始销售发票进行比对。如果他这样做了，他就会发现在这5笔销售退货中就有4笔，也就是超过75%的所购买的游戏被退货了……而Take-Two只保留了5%的退货率。尽管如此，菲什认为Take-Two的储备金是足够的，无须检查2000会计年度的其他收益，也无须询问客户关于这些特定销售的情况。

SEC接着指出，上述4项销售退货涉及Take-Two用来夸大其2000年销售额和利润的违规“搁置”交易。

后记

2005年6月，SEC处罚了Take-Two的销售副总裁和3名前高管，原因是他们参与了公司的会计欺诈。这些人包括Take-Two的前首席执行官瑞安·布兰特，以及该公司的前首席运营官和前首席财务官。Take-Two被处以750万美元的罚款，4名高管支付的罚金从销售副总裁的5万美元到布兰特的50万美元不等。布兰特还被勒令放弃他从Take-Two股票中获得的310万美元收益。该公司前首席财务官曾是注册会计师，也被SEC停职10年。

2008年2月，美国证券交易委员会发布了一份《会计与审计强制执行公告》，重点关注罗伯特·菲什作为Take-Two审计业务合伙人的责任，并对菲什处以一年停职的处罚，但菲什此前便从普华永道辞职。

2007年，SEC对参与“期权回溯”的公司和高管提起了数十起民事诉讼。在过去20年里，这些被告确定了某家公司股价处于相对较低水平的具体日期，然后在这些日期追溯发行股票期权。股票期权授予的事后日期允许受让人获得他们随后行使的“金钱”股票期权，从而导致股市大幅上涨。SEC对两名当事人提起诉讼，指控他们涉嫌巨额期权回溯丑闻。

SEC指控布兰特是Take-Two期权回溯计划的主犯。从1997年到2003年9月，布兰特向自己授予了10笔股票期权，总计约210万股普通股。布兰特在SEC调查Take-Two股票期权授予过程中，离开公司之前行使了所有期权。SEC对布兰特处以100万美元的罚金，因为他策划了该计划，并要求没收逾500万美元的股票收益。在一起相关的刑事案件中，布兰特承认了纽约州检察官提出的重罪指控。布兰特的辩诉交易协议要求他支付100万美元的罚金，缓刑5年。

2009年4月，Take-Two与SEC达成协议，以支付300万美元的罚金了结对其期权追溯的指控。在达成和解之前，该公司在5年内第三次重述其财务报表，以纠正与不当的股票期权授予相关的虚假陈述。

Take-Two经受住了虚假财务报告和期权回溯丑闻的考验，并在视频游戏行业维持了领先地位。2008年，美国最大的视频游戏公司电子艺界（Electronic Arts）以20亿美元试图恶意收购Take-Two，随后在2008年末放弃了收购要约。此前，该公司遭到了取代瑞安·布兰特及其前同事的管理团队的强烈抵制。分析师对视频游戏行业营收将持续强劲增长的预期，推动Take-Two股价在2016年初创下历史新高，尽管当时多数市场指数大幅下跌。

思考题

1.分析表1中Take-Two公司1998—2000年的财务数据。计算每一年的财务比率：应收账款的账龄、存货的库龄、毛利率、利润率、资产回报率、股本回报率、流动比率、债转股比率和盈余质量比率。考虑这些比率，Take-Two的财务报表中出现了哪些主要的“红旗标志”（如果有的话）？

2.通过确认客户的年终应收账款，确定审计人员希望达到的主要审计目标。解释“积极”和“消极”式函证之间的区别，并讨论各自对审计证据质量的影响。

3.当积极式函证没有收到回复时可以采用哪些替代审计程序，并将它们与消极式函证对审计证据质量的影响进行比较。

4.关于普华永道的审计人员在审计Take-Two公司的应收账款和销售退货准备金时所犯的明显错误，应当定性为“疏忽”、“鲁莽”还是“欺诈”？

5.对于处于发展阶段的公司，会计师事务所大幅降低其专业费用是否合适？为什么？这种做法会给会计师事务所带来什么问题？

6.你认为菲什和布兰特的关系适合在审计事务上合作吗？请阐释你的理由。

7.会计师事务所是否应该接受“道德受到挑战”的公司和组织作为审计客户？请阐释你的理由。

案例 2.4

通用公司

通用公司一直存在这样不成文的规定，即获得成功的最佳方式就是成为一个优秀的“财务专家”，只要这个规定不变，那么以玩数字戏法向股东展示他们所希望看到的经营状况的坏习惯就会一直存在下去。

汽车行业分析师玛丽·安·凯勒

1990年9月

大萧条给比利·杜兰特带来了沉重的打击。杜兰特生于1861年，在他出生几个月后就爆发了美国内战。他高中的时候就辍学了。1936年，也就是经济大萧条非常严重的时候，他破产了。和大多数意志坚强、能屈能伸的美国人一样，杜兰特利用掌握的技能，从事一切可能从事的工作，挺过了大萧条。杜兰特在20岁出头的时候是一名巡回推销员，从一个城镇到另一个城镇挨家挨户地推销专利药品。当杜兰特快80岁的时候，也就是大萧条后期，他为了生计开了一家保龄球馆。1942年在经历了一次中风之后，杜兰特和他的妻子靠着他以前经营的一家公司所支付的养老金勉强维持生计。最终，杜兰特死于1947年。

如果仅仅看到杜兰特年轻时和老了以后的生活，那么他的人生故事还真是没有任何引人注目的地方。但是，在他50岁的时候，威廉姆·C.“比利”·杜兰特（William C. “Billy” Durant）成立了全球最大、拥有员工数量最多的一家公司。

1889年杜兰特用借来的3 000美元创建了一家生产马车的公司，这家公司在19世纪80年代到19世纪90年代给他带来了大量财富。20世纪初的时候，杜兰特意识到没有马拉的动力车会很快取代他公司的产品。接下来的几年里，杜兰特用大量个人财产投资了几家汽车生产制造商，这其中就有别克汽车公司。1908年，杜兰特合并了这几家汽车公司创建了通用汽车公司（GM，简称通用公司）。

从1931年到2008年的77年里，通用一直是世界上最大的汽车生产商。但是最终通用像比利·杜兰特70年前那样，申请了破产，结束了它的辉煌历史。[①]通用公司于2009年6月申请破产，在此之前的几个月，通用公司一直聘用的独立审计方——德勤会计师事务所对通用公司2008年的财报出具的持续经营审计意见已经有所体现。

养老金与恐慌

和许多公司一样，通用公司也是2008年金融危机的受害者。这场金融危机是由暴跌的房价和按揭抵押行业的次级贷款危机所引起的。这场危机迅速波及美国经济的其他行业，包括规模较大的汽车行业。恐慌致使大量的美国消费者延迟或是取消了购买新汽车这样“大手笔”的支出计划。

早在2008—2009年间席卷美国的金融危机爆发之前，通用的财务状况就已经开始恶化了。通用习惯向员工及高管支付慷慨的养老金是其财务恶化的一个关键原因。第二次世界大战时期联邦政府实施工资冻结计划，为了给员工合法加薪，促使通用等一些公司建立了员工养老金计划，或是扩大了现行的方案。由于类似全美汽车工人联合会（UAW）的工会组织高超的谈判技巧，公司支付的退休后福利越来越多。通用公司养老金计划及其他退休后福利带来的大笔支出显著增加了该公司制造汽车的成本。像丰田之类的国外竞争者往往向员工支付较低的工资，并且也没有那么慷慨的养老金计划和退休福利，因此竞争者产品的价格通常比通用公司的价格低很多。随着时间的推移，消费者都转向了较为便宜的进口车，这种经济劣势使得通用的销售额逐年缩减。2009年，丰田一举超过通用，成为世界第一大汽车制造商。显而易见的是，2009年围绕通用公司财务状况一个最具争议性的问题就是：如果这个公司破产了，那么这个公司尚未支付的巨额养老金和退休福利怎么解决？将近50万名退休员工及其配偶每月从通用公司领取养老金，他们中的绝大多数是靠通用公司支付的养老金维持生计的。同样，约有25万名通用公司的现职员工已经围绕公司承诺的退休福利计划建立了他们自己的养老金计划。令通用公司的退休人员和现职员工感到不安的是，据估计，该公司与养老金计划相关的负债现值已经超过了100亿美元，而与养老金计划相关的资产仅有85亿美元。通用处在破产的悬崖边上，如果该公司破产了，没有人知道这个养老金计划还会不会持续下去。

养老金会计历史的简要回顾

通用公司在2009年上半年濒临破产的事件又将公众的视线重新聚焦在一个问题上，那就是公司高管通过操纵财务数据来掩盖公司逐渐恶化的财务和经营状况。有很多人指责通用公司，其中就包括一位长期从事汽车行业分析工作的女士——玛丽·安·凯勒，她在20年前出版了一本书，名为“幡然悔悟：通用跌跌撞撞的复兴之路”（Rude Awakening：The Rise，Fall，and Struggle for Recovery of General Mo-

① 在20世纪20年代初失去对通用汽车公司的控制后，比利·杜兰特（Billy Durant）开始沉迷于“玩”股市。1929年的股市崩盘使杜兰特的巨额财富化为乌有，最终迫使他申请破产。

tors（HarperCollins，1990））。凯勒指出，通用公司的高管时常在财务数据上做文章，以掩盖公司严重的财务问题。而高管最常做手脚的财务报表要素就是与公司养老金计划相关的巨额负债和费用。

这并不是通用公司独有的问题，很多公司都面临同样的指责，它们会通过不恰当地确认和计量与员工养老金计划相关的会计科目，来进行盈余管理。事实上，如何合理确认和计量与员工养老金计划相关的会计科目一直是会计职业界面临的复杂问题。

早在20世纪60年代中期，大多数公司都是按照收付实现制来确认和计量与养老金计划相关的费用的。这种方法忽视了与养老金计划相关的长期负债，并为公司通过刻意变动每年分摊的养老金费用来轻易、合法地操纵盈余提供了可能性。例如，假如某个公司某年度的盈利状况不佳，那么它就减少养老金的分摊金额，因此与养老金相关的费用就会减少。直到1985年，美国财务会计准则委员会（SFAS）才采用了新的养老金会计准则——SFAS No.87，会计计量基础从收付实现制变成了权责发生制，这时养老金的会计处理问题才发生了实质性的改变。但是，这条新准则还是为公司粉饰财务报表提供了机会。

新准则首次要求公司在计量与养老金计划相关的科目（正如通用提供给雇员的一样）时做出一些关键的假设值。[①]对这条新准则持批判态度的人认为这些假设值是可以“自由裁量的”，想要使财务报表的数字更加好看的高管会轻易地操纵这些假设值。[②]其中一个最重要的假设值是计算公司养老金负债现值所采用的折现率。折现率的选择具有非常重要的财务意义，尤其对像通用公司那样劳动密集并且有大量养老金负债的公司。例如，一个公司可以通过改变折现率来提高或降低（多数情况是降低）养老金负债的现值。[③]

关于折现率的争论

2002年底，通用公司面临着困境。股市价格下滑导致与养老金相关的资产价值下降，同时利率的下降导致相关负债的现值上升。这两者导致了部分养老金负债的偿还资金没有着落，同时，按照新准则的要求，通用公司预计的养老金费用会大幅上涨。

2002年的最后几个月，包括财务总监、总会计师和会计主管在内的高管人员苦苦思索适用于通用公司养老金负债的折现率。这些高管人员意识到选择不同的折

---

① 认识到公司的养老金计划几乎是一个独立于公司的法律实体。在这方面的问题不是对养老金计划的实际核算，而是对该计划的某一雇主或“赞助者”的养老金计划有关财务报表数额的核算。

② Audit Integrity（www.auditintegrity.com），"Pension Liabilities: The Elephant in the Room，"March 2009.

③ 养老金会计账务的具体特点和要求超出了本案例的范围，有关该主题的综合处理方法请参阅相关会计资料。2006年，财务会计准则委员会将SFAS NO.87 修订为 SFAS NO.158：“雇主决定如何利用退休金会计准则及其他退休计划。”“在发出SFAS NO.158后，财务会计准则委员会继续就其退休金会计准则和规则进行辩论，并考虑做出其他修订。”

现率会对公司报告的经营成果和财务状况有非常大的影响。公司以前适用的折现率是6%，以前公司通常会让独立的第三方精算公司估计一个适用于养老金负债的折现率，而精算公司称通过数学建模显示的适用折现率是6.18%。

但是通用公司既没有使用6%也没使用6.18%，而是用6.75%的折现率对公司的养老金负债进行折现。这个折现率不是通过严密的数学模型计算出来的，而是穆迪追踪的几个高收益公司债券利率的平均值。事实上，这些债券的平均利率是6.63%（通用在选择折现率的时候，高估了将近0.15%）。

截至2003年1月的第一周，德勤事务所正在对通用公司2002年财务报表进行审计。2003年1月7日，德勤的审计人员与通用公司负责测算养老金折现率的代表进行了会晤。会面时，通用公司的代表提出了这3个折现率，并且给出了3个折现率的来源。他们选择6.75%的折现率的主要理由竟是“大多数情况如此”①。公司根据穆迪数据库中的利率进行养老金负债折现率测算进而得到了这个值。随后SEC对这个理由提出了质疑。联邦调查机构同时指责通用公司的管理人员在使用穆迪数据库的数据时，并没有考虑相关数据是否与通用公司的实际情况相符，选择的样本是否与该公司相符。

在2003年1月7日这次会面之后，德勤的审计人员通知了通用公司的相关人员，让他们对折现率进行重新计算。同时，审计人员认为就此事进行第二次会面是十分必要的。最终，审计人员指出一开始他们就认为6.75%的折现率太高了。

几天之后，德勤的审计人员要求与公司的相关人员进行会面，商讨关于6.75%折现率的事宜。德勤的审计人员坚持要求通用公司聘用的精算公司一同出席这次会议。通用公司的会计主管同样参加了这次会议。这次会议结束之后，会计主管告知公司的财务总监和首席分析官，德勤的审计人员已经“同意使用6.75%的折现率”。

显然，通用方面的代表在第二次会议上成功说服德勤同意使用6.75%的折现率，同时他们承诺在2002年的财报中增加对折现率的敏感性测试。这项补充性披露可以揭露出一系列不同折现率对与公司养老金相关项目的影响。在公司内部的会议中，通用的会计主管告知财务总监和首席分析官，德勤认为这是“一次合理但并不完全的妥协”。虽然审计人员最终妥协，使用6.75%的折现率，但是他们认为6.50%是一个更合理的选择。德勤随即对通用2002年的报表出具了无保留审计意见。

2003年3月13日，通用公司向SEC提交了年报。正如该公司向德勤承诺的那样，它在年报中披露了与6.75%折现率相关的敏感性测试。这项敏感性测试分别披露了在6.5%及7%的折现率之下养老金费用和养老金负债的数额。如果使用的是6.5%的折现率，该公司2002年的养老金费用会增加到1.2亿美元，这将导致其税前

① 本例中的其余引文摘自以下来源：Securities and Exchange Commission v.General Motors Corporation,Case 1:09-cv-00119,U.S.District Court for the District of Columbia,22 January 2009.

利润下降6个百分点。同样，若使用6.5%的折现率，通用2002年的资产负债表上的负债会增加10个百分点，这意味着负债会增加到18亿美元；与之相应，所有者权益会减少11亿美元，也就是减少16个百分点。[①]

2009年1月，SEC对通用公司提起诉讼，认为该公司2002年财务报告中与养老金相关金额的披露是“实质性的误导”。SEC主要认为通用公司在敏感性测试时选择的折现率有一定的误导性，因为财务报告中披露的敏感性测试使用的折现率是6.5%和7%，这其中隐含的意思是6.75%是介于中间的一个值，但事实上并不是这样。SEC同时批评通用公司并没有披露2002年折现率的选择是否采用了常规方法。

后记

2009年1月末，美国证券交易委员会发布了《会计与审计强制执行公告第3033号》，披露通用前几年一直滥用的会计和财务报告政策。这份公告主要指控的是通用公司对与其养老金相关费用和负债确认的不合理问题。通用公司既没有否认也没有承认这些指控，该公司同意未来遵守相关法规。迄今为止，SEC尚未对德勤在通用公司养老金的审计方面的过失进行相应处罚。

在被SEC处罚的6个月后，通用公司终于走出了破产的阴影，重组成立“新”通用公司。随着通用公司的重组，由于不良资产救助计划[②]，联邦政府成了其最大的股东。该公司巨额的养老金计划幸免于破产重组计划，这对退休人员和工人来说无疑是幸运的。

思考题

1.审计准则中并没有规定针对客户公司养老金相关项目的审计程序。请指出5个与养老金项目相关的审计程序。对于每一项列出的审计程序，请指出相应的审计目标。

2.一般在什么情况下审计人员应该借助外部专家的力量来完成相关的审计任务？外部专家如何帮助审计人员审计与养老金相关的项目？

3.你认为德勤同意通用公司对其养老金相关负债使用6.75%的折现率的行为是否合理？德勤在这种情况下应该采取什么样的措施？

4.6.75%的折现率是否对通用公司2002年的财务报告有实质性的影响？请阐释你的理由。

---

① 在2002年的10-K表格中，通用公司报告的总资产为3 708亿美元，总负债为3 640亿美元，总股东权益为68亿美元。

② 2010年11月17日，通用汽车公司上市。当天，通用公司股票交易量占纽约证券交易所交易量的近10%。联邦政府最终通过出售其在通用汽车公司的股权收回了投资该公司的大部分资金。

案例 2.5

利珀控股有限责任公司

在过去的几十年里，对冲基金已经变成了华尔街最具争议且使用规模最大的投资工具。评论家们认为对冲基金的高风险投资策略正是导致2008年底全球资本市场金融危机爆发的罪魁祸首之一。据估计，在发生这场金融危机之前，对冲基金所持有的全部投资的总市值达到了惊人的2.5万亿美元。

事实上，想要计算任一时点对冲基金的投资总量并非易事，因为即使是华尔街的专家也尚未对如何界定对冲基金达成一致的观点。提到对冲基金，投资菜鸟通常会认为，它是通过使用复杂的风险管理工具来降低投资损失风险的一种投资基金。但是许多对冲基金的操作往往与上述情况相反。例如，它们往往买入卖出各种各样复杂的金融衍生工具，这种操作不但没有降低投资组合的风险，反而加大了整个组合的风险。

通常当一种投资基金具有以下两个特点时，就会被贴上“对冲基金”的标签：一是缺乏管理监督，二是向基金经理支付（高额）绩效报酬。许多对冲基金都是在类似开曼群岛等离岸避税天堂注册的，这就导致了与其相关的投资公司、银行和其他实体得不到有力的监管。由于其特殊的法律结构，在美国的对冲基金总部通常可以避开美国证券交易委员会以及其他联邦和州监管机构的严厉监管。

对冲基金除了每年收取与其他类型基金相同的基金管理费之外，其管理人还会收取相当于基金盈利一定百分比的绩效报酬。虽然各种对冲基金的绩效报酬不尽相同，但是通常高达基金盈利的20%。对冲基金的批判者，例如世界著名的投资者沃伦·巴菲特，坚持认为绩效报酬会导致基金经理采取即使不是鲁莽也会是高风险的投资策略，这就是大多数对冲基金对“垃圾债券”或“陷入困境”企业的债券情有独钟的原因[①]。

对冲基金与好莱坞

20世纪90年代，美国飞速发展的对冲基金行业中涌现出了肯尼斯·利珀这样的领导者。1941年，利珀生于一个皮鞋销售商的家庭。小利珀在纽约南布朗士区的一个普通工薪阶层社区度过了整个童年。他在青少年时期就有非常广泛的兴趣爱好，包括体育运动、电影以及股票市场。与他童年的伙伴阿尔弗雷德·帕西诺不同，利珀成年之后决定去华尔街发展自己的事业，而不是在好莱坞做演员，至少他童年的梦想是这样的。

利珀是一名非常优秀的学生，他依靠奖学金取得了哥伦比亚大学的学士学位、哈佛大学的法律学士学位。但利珀的求学脚步并未止于此，在取得巴黎大学的硕士学位后，又继续攻读了纽约大学法学院的硕士学位。充满人格魅力的利珀在求学的时候认识了一大批家境富裕、拥有大量人脉关系的朋友和熟人。

1966年，25岁的利珀娶了纽约最富有的慈善家的女儿。这桩婚姻正像《商业周刊》报道的那样，使利珀在华尔街的事业"平步青云"[②]。不久之后，利珀就加入了华尔街极负盛名的雷曼兄弟公司，32岁的时候就成为该公司最年轻的合伙人之一。

1975年利珀离开了雷曼兄弟公司，转而成为对手公司所罗门兄弟公司的合伙人和经理。不久之后，美国证券交易委员会起诉他在一起大型上市公司的并购活动中协助并教唆公司从事了违反联邦证券法规的行为，利珀辉煌的事业有了轻微的污点。利珀没有承认也没有否认在并购活动中的不法行为，最终只是接受了SEC轻微的处罚。

在解决了SEC对其指控的第二年后，即1983年，利珀暂时离开了世界顶级金融中心，成为纽约市的副市长。在三年跌跌撞撞的政治生涯之后，利珀参与了好莱坞导演奥利弗·斯通导演的影片。这位著名的导演选定利珀作为电影《华尔街》的技术顾问，影片由查理·辛以及迈克尔·道格拉斯主演。在该影片成为奥斯卡获奖影片之后，利珀根据电影内容写了一本同名小说。

接下来的20年，利珀一直沉醉于东西海岸的高调生活，他既是西海岸令人炫目的电影业支柱，又是3 000公里以外的东海岸华尔街经济中心的中流砥柱。在好莱坞，利珀是一名成功的编剧和制片人，他甚至与儿时的伙伴阿尔弗雷德·帕西诺合作了一部重要的电影。[③]与此同时，利珀也密切关注着他在东海岸一手打造的新兴金融帝国——创建于20世纪80年代的利珀控股有限责任公司。利珀在

① 增加对冲基金经理风险偏好的一个事实是，他们不会吸收其管理的基金在某一年遭受的净亏损的任何部分。

② M Vickers, "The Fallen Financier", *Business Week* (online), 9 December 2002.

③ 1999年，利珀凭借《最后的日子》(*the Last Days*)获得奥斯卡奖，这是一部关于大屠杀的纪录片。阿尔弗雷德·帕西诺在1996年由利珀制作的故事片《市政厅》中担任主角。

公司身兼董事会主席及首席执行官两职，该公司最终掌控的投资额超过了40亿美元。

利珀在东西海岸广泛的朋友圈为他在华尔街的公司输送了大量的客户，包括朱莉亚·罗伯茨、史泰龙以及迪士尼的首席执行官迈克尔·艾斯纳在内的很多好莱坞杰出人物都选择利珀作为他们的理财顾问。利珀的公司也吸引了大量政坛重量级人物，例如曾经参加美国总统竞选的议员弗里茨·霍林斯、美联储前任主席保罗·沃克尔、利珀以前的老板埃德·科克，以及纽约享有盛名的市长都是利珀服务的政坛人物。正如《商业周刊》指出的那样："这位华而不实的代言人所拥有的人脉关系以及大量的财富就像有魔力的磁铁，吸引了大量不会去质疑他资产管理能力的投资者……这些人折服于利珀在华尔街的惊人成就。"①

利珀指派他的下属负责管理公司投资基金的日常业务。爱德华·斯特凡斯是利珀的一名重要下属，他是利珀控股有限责任公司的执行副总裁。斯特凡斯作为投资组合经理，管理着利珀公司旗下的三只大型对冲基金，分别是利珀可转换债券（Lipper Convertibles）、利珀二期可转换债券系列（Lipper Convertibles Series II）以及利珀固定收益基金（Lipper Fixed Income Fund）。虽然1940年颁布的《投资公司法案》要求对冲基金在SEC注册为投资公司，但是利珀旗下的这三只对冲基金通过结构化的法律处理而获得了豁免权。因为利珀可转换债券以及利珀二期可转换债券系列是法律意义上的"券商"，所以根据1934年颁布的《证券交易法案》，这两只基金必须每年向SEC提供经审计的年报。

为了提高投资者的投资回报率，斯特凡斯在这三只基金的操作中使用了财务杠杆，也就是他利用这三只基金大规模举债，将筹得的债务资本与权益资本一起投入到投资活动中。这导致了投资者的回报率大幅高于基金投资组合应有的回报率。但是使用财务杠杆是存在风险的，如果某个年度基金遭受了损失，那么相应的投资者的损失会由于杠杆效应而放大。

利珀公司在用来宣传对冲基金的材料中写道，这三只基金所持有的70%的证券都是高质量的，是"投资级"证券。事实上，这三只基金所持有的投资级证券占比远低于上面那个数字。斯特凡斯认为要想持续吸引新的投资者，公司必须赚取令人叹服的利润。由于投资级证券往往无法带来高额的回报，斯特凡斯将大量的基金资产投入到高风险、高回报的证券上，这些证券通常是陷入财务困境企业发行的可转换债券或是可转换优先股。

"舞弊的诀窍"

当斯特凡斯投资的这些价格极不稳定的证券没有达到他预期的收益时，为了达到宣传的预期收益，他开始刻意高估这些资产的市值。2002年1月，斯特凡斯辞去了他在利珀公司令人艳羡的职位。辞职后持续数周的离任审计最终暴露了他的舞弊行为。

---

① Vickers, "The Fallen Financier."

2002年2月末，利珀公司对外宣布由斯特凡斯管理的三只对冲基金的市值被高估了。当还原了这些投资的真实价值后，持有利珀可转换债券（这三只基金中规模最大的一只）的投资者发现自己投入的资本损失了近50%。持有另外两只基金的投资者虽然没有遭受上述高比例的损失，但损失也不少。监管及执法机构的后续调查发现，斯特凡斯亲自监督了他所管理的三只基金的“市场定价”过程。[①]一位资深的华尔街金融人士指出，大多数对冲基金经理会寻找一个第三方来为基金估值，利珀公司这种自己为自己估值的做法完全就是“为舞弊埋下了伏笔”[②]。当这三只基金的过高估值构成舞弊事件最初被披露出来时，爱德华·斯特凡斯一口咬定自己完全没有参与，也不知道这些情况。斯特凡斯将这些失误的责任全部推到了他的老板肯尼斯·利珀身上。“我们（斯特凡斯及其下属）完全不应该承担任何责任。任何遭受损失的客户都应该去找肯尼斯·利珀，他才是这件事的主导者。”[③]

但是在2004年8月，斯特凡斯完全变换了说法。他承认自己欺诈性地高估了所管理的三只基金的整体价值。随后他被判处了6年有期徒刑，并被联邦法院命令赔偿9 000万美元。虽然斯特凡斯受到了法律的制裁，但是许多当事人（包括利珀公司之前的投资者）都坚持认为肯尼斯·利珀才是那个应该为他们所遭受的损失负责的人。

利珀很可能知道他的下属在基金估值中做了手脚，但是他太在乎自己的名誉以及令人惊叹的理财能力了，所以他非但没有阻止反而纵容了那些舞弊的做法。这纯粹是狂妄自大、自掘坟墓。[④]

“审计人员的疏忽”

当联邦检察官继续调查爱德华·斯特凡斯以及肯尼斯·利珀时，SEC也对一直以来负责利珀公司审计事务的会计师事务所——普华永道进行了调查，因为普华永道没有审查出利珀公司对所持基金过高估值的问题。对冲基金的投资者认为审计人员应该很容易就能发现这些刻意高估基金价值的行为。更让投资者无法接受的是，利珀公司选择普华永道作为这三只基金的审计公司的原因竟然是“普华永道精通对冲基金以及对难以定价的证券的估值业务”[⑤,⑥]。

SEC对普华永道的审查主要集中在普华永道2000年对这三只基金的审计报告上，这是欺诈行为被揭露之前普华永道对利珀公司做的最后一次审计。联邦调查机

---

① Many of these securities were “thinly traded” securities for which readily determinable market values were not available.

② Vickers, "The Fallen Financier."

③ Vickers, "The Fallen Financier."

④ Vickers, "The Fallen Financier."

⑤ 利珀实际上保留了普华永道(PwC)的前身普华永道(Price Waterhouse)作为这三家对冲基金的审计公司。1998年，普华永道(Price Waterhouse)与Coopers & Lybrand合并成立普华永道。

⑥ 除另有说明外，上述引文及以后所有引文均来自：Securities and Exchange Commission, Accounting and Auditing Enforcement Release No.2470, 31 July 2006.

构在这次审查中主要锁定了一名负责人拉里·斯托勒。斯托勒在1980年的时候成为普华永道的前身公司 Price Waterhouse 的合伙人，他于利珀公司舞弊丑闻被揭露不久之后从普华永道退休。1989—2002年（除了20世纪90年代中期的两年），在利珀公司的三只对冲基金出现问题期间，斯托勒一直是负责利珀公司审计项目的合伙人。虽然20世纪90年代中期的两年斯托勒不是项目合伙人，但也是这三只基金的共同合伙人。

在对普华永道2000年出具的审计报告进行审查的过程中，SEC发现斯托勒早在几年前就意识到了利珀公司内部控制中的缺陷，并且认为“（普华永道）应该加强对它们（对冲基金）估值的审核”。更为重要的是，斯托勒早就发现爱德华·斯特凡斯都是自己监督，而且没有可信的第三方对其估值进行复核。

在普华永道2000年对利珀公司进行审计的过程中，最重要的一项审计程序是对基金的投资是否合理估值进行审计测试。[①]根据SEC调查的结果，斯特凡斯声称2000年12月31日他对基金投资的估值是依据一些执行基金投资交易的证券经销商的报价样本。但是普华永道的审计工作底稿中并没有找到上述证券报价的文件，而且也没有任何证据表明普华永道复核过这些文件。

对年末对冲基金估值的初始审计程序包括，对一些具有代表性的持有基金投资的证券经销商所出具的2002年年度报表进行复核。这些报表中证券的价格与斯特凡斯最终对三只基金的估价不一致。SEC调查的结果显示，斯托勒“并没有与利珀公司的任何人”讨论过这些估价不一致的问题，普华永道的审计底稿中也并未提及这些不一致是如何被解决的。

考虑到初始审计测试的结果，普华永道的审计底稿中记载了对冲基金年末估值过高的问题。利珀可转换债券的价值被高估了13%，但是，这个数值是“忽略了投资组合中财务杠杆作用”的结果。如果审计人员考虑了财务杠杆的影响，那么得出的结论是，这些显著的错误使斯特凡斯对投资者投入利珀可转换债券的权益资本高估了“大约48%”。

“为了获取利珀对冲基金所持有的65%的投资在2000年12月31日的总市值的第三方独立估值”，普华永道的审计人员同样使用了彭博投资咨询服务公司对三只基金投资证券的报价。借助这个审计程序，审计人员再一次发现对冲基金年末的投资市值被明显地高估了。普华永道要求对年末彭博估值和斯特凡斯估值之间的“显著差异”实施相应的审计程序。

如果彭博估值比利珀可转换债券的估值高2%，就相当于已经与该基金的经销商“直接联络”过了，斯特凡斯所取得的估值依据就相当于被“独立地验证”了，因此他们声称证实了这些证券的价值。

---

① 这些审计程序适用于利珀可转换债券对冲基金持有的投资。利珀的可转换债券基金是三只对冲基金中最大的一只，另外两只对冲基金的投资组合由利珀可转换债券持有的证券子集组成。

后续的审计程序是指派了一名初级审计人员给与利珀公司合作的5家证券经销商的销售人员发函证。这些函证中包括了斯特凡斯在2000年12月31日使用的估值价格。这些函证要求接收人“证实所附的报价单是否是贵方于2000年12月31日提供给利珀可转换债券的”，同时要求接收人在询证函上签字并且通过传真回复给审计人员。

这5家中的4家表示“没有任何异议”，并在询证函上签了字回传给了这位初级审计人员。普华永道认为这4份回复的传真可以“明确地证实”斯特凡斯对基金年末估值的公允性。第5份回传的询证函没有被签字，并且指出了基金对于某些证券的估值大幅高于这些证券的真实市值。

SEC指责普华永道的审计确认程序“在几个重大方面有失误”。例如，这些询证函并未明确地要求被询证人“提供相关证券的报价或是要求他们证实报价的合理性”。因此，除了其中一位证券经销商对某些证券的估价提出了质疑，没有证据表明“在询证函上签字的销售人员实质上去验证了证券经销商的报价或是重新对这些证券进行了估值”。实际上，其中有些被询证的证券经销商并没有销售列在询证函上的某些证券，因此他们没有相应的依据去判定这些证券的价值是否被错误估计。

后记

SEC在2000年7月发布了审计执行公告，其中指出普华永道在2000年取得的大部分相关审计证据都“表明斯特凡斯高估了基金资产的价值”。因此，SEC认定由拉里·斯托勒签署的无保留意见审计报告是不公允的。

斯托勒忽视了或者说他没能意识到这些审计测试结果的重要性。他不能提供可以证明他对基金资产估值的胜任力的证据，并且他也未能给予助理的审计工作充分的监督。

SEC不仅披露了利珀公司2000年经审计的财务报表，同样也披露了由普华永道出具的利珀可转换债券和利珀二期可转换债券系列的内部控制报告。SEC要求所有在联邦监管机构注册的券商都必须出具内部控制报告。这份同样由斯托勒签字的内部控制报告指出，普华永道在审计过程中并未发现重大缺陷。SEC于2006年发布的审计执行公告认定上述审计意见是“不准确的”。SEC认定拉里·斯托勒在2000年对利珀公司管理的三只对冲基金的审计过程中并未遵循公认审计准则。①SEC的调查结果证实，斯托勒是这些基金在操作过程中违反联邦证券法规的“一个原因”。

投资者和潜在的投资者得到的都是这几只基金2000会计年度经审计的报表以及普华永道发表的无保留意见审计报告。普华永道的无保留意见审计报告对投资者来说是一种心理安慰，至少向投资者传达了这样一个信息——这几只基金的估值是

① 尽管斯托勒已于2002年退休，但在2006年的执法报告中，美国证券交易委员会将他的执业资格暂停了一年。

正确的。投资者和客户根据这些报告做出了投资决定。

2002年初，斯托勒和他的下属对这三只利珀对冲基金进行了清算。这次强制清算使投资者蒙受了数亿美元的损失。在利珀丑闻中遭受损失的投资者以及他们的代理人向该公司提起了诉讼，其中一项诉讼是由指派给投资者的破产案受托人对普华永道提起的。根据发布的报告，这起诉讼在2010年的时候才达成初步和解，可能的结果是由普华永道向利珀公司的投资者赔偿2 990万美元。[①,②]

在2011年，SEC采取措施使对冲基金“不那么神秘”[③]。新措施要求许多对冲基金披露“潜在的利益冲突”，“关于其规模和所有权的一般信息”以及独立审计师的验证。[④]

思考题

1.普华永道在对利珀的三只对冲基金审计的过程中应注意哪些特别的舞弊风险因素？请说明普华永道应该如何应对这些特别的风险因素。

2.在审计复杂金融工具及其交易的过程中，应明确哪些审计目标？为了达到这些审计目标，需要执行哪些相应的审计程序？

3.在这个案例中，哪些因素导致普华永道对利珀对冲基金年末估值的审计程序出现了问题？为了避免出现类似问题降低审计报告的质量，审计公司应该实行哪些具体措施？

---

① Kirby McInerney LLP，Lipper Convertibles L.P.，http://kmsaw.us/news/asp? type=case&id=32.

② 美国证券交易委员会对爱德华·斯特凡斯的欺诈计划展开调查后，并未对肯尼斯·利珀进行处罚，也没有对他提起任何刑事指控。

③ SmartPros (online)，“SEC Votes to Force Public Disclosures from Hedge Funds，” 23 June 2011，http://accounting.smartpros.com/x72218.xml.

④ SmartPros (online)，“SEC Votes to Force Public Disclosures from Hedge Funds，” 23 June 2011，http://accounting.smartpros.com/x72218.xml.

案例2.6

CBI控股公司

20世纪80年代，总部位于纽约的CBI控股公司拥有几家全资子公司，这些子公司主要销售各种医药产品。子公司从药品制造商那里购买这些产品，并储存起来，然后将它们转售给零售药店、医院以及相关的企业。CBI公司的主要市场区域从美国东北部延伸到中西部。

1991年，CBI的总裁兼董事会主席罗伯特·卡斯特，卖给西方信托公司（TCW）48%的股权，该公司是一个多元化的投资公司。两个公司之间的购买协议使得西方信托公司有权任命两名CBI董事会成员，卡斯特则有权任命剩下的三名董事会成员。购买协议还确定了一些所谓的“控制触发事件”。如果这些事件中的任何一个发生了，西方信托公司则有权掌管CBI公司。控制触发事件包括CBI不能将某个财务指标保持在具体的水平上，以及未经授权对卡斯特和公司其他高管提供贷款。

在卡斯特和西方信托公司交易完成的几个月前，他雇用了安永会计师事务所作为CBI的独立会计师事务所。在同一时间内，他在每年由安永会计师事务所共同主办的全国性推广活动中被评为“年度企业家”。从1990年到1993年，安永会计师事务所对CBI的年度财务报告都发表了无保留意见。

会计舞弊

卡斯特的一些下属企图歪曲CBI报告中1992年和1993年截止到4月30日的经营成果和财务状况。[①]卡斯特授权的会计造假使他每年得到大量的年终奖金。CBI对西方信托公司管理人员、西方信托公司在CBI董事会中任命的成员以及安永会计师事务所隐瞒了这些欺诈活动，因为卡斯特知道，如果这个阴谋被发现，它将会触发1991年与西方信托公司签订的购买协议中的“控制触发事件”条款。几年后，

① 由于CBI会计年度的变化，公司1992年的会计年度只有11个月。

在对卡斯特的欺诈提起的诉讼中，西方信托公司的高管证实，如果他们当时发现欺诈行为，他们本可以立即夺取CBI公司的控制权。

卡斯特和他的合谋者用来歪曲CBI公司1992年和1993年财务报表的一种方法是少计CBI年末的应付账款。CBI对它的供应商有大量未偿付的应付款，这些供应商包括很多药品制造商，如宝来威康（Burroughs-Wellcome）公司、西灵（Schering）公司以及福克斯梅尔（FoxMeyer）公司。在1992年和1993年末，CBI少报了大型供应商几百万美元的应付款。联邦法官伯顿·夫兰德主持了卡斯特的欺诈诉讼，他裁决该公司蓄意少计了CBI年末的应付账款，并认为这对于1992年和1993年的财务报表产生了重大影响。

安永会计师事务所对CBI公司1992年和1993年的审计

在1992年和1993年，安永会计师事务所把CBI的审计看成是“密切监测业务”。会计师事务所的审计手册将密切监测业务定义为“在这个业务中，被审计单位给安永会计师事务带来了重大风险……安永会计师事务所很可能遭受信誉、金钱的损害，或者两者兼有”[①]。安永会计师事务所1992年和1993年的审计工作底稿也记录了一些表明业务约定会造成高于正常审计风险的“红旗标志”。

安永会计师事务所对CBI审计所确定的控制风险因素包括罗伯特·卡斯特在公司的主导地位[②]、内部审计职能的缺失、会计部门缺乏适当的职务分离，以及管理人员对关键会计估计采取的激进态度。这些明显的控制风险导致安永会计师事务所将CBI的控制环境确定为“无效的”。在CBI的审计工作底稿中定义的其他风险因素，包括控制触发事件发生的可能性，高层管理人员“过分”地强调实现定期的盈利目标，以及卡斯特的年度奖金直接与CBI报告的盈利相联系等。

在CBI公司1992年和1993年的审计中，安永会计师事务所的审计人员编制了一份名为“审计方法的更新计划和审批表”的文件，该文件描述了安永会计师事务所按照计划完成审计的总体策略。在1992年和1993年，该文件将应付账款确定为一个“高风险”审计领域。1992年审计的项目中包括应付账款的两个关键审计程序。

a.1992年4月30日，通过执行现场检查，完成对未入账负债的检查。

b.获得CBI五大供应商截至1992年4月30日所发布声明的副本，并检查核对CBI账簿中这些厂商应付账款的余额。

1993年实施的审计程序也包括上述两项，只是将审计程序“b”中的五大供应

① 本引文以及随后的所有引文均取自以下法院意见：*In re CBI Holding Company, Inc., et al., Debtors; Bankruptcy Services, Inc., Plaintiff— against—Ernst & Young, Ernst & Young, LLP, Defendants*; 247 B.R.341; 2000 Bankr.LEXIS 425.

② CBI审计业务合伙人在1993年审计期间指出，该公司的首席财务官似乎“害怕他的老板卡斯特”。当一名审计人员就一个重要问题询问他时，首席财务官通常会说“问问卡斯特”。在审计人员看来，这显然是一个“红旗标志”。

商修正为CBI的十大供应商。

在1992年的审计中，安永会计师事务所的审计人员发现，在1993年前几周产生的大量支出，是1992年4月30日潜在未入账的负债。它们大部分是支付给公司供应商的支出，并且包含在公司的会计记录中，已标记为“预付款”。当审计人员询问时，CBI公司的人员提供了对预付款的一些解释。当CBI的预付款在其大型供应商的信用额度内时，供应商会保留一个订单，直到他们收到“预付款”。然后，CBI公司将这个预付款计入现有的资产或负债余额中。

事实上，总计将近200万美元的所谓预付款，只是在1992年4月30日或之前采购存货时，CBI对其供应商的支付款项。卡斯特和他的合谋者选择不记录这些交易，以提高CBI在1992年末的关键财务比率。此外，CBI还明显粉饰了公司的财务状况。考虑到安永会计师事务所可能会发现CBI在年末少报应付账款，卡斯特想出了“预付款”的诡计。

随后的法庭证词显示，在审查完由公司编制的旨在欺骗安永会计师事务所的，用来支持预付款解释的内部文件后，安永会计师事务所欣然接受了这个解释，并且选择不把这些项目作为未入账的负债处理。这一决定导致法官夫兰德严厉地批评了安永会计师事务所。

法官指出，审计师未能严格地调查所谓预付款，并且未考虑客户对于预付款解释的准确性。例如，审计人员没有调查那些解释中关于“信用额度”的特征。安永会计师事务所的审计人员忽视了供应商为CBI公司建立的信用额度。审计人员既没有试图分析给供应商的应付账款，也没有与那些供应商直接联系，以确定所谓预付款是否适用于特定的发票金额，特别是在1992年4月30日或之前的采购发票金额。相反，审计人员仅仅选择在工作底稿中记录客户对预付款的不充分解释，该解释无法处理或解决一个重要的问题。“记录在安永会计师事务所工作底稿中关于预付款的解释，即使是真的，也不能向安永的审计师传达产品是否在1992年4月30日之前或之后通过收到的预付款被支付这个基本的事实。”

由于缺乏对预付款任何实质性的调查，安永会计师事务所的审计人员未能确定“是否应该把年度末每一笔这样的支付款确认为负债，以及是否已经把年度末每一笔这样的支付款计入负债”。这一发现让夫兰德法官得出结论：安永会计师事务所没有恰当地完成对未入账负债的调查。考虑到在CBI 1992年的审计程序中对应付账款的审计程序，法官得出了相似的结论。

1992年的审计程序要求安永会计师事务所的审计人员获得由公司五大供应商提供给CBI的声明，并且调整这些声明中的余额，使其与CBI报告的会计记录中相应的余额一致。安永获得了公司众多供应商中的五个厂商寄来的声明，并且完成了调整的审计程序。然而，审计测试中涉及的供应商并不是公司的五大供应商。事实上，无论什么原因，安永在1992年的审计中并没有识别CBI公司五个大型的供应商。法官指责了安永的这种疏忽，并且坚持认为，安永用于对年末供应商声明的小样本测试的“最低”数量是“不充分的”。

1993年的审计程序出现了与1992年审计相同的缺陷。与上一年类似，CBI的管理人员通过将后续付款的金额标记为给定供应商的“预付款”，企图隐瞒年底未入账的负债。夫兰德法官再一次指出，“容易受骗的”审计人员欣然地接受了由CBI工作人员做出的关于这些预付款的解释。因此，审计人员没有要求CBI为年末客户管理团队故意忽略的大约750万美元的应付款编制调整分录。

1993年的审计程序要求安永会计师事务所获得CBI公司十个大型的供应商年末的声明，并且调整这些声明中的余额，使其与CBI会计记录中相应的应付账款账户的余额一致。安永会计师事务所再一次未能确定CBI公司最大的供应商并把这个程序用在核查年末应付款的余额中。相反，审计人员只是在含有十个CBI供应商的样本中使用这个调整的程序。①

CBI的十个最大的供应商之一是宝来威康公司。如果安永的审计人员将年末报表上欠宝来威康的金额调整为和CBI会计记录中相应的应付账款的余额一致，审计人员将会发现，在1993年5月支付给这家供应商的100万美元的“预付款”，实际上是1993年4月30日两星期前采购的存货。这个发现证实了这100万美元是公司年末入账的负债。

安永对CBI公司的破产负责

1994年3月，安永在知道财务报表的重大错报是由于卡斯特的欺诈阴谋造成的事实之后，撤销了对CBI公司1992年和1993年的财务报表发表的审计意见。几乎同时，CBI公司在获得主要供应商的贸易信贷上开始遇到困难。几个月后，公司在1994年8月申请破产。2000年初，法官夫兰德在联邦破产法院主持了为期17天的审判，以确定安永是否应该为CBI的破产给西方信托公司以及其他债权人带来的大量损失负责。

CBI的破产是因为安永在对其1992年和1993年的审计中未能按照公认审计准则执行审计程序，从而未能严格审核公司未入账的负债。因此，CBI的供应商限制了该公司可用的信贷额度，CBI的存货和销售收入开始下降。作为一个营利企业，CBI公司的价值也开始减少，直至最后它申请破产并进行清算。夫兰德形容安永的行为既鲁莽又大意，并且确定安永在执行CBI公司1992年和1993年的审计时，违反了一些公认审计准则。尽管法官的意见大部分都涉及安永应用在CBI应付账款上的审计程序，但是他严厉的批评针对的是安永在对CBI审计期间未能保持其独立性。

在安永担任CBI公司的会计师事务所期间出现的一些情况使得法官开始质疑其独立性。例如，法官参考了1993年发生的一件事，那时候罗伯特·卡斯特要求安永会计师事务所开除分派到CBI审计业务的审计经理，很明显，卡斯特发现审计经

① 提供本案背景资料的法院意见并没有说明安永在1992年和1993年审计中选择对账程序采用了什么标准。

理的好奇和探索本性并对此感到不安。CBI的审计合伙人“顺从地默许”了卡斯特提出的要求，并且更换了审计经理。

在1993年的审计完成后不久，卡斯特雇用了新的首席财务官，此人八天后辞职。该首席财务官告诉安永审计小组的成员他将会辞职，因为他在CBI公司的会计记录中发现了几百万美元的“灰色账户”。为此，夫兰德责备安永未能及时追踪这一情况。在CBI的审计合伙人和前首席财务官取得联系前，已经过去了近五个月。而那时，安永已经发现了卡斯特的骗局，并且撤销了对其1992年和1993年发表的审计意见。

1994年2月，审计合伙人会见了卡斯特并就一些问题进行讨论。首先讨论的是，安永会计师事务所之前向CBI提供服务时未收取的费用；其次是讨论安永会计师事务所接下来的审计费用。在议事日程上的最后一个议题是，CBI前首席财务官关于公司可疑的会计决策的指控。根据法官夫兰德的说法，审计合伙人“想要同前首席财务官会谈，是为了询问他辞去首席财务官的职位以及他对于‘灰色账户’的指控是否与安永刚刚审计过的财务报表有关系。然而，审计合伙人与前首席财务官的约定被推迟”。在法官夫兰德看来，安永的审计合伙人“相对于前首席财务官，更加关注确保安永的审计费用”。

法官夫兰德在指责安永会计师事务所独立性时所讨论的最后一个问题是，会计师事务所在知道CBI公司1992年和1993年的财报存在缺陷的前提下，仍然把CBI作为其审计客户。法官夫兰德控告安永的职员，在他们撤销对CBI公司1992年和1993年财务报表出具的审计意见时，他们意识到在CBI公司的审计中存在很多缺陷。在撤销这些意见的前几天，CBI的前会计职员和前控制主管告诉安永，在1992年和1993年审计中发现的“预付款”是用于支付CBI公司1992年和1993年年末存在的未入账的负债。经过调查，安永会计师事务所确定他们是正确的。同样确定的是，CBI项目的审计人员“未能发现未入账的负债，是因为他们没有恰当地执行对未入账负债的调查”。

安永会计师事务所没有告知CBI的董事会有关其在1992年和1993年审计中的过失。[①]根据法官夫兰德的说法，安永会计师事务所没有告诉董事会成员这些过失，是因为会计师事务所意识到，这样做将会降低其参与CBI公司1992年和1993年财务报表“重新审计”的概率。“安永在与CBI的董事会会见的前两天以及撤销他们的意见的前一天就已经准备好了一套针对重新审计的方案，这表明安永会计师事务所想得到这次‘重新审计’机会的愿望。”

CBI的董事会最终选择了安永会计师事务所审计公司1992年和1993年的财务报表。在这种情况下，安永会计师事务所获得了业务约定合同，但法官夫兰德认为会计师事务所的独立性可能受损。“因此，安永会计师事务所知道，之前同意执行

---

① 在这一点上，TCW在CBI董事会的代表显然是公司的主要决策者。

的重新审计工作没有遵守公认审计准则。他们也知道CBI的董事会并不知晓他们没有遵守公认审计准则。如果CBI的董事会知道这些审计缺陷的话，那么安永会计师事务所和CBI将会处于敌对的立场。”①

思考题

1.法官夫兰德针对安永会计师事务所的批评大部分集中于其在CBI应付账款中采用的审计程序上。一般来说，审计人员在审计应付账款时的主要目标是什么？如果应用在CBI应付账款上的审计程序得到恰当执行，是否可以实现上述审计目标，为什么？

2.你认为安永会计师事务所的审计人员在审计CBI的应付账款时，是否应该采用函证程序？简单地解释一下与应收账款和应付账款函证程序相关的审计目标，以及应用这些程序的主要差异。

3.1994年初，安永会计师事务所的高管发现，CBI项目的审计师不能确定1992年和1993年审计中“预付款”的真实性。在你看来，安永会计师事务所在寻求“重新审计”之前是否有义务将这一疏忽告知CBI的管理者？一般来说，审计人员是否有责任告知客户在审计早期产生的错误或疏忽？

4.在什么样的情况（如果存在）下，审计合伙人可以默许客户开除一名审计成员的要求？

5.安永会计师事务所的高管们认为CBI公司的审计业务是高风险的。一般在什么情况下，会计师事务所不会接受一项高风险的审计业务？

---

① 本案的原告最初获得了大约7 000万美元的赔偿。安永对这一判决提起了上诉。一位法律专家称，这一上诉在上诉法院引发了一场长达10年的“史诗般的战斗”。2010年底，利夫兰法官促成了一项和解协议，结束了那场官司。安永支付给原告的和解费用显然从未公开报道过。

案例 2.7

银率网公司

在互联网出现之前，银行利率监测系统是消费者寻找最佳抵押贷款利率和存单利率的主要信息来源。随着时间的推移，银行利率监控软件公司（银率网公司）逐渐扩展其业务范围，包括向消费者提供各种金融产品和服务的信息。1996年，银率网的股东决定将他们的业务运营转移到线上，该公司几年后上市。2009年，伦敦一家风险投资公司将银率网私有化，在2011年6月通过首次公开募股重新上市。银率网的普通股目前以股票代码RATE在纽约证券交易所上市。

华尔街对银率网重新成为一家上市公司做出了积极的反应。由于银率网很容易成为美国消费者所需要的金融信息的主要收集者，并且已经围绕这些需求开发了一种经过验证的商业模式，跟踪该公司的分析师预计银率网在未来几年将会有非常可观的财务业绩。具有讽刺意味的是，事实证明，这些高期望值给公司带来了问题。在短时间内，银率网会发现自己在让投资者失望的同时成为强势严格监管机构的目标。

“引荐”引致的麻烦

银率网的组织结构包括三个运营部门：核心部门、保险部门和信用卡部门。该公司的核心部门负责向美国消费者提供抵押贷款利率数据的原始业务，以及存单、货币市场账户和其他计息账户的可用利率信息。消费者可以从银率网的保险部门获得各种保险产品的竞争性报价，包括汽车保险、医疗保险和人寿保险。而该公司信用卡部门向消费者提供有关银行和其他金融机构提供的信用卡具体特征的信息，如费用和可用的奖励计划。银率网的网站向消费者提供了近5 000家银行、保险公司和其他金融服务提供商金融产品的在线信息。

2015年，银率网报告称它每周收集并发布到网站上的数据超过300万项，网站每周都有超过500万人次的互联网用户访问。该公司的收入主要来自两个方面：一个是银行、保险公司和其他公司支付的客户引荐费，另一个是这些公司的产品信息在银率网销售展示所支付的广告费。

2013年，银率网的一群股东起诉该公司，称其在2011年6月上市时夸大了潜在的引荐收入。据称，银率网的高管向投资者表示，（该公司）可能会获得更高的介绍费，与竞争对手相比获利性更高。[①]原告指控称，这些声明导致该公司股价从2011年6月每股15美元的首次发行价格上涨至2012年3月的近25美元。2012年5月，在公司高管披露银率网的引荐收入没有达到他们的预期后，该公司股价随后跌至每股17美元以下。

2014年8月，银率网同意向不满的股东支付1 800万美元以达成和解。一个月后，银率网发布了一份新闻稿，披露它正在接受SEC的调查。调查的重点是银率网在2012年第二季度报告的经营成果。与此同时，银率网披露，公司的首席财务官辞去了职务，但是他仍以其他身份留在公司。

期望、咒骂和变通的会计

2015年9月8日，SEC与银率网达成协议，针对该公司的欺诈指控达成和解。SEC报告称，三名前高管被指控涉嫌欺诈、操纵公司财务业绩，以达到分析师的预期。[②]在否认这些指控的情况下，银率网的管理层同意支付1 500万美元的罚款来了结此案。与此同时，银率网前财务副总裁铉真·勒纳与SEC达成了类似的协议，被要求支付总计约18万美元的罚款。勒纳还同意暂停执业资格5年。

SEC报告称，针对另外两名涉嫌参与会计舞弊的前高管的“诉讼”仍在继续。这两人分别是银率网的前首席财务官爱德华·迪玛利亚和前会计主管马修·甘西，他们通过律师报告称，他们正在就SEC对他们提出的指控提出质疑。

迪玛利亚的律师说，“爱德华·迪玛利亚一直在努力工作，真诚地确保银率网的财务报告准确反映公司的业绩”[③]。据甘西的律师称，他的客户“没有做错任何事”[④]，事实上，他对公司做出的可疑会计决定表示了担忧，而这些决定后来成为SEC对他和迪玛利亚指控的焦点。甘西的律师接着声称，相关的会计决策对“银率网财务报表”没有实质性的影响。后一份声明表明，SEC指控的核心前提没有有效依据，“也就是说，涉嫌欺诈的指控与银率网的财务报表并不相关”。

SEC在一份长达43页、日期为2015年9月8日的法律诉状中详细说明了针

---

① J.Santo,“Bankrate To Pay $18M To Settle Shareholder Suit,” *Law 360*,7 August 2014 (http://www.law360.com/articles/565126/bankrate-to-pay-18m-to-settle-shareholder-suit).

② Securities and Exchange Commission,“SEC Charges Bankrate and Former Executives With Accounting Fraud,” www.sec.gov,8 September 2015 (http://www.sec.gov/news/pressrelease/2015-180.html).

③ Associated Press,“Bankrate Paying $15M To Settle SEC Charges on False Results,” cnsnews.com,8 September 2015 (http://cnsnews.com/news/article/bankrate-paying-15m-settle-sec-charges-false-results).

④ Associated Press,“Bankrate Paying $15M To Settle SEC Charges on False Results,” cnsnews.com,8 September 2015 (http://cnsnews.com/news/article/bankrate-paying-15m-settle-sec-charges-false-results).

对迪玛利亚和甘西的具体指控。[①] SEC对迪玛利亚提出了最严重的指控。"迪玛利亚作为银率网的首席财务官，在银率网的会计部门培养了一种企业文化，允许使用不当的会计手段来实现财务目标。"SEC提到的财务目标是跟踪银率网股票的金融分析师的普遍收益预期。为了支持这一指控，SEC引用了迪玛利亚在2012年6月发给勒纳的一封电子邮件，首席财务官随后建议进行一些会计"调整"，以提高这些业绩。"根据迪玛利亚的邮件，这些调整是必要的，因为他告诉银率网的董事会主席，公司将实现某些财务目标，而银率网当时的财务业绩低于这些目标。"在同一封电子邮件中，迪玛利亚告诉勒纳要把这些调整"隐藏起来"。

截至2012会计年度第二季度末，也就是2012年6月30日，银率网未计利息、税项、折旧及摊销前的利润（EBITDA）为3 720万美元，调整后的每股收益（EPS）为0.18美元。[②]迪玛利亚在2012年7月6日得知，银率网在该季度的EBITDA为3 614.4万美元，调整后的每股收益约为0.17美元。因为迪玛利亚对这些数字不满意，他告诉勒纳联系保险和信用卡部门，并指导这两个部门"分别增加30万美元和50万美元的额外收入"[③]。勒纳随后在给这两个部门的电子邮件中下指令道，"对据称与营收有关的内容进行含糊的描述"，但没有指明"任何特定客户"的收入来源。

勒纳立即将他发给保险和信用卡部门的邮件转发给了银率网的会计主管马修·甘西。然后，甘西回应勒纳道："难道（迪玛利亚）没有意识到，所有这一切都是为了让我们在第三季度陷入困境，因为（80万美元的收入）将不得不逆转……所以在第三季度，当数据糟糕的时候，我们会记录更多的（可疑的收入）吗？我知道你明白了，但我不确定（迪玛利亚）是否在提前考虑这意味着什么。"在另一封电子邮件中，甘西警告勒纳："我知道他会做这样的事情。我们需要非常小心这是如何反映的，或者能够有一些基础的估计方法来向审计人员解释，如果审计人员正好也发现了这一点的话。"

在勒纳的指示下，银率网保险部门第二季度的收入增加了30万美元。五天后，

---

① 除非另有说明，本例中的其余引用皆来自：*Securities and Exchange Commission v.Edward DiMaria and Matthew Gamsey*，U.S.District Court for the Southern District of New York，Case 15 CV 07035，8 September 2015.

② 调整后息税折旧摊销前利润和调整后每股收益是银行管理层强调的两项非公认会计原则绩效指标。公司将调整后息税折旧及摊销前利润定义为利息、税费、折旧及摊销前利润减去股票报酬、首次公开募股有关费用以及与收购相关的任何费用。调整后每股收益定义为完全摊薄的每股收益减去股票报酬、摊销、首次公开募股有关费用以及与收购相关的费用。

③ 2013年4月，银率网向SEC提交的委托书显示，迪玛利亚2012会计年度的基本工资为400 000美元，比2011会计年度的基本工资高出约13 000美元。迪玛利亚2011会计年度的薪酬总额为4 615 414美元，其中大部分是股票奖励、股票期权奖励和"激励计划薪酬"。2011年，迪玛利亚的激励计划薪酬总额为417 375美元。银率网的息税折旧及摊销前利润是用来确定每年授予迪玛利亚及其同事的激励计划薪酬的指标。

银率网的独立审计公司致同事务所的一名代表在查看银率网第二季度的财务数据时注意到了收入的增加。当审计人员要求甘西解释30万美元的收入时，甘西将其交给了勒纳。不久之后，甘西给勒纳发了一封电子邮件，让他最好为这笔收入“寻找一个解释”。

在接下来的几天里，银率网人员对30万美元的收入提出了多种解释。最后，勒纳“向公司的审计师发送了一份误导性的、笼统的解释（关于30万美元），该解释已由迪玛利亚和甘西审阅和批准”。这一解释显然令致同审计团队的成员感到满意，因为他们没有就该项目进行任何额外调查。

与保险部门不同的是，信用卡部门最初拒绝遵守勒纳的要求，即增加第二季度收入。据报道，作为对这一拒绝的回应，迪玛利亚告诉“其他的银率网人员，他‘要把（信用卡公司的）首席执行官的脑袋割下来’，如果信用卡公司的会计人员拒绝‘篡改账目’，他就开除他们” 。在这次爆发之后，甘西在一封电子邮件中告诉勒纳，迪玛利亚“在这里如履薄冰”。

在重新考虑之后，信用卡部门确定了“6月份可能获得的”额外收入17.6万美元，并在2012年6月30日确认了这笔收入。在这一点上，迪玛利亚告诉勒纳在核心部门的会计记录中（在他指示信用卡部门记录的额外50万美元收入和该部门同意记录的17.6万美元收入之间）存在差额。在接下来的半个小时里，勒纳和核心部门的员工审阅了一份电子表格，上面按客户列出了2012年第二季度该部门的收入。在该电子表格中确定了两位独立客户的收入分别为7.1万美元和23.4万美元后，这些收入翻了一番，为核心部门的第二季度未获支持的收入又增加了30.5万美元。“通过将这些不当收入直接添加到利润表中，而不是通过手工记账的方式，银率网避免了审计人员通常针对季度后手工记账的问题提出质疑。”

当迪玛利亚在2012年9月得知SEC正在调查银率网当年第二季度的财务报表时，他和他的下属制订了一项计划，试图掩盖核心部门计入的30.5万美元收入的虚假性质。“在得知SEC的调查结果后，迪玛利亚 （SEC也强调了这一点）首次将这笔30.5万美元的收入项目归因于一名保险部门客户涉嫌的合同纠纷。”30.5万美元随后从核心部门的会计记录转到保险部门的会计记录，并向特定客户收取账单。根据SEC的说法，银率网告诉客户，尽管账单上显示的是30.5万美元，但他不需要真正对该笔金额负责。

2012年7月13日，在银率网完成迪玛利亚所谓的“调整”营收的第二天，公司更新后的综合运营结果仍然低于对公司第二季度盈利的普遍预期。在这一点上，“迪玛利亚指示一位会计师将搜索引擎营销（Search Engine Marketing，SEM）的营销应计账户（和相应的营销费用账户）减少40万美元。”根据SEC的说法，截至2012年6月30日，这位会计师制作的手册日志显示“除了迪玛利亚的电子邮件指令外，没有得到任何有关文件的支持”。

SEC称，迪玛利亚和勒纳一直在使用SEM应计账户作为银率网的“缓冲账户”

或“储备账户”之一。这些账户“已知存在超额预提，可选择性地用于提高特定季度的财务业绩”。勒纳将这些账户统称为“埃德的缓冲”。用迪玛利亚的话来说，他使用这些账户来“调整我们的数字”。根据SEC的解释，这意味着使用这些账户来帮助银率网“达到”外部分析师设定的业绩预期目标。

勒纳做出提高银率网2012年第二季度收益的不当会计决定，是为了忽略该公司在该季度为遵守《SOX法案》的控制条款而产生的9.9万美元费用。勒纳随后告诉甘西，“银率网在第二季度未确认《SOX法案》合规会计费用，需要在第三季度确认这些费用，以‘赶上’进度”　。在调查期间，SEC发现，银率网还错误地记录了2012年第一季度致同的审计费用。当时，早期曾在毕马威担任审计师的迪玛利亚给勒纳发了一封电子邮件，让他“把所有的审计账单都计入交易成本——我不在乎他们（审计师）是否抱怨，我们可以说这是一个错误”。通过向应计交易成本账户（即资产账户）记入审计费用，这些费用在计算银率网2012年第一季度的息税前利润中没有被考虑。勒纳将迪玛利亚的邮件转发给甘西，并加上了“另一个特殊爱德”的标注。

在得知SEC正在调查其第二季度财务报表后，银率网在2012年末做了一个适当的调整分录，对第一季度的审计费用进行了重新分类。当致同的审计人员问及调整分录时，“甘西向银率网的审计人员告知，会计处理时将费用错误地计入了交易成本，而实际上他知道这笔入账是有意为之的，是迪玛利亚指使的”。

化整误差？

在致同完成了银率网2012年第二季度财务报表的审计后，该公司要求迪玛利亚和甘西签署一份意见书，这两名高管签署了意见书，即便他们知道该公司存在不当的会计操作。迪玛利亚和甘西“向银率网的审计师虚假地表示：（1）公司的财务报表是根据公认会计原则编制的，并且已公允呈报；（2）公司会计记录中没有应该记载而未记载的重大事项；（3）对涉及管理层、具有重大内部控制职能的员工或其他可能对公司财务报表产生重大影响的其他人员的欺诈和涉嫌欺诈行为不知情”[①]。作为银率网的首席财务官，迪玛利亚还在公司第二季度的10-Q表格上签署了一份声明，证明季度财务报表在重大事项上是准确的。

2012年7月31日，银率网向SEC提交了10-Q表格，并发布了季度收益的新闻稿。新闻稿称，调整后的息税前利润为3 750万美元，调整后的每股收益为0.18美元，息税前利润的金额超过了分析师普遍预期的3 720万美元，而经调整后的每股收益指标与分析师的普遍预期完全一致。如果没有采用不当的会计决策来夸大公司的第二季度经营业绩，银率网将会报告息税前利润3 610万美元和调整后的每股收益0.17美元。

① 格兰特·桑顿随后就截至2012年12月31日的公司会计年度的财务报告内部控制发表了“干净”的意见。

SEC裁定，欺诈性会计策略对银率网2012年第二季度报告的运营业绩产生了重大影响，因为这些策略允许该公司在两项最重要的财务指标上超过公认的盈利预期。此外，SEC指出，欺诈性会计策略严重夸大了银率网该季度的净利润。报告的净利润为1 630万美元，但公司的实际净利润只有1 550万美元。

银率网公布2012年第二季度经营成果的第二天，公司的股价上涨了超过10%。在接下来的两周里，迪玛利亚通过多笔交易出售了10.7万股银率网股票，总收益约为200万美元。这些交易促使SEC对迪玛利亚提起内幕交易指控。“当迪玛利亚出售他的银率网股票时，他掌握了有关银率网虚假财务报表的重要非公开信息……包括银率网使用不当的会计分录来实现其财务目标。”

2015年6月，SEC对银率网的调查得出结论，该公司发布了2012年第二季度的重述财务报表，以纠正该季度原先财务报表中的错误陈述。在评论此案时，SEC执法部门主管安德鲁·切雷斯尼将银率网的会计欺诈行为形容为“有害且存在很大问题”①。

具有讽刺意味的是，投资界人士批评SEC对银率网实施制裁的决定。一位博客作者写道，银率网的错报“看起来只不过是四舍五入的误差”，而一位金融分析师则指出，“这些数字微不足道”②。另一位记者提到了银率网的会计欺诈，同时越来越多的关注者认为SEC对这起会计欺诈的处罚是“小而无聊的案件”③。SEC的一名前官员表示，该联邦机构调查此类案件的决定反映了其新的执法理念，即试图在投资者遭受重大损失之前，阻止会计欺诈行为。

思考题

1.审计师是否有责任在“审查一家上市公司的季度财务报表”时寻找欺诈行为？请阐释你的理由。如果是这样的话，致同会计师事务所的审计人员在审查银率网2012年第二季度的财务报表时应该考虑哪些具体的欺诈风险因素？

2.定义“盈余管理”一词，区分盈余管理和虚假会计。在什么情况下（如果有的话），企业高管采用盈余管理策略是可以接受的？

3.在确定财务报表金额是否“重要”时，应考虑哪些关键因素？审计师应该采用与财务会计相同的重要准则或标准吗？请阐释你的理由。

---

① J.Ernst,“Bankrate to Pay $15 Million to Settle SEC Fraud Charges,” *Reuters*,8 September 2015 (http://www.reuters.com/article/2015/09/08/us-sec-bankrate-idUSKCNOR81U920150908).

② J. Ostrowski,“Bankrate Says Settling SEC Enforcement Action Will Cost $15 Million,” PalmBeachPost.com, 18 June 2015 (http://realtime.blog.palmbeachpost.com/2015/06/18/bankrate-says-it-settling-sec-enforcement-action-will-cost-15-million/).

③ J.Greene,“Small-Time,Boring Cases? Well Done,SEC,” Law.com,8 September 2015 (http://www.law.com/sites/articles/2015/09/08/small-time-boring-cases-well-done-sec/?sLreturn=20151001005558).

4.识别应计负债账户的主要审计目标，例如银率网的SEM应计项目。对于审计师来说，与应计负债相关的哪些情况可能特别具有挑战性？

5.假设SEC的指控属实，对银率网欺诈负有主要责任的各方分别是迪玛利亚、甘西和勒纳。还有哪些方面对欺诈行为承担一定程度的责任？请阐释你的理由。

案例2.8

碧罗公司

当大卫·罗宾逊穿过欢乐的人群时，不断碰到他认识的人，一直以来，罗宾逊都希望他能避开一个他不想见到的人。[①]

碧罗公司的几百名员工和他们的家人正在野餐，庆祝美国独立日。为此，该公司在明尼阿波利斯郊区的密西西比河岸边一个市政公园租用了场地。公司野餐实际上有两个目的：除了庆祝独立日，碧罗的员工们还在庆祝全公司范围内“锁定数字（Nail the Number）”运动的成功结束。

此次活动是碧罗公司首席运营官凯尔·艾伦的想法。6个月前，艾伦被碧罗的母公司Helterbrand Associates（以下简称Helterbrand）的最高管理层选中担任首席运营官。Helterbrand是一家大型的国有企业集团，拥有5家全资子公司，分别经营5个不同的行业。

碧罗是一家消费品公司，约占Helterbrand年收入和综合资产的1/3。然而，在过去的几年里，碧罗的收入从来没有超过Helterbrand总营业收入的10%。20年前，碧罗是Helterbrand企业集团的旗舰公司。碧罗在成熟且竞争激烈的行业中的利润率不断下降，导致该公司的盈利能力逐渐下降，尽管其年收入增长缓慢且持续增长。

现年38岁的艾伦是哈佛大学的MBA毕业生，曾在汽车用品行业担任企业转型咨询专家。在花了数周时间研究碧罗运营的各个方面之后，艾伦为公司的第二季度（4月1日至6月30日）组织了“锁定数字”运动。这项活动的目标是使碧罗的季度营业收入比去年同期增长100%。尽管这一目标似乎令人震惊，但它并没有使公司发生翻天覆地的变化，因为即便以最近的历史标准衡量，该公司去年第二季度的营业收入也非常微薄。

艾伦在为期3个月的活动中所采用的策略也没有太大的作用。这些措施包括将

---

① 本案例是由一系列真实事件改编而来的。某些背景资料已被更改，以保护涉案人员的身份。

碧罗的营销重点放在利润率相对较高的产品上，为公司销售人员提供基于薪酬的激励计划，以及一系列全公司范围的成本削减计划。

当大卫·罗宾逊得知活动的细节时，他并没有被震惊到。在他看来，公司早就应该实施这些战略措施。然而，作为碧罗审计团队的一员，罗宾逊承认他的职责并不包括公开批评公司管理层或其政策。

“Detox”和“Grizz”

2个月后，大卫·罗宾逊将在“四大”会计师事务所度过自己的工作四周年纪念日。“四大”会计师事务所是Helterbrand及旗下的5家子公司的独立审计机构。在已经过去的春天，罗宾逊在碧罗公司完成了他的第四个忙季。罗宾逊在明尼苏达大学获得会计学士和硕士学位后加入了该事务所，此后，罗宾逊60%的工作时间都花在了碧罗的审计业务上。

罗宾逊在位于明尼阿波利斯北边的碧罗总部工作了很长时间，他经常觉得自己是公司的一名雇员，而不是独立审计人员。当他审视着参加公司7月4日野餐的一大群人时，罗宾逊不确定他是否适合参加。但碧罗的审计业务合伙人汉森坚持要他参加此次活动。

罗宾逊希望在野餐时避开的人是碧罗的会计总经理扎卡里亚·克拉布特里。作为审计团队的现任主管，罗宾逊几乎每天都要和克拉布特里打交道。这两个人关系很好。事实上，在过去的几年里，罗宾逊和克拉布特里成了好朋友，以至于他们经常用昵称来称呼对方——分别是Detox和Grizz，这两个昵称在明尼苏达大学时已经存在了。

克拉布特里是个大块头，身高六英尺五英寸，体格健壮，膀大腰圆。他40岁出头，戴着老式的黑色塑料镜框眼镜，镜片厚如可乐瓶底，留着一头蓬乱的灰发。让“Grizz”在人群中更加引人注目的是，他坚持穿黑色衣服，就像约翰尼·卡什一样。他在工作日的标准着装是一双黑色牛仔靴、一条黑色牛仔裤、一件有纽扣的黑色衬衫，再配上一件花哨的领带——他最喜欢的领带颜色是明尼苏达大学金色短吻鳄的栗色和金色。

同样令人印象深刻的还有Grizz严肃的表情，它似乎在传达这样一个信息：如果不是长期的反社会行为，他永远都不快乐。事实上，克拉布特里是一个善良可爱的人，有着干巴巴的幽默感，尽管他的外表不是特别平易近人，但他的上司和下属都很尊重他。

与克拉布特里不同，罗宾逊很容易被误认为是拉夫·劳伦的模特。这位高级审计员身材高挑，相貌英俊，体格健壮，27岁，每天上班都穿着时髦的西装和一件古板的白色领扣马球衫，并配以马球领带。罗宾逊的性格合群、外向。至于他的外号“Detox”并不是指他的个人缺点，只是由他的兄弟们以他的第一个名字和中间名字的首字母缩写拼成而已。

尽管罗宾逊和克拉布特里在外表和性情上如此不同，但一个共同的兴趣使他们走在一起：两人都是公认的狂热体育迷。他们每个人都是金戈夫队和当地职业体育特许经营队——最著名的穿着紫色衣服的明尼苏达维京人队——的忠实球迷。这两位体育迷通常会以最新的体育话题开始他们的谈话，而这些话题都是由ESPN电视台挑起的。

用简单的方法锁定数字

在碧罗工作期间，罗宾逊和克拉布特里在会计问题上很少发生争执。两位会计师坐下来进行的讨论集中在美元价值、后进先出、外币折算和长期资产减值等话题上。罗宾逊感谢克拉布特里在繁忙的工作日程之外，仍能耐心并愿意解释复杂会计问题的细节。

罗宾逊和克拉布特里最近在一个会计问题上发生了第一次真正不愉快的冲突，这也解释了为什么罗宾逊希望在野餐时不要遇到克拉布特里。这一争论起因于凯尔·艾伦的“锁定数字”运动。

克拉布特里对碧罗非常忠诚。他担心，如果碧罗的运营业绩不能很快改善，Helterbrand的最高管理层可能会决定直接出售公司，甚至是将其分拆，然后零散出售。克拉布特里曾经向罗宾逊透露，如果公司被Helterbrand抛弃，他很可能会丢掉工作，并且很难在该地区找到一个类似的职位。和罗宾逊一样，克拉布特里有一大家子人需要养活，并对这个地方有特殊的情感。

在过去的3个月里，克拉布特里每天都会在他的衬衣口袋上贴一张“锁定数字”运动的贴纸。这些贴纸上画着一个由大锤子组成美元图案的卡通图标。这些贴纸被分发给了碧罗的所有员工，但很少有人真的戴上了。

克拉布特里决定从6月30日起收紧公司可自由支配的应计项目，这是他个人对“锁定数字”运动的贡献。这些应计项目包括坏账准备、息票赎回、雇员休假、存货报废和产品保证金。对于这项决定，克拉布特里解释称，碧罗的前财务总监特拉维斯·洛根曾指示他，站在保守主义的立场上确定应计项目会犯错，这意味着每一项都经常被适度夸大。克拉布特里坚持认为，他只是简单地将应计项目降低到适当的水平。

罗宾逊很少与洛根交谈，洛根就像克拉布特里一样，一生都在碧罗工作。洛根离退休只有几年的时间了，他是一位严谨、严肃的会计师，能从会计准则中引用具体的段落。罗宾逊特别钦佩洛根，因为他的个人生活堪称典范。洛根每年都花数百小时为当地一家慈善机构做志愿者和筹款工作，这家慈善机构为残疾儿童开办了一所私立学校。

克拉布特里决定在6月30日将5个可自由支配的应计项目的余额记录在相对适中的水平上，这导致他和洛根之间产生了裂痕。当他做出这个决定时，克拉布特里做了一件与他的性格不符的事情——越过他的顶头上司洛根而和凯尔·艾伦直接讨论这件事。艾伦对克拉布特里的提议反应强烈，并同意所有的“水分”都应该从应计项目中剔除。然后，他给洛根发了一封电子邮件，说他赞成克拉布特里的决定。

收到邮件后，洛根立即与艾伦会面，表达了他的失望。当时艾伦告诉洛根，不管他喜欢与否，应计项目金额都会减少。当洛根继续反对时，艾伦告诉他，克拉布特里在可预见的将来完全有权力确定应计项目的期末余额。毫不奇怪的是，艾伦的决定让洛根怒不可遏。罗宾逊听说洛根因为这件事正考虑递交辞呈。

艾伦的行为证实了罗宾逊的看法，即碧罗的新首席运营官实际上是碧罗的首席执行官。艾伦显然拥有Helterbrand Associates最高管理层的全权授权，可以采取一切必要措施改善碧罗的运营业绩。

有关期末应计项目的争议给碧罗的会计人员心里蒙上了一层紧张的阴影。每个工作人员实际上都被迫在洛根或克拉布特里之间选择站队，他们彼此几乎不说话。罗宾逊觉得自己好像是被迫做出同样的选择。虽然他很少与洛根互动，但在每次审计和季度审查中，他都会和洛根坐下来讨论碧罗财务报表中的主要"关注点"。

罗宾逊意识到如果洛根辞职，克拉布特里很可能会被选中来代替他。他还相信，克拉布特里减少应计项目的决定并不是出于他想取代洛根的愿望。罗宾逊相信克拉布特里是一个诚实正直的人，他的行为完全是出于他想拯救碧罗的愿望。

对罗宾逊来说，积累起来的争议最令人不安的方面是它对碧罗第二季度经营业绩的影响。艾伦的"锁定数字"运动很成功。事实上，就在昨天，也就是公司野餐的前一天，艾伦给碧罗的所有员工发了一封电子邮件，感谢他们让这次活动取得了"不折不扣的、令人瞠目结舌的成功"——这是他的原话。碧罗刚刚完成的季度营业收入比去年第二季度高出140%。诚然，艾伦在电子邮件中还发出了一个简短的警告，指出第二季度的数据还不是"正式的"，这意味着审计人员还没有审定这些数据。

罗宾逊认为，在第二季度末，5项可自由支配应计利润的减少，约占碧罗较上年同期运营业绩改善的70%。罗宾逊估计，如果特拉维斯·洛根的"保守"战略被用于确定这些应计利润，碧罗第二季度营业收入将仅增长40%，远低于艾伦制定的100%的目标。

保守主义与精确主义

罗宾逊在对公司第二季度的初步财务报表进行分析时回顾了碧罗的主要可自由支配应计利润。就在那时，他发现，考虑到相关的基准金额，每个应计项目的金额都小于预期。例如，坏账准备占应收账款期末余额的比例低于正常水平。罗宾逊立即去克拉布特里的办公室，询问他有关那笔出乎意料的可自由支配应计项目的情况。在回应罗宾逊的询问时，克拉布特里告诉他，他使用了一种新的"精确点估计"方法来确定那些应计项目。

"精确点估计？那是什么？"罗宾逊问道。

"顾名思义，我们将使用可获取的最全的信息来对每一个应计项目做出精确的估算。"

"Grizz，你是说你之前419个季度所使用的方法是错误的？"罗宾逊用他平常那种轻松愉快的方式向克拉布特里提出了这个问题。克拉布特里似乎被冒犯，他很惊讶。

“是的，他们搞错了。就像我们给你们这些高高在上的、比你更神圣的审计人员的其他数字一样。”克拉布特里厉声说道。

“喂，Grizz，你没有理由冲着我发火。你知道我也有工作要做。”

“Detox，我知道你的工作是什么。你的工作是在喝咖啡休息时顺便浏览第二季度的数据，再花几个小时给手机充电，然后打电话给你的老板，告诉他们一切都很好，对吗?”

“嗯，我认为季度评估比这更复杂一些。”罗宾逊还没来得及说下去，克拉布特里就把他打断了。

“不是吗?关键就在于审查，你所要做的就是‘审查’这些数字，你不需要把它们拆开或审计，对吗?”

克拉布特里的无礼使罗宾逊采取了更专业的态度。在接下来的10到15分钟，两个人公正、坦率地讨论碧罗过去使用的会计处理方法，这种方法被用来计算刚刚过去的第二季度的数据，同时也是数据发生变化的原因。

在他们的讨论中，克拉布特里多次反对罗宾逊，并证明他用来确定应计项目的“精确点估计”方法没有以任何方式违反公认会计原则。克拉布特里坚持认为他所做的一切可以消除洛根的错误做法，洛根一直以来都用所谓的“附加”来“捏造”数据，使得它们略高于实际数字。当罗宾逊问及克拉布特里关于艾伦的“锁定数字”运动与更适当的应计余额之间的关系时，讨论的氛围变得紧张起来。

“艾伦和这件事没有任何关系。这不是从他开始的。这是我的主意。在过去的3个月里，这里的每个人都在竭尽全力防止这艘船沉没。我想我也应该尽自己的一份力。”

在与克拉布特里的会面接近尾声时，罗宾逊实事求是地说，他必须与碧罗的审计经理安娜·布莱和汉森讨论应计项目的问题，两人都不在城里，但将于7月5日返回。克拉布特里这时做了个鬼脸，厌恶地摇了摇头。

“得了吧，Detox。没有理由为了自己的分数而把这两个问题都提出来。为什么要为自己、他们和我制造麻烦呢?这不是问题。我们没有做错任何事。数字没有问题。”罗宾逊没有立即回答，克拉布特里继续说。“嘿，如果你把这些应计项目累计下去，没有人能够处理得更好。你不可能宣称他们中的任何一个是单独的‘错误的’或‘性质上不准确的’或别的什么。所以，今天下午就去打高尔夫吧。”具有讽刺意味的是，克拉布特里越是拼命维护（由“精确点估计”带来的）应计项目，罗宾逊就越担心这是个问题。

克拉布特里没有意识到他关于“绩效考核”的评论对罗宾逊来说已经是家常便饭了。在过去的4年里，罗宾逊很少考虑任何职业规划。相反，他只是缓慢前行，完成交给他的每一项任务。罗宾逊把他的大部分精力和热情都用在了他最主要的“业余”爱好——体育运动上。当他不支持金枪队或维京人队的时候，他在打高尔夫球、打网球，或者管理他众多的梦幻运动队之一。

然而，最近发生的两件事让罗宾逊第一次详细思考了他在会计行业的未来。首先，他意识到，随着他与雇主的4年雇佣期的临近，他是在这家公司工作的为数不多的“老员工”之一。他以前的所有同事几乎都跳槽去了其他公司工作，其中大多数人都在客户那里获得了高薪职位。促使他思考未来的第二件更重要的事情是几周前与汉森共进午餐。

在那次午餐见面中，汉森鼓励罗宾逊更加专注于自己的事业，更加全身心地投入工作。汉森说，罗宾逊强大的人际交往能力正是公司在寻找的候选合伙人身上所需要的。汉森告诉罗宾逊，他可以利用这些技能为公司招募新客户。现有合伙人高度重视这类人才，他们中的许多人不是“天生的沟通者”或“营销型人员”。

汉森的鼓励让罗宾逊第一次认真考虑，他可能是合伙人的“材料”。罗宾逊一直都很自信。当他致力于实现一个目标时，他总是能及时行动。在他看来，如果他把这个目标作为个人的职业目标，就没有理由不能成为公司的合伙人。

在与汉森会面之前，罗宾逊很可能只是“同意”克拉布特里建议他“审核通过”在6月30日这一天的账户余额。但现在他意识到自己可能成为合伙人，他对工作的看法突然发生了戏剧性的变化。

罗宾逊不想做任何会让汉森感觉他像往常一样“敷衍”的事情。事实上，站在Grizz面前，汉森知道他们很亲近，这给罗宾逊提供了一个向他的合伙人证明他对工作和责任采取了更专业心态的机会。

Grizz的视线

在碧罗公司野餐的前两天，罗宾逊一直都在为自己的两难处境而烦恼。他最终想出了一个妥协方案，既能安抚克拉布特里，又能给汉森留下深刻印象。他打算在消息传到克拉布特里那儿之前，与汉森讨论将碧罗第二季度的坏账准备和库存报废这两个应计项目的余额增加到高于正常水平，同时对于其他三个应计项目采用“精确点估计”方法进行核算。罗宾逊意识到汉森最关心的是坏账和存货报废这两个应计项目，因为它们在碧罗的财务报表中比其他三个应计项目“具有更重要的影响”。

罗宾逊的折中方案将把碧罗在刚刚完成的季度运营收入的同比增幅从140%降至约103%——略高于艾伦为“锁定数字”运动而设定的目标。虽然罗宾逊认为他的妥协是合理的，但他担心克拉布特里会对此做出消极反应。

因为他不想在野餐时和克拉布特里讨论应计项目问题，罗宾逊一直在扫视他前面的人群，试图在他穿过大公园的时候观察Grizz那庞大的身躯。突然，罗宾逊感到一只大手从背后按住了他的肩膀。当他转过身来的时候，他发现自己和克拉布特里面对面站着。Grizz的胸前贴着三张皱巴巴的“锁定数字”运动的贴纸。

思考题

1. 罗宾逊想出的妥协方案恰当吗？为什么？

2.你认为克拉布特里是一个正直的人吗？罗宾逊呢？请阐释你的答案。罗宾逊和克拉布特里之间存在不适当的关系吗？请阐释你的答案。

3.明确年末应计项目审计的主要目标。公司是否可以出于使其财务报表更加“保守”的目的而夸大其期末的应计费用？

4.在审查客户的季度财务报表时，审计人员职责的范围和性质是什么？

案例 2.9

粉河石油国际公司

1999年，一群私人投资者建立了名人体育网公司，该公司通过雇用职业运动员和前职业运动员，来赞助诸如职业摔跤、竞技舞蹈和轮滑等小众体育赛事。当这个商业计划被证明不太成功时，公司于2001年重组，新公司——浦发公司的商业模式最终演变为购买和开发油气资源，并于2007年更名为粉河石油国际公司。

2003年，加拿大公民布莱恩·福克斯收购了粉河公司40%的流通股，成为该公司的大股东。福克斯担任这家只有八名全职员工的小公司的首席执行官和首席财务官，其中两名员工是他的女儿。虽然粉河公司最初在科罗拉多州注册，后来在俄克拉何马州重新注册，但实际上总部设在阿尔伯塔省的卡尔加里，即福克斯家族的故乡。

2002年，在福克斯到来之前，粉河公司的总收入仅为15 000美元，净亏损130万美元。由于福克斯在加拿大石油和天然气行业有相当丰富的经验，公司的其他股东希望他能将其转变为一家盈利的公司。但福克斯也带来了一些不受欢迎的“包袱”。2000年，加拿大监管机构阿尔伯塔证券委员会（Alberta Securities Commission）禁止他在18个月内担任公司高管或董事。该机构称，福克斯出售了一家公司的未注册证券，他曾担任这家公司的高管。

营销奇迹

布莱恩·福克斯迅速“扭转”了粉河的业绩。2006年，该公司披露的净利润为570万美元，收入为1 320万美元。该公司当年的资产负债表报告了近2 500万美元的资产，其中大部分是石油和天然气资产的投资。由于公司在2006年的盈利，福克斯第二年的薪酬接近150万美元。

粉河业绩的快速好转归功于福克斯实施的新业务策略。2004年，福克斯开始通过一个过去曾与之合作过的商业伙伴，向外国投资者推销粉河旗下油气资产的开采权益。[①]福克斯安排公司在包括路易斯安那州、俄克拉何马州和得克萨斯州在内的几个南部州购买石油和天然气资产，然后在他的商业伙伴的帮助下，将这些资产的开采权益出售给亚洲投资者——主要是富裕的新加坡公民。该公司报告称，它打算将出售开采权益所得用于开发其石油和天然气资产，并购买更多资产。

这一战略最初取得成功的一个关键因素是，粉河购买油气资产的金额与其向亚洲投资者出售这些资产的开采权益的价格之间存在巨大差异。例如，粉河在2006年的联邦报税表中披露，该公司出售其在过去12个月里购买的石油和天然气资产的开采权益，获得了1 770万美元的应税收入，而其开采权益的成本却不足15万美元。

在公司出售开采权益的时间里，布莱恩·福克斯反复强调公司的"首要重点"是"油气勘探开发"，而"次要重点"则是对这些资产的少数开采权益进行营销。[②]事实上，该公司在2006年的利润表中报告的1 320万美元收入中有1 260万美元来自"开采权益销售"，而只有55.4万美元来自"石油和天然气销售"。[③]以下是粉河2006年财务报表附注中对开采权益销售的收入确认政策说明。

> 当公司发现并购买新资产时，它会安排将部分开采权益出售给新加坡集团的不同个人。减去任何佣金或与收入相关的其他成本后，净额被确认为营业收入。相关的资本化成本也会从石油和天然气资产账户中冲减，并与收益相抵销，确认为营业收入的净利润。

粉河的普通股在当时被称为"粉单"的网络中进行场外交易。"粉单"网络是一个全国性的股票经纪人网络，为小型上市公司买入和卖出报价。由于粉河公司是在美国证券交易委员会注册的，公司每年都会提交审计后的财务报表。

"宽容的"审计事务所

粉河的审计业务一直以来都是由CBN会计师事务所承接的，CBN是一家总部位于犹他州盐湖城郊区的会计师事务所。[④]2003年，CBN在美国上市公司会计监督管理委员会（PCAOB）注册，获得证券审计资格。2003—2007年，CBN有两个审计合伙人——托德·奇泽姆和特洛伊·尼尔森，以及5~9名专业审计人员，奇泽姆还是CBN的执行合伙人。

CBN的审计客户包括数十家小型上市公司，这些公司在场外交易网络（如粉

① 在线词典Investopedia对开采权益的定义如下："在石油和天然气钻探作业中的一种投资形式，投资者直接承担一部分与勘探、钻探和生产相关的持续成本。与此类似，工作权益所有者也可以完全分享任何成功油井的利润。这与矿区使用费形成了对比，在矿区使用费中，投资者的成本通常局限于他们的初始投资，这也降低了获得巨额利润的可能性。"

② *Securities and Exchange Commission v. Brian D. Fox*, U.S. District Court, Northern District of Oklahoma, Civil Action No.11-CV-211-CVE-PJC, 8 April 2011.

③ 毫不奇怪，粉河公司基于公认会计原则的利润表中报告的总收入与联邦纳税申报表中报告的总收入有所不同。

④ 随着时间的推移，这家会计师事务所的名字发生了变化，但在2006年和2007年，它都以这个名字为世人所知。

单）进行交易。在2006年和2007年，CBN分别发布了52份和49份审计报告。奇泽姆和尼尔森在CBN的审计业务中互换角色，如果奇泽姆担任审计业务合伙人，尼尔森则担任共同合伙人，反之亦然。奇泽姆在2006年之前一直担任粉河的审计业务合伙人，而尼尔森从2007年开始担任这个角色。

根据该公司向美国证券交易委员会提交的2007年10-K表格，粉河为2006年的审计业务支付了39 712美元的费用，2007年支付了38 251美元。这家会计师事务所还准备了粉河2006年和2007年的纳税申报表，该服务每年收取不到2 000美元的费用。在这两年中，粉河都没有向CBN支付任何与"审计相关的"专业服务费用。

美国证券交易委员会的调查

粉河在2007年财务报表中的一个脚注中披露了其与亚洲投资者的合同，这些投资者购买了该公司拥有的油气资产的开采权益。

> 粉河与亚洲投资者的合同规定，他们将获得每年最低9%的担保付款，在某些情况下甚至更高，从投资日期大约在6个月后开始，直到投资者达到"盈亏平衡点"。例如，当本金（"担保付款"）被偿还时。此后，投资者根据各自的开采权益的百分比获得租赁生产报酬。[①]

由于披露了开采权益合同，美国证券交易委员会开始全面调查粉河的会计记录和之前的财务报表。

2011年4月，美国证券交易委员会向俄克拉何马州的联邦地方法院提起民事诉讼。从2004年到2008年初，福克斯在定期提交给美国证券交易委员会的文件中，以欺诈的方式歪曲了粉河的经营业绩。美国证券交易委员会的指控称，该公司涉嫌向亚洲投资者出售的开采权益，实际上是这些亚洲投资者向粉河发放的贷款，因为该公司"保证"在大约11年内偿还这些投资。

从2007年初开始，粉河被迫将新的开采权益"出售"所得用于"履行其对先前投资者的最低付款担保义务"，这造成了一种"庞氏骗局"[②]。"尽管福克斯知道这种庞氏骗局的付款方式，但他仍促使该公司在提交给美国证券交易委员会的文件中继续表示，亚洲投资者的收益将用于购买和开发油气资产。"[③]

美国证券交易委员会对粉河的调查披露了该公司涉嫌滥用会计和财务报告的一系列其他指控。从2005年到2007年，该公司将自己并不拥有的油气资产作为资产记入了资产负债表。在2005年购买新墨西哥州一处价值500万美元租赁权的谈判中，粉河支付了一笔不可退还的50万美元首付款。2005年8月谈判结束，粉河被

---

① Securities and Exchange Commission, *Accounting and Auditing Enforcement Release No.3266*, 8 April 2011.

② *Securities and Exchange Commission v.Brian D.Fox*, U.S.District Court, Northern District of Oklahoma.

③ *Securities and Exchange Commission v.Brian D.Fox*, U.S.District Court, Northern District of Oklahoma.

没收了首付款。尽管没有完成收购，但该公司在2005年至2007年的资产负债表上仍报告了价值500万美元的“油气资产”租赁。同样在2006年，粉河公司在得克萨斯州的一份650万美元的石油和天然气租约中支付了150万美元不可退还的首付款。由于交易未完成，粉河也被没收了首付款。尽管如此，在2006年和2007年，650万美元的租赁款项也被计入公司报告的油气资产中。

在2006年和2007年，石油和天然气资产分别占到粉河年度总资产的67%和82%。该公司2006年和2007年财务报表的附注报告称，与这些地产相关的“已探明储量”价值可能高达3.82亿美元。[①] 美国证券交易委员会随后认定，该公司的储量估计不可靠，不符合“已探明储量”的定义。

福克斯的公司获得了珀尔河的储备报告，并监督了储备报告的编制过程。至少，该公司的部分储备报告是由一名得克萨斯州的工程师编制的。福克斯知道，或者是非常鲁莽地不知道，他是一名重罪犯和证券欺诈惯犯。不过，在2004年至2007年的年度和季度报告中，粉河公司表示，该公司的探明储量是根据俄克拉何马州某石油工程师的评估而得出的。事实上，这位俄克拉何马州的工程师在2005年之后就没有为粉河提供任何服务，他之前的报告也没有打算在美国证券交易委员会的文件中使用。截至2007年，尽管石油和天然气资产约占其报告总资产的82%，但粉河仍未获得真实的历史或最新储量报告。[②]

粉河公司的年度和季度财务报表中的这些项目及其他错报导致这些财务报表严重歪曲了公司的财务状况和经营成果。2006年，美国证券交易委员会裁定，粉河的资产、收入和净利润分别被夸大了40%、638%和324%。2007年相应的夸大比例分别为45%、300%和114%。尽管存在这些重大错报，但粉河在2006年和2007年都收到了CBN的无保留审计意见。表1报告了2006年的审计意见。

表1　　粉河2006年财务报表的审计意见

独立注册会计师事务所报告

尊敬的粉河公司的董事会和股东：

我们审计了2006年12月31日的粉河公司的资产负债表，以及截至当年年底的相关利润表、股东权益表和现金流量表。这些财务报表的编制是公司管理层的责任。我们的责任是根据我们的审计对这些财务报表发表意见。

我们按照美国上市公司会计监督管理委员会的标准进行审计。这些标准要求我们编制审计计划并执行审计，以获得关于财务报表是否没有重大错报的合理保证。该公司没有被要求，也没有被委托对其财务报告的内部控制进行审计。我们的审计工作包括将财务报告的内部控制设

① *Securities and Exchange Commission v.Brian D.Fox*, U.S.District Court, Northern District of Oklahoma.

② *Securities and Exchange Commission v.Brian D.Fox*, U.S.District Court, Northern District of Oklahoma.

续表

计为适合当时情况的审计程序的基础，而不是表达对公司财务报告内部控制有效性的意见。因此，我们不表示这种意见。审计包括在测试的基础上审查支持财务报表金额和披露的证据。审计工作还包括评估管理部门使用的会计原则和做出的重大估计，以及评估财务报表的总体陈述。我们认为，我们的审计工作为我们的意见提供了合理的依据。 我们认为，上述财务报表在所有重大方面都公允地反映了2006年12月31日粉河公司的财务状况及其当年的经营成果和现金流量，符合美国公认会计原则。 Chisholm，Bierwolf & NiLson Chishotm，Bierwotf & NiLson，LLC，UT 2007年3月7日

Source：Powder River's 2006 Form 10-K.

召集审计人员

在CBN对粉河2006年的审计过程中，审计业务合伙人托德·奇泽姆首次得知粉河与亚洲投资者签订的开采权益合同中9%的还款条款。在随后发布的《会计与审计强制执行公告》中，美国证券交易委员会报告称，奇泽姆“没有进一步调查这些（担保付款），也没有考虑这些付款可能会如何影响到粉河的收入确认，或者该公司是否应该在2006年的财务报表中披露其付款义务”[①]。相反，奇泽姆只是简单地相信布莱恩·福克斯的描述，即亚洲投资者向粉河支付的金额是“销售收入”。

在粉河2005年和2006年的审计中，CBN审计团队都未能发现粉河将其并不控制的油气资产都列入了报告资产中。美国证券交易委员会认为奇泽姆应对这一疏忽负责，因为他“未能审查”这些所谓资产的“油气租赁购买文件”[②]。美国证券交易委员会还批评了奇泽姆对石油和天然气储量报告的审查工作，这些报告称，粉河为他提供了证据以证实该公司财务报表附注中已探明储量的信息。

在审计粉河2005年和2006年的财务报表时，审计人员（CBN）和奇泽姆获得并依赖于石油和天然气储量报告的简短摘要。他几乎没有执行：(a) 评估编制油气储量报告的石油工程师的资质；(b) 了解油气储量报告编制工作的性质；(c) 评价石油工程师与粉河公司的关系。[③]

因为美国证券交易委员会在2005年就质疑了编制2004年评估报告的工程师的资质和编制方法，所以美国证券交易委员会认为奇泽姆应当对储备报告的可靠性保持警醒。事实上，在2005年对粉河进行审计时，奇泽姆参加了与美国证券交易委员会的电话会议，一位公司代表对这些担忧做出了回应。

---

① Securities and Exchange Commission, *Accounting and Auditing Enforcement Release No.3266.*

② Securities and Exchange Commission, *Accounting and Auditing Enforcement Release No.3267*, 8 April 2011.

③ Securities and Exchange Commission, *Accounting and Auditing Enforcement Release No.3267*, 8 April 2011.

特洛伊·尼尔森在2007年担任粉河审计业务的合伙人。2007年初，粉河开始将向亚洲投资者支付的担保款项记入资产账户“预付生产款项”[①]。在审查了开采权益合同后，尼尔森认为这种会计处理是不恰当的。由于这一决定，粉河在2007年前三个季度重述了财务报表，取消了对担保付款的会计处理。此外，显然是出于尼尔森的担忧，粉河在其2007年财务报表的附注中首次披露，该公司向亚洲投资者支付了担保款项。[②]

尽管对开采权益合同进行了调查，并对担保付款的会计处理提出了质疑，但尼尔森没有考虑到，从亚洲投资者那里得到的现金“应该作为借款列报，而不是作为销售列报”在粉河2007年的财务报表中。[③] “因此，该公司继续以不当方式将其开采权益转让所得作为收入列报。”[④]美国证券交易委员会还批评尼尔森未能在对粉河2007年财务报表发表的无保留审计意见中加入“持续经营”事项段。由于2008年向亚洲投资者支付的担保款项几乎肯定会远远超过该公司的石油和天然气收入，美国证券交易委员会坚称，“非常怀疑”粉河公司是否仍满足持续经营的要求。

与负责粉河2005年和2006年审计的奇泽姆类似，尼尔森在2007年审计期间未能发现该公司报告的资产中包含了并不归属于公司的大型油气资产。美国证券交易委员会称，“尽管资产规模较大并且该公司在2007年没有支付任何开发成本或税款”[⑤]，但在2007年的审计中，CBN没有执行任何审计程序来验证新墨西哥州500万美元和得克萨斯州650万美元的租赁款项的存在性和所有权归属。

美国证券交易委员会还报告称，与奇泽姆类似，尼尔森未能恰当调查粉河的储量报告，该公司曾在2007年的财务报表中证实其已探明储量。事实上，在2007年，该公司没有更新这些报告，而是仅仅依靠去年不完善的储备报告来解释财务报表。

美国证券交易委员会对粉河欺诈案的调查，以及该公司审计工作的不足，促使PCAOB对CBN展开了平行调查。除了调查CBN对粉河的审计业务之外，PCAOB还审查了该事务所在同一时间内对另外三家公司进行的审计。

在回顾CBN对粉河的审计工作时，PCAOB重申并在某些情况下强调了美国证

---

① 在2007年之前，该公司将这些款项记录为“石油和天然气销售”的收入抵销项目。在利润表中，粉河石油公司只报告净“石油和天然气销售”。也就是说，担保付款没有单独报告。

② 该公司将支付这些担保付款的义务描述为“未来承诺”，这一描述遭到了美国证券交易委员会的质疑。美国证券交易委员会认为，这些担保付款应被报告为“当前且持续的(而非未来的)承诺”。在重述之后，粉河石油公司重新开始从其收入中扣除向亚洲投资者支付的担保款项。然而，该公司并没有直接从石油和天然气收入中扣除这些费用，而是在随后的2006年和2007年的比较收入报表中报告了一项单独的收入抵销项目，该项目的名称是“支付给权益所有人的款项”。

③ Securities and Exchange Commission, *Accounting and Auditing Enforcement Release No.3267.*

④ Securities and Exchange Commission, *Accounting and Auditing Enforcement Release No.3267.*

⑤ Securities and Exchange Commission, *Accounting and Auditing Enforcement Release No.3267.*

券交易委员会对这些审计业务的批评。PCAOB还提到了CBN在审计实务中普遍存在的缺陷。

大量（CBN审计）客户严重限制了奇泽姆和尼尔森——该公司唯一的审计合伙人——可用于监督助理审计师的时间和注意力。因此，许多审计工作的计划仅包括实施标准化的审计程序和检查表，而没有考虑到审计业务的具体审计风险。

该公司在审计业务的人员编制方面的典型做法是由一名助理审计师与奇泽姆或尼尔森合作……大量的发行人审计业务使奇泽姆或尼尔森无法对审计程序进行适当的监督。经验有限的助理审计师常常自己决定在审计中应执行什么审计程序。此外，奇泽姆和尼尔森没有正确评估公司出具的审计报告是否具有足够的证据支持。①

PCAOB会还斥责奇泽姆未能在公司高层建立适当的“基调”。“奇泽姆是该公司在相应时期的管理合伙人，主要负责为公司高层定下基调。作为管理合伙人，奇泽姆负责设计、实施和监督公司的质量控制体系。因此，奇泽姆全权负责确保公司遵守PCAOB的规则和标准。”②

PCAOB对奇泽姆和尼尔森最严厉的批评涉及他们对需要接受机构检查的审计工作底稿进行无文档说明的修改，其中就包括粉河2006年审计的工作底稿文件。在2007年夏天，PCAOB通知CBN将检查该事务所关于粉河公司的审计业务，“为了应对检查，奇泽姆和尼尔森指示公司助理在审计文件中编制和增加了一些审计文件（待检查）”③。这些改动包括在某些工作文件中添加信息，“以造成审计人员执行了某些审计程序的假象，而实际上，这些程序在审计期间并没有执行”④。根据PCAOB的说法，该事务所“花了数百小时”修改工作底稿文件。

后记

2008年12月，粉河根据《联邦破产法案》第11章向联邦地方法院申请破产重组。此案的法庭记录显示，该公司已将其油气资产的开采权益出售给2 000多名个人投资者，这些投资者总共为这些开采权益支付了4 300多万美元。2008年底，在一份由法庭指定的破产接管人获得的对粉河石油和天然气资产的独立评估中，公司给这些资产估价约120万美元。就在几个月前，该公司2007年的资产负债表报告称，这些资产的价值仅为23万美元。2010年11月，粉河破产案的法律依据由《联邦破产法案》的第11章转换为第7章，这意味着该公司的资产会被强制清算并分配给公司的债权人。

2011年4月，美国证券交易委员会对福克斯提起民事诉讼。除了其他指控外，起诉书还指控福克斯公司利用各种会计和财务报告计划，欺骗收购和出售粉河普通

① Public Company Accounting Oversight Board, *PCAOB Release No.105-2011-003*, 8 April 2011.

② Public Company Accounting Oversight Board, *PCAOB Release No.105-2011-003*, 8 April 2011.

③ Public Company Accounting Oversight Board, *PCAOB Release No.105-2011-003*, 8 April 2011.

④ Public Company Accounting Oversight Board, *PCAOB Release No.105-2011-003*, 8 April 2011.

股的买家和卖家。在接受一家在线投资新闻服务公司的代表采访时，福克斯回应了美国证券交易委员会对他的指控。在那次采访中，福克斯坚称，涉及粉河与其亚洲投资者的交易是真实的销售交易而非贷款。他还声称，2008年，当联邦法官任命的破产接管人接管粉河的业务时，粉河是一个“可持续运营的实体”[①]。根据福克斯的说法，破产接管人通过缩减其商业运营而摧毁了公司。福克斯还批评了他的前商业伙伴参与安排开采权益的交易。他声称，他不正当地从粉河截留了这些交易的部分收益。

2012年11月，一名联邦法官下令禁止福克斯担任美国证券交易委员会注册公司的管理者或董事。3个月后，美国证券交易委员会发布了一项强制令，裁定福克斯“通过欺骗性地夸大粉河的收入和资产，以及其他虚假和误导公众的信息披露而误导了投资者”[②]。该命令暂停了福克斯在美国证券交易委员会“露面或活动”的权利。

从2011年4月开始，托德·奇泽姆和特洛伊·尼尔森被美国证券交易委员会暂停执业资格5年，同时，美国证券交易委员会也无限期吊销了CBN的营业资格，这意味着该事务所将被禁止向上市公司提供审计服务。PCAOB还永久禁止奇泽姆在其委员会注册的会计师事务。

思考题

1.明确在粉河业务中明显存在的主要审计风险因素。简要说明每一项风险因素的重要性。

2.粉河应如何在其会计记录中记录开采权益的销售情况，以及对开采权益购买者的担保付款情况？

3.美国审计准则要求上市公司在财务报告中列示主要的“管理层认定”。哪些管理层认定内容与（a）“销售”开采权益和（b）粉河每年向这些开采权益的购买者支付的保证付款相关？

4.美国证券交易委员会和PCAOB批评CBN未能发现粉河不拥有其报告的油气资产中的某些资产。你如何描述这种疏忽？也就是说，这种疏忽是否构成了这些审计师的疏忽、鲁莽或欺诈行为，或者这些都不是？请解释你的答案。

5.粉河依靠一位“专家”的专业知识估计其油气资产的探明储量。当客户使用“专家”的服务进行会计或财务报告时，美国公认审计准则要求审计师负有什么样的监督责任（如果有的话）？

---

① M.Caswell,“SEC Target Fox Denies Inflating Revenue,” *Stockwatch.com* (online),7 July 2011.

② Securities and Exchange Commission, *Accounting and Auditing Enforcement Release No.3469*, 28 June 2013.

6.PCAOB批评托德·奇泽姆未能为CBN建立适当的“质量控制”体系。具有证券审计资格的会计师事务所的质量控制体系应当解决哪些主要问题？举例说明奇泽姆和/或CBN在哪些情况下违反了PCAOB对会计师事务所的质量控制标准。

案例 2.10

LocatePlus控股公司

2004年8月，一家互联网投资咨询服务公司将LocatePlus控股公司的股票纳入“关注级股票”的警报级别。[①]该咨询服务公司大力宣传LocatePlus新时代的商业模式，LocatePlus的总部位于波士顿郊区。这种商业模式包括支持政府机构、商业实体和个人访问LocatePlus收集和组织的大型在线数据库，该数据库包括98%美国公民的信息简介。LocatePlus的客户购买了该公司数据库的访问权限，用于广泛的调查用途，包括执法机构的反恐行动、潜在雇主的刑事背景调查以及个人身份盗窃调查。

LocatePlus公司在互联网时代开发了一种重要工具，用于打击欺诈和其他犯罪活动。但具有讽刺意味的是，该公司发现自己在2010年底成为欺诈调查的焦点。该调查由美国联邦调查局、美国国税局、美国证券交易委员会等联邦机构发起，并且最终导致了公司的垮台、高管的刑事诉讼和对负责公司审计业务的会计师事务所的严厉制裁。

合谋舞弊

LocatePlus有两个主要收入来源。该公司年收入的一半多是通过直接一次性访问其大型数据库产生的，其他主要收入来源包括所谓的“渠道合作伙伴”安排。一个渠道合作伙伴每月向公司支付固定的版税，以换取对其数据库的无限制访问，渠道合作伙伴通常是大型政府机构或公司。

为了改善公司较差的运营业绩，2005年，两名LocatePlus高管伪造了一个渠道合作伙伴。这两名高管分别是公司首席财务官詹姆斯·菲尔兹和首席执行官乔恩·莱托里拉。据称，虚构的Omni数据服务公司每月向LocatePlus支付数十万美元的版税。这些版税收入占LocatePluss 2005年总收入1 160万美元中的360万美元，占该

① Wall Street Capital Funding LLC,“Wall Street Alert's U.S.Hot Stock Highlights,” *GlobeNewswire* (online),24 August 2004.

公司2006年总收入1 220万美元中的270万美元。尽管存在这些虚假收入，LocatePlus每年仍出现巨额亏损。2004年，该公司报告净亏损750万美元。2005年和2006年，该公司的净亏损分别为560万美元和500万美元。

LocatePlus虚构了欺诈性的现金转账等一系列虚假的交易，让Omni公司贡献的收入看起来是真实的。这些虚假交易和相应的欺诈分录的主要目的是欺骗LocatePlus的独立审计师。由于LocatePlus是一家上市公司，它必须每年向美国证券交易委员会提交审计后的财务报表。

前任-后任审计师的交流

2005年初，LocatePlus联系了马萨诸塞州的一家会计师事务所Livingston & Haynes （L & H）。LocatePlus需要一个新的独立审计师，因为之前的审计师突然辞职了。LocatePlus向美国证券交易委员会提交的8-K表格披露了这份辞职信。在那封信中，这家前审计公司指出，“担心我们收到信息的及时性，也担心贵公司管理层某些陈述的可靠性”[①]。

在决定接受或拒绝LocatePlus作为审计客户之前，两位L & H的审计合伙人威廉·伍德和凯文·豪利会见了曾担任公司审计业务合伙人那位前任审计师。其中伍德是L & H的高级技术合伙人。

会见伍德和豪利的LocatePlus的前任审计师说明了几个导致他的事务所决定辞去公司独立审计师的因素：“难以从管理层获取审计需要的信息，管理层提供的信息相互矛盾，管理层提供未签名的合同作为审计证据，以及管理层很难接受事务所提出的审计意见。”这位前任审计合伙人还向伍德和豪利提供了查阅与LocatePlus审计业务有关的工作底稿的访问权限。在这些工作底稿中，有一封前审计公司收到的信，是一位曾担任LocatePlus管理团队成员的人写的。这封信声称，与LocatePlus进行了数百万美元交易的商业合作伙伴“不是一个合法实体”。尽管从LocatePlus的前审计业务合作伙伴那里获得了信息，L & H还是接受了LocatePlus作为审计客户。

在接受LocatePlus作为审计客户后，L & H将该公司定为“高风险审计客户”，审计业务的规划工作文件要求审计团队“在审计公司时非常小心”。豪利被任命为审计业务合伙人，而伍德是审计业务共同合伙人。

2005年发现的红旗标志

在2005年对LocatePlus季度财务报表的审查中，L & H的审计师“意识到关于从Omni公司中确认的收入以及由此产生的应收账款的多重危险信号”。2005年6月，豪利在给詹姆斯·菲尔兹的一封电子邮件中指出，在政府网站上没有找到Omni公司的信息数据，据说该政府网站会列示出所有在其家乡州注册公司的信息。更麻烦的是，尽管Omni Data据称是一家通过互联网进行数据销售的公司，但L &

---

① Securities and Exchange Commission, *Accounting and Auditing Enforcement Release* No.3288, 6 June 2011.本例中其余的引用皆来自于此。

H的审计师却无法找到该公司的网站。菲尔兹随后告诉豪利，Omni公司没有网站是因为该公司“试图保持低调”。

2005年8月，LocatePlus董事会的一名前成员联系了豪利，他对公司未来几个月的会计记录可靠性提出了令人不安的指控。这位人士“多次”联系了豪利，并向他做了类似的陈述。此人最严重的指控是Omni公司根本不存在。在支持这一说法的其他证据中，他指出，所谓的Omni Data的总裁对公司“一无所知”，她是一名芭蕾舞教师，曾是莱托里拉的女友。豪利将他从前任董事会成员那里收到的每一封邮件都知会了伍德，并将此人的指控转发给了LocatePlus审计委员会的主席。豪利随后建议审计委员会主席安排审计委员会与前董事会成员和他本人（豪利）举行一次会议，以处理这些指控。但是这样的会议从未举行过。

在2005年关于LocatePlus审计业务的“头脑风暴会议”中，L & H审计团队将与Omni公司相关的“夸大或虚构的收入/应收账款”确定为舞弊风险因素。对于LocatePlus从其渠道合作伙伴（而非Omni公司）获得的收入，L & H审计员将“账单和确认的收入与LocatePlus的数据使用记录进行比较，以确保客户同意购买产品并实际使用该产品”。尽管Omni的收入占LocatePlus 2005年总收入的近1/3，但这项关键审计测试并未应用于Omni的收入数据。如果审计人员将这个测试应用于Omni的收入，他们会发现Omni公司在2005年从未访问过该公司的在线数据库。

在审核Omni的收入时，L & H “根据LocatePlus和Omni之间已签署的协议，以及来自Omni收到和欠下的款项进行确认”。事实上，双方签署的协议（合同）以及Omni收入的确认都是虚假的。

截至2005年12月31日，LocatePlus的会计记录包括来自Omni的330万美元的应收账款，占公司应收账款净额的75%，占公司总资产的近40%。这一大笔应收款项的询证函已送交给Omni公司所谓的总裁。最初的询证函被回复为“美国邮政服务无法投递”。在LocatePlus提供了一个Omni公司的新地址后，L & H再次邮寄了一份询证函，该询证函被签署并返回，并宣称没有发现任何异常。

L & H的审计师在2005年的工作底稿中记录了这位前LocatePlus董事会成员的指控——主要是指控Omni公司不存在，但审计人员却未能对这些指控进行严格调查。例如，美国证券交易委员会发现，在LocatePlus 2005年的审计工作底稿中包含的“欺诈风险评估表”里，L & H审计人员未填任何信息。事实上，根据美国证券交易委员会的说法，审计机构未能就这位前董事会成员令人不安的有关指控得出“任何有价值的结论”。

出于对Omni的收入和应收账款可靠性的持续担忧，L & H审计师在菲尔兹和莱托里拉签署的2005年声明信中报告了关于这些项目的特别说明。在声明信中，菲尔兹和莱托里拉坚称，他们“不知道任何欺诈或涉嫌欺诈的行为，也不知道任何与Omni交易有关的欺诈或涉嫌欺诈的指控”。

2006年审计

截至2006年12月31日，Omni公司的应收账款总计510万美元。2006年末，

LocatePlus可能已经修改了Omni Data的支付条款。这些新修改的条款导致在LocatePluss2006年12月31日的报表中，这些应收账款从流动资产变为了长期资产。该公司还将应收账款长期部分的毛额减为净现值，并记录了一笔近60万美元的坏账准备。在这些调整之后，Omni应收账款的净价值约为300万美元，这一数字略高于LocatePlus截至2006年12月31日总资产的一半。

L & H在2006年审计中收集的支持Omni应收账款的主要证据再次得到证实。与前一年一样，最初的询证函因为“无法投递”而被退回。在通知LocatePlus最初的询证函尚未被送达后，豪利被告知Omni公司正在以新名称运营，并且有了一位新总裁。在更正了地址信息之后，L & H再次寄送了询证函，这次询证函被签名并寄回，同样宣称没有任何异常报告。

在调查LocatePlus 2006年审计时，美国证券交易委员会从豪利那里获得了一份名为“LocatePlus备忘录——加拉格尔的指控”的文件。这份备忘录总结了这位前LocatePlus董事会成员关于舞弊的指控。豪利在备忘录中表示，他曾与LocatePlus的审计委员会主席讨论过这些指控，后者“表示他不相信他们有任何根据”。备忘录还指出，豪利与LocatePlus的外部法律顾问讨论了这些指控，后者也“没有找到任何依据”。外部法律顾问暗示，这位前董事会成员提出这些指控是出于报复，因为他和莱托里拉不再是好朋友。尽管备忘录中包含了与Omni应收账款相关的证据，但它并没有包括在LocatePlus的工作底稿中，也没有注明日期。

2006年的工作底稿确实包含了一份文件，其中简略地提到了2006年9月马萨诸塞州证券部门进行的一项调查，该调查涉及LocatePlus。该国家机构的调查报告显示，“即使对LocatePlus的业务进行最粗略的审查，也会发现其业务的许多方面要么是高度夸大的，要么是虚构的”。这份报告可以在国家机构的网站上找到，然而，豪利显然从未访问过这份报告。

在2006年的意见书中，菲尔兹和莱托里拉再次表示，他们不知道涉及Omni的任何可疑欺诈或欺诈指控。在2006年的审计接近尾声时，伍德批准了豪利（凯文对LocatePlus 2006年财务报表发表无保留意见）的决定。伍德参与了2005年和2006年的审计计划，他还批准了对该公司2005年财务报表发表无保留意见。

2005年和2006年LocatePlus财务报表审计意见书都包含第四段说明。在这一段中，L & H报告说，对LocatePlus是否仍将是一个持续经营的公司存在很大疑问。表1列示了2006年的审计意见。

“非常不合理的行为”

2011年6月，美国证券交易委员会发布了一份《会计与审计强制执行公告》，该报告汇总了对L & H 2005年和2006年LocatePlus审计工作的调查。美国证券交易委员会指控豪利和伍德从事“非常不合理的行为”。

鉴于（Omni数据收入和应收账款）……是虚构的具体指控，L & H和豪利未能妥善处理审计工作，充分测试Omni的收入数据，获得足够适当的证据作为出具L & H审计报告的依据，其专业胜任能力、职业的怀疑态度，并正确评估由于舞弊导致的重大错报风险，和伍德未能解决这些不足……构成高度不合理的行为，导致在每个人都知道或应该知道需要进一步审计的情况下违反适用的专业准则。

豪利和伍德都被停止执业三年。L & H被处以13万美元罚款，并被禁止在一年内接受美国证券交易委员会注册公司的业务委托，还被要求接受广泛的质量控制审查。L & H的每一名服务于公众上市公司的专业工作人员还需要接受24小时的培训，培训内容涉及审计文件标准、舞弊检查、评估重大错报风险，获取和评估审计证据等方面。

表1　　L&H对Locate Plus 2006年财务报表发表的审计意见

独立审计师的报告

致LocatePlus控股公司的股东和董事会

LocatePlus控股公司马萨诸塞州贝弗利

我们审计了LocatePlus控股公司2016年12月31日的合并资产负债表，截止到2005年和2006年12月31日的合并利润表、股东权益表和现金流量表。这些财务报表的编制是公司管理层的责任。我们的责任是根据我们的审计结果对这些财务报表发表意见。

我们按照美国公众公司会计监管委员会的标准进行审计。这些标准要求我们计划和执行审计，以获得财务报表是否不存在重大错报的合理保证。审计包括在测试的基础上审查支持财务报表金额和披露的证据。审计工作还包括评估管理部门使用的会计原则和做出的重大估计，以及评估财务报表的总体陈述。我们认为，我们的审计工作为我们的意见提供了合理的依据。

在我们看来，根据美国公认会计原则，上述财务报表在所有重大方面都公允地反映了LocatePlus控股公司和其子公司截至2006年12月31日的综合财务状况，以及其在截止到2006年12月31日及2005年12月31日的年度综合经营和综合现金流量的结果。

所附财务报表的编制假设是该公司将继续作为一个持续经营的实体。如财务报表所示，该公司于2006年12月31日累积亏损，过去两年每年均取得巨额净亏损，令人对该公司能否继续经营产生重大怀疑。管理当局关于这些事项的披露见附注1。合并财务报表中不包括由于这种不确定的结果可能造成的任何调整。

/s/LIVINGSTON & HAYNES，P.C.

Livingston & Haynes，P.C.

马萨诸塞州威里士里

2007年5月1日

Source：LocatePlus's 2006 Form 10-K.

后记

2010年11月，美国证券交易委员会宣布，詹姆斯·菲尔兹和乔恩·莱托里拉将因违反联邦证券法的犯罪行为而被起诉。2012年3月，莱托里拉承认合谋从事证券欺诈和相关指控，包括向其前公司的独立审计机构做出虚假陈述。3个月后，莱托里拉被判处5年监禁。2012年11月，一个联邦陪审团裁定詹姆斯·菲尔兹犯有29项刑事指控，包括证券欺诈、洗钱和向其前公司的独立审计机构做出虚假陈述。2013年2月，联邦法官判处菲尔兹5年监禁。

LocatePlus于2011年6月申请破产。2011年11月，该公司的资产（包括名称和网站）被出售给一家私人投资公司。

思考题

1. 美国上市公司会计监督管理委员会的审计准则明确了审计人员在处理舞弊行为对上市公司财务报表产生重大影响的可能性时的责任。在LocatePlus 2005年和2006年的审计中，L & H的审计人员没有履行哪些职责？对于你列出的每一项，解释一下L & H审计师是如何未能履行职责的。

2. 前任-后任审计师交流的目的是什么？作为前任或后任审计师，哪一方有责任发起这些交流？简要总结后任审计师应从前任审计师那里获得的信息。

3. 在现行美国公认审计准则下，“共同合伙人”的主要职责是什么？

4. “管理层声明”的性质及目的是什么？对将管理层声明作为审计证据的质量或强度做出评论。

案例2.11

Overstock公司

2000年3月，美国证券交易委员会开始要求上市公司的季度财务报表须经过独立审计师的“审查”。这项新要求的主要目的是提高季度财务报告的质量和可信度，更具体的目标是减少重述财务报表的频率。此外，美国证券交易委员会希望，新规定将有助于缓解上市公司“管理”中期财务业绩“日益加大的压力”[①]。

2009年11月16日，Overstock公司向美国证券交易委员会提交了一份“未经审计”的10-Q表格，震惊了其股东、监管机构和华尔街。在同一天发布的一份新闻稿中，Overstock善变的首席执行官帕特里克·伯恩报告称，由于与致同会计师事务所之间的一场悬而未决的纠纷，提交未经审计10-Q表格的决定是必要的。这场争论的焦点在于，Overstock对一家业务合作伙伴的异常交易的会计处理方式。伯恩还透露，由于那次争执，公司已经解雇了致同会计师事务所。Overstock向美国证券交易委员会提交了一份8-K表格，披露了这家审计公司被解雇的消息。

Overstock出人意料地决定向美国证券交易委员会提交一份未经审计的10-Q表格，这让投资者怀疑接下来会发生什么。Overstock貌似对联邦证券法规嗤之以鼻的决定，美国证券交易委员会会作何反应？纳斯达克证券交易所会暂停Overstock的普通股交易吗？Overstock什么时候能成功聘任另一家会计师事务所担任其独立审计师？

巴菲特、伯恩和泡沫

在进入商界之前，作为沃伦·巴菲特一位富有的合伙人的儿子，帕特里克·伯恩过着幸福快乐、多姿多彩的生活。在中国留学一段时间后，伯恩获得了达特茅斯学院的学士学位、剑桥大学的硕士学位和斯坦福大学的哲学博士学位。除了积累了

---

① Securities and Exchange Commission, *Final Rule: Audit Committee Disclosure, Release No.34-42266*, 22 December 1999.

令人印象深刻的教育经历，伯恩还周游世界，短暂涉足专业拳击，获得了武术黑带，并担任大学教练。

巴菲特在1998年邀请帕特里克·伯恩担任伯克希尔·哈撒韦公司（美国保险公司）旗下一家陷入财务困境的子公司的临时CEO，由此开启了伯恩在企业管理领域的职业生涯，伯克希尔·哈撒韦是巴菲特的旗舰公司。18个月后，伯恩在盐湖城收购了一家小型在线公司的控股权，开始了自己的创业之旅。伯恩坚信，只要有优良的商业计划、资本和管理团队，公司的核心理念就能带来巨大的利润。在接下来的几个月里，伯恩任命自己为CEO，投资数百万美元扩大公司的运营，并将其更名为Overstock。

2000年和2001年，轰轰烈烈的“互联网泡沫”的破裂摧毁了数百家在过去10年里像野蘑菇一样迅速涌现的新时代互联网公司。这一结果导致纳斯达克综合指数（NASDAQ Composite Index）在不到3年的时间里下跌了约80%。

尽管多数互联网公司要么被迫关闭，要么大幅缩减运营规模，但伯恩意识到，互联网行业的崩溃为他的公司创造了一个机会。Overstock开始以折扣价出售在网上商店未售出的商品。2002年，《商业周刊》将伯恩列为快速发展的电子商务领域中25位最具影响力的企业高管之一，这要归功于公司不断增长的收入与强大的商业模式。同年，伯恩带领Overstock上市，成为那两年来首家上市的在线零售商。该公司通过首次公开募股筹集了4 000万美元，并在纳斯达克证券交易所上市。

在Overstock唯一的在线业务中，逐渐出现了两条截然不同的业务线。Overstock的“直接”业务是将从其他渠道获得的商品卖给个人和公司。在Overstock规模较大的“合作伙伴”业务领域，该公司为3 000多名“合作伙伴”充当中介或销售代理。[①]Overstock从为这些合作伙伴安排或促成的商品销售中赚取佣金。从会计和财务报告的角度，Overstock将与合伙人商品交易有关的大部分销售记为总收入，然后减去给这些合伙人的现金汇款作为销售货物的成本，这些金额之间的差额代表销售交易中Overstock所赚取的佣金。

Overstock的问题

到2009年，Overstock的年收入接近10亿美元；在10年前伯恩收购这家公司时，其年收入只有几十万美元。尽管公司的收入增长令人印象深刻，但公司却难以盈利。2009年11月，Overstock向美国证券交易委员会提交未经审计的10-Q表格，争议出现了。该公司还没有报告整个会计年度的利润。更糟糕的是，该公司的股票在过去几年中遭受重创，从2004年12月每股76美元的高点跌至2009年11月的不到15美元。

除了Overstock经常出现的运营亏损外，还有几个因素导致投资者对该公司的普通股敬而远之。伯恩自身对华尔街主要公司和监管机构发起的无情攻击，引起了人们对该公司的负面关注。伯恩声称，几家对冲基金和其他大型机构投资者正在压低Overstock的普通股价格，并试图摧毁该公司。据称，上述各方的行为涉及“无

① 虽然Overstock使用“合作伙伴”来指代其业务伙伴，但该公司与这些组织没有法律关系。

担保卖空”Overstock的普通股，这种策略在多数情况下是非法的。[①]

伯恩坚称，包括美国证券交易委员会在内，负责监管美国股市的监管机构都参与了摧毁Overstock和其他公司的阴谋，这些公司被指是“无担保卖空者”（naked short seller）卡特尔的目标。伯恩表示，这些监管机构拒绝起诉或以其他方式控制无担保卖空者。伯恩激烈和高调的讨伐导致Overstock史无前例地将其CEO作为上市公司面临的“风险因素”；上市公司被要求在定期提交给美国证券交易委员会的文件中，找出可能损害它们的主要风险因素。Overstock在多份美国证券交易委员会注册声明中表示，伯恩发表的有争议的公开声明，尤其是针对美国证券交易委员会的声明，可能会让监管机构毫无理由地关注该公司。

除了伯恩的夸夸其谈，令潜在投资者感到更为不安的是该公司反复出现的会计问题。在上市的头几年里，Overstock多次重述了之前的财务报表。审计诚信是一家法务咨询公司，它为上市公司报告了旨在预测财务报表舞弊的“会计和治理风险”（AGR）措施。Overstock的多次重述导致审计诚信公司将Overstock评为“激进的”AGR级别。[②]2009年11月，Overstock披露了与致同会计师事务所的纠纷，这增加了该公司可能被迫再次重述其先前财务报表的可能性。

Overstock还因使用形式会计方法（尤其是息税前利润、折旧和息税前利润）来转移投资者的注意力，淡化其经常性经营亏损的重要性而受到批评。萨姆·E.安塔尔是一位自称反财务报告欺诈的的斗士，也是名为“白领欺诈”博客的作者。[③]

“饼干罐”会计处理

最终导致Overstock审计委员会解雇致同的纠纷，是由该公司会计人员在2008年犯下的一个错误引发的——该公司员工也承认，这个错误是由于Overstock的内部控制缺陷造成的。这一会计失误导致Overstock将超过78.5万美元的款项汇给了它的一个商业伙伴，从而夸大了Overstock 2008年的销售成本。由于这笔78.5万美元的超额支付是否会被收回具有不确定性，Overstock的会计人员将超额支付确认为“或有收益”，并选择不为其记录更正分录。[④]2009年第一季度，Overstock从其商业合作伙伴那里收回了超额付款。该公司的会计师记录了这笔78.5万美元现金收款，并作了抵销分录，以减少这段时期的商品销售成本。为了评估78.5万美元对Overstock 2008年和2009年第一季度财务报表的影响，表1列示了由Overstock最初报告的2008年10-K表格和2009年第一季度10-Q表格中的一些财务数据。

---

① 在正常的股票卖空交易中，不持有股票的卖方首先借入股票，然后再出售，卖空者不会在卖出股票之前借入股票。尽管卖空通常是被禁止的，但监管和执法部门很难阻止它。

② “Overstock.com Hit with Another SEC Subpoena,” http://www.accountingtoday.com/news/Overstock- Another-SEC-Subpoena-51810-1.html, 21 September 2009. Audit Integrity’s AGR scale ranges from “Conservative” to “Very Aggressive.”

③ Antar是一名前注册会计师，曾担任Crazy Eddie公司的首席财务官。他因参与那家公司的大规模会计欺诈而被定罪。

④ 更正后的分录将包括一笔78.5万美元的应收账款和一笔销售成本的抵销贷款。

表1 Overstock公司部分财务数据 单位：美元

	2018年度	2019年度
总净收入	834 367 000	187 367 000
毛利润	142 909 000	37 691 000
净亏损	（12 658 000）	（2 099 000）
总资产	172 445 000	136 346 000

Source：Overstock.com，Inc.，initial Form 10-K for fiscal 2008 and initial Form 10-Q for the first quarter of 2009.

经常严厉指责Overstock公司的安塔尔表示，78.5万美元的会计错误实际上是通过故意设计一个“饼干罐”储备来夸大Overstock 2009年的经营业绩。[①]《纽约时报》知名商业记者弗洛伊德·诺里斯对Overstock 78.5万美元超额付款的会计处理提出了类似的诠释。[②]同样，在这个时候，Overstock还没有报告整个会计年度的利润，但公司高管希望2009年将成为公司突破性的一年。

在2002年公司首次公开募股之前，曾担任过Overstock的会计师事务所的普华永道同意了Overstock对78.5万美元超额付款的会计处理方式，并对Overstock 2008年的财务报表发表了无保留意见。2008年审计完成后，伯恩报告称，Overstock决定更换一家新的审计公司，原因是担心公司管理层和普华永道审计人员在一起工作多年后，变得过于“熟悉”。2009年3月，Overstock的审计委员会选择致同作为公司的新审计公司。

他说，他们说

2009年10月1日，Overstock收到了美国证券交易委员会的问询函，函中谈到了该公司做出的几项会计决策，其中包括对78.5万美元超额付款的会计处理。在对美国证券交易委员会做出回应之前，Overstock的会计人员向公司2009年的审计团队致同会计师事务所和普华永道的前审计人员进行了咨询。Overstock随后向美国证券交易委员会提交的8-K表格显示，致同和普华永道一致认为，针对超额付款的会计处理是合理的。[③]

2009年11月3日，Overstock收到了美国证券交易委员会的第二封问询函，要求其提供关于78.5万美元超额付款会计处理的更多信息。Overstock的会计人员再一次与致同和普华永道进行了磋商，为该公司应对美国证券交易委员会的调查做准备。就在此时，致同会计师事务所的一名代表通知Overstock，该事务所已经“改

---

① S.E.Antar，“Open Letter to KPMG：A Warning About Overstock.com，Your New Audit Client，” http：// whitecollarfraud.blogspot.com/2010/01/open-letter-to-kpmg-warning-about.html.

② F.Norris,"The Auditor Disagrees with Overstock com," *New York Times* (online),23 November 2009.

③ Overstock. com，Inc.，Form 8-K/A，23 November 2009.

变了此前关于该公司的会计处理这一问题的立场"①。致同随后建议该公司重述其2008年的财务报表，并将78.5万美元记录为应收账款，同时修改该公司之前在报表中降低的商品销售成本。致同还建议Overstock重述2009年第一季度的10-Q表格，以修改在2008年超额付款被收回时销售成本少计的78.5万美元。

Overstock和普华永道不同意致同的建议，伯恩在2009年11月17日提交给美国证券交易委员会的8-K表格中解释道："我们和普华永道仍旧认为，我们正确地计入了78.5万美元……并且我们也都认为，重述2008年10-K表格是不合适的。"②伯恩接着解释了与致同的争议给他的公司带来的"困境"。"因此，我们左右为难：我们现在的审计公司不会在我们的Q3和10-Q表格上签字，除非我们重述2008年的10-K表格，而我们之前的审计公司认为重述2008年的表格是不合适的。"③

伯恩报告说，与致同的纠纷导致了Overstock决定"聘请另一家独立审计公司"④。与此同时，该公司决定在2009年第三季度向美国证券交易委员会提交一份未经审计的10-Q报告。表2列出了一个"解释性说明"，Overstock将其作为10-Q表格的序言。这份报告指出了Overstock可能面临的潜在"后果"，因为它向美国证券交易委员会提交了一个"不充分的"10-Q表格。这些潜在后果包括由于未能遵守联邦证券法规而无法出售注册证券，以及纳斯达克证券交易所可能将该公司的普通股退市。

表2　　2009年第三季度Overstock公司原10-Q表格中的"解释性说明"

2009年11月13日，Overstock解聘了致同会计师事务所。在被解雇的时候，公司和致同在一个会计原则或惯例问题上仍存在分歧。参见后下页脚注②的后续事件。公司尚未聘请继任会计师事务所。

将致同解雇导致截止于2009年9月30日的季度财务报表和附注没有根据1934年《证券交易法案》颁布的S-X条例第10-01（d）条规定的第100号审计准则的要求进行审计。在收到美国证券交易委员会公司财务司的意见书之后，为了在切实可行的情况下尽快解决尚未解决的问题，该公司拟修正10-Q表格，以呈交未经审计的中期财务报表，并聘请继任会计师事务所，按照10-01（d）条规定的第100号审计准则的要求进行审计。

由于10-Q表格的财务报表不符合S-X条例第10-01（d）条的规定，本公司根据1934年《证券交易法案》提交的文件可能不能反映公司当前的实际情况。为此，当独立注册会计师完成审计之后，公司将修正10-Q表格，以消除不完整报告可能产生的不良后果，但是，直到1934年《证券交易法案》规定的所有报告都在注册文件提交前12个月及时提交，本公司使用S-3表格才是合规的。公司正在评估提交一份有缺陷的10-Q表格的影响，该缺陷是由于独立注册的会计师事务所没有对其根据合同承诺、根据纳斯达克市场上市标准和《证券交易法案》规定的义务对财务报表进行审计。

Source：Overstock.com，Inc.，initial Form 10-Q for the third quarter of 2009.

① Overstock. com，Inc.，Form 8-K/A，23 November 2009.
② Overstock.com，Inc.，Form 8-K，17 November 2009.
③ Overstock.com，Inc.，Form 8-K，17 November 2009.
④ Overstock.com，Inc.，Form 8-K，17 November 2009.

在Overstock 2009年11月18日的季度收益电话会议上，伯恩为他向美国证券交易委员会提交未审计的10-Q表格的决定进行辩护。[①]他坚持认为向投资者提供一份未审计的10-Q表格比什么都不提供要好。他接着解释道，在聘请了一家新审计公司并解决了美国证券交易委员会调查函提出的问题后，Overstock将提交修订后的10-Q表格。

按照美国证券交易委员会的要求，Overstock要求致同准备一份证明信，作为8-K表格的附件提交，说明该公司决定解聘该会计师事务所。在那封证明信中，致同会计师事务所被要求表明它是否同意Overstock关于在决定更换审计师之前的情况和事件的陈述。

致同在2009年11月20日的证明信中表示，该公司从未同意Overstock对78.5万美元超额付款所采取的会计处理方式。根据该会计师事务所的说法，2009年10月，当Overstock让它注意到这个项目时，它第一次意识到付款金额过高。致同在附信中还反复表示，它不同意Overstock在决定更换审计师之前对其他情况和事件的描述。[②]

致同在公开信中发表的声明引起了伯恩的激烈回应。2009年11月25日，Overstock向美国证券交易委员会提交了新闻稿作为8-K表格的附件。在这份新闻稿中，伯恩反驳了致同的说法，即该事务所从未默许最初适用于78.5万美元超额支付的会计处理方式，伯恩称致同的这种说法是"谎言"。[③]伯恩报告称，致同对Overstock 2009年第一季度的10-Q表格进行了审计，并表示"在我们提交这些财务报表之前，审计委员会对这些财务报表没有进行任何修改"[④]。

伯恩接着直截了当地反驳了致同会计师事务所在与Overstock早些时候提交的8-K表格证明信中提出的大多数其他主张。在冗长的新闻稿接近尾声时，伯恩总结了他对公司与前审计公司发生口角的看法。"我们对致同11月20日致美国证券交易委员会的信中出现的这些不一致和不准确的陈述感到惊讶。我把它们当作证据（似乎还需要进一步证明），证明我们的审计委员会解聘致同是一个正确的决定。"[⑤]

美国证券交易委员会没有公开评论Overstock在2009会计年度第三季度提交的

---

① See, "Final Transcript, OSTK Overstock.com 2009 Q3 10-Q," *Thomson Reuters*, 18 November 2009.

② 第三方观察人士猜测，Overstock和致同之间可能发生了什么。2009年11月25日，《纽约时报》的弗洛伊德·诺里斯在他的博客"关于财务数额高与低的概念"中写道，美国证券交易委员会在2009年10月1日的质询信中提出这一问题之前，致同对相对较小的78.5万美元超额支付的会计处理可能根本没有被关注到。另外，2009年11月30日《今日会计》的一篇新闻报道"Overstock首席执行官与致同的斗争升级"，暗示致同的地区办公室或总部可能已经迫使当地办公室改变了之前对78.5万美元超额支付的立场。伯恩在一份有关公司与致同之间纠纷的新闻稿中也提到了这种可能性。

③ Overstock.com, Inc., Form 8-K, 25 November 2009.

④ Overstock.com, Inc., Form 8-K, 25 November 2009.

⑤ Overstock.com, Inc., Form 8-K, 25 November 2009.

未经审计的10-Q表格。2009年11月19日，在提交10-Q表格的三天后，Overstock被纳斯达克告知它违反了该组织的“上市规则”。纳斯达克通知Overstock，它有60天时间提交一份计划，以重新遵守这些规则。如果该计划获得批准，Overstock将有4个月的时间来执行该计划。

后记

2009年12月30日，Overstock向美国证券交易委员会提交了一份8-K表格，披露其已聘请毕马威会计师事务所作为新审计公司。Overstock在2010年2月4日又提交了另一份8-K报告，悄悄地宣布打算重述2008年和2009年前三个季度的财务报表。8-K表格披露，不应依赖以前的财务报表，重述的财务报表将“尽快”公布。[①]

原财务报表中需要更正的项目包括向公司某些业务伙伴支付的超额款项。曾是致同与Overstock争论核心的78.5万美元的超额付款并未单独披露。该公司承认，针对这些超额付款采用的“或有收益处理”被认定是“不恰当的”。根据8-K表格，“针对这些错误的修正预计将把2009会计年度确认的约170万美元收入调回到2008会计年度” 。

Overstock在2010年3月31日提交给美国证券交易委员会的文件中包括了其承诺的重述财务报表。一周后，Overstock发布了一份新闻稿，称收到了纳斯达克的一封信。这封信表明，在向美国证券交易委员会提交重述财务报表后，该公司遵守了纳斯达克的上市规则。2012年4月，美国证券交易委员会通知Overstock，2009年10月开始的对该公司会计事务的调查已经完成。根据调查结果，美国证券交易委员会不会对该公司采取任何执法行动。

Overstock公布2009年有770万美元的净利润，这是该公司除了2011年之外的5年之后首次实现年度盈利。在这5年里，公司的年收入稳步增长，在2014年达到近15亿美元。在此期间，Overstock没有重述之前的任何财务报表，毕马威每年都对公司的财务报表发表无保留意见。伯恩仍然是公司的首席执行官。

思考题

1. 致同积压已久的纠纷是通过提交给美国证券交易委员会的披露声明公开曝光的。你认为这些披露会如何影响投资者对财务报告和独立审计职能的信心？Overstock和致同之间的互动应当被认定为是不专业的，还是不恰当的？

2. 你认为，导致长久纠纷的关键因素是78.5万美元的超额付款吗？请阐释理由。在决定78.5万美元的超额付款是否具有实质性时，除了数额上的考虑之外，还应该考虑哪些因素？

---

① Overstock.com，Inc.，Form 8-K，February 4，2010.本案例其余引文皆出自此文件。

3. 简单地对比独立审计与季度审查的性质和目的。

4. 美国证券交易委员会要求注册上市公司的季度财务报表必须由一家独立的会计师事务所进行审计，但不要求审计报告必须包含在10-Q表格中。在什么情况下，在10-Q表格中季度财务报表必须包含审计报告？为什么美国证券交易委员会不例行要求上市公司在10-Q表格中包含审计报告？

5. 美国证券交易委员会注册公司提交8-K表格的目的是什么？在公布更换审计师事务所时，8-K表格中必须包含哪些特定信息？

6. 你同意Overstock应用于其“合作伙伴”的业务产生收入的会计处理方法吗？为什么？

案例 2.12

帕克海尔希公司

10月31日，星期六，上午8：15

“那么，丹妮，说真的，我今天到底要做什么？”①

“我是认真的，泰勒。与需要你做的相比，我都不确定我自己应该做什么。正如我所说的……关于这个任务，凯特琳对你讲的比对我讲的都多。”

“真的吗？”

丹妮没有回应她的下属，而是摇了摇头，把目光移开。

丹妮·摩根和泰勒·克里斯蒂安是四大会计师事务所达拉斯办公室的审计人员。这两名审计人员被分配到一家国有油气公司班尼特石油公司的审计项目组。丹妮是一位拥有近三年审计工作经验的资深审计人员，她负责监督班尼特项目的现场工作，而泰勒则是一名审计助理，在该事务所工作了15个月，是丹妮的首席助理。过去两周，他们一直在达拉斯郊区班尼特总部制订审计计划和其他初步审计工作，12月31日是公司的会计年度截止日。

不到24小时前的周五下午，班尼特审计团队的审计经理凯特琳·莱特告诉丹妮和泰勒，她刚刚接受班尼特审计业务合伙人胡安·苏亚雷斯的一项任务，需要他们的协助。在凯特琳的指示下，两人于早上8点抵达达拉斯－沃斯堡大都市北部的一个大型工业园区，那里离他们的办公室近30英里，但却找不到凯特琳。公园入口处的警卫不让他们进去，因为他们没有安全通行证，所以，在过去的15分钟里，两位审计员一直在门外徘徊，打了三个电话给凯特琳却无人接听。他们确信审计经理来了，因为她的敞篷车就停在停车场。过了很长一段时间后，泰勒决定用幽默的俏皮话来安慰丹妮，因为显然她心情不好。“我想知道为什么光让我们处于黑暗之

① 这个案例是基于一家大型会计公司的前雇员提供的信息。本案例的关键事实，包括地点、公司名称和涉案人员的姓名，都是虚构的。

中？”

文字游戏并没有缓解丹妮的情绪。

“泰勒，就像你一样，我有更好的事情要做，而不是在一个美丽的星期六早上在一个臭气熏天的工业园区周围闲逛，我本可以做一些有用的事情。是的，今天是万圣节，我今晚确实要参加一个聚会。”丹妮沮丧地摇了摇头。“如果我必须在周六工作，我宁愿在班尼特的工作中做一些有成效的事情。在那两个新手审计助理下周出现之前，我需要为他们制订一个工作计划。胡安希望在11月10日举行头脑风暴会议，所以我需要收集一些信息，以供会议使用。”丹妮紧咬嘴唇，又摇了摇头：“但是，不，我在这里，在风景优美的达拉斯北部，不知道我应该做什么，也不知道我要做多久。”

泰勒现在确信丹妮对他们的周末业务所知甚少。“嗯，你可能会认为凯特琳至少会回复我们留给她的语音留言。”

“是的，别开玩笑了。”丹妮喃喃道。

上午8：35

在丹妮和泰勒到达工业园区35分钟之后，凯特琳·莱特穿过出口大门，走近他们。

“对不起。我在会议中陷入了困境，直到现在都无法脱身。我给你们每人发了一张通行证、一个名牌和一顶安全帽。”审计经理把它们交给了她的两个下属。“这里的安保很严格。如果保安要求，你必须出示这张通行证。”

泰勒戴上安全帽，把信用卡大小的安全通行证塞进他的钱包，并别在临时制作的名牌上。名字标签上用黑色墨水手写的是“泰勒·克里斯滕森，顾问”。

“凯特琳，你知道，我断断续续为你工作了一年多，”他笑着说。“你会以为现在至少知道我的姓了。”凯特琳还没来得及回答，泰勒就瞥了一眼丹妮的名牌，上面写着：“丹妮·摩根斯坦，顾问。”

“好吧，至少你的姓氏是相当准确的，”凯特琳一边说，一边拨开她胸前的几缕金色长发露出她的名牌，上面写着“凯特琳·布莱克，顾问”。“这是规定，伙计们。胡安告诉我今天我们必须保持低调。他不想让我们透露我们的姓氏，但安检处的人坚持知道我们的名字。所以，我只能变通一下。”“这太奇怪了，但是……我们什么时候去上班？”丹妮说话的语气表明，她对自己在周六上午的意外任务与其说是对其隐秘的本身感兴趣，不如说是更加恼火。

凯特琳没有理会丹妮的问题。“更重要的是，胡安不想让我们透露我们为谁工作。如果有人问你这个问题，你就回避问题，用‘达拉斯的一家咨询公司’之类的话来回答。如果有人非常坚持，那就礼貌地拒绝回答。”

与丹妮不同的是，泰勒的好奇心被这一秘密任务激发了。同样令他感到好奇的是，一向性情温和、镇定自若的凯特琳似乎也感到不安。他以为她不舒服的原因是她刚刚开的会。考虑到凯特琳的心情，泰勒决定低调一点，让自己平时无忧无虑、爱开玩笑的性格变得更加专业。

“我们今天的主要工作是观察PHC的实际库存情况。”凯特琳深吸一口气后开始说。“PHC生产具有广泛用途的农药。其产量最高的产品是化肥，但也生产农药和其他用于农业的化学品。我希望你们两个人一组一起工作，检查和计算公司的实际库存。我也——”

“库存观察的审计程序在哪里?”丹妮不耐烦地问，打断了凯特琳。丹妮显然想尽快完成预备措施并开始工作，这样她就能尽可能多地享受这秋高气爽的日子。

丹妮的问题并非无理取闹，但无礼的举止引起了凯特琳的严厉回应。

“丹妮，你能等我说完再提问吗?”

他的两位上司之间的紧张关系令泰勒感到惊讶。丹妮和凯特琳是在得克萨斯州农工大学认识的，她们是姐妹会的姐妹。在过去的三年里，她们成了亲密的朋友。

恢复了镇静之后，凯特琳继续说道。“没有库存观察审计程序。你们两个在观察存货方面很有经验，所以我想让你们今天依靠这个经验。我确实有一些客户使用的是预格式化的库存盘点表。在这些表格上，你可以填写你的测试数，计数小组也将记录同样的信息。”凯特琳给她的两个下属看了一份存货盘点表，并描述了它的格式。“这些信息包括简要说明、箱子或其他位置编号、给定产品的序列号和数量。”

“现在这个问题是很重要的，我希望你们做更详细的笔记，尤其关注库存异常情况、计数团队的专业性以及他们的监督者，以及任何显露出客户可能以某种方式加大或减少库存数量的迹象。另外，我希望你们能完整地记录你所注意到的任何明显的内部控制问题，以及公司运营中可能出现的任何其他明显的问题。

凯特琳递给丹妮和泰勒一份法定登记簿和一套存货盘点表。然后她在左手拿着的一个马尼拉文件夹里翻出一叠文件。

“这是给每个计数小组的说明。”她把那份一页纸的文件交给了丹妮。“这也没有多少新内容，对我来说，这些说明似乎每年都被复制和使用而没有更新。”

丹妮在把存货清单交给泰勒之前，毫无顾忌地看了一眼。

凯特琳咽了口唾沫，没理会丹妮的无礼。“当你们在做统计和做笔记的时候，我会从PHC的工作人员那里拿到一些文件的副本，采访公司的一些高级会计师，四处闲逛，做自己的观察，可能我自己也会做一些盘点。”如果你遇到任何问题或有任何问题，立即给我打电话，我会找到你。凯特琳从左肩上看过去，用右手做了个扫过的手势。“这是一个非常大的设施。这里有三个大型仓库，几座用于库存存储的较小建筑，以及一些可以安全暴露于自然环境中的公司原材料的外部仓库。我猜这个地方至少要占地五英亩。我这里有一个图表，它标识了库存存储的位置。”凯特琳把图表递给丹妮。“请注意，我做了一些简短的注释，建议你们在每个领域应该花费多少时间。”

凯特琳停顿了一下，示意她现在可以接受提问了。泰勒问了几个问题，但他听从了丹妮的意见，而丹妮并不打算掩饰自己的不快乐。

“那么，你是说我的星期六就这么没了？”丹妮厉声说。

“丹妮，我并不是想让我们三个来做这个任务，”凯特琳用同样的口吻回答。“它确实是凭空而来的。我第一次听到这个消息是在昨天中午前后，胡安打电话叫我去见他。”

丹妮把手放在屁股上，把目光移开。“所以，请告诉我。我们要在这个垃圾场待多久？我今晚有一个万圣节派对。”

泰勒对丹妮的无礼行为感到震惊。丹妮过去对她的上级和下属，尤其是凯特琳，总是和蔼可亲，而且很专业。在泰勒看来，丹妮允许她和凯瑟琳的私人关系影响或者破坏她和审计经理的职业关系。“我们要在这里待一整天。计数工作将于上午9点开始，可能要到下午6点才能结束。”凯特琳先让丹妮听了这个坏消息，然后又说：“我希望我们三个一起吃晚饭。我想让大家交换意见，讨论一下我们所观察到的情况，因为胡安要求我在周一晚上之前给他发一封关于这项任务的初步报告。对不起，你的万圣节派对不是我最关心的。你就等着迟到吧。”

凯特琳说完后，双臂交叉在胸前，静静地站在那里，把注意力集中在丹妮身上。丹妮正看着一架大型喷气式飞机驶近附近的DFW机场。

当飞机从视野中消失时，丹妮清了清嗓子，面对着凯特琳：“我知道我们还有工作要做。和……我为我的无礼道歉。我今天是有计划，但我可以推迟到明天……当你为胡安起草这份报告时。”她勉强地笑了笑补充道。

泰勒很高兴紧张的气氛被缓和了。当他心爱的TCU角蛙队在和对手进行一场大型比赛时，自己却在数着肥料袋和杀虫器就已经够糟糕的了，但如果他的两个老板吵架的话，情况会更糟。

“接受你的道歉，”凯特琳热情地说，脸上带着灿烂的笑容。“现在，让我们进去，为团队而加油!”

当他们三人走向工业园区的入口时，泰勒决定向凯特琳询问更多关于PHC任务的信息。他从来没有从事过这样的秘密工作。

“那么，呃，凯特琳，到底发生了什么事？这是我们公司另一个办事处的子任务吗？或者PHC和班尼特石油公司有联系吗？”

“泰勒，除了需要知道的，你不需要知道更多，我已经告诉过你了。”走了几步后，凯特琳犹豫地补充说：“这份工作与班尼特无关。好吧？我们公司不是PHC的独立审计公司。但胡安已经指示我对这项工作的大部分细节保密。你知道，如果可以的话，我会告诉你更多。

“好吧，我明白了，没问题。”泰勒温顺地回答。

在离园入口几英尺远的地方，凯特琳停了下来。“我差点忘了。还有一件事我需要提醒你。PHC是由……”凯特琳从她的马尼拉文件夹里拿了一些手写的便条。“杜林与詹森事务所，这就是PHC会计师事务所的名字。”凯特琳把纸条放回她的文件夹。“无论如何，该公司的一组审计人员今天将在这里观察实际库存情况。这将会很尴尬，因为这些审计人员几乎肯定会好奇我们为什么要做测试。”凯特琳耸了耸肩。"就像我刚才说的，如果有任何人问，只要说你是达拉斯一家咨询公司的代表就行了。"凯特琳补充说，"PHC的主管和主管助理今天在这里，他们知道我们的角色是什么。如果有必要，我可以请他们中的一个来处理我们与其他审计人员的关系"。

在前一天下午的会议上，胡安·苏亚雷斯告诉凯特琳，他最大的审计客户沃尔泰拉化学公司正在与PHC谈判收购PHC。沃尔泰拉是一家成长迅速的化工企业，计划在未来两到三年进行首次公开募股发行。沃尔泰拉董事会认为，在上市之前需要扩大公司的业务范围和规模。该公司的快速增长是董事会三年前发起的一项激进收购战略的结果。沃尔泰拉已经收购了4家与PHC类似的民营特种化学品制造公司，以增加收入并优化其资产负债表。

沃尔泰拉目前正陷入与两年前收购的一家公司的前股东的诉讼泥潭。管理层确信这些人故意夸大了公司的资产、收入和利润。据称，他们用来扭曲公司财务报表的主要方法是虚增存货金额。由于沃尔泰拉的高管们希望将PHC股东做类似事情的风险降至最低，他们要求胡安·苏亚雷斯派遣一个"最优秀"的审计团队盘点PHC的年终存货——该公司的会计年度截止日为10月31日。

沃尔泰拉的首席执行官告诉胡安，他希望审计组能够寻找并报告任何PHC试图故意夸大库存的迹象，库存占PHC总资产的55%左右。这位首席执行官还希望审计人员进行"窥探"——他的确切措辞——以确定PHC的运营是否有任何"可疑"之处。

胡安曾告诉凯特琳，他对PHC不寻常的开放性感到"不舒服"。因为她不想让他最大审计客户的管理层失望或不安，所以她接受了这份工作。胡安还告诉凯特琳，"这是我们的并购顾问可能应该参与的一项活动。"沃尔泰拉的管理层不想"走这条路"，因为收购PHC的谈判还处于非常早期的阶段。

沃尔泰拉的高管们坚持，苏亚雷斯的审计团队在执行任务时应极其隐秘。这些高管知道，PHC的独立审计公司——位于达拉斯以北40英里（约合40公里）的丹顿的一家地区性会计师事务所——将会有一支审计团队来检查该公司年终盘点情况。沃尔泰拉的管理层不希望任何第三方——包括PHC的审计师——发现他们的公司有兴趣收购PHC。他们希望避免卷入与其他大型化学公司的"竞标战"，如果它们知道PHC"可收购"，可能也会寻求收购PHC。PHC的股东和高级管理人员，包括财务总监和助理财务总监，都承诺不会向下属、独立审计师或其他任何人透露沃尔泰拉正在考虑收购他们的公司。

在与凯特琳的会谈接近尾声时，胡安告诉她，在PHC现场要进行"标准"的盘点观察审计程序，并强调了"注意"任何"欺诈"证据的重要性。他想让她就这项任务的结果写一份初步报告。在她或她的助手完成PHC的年终盘点后，她要更新这份报告。胡安特别要求丹妮·摩根和泰勒·克里斯蒂安在PHC盘点期间协助凯特琳，因为他尊重他们的工作。

上午10：20

泰勒·克里斯蒂安正在数肥料袋，当他发现有人站在他身后时，吓了一跳。

“哦，嘿，我不是故意吓你的。我叫凯文·拉宾克斯。怎么了，你在干什么？”

那个高大的年轻人伸出右手时，热情地笑了。“我在PHC的独立审计公司杜林与詹森事务所工作。你和谁在一起？”

当泰勒伸出手去和凯文握手时，他在猝不及防的情况下挣扎着想出一个合适的回答。“你好，我是泰勒，泰勒·克里斯滕森，”他瞥了一眼自己的名牌，结结巴巴地说，“我在一家咨询公司工作。总部位于休斯敦。我们，呃，做了很多存货，你知道，比如……计算……和其他……的东西。”

泰勒对他蹩脚的回答暗自慌张。几分钟前，丹妮已经离开去洗手间休息了。泰勒本以为当有人问她时，她会带头为他们的存在寻找托辞。

“哦……真的。你在哪家公司工作？”泰勒意识到他把老板的总部设在了错误的城市，一时间惊慌失措。

“哦，你知道，我想说我的公司设在达拉斯，但我们在……在哦……休斯敦!我……我在休斯敦办公室。”泰勒意识到他让事情变得更糟了，他还没有回答凯文最新的问题。他紧张地环顾四周，希望丹妮能尽快回来。

“所以，你开车去……休斯敦……计算一些库存吗？”这时，凯文脸上的笑容已经变成了一种质疑的皱眉。

“嗯，呃，你知道，我宁愿……不要说我为谁工作。如果这是好的。哦，我是说，嗯，是的。一直到……就为了……数一笔零星的存货。”现在泰勒痛苦地意识到他应该排练一下自己的角色。幸运的是，他用眼角余光看到丹妮走过来。

“丹妮，我想让你见见凯文。”他就职于PHC的独立审计公司杜林与詹森事务所。我刚刚告诉他，我们的咨询公司设在达拉斯，但我们在休斯敦也有办事处。我告诉他……我在休斯敦办公室。我想你也是。我是说，很明显……”

丹妮瞪了泰勒一眼，然后转向凯文，重新介绍了她自己。“你好，凯文，我是丹妮·摩根斯坦。”正如泰勒所说，我们公司的总部设在达拉斯，但我们被分配到休斯敦的办公室。”短暂的停顿之后，丹妮补充道：“泰勒还告诉过你我们公司的其他事情吗？”

“嗯，他告诉我你做了很多存货……的东西。”

“哦，真的，”丹妮回答道，同时又冰冷地瞥了泰勒一眼。“泰勒是公司的新人，他需要更多地意识到保密是我们最关心的问题之一。可以说，我们与许多公司合作，帮助他们制定库存管理政策。”

丹妮的权威态度似乎打消了凯文的好奇心。在与她又进行了几次简短的交流之后，他离开了，回到自己的位置。

当凯文听不见的时候，丹妮转向泰勒：“詹姆斯·邦德，从现在开始让我来处理所有的双重间谍骗局。好吧？你只需要坚持枯燥地清点……东西。”

泰勒不好意思地笑了笑，点了点头。

上午10：35

“你认为我们应该去码头看看吗？”泰勒问丹妮，丹妮正在一桶化学粉末上寻找序列号。

“不用。就在你和你的新朋友凯文聊天的时候，凯特琳打电话给我，”丹妮停顿了一下，看了看桶的序列号，然后泰勒在盘点单上记录了这个序列号。“她在码头上已经待了一个小时了，希望能在那里待上一段时间。她说，他们现在不仅向客户发货，还从供应商那里接收产品。她说那边简直是个动物园，她正在尽她最大的努力去弄清楚什么该算，什么不该算。”

“嗯。听起来不是很好吗？”

“没有。她不太高兴。她说杜林与詹森的审计经理托尼不断向她提出问题。她认为他已经弄明白我们也是审计员。”

丹妮拉着一袋40磅重的化肥，寻找另一个序列号。“不，谢谢，我不需要任何帮助。”她瞥了一眼泰勒，然后讽刺地说。

“哦……对不起。让我来帮你。”

“不管怎样，”丹妮和泰勒重新摆放好包后继续说道，“她还说他似乎完全相信客户。他基本上接受客户相关人员所说的任何话”。

“嘿，垃圾箱编号有个缺口，”泰勒打断丹妮。“你注意到了吗？”

“嗯。不，我没有。我们需要问一下丢失的箱子在哪里。”泰勒正在记笔记时，丹妮继续说。“凯特琳问我，是否在我们的区域内同杜林与詹森的计数团队合作过，他们是否问了我们很多问题。我告诉她，我们和他们中的一些人打过招呼。”

泰勒紧张地瞥了丹妮一眼。

“别担心。我不会告诉她你和凯文的小对话。”

“谢谢。我欠你一个人情。”

丹妮说：“凯特琳将和PHC的几个经理共进午餐。她告诉我，我们想什么时候吃午饭都可以。再过一个小时左右，我们开车去我们路过的那排快餐餐馆吧。我们可以很快地吃一些东西，然后回去工作。”

“听起来不错。”

“午饭后，让我们去他们储存真正有毒物质的地方，把那些东西清除掉。”

“你是说那些有交叉骷髅头标志的地方？”泰勒问。

“是的。”

“太好了，这正是我需要的。”他做了个鬼脸回答。“一些基因突变会遗传给我的后代。”

“嗯，我注意到他们为杜林与詹森提供了那些外科口罩和性感的蓝色磨砂套装。相信我。我要他们为我们做同样的事。”

下午12：50

吃完午饭回来后，丹妮和泰勒走向一名PHC保安，他似乎在监控仓库的隔断角落，那里存放着剧毒化学品。当丹妮告诉警卫她和泰勒需要在那里做测试计数时，他回答说仓库的那一部分需要特别许可证。

“好吧，那我需要和谁报告才能拿到许可证呢？我们必须在这个仓库的每个部分进行测试计数，包括那里。”

保安转了转眼珠，然后从口袋里掏出手机打了个电话。

几分钟后，一名身穿长袖衬衫、正装裤和领带的PHC员工来到现场，向丹妮和泰勒介绍自己是“米奇”——公司的助理总监。他告诉丹妮，杜林与詹森的审计团队已经在围栏内。“我不认为你们有必要参加测试。另外，如果我是你，我可不想暴露在那些化学物质中。它们真的很难吃。”他咧嘴笑着补充说。

“感谢您的关注，但我们正在进行测试，独立于杜林与詹森的审计师的审计，我们必须检查该设施的所有部分。”

“随你便，但我们只有一套防护装备。”

“没关系，”丹妮回答，然后转向泰勒。“我会在这里做所有的测试。你可以去B区，那里有很多巨大的钢桶。如果可以的话，你可以在那个区域进行一些测试。我大概在45分钟后和你会合。”

泰勒开始走开时，丹妮跟着他走了几步。

“泰勒。”

“嗯？”

“记住，不要和杜林与詹森的审计人员闲聊。好吧？”

“知道了，老板。”泰勒眨眨眼回答道。

下午1：20

泰勒检查了B区并做了几次笔记，其中有一项记录着那里的储物箱上落着厚厚的灰尘。之后泰勒决定是时候开始做测试计数了。但是，考虑到库存的性质和储存方式，他不确定如何进行。

“那么，你是说过去一周这些箱子都称重了，而这些是当时准备好的官方重量单？”泰勒问B区工头，他正在研究一份一页纸的电脑打印文件，打印出来的文件贴在一个大储物箱的外面。

“就像我说的，本周早些时候，我们花了两天的时间给这些垃圾桶称重。”PHC的工头——一个五十多岁的高大健壮的男人，似乎被泰勒的问题惹恼了。“你在这儿干什么？今天早上已经有几个审计员在这儿闲逛了。”

“我不是审计师，”泰勒尽可能有说服力地说，“我是一个顾问”。

过了一会儿，泰勒的指尖滑过了一个储物箱的外部。“这里累积了这么多灰尘，看起来这些东西很久没有移动。”

“你不能那么做，”工头回答，“在这一区域，空气中总是漂浮着微粒。它们很危险。当你离开这里的时候，你的身上也是一层灰尘”。

储物箱大约有6英尺高，8英尺宽，8英尺长。这些重量以千克表示，泰勒可以观察到12个左右的箱子，从1 709千克到2 841千克不等。最高处的箱子几乎顶到了30英尺高的仓库天花板。经过快速计算，泰勒估计大约有120个大箱子。

“那么，这些东西真的有价值吗？”泰勒问：“我的意思是，它占PHC总库存价值的很大一部分吗？”

“如果你做了调查，你早就知道了。该产品在任何时候都占我们总库存价值的1/3以上。”那个口风紧、毫无幽默感的工头，对泰勒已经不再是彬彬有礼了。

“哦，”泰勒咕哝道。“我只是觉得那边的有毒化学品可能更有价值。”泰勒停了下来，指了指丹妮进入的围栏区域。当工头显然无意回应时，泰勒补充说：“但我想，即使这些东西在单位基础上更有价值，这些东西的体积越大，它就是越有价值的……整体。”当工头继续对他不理不睬时，泰勒紧张地咳嗽了几声，然后尽可能坚定地说：“好吧，我想我们得重新称几只箱子。”

“这是不可能的，”工头粗声粗气地说，双手交叉放在身前，掌心朝下。工头的态度提醒泰勒，TCU的比赛刚刚开始。“我们必须从设备棚中调来一辆叉车，再叫来一位驾驶员，矫正一下那边的磅秤，即使这项工作有时会耗费一个小时。”

“那么，其他审计员……做什么？”泰勒一听到“审计员”这个词，就意识到可能露馅儿了。幸运的是，工头没有发现泰勒的过失——或者根本不在乎泰勒是审计师、顾问还是FBI特工。

“他们今天早上从最下层的柜子里取了一张重量单据的副本。他们说要把这些票上的信息记录到最终的库存记录中。”在短暂的停顿之后，工头友善地补充道：“你可以在那边的办公室里复印任何你想要的票，然后把它们放回相应的柜子里。”

“嗯……好吧。”

泰勒当时不知道该怎么办。他了解凯特琳和丹妮的情况，他肯定她们会想对一些箱子重新称重。他没有进一步施压，而是决定赌一把，等待丹妮对此事做出最终决定。与此同时，他决定参观B区附近的一个小仓库，该仓库是为损坏的库存而预留的。

下午2：05

丹妮走了过来，泰勒正在做最后的记录。“花的时间比预期的要长，”她低声说，“几名PHC的员工就在附近，有毒部分的库存难以统计，而且那里的PHC计数小组对它也不熟悉，我不确定他们的数据有多可靠。”

在接下来的几分钟，泰勒根据他的笔记向丹妮报告他在B区所了解到的情况。他说他可能不小心向工头透露了他的审计员身份，丹妮的面色不是很好。当被告知脾气暴躁的工头建议泰勒在B区使用杜林与詹森审计人员使用的测试样品后，她的反应更加消极。

“哦，是啊，所以我们只能依靠这些重量单据？”丹妮反问道。“它们跑不掉的，我不在乎杜林与詹森的审计人员在那部分做了什么或者没有做什么。考虑到库存的价值，我们必须得到一些比几张重量单据副本更确凿的证据。”

“嗯，我很确定我们必须验证这些重量单据。但是，就像我说的。我认为工头不会配合。”

“让我们拭目以待!”丹妮咆哮道。

几分钟后，泰勒把丹妮介绍给B区的工头。“丹妮，我是肯尼斯·阿斯卡。”

“你好，肯尼斯。很高兴见到你。”丹妮把她的右手伸向面前的人，然后立即让他知道她在B区存货问题上的立场。“肯尼斯，不管要花多少时间和精力，我们都得给这部分的一些箱子称重。”

“你不是认真的吧?”当他低头盯着比他矮一头的丹妮时，阿斯卡那张崎岖不平的脸变成难以置信的愁眉苦脸。“我们不可能这么做。每个箱子都有经过认证的重量单据。这些重量是前几天记录下来的。”

“谁能够证明?”丹妮问。

“我!”阿斯卡自以为是地脱口而出。“我在每张单据上都签了名。当一个箱子放在秤上时，我们输入它的识别码，记录产品的序列号，按下一个按钮，电脑就会打印出一张重量单。你可以在每张票上找到我名字的首字母。”挫败感十足的工头顿了顿，又说：“事实上，我刚想起来，当我们正在给箱子称重时，我们的会计师事务所派了两名他们的新手审计员到这里来。他们在这里逗留了几个小时，直到厌倦了他们那些愚蠢的问题，我就把他们打发走了。”

“那太好了，”丹妮说打断了工头的话，“但你要明白，我们必须收集自己的证据。我们自己独立的证据。这意味着我们必须直接重新称重。”

丹妮的声音带有一种微妙而明显居高临下的口气。泰勒确信阿斯卡不愿意屈尊降贵——而且他所料不错。

“听着，小姐，如果你不信任我，就说出来。只要别说专业的废话就行了。”

“阿斯卡先生，你也肯定知道‘虽然信任但仍需核实’这个短语吧，我们相信你，但我们也会核实你的数据。”这一次，丹妮的语气不那么居高临下。

泰勒小心翼翼地从阿斯卡身边走开，溜到丹妮身后。在工头爆发之前，他不想站在他的旁边。

阿斯卡没有回答，而是低头盯着丹妮看了一会儿。当她拒绝退缩时，他跺着脚走开了。

下午2：30

“库珀先生，你以前是审计师。你可以理解我们为什么要重新给B区的一些垃圾桶称重，”凯特琳对PHC的六十多岁管理员韦德·库珀耳语道。

“啊哈!正是我所想的!你和你的两个帮手就是审计员。”一名男子站在离凯特琳几英尺远的地方（凯特琳以为在这个距离他应该听不到），他对凯特琳指控道，“你到底为谁工作？为什么在这里?”

凯特琳还没来得及回答，库珀就插嘴了：“海登，凯特琳和她的两个助手是审计员这一事实不应该引起你的任何关注。他们是来工作的，就像你和你的助手一样。”

担任PHC审计业务合伙人的海登·赫茨伯格显然对此感到恼火。赫茨伯格没有回应库珀，而是再次与凯特琳搭讪。

“不管怎样，我不欣赏你的暗示，小姐……”上周我派了几个助手到这里来，他们花了整整一个下午的时间来复核这些垃圾桶的重量。赫茨伯格在离凯特琳只有几英寸远的地方停了下来，轻松进入了她的个人空间。“我做审计已经超过30年了，绝对没有必要重新评估这些资产。”

一小群人聚精会神地围住了凯特琳·莱特、韦德·库珀和海登·赫茨伯格。他们包括丹妮·摩根和泰勒·克里斯蒂安，杜林与詹森事务所的另外四名审计师，PHC的助理财务总监和肯尼斯·阿斯卡。

“我明白，先生，你有权发表你的专业意见。”凯特琳回答，“但我也有权发表自己的意见”。

“好吧，我们开始谈正事吧。”赫茨伯格愤怒地说。他开始用右手食指指着凯特琳的脸。“最有可能的情况是，你所在的公司是四大之一，它们瞧不起像我这样的公司。但无论如何，在这个时候，我们是PHC公司的独立审计公司，我们不认为你坚持要求我们的客户重新评估这些库存是合理的。”

“赫茨伯格先生，我不是在挑战你的职位或否认你的公司是PHC独立审计公司的事实。但你要明白，我们的任务与你们不同。我们认为有些箱子必须重新称重，以检查重量记录的真实性。”

当“真实性”这个词从凯特琳口中说出来后，泰勒立刻把目光投向了站在韦德·库珀身后的肯尼斯·阿斯卡。阿斯卡的耳朵、脸和脖子全红了，他的眼睛好像要朝凯特琳射出匕首。泰勒盯着工头，希望他，而不是丹妮，能有机会告诉凯特琳，阿斯卡吹嘘自己甩掉了杜林与詹森公司被派去观察B组重量的审计员。赫茨伯格还没来得及回答，凯特琳就转过身去，又和库珀说话了：“现在，如果你不想重称任何一个箱子，库珀先生，很明显这是你的特权。我们将继续我们的工作，但是，当然，我们必须在我们的报告中记录这个事实，即我们不被允许适当地测试你的大量库存。”

库珀站在那里咬着下唇，双手插在卡其布裤子的前口袋里，看着眼前发生的一切。最后，他转过身来，向助手吩咐：“米奇，我想让你和肯尼斯安排校准磅秤，叫来叉车操作员。告诉他放下手头的工作，尽快赶到这里，我会给他双倍加班费。”然后库珀面对凯特琳：“我们为什么不计划4点15分在这里重新汇合呢？我想到那时我们应该准备好称量箱子。如果计划有变我会通知你们。”

“谢谢。我们三人将在4点15分之前返回这个区域。”凯特琳伸出右手，库珀漫不经心地握了握。

下午4：25

“好了，我们终于准备好了。你为什么不为我们的叉车操作员选择一个货仓呢？”

“谢谢你，库珀先生。那边那个箱子怎么样。”凯特琳指着头顶上方的储物箱说。几分钟后，在把储物箱放在大型水秤上之后，韦德·库珀、海登·赫茨伯格、肯尼斯·阿斯卡和凯特琳走到沃德面前，检查了秤上的重量。泰勒可以看到秤的重量是1 811千克，而贴在储物桶外部、用粗体字标注的重量表上的数字为1 969千克，相差近9%。

“那不可能，”阿斯卡低声说，“来，我们把它举起来，再称一遍”。

叉车操作人员叉起储物桶，然后在秤上重新定位。片刻之后，秤上显示的重量是1 813千克。第三次称重为1 810千克。

凯特琳打破了第三次称重后的紧张而持久的沉默。“我要把这个箱子的重量记录为1811千克，”她实事求是地说。

“不，那不可能是对的。”阿斯卡一边说，一边转向库珀。“一定是秤出了问题。我们需要休息一下，重新调整一下。”

“你确定这与仓库的湿度和温度无关吗？”库珀问道。“我以为这里应该是有温度控制的。”

“这些条件每天都有一些不同，但那不能解释如此大的差异。”阿斯卡回答道。

“重新校准磅秤需要多长时间？”尽管外表平静，库珀的声音透露出他很沮丧。

“给我们30分钟左右……我认为我们可以在那个时间内完成。”

库珀转过身来，看着凯特琳，她几不可察地点点头，表示同意。

下午5：25

“这花的时间比预期的要长，”阿斯卡说，他的声明显然是在向站在水压表附近的审计师和会计师道歉。“我们准备好开始了。”

在过去一个小时的大部分时间里，凯特琳、丹妮和泰勒一直在对附近一个地区的原料进行检测，这些原料用于生产肥料袋和其他包装材料。

“你想从同一个箱子开始吗？”库珀问凯特琳。

“是的，我想我们应该从那个开始。”

当叉车操作员第四次轻轻地把储物桶放到秤上的时候，这种紧张和期待是显而易见的。片刻之后，秤上的数字屏幕显示了结果：1 811千克。

当库珀和赫茨伯格站在那里盯着阿斯卡看的时候，凯特琳在她的合法登记簿上写了一个简短的便条，然后开始走向她右边50英尺左右的一堆储物箱，选择她想要的第二个储物箱。

凯特琳选的第二箱的重量单据上列出的重量是2 246千克，新测出的重量是2 001千克，相差大约11%。

在两个多小时的时间里，凯特琳挑选了一个又一个要称重的箱子。她从所有四个水平层中挑选了一些箱子，包括在较低一层后面的两个箱子，这需要移动另外15个箱子——为了加快称重，下午6点他们又叫来了另一个叉车操作员。

凯特琳选择的18个箱子中，有16个先前记录的重量比新记录的重量要高，平均差是9.9%。其他两个箱子的初始重量分别比新重量低了0.1%和0.2%。

在给第18个箱子称重之后，凯特琳对库珀说：“我想这就够了。我们现在可以停止了。”

库珀深深地吸了一口气，然后转向助手。“米奇，我想让你和肯尼斯从明天早上6点开始重新称重所有剩下的箱子。当你做完的时候，我要你准备一个电子表格，列出每个箱子的原始重量和更新后的重量。”然后，库珀与凯特琳进行了眼神交流。“如果你能提供给我你的电子邮件地址，我会在周一早上第一时间给你发一份电子表格。”

下午7：55

当凯特琳、丹妮和泰勒迈着沉重的步伐走向工业园区的停车场时，审计经理向他们要了笔记和盘点单据。然后她疲倦地告诉他们，晚上没有必要一起吃晚饭。相反，她说她将在周一与他们会面。

“伙计们，我们计划中午在班尼特石油公司的审计会议室开会。可以吧？”

“当然。”丹妮回答道，泰勒点头表示同意。

“如果你明天给胡安写备忘录时需要任何帮助，请告诉我。”丹妮高兴地说。

泰勒不确定丹妮为什么这么乐观，但他猜这和她在PHC任务中感到的一种奇怪的成就感有关。或者，这位高级审计经理可能只是因为她很快就要去参加她的万圣节派对而感到兴奋。而泰勒则情绪低落。几个小时前，他的角蛙队在最后一场比赛中输给了他们的对手。

后记

周一下午晚些时候，在与丹妮和泰勒会面的几个小时后，凯特琳向胡安提交了他要求的关于PHC库存检查的初步报告。这份报告的附件是库珀周一上午发给凯特琳的电子表格。第二天，胡安决定给沃尔泰拉的首席执行官打电话，向他介绍凯特琳的初步报告。由于胡安的电话，沃尔泰拉的高管们立即终止了与PHC公司的收购谈判。

思考题

1.由凯特琳领导的审计小组完成的任务是什么类型的常规服务？请阐释你的答案。适用于这种审计业务的准则有哪些？

2.在这种情况下，比较两个审计团队的总体目标。这些目标在哪些方面相似？在哪些方面不同？

3.在什么情况下（如果有的话），审计公司可以依赖其他审计公司执行的审计程序？

4.找出PHC存货盘点程序的缺陷。这些缺陷对这两个审计团队产生什么影响？

5.你认为胡安坚持不告诉丹妮和泰勒关于PHC任务的全部信息是恰当的吗？为什么？

6.评估凯特琳、丹妮和泰勒的行为。你认为他们在PHC的审计任务中表现得“专业”吗？请阐释你的理由。该案例中的其他会计师或审计员是否有表现得不够专业的地方？请阐述你的理由。

第三部分

内部控制问题

3

案例3.1

电车道奇队

1890年，布鲁克林电车道奇职业棒球队加入了美国国家棒球联盟。在接下来的几年中，道奇队与其他棒球队在纽约地区展开了相当激烈的竞争。然而，道奇队在竞争中遇到了不小的困难，因为相对电车道奇队来说，纽约洋基队等竞争球队得到的资金支持情况更好，配备的球员水平也更高。

所以，在经历了近七十年棒球场内外的众多挫折后，道奇队在1958年搬到了洛杉矶，这震惊了体育界。搬迁使道奇队的老板沃尔特·奥马利充满期待，他可以由此向人口不断增长的西海岸推广自己的球队。更重要的是，奥马利嗅到了赚大钱的机会。为了向道奇队示好，洛杉矶市政府选中了距离市中心西北两英里处的查韦斯峡谷，购买了峡谷中的一家山羊农场，将其交给奥马利以用于建设他的新棒球场。

自从搬到洛杉矶以来，道奇队就成为棒球界羡慕的对象："从盈利到场馆维修等一切事务，道奇队都是职业球队运作的模范。"[①]20世纪八九十年代，道奇队是最赚钱的棒球队，多年来，其税前利润率接近25%。1997年末，沃尔特·奥马利的儿子——道奇队的新老板彼得·奥马利以3.5亿美元的价格向媒体大亨鲁珀特·默多克出售了这支职业棒球队。默多克的发言人称赞了奥马利家族长久以来对道奇队的成功运营："奥马利家族为职业球队的运作制定了黄金标准。"[②]

在彼得·奥马利出售道奇队之前的一次采访中，他将公司的成功归功于他在所有职能领域所聘请的专家："我不需要成为一名税务专家，或是叉指快速球专家，或是成为劳动关系方面的专家，这些专门领域的人才都可以通过聘用直接获得。"[③]

---

① R.J.Harris,"Forkball for Dodgers:Costs Up,Gate Off," *Wall Street Journal*,31 August 1990,B1,B4.

② R.Newhan,"Dodger Sale Heads for Home," *Los Angeles Times*,5 September 1997,C1,C12.

③ Harris,"Forkball for Dodgers," B1.

道奇公司的长期会计师爱德华·坎波斯作为道奇公司众多专家中的一位，可以被视为彼得这句话的一个完美示例。坎波斯年轻时就任职于道奇公司，在俱乐部工作近20年后，1986年，他升迁为公司的薪酬主管。

在掌管道奇的薪酬部门后，坎波斯设计并实施了一套新的薪酬系统，但是这个系统只有他完全了解。事实上，坎波斯完全控制了该系统，他亲自为道奇队的400名员工填写周工资卡。因此，坎波斯不仅以其敬业精神而闻名，而且因为他对俱乐部的忠诚而闻名："道奇的所有人都相信他，当他休假时，他甚至会赶回来亲自制作工资单。"[①]

不幸的是，道奇队错信了坎波斯。事实上，在短短几年的时间里，坎波斯从雇主那里盗用了数十万美元。根据法庭记录，坎波斯通过虚构员工，将其添置到组织中的各个部门，以骗取道奇队的工资。此外，他经常会虚增某些雇员的工作时间，然后将所得的超额支付与这些雇员五五分成。

当坎波斯患上阑尾炎时，道奇队的管理者不得已暂时接替他的职务，他的欺诈行为也因此得以暴露。在制作工资单的过程中，管理者注意到包括招待员、保安员和售票员在内的几名雇员的工资离奇得高。甚至，每小时收入7美元的员工，其每周薪水竟然接近2 000美元。经过刑事调查并向坎波斯及其同伙发起指控后，所有涉及工资单欺诈的人员都承认了自己的罪行。

州法院最终判处坎波斯8年有期徒刑，并要求他向道奇公司赔偿约13.2万美元。另一名犯罪分子也被判处监禁，参与犯罪计划的其余人员也需要依法进行赔偿，并被判处了缓刑。

后记

旧金山巨人队无疑是道奇队的劲敌，如果不是因为腐败问题而被人憎恨的话，他们是最受欢迎的球队。2012年3月，联邦法官判处巨人队的前薪酬主管入狱21个月，此前该主管承认，她从巨人队共挪用超过220万美元的公款。巨人队的一名律师作证说，这名薪酬主管对巨人队的球员、高管和雇员"造成了严重的伤害"。这位律师说，薪酬主管挪用公款的手段包括"进行40多个独立的非法交易、改变工资记录、窃取员工身份和转移纳税等行为"[②]。此外，一名联邦检察官的报告也指出：该主管使用公款购买了一辆豪华轿车，并且在圣地亚哥购置了第二套住房，还用赃款去旅行。

最初面对针对自己贪污行为的指证时，薪酬主管"全盘否认"[③]。但当看到检

---

① P.Feldman, "7 Accused of Embezzling $332,583 from Dodgers," *Los Angeles Times*, 17 September 1986, Sec.2, 1, 6.

② A. Burack, "Former Giants' Payroll Manager Sentenced to 21 Months in Prison for Embezzlement," *San Francisco Examiner*(online), 26 March 2012.

③ A. Burack, "Former Giants' Payroll Manager Sentenced to 21 Months in Prison for Embezzlement," *San Francisco Examiner*(online), 26 March 2012.

察官出示的证据时，她承认了自己的罪行。在量刑听证会上，该主管请求联邦法官不要对她立刻判处监禁，而是处以5年缓刑。她对法官说："我无法表达自己做了这样的事情有多后悔，我没有理由做出这种事情。在这个世界上，没有任何借口可以拿走不属于你的东西。"[①]

思考题

1. 确定客户薪酬核算的主要审计目标。讨论控制测试和实质性测试的目标。
2. 道奇队的薪酬体系中有哪些内部控制缺陷?
3. 探讨有利于发现坎波斯进行欺诈性活动的审计程序。

① A. Burack, "Former Giants' Payroll Manager Sentenced to 21 Months in Prison for Embezzlement," *San Francisco Examiner*(online), 26 March 2012.

案例 3.2

霍华德街珠宝股份有限公司

在仔细检查霍华德街珠宝股份有限公司（以下简称霍华德街珠宝店）1983年3月的银行对账单后，洛尔·利维感到非常担心。[①]这家企业是她和她的丈夫朱利乌斯在第二次世界大战期间逃离德国后开办的，40多年间，这家企业经历过各种盛衰起伏。但是，现在企业却遭遇了空前的危机，资金运作似乎处在了不可扭转的恶性循环之中。以前出现销售停滞的情况时，利维总能通过削减各方面开支而渡过难关。现在，尽管利维已经采取了一系列控制成本的措施，但企业的资金状况仍然在持续恶化。如果再没有什么转机，珠宝店就只能被迫关门了。

关于霍华德街珠宝店财务困境出现的原因，洛尔有自己的猜测。她对于为自己工作了近20年的出纳贝蒂怀疑已久，在她看来，贝蒂可能多次从收银机内偷窃了现金。洛尔的怀疑是有一定道理的，贝蒂偶尔会兼职做销售员，同时控制着所有流入企业的现金，并且持有销售和现金流入的相关记录。如果说有人能有机会窃取企业财物，那么这个人一定是贝蒂。

企业的财务状况继续恶化，洛尔不得不把她的猜测告诉丈夫。她向朱利乌斯指出，贝蒂能够不受限制地接触珠宝店的全部现金流入。此外，在过去的几年中，贝蒂养成了购买贵重衣饰和频繁进行豪华度假的奢靡习惯。可是，朱利乌斯很干脆地否定了妻子的猜测，他认为贝蒂窃取企业财物的猜测是非常荒诞的。受挫的洛尔又向儿子阿尔文提出自己的想法，在珠宝店任职的阿尔文与父亲一样否定了母亲的猜疑，并提醒她不要这样神经质。

每年年末，利维一家都会跟他们的会计师见面并围绕税务问题讨论各种财务事

---

① 这个案件的大部分事实是根据几份法律意见书中提供的信息重新组织的。以下两篇文章作为本案例的补充来源：*Securities Regulation and Law Report*,"Accounting & Disclosure: Accounting Briefs,"Vol.23, No.21 (24 May 1991), 814; *Securities Regulation and Law Report*,"Accounting & Disclosure: Accounting Briefs,"Vol.24, No.19 (8 May 1992), 708.

项。他们对为自己提供会计服务的这位注册会计师十分信任，因为过去的几十年中，会计师向他们提出过很多与会计、经营方面相关的可靠建议。很自然地，洛尔向会计师表达了她对贝蒂的怀疑。会计师专心地听取了利维太太的描述，然后说他早已注意到珠宝店的现金收入记录中不时会发生短缺，而且这些短缺的金额对于一个小型零售企业的正常情况来说似乎过大。尽管朱利乌斯坚信现金短缺不可能是贝蒂的责任，但会计师还是建议利维一家应当密切监督她的工作。

一般来说，侵占或挪用公款等行为只能靠运气发现而很难有计划地揭露，霍华德街珠宝店的情况也是如此。1985年春天，一位顾客进店告诉阿尔文·利维她想支付预留商品的款项。那天正好是贝蒂的休息日，阿尔文在进行收银工作，他查找了预留商品销售清单和日销售记录，但是并没有找到关于那位顾客预留商品的记录。最后，阿尔文向顾客道了歉，请她次日在贝蒂工作时再到店里来。

第二天，阿尔文告诉贝蒂他找不到关于那项预留商品的销售清单。贝蒂表现得很惊讶，并说她会亲自找清单。几分钟后，贝蒂挥舞着手中的清单向阿尔文走来，阿尔文整个人都愣住了。贝蒂解释说清单一直都在那里，阿尔文根本无法接受这个说法，因为他已经查找过好几遍预留商品的销售清单。令人怀疑的还有，这项交易在销售记录中也没有记录，贝蒂解释说这只是一个疏忽。

在阿尔文回去工作后，他一直感到不安和烦闷。在接下来的几周里，他仔细研究了日销售记录和现金流入记录。阿尔文很快意识到，母亲的猜测一直都是正确的。贝蒂，那个长期在珠宝店工作似乎可以信赖的出纳，其实长期窃取企业的财物。自贝蒂受雇以来，霍华德街珠宝店被侵占的资金损失将近350 000美元。

思考题

1.找出利维一家忽视了的内部控制概念。

2.当利维太太向注册会计师告知她对贝蒂的怀疑时，注册会计师对于追查这件事是否负有责任？如果有的话，应负何种责任？除了为霍华德街珠宝商编制纳税申报单，注册会计师是否还需要：(a) 对企业年度财务报表进行审计；(b) 复核企业的年度财务报表；(c) 编制年度财务报表。

3.假定你拥有一家小型会计师事务所，克里斯和布鲁克·阿尔贝特曼夫妇和你取得了联系，他们正打算协议购买一家当地的珠宝店。克里斯为顾客提供设计珠宝、镶嵌饰品和珠宝尺寸修改等相关工作，阿尔贝特曼负责门面销售。他们想要继续雇用现在的四名员工——两名销售员，一名出纳和一个负责清洁店面、跑腿的大学生。他们告诉你，珠宝店的平均库存价值为100 000美元，平均年销售额为400 000美元，销售额的30%来自于圣诞节前六周。

假若阿尔贝特曼夫妇买下该店面，他们想聘请你作为他们的会计师。他们对会计知识几乎一无所知，之前也没有任何做店主的经验。所以他们需要你的专业帮助，具体包括：建立会计系统、编制内部使用的月度财务报表和提交给银行的年度财务报表，以及进行必要的纳税申报。考虑到店内较高的存货价值和每日经手的大额现金流，阿尔贝特曼夫妇特别关注内部控制问题。

你将此次咨询视为获取一个优质客户的绝佳机会。然而，由于阿尔贝特曼夫妇到访前没有预约，所以你没有做好与之会谈的准备。但是，你又不愿意请他们之后再来，因为这样的话他们可能就会去街对面你的竞争对手的事务所。

要求：向阿尔贝特曼夫妇简述他们在经营珠宝店的过程中可能会遇到的主要内部控制问题。在你的简述中，至少确定五项他们取得店面后应当执行的控制活动。你从未有过珠宝店的相关客户，但你手下有一些小型零售企业客户，试着让阿尔贝特曼夫妇对你在小型零售企业的内部控制方面留下深刻印象。

案例3.3

第一里氏通银行

20世纪60年代，一家日本银行在其安装世界上第一台自动取款机时，就引入了24小时现金可取的概念。同样在20世纪60年代的1968年，在得克萨斯州的达拉斯诞生了第一台联网的ATM机。[①]经过了20年，全球现有超过200万个“自动现金提款机”、“自动付款机”和“街头取款机”，甚至南极洲都有一台ATM机。

毫不奇怪，自动提款机自诞生起便像块磁铁一样吸引着小偷。2009年一群国际诈骗犯利用大量伪造的银行卡精心策划并相互配合，对全球数百台ATM机进行长达30分钟的洗劫，最后共盗取了900万美元。一些精通高科技手段的窃贼侵入银行系统并更改了ATM机的软件。其中一个罪犯甚至侵入ATM机网络篡改了ATM机对钞票面额的识别程序——使其将5美元识别为20美元。还有人通过附着于ATM机的高性能摄像头和微型电子设备而神不知鬼不觉地盗取银行客户的个人识别码（PINs）。

此外，当然还有各色各样的低技术抢劫手段，包括持械强迫他人取款和在他人取款后实施武装抢劫。飙车抢劫的还会使用重型机械强拆固定的ATM机，然后拖到偏远地区将其炸开。但最常见、技术含量最低的偷盗方式就是“肩窥”，即通过窥视他人银行卡密码并盗取银行卡，然后窃取卡中钱财。

许多银行还因为员工在ATM机操作业务中的贪腐行为而蒙受大量损失，位于宾夕法尼亚州斯沃斯莫尔（Swarthmore）的第一里氏通银行分行就遇到了这种情况。斯沃斯莫尔是坐落在费城一个安静的小城，因著名的斯沃斯莫尔大学而闻名全美。2015年，《福布斯》杂志将斯沃斯莫尔学院（Swarthmore College）列为美国排名第六的高等学府——比耶鲁低两位，但比哈佛高两位。

---

① 在美国，“ATM”一般是指“自动柜员机”或“自动交易机”。然而，在一些英语国家，“ATM”指的是“全天取钱”。

2010年1月，第一里氏通银行斯沃斯莫尔分行的三名银行柜员被捕，他们被指控在过去两年中从该行ATM机中窃取了逾1万美元。其罪魁祸首叫珍·摩罗尼斯，她从2002年便在此分行工作，2006年升为主管柜员。据媒体报道，摩罗尼斯向执法部门承认她从2008年开始从ATM机中提取现金支付她的信用卡账单、房租和日常开支。

毫无疑问，如此轻而易举就能盗取现金助长了摩罗尼斯的气焰，由于“利欲熏心”，她开始时不时地盗取ATM机中的现金。[①]在2008年秋季的一次休假之前，摩罗尼斯声泪俱下地向她的下属凯莉·巴克斯戴尔承认她一直从ATM机中盗取现金。摩罗尼斯“乞求”巴克斯戴尔帮助她掩饰罪行，“因为她不想让孩子们看到她去坐牢”[②]。巴克斯戴尔最终被摩罗尼斯的可怜样打动了，她同意帮助摩罗尼斯掩盖这些偷窃行为。

事实上，想要掩藏这些盗窃行为非常容易。根据当地警方所述，摩罗尼斯和巴克斯戴尔只是简单地改变了分类控制表中ATM机应当报告的储存现金数额和锁在ATM机中的金额。第一里氏通银行的内部控制程序要求ATM机补给、锁库补给及ATM机分账管理由两名员工分别负责。但实际上，要么是摩罗尼斯，要么是巴克斯戴尔同时完成了这两项工作。

2009年初，另一名柜员泰妮莎·理查森无意间听到了摩罗尼斯和巴克斯戴尔在偷偷商量挪用公款的计划。报道称，理查森后来以此相要挟向摩罗尼斯索取现金去偿还她的车贷。摩罗尼斯同意给理查森钱，还告诉她无须担心，因为“银行有很多钱唾手可得，这种美事不容错过”[③,④]。摩罗尼斯把给理查森钱这件事告诉巴克斯戴尔，并告诉巴克斯戴尔要是需要钱直接知会她，“不要客气”[⑤]。没过多久，巴克斯戴尔便向摩罗尼斯要了600美元去付她的房租。

最终，一次内部审计发现了该情况，第一里氏通银行斯沃斯莫尔分行揭露了他们贪污的行径。内审人员发现ATM机内少了40 590美元，同时ATM机锁库少了60 000美元。

巴克斯戴尔在接受执法机关审讯时还承认她和她的同事偷了当地市政府的钱。公务员们通常会将从斯沃斯莫尔停车计价器中收集的大袋硬币存到斯沃斯莫尔分行。银行柜员会用硬币计数机来数这些硬币，然后将机器打印的收据存入该城市的停车费用账户。根据巴克斯戴尔的说法，她和她的两个同谋从斯沃斯莫尔的停车费

---

① C.Scharr ,“Bank Employee Charged in Embezzlement Scheme,” *Delaware County Daily Times* (online),12 January 2010.

② M.Scheafer,“Ex-tellers at Swarthmore Bank Charged In Theft.” www.Philly.com,12 January 2010.

③ Scharr,“Bank Employee Charged.”

④ 据报道，这三名同事在工作时需要或想从ATM机取钱时，用代号“托德”来指代“他们的朋友”。

⑤ Scharr,“Bank Employee Charged.”

用账户挪用大量资金并将其分摊。据警方估计，三名同伙共盗取了24 000美元的停车费。

2010年1月，这三名犯罪嫌疑人被捕，她们不用走多远，因为警察局与第一里氏通银行仅一街之隔。在对该案件进行审理的过程中，一位地方检察官指出巴克斯戴尔和理查森原本可以做出正确的选择但却陷入泥沼，“这件事的教训就是你要么成为一名证人，要么成为一名被告”。显然，他们在利益的驱使下选择了后者。①

地方检察官同样指出，分行在内部控制管理流程上存在过失，“此案再次证明，仅仅有内部控制的制度是远远不够的，必须还要有确保企业各级员工都遵守这些控制的措施”②,③。

思考题

1.请列出一份清单，列出银行和其他金融机构在其ATM机业务中实施或应当实施的内部控制程序。

2.在对银行客户的ATM机业务进行审计时，独立审计人员所实施的方法和策略受到什么条件和因素的影响？

3.请指出可以应用于ATM机业务审计的审计程序。其中哪些审计程序可以发现第一里氏通银行这起盗窃案？请给出你的解释。

---

① Schaefer,“Ex-tellers at Swarthmore Bank.”

② Press release issued January 11,2010,by G.Michael Green,District Attorney,Delaware Country,Media,Pennsylvania(http://www.delcoda.com/documents/FirstKeystoneStatement byMikeGreen.pdf).

③ 2010年3月，位于宾夕法尼亚州伯威克的第一里氏通银行分公司的一名员工承认，她在这家分公司工作的17年里挪用了75万美元。根据公布的报告，这名员工经常“偷取”从银行收到的钱，然后把偷来的钱存入自己控制的银行账户。

案例 3.4

古德纳兄弟股份有限公司

“伍迪，你还欠我2 400美元，对吧？我们都很清楚。”

“对，对，我知道。”

“而且你说过你会在下周五前还我吧？”

“嗯，难道我有抵赖吗？”

“就是确认一下。”

即使是最坚固的友谊，也会因为借钱变得紧张起来。而如果借钱的人将借来的钱马上投到赌桌上去，这会对友谊造成毁灭性的影响。

伍迪·罗宾逊和阿尔·亨特正并排坐在密西西比州图尼卡的一张赌桌旁。像之前的很多次一样，这两个老朋友和他们的妻子一起，在这里享受着暑假。他们花了3天时间，把密西西比河岸旁距孟非斯市南20英里以内的赌场都逛了个遍。之后，伍迪发现他需要找他的朋友借钱了。到假期结束的时候，他已经欠了阿尔近5 000美元。伍迪面临着一个严重的问题，他究竟要怎样还掉这笔钱呢？①

一对好朋友——伍迪和阿尔

伍德罗·威尔逊·罗宾逊和艾伯特·勒罗伊·亨特在亨廷顿（Huntington）居住并工作。这是一个坐落于弗吉尼亚州最西角、俄亥俄河南岸，仅有60 000人口的蓝领城市。俄亥俄河对岸不到1英里远的地方就是俄亥俄州，从这座城市出发，通过64号公路驾车10分钟即可抵达肯塔基州。伍迪和阿尔相隔6天出生在肯塔基州东部的一家小医院里。他们从小学到中学都是最好的朋友，而且在大学里做了4年的室友。在他们拿到企业管理学位的几个月以后，他们还成了对方婚礼上的伴郎。

毕业以后，阿尔进入了亨廷顿市西郊的柯瑞奥汽车供应公司（Cureio's Auto

① 该案例的主要事实来自一项法律意见。本案例实际当事人的姓名和有关地点、日期已经变更。此外，本案报告的某些事实情况是根据法律意见中披露的背景材料而虚构的。

Supply）工作。这个公司的老板是他未来的岳父。柯瑞奥公司经营着除草机、自行车、汽车零件和轮胎、电池的销售，还提供安装汽车零件，配送燃油、润滑油和维修引擎的服务，其中轮胎和电池销售业务是公司的主要收入来源。

阿尔在进入柯瑞奥公司几周后，就帮伍迪在一家轮胎批发商——古德纳兄弟股份有限公司（Goodner Brothers，Inc.,）找到了工作。古德纳兄弟股份有限公司是柯瑞奥公司最大的供应商，出售各种各样的轮胎，经营范围覆盖从纽约州南部到南卡罗来纳州西北部，以及从俄亥俄州中心到特拉华州海岸的14个地区。古德纳公司把目标集中于中型城市，比如西弗吉尼亚州的亨廷顿、弗吉尼亚州的林奇堡（Linchburg）、宾夕法尼亚州的哈里斯堡（Harrisburg）以及俄亥俄州的公司总部所在地扬斯敦（Youngstown）。

古德纳兄弟公司由T.J.古德纳和罗斯·古德纳两兄弟于1979年创立，而仅过了30年，公司的年销售额就达到近400 000美元。古德纳家族控制着公司的运营，T.J.古德纳担任公司董事会主席和首席执行官，而罗斯·古德纳是首席运营官（COO），古德纳家族的4个第二代家族成员也担任着公司的重要职位。

古德纳公司从几个大型制造商那里采购轮胎，然后批发给零散的汽车修理店和汽车配件零售商。古德纳公司的客户包括西尔斯、沃尔玛、凯马特公司和其他几十个小型零售连锁企业。公司也会从制造商、大型零售商和其他批发商那里收购停产的轮胎，然后再低价转售给学校、散户和拥有自己车队的公司。

古德纳兄弟公司雇用伍迪作为亨廷顿地区的销售代理，工作是完全的佣金制。伍迪在他的销售区拥有超过80个客户，分布范围从亨廷顿以西到肯塔基州东部，北面延伸到了俄亥俄州。他是一个很高效、很成功的推销员。然而，不幸的是，他大学时代沾染的坏习惯逐渐发展成为一个严重的问题，赌博的嗜好使这个年轻推销员的事业和个人生活都毁于一旦。

伍迪对所有体育运动都爱下赌注，包括棒球、足球、赛马和拳击。他每个月还会花数百美元买彩票，每次他和朋友阿尔的赌博之旅都会让他损失一大笔钱，并且这个数目还在不断增加。截至2006年，当伍迪和阿尔还有他们的妻子去密西西比州的图尼卡度暑假的时候，伍迪的经济状况已经让他绝望。他欠了那些赌友们50 000多美元，几张信用卡都已经刷爆，抵押贷款也已经拖欠了很久。最糟糕的是，有两个债主已经开始催债了，而且隐晦地说了一些威胁的话，直指他的妻子蕾切尔。

伍迪想到了一个办法

2006年7月初，在伍迪快要回亨廷顿的时候，他想出了一个摆脱财务危机的办法：他决定去偷老板的钱，也就是去偷古德纳兄弟公司的钱。之前，除了一些交通罚单，伍迪从没做过什么违法的事。但是，此刻他已经没有更好的选择了，偷盗和犯罪是他能想到的最好方法。

伍迪决定从他老板那儿偷钱的一个原因是他知道这事儿很容易。在古德纳的这几年里，伍迪很熟悉公司那些草率的会计工作，对存货和其他资产的松散监管状况也十分了解。公司高管们对销售员工灌输的最核心思想就是："销量，销量，销量。"古德纳公司通过削减竞争价格来实现它们野心勃勃的销售目标。公司获得了代理区的大部分市场份额，但同时也付出了很大代价。公司的毛利率平均为17.4%，大大低于其他轮胎批发商24.1%的毛利率水平。为了补偿较低的毛利率，公司只能精简营业费用，其中就包括内部管理措施的支出。

公司为其14个销售部分别安排了10~12个骨干员工，其中有一个销售经理，经理除了监管销售部的其他员工外，还负责整个销售区的事务。其余的员工包括两个销售代理、一个接待员兼秘书、一个会计和5~7个运送轮胎并看管存货仓库的员工。古德纳公司在亨廷顿地区有2个仓库区，小的仓库靠近营业部，大的仓库位于2英里外的地方，该处曾为某折扣商店提供储存空间。除了上锁外，公司基本未对其轮胎存货实施安全措施。通常，每个销售点的存货价值在300 000~700 000美元之间。

T.J.古德纳和罗斯·古德纳十分依赖雇员诚实和正直的品质，而并不依赖全面的内部控制系统。公司雇用政策的核心是除非求职者能够提供三份强有力的（最好是来自与古德纳兄弟公司有交往的名人）介绍信，否则不予录用。除了核实介绍信以外，公司还会雇用当地的侦探事务所对求职者的背景进行调查。

在近30年的时间里，古德纳公司的这种雇佣策略都十分成功，只有极少数的人因为偷窃或者滥用公司资产和设施而被开除。

古德纳公司的每个销售部都有一个电算化会计系统。这些系统通常都包括"现成"的总分类账系统，它是为一些小型零售生意和杂乱的会计凭证组合准备的。除了亨廷顿特设的会计，该销售部的销售经理和两个销售代理也可不受限制地使用这个会计系统。

由于大量的买卖交易经常弄得会计焦头烂额，因此销售代理也会经常直接在系统上输入交易，比如存取、复查、更新客户的账户。但他们宁可经常把交易细节记录在一张便条上，也不愿及时完成那些订购单、销售单、贷项通知单和其他会计凭证的编制工作。最终，都是销售代理们把这些原始凭证交给会计，或者直接根据凭证在会计系统里输入交易。

销售代理们和销售经理共同为每个销售部执行信用监督，新客户的第一次交易需要销售经理的审批，而那些拥有良好信誉的老客户则一般由销售代理监督。销售代理可以直接进入仓库区，在业务繁忙的时期，销售代理甚至经常自己提货和交货。

年终每个销售部都会进行一次实地盘存，以便核对永续盘存记录和实有的库存数量。T.J.古德纳和罗斯·古德纳在依赖员工诚信的同时也会采取一定的监控措施，比如要求每个营业部进行一次年内存货盘点。古德纳公司管理层就是通过这些盘点来监控每个销售部的存货损耗，这一监控一般交由公司的两名内部审计人员来实施。

往年间古德纳公司的存货损耗明显地超出行业水平，公司经常从制造商那儿购进大量的次等品。这些大量的次等品中，有的轮胎因为一些小瑕疵没法卖给零售商，其中一些因为检验不合格也无法卖给批发商。所以，这些轮胎会定期用轮胎处理机器处理掉。销售部的账目记录在年终的实地盘存之前都不会对这些“弃置品”进行调整。

瞒天过海售轮胎

在伍迪策划出赌债清偿的计划后，没几天他就以亨廷顿销售部的名义走访了偏远的仓储地点。在昏暗的灯光下，他翻找出待售的轮胎，并把这些覆上灰尘、显然已经闲置几个月的轮胎整理成堆。符合要求的轮胎有好几堆，伍迪拿出小笔记本，快速记下它们的规格，为每一个轮胎列出潜在客户的名单。

当天晚些时候，伍迫就实现了第一笔“销售”。当地一家铅工业供应商需要为它的小车队购进轮胎。伍迪以古德纳欲出售旧存货为由，成功说服了企业。这些存货都通过现金交易的方式，以大大低于成本的价格卖出，最终该供应商买入24个轮胎。轮胎装入卡车后，伍迪立即收到了900美元现金。

接下来的几个月，伍迪照例偷取存货，并按上述方法卖出。伍迪用各种方式掩盖他这种窃取行为，有时他会将偷卖出的商品转移至大客户的账上，他偏向于使用这种方法，因为这样的话亨廷顿的特设会计记录上的库存余额就会相应减少。当客户抱怨自己被额外收取了没有购买过的商品款时，伍迪所要做的仅仅是道歉，然后更正他们的账户金额。如果客户没有察觉金额有误，他们也就在无形中帮助了伍迪继续其欺诈计划。

古德纳的顾客经常因为各种原因退回轮胎，伍迪会整理客户退回货物从而作废的销售交易，之后填写贷项通知单。但是他没有把顾客退回的轮胎放回古德纳的仓库，相反，他将这些轮胎偷偷拿去售卖，并截留下收入。古德纳经常委托大型零售商做轮胎促销活动，当零售商把未售出的轮胎归还给古德纳时，伍迪就会利用这个机会把这些轮胎销售给其他顾客以换取现金。最后，伍迪主动提出愿意接替销售部售货员的工作，将废弃轮胎运到位于西弗吉尼亚州附近的肖尔斯轮胎处理厂。当然，这些由伍迪处理的废轮胎大多并没有任何瑕疵。

不费吹灰之力就能偷到轮胎，这使伍迪的胆子越来越大。2006年底，伍迪向阿尔·亨特提供轮胎，并称自己是从制造商那里购买的。那时，阿尔拥有柯瑞奥公司的所有权和经营权。伍迪告诉阿尔，自己发现了某制造商在处理一批停售轮胎的存货，并决定自己买下这些轮胎。当阿尔问到这样的“假公济私”行为是否违反古德纳的公司政策时，伍迪回答道：“我在业余时间的所作所为与他们无关。为什么我要让他们知道这桩我偶然发现的大买卖?”

虽然最初阿尔并不情愿，但最后还是同意从他亲爱的朋友手中购入许多轮胎。毫无疑问，伍迪开出的价钱极低，这一点也使得阿尔更轻易地做出了这个决定，因为他知道以这样的价格购入后必定能赚取一笔可观的利润。

一年后，伍迪仍继续着他与阿尔的轮胎“清仓出售”交易。某次采购之后，因为阿尔开始对频繁的清仓出售和伍迪的销售底价起疑，于是他致电了伍迪所提到的轮胎制造商。当他致电该制造商时，一个销售代理告诉阿尔，他们每年只有一次清仓出售活动，并且只直接针对批发商销售，从未卖给个人或是零售商。

当阿尔和伍迪再次接触时，他实事求是地指出自己已经和进行清仓销售的主要供应商联系，还跟他亲爱的朋友伍迪说到该公司的销售代理表明商品只售给批发商一事。

“那么，阿尔你想表达什么？”

“嗯，我只是觉得有点奇怪，那个，呃，那个……”

“阿尔，拜托你讲重点。”

“嗯，伍迪，我只是好奇你现在卖的这些轮胎，是从哪里拿到的？”

“阿尔，你想知道？老弟你真的想知道吗？如果你想知道我会告诉你。”伍迪生气地答道。

长时间沉默后，阿尔耸耸肩并让他的朋友“忘了刚才所说的一切”。阿尔对低廉的轮胎来源担心不已，但阿尔还是继续买伍迪的轮胎，再也不提起轮胎的来源问题。

内部审计师发现存货短缺

2006年12月31日，古德纳公司亨廷顿地区的雇员们进行了存货的实物盘点。雇员们把这项一年一度的大事当作元旦前夜舞会的序曲。在往常情况下，盘点工作在中午开始并且顶多3个小时就可以完成。他们通常每组三人一起工作，其中的两个人爬过大量的轮胎然后喊出轮胎的数量，同时第三个人把数目记在格式固定的表格里。

伍迪和两个刚刚进入古德纳几个星期的送货工合作，相对来说，他们对工作不太熟悉。伍迪确信他们组会被安排负责盘点最偏僻的两组仓库之一。在过去的6个月里，他所盗取的大部分存货就来自于那个仓库。伍迪估算他从该仓库里偷取存货的价值约为45 000美元，相当于该处账面库存的10%。通过留存该组的盘点表，伍迪可以轻易地虚增他和组员盘点得到的轮胎数量。

在此地盘点完毕后，伍迪主动提出自己应该把两个盘点组所得的盘点表交给营业部，从而汇总所有存货。在去营业部的路上，他在一个空停车场停了一下，在那里修改了盘点表。伍迪迅速测算出该偏远仓库显而易见的短缺量为约20 000美元，他通过修改另一个盘点组的盘点表，把短缺量减至不到10 000美元。

当对古德纳的亨廷顿地区的年末存货进行盘点时，实际盘存和账面盘存相差额达到12 000美元，或者说短缺率为2.1%。这个比率超过了古德纳营业部1.6%左右的历史短缺率。但是亨廷顿营业部的销售经理费利克斯·加西亚并不认为2006年的短缺很过分。出乎意料的是，古德纳公司总部的会计人员和审计师也都这么认为。

2007年全年，伍迪都继续在古德纳公司里偷窃轮胎。2007年中，伍迪把他偷取轮胎的大多数都卖给了阿尔·亨特。有一次，伍迪警告阿尔，卖出轮胎时不要太便宜。因为伍迪开始担心柯瑞奥低廉的价格和增长的销量可能会引起亨廷顿其他轮胎零售商的好奇和嫉妒。

2007年10月，古德纳公司内部审计组抵达亨廷顿地区盘点存货。虽然公司政策规定公司内部审计师每年都要盘点古德纳销售部的存货，但每次内部审计存货盘点的间隔大概在15~20个月之间。内部审计师最后一次在亨廷顿地区盘点库存是2005年5月，正好是伍迪·罗宾逊开始偷轮胎的两个月前。伍迪对于内部审计师定期盘点古德纳经营机构全部存货的情况并不知悉，他以为内部审计师只是偶尔到访亨廷顿营业部并进行抽点。

在盘点完存货后，两位内部审计师确定存货为498 000美元。他们在快速查阅了亨廷顿存货会计记录后发现，账面价值显示的是639 000美元。这两位审计师从来没有遇到过实际存货与账面记录相差如此巨大的情况。无奈之下，他们最终决定将此事直接移交给亨廷顿的销售经理费利克斯·加西亚处理。

如此巨大的存货短缺使加西亚感到震惊，他坚信一定是审计师忽略了一些存货。加西亚、两位内部审计师以及三位搬运工在接下来的一天重新盘点了所有存货。最终的存货价值为496 000美元，比审计师得到的结果还要少2 000美元。

第二次实地盘存后，两个内部审计师与加西亚在当地的某餐馆约见，并复核了亨廷顿地区的存货记录。无论是加西亚还是审计师，都没有发现那些记录中有明显的错误。加西亚向审计师承认在很长时间里他“只是将轮胎买进卖出”，这使得他几乎没有时间检查他所主管区域的会计记录。在审计师迫使他提供存货短缺的理由时，加西亚爆发了：“听着，就像我刚刚说的，我的工作很简单，我的工作就是卖轮胎。我尽可能多并且尽可能快地卖轮胎，是我让你们这些人西装革履地站在扬斯敦。”

第二天，高级内部审计师请来了他的顶头上司，古德纳公司的首席财务官。存货短缺的数量让首席财务官警觉起来，首席财务官怀疑存货短缺与过去两年内亨廷顿地区每月利润下降的趋势有直接关系。

2005年整年，亨廷顿地区营销部一直排在古德纳公司最高利润营销部的第二或第三名。但在过去的18个月里，该地区的利润骤跌，就利润率而言，在公司营销部利润排名中暴跌到倒数第二。按照这个趋势，在接下来的一年半中，大量存货的短缺可能导致亨廷顿成为在古德纳公司中盈利最少的营销部。

首席财务官在与T.J.古德纳和罗斯·古德纳讨论此事后，联络了公司的独立会计师事务所，并且安排其调查公司存货短缺的问题。首席财务官认为，在调查结束前应该暂停向费利克斯·加西亚支付工资，古德纳的高级管理层同意了这个意见。对于存货的缺失，加西亚并不能给出令人信服的解释，并且他对内部审计师有强烈的抵触情绪，这使得管理层认为他很有可能对该存货短缺负有责任。

几天后，4名古德纳公司独立会计师事务所的审计师抵达亨廷顿营销部。古德纳公司的会计师事务所是一个地方会计师事务所，该事务所在俄亥俄州有6个办事处。给古德纳公司提供授信额度的纽约银行要求，古德纳公司应当对财务报表实施年审。但是，古德纳的独立审计师从来没有重视过营销部的内部控制，事实上，他们通过审计古德纳的“资产负债表”来确认古德纳年末的资产和负债。

在他们调查存货短缺的期间，审计师察觉亨廷顿地区的管理比较松懈或者根本就无人管辖。如此松懈的管理使他们查明库存短缺的源头变得困难。尽管如此，几天后，审计师就开始怀疑伍迪·罗宾逊。

加西亚办公桌上保留的一份客户投诉文件显示，在过去的一年中，大量的客户投诉直指伍迪。在这个时间段内，14个客户对其对账单内的要价表示抗议。相比之下，同一时段内，其他销售代理服务的客户只有2个提出过类似投诉。

面对审计师的询问，加西亚承认，他并没有与伍迪或者其他销售代理讨论过客户投诉的情况。事实上，加西亚并没有意识到有如此大比例的投诉针对伍迪。每次加西亚收到客户投诉，他就直接把它交给相应的销售代理并允许其个人处理此事。3年前他接替了以前的销售经理，而他保留客户投诉的文件只是因为前任销售经理告诉他应该这样做。

当独立审计师收集了其他针对伍迪的犯罪证据后，他们安排了一次与伍迪的约见，古德纳的首席财务官和费利克斯·加西亚也参加了这次会面。当审计师出示犯罪证据的时候，伍迪否认了对存货短缺的知悉和责任。伍迪的否认很快激怒了古德纳的首席财务官。“听着，罗宾逊，你可以愚弄和你一起工作的同事，但是你骗不了我。你最好现在就说出来，否则走着瞧。”这时，伍迪站起来，称他将会聘请律师，随后离开现场。

后记

在伍迪·罗宾逊拒绝讨论亨廷顿营销部存货短缺的两个星期后，古德纳兄弟向伍迪提出刑事起诉。几个月后，伍迪的律师和地方检察官达成了认罪协议。伍迪因重大盗窃罪被判刑5年，缓刑4年。他最终在一个低保监狱服刑7个月。认罪协议需要伍迪就他使用阴谋欺诈其雇主的这件事提供全面且坦白的书面总结。

伍迪的供认表明，阿尔·亨特也参与了盗窃，伍迪指出在从古德纳盗窃的15个多月里，他通过柯瑞奥公司销售了一半以上偷来的赃物。地方检察官全面地盘问了阿尔·亨特，最终决定不对阿尔提起刑事起诉。①

古德纳兄弟向保险公司索赔185 000美元来补偿由伍迪·罗宾逊的不法行为所造成的损失，保险公司最终支付了130 000美元，也就是古德纳因偷窃而造成的账面损失。在处理完这项索赔之后，保险公司起诉了柯瑞奥公司和阿尔·亨特，要求其偿还因涉嫌盗窃事件而使柯瑞奥公司大赚的98 000美元的横财。案件最终上诉至联邦地方法院，法官要求亨特向古德纳的保险公司支付64 000美元。阿尔·亨特随即起诉了伍迪·罗宾逊，要求其偿还该判决金额，但是负责先前案件的法官很快驳

---

① 具有讽刺意味的是，伍迪的供词也牵涉到他的妻子蕾切尔。在伍迪揭露了蕾切尔通常把阿尔·亨特开给他的大额支票存入银行之后，地方检察官推断蕾切尔一定知道伍迪的欺诈计划，因此是该起犯罪的从犯。然而，伍迪坚持说他已经告诉他的妻子，这些钱是阿尔欠他的赌债。在详细询问了蕾切尔之后，地区检察官决定不起诉她。

回了阿尔·亨特的起诉。该法官称，阿尔·亨特作为盗窃案的共谋，无权要求他的老朋友伍迪偿还64 000美元的判决金额。

思考题

1.指出你认为古德纳营销部应当设置的3~5个内部控制目标。

2.指出亨廷顿地区在内部控制方面的主要缺陷。

3.设计出一个或多个控制政策和程序，来规避你在问题2所指出的内部控制缺陷。

4.除了伍迪·罗宾逊，其他各方应该对古德纳遭受的损失担负什么责任？写出你的答案。

案例3.5

布鲁雷诺斯餐厅

1983年，玛塔·佐丹奴继承了祖父阿尔伯塔·布鲁雷诺斯的一家餐厅。她的祖父参加完第二次世界大战后，回到家乡波士顿开了这家餐馆。[①]一个世纪后，布鲁雷诺斯餐厅已经成为当地受人欢迎的休闲聚会场所。

经过多年的发展，这家位于拐角处的、拥有40多名员工的餐厅生意越来越好。但是，佐丹奴的生意最近面临两个严峻问题。第一个问题是虽然布鲁雷诺斯餐厅早上和中午的生意还和往常一样，但是晚餐时间的客流量减少了20%。这是因为一家作为她主要竞争者的、之前由她们家族经营的餐厅，最近被某个私人投资者全部买下，并重新装修了店面。她面临的第二个更大的问题是，餐厅内有员工盗窃现金，而且现金短缺只有在每日经营结束后编制销售对账单时才会被发现。

嫌疑人

餐厅的总经理迈克尔·巴恩斯和他的老板一样因为现金盗窃这个问题感到头疼。巴恩斯在这家餐厅工作了20多年，已经逐渐成为佐丹奴家族的一员。他14岁时就开始在这家餐厅工作，那时候他只是一名打扫卫生的服务员。他从西北大学获得管理学学位后，拒绝了佐丹奴让他去布鲁雷诺斯餐厅做管理人员的邀请，而是去了一家大型的国际餐饮连锁机构参加管理培训生项目。在此5年后，巴恩斯又回到了布鲁雷诺斯餐厅，成为了该餐厅的总经理。

巴恩斯召集了3名轮班经理、3名助理经理及主厨进行管理人员会议，着重讨论最近餐厅面临的现金盗窃问题。佐丹奴也出席了这次会议，巴恩斯在会上指出盗窃现金数额越来越大，越来越频繁。巴恩斯说他一定会将小偷抓住并让他受到法律的制裁。但是他并没有说出具体将要采取的措施，因为他怀疑其中一名管理人员就

① 本案例是根据最近的一份法律意见修改而来的。实际涉案当事人的姓名和所在地已经变更。此外，本案提供的某些背景细节是对法律意见书中披露的信息的虚构叙述。

是小偷。他推测这个小偷可能就是轮班经理——艾伦·奥尼尔。

餐厅的营业时间是下午3点到晚上11点，巴恩斯安排这3名轮班经理每人每周轮两次班。[①]餐厅在周日通常只承办家庭聚会或是婚礼等私人聚会，不对外营业。值晚班的轮班经理需要承担的一项职责就是编制每日销售对账单。餐饮行业有自己统一的销售对账单模板，轮班经理按照模板编制即可。轮班经理的另一项职责是编制日销售额存款单。当日的销售收据和存款单都会在餐厅的保险柜中存放一晚。第二天早上，当班的轮班经理会打开保险柜，核对收据总额与存款单上的金额是否相符。

核对每日销售对账单的目的是将收款机打印出的当天销售额与营业结束时收款机里的现金总额及项目进行核对。对账单上的最后一个项目叫“差额”，是收银台现金总额与收据总额之差。如果差额是负数，则说明现金短缺；若差额为正数，则说明现金盈余。同大多数餐厅和零售商一样，布鲁雷诺斯餐厅每日的该项差额通常会出现极小的负值。

在发现餐厅的现金异常短缺之后，巴恩斯委托会计师事务所对每日销售对账单的情况进行分析。事务所试图找出轮班的收银员与现金短缺之间的相关关系，但是没有得到确定的结果。[②]巴恩斯认为现金很有可能是在晚上结账时被盗取的。在巴恩斯看来，会计师事务所的分析结果证明了盗取现金的这个人很狡猾，行踪不会被轻易发现。

只有一个证据能将艾伦·奥尼尔和现金盗窃案联系起来，那就是自从他开始在餐厅工作的几周以来，接二连三发生了现金短缺。巴恩斯怀疑奥尼尔还有另外一个原因，奥尼尔来布鲁雷诺斯餐厅之前，已经在餐饮行业换了七份不同的工作。在巴恩斯面试他时，就对他频繁更换工作的经历表示担忧。他的推荐信也令人感到担忧，大多数雇主对他的评价都很中性。虽然奥尼尔不是个优秀的应聘者，但是餐厅非常缺人，于是巴恩斯就雇用了他。同大多数餐饮企业一样，员工变动频繁是一个非常大的问题。

盗窃的机会

现金盗窃问题激怒了巴恩斯，不仅仅是因为这个问题对餐厅财务状况的不良影响，还因为这个问题反映出他作为佐丹奴家族企业的守护人的失职。巴恩斯不喜欢餐厅的文职工作，他总是疏于处理健康检查报告、纳税申报表及销售对账单等文职工作，相比这些，他宁可去亲自接待客人。

巴恩斯永远不会向佐丹奴和下属承认他觉得核对销售对账单非常无聊，虽然他已经核对过大量的销售对账单，但是核对销售对账单对他来说，仍旧是一件非常难

---

① 上班时间是早上7点到下午3点。轮班经理每周监督4次，8小时轮班。每周第5次的8小时轮班中，他们作为值班经理的助理经理。

② 每班有5个人可以使用布鲁雷诺斯的收银机：收银员、值班经理、助理经理、巴恩斯和佐丹奴，他们通常每天都会在餐厅待上几个小时。

的工作。

他非常了解核对每日销售对账单的必要性，但是这项工作本身是很枯燥的。在忙碌了一天之后，还要仔细核对一大堆非标准的交易令人没法不头疼。这些交易包括使用优惠券、享受折扣、客人逃单、退钱或是多找钱、餐卡费用、捐赠费用，以及为了安抚不满意的顾客打的折扣等。每当巴恩斯在核对销售对账单时，就会庆幸自己在大二的时候从会计专业转到了管理学专业。

他同样觉得复核编制好的对账单非常麻烦，这就是为什么他的办公桌上永远有一堆需要复核的对账单。讽刺的是，虽然他对会计“一窍不通”，但是他却要负责这些对账单的最终审批。复核对账单最具挑战的一个方面就是理解对账单空白处（餐厅使用的对账单模板没有“备注栏”一项）打印的或是手写的密密麻麻的备注。一般来说，当班的轮班经理需要对6~8笔交易做出解释。

如此复杂的对账工作，让巴恩斯有理由相信这个肆无忌惮的轮班经理可以轻而易举地做手脚来掩盖盗取现金的罪行。这为盗取餐厅现金提供了便利，餐厅实际损失的现金很可能比发现的还要多。

圈套

在开完管理人员会议的当天，巴恩斯与玛塔·佐丹奴见了面。他已经想出了一个办法来解决这个问题，希望佐丹奴能同意他执行这个计划。巴恩斯告诉佐丹奴，他设计了一个圈套来检验艾伦·奥尼尔是否存在盗窃现金行为。佐丹奴意识到巴恩斯认为奥尼尔就是盗取现金的小偷。

这个计划需要在奥尼尔轮班的前一天晚上开始实施，由巴恩斯代替当晚的轮班经理。在结账的时候，巴恩斯会编制一份虚假的存款单，金额少于销售收据的总额，而届时佐丹奴会亲自来作证。巴恩斯实际上希望奥尼尔会在第二天存款时偷走多余的现金。虽然佐丹奴认为这个计划不够光明磊落，但是她也想不出其他更好的办法，只能勉强答应。

巴恩斯第二周就实施了这个计划。结果不出意料，奥尼尔和银行都没有发现钱数的减少。巴恩斯认为奥尼尔偷走了存款中多出的360美元。

事发后的第二天，巴恩斯就联系了当地警方，他和佐丹奴与调查该案的警察见了面。巴恩斯告诉警察他认为奥尼尔偷走了360美元并希望以餐厅的名义起诉他。巴恩斯还告诉警察，他认为奥尼尔需要为餐厅过去几个月现金的无故丢失负责。警察告诉他，他必须有确凿的证据才行。

奥尼尔当天不用轮班，当天下午，这位警察与其他两名同事一起搜查了奥尼尔的公寓。当警察向他告知他被指控挪用公款时，他立即说要见律师，另外两名穿制服的警察逮捕了他，把他押到巡逻车上。

没过多久，奥尼尔的律师就到了警局与他见面。大概在下午五点，律师安排了三方会面，包括负责该案的警察、他自己和奥尼尔。在这次会面中，律师告诉警察奥尼尔并没有偷那360美元。奥尼尔当天轮班时，发现了销售收入现金比银行存款单上的金额多出了360美元。然后他将那360美元放入了信封中，上面写着致迈克尔·巴恩斯，并将信封放入了餐厅的保险柜中。

律师打电话给巴恩斯，并要求他检查保险柜。巴恩斯和佐丹奴找遍了保险柜，也没有发现信封。当警察告诉奥尼尔没有发现任何信封时，奥尼尔执意要去餐厅亲自找，但是他的请求被拒绝了。

接着奥尼尔要求派一名警员亲自去搜查。这个提议得到了认可，奥尼尔告诉了这名警员这些钱到底放在哪里。据奥尼尔所述，他把这些钱放在一个标有“设备租赁”的大信封里。当被询问为什么他要费尽心机把这些钱藏起来时，他说他认为自己可能会被巴恩斯“陷害”。奥尼尔说他希望能争取一些时间想想如何对付巴恩斯，所以他没有向巴恩斯报告现金异常的情况。

诉讼

艾伦·奥尼尔再也没去过布鲁雷诺斯餐厅，他选择了立即辞职，但这件事并没有结束。[①]一个月后，奥尼尔控告布鲁雷诺斯餐厅、巴恩斯以及佐丹奴“恶意诽谤”。在简单的庭审后，陪审团裁定奥尼尔胜诉并且判处布鲁雷诺斯餐厅支付66 000美元的罚金。被告很快提起了上诉。一年之后，上诉法院撤销了之前的裁定并且宣布判罚无效。上诉法院认为巴恩斯和佐丹奴有“合理的理由”对奥尼尔提起盗窃诉讼，因此不算是“恶意诽谤”。

思考题

1.请指出布鲁雷诺斯餐厅经营过程中内部控制的薄弱环节，这些内部控制问题会带来怎样的风险？

2.请对上题中指出的内部控制问题提出解决方案，并说明实行这些解决方案是否符合成本效益原则。

3.除了本案例中的内部控制程序，还有哪些内部控制程序是一家餐厅所必须设置的？请指出每一项控制措施所对应的目标。

4.你认为巴恩斯检验艾伦·奥尼尔诚信与否的做法是否合理？这种做法是否符合职业道德？当一名员工被怀疑盗窃时，高管人员应该怎样做才符合道德要求？

---

① 当奥尼尔终止他的工作时，布鲁雷诺斯面临的现金严重短缺突然结束了。

案例3.6

萨克斯第五大道

从南部小镇的一家猪崽杂货店到坐落在比弗利山庄罗迪欧大道沿线那些高档店铺间的乔治·阿玛尼精品店，吸引客户和完成销售计划是所有零售商面临的挑战。除了永无止境地产生收入的需求外，零售商每天都在努力解决其他许多对其运营构成严重威胁的挑战和问题。员工盗窃现金和库存历来都是对零售业务的最常见的威胁之一。关于性骚扰、种族歧视等相关指控的诉讼也是危及许多零售商财务状况的重要因素。强有力的内部控制可以有效地减少因员工盗窃和员工提起诉讼而遭受的可能性损失。萨克斯第五大道，一家位于纽约的高档商店，在20世纪90年代末的经历就验证了这一道理。

晋升、加薪和偷窃

1993年底，约瑟夫·菲尔罗在纽约城萨克斯第五大道的一家商店担任兼职销售。[①]菲尔罗被分配到这家商店的Polo男装（Men's Polo）部门，这个部门由罗伯特·佩利负责监管。菲尔罗的辛勤工作和独创性带来了相当可观的销售额并给他的上司留下了深刻印象。于是，在几个月内，佩利便聘请菲尔罗担任年薪为30 000美元的全职销售员。在几个月之后，佩利为菲尔罗提供了一个新职位——“衣物专家”。如此一来，菲尔罗拥有给他手下的优秀员工加薪20%的权力。到1996年初，佩利基于菲尔罗一贯的突出表现，将他的工资上调至46 000美元。

1996年8月下旬，约瑟夫·菲尔罗从他工作的另一个部门购买了一件衬衫。在购买衬衫时，为了获取他本无权享有的员工折扣，他伪造了罗伯特·佩利和一位名为唐娜·拉夫曼同事的签名。同时，他还利用了拉夫曼的员工工号在其所在部门的一台电子收款机上进行了交易。这一系列的违规行为为菲尔罗省下了9.85美元。

大约一周后，两位来自萨克斯预防损失部门的审计员审查了Polo男装部门电子

① 本案例的事例和引用皆取自以下法律意见：*Fierro v.Saks Fifth Avenue*, 13 F.Supp.2d 481(1998).

收款机中输入的8月份交易事项。审计员注意到拉夫曼所输入的员工销售交易。在检查交易文件后，他们怀疑有人伪造了相关的授权签名。审计员询问了该部门与这项可疑交易有关的几名员工，其中包括约瑟夫·菲尔罗，菲尔罗最初否认了他在本部门的收银机上进行了此项交易。当审计员暗示他们可以轻易地判断出是谁发起了该交易时，菲尔罗放弃了抵抗。他承认自己发起了交易并伪造了佩利和拉夫曼的签名。随后在一份书面声明中，菲尔罗为此事件道歉。"我意识到这样做是错误的，我的判断力很差，我为所做的一切感到十分的抱歉。我知道类似这样的事情是错误的，我保证在吸取此次教训后，类似的事件永远不会再发生。"

在预防损失部门审计员的询问结束之后，菲尔罗回到了他的部门并与佩利讨论此事。佩利告诉菲尔罗自己非但没有对防损部门的决议施以任何措施，还承诺会尽其所能地帮助他。佩利随后向菲尔罗证明了自己曾致电预防损失部门和人力资源部门，并请求他们不要解雇菲尔罗。

1996年9月13日，萨克斯人力资源部的两名代表通知菲尔罗，他因违反公司政策而被解雇。他们让菲尔罗参照萨克斯员工手册中所列出的会导致员工"立即解雇"的具体例子。萨克斯指控菲尔罗触犯了三项规定，包括盗窃公司商品、伪造签名并用其他员工工号在收银机上发起交易以获取未经授权的利益。

在他被解雇的当天，萨克斯人力资源部门与菲尔罗进行了一次离职面谈。在这次谈话中，菲尔罗再次为他所犯的错误致歉。他还表示不相信一个"优秀的员工"会因为如此"微不足道的违规行为"而被解雇。

他叫我布塔福科！

失去在萨克斯第五大道的工作之后，菲尔罗到纽约市区寻找新工作。在他申请的工作中，有一个职位是金融服务公司。这家公司坚持要联系菲尔罗的前雇主。在未来的雇主联系萨克斯之前，菲尔罗先给萨克斯人力资源部门里与他进行离职面谈的员工打了电话。在那次离职面谈中，菲尔罗得到承诺，他被解雇的原因不会透露给未来的雇主。然而，当菲尔罗打电话给那个员工时，她告诉菲尔罗，如果被询问的话，她会透露导致他被解雇的事件。

在菲尔罗与人力资源员工进行电话交谈后不久，他向平等就业机会委员会（EEOC）提出了针对萨克斯第五大道的歧视诉讼。菲尔罗依照1964年《民权法案》第7章和《纽约人权法案》提起诉讼。在他的诉讼中，菲尔罗声称在萨克斯工作期间承受着"恶劣的工作环境"，并且还声称他的主管——罗伯特·佩利，由于自己的意大利裔美国人身份而歧视他，佩利解雇他是为了报复他对坚决反抗这种歧视性待遇的决定。

菲尔罗指出，他的指控是基于佩利对他施以的不恰当言论。他声称，佩利有时用那些侮辱意大利裔美国人的词指代他。[①]他说，佩利有时称他为"乔伊·布塔福

① 佩利证明他是英国人、爱尔兰人和斯堪的纳维亚人的后裔。

科”[①]。最后，菲尔罗还指出，佩利发表过种族言论，暗指他的西班牙裔妻子。在佩利说了那句话之后，菲尔罗告诉他这句话是不可接受的。菲尔罗说，在那一刻，佩利就“开始了一个解雇他的计划”。

菲尔罗坚持认为，佩利对他发表的歧视性言论伤害了他的自尊，并对他的事业造成严重损害。这些言论还给他造成了“永久性心理伤害”。菲尔罗坚称佩利指代他的那三个字母是对他的污蔑，他本人深受困扰。“每次照镜子，我都感觉能看到头顶的那三个字母，真的很受伤。”

地方法院驳回了菲尔罗的诉讼

联邦地区法官查尔斯·布里安特主持了菲尔罗对萨克斯第五大道商店的诉讼。法官很快驳回了菲尔罗关于佩利歧视他的指控。法官还驳回了菲尔罗提出的因为他“挺身而出”反抗佩利的歧视而遭到萨克斯解雇的指控。佩利和萨克斯提供的证据表明，佩利并没有歧视菲尔罗，而是把他当成了一名有价值的员工，并对他的工作表现给予了很高的评价。布里安特法官审查的证据还表明，佩利与菲尔罗的解雇无关。解雇决定是由人力资源部在防损部门的劝说基础上做出的。事实上，正如前面提到的，佩利还打了两个电话来为菲尔罗说情。

法官布里安特得出的结论表明，萨克斯解雇菲尔罗不是歧视行为，而是坚持执行了公司对员工盗窃的零容忍政策。法官承认萨克斯所遭受的损失“相对而言是微不足道的”，但他接着指出，零售商“在防止员工偷窃方面有着强烈的商业利益”。法官指出，无论是1964年的《民权法案》，还是《纽约人权法案》，都没有禁止雇主在惩罚员工盗窃行为时“过于死板，甚至过于严厉”。萨克斯的雇佣记录也证实，该公司一贯以严厉的手段惩罚员工盗窃行为。例如，萨克斯立即解雇了菲尔罗的一位前同事，只因他被发现“将积分记入自己的账户”。

布里安特法官对菲尔罗声称他受到敌对工作环境的指控给予了更谨慎的考虑，他引用了以下对敌对工作环境的定义。

“当工作场所充满了歧视、恐吓、嘲笑和侮辱时，敌对的工作环境就会存在，这类威胁非常严重或普遍，足以改变受害者的就业条件。”

雇主可以在雇员指控工作环境恶劣的诉讼中进行几项抗辩。布里安特法官指出，一项明确的反骚扰政策是最为可信的辩护，而萨克斯在菲尔罗任职期间就有这样的政策。该公司还有个相关的投诉程序，允许员工对实施“敌对”行为的上级或同事提起申诉。法官布里安特指出，菲尔罗在萨克斯工作的三年里从未对佩利或他的同事提起过申诉。当被问及为什么不采取申诉的行为时，菲尔罗回应说：“如果你明知道不会有什么好结果，但还是要与你的上司发生冲突，这并不是一个明智的

① 20世纪90年代初，乔伊·布塔福科·罗斯因与一名未成年女子发生婚外情而声名狼藉，这名女子后来试图谋杀他的妻子。几个月来，布塔福科的经历为各新闻小报提供了头条新闻，也为深夜喜剧演员提供了无数笑点。

决定。”布里安特法官对菲尔罗的说辞感到不满。

“在某种程度上，员工必须承担提醒雇主发生骚扰可能性的责任。如果员工不主动，法案第7章的威慑作用就很难发挥，雇主也可能在一定程度上避免本应受到追究的责任。简而言之，雇主无法对抗未知的骚扰。”

菲尔罗提供的证据支持了他的论点，有关个体种族出身、性取向和宗教信仰的言论在他之前的部门很常见。然而，他的前同事证实，他们经常用这样指代的方式来体现幽默或自嘲。佩利否认参与下属的这种“黑色幽默”。在审查菲尔罗的诉讼证据后，布里安特法官指出，佩利所在的部门“没有遵守应有的礼仪”[①]。不过他表示，该部门的工作环境并非充满敌意，而是“仅仅具有攻击性”。

“该部门的工作环境仅仅是无礼的，还没有严重到造成客观上的敌对或虐待。敌对环境通常指一个理性的人会在其中感觉遭遇敌意或虐待。因此，对于构成敌对工作环境的种族主义言论、诋毁和玩笑，必须存在更多单独的种族敌意事件，这意味着，必须有一连串令人发指的种族言论，而不是零星的种族诽谤。”

1998年7月，布里恩特法官驳回了菲尔罗关于他在萨克斯第五大道处于敌对工作环境的指控。法官指出，菲尔罗在萨克斯第五大道工作期间或离职面谈时并没有提出这样的指控，而在萨克斯公司拒绝为菲罗提供一份“干净”的雇佣证明时才提出这样的指控。因此，布里恩特法官认为菲尔罗的指控和萨克斯拒绝提供良好的雇佣证明之间“绝非巧合”。

思考题

1.你认为萨克斯对员工盗窃的零容忍政策合理吗？这项政策是否符合成本效益原则？论证你的答案。

2.萨克斯的反骚扰政策和相关投诉程序是否符合内部控制原则？并予以解释。

3.找出你在大型百货公司的男装部通常会发现的五种控制行为，识别与这些活动相关的控制目标。

4.公司的独立审计师是否应该考虑公司有没有为员工提供了一个没有敌意的工作环境？如果你觉得应该考虑，请在文中找出与此相关的特定审计问题。

---

① 尽管如此，布里恩特法官还是称赞佩利的部门“拥有令人羡慕的多样性”。该部门员工包括“美国裔、西班牙裔、爱尔兰裔、犹太裔和意大利裔的男性和女性，以及同性恋者”。

案例3.7

波音公司

在这个国家，人们常说，我们寻找诚实、有动力、有奉献精神的人，当找到这样的人，我们就把他们赶出去，鞭挞他们。

谚语

2007年1月，波音的两名员工马修·纽曼和尼古拉斯·泰德斯被调往公司的内部审计部门。曾在波音公司西雅图总部工作过的纽曼和曾在圣路易斯工作的泰德斯都认为，这次调职将使他们在这家大型航空公司的职业生涯平步青云。

纽曼和泰德斯被分配到波音两个内部审计小组中的一个，他们的10人审计小组负责在波音公司的财务报告功能范围内监管信息技术控制。[①]他们团队的总体任务是协助公司的管理层更好地履行2002年《SOX法案》关于上市公司内部控制建设的责任。《SOX法案》规定公司高管每年就公司财务报告内部控制的有效性进行报告。

波音公司与普华永道事务所（PwC）签订了合同，以获得额外的人力资源来帮助纽曼和泰德斯的审计团队完成其任务。大约一共有70名普华永道合约审计师与波音的内部审计团队合作。

根据《SOX法案》的规定，波音的会计师事务所——德勤，每年还需要编制一份关于公司在财务报告方面内部控制有效性的年度报告。德勤的审计人员每年都要审查并评价波音公司内部审计团队的工作情况。

---

① 根据波音公司的说法，IT控制"是公司为确保其IT功能的机密性和完整性而实施的政策或程序，如在公司计算机上安装软件之前需要对软件进行测试和批准的程序"。

信息技术控制堪忧

纽曼和泰德斯很快便发现，他们的新工作是充满压力的。

造成这种紧张局面的原因是，管理层担心德勤在完成2006年波音财务报表审计时，会披露公司财务报告信息技术控制存在一个或多个“重大缺陷”。

管理层知道，如果这些缺陷被披露，波音将可能面临公司股价下跌等严重的不利后果。

2007年2月初，纽曼和泰德斯都认为，波音的财务报告信息技术控制存在重大问题。纽曼和泰德斯在接下来的几个月里反复地表达了这种观点，他们二人在共计20多个场合向他们的上级通报了这些明显的内部控制缺陷。

纽曼和泰德斯认为波音的财务报告信息技术控制至少有7个潜在问题，其中有两个最为重要。首先，纽曼和泰德斯认为，普华永道的合约审计师被赋予了“对波音员工的管理权限”[①]，这种管理权限涉及的对象包括公司内部审计人员。然而，美国证券交易委员会在对公司审计委员会的规定中明确要求，公司的内部审计机构必须由其审计委员会控制。[②]

其次，更重要的是，纽曼和泰德斯质疑波音公司高层管理人员所建立的控制环境的整体完整性。他们特别指出，这些高管故意破坏《SOX法案》要求执行的对公司财务报告内部控制的年度评估工作。在具体指控中，这两名内部审计人员认为，波音公司允许公司内部审计人员“更改审计结果”，“允许对官方内部审计记录进行其他篡改”，并隐瞒“失败的控制”，从而“可能误导外部审计人员”。尽管纽曼和泰德斯都表达了他们的担忧，但是波音的管理层仍然认为，截至2006年和2007年12月31日的财务报表日，公司对财务报告内部控制是有效的。与此同时，德勤事务所在这两年中对波音的内部控制发表了一份无保留意见，这意味着德勤的审计人员在这两年中没有发现任何表明这些控制中存在一个或多个重大缺陷的迹象。

纸老虎

2007年春天，西雅图历史最悠久的报纸《西雅图邮报》的记者安德里亚·詹姆斯开始调查有关波音公司存在严重内部控制问题的未公开报道。詹姆斯曾与多名波音员工打过交道，包括马修·纽曼和尼古拉斯·泰德斯。纽曼和泰德斯都没有回应詹姆斯的采访请求。二人在随后的报告中称，他们希望在波音公司内部解决他们所关注的内部控制问题。他们也都很清楚波音的相关政策，即“要求员工将来自新闻媒体的任何形式的询问提交给通信部门，并禁止未经该部门事先审查就发布公司信息”。

2007年5月，詹姆斯不请自来，来到纽曼的家中，请求与他对波音的内部控制

① 以下法律意见是本案的主要依据：*Tides and Neumann v.The Boeing Company,U.S Court of Appeals for the Ninth Circuit,644 F3d 809:2011 App.*LEXIS 8980除非另有说明，本案例的引用皆来自于此。

② J.J.Tollefsen, *Tides and Neumann.v.The Boeing Company.*Petition for Writ of Certiorari filed with the U.S.Supreme Court," October 2011.

和公司遵守《SOX法案》的行为进行探讨。纽曼同意与詹姆斯进行谈话。“纽曼描述了自己受到的提供积极审计结果的压力，并详细描述了最近一次会议，他和其他信息技术高管对普华永道审计波音内部控制方面的结果表示担忧。”在采访后的几天，詹姆斯给纽曼发了一封电子邮件，摘录了她打算在《西雅图邮报》上发表的那篇文章。纽曼回应说那篇摘录“看起来不错”。在给詹姆斯的答复中，纽曼附上了一封由上级发送给他和其他信息技术控制部门审计人员的电子邮件，这封电子邮件中还提醒了审计师波音公司关于向新闻媒体发布信息的政策。

2007年7月，在詹姆斯的文章发表前一周左右，尼古拉斯·泰德斯也联系了她。因为在2007年第二季度，泰德斯收到了一份他认为不应该收到的负面绩效评估。在他与詹姆斯联系的电子邮件中，泰德斯透露了他之前与上司就波音信息技术控制弱点所提出的各种忧虑，同时还将与这些弱点相关的波音各种文件副本转发给了詹姆斯。

《西雅图邮报》于2007年7月17日发表了一篇由安德里亚·詹姆斯作为联合作者之一所撰写的关于波音内部控制的文章，题为“计算机安全故障将波音置于危险境地”[①]。詹姆斯和她的合作者指出，波音未能建立适当的控制，以保护其“计算机系统免受操纵、盗窃和欺诈”，并提到了影响其内部审计师工作的“企业威胁文化”。在詹姆斯收到的一封波音公司内部电子邮件中，波音首席财务官告诉某些下属，公司内部控制的执行是“不可接受的”。詹姆斯还报告说，波音公司的外部审计事务所——德勤事务所，意识到“波音公司的许多计算机系统控制正在失效”。

詹姆斯的文章指出，德勤在过去三年里已经发现了波音内部控制的“重要缺陷”，这一缺陷涉及波音未能妥善处理“数据库和软件开发安全漏洞”。这种普遍存在的控制缺陷在一定程度上增加了波音因欺诈或盗窃而遭受重大资产损失的风险，并增加了该公司财务报表包含重大错报的可能性。只不过因为德勤认为这些控制问题尚未上升到重大缺陷的程度，所以在过去的几年里，才对波音公司的内部控制发表了无保留意见。

詹姆斯采访的波音发言人坚称，公司正在努力修正德勤发现的重要缺陷。这位发言人还坚称，该公司的内部控制总体上是“强有力的”。为了表明公司改善内部控制的决心，这位发言人告诉詹姆斯，仅在2006年，公司就花费了5 500万美元来执行《SOX法案》要求的内部控制计划。

因“打小报告”而被解雇

在詹姆斯的文章发表之前，波音管理层就开始怀疑，有一名或多名员工正在与记者就公司内部控制问题进行沟通，公司高管已经开展过调查。在那次调查中，管

① A. James and D Lathrop, "Computer Security Faults Put Boeing at Risk," *Seattle Post-Intelligencer*(online), 17 July 2007.

理层开始监控纽曼和泰德斯及其他员工的电脑和电子邮件通信。

2007年9月，调查小组成员采访了纽曼和泰德斯。在这些单独的采访中，两人都承认曾与詹姆斯交谈，并向她提供了公司文件。在审查了调查过程中收集的证据（包括纽曼和泰德斯本人的坦白）后，员工审查委员会一致投票决定解雇他们。在发给他们每个人的解雇通知中都附了解释，指出他们违反了特定的公司程序政策。

我们已经确定，你的行为对公司造成了不可接受的损害。具体来说，你违反了2227号政策：信息保护，在没有遵循适当程序或获得必要的批准，并实施适当的保护措施的情况下，向非波音人员披露波音公司内部信息。[①]此外，你违反3439号政策的规定，未将新闻媒体的查询转至通信部门，未按要求发布信息。由于这些信息对公司的声誉并对员工、客户、股东、供应商和其他重要利益相关者的关系产生了负面影响，造成了重大责任，从而你的行为更加严重。公司认为你在此事件中的行为是不可接受的，并且违反了1909号政策的预期。

在法庭上进行反击

2007年12月底，也就是他们被解雇三个月后，纽曼和泰德斯分别提出申诉，对他们作为“举报人”而被解职的遭遇提出质疑。这些投诉的根据是《SOX法案》第806条“对提供欺诈证据的上市公司雇员的保护”。事实上，在当时，除了《SOX法案》之外，一些联邦法规也为举报人提供了保护，以免这些举报人随后会受到雇主或其他主体实施的某种报复。这些法规中最著名的是《虚假申报法案》和《举报人保护法案》，主要处理涉及联邦政府或其机构的举报人事件。[②]

自2001年和2002年安然和世通相继破产之后，美国国会匆忙通过了《SOX法案》，试图加强企业的财务报告功能，降低大规模企业欺诈事件发生的概率。该法案的核心内容之一，就是要求加强上市公司的内部控制，并对这些控制提供更多的披露。这种增强的透明度主要表现在要求公司管理团队和独立审计人员每年报告上市公司财务报告控制的有效性。

《SOX法案》中关于举报人的规定没有得到充分的宣传。301条款规定，上市公司的审计委员会必须建立处理“有关会计、审计或内部控制方面的投诉”的程序。该条款还要求上市公司审计委员会建立程序，以处理“雇员秘密、匿名提交的，对可疑的会计或审计事项的揭露”。此外，联邦法规第806条为在举报后被解雇或受到其他惩罚的雇员提供了法律救济措施。

---

① Boeing's corporate policy statement PRO-2227 defined “Boeing information “as”all nonpublic information that is owned by Boeing.“Under this corporate policy,”all Boeing information is presumed to have value and be proprietary,confidential,and/or trade secret information.”

② 2010年7月，奥巴马总统签署了《多德-弗兰克华尔街改革和消费者保护法案》(Dodd-Frank Wall Street Reform and Consumer Protection Act)。该法案“允许证券交易委员会向那些提供特定信息的举报人支付财务奖励，该特定信息帮助证券交易委员会成功执法，并执行了超过100万美元的处罚”。(K.Tysiac.“Hot Tips SEC Fields 3 000 Whistleblower Complaints in 12 months,”www.journalofaccountancy.com ,15 November 2012).

两次还击

2010年2月，联邦地方法院驳回了纽曼和泰德斯对波音公司的诉讼。他们的律师立即向美国上诉法院上诉。2011年5月，上诉法院维持了下级法院的判决。上诉法院裁定，《SOX法案》第806条中包含的举报人保护条款不适用于纽曼和泰德斯判决的情况。特别值得一提的是，法院指出，第806条规定，只有当举报人在向以下三方传达相关信息后受到惩罚，企业举报人才能获得法律上的赔偿：联邦监管机构或执法机构、美国国会或者“对雇员拥有监督权力的个人”。由于纽曼和泰德斯被波音解雇是因为向新闻媒体传递了不利信息，因此他们无权根据《SOX法案》第806条获得法律救济。

纽曼和泰德斯律师在上诉法院就这一规定进行了辩护。他们指出，向新闻媒体披露波音公司的内部控制问题，相当于向美国国会报告这些问题，因为毫无疑问，一名或多名国会议员由于詹姆斯那篇广为宣传的文章而意识到这些问题。

律师还辩称，因为《SOX法案》的主要目的是保护投资者和其他第三方免因公司高管的自私自利而蒙受损失，法院应该尽可能自由地解释和应用法律赋予举报人的保护措施。

上诉法院的法官们认真考虑并分析了纽曼和泰德斯律师提出的观点。然而，由于《SOX法案》对公司雇员沟通并举报的对象缺乏详细的考虑和规定，法官依然选择不推翻下级法院的判决，驳回了纽曼和泰德斯的诉讼。

接下来，这两名波音前雇员的律师向美国最高法院提交了一份请愿书，要求其审查地区法院和上诉法院做出的判决。在诉状中，律师援引参议员帕特里克·莱希的话说，他强烈支持加强对举报人的法律救济。参议员莱希认为，在大型上市公司中普遍存在的“公司沉默守则”损害了美国资本市场的诚信，为公司告密者提供广泛的法律救济是一种有效的方法。

> 这种“公司沉默守则”不仅妨碍了调查，而且创造了一种风气，即正在进行的不法行为可以不受惩罚地发生。对于上市公司的投资者，特别是股票市场的投资者来说，这种“公司沉默守则”的后果是很严重的，必须得到纠正。[①]

后记

2011年10月，最高法院拒绝审查之前做出的裁决，意味着原先的裁决将正式生效。一些主张提高上市公司透明度的团体对最高法院的决定感到失望。美国国家告密者中心的一名代表认为纽曼-泰德斯案件的结果将对企业举报人产生寒蝉效应。[②]其他批评最高法院裁决和以往裁决的人指出，包括安然和麦道夫丑闻在内的许多大规模欺诈行为，都是记者们坚持不懈地报道由企业内部人士或其他各方向他

① J J.Tollefsen, "*Tides and Neumann v.The Boeing Company*, Petition for Writ of Certiorari."

② National Whistleblowers Center, "9th Circuit Whistleblowers Barred from Talking to the Press," www.whistleblowers.org, 4 May 2011.

们通报的指控之后才浮出水面的。

在最高法院拒绝审查纽曼和泰德斯的案件后，商业期刊《经济学人》表示，SOX法案中的举报人保护措施在很大程度上是无效的，应当加以强调。该报告指出，截至2012年，在SOX法案颁布后提交的近1 900起举报人投诉中，只有317起得到了有利于举报人的判决。①

与许多企业举报人一样，纽曼和泰德斯在被解雇后很难再找到工作。2011年3月，他们的律师在自己的网站上写道："他们终于又开始工作了，但薪水明显降低了。"②

在纽曼和泰德斯律师的诉讼被驳回后，当被问及对波音公司举报事件的看法时，安德里亚·詹姆斯表示遗憾，因为她在报纸上的文章，他们被解雇了。"对此我很难做出评论，因为我感觉很糟糕，并且我无能为力。"③詹姆斯还透露，她的文章是基于"与数十人的讨论"④，她不确定为什么纽曼和泰德斯被波音公司单独挑出来惩罚。"这一直困扰着我，但很明显，他们（波音）是想以此杀鸡儆猴。"⑤

思考题

1.COSO内部控制框架规定了五要素，这些要素中哪一个与《SOX法案》要求上市公司建立举报人保护程序最相关？

2.解释内部控制"重要缺陷"和"重大缺陷"之间的区别，分别提供示例。

3.假设普华永道的审计师确实对波音员工行使了"管理权"，波音公司会面临哪些内部控制问题？

4.纽曼和泰德斯直接将他们对波音信息系统控制的担忧传达给德勤的审计人员是否不道德或不恰当？请予以解释。假设纽曼和泰德斯已经这样做了，德勤的审计师们应该如何回应？

5.你认为《SOX法案》是否对那些在与新闻媒体沟通后被雇主惩罚的举报人提供了法律救济？

6.波音公司在调查期间监视纽曼和泰德斯公司的电脑和电子邮件，以确定是否有一名或多名员工在与新闻媒体人员交流，这是否合乎道德？提出你的观点。

---

① *he Economist*,"Sacked for Telling Tales",www.economist com,7 July 2011.

② P.Murphy,"Whistleblowers and Sarbanes-Oxley Fallout,"www.tollefsenlaw.com,17 May 2011.

③ P.Murphy,"Whistleblowers and Sarbanes-Oxley Fallout,"www.tollefsenlaw.com,17 May 2011.

④ P.Murphy,"Whistleblowers and Sarbanes-Oxley Fallout,"www.tollefsenlaw.com,17 May 2011.

⑤ P.Murphy,"Whistleblowers and Sarbanes-Oxley Fallout,"www.tollefsenlaw.com,17 May 2011.

案例3.8

沃尔玛墨西哥公司

1918年3月29日，山姆·沃尔顿出生在俄克拉何马州的翠鸟镇，这是一个位于俄克拉何马市西北50英里处的小镇。山姆的父亲是农民，他在大萧条时期通过自己的努力撑起了整个家。之后，沃尔顿一家在全国各地辗转，最后在密苏里定居了下来。山姆在这里获得了密苏里大学经济学学位，随后进入J.C.Penney公司，成了公司的管理培训生，月薪75美元。第一次世界大战爆发后，山姆应征入伍，一直服役到1945年。

退伍之后，山姆·沃尔顿向岳父借钱，在阿肯色州北部购买了一家小型零售商店。在接下来的几年里，沃尔顿在阿肯色州、堪萨斯州和密苏里州又买下了更多的商店。1962年，沃尔顿在距本顿维尔10英里的阿肯色州罗杰斯开了第一家以"沃尔玛"为品牌的商店，该店后来成为沃尔玛的公司总部。在接下来的30年里，沃尔玛的业务范围迅速在美国扩张。1992年，也就是山姆·沃尔顿去世的那一年，沃尔玛已经超过西尔斯成为美国最大的零售商。

截至2012年，沃尔玛公司雇用了200多万人，成为世界上最大的私人雇主。同一年，福布斯公布了前400名富豪榜，山姆·沃尔顿家族有四名成员排在这个榜单的前10名。①山姆·沃尔顿有三个孩子存活下来，还有一个儿子不幸去世，他故去的儿子——约翰·沃尔顿，是一位在越南战争期间因为英勇的表现获得银星勋章的绿色兵团成员。约翰的妻子和山姆幸存的三个儿子，一共拥有着超过10亿美元的财富。

随时随地的最低价！

沃尔玛令人难以置信的增长得益于山姆·沃尔顿创立的高度竞争的商业模式。沃尔顿商业计划的核心原则就是他为公司确立的座右铭，"在任何时候、任何地

---

① 从1982年到1988年，山姆·沃尔顿作为美国最富有的人在《福布斯》400强中名列榜首。

点，都是最低的价格”。沃尔顿认为，如果他制定的价格能够显著打击竞争对手，那么他的公司将拥有足够的销量，以实现显著的规模经济。规模经济最大的优势便是能够以其他零售商无法获得的折扣批发价格去采购大批量商品。

随着沃尔玛一惯性地在其进入地区市场占据着主导地位，沃尔顿简明扼要的竞争策略日臻完善。沃尔玛所谓“掠夺性”的商业模式的最终结果就是造成了大量的小型零售商，包括药店、食品、百货商店的停业。美国前劳工部部长罗伯特·赖克在《纽约时报》发表的一篇文章中指出，沃尔玛“通过掠夺小型零售商业务将街道变成了鬼城”[①]。

20世纪90年代初，沃尔玛在墨西哥和加拿大开设零售店，成为一家国际公司。沃尔玛在这些国家成功复制了之前的商业模式，将业务拓展至北美以外的其他地区。此后，在过去的20年间，沃尔玛销售额的近1/4皆来自于分布在全球20多个国家的6 000家零售店。

墨西哥无疑是沃尔玛最成功的阵地。沃尔玛迅速获得了墨西哥零售业的控制权，夺取了此前经营了数十年的墨西哥各大零售商的大量市场份额。截至2012年，沃尔玛在墨西哥的子公司——沃尔玛墨西哥公司成为墨西哥最大的零售商和私人雇主。

贿赂指控

2012年4月，《纽约时报》发表了一篇文章“高层斗争背后，沃尔玛掩盖了墨西哥的巨额贿赂案”。文中称，沃尔玛经常贿赂政府官员，以获取墨西哥法律规定的建筑许可证和其他营业执照。一位前沃尔玛墨西哥分公司的员工作证说，贿赂使得这家墨西哥子公司“以如此之快的速度建立了数百家新店，以至于竞争对手没有时间做出反应”[②]。在长达18个月的调查之后，《纽约时报》发表了一篇获得普利策新闻奖的文章。文章中坚称，行贿行为违反了1977年的《反海外腐败法案》(Foreign Corrupt Practices Act，FCPA)。此外，文章还指责沃尔玛的高级管理层向美国执法部门隐瞒了这些贿赂行为。

2005年底，沃尔玛的高管们在得知墨西哥子公司的行贿行为后，立即展开了调查。沃尔玛向墨西哥城派遣了调查人员，几天之内他们就发现了关于贿赂的大量证据。他们还发现了一些文件，表明沃尔玛墨西哥公司的高管不仅知道这笔用于贿赂的钱，而且还采取措施向沃尔玛位于阿肯色州本顿维尔的总部隐瞒了这笔钱。[③]

发现贿赂行为后，沃尔玛高管在如何解决这个问题上存在分歧。《纽约时报》的一篇文章称，沃尔玛管理层最终决定在内部秘密解决此事。为了完成这一目标，

---

① R.Reich “ Don’t Blame Wal-Mart,”*New York Times* (online),28 February 2005.

② D.Barstow,“ Vast Mexico Bribery Case Hushed Up by Wal-Mart After Top-Level Struggle,” *New York Times* (online),21 April 2012.

③ D.Barstow,“ Vast Mexico Bribery Case Hushed Up by Wal-Mart After Top-Level Struggle,” *New York Times* (online),21 April 2012.

沃尔玛墨西哥公司对被指控存在行贿迹象的高管进行了调查。但是，调查很快就结束了。随后的内部报告指出："没有明确的证据表明，有人向墨西哥政府当局行贿，以试图非法获取任何许可证。"①

沃尔玛公司的调查总监曾是联邦调查局特工，他发现，内部报告并不充分。"尽管如此，这份报告还是被沃尔玛的领导们接受了，并被认为是对此事的最后定论。"②沃尔玛的高管们告诉美国司法部，他们的公司可能是在得知《纽约时报》正在进行的调查后，才违反了《反海外腐败法案》。

《纽约时报》这篇文章的作者指责沃尔玛"对增长的不懈追求"损害了它对"最高道德和伦理标准"的承诺。③2012年12月，《纽约时报》刊发了一篇后续文章，题为"沃尔玛如何利用贿赂在墨西哥取得成功"，文章指出沃尔玛在墨西哥获取了不公平的竞争优势。这篇文章还驳斥了一种说法，即沃尔玛是墨西哥腐败商业文化的"受害者"，这种文化迫使企业向政府官员行贿。

《纽约时报》的调查显示，沃尔玛墨西哥公司并不是腐败文化的受害者，它也不是仅仅为了加快例行审批而行贿。相反，沃尔玛墨西哥公司是一个激进而又具有创造性的腐败分子。它通过巨额贿赂获得法律禁止的东西；利用贿赂来颠覆民主治理——公开投票、公开辩论、透明程序；利用贿赂来规避保护墨西哥公民免受不安全建筑的监管措施；利用贿赂来打击对手。④

2011年12月，沃尔玛向美国司法部报告了可能违反《反海外腐败法案》的行为，之后指示其审计委员会使用"所有必要的资源"，积极"调查"该公司在墨西哥乃至全球遵守《反海外腐败法案》的情况。⑤审计委员会聘请了毕马威事务所和一家大型律师事务所进行协助调查。⑥沃尔玛董事会还建立了一个国际"FCPA总监"网络，向总部位于本顿维尔的"全球FCPA监察官"报告。2012年4月，针对《纽约时报》的贿赂指控，沃尔玛发布了一份新闻稿，沃尔玛管理人员在文中宣称："我们不会容忍公司任何违反《反海外腐败法案》的行为。"⑦

自2012年以来，沃尔玛高管一直在公司定期向美国证券交易委员会提交的报告中讨论《反海外腐败法案》内外部调查的进展。这些陈述一直警告投资和贷款团

---

① D.Barstow," Vast Mexico Bribery Case Hushed Up by Wal-Mart After Top-Level Struggle," *New York Times* (online),21 April 2012.

② D.Barstow," Vast Mexico Bribery Case Hushed Up by Wal-Mart After Top-Level Struggle," *New York Times* (online),21 April 2012.

③ D.Barstow," Vast Mexico Bribery Case Hushed Up by Wal-Mart After Top-Level Struggle," *New York Times* (online),21 April 2012.

④ D.Barstow and A.Xanic won Bertrab,"How Wal-Mart Used Payoffs to Get Its Way in Mexico," *New York Times* (online),17 December 2012.

⑤ Walmart.com,news release issued April 24,2012.

⑥ Ernst&Young was Walmart's audit firm at the time.

⑦ Walmart.com news release issued April 24,2012.

体，沃尔玛最终可能会因涉嫌违反《反海外腐败法案》而招致损失，但损失的数量不能“合理地估计”。不过，公司管理层在报告的同时宣称，预计的亏损不太可能对沃尔玛的运营产生“重大负面”影响。同时，该公司还定期披露与其内部调查《反海外腐败法案》相关的累计成本。截至2016年初，这个数字已经超过了6亿美元。最后，该公司关于《反海外腐败法案》事项的中期报告显示，在除墨西哥以外的国家（包括巴西和印度）的业务中，还发现了可能违反《反海外腐败法案》的行为。新闻媒体纷纷猜测美国证券交易委员会和美国司法部联合调查沃尔玛涉嫌违反《反海外腐败法案》的最终结果。这些猜测主要集中在联邦机构可能对沃尔玛征收的罚金数额上。许多观察人士认为，罚款数额可能会超过2008年德国工程电子公司西门子（Siemens AG）被处罚的4.5亿美元。

FCPA：从水门事件到“沃尔玛门”事件

沃尔玛广为宣传的《反海外腐败法案》问题，重新将人们的注意力集中到该联邦法规的起源和性质上。《反海外腐败法案》是20世纪70年代水门事件调查期间的副产品，特别检察官办公室发现美国公司向外国政府官员支付巨额贿赂、回扣和其他款项，以建立或维持商业关系。

公众的普遍抗议迫使国会通过了《反海外腐败法案》，该法案将大部分此类付款定为刑事犯罪[①]。《反海外腐败法案》还要求美国公司维持有效的内部控制系统，并针对发现不正当的外国付款提供合理保证。美国证券交易委员会在1997年发布的《会计与审计强制执行公告》中强调了《反海外腐败法案》有关会计和内部控制要求的重要性和必要性。

> 《反海外腐败法案》的会计规定是由国会和反贿赂组织一起制定的，因为国会的结论是，美国公司对外国官员的行贿行为基本都被掩盖在公司账目中，要求有准确的记录和充分的内部控制，以有效地遏制行贿行为。[②]

在《反海外腐败法案》通过后的20年里，美国证券交易委员会很少指控美国公司违反其规定。在1997年，美国证券交易委员会曾对国际石油天然气勘探公司Triton Energy提起了与《反海外腐败法案》相关的诉讼。当时，美国证券交易委员会指出，对Triton Energy提起的《反海外腐败法案》指控是为了向美国企业传递一个“信息”，“即使不被发现，也不能行贿”[③]。同时，证券交易委员会的一位发言人预计，未来，证券交易委员会将对违反《反海外腐败法案》的相关行为进行更多

---

① 最初，《反海外腐败法案》并没有明确界定“便利支付是否符合贿赂条件，在联邦法规下是否属于非法行为”。一般来说，贿赂是支付给政府官员的大笔款项，而便利或“贿赂”是支付给级别较低的政府官员的少量或名义上的款项，用于加快或促进已授权或已完成的交易。在1988年，《反海外腐败法案》经过了修正，以解决这个问题。《反海外腐败法案》没有涵盖为鼓励政府日常行动而支付的便利款项。

② Securities and Exchange Commission, Accounting and Auditing Enforcement Release No.889, 27 February 1997.

③ L.Eaton, “Triton Energy Settles Indonesia Bribery Case for $300,000,” *New York Times*, 28 February 1997, D2.

的指控。[①]

证券交易委员会在这点上履行了承诺。到2015年，美国证券交易委员会调查了74家上市公司可能违反《反海外腐败法案》的行为。这些公司包括百时美施贵宝（Bristol-Myers Squibb）、思科系统（Cisco Systems）、哈里伯顿（Halliburton）、联合技术（United Technologies）和永利度假村（Wynn Resorts）等知名公司。世界银行（World Bank）强调了美国证券交易委员会和全球其他执法机构遏制企业行贿的必要性。世界银行估计，仅美国一个国家，每年就有超过1万亿美元的贿赂行为。[②]

不过，对于《反海外腐败法案》，批评者也不在少数。许多公司的高管抱怨说，联邦法规让美国跨国公司在竞争中处于明显劣势，而总部设在那些没有类似法律的国家的跨国公司则获取了明显优势。这些高管还认为，过于关注起诉涉嫌违反《反海外腐败法案》这一行为是不恰当的。"我们可以看到，许多企业在积极的调查和执法行动中被抓到把柄。这种对于腐败行为过于关注的做法已经引起了司法部的注意。上次我检查的时候，我们还不是生活在一个警察遍布的国度。"[③]美国司法部的一名代表在回应这一申诉时指出："现在不是纵容腐败的时候，我们应当尽一切努力，确保减少商业腐败的行为，而不是纵容其不法行为。"[④]

迄今为止，《反海外腐败法案》对在证券交易委员会注册的审计机构尚且没有产生重大影响。在美国证券交易委员会提起的一项针对《反海外腐败法案》的诉讼中，只有一家审计公司被点名。在这起诉讼中，毕马威印度尼西亚子公司的一名代表被指控向一名政府官员行贿，以减少其客户的税单。毕马威的印度尼西亚子公司并没有被罚，而是通过停止执行业务解决了这一舞弊指控。[⑤]随着《反海外腐败法案》对沃尔玛的指控浮出水面，路透社国际新闻社（Reuters international news service）的一名记者指出，长期担任沃尔玛审计事务所的安永（Ernst & Young）不太可能成为被调查的目标。[⑥]

事实上，作为向证券交易委员会注册机构提供审计服务的会计师事务所而言，

---

① *Securities Regulation and Law Report* ,"SEC Official Predicts More FCPA Cases in Near Future," Vol.29,No.18 (2 May 1997),607.

② Organization for Economic Cooperation and Development,"The Rationale for Fighting Corruption ,"http://www.oecd.org/cleangovbiz/49693613.pdf.

③ L.Wayne," Hits,and Misses,in a War on Bribery,"*New York Times* (online),10 March 2012.

④ L.Wayne," Hits,and Misses,in a War on Bribery,"*New York Times* (online),10 March 2012.

⑤ Securities and Exchange Commission,*Litigation Release No.17127*,12 September 2001.

⑥ N.Byres," Wal-Mart Auditor Unlikely to Suffer in Bribery Case,"Reuters.com,4 May 2012.然而在2015年，一个股东维权组织声称，早在2006年，安永就知道沃尔玛可能违反了《反海外腐败法案》。这家维权组织坚称，安永"应该向美国证券交易委员会报告可疑的贿赂行为"。S.Nassauer,"Shareholder Group Says Ernst & Young Knew About Wal-Mart Mexico Bribery Allegations,"*Wall Street Journal* (online).25 May 2015.

《海外反腐败法案》为他们创造了一个新的收入来源。例如，德勤在网站中将《反海外腐败法案》咨询业务列为向上市公司提供的一项附属服务。

> 我们的《反海外腐败法案》咨询业务可以有效地帮助公司，使其避免存在违反《反海外腐败法案》的相关行为，并采取措施应对潜在的违规行为。德勤及其子公司的网络资源十分丰富。在美国、加拿大、欧洲、俄罗斯、非洲、拉丁美洲和亚洲等地区，我们为各大世界顶尖公司提供各种与遵守《反海外腐败法案》相关的活动，包括调查、收购调查，以及合规程序的实现和评估等内容。[①]

思考题

1.指出沃尔玛可能对沃尔玛墨西哥子公司及其他外国子公司实施哪些控制活动，从而减少向政府官员支付非法款项的可能性。这些控制活动是否符合成本效益原则？

2.当一家上市公司的会计师发现客户触犯法律时，他或她负有什么责任？会计师在公司的职位等级会对职责产生影响吗？如果上市公司的审计人员发现客户有违法行为，他或她负有什么责任？审计人员在公司的职位等级是否影响该职责？

3.在美国证券交易所注册的机构，其审计事务所是否有责任实施审计程序以确保客户遵守《反海外腐败法案》？说出你的观点。

4.如果某些外国公民认为行贿是一种可以接受的商业行为，那么美国公司在这些国家做生意时，是否应该拒绝这种观念？说出你的观点。

---

① Deloitte,"Foreign Corrupt Practices Act Consulting," www.deloitte.com.

第四部分

会计师的职业道德责任

4

案例 4.1

克利夫·库尔披萨有限公司

想象这样一个场景：你毕业于迈阿密大学、新墨西哥州立大学或俄亥俄州卫斯理大学并取得了会计学学位。几年后，你是一家国际会计师事务所的高级审计师。你最好的朋友，从幼儿园开始就认识的瑞克，是美国国税局（IRS）的特工。一天吃午饭的时候，瑞克提到了IRS的线人计划。

“你知道吗，杰西，你要是能在我们这边作一名线人的话，就可以轻轻松松地赚上几百美元。事实上，如果能给我们提供你那边一两家大公司客户的信息，便能赚一大笔钱。”

“真搞笑，瑞克，真的滑稽。我，一名双重间谍，为IRS监视我的客户？你听说过保密规则吗？”

听起来不切实际？但事实并非如此。自1939年起，IRS就开始实施线人计划。参与该计划的大多数人都只提供一次性信息，然而，IRS还保留了数百名受控线人，他们与一名或多名IRS的特工持续合作。受控线人向IRS提供有关个人和企业涉嫌逃税的犯罪证据。20世纪90年代初，据IRS透露，这其中超过40名的受控线人是注册会计师。

现在考虑这种情况：你作为一名高级审计师，再次和你的朋友瑞克，这位IRS的特工共进午餐。瑞克知道IRS正在针对你的联邦所得税申报单上近几年的大额抵扣情况而调查你的避税嫌疑，你所面临的额外税务评估和罚款将大大超过你的净资产，单单法律费用就会是几千美元。迄今为止，你已经成功地对自己的配偶隐瞒了这一调查。

“杰西，我知道这个调查真的让你担心，但我可以帮你摆脱这一切。我和我的主管谈过了，她和另外三名探员正在处理涉及你某个审计客户的案件，我现在还不能告诉你哪一个。如果你同意作为受控线人与他们一起工作并向他们提供你能轻易获取的信息，他们就会终止对你的税务调查。你将摆脱困境，没有嫌疑，没有罚款，也没有附加税，案件永久结案……”

“瑞克，别这样，我做不到。如果我的公司发现了怎么办？我会失去我的工作，可能我还会失去我的执照。”

“是的，但你要面对现实，如果IRS证实了对你的指控，你将失去你的工作和执照……可能还有很多，甚至可能包括你的婚姻，想想吧，杰西。实际上，局里正在考虑从你那里征收最多5万美元的赔偿，但如果你和我的主管合作，她或许能在你客户那里追缴几百万美元。”

“你确定他们会让我摆脱这种情况吗……不受牵连？”

“是的，不受牵连。来吧，杰西，我们需要你，更重要的是，你需要我们。另外，这样想，你因参与那些伪造的避税欺诈就已经犯了错误，而你的客户多年来一直在剥削政府，你把这些骗子交出来，这是在为公众社会服务。”

回到现实，看看詹姆斯·柴克斯菲尔德的例子。1981年，密苏里州的注册会计师柴克斯菲尔德成为IRS的一名受控线人。招募柴克斯菲尔德的IRS特工是他多年来的好友，他知道柴克斯菲尔德正在接受IRS的调查。据报道，由于未能在1974年至1977年期间提交联邦所得税申报表，柴克斯菲尔德欠下了近3万美元的税款。

在IRS聘请柴克斯菲尔德的同时，联邦机构也在调查一家总部位于密苏里州的公司：克利夫·库尔披萨有限公司。IRS认为这家披萨连锁餐馆的所有者在他的经营业务中“隐瞒收入”。也就是说，没有在其联邦所得税申报表中如实报告他旗下8家餐厅的总销售收入。尽管IRS和柴克斯菲尔德都否认他专门为IRS提供有关该公司的信息，但他在过去几年中一直担任克利夫·库尔披萨有限公司的注册会计师。

从1982年到1985年，柴克斯菲尔德向IRS提供了克利夫·库尔披萨有限公司的相关信息。根据这些信息，联邦检察官在1989年对该公司的所有者提出了6项刑事指控，这份起诉书指控该所有者将应税收入少申报了几十万美元。如果罪名成立，他将面临近100万美元的罚款和长达24年的监禁。与此同时，IRS撤销了对柴克斯菲尔德的指控。IRS和柴克斯菲尔德都认为，该指控的撤销决定与他向IRS提供克利夫·库尔披萨有限公司的相关信息之间无关。

克利夫·库尔披萨有限公司的所有者在收到IRS的诉讼指控后，其律师查看了IRS诉讼的相关信息。结果，所有者发现了他的老朋友及会计师在IRS调查中起到的作用，自然地，所有者对此非常生气：“我的会计对我所做的一切十分卑鄙无耻！他坐在我家，和我及我的家人在一起，就像我们的家庭成员一样。另一方面，他却在和我作对。”①让所有者愤怒的是，在柴克斯菲尔德为IRS做卧底的期间，他已经给这位注册会计师支付了超过5万美元的会计和税务服务费用。

报纸和电子媒体对全国范围内“卧底会计师”案件的报道引发了社会各界对IRS的广泛批评，这桩案件还导致很多注册会计师的客户怀疑他们是否能信任其

① “Accounting Spies on Client for IRS,” *Kansas City Star*, 18 March 1992, 2.

会计师对其敏感财务信息保密。当IRS当局被问及此案时，其对使用了柴克斯菲尔德收集的披萨公司所有者犯罪证据这一行为毫无悔意。IRS的一名代表也否认了这样一种观点，该观点认为注册会计师和其客户之间的沟通应该类似于律师和其客户之间的沟通，即在联邦法律下享有“特权”。事实上，这位代表坚持认为，会计师负有道德责任来向IRS提交任何能暗示其客户违反了联邦税法的犯罪证据。[①]

会计界对柴克斯菲尔德案感到震惊，并试图尽量减少该案对注册会计师的公众信任方面所造成的伤害。该行业特别谴责了IRS的行为，并试图向公众保证，注册会计师协会不赞成IRS关于涉及客户保密事宜的观点。[②]

后记

1990年8月，密苏里州会计委员会因詹姆斯·柴克斯菲尔德违反州法律，吊销其注册会计师执照。该项法律规定：禁止注册会计师在未经客户允许的情况下泄露机密客户信息。1991年11月，美国司法部突然宣布，尽管此前已有针对此案的预审论点，但司法部正在撤销对克利夫·库尔披萨有限公司所有者的逃税指控，司法部未对这一决定进行解释，但有法律专家推测，联邦检察官撤销指控是因为法官在审理该案时，预计将不允许IRS使用在柴克斯菲尔德协助下收集的证据。

尽管克利夫·库尔案件带来了负面影响，IRS仍在发展公共部门及私营企业中的会计师作为线人。20世纪90年代末，《福布斯》杂志对一宗案件进行了谴责。当时，一家销售电子产品的连锁店的一名心怀不满的财务总监报复了他的老板。[③]在离开公司前，该财务总监拷贝了连锁店的会计和税务记录，显示该连锁店老板犯下了大规模税务欺诈行为，多亏这些信息，IRS从连锁店老板那里收取了近700万美元的罚款并关押他10个月。这位前财务总监也收到了IRS为表彰他的“合作”而公开发放的一笔不菲的“举报人费用”。

2007年，IRS举报人办公室成立。该办公室负责执行2006年联邦法律的一项条款。该条款规定，那些举报了其他方存在重大税务缺陷的个人，其举报酬金的最低支付额为其他方拖欠税款的15%。根据该规定，迄今为止最高的一笔酬金是于2012年IRS向一家大型瑞士银行公司——瑞银（UBS）的一名前雇员发放的1.04亿美元的报酬。[④]

---

① "The Case of the Singing CPA," *Newsweek*, 17 July 1989, 41.

② "IRS Oversteps with CPA Stoolies," *Accounting Today*, 6 January 1992, 22.

③ J. Novack, "Boomerang," *Forbes*, 7 July 1997, 42-43.

④ L. Saunders and R. Sidel, "Whistleblower Gets $104 million," *Wall Street Journal (online)*, 11 September 2012.

思考题

1. 为小企业提供会计、税务和相关服务的注册会计师是否有责任为这些客户遵守“道德准则”？请解释说明。

2. 在1984年美国最高法院发表的一份意见书中，首席大法官沃伦·伯格指出：“独立审计师承担了超越与客户之间任何雇佣关系的公共责任。”如果这是真的，那么审计师是否有道德或职业责任去举报那些偷税漏税或违反其他法律的客户？

假设你是本章中第二个假设场景中的杰西，你会如何回应你朋友关于建议你成为IRS受控线人的意见？你的决定和你对各方应尽的义务都会影响到你的身份。

案例4.2

F&C国际香料股份有限公司

19世纪初，亚历克斯·弗里斯从德国移民到美国。[①]美国西部地区的开发带来的令人兴奋的事物和机遇吸引了成千上万的美国年轻人，包括自俄亥俄河西部到辛辛那提的那些追求梦想的德国年轻人。作为一名具备专业素养的药剂师，弗里斯很快在俄亥俄州南部和肯塔基州北部的一片蓬勃发展的酿酒工业区找到了一份工作。他的专业背景十分符合酿酒行业中一项重要工作的需求，即制作更符合大众口味的酿酒香料。亚历克斯·弗里斯最终建立了自己的香料公司，也正是得益于弗里斯，辛辛那提成为美国一个面积不大却至关重要的“香料工业之乡”。截至20世纪末，该地区香料工业的年收入已接近50亿美元。

亚历克斯·弗里斯在香料产业的成功成就了一项家族事业。20世纪初，他的两个孙子创建了自己的香料公司——Fries & Fries香料公司，几十年后，亚历克斯·弗里斯的另一个后裔——乔恩·弗里斯，成为F&C国际香料股份有限公司的总裁兼首席执行官，该公司在纳斯达克证券交易所上市，其总部位于辛辛那提，并曾在20世纪80年代于俄亥俄州盛极一时。遗憾的是，在20世纪90年代初，弗里斯家族在香料产业的辉煌开始走向衰败。

一个骗局

乔恩·弗里斯精心策划的一场大规模的财务骗局是导致F&C国际香料股份有限公司垮台的根源。至少有10名F&C公司的高管主动参与了这一骗局，或因为他们的不作为被动地令骗局继续不受控制地发展。弗里斯和他的同伙使用的方法并不罕见。

弗里斯意识到，美化公司周期性经营结果最有效的策略是虚增总收入，并夸大

① 这起案件的事实来自于美国证券交易委员会(SEC)在《辛辛那提问询报》上发表的一系列文章，本案的主要当事人既不承认也不否认SEC报告的事实。

各期末库存。在整个20世纪90年代初，F&C公司通过提前确认交易实现、将客户未订购产品寄给他们、伪造虚假交易记录等手段系统地夸大了销售收入。为了夸大库存，F&C公司的员工用桶装水冒充含有高浓度香料的产品，同时，该公司还故意不对存货中的不合格产品进行销毁，包括生产过程中产生的废品。公司高管利用公司误导性的财务报表出售股票，并获得了大量的银行贷款。

对于弗里斯和其他高管而言，这些欺诈性方案令公司的日常经营决策变得复杂，既然公司的会计记录不再可信，公司高管就要努力开发全新的、合适的销售和库存管理策略。为了应对这一状况，F&C公司创建了一个虚构的仓库——仓库Q。

仓库Q成为以下这些产品的会计储存库：由于质量不合格被客户退回的产品、不可用的产品、实际不存在的产品或实际仓库中不存在的产品。①

弗里斯和他的同伙面临的另一个棘手的问题是如何向F&C公司的独立审计师们隐瞒公司的欺诈行为。在公司进行年度审计时，这些高管们一直企图将审计师的注意力从可疑的交易和情况转移到别处。高管采取的具体措施主要包括：制作虚假文件，将审计人员统计的库存进行错误标记，以及抑制下属想要揭露欺诈行为的企图。

最终，F&C公司欺诈骗局由于其规模之大和复杂性之高而东窗事发。针对该公司财务报表中存在重大违规行为的指控引发了美国证券交易委员会对其的调查。调查显示，在90年代初期间，F&C公司将其税前累计收入夸大了近800万美元。仅1992年，公司就少报了近140%的税前净亏损（近380万美元）。

部门总会计师

1992年6月30日会计年度结束后不久，也就是从1992年7月开始，凯瑟琳·斯珀尔开始担任F&C国际香料股份有限公司的会计师。斯珀尔作为一名注册会计师，起草了F&C公司10-K表格注册申请书中有关管理层讨论和分析（MD&A）的部分。1992年10月，28岁的斯珀尔成为F&C香料部门的财务总监。在晋升之后，斯珀尔继续协助F&C公司准备将递交给美国证券交易委员会的定期财务报告中的MD&A部分。

1993年1月初，F&C公司的一名员工提醒斯珀尔，在1992年6月的最后几天他看到公司有员工往库存桶中装水，这个人还跟斯珀尔讲，他有文件能证明F&C公司有两名管理层人员与此事有关，这种做法显然是为了夸大公司1992年底盘点的库存数量。根据美国证券交易委员会的说法，斯珀尔立即中断了与这名员工的谈话，并未与任何人提及这名员工的说法。

当天晚些时候，另一名F&C公司的员工找到了斯珀尔并承认他参与了当天早

---

① Securities and Exchange Commission, *Accounting and Auditing Enforcement Release* No. 605, 28 September 1994. 本章后续引用皆来源于此。

些时候发生的伪造库存事件。这名员工声称他直接受命于乔恩·弗里斯，并试图将舞弊过后的库存物品清单提交给斯珀尔。斯珀尔拒绝接受这个清单，但这名执着的员工坚持将清单放在斯珀尔通信文件中的显眼位置，该清单详细列出了F&C公司会计账簿中大约35万美元实际并不存在的产品。斯珀尔从未向她的上级、F&C公司其他的财务会计师或公司的独立审计师报告过这份舞弊存货清单。不过，她随后警告了F&C公司的首席运营官弗莱彻·安德森，公司存在严重的库存问题。

首席运营官

1992年9月，弗莱彻·安德森成为F&C公司的首席运营官，并在几天后加入了公司董事会。1993年3月23日，安德森接替乔恩·弗里斯担任F&C公司的总裁兼首席执行官。1992年秋季，安德森在F&C公司的会计账簿中偶然发现了几笔可疑的交易。1992年9月下旬，安德森发现在客户向F&C公司下采购订单之前，公司就已经发货；在其他几笔销售中，他还发现存货并未发给客户而是运到了F&C公司的仓库。在1992年10月初，安德森终于发现了一份伪造的发货单，这笔伪造订单将报告的发货时间从10月改到9月。所有的这些舞弊都是为了虚增F&C公司1993年第一季度的财务收入，而这一切于1992年9月30日结束。

1993年第二季度，安德森发现有大量直接证据表明F&C公司的财务数据被有组织地歪曲。11月份，一位下属告诉安德森，公司的某些浓缩香料只不过是在水桶外贴上标签而已。接下来的一个月里，安德森得知至少有150万美元的虚假商品或残次品被“存储”在没有地址的仓库Q里。

1993年1月下旬，凯瑟琳·斯珀尔向弗莱彻·安德森递交了辞呈。斯珀尔辞职的理由之一是她严重怀疑公司库存记录的可信性。安德森坚持说斯珀尔没有告诉他怀疑这些记录的理由，这也是因为他想避免在以后的任何诉讼中为斯珀尔的怀疑作证。

1993年2月，在安德森接替乔恩·弗里斯成为F&C公司首席执行官前不久，公司的一名成本会计师警告他公司存在“300万~400万美元规模”的存货问题，安德森后来告诉美国证券交易委员会，尽管成本会计师查到了F&C公司的库存记录和实际库存量，但他认为会计师夸大了公司库存问题的严重性。

首席财务官

20世纪90年代初，克雷格·舒斯特尔担任F&C公司的首席财务官，作为F&C公司的首席财务官，舒斯特尔审核了公司准备递交给美国证券交易委员会的注册报告并签署了这些注册申请文件，包括公司1991年和1992年的10-K表格注册申请书。

1992年，舒斯特尔开始察觉到F&C公司会计账簿中存在的诸多问题，尤其是仓库Q的存在。1992年3月，舒斯特尔了解到其下属无法找到在F&C公司永续盘存记录中大量列出的对应商品。几个月后，舒斯特尔又发现向客户的供货时间被提前，显然是公司企图提前确认产品销售收入。1992年底，舒斯特尔决定将F&C公司近100万美元的半成品库存归为制成品类别。

1992年12月17日，沮丧的舒斯特尔准备将一份长达23页的清单上交给弗莱彻·安德森，上面记录了储存在仓库Q中价值150万美元的存货，备忘录中显示库存显然不存在或存在缺陷。针对F&C公司的骗局，美国证券交易委员会并未披露安德森是否回应了舒斯特尔备忘录提出的问题。

由于舒斯特尔负责监督F&C公司财务报告递交过程中的准备工作，因此他清楚报告中并没有如实反映公司的库存问题。1993年1月1日，克雷格·舒斯特尔辞去了F&C公司首席财务官一职。舒斯特尔签署的最后一份F&C公司的注册申请书是1993年公司第一季度的10-Q表格，该项业务于1993年9月30日结束。

故事的结尾

1994年9月28日，美国证券交易委员会的执法部批评凯瑟琳·斯珀尔、弗莱彻·安德森与克雷格·舒斯特尔未能合理保证F&C公司“提交给委员会和呈报给投资公司的财务报告的真实性”。联邦机构认为他们三人未能揭露F&C公司财务报告中的“重大会计问题”而对其进行了处罚。最后，美国证券交易委员会斥责安德森和舒斯特尔未能建立充分的内部控制系统，以提供正确的收入确认与库存评估。在与美国证券交易委员会达成的和解协议中，这三名前F&C公司的高管承诺将“永久停止”犯罪或做出违反联邦证券法规的行为。

1994年9月28日，美国证券交易委员会发布了第二项强制执行措施，其中包含一系列针对乔恩·弗里斯和其他7名F&C公司高管的指控。美国证券交易委员会指控这些高管应对F&C公司欺诈性的盈利方案负责，为应对这些指控，每位高管都承诺未来不再违反联邦证券法规，和解协议永久禁止乔恩·弗里斯再从事公众企业高管或董事等相关工作。不少高管同意将早期销售F&C股票收益所得作为罚金上缴，弗里斯上缴了他销售F&C普通股股票所得的200多万美元。最终，美国证券交易委员会对四名高管处以1.15万美元到2万美元金额不等的民事罚款。

1993年4月，在F&C国际香料股份有限公司的舞弊丑闻曝光后不久，该公司申请破产。第二年，竞争对手购买了F&C公司的剩余资产。从1995年3月起，乔恩·弗里斯开始在联邦监狱服刑15个月，为他在整场骗局中的所作所为付出代价。

思考题

1.乔恩·弗里斯（首席执行官）、弗莱彻·安德森（首席运营官）、克雷格·舒斯特尔（首席财务官）和凯瑟琳·斯珀尔（部门会计师）是本案的四名核心人物。明确这些人所从事职业角色的主要职责。简要描述这些人与F&C公司的独立审计师之间的关系类型及程度。

2.利用下面所示的量表，评估在本案中讨论的四个关键人物的行为并对其做出评价。请阐明你的理由。

-100 . . . . 0 100

非常不道德　　　　非常道德

3.假设你能够暂时接替凯瑟琳·斯珀尔的工作，当面对那两名坚称F&C公司管理层参与舞弊案并歪曲公司财务报表的员工时，你会怎么做？

4.1993年1月1日，克雷格·舒斯特尔辞去了F&C公司首席财务官的职务。显然，舒斯特尔没有向任何第三方透露他对F&C公司会计账簿及先前财务报表的担忧。你认为，舒斯特尔是否有义务在辞职后将自己的看法告知他人？请阐明你的理由。

5.1992年12月，假设是你而非弗莱彻·安德森担任F&C公司的首席运营官，在收到克雷格·舒斯特尔上交的仓库Q的库存清单后，你会怎么做？

案例 4.3

苏泽特・华盛顿，会计专业

苏泽特・华盛顿在大学勤工俭学期间，曾在位于美国东南部的一家服装连锁店——贝托里尼担任库存管理员。[①]贝托里尼的服饰主要迎合了追求时尚的年轻男女，该公司商店里的服装各式各样，包括休闲服、商务套装和其他配饰。苏泽特工作的那家门店跟她就读的大型州立大学仅隔几条街，除了管理人员，店里大多都是大学生。苏泽特最好的朋友兼室友葆拉・凯伊也在这家店打工做售货员。葆拉学的是市场营销专业，苏泽特学的是会计专业。

苏泽特大四那年，店里三个男装专区的库存总是莫名其妙地减少。苏泽特的主管，一位经理助理私下对苏泽特透露说，他怀疑有售货员在偷衣服。有一天在学校食堂吃午饭时，苏泽特不经意地向葆拉提到了店里的库存问题，而葆拉很快转移了话题，问起苏泽特周末有什么打算。

“葆拉，回到刚才那个话题，你是不是知道什么？”

“啊，什么意思？”

“库存丢失……短缺……盗窃？”

气氛一度陷入尴尬之中，几分钟后，葆拉放下了手中的餐具，直视着苏泽特的双眼说道：“苏泽特，我不知道是不是真的，但是我听说亚历克斯和马特每周都会从店里偷点东西，Polo衫、丝质领带、牛仔裤。有时他们也会拿一些贵点的东西，比如手工针织毛衣或是运动夹克。”

“他们是怎么做到的？”

“我听说……你不要说出去……听说亚历克斯每周都会有几次把一些东西藏在2号收银台下面的垃圾桶底部。然后你知道的，马特他每天晚上都把垃圾倒到胡同

---

① 本案例信息来源于一名大学生，他现已成为一名注册会计师。案例中有些姓名、地点和其他一些背景信息已经有所改动。

里的垃圾站那边，他就在那时候把东西拿出来放进自己的车里。”

“葆拉，我们不能让他们得逞。我们得告诉经理。”

“不，绝对不行。你得记住，这都只是传言，我还不知道是不是真的。如果你告诉经理，就会有好多询问，警察可能也会干涉此事，到时候追查整件事是谁告发的，或许……我们的车子会被划破轮胎……或者半夜里接到恐吓电话。”

“所以，我们就置之不理？什么都不做，就让那些家伙继续偷？”

“苏泽特，你管理库存，你也知道这些衣服的利润之高，其实店家早就算到会有员工拿衣服，丢这些对店家没有影响。”

“说不定没有了盗窃行为，店里的衣服就能便宜些卖给顾客了。”

在葆拉看来，苏泽特肯定会向管理层报告失窃的这些情况，于是她说：“两个月，苏泽特，就再坚持两个月，两个月后我们就毕业了。你能等到那时再说吗？那时我们就离开这个州了，也不用顾虑我们的车会被报复性涂鸦。”

苏泽特和葆拉的谈话过了一周之后，贝托里尼公司的一位经理收到一封匿名信，信中写到了店里存在两人盗窃团伙作案的传言。该公司立即聘请了一名私家侦探调查此事。四周后，侦探调查到，亚历克斯和马特共盗窃价值500美元的服饰，接着贝托里尼通知警方，随后地方检察官以刑事案件起诉二人，被告律师提请达成认罪求情协议，最终二人被判监禁缓刑。判决协议里包括赔偿贝托里尼的全部损失，完成数百小时的社区服务，以及漫长的缓刑考验期。

思考题

1.如果你遇到本例中与苏泽特一样的情况，你会怎么做？

2.你认为苏泽特将传闻中的团伙盗窃报告给经理是否妥当？如果苏泽特没有报告给经理，那么她是否缺乏职业道德？

3.会计专业的学生要时刻准备进入一个公认的有着最强、最严格职业规章制度的行业。鉴于这一事实，你认为会计专业的学生是否应比其他商科专业的学生更有责任、更应遵守职业道德？

4.请简单讨论一些可以帮助贝托里尼公司防范盗窃损失的内控措施。

案例 4.4

飞思卡尔半导体有限公司

谁来监管监管者？

尤维纳利斯

2006年夏天，由华尔街最大的私募股权投资机构之一——黑石集团牵头的一个投资财团发起了收购飞思卡尔半导体有限公司的秘密计划。飞思卡尔总部位于得克萨斯州奥斯汀，是全球最大的半导体生产商之一，数十年来一直是全球最大的电子制造公司——摩托罗拉的子公司。2004年7月，飞思卡尔因摩托罗拉重组而分离出来并招股上市。

黑石雇用安永会计师事务所作为收购飞思卡尔的咨询顾问，黑石希望安永除了提供其他服务外，着重审查飞思卡尔的人力资源职能并提出收购后相关职能的整改意见。安永交易咨询服务（TAS）部门的合伙人詹姆斯·甘斯曼负责该项目中的这一部分。

与其他三家“四大”类似，20世纪90年代，安永开始涉足投资银行业务。事实上，到20世纪90年代末，“四大”完全可以夸耀其在投资银行业务领域拥有世界上最大的两家投行的业务等成就，至少从年度并购咨询的业务数量上来看确是如此。1998年，毕马威（KPMG）为430宗并购交易提供过咨询服务，普华永道为429起。虽然业务数量惊人，但是毕马威和普华永道并没有标榜自己为投行业务方面的“领头羊”。

其实在1998年，毕马威和普华永道的并购咨询业务收入分别为16.5亿美元和12.4亿美元，但这些数额在高盛（Goldman Sachs）等行业巨头面前就显得小巫见大巫了。高盛1998年的年度并购咨询业务收入有近4 000亿美元。当时，高盛、雷曼兄弟、摩根士丹利和其他投行业的主要代表公司通常专门为涉及“巨额”或数十亿美元以上的并购案提供咨询服务。相比之下，“四大”的并购市场份额主要集中于一些“低端”业务，一般只是一些涉及几百万美元的小额并购业务。

安永承接飞思卡尔的大型并购业务可以说是“四大”进军高端业务市场的一次重大突破。当2006年这项业务圆满完成时，黑石集团领导下的投资财团向安永支付了近180亿美元的咨询费，这笔巨额费用是当时科技公司私人并购业务中的最大金额，也使得该并购案成为美国并购史上前十大并购事件之一。

毋庸置疑，黑石要求安永及其他在飞思卡尔并购案中提供服务的公司对其信息高度保密。比如詹姆斯·甘斯曼就被黑石要求确保这笔交易“高度机密”，甘斯曼给项目组成员发的内部邮件中这样写道：“连说梦话都不许说出并购对象的名字。”[①]

2006年6月至7月，甘斯曼在参与飞思卡尔并购项目组的期间，把“有关这笔交易的内幕消息”[②]泄露给了他一位在投行工作的密友唐娜·默多克。美国联邦调查局后期调查显示，在2006年9月11日黑石宣布收购飞思卡尔几周前的这段时间里，“甘斯曼和默多克通过短信和电话联系了400多次”[③]，也是在这段期间，默多克购买了上百份飞思卡尔的股票期权，并于2006年9月11日至12日卖出，一举获利15.8万美元。

美国联邦调查局的调查同样揭露出在2006年5月至2007年12月期间，甘斯曼还把安永提供过咨询服务的另外6起并购案的相关信息泄露给默多克，她利用这些内幕信息共在股票市场获利35万美元。默多克还将这些信息透露给了包括她的父亲在内的其他三个人，这些人也利用内幕信息在股市赚得了十分可观的收益。

公开调查报告显示，默多克将其获得的不法收益用来偿还她高达145万美元的房贷。她最初用来进行“市场投机”的资金是向其他人借的，她后来把甘斯曼泄露给她的信息也提供给了这个人。此外，甘斯曼还一度借给她2.5万美元。

美国证券交易委员会利用复杂的监控手段严密监控股票市场上的可疑交易行为。2007年初，美国证券交易委员会将默多克列为参与内幕交易的可疑人物“观察名单”，并密切监视她在股票市场上的一举一动。美国证券交易委员会利用收集到的证据对默多克提起刑事诉讼。2008年12月，她对自己参与的15起证券欺诈和2项相关指控的犯罪事实供认不讳。

2009年5月，纽约联邦法院对甘斯曼进行了刑事审判，默多克作为关键证人出庭。在庭审期间，甘斯曼辩解称他对默多克利用他所提供的信息进行不法交易的事实毫不知情，辩护律师也指出甘斯曼并没有从中为自己牟利。但是，联邦陪审团仍以涉嫌6起证券欺诈案将其定罪，并判处他一年零一日的有期徒刑。

---

① U.S. Department of Justice, "Former Ernst & Young Partner and Investment Banker Charged in Insider Trading Scheme," 29 May 2008 (http://newyork.fbi.gov).

② U.S. Department of Justice, "Former Ernst & Young Partner and Investment Banker Charged in Insider Trading Scheme," 29 May 2008 (http://newyork.fbi.gov).

③ U.S. Department of Justice, "Former Ernst & Young Partner and Investment Banker Charged in Insider Trading Scheme," 29 May 2008 (http://newyork.fbi.gov).

后记

四大会计师事务所的各级人员由于工作原因经常获得高度机密的内幕信息，由于信息不对称，这些内幕信息可能被他们用于获取超额收益。不幸的是，就会计行业而言，詹姆斯·甘斯曼并不是唯一一个卷入最近的重大内幕交易丑闻的从业人员。

2008年1月，美国证券交易委员会指控普华永道的两名前员工滥用机密的内幕信息从股市牟利。其中一人是普华永道审计组的员工，另一人则是企业并购战略服务部（Transaction Service Group，TSG，相当于安永的TAS部门[①]）的成员。在TSG部门工作的员工在为客户提供并购咨询服务时可以接触到大量的内幕信息，之后他将这些信息泄露给在审计组工作的员工，后者再利用内幕信息买卖股票牟取利益。普华永道的一名审计组合伙人在复核一家即将被收购公司的证券交易清单时，发现了在审计组工作的这名员工的名字。于是，这名审计组合伙人向美国证券交易委员会举报了该员工，美国证券交易委员会随即对两名涉案员工提起了诉讼。

2010年11月，美国司法部对德勤的一名前税务合伙人和他同样在德勤供职的妻子提起内幕交易指控。[②]这对夫妻被控不当获取并购咨询业务中相关的机密信息。美国证券交易委员会的调查显示，他们把内幕信息泄露给住在欧洲的亲戚，亲戚再利用这些信息购买与并购公司相关的股票。调查发现，2006年至2008年期间，这对夫妻利用内幕信息共获利超300万美元，他们的英国亲戚则获利高达2 000万美元。[③]在这起案件的调查过程中，美国司法部和美国证券交易委员会获得了英国金融服务管理局（负责监管英国证券市场的政府机构）的大力支持和帮助。

迄今为止，与会计界直接相关的、最广为人知的一起内幕交易丑闻的主角是托马斯·弗拉纳根，一位在德勤工作了38年的前副董事长。2008年10月，德勤宣布起诉弗拉纳根，控告他作为咨询合伙人至少在为12家客户提供咨询服务时涉嫌内幕交易。[④]

德勤称，弗拉纳根在过去三年中一直持有并交易自己客户的证券，德勤指控他在一家客户公开收购某家公司的前一周购买了该客户的股票。他向德勤隐瞒了持有客户股票的事实，违反了公司有关独立性和利益冲突的政策要求。在他任职期间，他至少参加了12家客户中7家客户的审计委员会会议。[⑤]

媒体报道，弗拉纳根内幕交易案涉及好事达、百思买、摩托罗拉、西尔斯和沃

---

① A. Rappeport, "Ex-PwC Pals Were Inside Traders, SEC says," *CFO.com*, 15 January 2009.

② P. Lattman, "Couple Accused of Trading Insider Tips," *New York Times* (online), 30 November 2010.

③ E. Stevens, "Pacific Heights Socialites Charged in Elaborate Insider-Trading Scheme," *Bay Citizen* (online), 9 January 2010.

④ 德勤的咨询合伙人通常是由对于咨询客户所在行业拥有丰富专业知识的高级合伙人担任。除了针对审计过程中发现的重要问题给出咨询意见外，咨询合伙人通常会在项目完成前复核审计工作底稿。

⑤ S. Johnson, "Deloitte Insider Case Sparked Doubts about Audits," *CFO.com*, 10 November 2008.

尔格林等多家公司。

2010年8月，美国证券交易委员会宣布弗拉纳根内幕交易案结案。案件要求弗拉纳根支付高达100多万美元的罚金，他本人既没有承认也没有否认美国证券交易委员会的指控，他的儿子由于利用内幕交易获得非法收益而被美国证券交易委员会判罚12万美元，其他与弗拉纳根相关的案件仍在审理当中，其中就包括德勤对他提起的诉讼。

思考题

1.请指出在什么情况下，审计师有权向第三方提供客户信息？

2.假设你和你的好朋友受雇于同一家会计师事务所。你是审计组员工，你的朋友在并购服务部门做咨询顾问。以下情形中，你分别会怎么做？

（1）你的朋友向你泄露了一起即将发生的、高度机密的、与并购相关的“市场动向”信息。

（2）你的朋友不仅向你透露了这些信息，还告诉你他或她打算利用内幕信息在股票市场“大赚一笔”。

请指出在不同情形下，你所承担的职业道德责任。

3.安永为黑石集团收购飞思卡尔提供咨询服务。请指出注册会计师在从事咨询业务和审计业务时所承担的不同的职业责任。

案例4.5

威利·杰克逊，会计专业

威利·杰克逊在威斯康星大学密尔沃基分校（UME）攻读本科会计学位时，曾在一家大型会计师事务所的当地执业办公室做过三个月的审计实习生。[①]威利非常享受为期三个月的实习，他结交了几个朋友，更重要的是，他获得了宝贵的工作经验，并对独立审计的工作性质和工作环境有了深入的了解。在实习的最后一天，威利与办公室管理合伙人（OMP）进行了离职面谈，OMP告诉威利，他给上司和同事留下了深刻的印象。威利的业绩评估表明，他拥有扎实的专业技术和人际关系技巧，并始终以职业道德的标准严格要求自己。在离职面谈结束时，OMP向威利提出，只要他在大学拿到会计硕士学位，便可以来公司从事全职工作。威利为这个提议激动不已，并立即接受了。

在攻读研究生学位期间，威利收到了他未来雇主寄来的一份文件，要求他立即完成并寄回。该文件包括一份标准的保险单、一份401（K）退休储蓄表、一份W-4报税表、一份用以确保员工独立合规性的个人投资工作表以及一份逮捕和定罪声明表。威利回忆说，在开始实习之前，他就填写过逮捕和定罪声明表的初版，该表格所列问题包括：

你是否曾被判轻罪（不包括轻微的交通违章）或重罪，或是否曾在本州或其他任何州醉酒驾驶，或你是否目前正面临刑事指控？

如果该问题回答为“是”，则需要详细说明。威利之前填写的回答为“否”，因为当时，除了几张停车罚单和一次超速违章，他的其他记录是“干净的”，但现在，当他坐在桌前盯着这份表格时，却对如何回答这个问题感到茫然。

实习结束之后，威利受邀参加一场校外毕业派对。尽管威利不是“派对动

---

① 本案例由威斯康星大学密尔沃基分校的助理教授布莱恩·多尔蒂撰写。案件相关事实是由一系列实际事件发展而来，某些背景信息已被更改以隐藏涉案人员的真实身份。

物”，但这可能是他最后一次有机会见到一起同校毕业的诸多朋友，于是他还是接受了邀请。当威利到达聚会地点时，他没想到到场人数如此之多。事实上，由于举办派对的场所是一座二层的老式房，不能容纳所有参加聚会的人，所以有几十人聚集在了房子的前院和所在住宅区的街道上。

当威利在喧闹的人群中来回走动时，突然遇到了萨利·琼斯。萨利是UME校友，在威利实习期间，他曾是威利遇到的最大客户的审计主管。当威利在和萨利交谈时，一个熟人把一杯冰啤酒塞到了威利的手里，然后拍了拍他的肩膀，说道：“别在这里谈生意，伙计。这是派对时间!”不幸的是，几分钟后，派对被当地警察“破坏”了。在威利意识到到底发生了什么事之前，一名警察走近他，并要求他出示身份证。威利交出了自己的驾驶执照，并意识到，此时，也就是离他21岁生日还有三天，他遇上了麻烦。过了一会儿，这名面无表情的警察给威利开了一张“未成年人非法持有酒精物质”的传票，传票上要求威利在下个月出庭受审。

威利心烦意乱，那天晚上在床上辗转反侧，也没有睡好。第二天早上，他打电话给律师并说明了具体情况。律师告诉威利，他曾处理过很多涉及大学生的类似情况，他没有必要因此压力过大。对于像威利这样的初犯，律师总是能成功在法官那里争取到“暂缓判决”。根据律师的说法，只要威利在接下来的两年里不惹麻烦，这次的事情“就会像从未发生过一样”，他的记录中也会删除有关非法持有酒精物质的指控。

思考题

1.站在威利的立场，你会如何回应“逮捕和定罪”的问题？在作答之前，请确定你的可用决策方案。

2.假设威利没有披露他收到的传票。在为新雇主工作几周后，威利被叫进了OMP的办公室。OMP告诉威利他最近得知了威利被控告“非法持有酒精物质”。OMP然后出具了威利在被公司录用后填写的逮捕和定罪声明表的复印件。OMP应该如何处理这件事？如果有的话，威利该受到怎样的处罚？请阐明你的理由。

3.假设萨利·琼斯告诉了OMP，威利曾在毕业派对上被警察指控。你认为萨利有道德责任将此事告知OMP吗？请说明理由？

案例 4.6

阿维尔·斯玛特，会计专业

阿维尔·雷·斯玛特出生在密苏里州的黎巴嫩，在密苏里州东南部黎巴嫩以西40英里的玻利瓦尔小镇长大。[①]20世纪70年代中期，阿维尔的父母毕业于密苏里大学并获得了会计学位。在决定于玻利瓦尔建立自己的会计事务所之前，斯玛特夫妇花了三年的时间在堪萨斯城的一家“八大”会计师事务所工作。高中时，阿维尔经常在父母工作的办公室帮忙，尤其是临近年纳税期限的时候，他很喜欢这份工作，这也是他高中毕业后进入密苏里大学主修会计学的原因。阿维尔认识到，在他父母退休之后他很可能接管家族的会计师事务所。他唯一的姐姐是圣路易斯华盛顿大学表演艺术专业的学生，她对家族生意毫无兴趣。

在密苏里大学读大三的时候，阿维尔被会计学院的一个五年制税务专业项目录取。该项目规定在完成150小时的课程后，阿维尔将获得理学学士学位和会计学硕士学位。大三结束后，阿维尔在堪萨斯城的一家“四大”会计师事务所实习。因为想对审计有更深入的了解，阿维尔选择了在事务所的审计办公室进行实习。那年夏天，阿维尔欣喜且讶异于自己接触到的各种有趣的任务。事实上，在今年夏天结束之前，他一直在重新考虑是否要继续参加会计学院的五年制税务专业项目。

在阿维尔实习的最后一天，事务所的执行合伙人与他进行了会面，并给他提供了一个初级的审计职位。阿维尔对合伙人的工作邀请表示了感谢，并表示自己会认真考虑。他向合伙人解释说，在现如今自己职业生涯的初期，他还没有就专注于审计还是税务做出最终决定。这名合伙人非常理解，他告诉阿维尔他有足够的时间来做决定，然后补充说这份工作邀请将会保留12个月，也就是一直持续到来年夏天。

阿维尔在大四的春季学期选修了本科审计课程。他非常喜欢这门课，于是决定

---

① 本案例是基于最近一个会计专业毕业生的实际情况而编写的。关键的事实，包括个人的名字和相关的地点，已经更改，以隐藏他或她的真实身份。

开始他的审计生涯，并接受了去年夏天他实习的那家事务所的工作邀请。不过，他计划将接受这份邀请的时间推迟到今年夏末。阿维尔的女朋友，也是密苏里大学的会计专业学生，已经接受了圣路易斯的一家“四大”的暑期实习机会。阿维尔原本希望在圣路易斯度过这个夏天，所以在今年早些时候，他曾在位于圣路易斯的两家地区级会计师事务所进行过面试。两家公司都给了他实习机会。

在大四春季学期的最后一周，阿维尔接受了圣路易斯两家会计师事务所中一家的实习机会。阿维尔意识到，无论是地区级还是国家级的会计师事务所，通常都将实习作为招募正式员工的一种手段，它们通常会把实习机会提供给那些它们认为有兴趣最终接受正式职位的学生。意识到这一点后，他在打电话给圣路易斯公司接受实习邀请时，内心有一些罪恶感。但他说服自己还有机会改变主意来接受这家圣路易斯会计师事务所的工作，并迅速消除了自己内心的罪恶感。事实上，在阿维尔看来，这家公司有责任证明，它能够为他提供比他已经得到工作邀请的那家“四大”更多的机会。

思考题

1.在与圣路易斯两家会计师事务所进行面试之前，阿维尔是否有义务告知他们，他已经从堪萨斯城的一家“四大”获得了一份出色的工作？请说明原因？

2.阿维尔·斯玛特接受了圣路易斯会计师事务所的实习机会，并打算接受“四大”的工作邀请，这是否有违职业道德？请阐明你的理由。

案例 4.7

赞恩·卡宾，会计专业

4月30日，星期五，下午12：55

“今天的最后一个本科生奖项是威廉·杰·厄普丘奇奖章，该奖章每年颁发给霍普金斯大学商学院最为杰出的大四毕业生。[①]提名名单由霍普金斯大学的教师们确定，并综合考虑总平均绩点、商业课程的平均绩点和学生组织参与度三项指标最终选定获奖者。”这时，院长迪安·罗德尼·布朗在发言时停顿了一下，这里是大型州立大学学生联合会宴会厅举行的年度春季颁奖午宴的现场，近500名教职员工、学生、家长和捐赠者到场，院长的停顿显然留了一个悬念。“我知道，由于每年都有许多值得获得厄普丘奇奖章的候选人，本科生奖项委员会总是在艰难地挑选该奖得主，财务部的约翰·戈根斯教授是今年的委员会主席，让我们为他鼓掌。”布朗一边说，一边示意戈根斯站起来接受大家的掌声。过了一会儿，布朗继续说：“鼓乐响起来……今年的厄普丘奇奖章得主是会计专业的迈克尔·赞恩·卡宾，奖金1 000美元！”

赞恩·卡宾穿过如迷宫般布满桌子的宴会厅，来到台上领奖，布朗院长给赞恩颁发了获奖证书，获奖条件包括他是五个学生组织的会员，布朗院长列出的最后一个组织是商业学院会计专业荣誉组织Beta-Alpha-Psi。这时，会计学教授安·赫里克突然停止了鼓掌。为什么？因为赫里克教授是学院Beta-Alpha-Psi组织的指导老师，而她清楚地知道赞恩·卡宾不是这个组织的成员。

4月30日，星期五，下午1：20

颁奖午宴结束后，安·赫里克去了约翰·戈根斯的办公室，询问了有关赞恩·卡宾所谓的Beta-Alpha-Psi成员一事。

“安，看这里，‘所属成员’一格里最后一行写着‘本人为Beta-Alpha-Psi协会

---

① 本案例信息主要来源于一名商学院教授，本案涉及的当事人姓名和某些其他背景资料均为虚构。

的会员'。"戈根斯指着赞恩的简历说道，每一名申请厄普丘奇奖章的学生都要向本科生奖项委员会提供一份个人简历。

"约翰，我可以向你保证，赞恩·卡宾绝对不是，也从来没有加入过这个协会。"

"这怎么可能?"戈根斯问道。

"嗯，弄清楚发生了什么并不太难，至少在我看来，这孩子显然就是想提高他得奖的可能性。"

听到这，财政部前主席戈根斯对赫里克这副居高临下的口气有点生气。

"顺便说一下，我今天下午打了几个电话，"赫里克继续说，"简历里的其他信息都属实。"

"所以，我们就只解决这一个小问题?"

"一个小问题?"赫里克模仿着戈根斯怕惹麻烦的语气，"对我来说，这不是小事。在会计行业中，我们有自己的道德准则，它的核心就是'诚信'"。

"安，我可以向你保证，在商界会计行业没有所谓的有关道德准则的标准。"戈根斯厉声说道。

"你是在暗示我们坐视不管吗?"赫里克用同样的口气反问道。

戈根斯摘下眼镜，扔到了他凌乱的桌子上，他对自己这样被情绪控制感到十分不满，于是深吸一口气后，他平静地回答："不，我没有这个意思。我这里应该用'次要'这个词来表达我的意思，我们讨论的内容是他简历上'所属成员'的最后一项，也是最短的一项。"

"那么，我们该怎么办呢?"与戈根斯不同，赫里克还没有重新控制住自己的情绪。

"我建议我们先冷静下来，然后……我们可以好好谈谈。"戈根斯以和缓的语气安抚了赫里克的情绪，总算让她放松了一些。

"安，我的委员会开会决定学生奖，包括厄普丘奇奖章，已经四个星期了。我将尽我所能，准确地回忆起我们是如何选定赞恩作为该奖项的得主。从这入手开始调整如何?"

"可以，"赫里克诚恳地回答，然后又补充说，"我认为这里存在两个问题。第一个问题是他报告的Beta-Alpha-Psi成员资格是否影响了你们委员会的决定。第二个问题是解决他的不诚实问题"。

"我完全同意。"戈根斯向后靠在椅子上，盯着办公室的天花板看了好一会儿，"让我想想，在被提名获得厄普丘奇奖章的12名学生中，有10人提交了一份简历供委员会参考。我给了委员会里的每个人一份简历的复印件，并要求在我们开小组会议之前大家都要对提名学生的简历进行审查。然后，在我们的会议，我想我们……呃……我们……呃……决定先把提名人数缩减到五名"。戈根斯挠着额头，艰难地回忆之前评奖的过程。"对，我现在想起来了，我们就是这么做的，然后我们在投票前评选了最终的五名提名学生。"

“听起来流程很合理。”赫里克插嘴说。

“委员会的每个成员都投票选了自己心中的第一、第二和第三个选择。在第一轮投票之后，我们选出了赞恩·卡宾和一名女生。”戈根斯在努力地想那个学生的名字时，又挠了挠他的额头。“哦，想起来了，她的名字叫阿丽莎·布坎南，市场营销专业的。”

戈根斯犹豫了一下，因为他意识到他要告诉赫里克的事情会让她更加确信赞恩·卡宾明显的不诚实是一个非常严重的问题。“于是，我们把选择范围缩小到了那两个学生身上。我们六个人又进行了一次投票，结果是3：3平。为了打破僵局，作为主席，我让另外五名委员会成员进行最后一次投票。事实上，我当时投票给了阿丽莎，不管怎样，最后的投票结果是3：2，赞恩当选。”戈根斯疲倦地摇了摇头。“所以，这样回想看来，赞恩的个人简历上所写的虚假的Beta-Alpha-Psi会员资格有可能左右了委员会的决定。”

“嗯……我知道了。”赫里克婉拒了戈根斯口头上对她揭露了霍普金斯大学商学院潜在丑闻的祝贺，“我觉得，我们应该和玛丽莲见面讨论这件事，看看接下来该怎么做。”副院长玛丽莲·麦克格鲁是霍普金斯大学商学院学术行为管理委员会的主席。

戈根斯点了点头表示赞同，他忍住了想对这位自以为是的同事冷嘲热讽的冲动。“好吧，我们这学期只剩下两周了，还包括期末考试周，所以我们必须迅速采取行动。我会打电话给玛丽莲的秘书，在她今天离校之前设法安排与她会面。你今天下午晚些时候有空吗？”

“当然，需要开会的时候给我发短信就行了。”

“安，”在赫里克起身离开办公室时，戈根斯问道：“你认识赞恩·卡宾吗？他有没有上过你的课或者你和他有别的交往？”戈根斯怀疑赫里克是在公报私仇，因为赫里克对处理眼前这件事实在是充满了热情。

“没有。今天早些时候我见到他时，他看起来确实很面熟。但我从未在任何一门课上遇到过他，当然也从未和他有过接触。”赫里克走到了戈根斯的办公室门口，又转身回去：“你为什么问这个？”

“哦，我只是想知道。”从赫里克说话的语气来看，她毫无疑问地知道戈根斯为什么会问这个问题。

4月30日，星期五，下午5：05

“难道没有其他可能的解释吗？或许只是某种误会？”迪安·麦克格鲁盯着赞恩·卡宾的简历，向约翰·戈根斯和安·赫里克问道。麦克格鲁同意周五下午5点与两位教师会面，但因为她当天晚上有出行计划，所以会面时间不能超过10分钟。

“玛丽莲，我不知道你怎么能把这说成是误会，”赫里克断然回答，“我们在每个秋季学期开始的时候都会给可以成为Beta-Alpha-Psi协会成员的学生发一封邮件，电子邮件的附件里有成为会员的资格要求，其中包括学生需要达到大三年级并且绩点需要达到3.0。申请人还得参加预备课程的定期会议，参加五次专业会议，并参加一次社区服务活动。只有满足这些要求并缴纳会费的学生才能在春季学期的最后一次协会会议上成为会员。”

“嗯，这样看来确实很麻烦，但麻烦记住，”麦克格鲁故意盯着安·赫里克说：“赞恩在被证明有罪之前是无辜的。”两个女人互相瞪了对方一眼，赫里克并没有退缩，“周日晚上回来后，我会通过电子邮件通知他，他将被控学术不端。由于现在我们没有时间处理这件事，我会在下周初安排和他见面，到时候我希望你们每个人都参加那个会议，如果他承认行为失当的指控，我们可能得快速解决这个问题。”

“如果他不承认呢？”赫里克问道。

“在这种情况下，我只能被迫安排一次听证会。根据我们的章程规定，我将从行为管理委员会中随机挑选两名教员和三名学生组成听证会小组[①]，到时这件事，包括可能对赞恩实施的制裁，都将掌握在这五个人手中。”过了一会儿，麦克格鲁补充说：“当然，委员会无权撤销厄普丘奇奖章的颁布，如果有必要，约翰，你和我在适当的时候一起处理这个问题。”

5月4日，星期二，下午3：00

周二下午，赞恩·卡宾、约翰·戈根斯教授、安·赫里克教授和副院长玛丽莲·麦克格鲁参加了这次特别会议。四天前，赞恩被宣布获得厄普丘奇奖章。在介绍了在场的所有人并简要说明了会议的目的之后，麦克格鲁请赞恩就眼前的这一问题发表意见。

“迪安·麦克格鲁，我这只是一个无心之过，我不懂你为什么要如此小题大做。”

“坦白讲，赞恩，这并不只是一个涉及‘诚信’的错误。这看起来是你故意虚构你的简历以提高你获奖的概率。”麦克格鲁顿了一下，接着又说，“还有附带的1 000美元奖金。”

“等一下，等一下。在大三的秋季学期，我参加了预备课程的定期会议。在过去的两年里，我每年都会参加两次人才招聘会。最重要的是，在过去的两年里，我都在Beta-Alpha-Psi协会的邮件分发名单上。事实上，在每次协会会议之前，我都会收到一份有关的电子邮件，通知我会议的时间、地点和演讲者。你可以看到我为什么认为我是会员，因为我在那个分发名单上。我知道不参加常规的协会会议是不对的，但是老实说，我就是想在我的简历中加上‘我是Beta-Alpha-Psi协会会员’这一项。”赞恩的脸涨得通红，停下来喘了口气，鼓起勇气后继续说道：“所以，是的，我意识到我并没有真正参与到这个组织中，但是，嘿，看看我的简历。我还有另外四个组织占用了我很多时间。在其中两个组织中，我都担任过领导职务。所以，我……我……在我看来，我只是在成了Beta-Alpha-Psi协会会员之后没有作为而已。”

“安，你——”

① 学院的章程还要求其中一名学生成员担任听证会小组的主席。

迪安·麦克格鲁还没来得及回答安·赫里克的问题，赞恩就打断了她："我的意思是，你可以指责我是Beta-Alpha-Psi协会的一个差劲的成员，但不能说我不诚信。"

赞恩讲完了之后，麦克格鲁又对安·赫里克讲了话："安，你有赞恩参加预备课程定期会议的出勤表吗？"

"没有。我们不参加这种会议。"赫里克回道。

"那人才招聘会呢？你会参加这些活动吗？"

"不会，因为我们不认为这是官方活动，所有会计专业的学生都会被邀请去参加人才招聘会。"

"那么，赞恩在过去两年里出现在Beta-Alpha-Psi协会的电子邮件分发列表上的问题呢？"麦克格鲁继续问赫里克。

"我们所做的不过是建立一个可能的会员名单，每个人都有资格在每个秋季学期开始时申请成为Beta-Alpha-Psi协会的会员。这一名单也会成为电子邮件分发名单，"赫里克解释说，"我查了一下分发名单，发现赞恩的名字在过去两年里确实出现在了名单上，因此他说的这个是真的。从他大三开始，他就在每次Beta-Alpha-Psi协会的会议前得到通知。"

"你看，就像我说的，因为我经常收到那些邮件，我只是以为过去两年我是会员。"随着时间的流逝，赞恩的声音越来越紧绷。

"但你在每个秋季学期开始时都会收到一封电子邮件，详细解释了Beta-Alpha-Psi协会会员资格要求。"赫里克指责的语气让赞恩的压力更大了，"如果你在大三的时候参加了培训会议，你就会看到一份PowerPoint演示文稿，上面也列出了这些要求"。

赞恩沉默着没有回答，麦克格鲁提醒他："嗯，赞恩，你对赫里克教授刚才说的话有什么要解释的吗？"

赞恩低下头，盯着地板看了好一会儿："我不知道。我是说，我想我是那类不太注意管理细节的学生。"说完，他终于抬起头来，和麦克格鲁进行了眼神交流，"我肯定收到了赫里克教授提到的那些邮件，我知道我在大三的秋季学期参加了协会的培训会议，但我可能没有认真听……我是说，我确实没读过邮件的全文，也没注意到培训会上的演示文稿。在过去的两年中，我一直很忙，所以我经常会在这类会议上做作业"。

戈根斯教授终于第一次开口了："赞恩，你刚才说你'只是在成了Beta-Alpha-Psi协会会员之后没有作为'，对我来说，这句话表明你可能认为自己是Beta-Alpha-Psi协会会员，但是其实是误以为加入了协会。是这样吗？你认为是Beta-Alpha-Psi协会把你误算到会员里了吗？"

赞恩的脸上露出了被戈根斯的问题弄得慌乱不安的表情。他咳嗽了两声，清了清嗓子，以给自己争取更多的时间来思考如何回应。一阵沉默之后，他老实地回答道："不是。"

在赞恩不足以令人信服的回答之后，麦克格鲁院长和两位教授互相瞥了对方一眼。然后麦克格鲁向赞恩说道："这样的话，我唯一的选择就是对你提出学术欺骗行为的指控。如果你能把你未来两周的日程安排发给我，我会尽量找个时间在学术行为管理委员会的专家小组里举行一个听证会，这样对你的影响最小。"

5月13日，星期四，下午2：30

在期末考试周的周四下午，赞恩·卡宾出现在学术行为管理委员会的五人专家小组面前。除了赞恩之外，专家组还听取了赫里克教授和戈根斯教授的意见。调查小组花了45分钟听取了这三人的证词，并对他们进行了相关询问。然后，该小组对事件进行了长达一个多小时的剖析和辩论。在此期间小组成员进行了多次投票，每次都是以两票赞成裁定赞恩行为不端，两票赞成无罪，一票弃权告终。在最终表决后，主席解散了专家小组，然后他打电话给迪安·麦克格鲁，告诉她，五名专家组成员已经无可挽回地陷入僵局。由于委员会未能做出决定，麦克格鲁驳回了针对赞恩·卡宾学术不端的指控。

这个学期实际上已经结束，所以麦克格鲁认为，让本科生奖励委员会重新考虑是否将厄普丘奇奖章授予给赞恩·卡宾不太可行。于是，她打电话给约翰·戈根斯讨论这个问题，经过简短的交谈后，麦克格鲁单方面决定不再对此案采取进一步行动，这意味着赞恩将保留厄普丘奇奖章和相应的1 000美元奖金。麦克格罗告诉戈根斯，她会亲自通知安·赫里克她的决定，两周后她也这么做了。

思考题

1.假设你是主持赞恩·卡宾学术不端听证会的小组成员，根据本案所提供的资料，你会如何在聆讯结束时投票？请阐明你的理由。

2.同样，假设你是五人专家小组的成员，这个小组的任务是审查对赞恩·卡宾提起的学术不端指控。你会向赞恩、赫里克教授和戈根斯教授提出什么问题？在听证会结束时，这些问题的答案将如何影响你的投票？

3.根据本案所提供的资料，你认为赞恩·卡宾的厄普丘奇奖章应该被取消吗？请说明理由。

4.据报道，听证小组的一名成员认为对赞恩的指控是正确的，但投票判定时却选择赞恩无罪，理由是如果取消厄普丘奇奖章的授予结果，其面临的不利后果远远超过赞恩所犯错误的严重程度。这是判定赞恩无罪的合理或恰当的理由吗？请阐明你的理由。

5.投票判定赞恩无罪的第二名听证会成员认为，现有证据不足以完全证明赞恩有罪。这是判定赞恩无罪的正当理由吗？请阐明你的理由。

6.描述一个与案例类似的学术不端指控，以及该指控在你的机构里将如何处理。在解决指控过程中，找出你所在机构系统的优点和缺点。

案例 4.8

戴尔公司

在联邦证券法下，准确性和完整性是上市公司信息披露的试金石。

罗伯特·库赞尼，美国证券交易委员会执行司司长

就像大多数高中毕业生一样，迈克尔·戴尔离开家开始大学生涯时，就算心中不是很兴奋，也怀有一份期待。因为戴尔想像他的父亲一样成为一名医生，所以他在1983年秋季进入得克萨斯大学时，选择了医学预科作为自己攻读的专业。接下来的几个月里，戴尔对大学专业的兴趣逐渐消退，他开始把大部分的时间和精力花在他高中时追求的一个爱好上，那就是摆弄电脑。在得克萨斯大学第一学期结束的时候，戴尔的宿舍已经变成了一个电脑工作室，在这里，他和几个朋友不断地将个人电脑（PCs）拆开，重新配置，再重新组装。

1984年春天，戴尔决定自己创业。到春季学期末时，戴尔创立的小企业已经能够通过销售PCs和PC相关产品获得逾1万美元的月收入。这份事业的成功令他做出了辍学的决定，并一举创建了戴尔电脑公司。不到十年，27岁的迈克尔·戴尔成了500强最富有企业中最年轻的首席执行官。2001年，更名为戴尔公司的戴尔所创立的企业超越康柏，成为全球最大的个人电脑制造商。

戴尔公司商业模式的关键就是销售客户定制PCs的“戴尔直销”策略，这也是公司发展如此迅速的要领。公司的销售团队通过电话或互联网接受采购订单，然后将这些订单传送到组装PCs的生产设备商，接下来会在几天内组装完成并发货。与竞争对手不同的是，戴尔在研发上的投入并不多。相反，戴尔专注于研究如何将其他公司研发的最先进的计算机技术以最低成本的方式进行生产，强调公司供应链的运营效率。

20世纪90年代末，计算机市场的竞争加剧导致PCs的销售利润率大幅下降，戴尔的商业模式逐渐失去其竞争优势。2002年，戴尔向投资者报告的收益较低，公司前景一片黯淡。当时，为戴尔个人电脑提供微处理器的英特尔公司介入其中，

向戴尔公司提供了一笔“专供权”资金，用以填补戴尔公司的盈利缺口，英特尔的这笔资金是为了换取戴尔公司的承诺，即以后不会购买其他供应商的微处理器，包括英特尔的主要竞争对手AMD公司的微处理器。这是因为AMD当时宣称正在开发优于英特尔的微处理器，导致英特尔管理层越来越担心戴尔会选择AMD作为其微处理器的主要供应商。

在接下来的几年里，由于戴尔公司总是无法达到华尔街对其季度盈利的普遍预期，公司高管们经常要求英特尔公司再提供额外的“专供权”资金。根据美国证券交易委员会的说法，戴尔管理层对英特尔公司要求支付这些款项的原因“十分公开”[①]，英特尔和戴尔的高管们用一个半开玩笑的缩写MOAP（所有程序的首字母组合）来指代他们的互利安排，最终英特尔公司在2002—2007会计年度期间向戴尔共计支付了逾40亿美元。

英特尔公司的“专供权”资金令戴尔连续20个季度实现或超过其预期收益。2003会计年度，英特尔公司的“专供权”资金占了戴尔报告营业利润的10%，这一数字在2006会计年度升至38%，在2007会计年度第一季度升至76%。戴尔公司的盈利趋势引人注目，也为公司高管们带来了可观的股市收益。在英特尔向戴尔支付这笔“专供权”资金的期间，迈克尔·戴尔共获得了超过4.5亿美元的薪酬，其中大部分是通过公司董事会授予他的股票期权回报获得的。[②]

公司管理层从未在定期财报和提交给美国证券交易委员会的注册报表中披露过这笔“专供权”资金及其对公司报告收益的影响。戴尔公司在未单独披露这笔资金的情况下，将这些钱款与运营支出进行了净抵。戴尔高管们不但没有披露“专供权”资金导致公司持续实现或超过普遍预期的盈利这一事实，还将戴尔公司出色的盈利记录归因于其“超高效的供应链和直销战略”[③]。例如，在该公司2005年的年报中，迈克尔·戴尔曾吹嘘该公司实现“有史以来最佳运营业绩”，并提到公司优越商业模式的功劳，“戴尔出色的表现再次证明……这是对于一种优秀经营方式的高效执行……我们的业务是一种以客户为中心、实现增长和盈利的业务模式”。

2007年第二季度开始，戴尔公司宣布将同时从英特尔公司和AMD公司手中收购微处理器，于是英特尔公司大幅削减了“专供权”资金，这导致了戴尔公司的利润大幅下滑。戴尔公司没有披露利润下滑的真正原因，而是将其归因于行业内不断演变的竞争问题。接下来的两年时间里，戴尔的股价开始下跌。美国证券交易委员会的一项调查最终揭露了英特尔公司向戴尔公司支付的这笔“专供权”资金，以及戴尔公司2002—2007年年报中未曾披露的这些款项对公司盈利所产生的重要影响。

---

① E. Wyatt, "Dell to Pay $100 Million Settlement," *New York Times* (online), 22 July 2010.

② E. Hess, "Stark Lessons from the Dell Fraud Case," *Forbes.com*, 13 October 2010.

③ A. Jones, "'A Bad Way to Run a Railroad': Dell Pays Big to Settle Fraud Charges," *WSJ.com*, 23 July 2010.

美国证券交易委员会的调查还显示，戴尔公司曾利用所谓的“饼干罐储备”战略来“平滑”其2002至2005年的收益。公司高管故意夸大其销售产品的保修费等相关费用的期末准备金，然后再“收回”这些准备金，以“填补后续阶段中运营业绩产生的资金亏空”[①]。最终，戴尔公司重新发布了修正后的财务报表，其中如实反映了在接受英特尔公司“专供权”资金和采取上述期末准备金的行为期间，这种不正当的会计行为影响下的戴尔公司真实的运营业绩。

2010年7月，美国证券交易委员会宣布，由于发布误导性的财务报表来误导投资者，委员会对戴尔公司及其包括迈克尔·戴尔在内的多名高管提起诉讼。

在很长一段时间内，戴尔公司一直操纵其会计账目，以实现公司期待实现但无法实现的财务业绩。在此期间，戴尔公司只有违反会计准则才能满足华尔街投资者们对公司的业绩要求。[②]

戴尔公司同意支付1亿美元的罚款以解决美国证券交易委员会对其提出的指控，几名戴尔高管也同意支付巨额罚款。迈克尔·戴尔因涉嫌参与操纵利润而被罚400万美元，该公司前首席财务官被罚300万美元。在确立案件并同意罚款的过程中，整个公司和包括迈克尔·戴尔在内的各方都统一口径，他们既“不承认也不否认”这些指控。

戴尔公司这一恶性盈利管理计划的曝光激怒了各方，并令许多批评人士开始质疑此类计划是否在大型上市公司中普遍存在。一位商学院教授表示，导致上市公司这种行为的根本原因是其面临着需要报告可观季度业绩的持续压力。

戴尔事件说明了华尔街普遍存在的一种错误的短视观点，即业绩增长必须连续、平稳、线性地在每个季度实现……通常，过度专注于创造不断增长的季度收益会导致企业的不正当行为，就像戴尔公司所做的那样，这种行为会形成虚假收益，掩盖企业的实际状况。短视主义可能导致公司陷入一系列金融游戏，这些游戏可能会以牺牲公司的市场诚信和有效的投资者资本配置为代价，形成管理层盈余管理。[③]

后记

戴尔公司的部分股东对迈克尔·戴尔、戴尔公司其他高管、英特尔公司和戴尔的审计公司普华永道提起了集体诉讼。这些股东声称，被告应对戴尔公司的恶性盈余管理行为给股市造成的巨大损失负责。

这起集体诉讼指控普华永道对戴尔公司的不当会计处理视而不见，并违反了审

---

① Securities and Exchange Commission, SEC Charges Dell and Senior Executives with Disclosure and Accounting Fraud, www.sec.gov, 22 July 2010.

② Securities and Exchange Commission, SEC Charges Dell and Senior Executives with Disclosure and Accounting Fraud, www.sec.gov, 22 July 2010.

③ Hess, “Stark Lessons from the Dell Fraud Case.”

计基本准则。[①]指控的违规行为包括在戴尔公司审计期间未能保持良好的独立性，未能正确制订审计计划，未能在戴尔公司的定期财务报表上发表适当的审计意见。最终，一位联邦法官裁定原告对被告的指控"过于模糊"而最终驳回了诉讼。[②]

2013年2月，迈克尔·戴尔宣布，他和部分投资者计划收购戴尔公司已发行的股票并将其私有化。业内分析人士和商业记者猜测，此举是为了让迈克尔·戴尔和他的同事们避免受到上市公司管理团队的严格审查和监管。6个月后的2013年8月，亿万富翁投资者、戴尔公司股东卡尔·伊坎提起诉讼，意图阻止迈克尔·戴尔将公司私有化。伊坎坚称，迈克尔·戴尔向戴尔公司股东提出的每股收购价格过低。然而，一个月后，多数戴尔公司的股东同意了这一收购价格，这意味着迈克尔·戴尔将公司私有化的计划获得了成功。

思考题

1.请给出"盈余管理"的定义。在什么条件下（如果有的话），盈余管理是可以接受的？审计师的职责是否包括积极寻找客户盈余管理的证据？请阐明你的理由。

2.戴尔公司将"专供权"资金直接抵减运营费用，这种会计处理违反了什么"管理理念"？有哪些审计程序可以揭发这种会计处理？

3.在英特尔公司向戴尔公司提供"专供权"资金期间，戴尔公司的商业模式受到了个人电脑行业日益激烈竞争形势的不利影响。审计师有什么样的责任（如果有的话）分析客户的商业模式？审计师是否有责任跟踪和分析客户所在行业的关键性发展趋势？请阐明你的理由。

4.戴尔公司和英特尔公司之间的互利协议存在哪些道德问题？审计公司及其客户是否面临类似的道德问题？请给出相应解释。

---

① *Amalgamated Bank et al. vs. Dell. Inc. et al.*, U.S. District Court for the Western District of Texas, Civ Action No. 1:07-CA-00077-LY, 30 January 2007, 222-223.

② S. Howard, "Court Flings Dell Shareholder Class Action Aside," www.law360.com, 10 October 2008.

第五部分

独立审计师的职业道德责任

5

案例5.1

卡迪洛旅游系统股份有限公司

如果善无善报，我不知道还有什么能值得善报。

拜伦勋爵

第一幕

罗素·史密斯知道自己为什么会被召唤到自己的雇主，也就是卡迪洛旅游系统股份有限公司的董事长兼首席执行官，74岁高龄的沃尔特·罗格林恩的办公室里。[①]就在两天前，卡迪洛的内部律师雷蒙德·莱利还要求作为公司财务总监的史密斯签署一份书面证明，其内容涉及罗格林恩与联合航空公司谈的一笔交易。书面证明中称，这笔交易涉及一笔联合航空公司支付给卡迪洛公司价值20.3万美元的款项，但是并没有披露支付这笔款项的原因，也没有说明这笔资金将用于什么具体用途。书面证明中包括一份声明，指出卡迪洛公司的股东权益超过300万美元，史密斯知道这份声明是不正确的。史密斯还知道，卡迪洛卷入了一场法律诉讼，而且在该诉讼中有一项法院强制令要求公司股东权益至少维持在300万美元。出于对这份书面声明中关于卡迪洛公司股东权益明显虚假的陈述以及对联合航空公司支付给卡迪洛公司款项的不安，史密斯拒绝签署这个书面声明。

1985年5月的这天，当史密斯迈进罗格林恩的办公室时，他发现除了罗格林恩之外，莱利和卡迪洛公司另外两名高管也在场。其中一位高管是埃丝特·劳伦斯，这位44岁仍旧精力充沛的公司总裁兼首席运营官是罗格林恩的妻子和心腹。劳伦斯作为公司的长期雇员，在1984年接管了卡迪洛的日常业务。罗格林恩与前妻所生的两个儿子在与罗格林恩和劳伦斯发生权力斗争后，于20世纪80年代初离开了

---

① 本案例中所讨论的事件主要是根据证券交易委员会1987年8月4日发布的《会计与审计强制执行公告第143号》中的信息进行重构的。本案中出现的所有引文均来自该文件。

公司。

当史密斯坐在那里等待会议开始时，他感到越来越焦虑。尽管卡迪洛有着悠久而令人自豪的历史，但近年来，公司开始出现严重的财务问题。卡迪洛成立于1935年，于1956年被罗格林恩收购，是旅行社行业第四大公司，也是第一家在美国证券交易所上市的旅行社行业公司。罗格林恩收购公司后，卡迪洛的年收入稳步增长，到1984年已接近1亿美元。不幸的是，公司的运营费用增长得更快。1982年至1984年期间，卡迪洛共亏损近150万美元。这些不良的运营结果很大程度上是因为罗格林恩实施激进的特许经营策略。仅在1984年，这一策略就使卡迪洛经营的旅行社数量增加了一倍多。

会议开始后不久，一向专横、反复无常的罗格林恩就要求史密斯在书面证明上签字。当史密斯表示坚决拒绝时，罗格林恩给他看了联合航空公司和卡迪洛公司尚未签字的协议的第一页。罗格林恩随后解释说，这笔20.3万美元的款项是为了支付卡迪洛公司从使用美国航空公司的Sabre电脑预订系统更改为使用联合航空公司的阿波罗系统时产生的费用。尽管这笔钱是为了补偿卡迪洛的这部分费用，并且如果这部分费用没有发生，还要将这部分款项退还给联合航空公司，但是罗格林恩想让史密斯立即把这笔钱确认为公司收入。

不出意料的是，罗格林恩对于联合航空公司支付款项的会计处理建议将使卡迪洛公司能够满足至少300万美元的股东权益这个临界值——这是法院针对该公司提出的最低要求。史密斯毫不犹豫地告知罗格林恩，将联合航空公司的这笔款项确认为收入是不恰当的。当时，“罗格林恩告诉史密斯说他是一名不称职也不专业的员工，因为史密斯拒绝将联合航空公司支付的款项作为收入入账。罗格林恩甚至还告诉史密斯说，卡迪洛公司不需要一个像史密斯这样不执行老板指令的财务总监”。

第二幕

1985年11月，审计合伙人海伦·谢斐德在检查塔奇·罗斯会计师事务所执行的关于卡迪洛公司的审计业务时，无意中在客户文件里发现了罗格林恩当年早些时候与联合航空公司达成的这份协议。当谢斐德向她的下属询问这份协议的相关信息时，其中一名下属告诉她，卡迪洛公司在6月底记录了一笔涉及20.3万美元的调整分录，这条分录由劳伦斯批准，显然与联合航空公司和卡迪洛的交易有关，分录如下：

借：应收账款——联合航空公司	203 210	
贷：旅游业务的佣金收费		203 210

谢斐德的下属们在对卡迪洛公司10-Q表格的第二季度财务报告进行检查时就发现了这条调整分录。当被问到这个问题时，劳伦斯向审计人员解释说这个分录涉及的收入是第二季度期间卡迪洛公司从联合航空公司赚取的佣金。审计员接受了劳伦斯的解释，并且没有尝试用其他审计证据来证实她的回答。

在与下属们再次讨论了这条调整分录之后，谢斐德向劳伦斯提出质疑。但是劳伦斯坚持说这条调整分录的记录没有问题。然后，谢斐德要求劳伦斯让联合航空公司向塔奇·罗斯会计师事务所提供证明，以核实联合航空公司与卡迪洛公司协议的关键条款。谢斐德对该调整分录的关注源于她在客户文件中查阅到的关于卡迪洛公司与联合航空公司协议的信息表明，联合航空公司向卡迪洛支付的款项在某些条件下可以撤回，因此不能立即确认为收入。

在谢斐德和劳伦斯见面后不久，罗格林恩联系了谢斐德。与劳伦斯相同，罗格林恩也坚持认为，将第二季度的20.3万美元佣金确认为收入是正确的。罗格林恩还告诉谢斐德这笔在1985年第三季度由联合航空公司支付给卡迪洛公司备受争议的款项在任何情况下都不需要退还给联合航空公司。但在谢斐德的再三要求下，罗格林恩同意她的要求，即从联合航空公司处获得关于该协议部分内容的确认。

1986年12月17日，谢斐德收到了联合航空公司的回函。回函表明，在1990年以前，如果双方签订的合同协议的某些条款没有得到履行，这部分有争议的金额需退还给联合航空公司。得到这份证明之后，谢斐德给罗格林恩打电话，要求罗格林恩解释为什么联合航空公司和卡迪洛公司对于协议条款的理解存在明显分歧。[①]罗格林恩告诉谢斐德说，他与联合航空公司的董事长有一个秘密协议。“罗格林恩声称，根据这项秘密的商业协议，这203 210美元永远不需要归还给联合航空公司。谢斐德要求罗格林恩允许她与联合航空公司的董事长确认这一商业秘密协议，罗格林恩表示拒绝。事实上，罗格林恩知道，根本不存在这一协议。”

谢斐德与罗格林恩交谈后，又过了几天，她向卡迪洛公司的财务副总监威廉·凯伊表示，在1990年之前，也就是在与联合航空公司的合同协议到期之前，这20.3万美元不能确认为收入。凯伊拒绝做出适当的调整分录并解释说劳伦斯坚持认为这笔从联合航空公司获得的款项应记入收入账户。1985年12月30日，罗格林恩打电话给谢斐德，说他将会终止卡迪洛公司和塔奇·罗斯会计师事务所的委托关系。

1986年2月初，卡迪洛公司向美国证券交易委员会提交了一份8-K表格，向该机构报告公司更换了审计师。证券交易委员会法规要求卡迪洛公司在8-K表格中披露其与前任审计师的所有分歧，包括在会计、审计和财务报告等专业方面的问题。由劳伦斯签字的8-K表格表明，在卡迪洛公司决定解雇塔奇·罗斯会计师事务所之前双方未发生任何分歧。证券交易委员会条例也要求塔奇·罗斯会计师事务所起草一份信函说明其与卡迪洛公司之间是否存在分歧。这封信函将作为卡迪洛公司8-K表格的一部分进行存档。在塔奇·罗斯会计师事务所的证明信函中，谢斐德表示双方在关于联合航空公司对卡迪洛公司支付款项的确认上存在分歧，谢斐德披露，由于会计处理不当，导致卡迪洛在截至1985年6月30日的半年报和截至1985年9月

---

① 谢斐德显然不知道这20.3万美元是用来补偿卡迪洛转到联合航空公司订票系统的费用的。因此，她完全专注于卡迪洛何时应将美国联合航空公司付款确认为收入的问题。如果她知道那笔付款的真实性质，她肯定会更加坚决地认为那20.3万美元的调整分录是不恰当的。

30日的第三季度季报存在虚假列报。

1986年2月下旬，卡迪洛公司的法律顾问雷蒙德·莱利写信给谢斐德，坚称她在塔奇·罗斯会计师事务所为卡迪洛公司8-K表格提供的证明信函中误解了联合航空公司与卡迪洛公司的交易。莱利还通知谢斐德，卡迪洛公司不会支付塔奇·罗斯会计师事务所向其开具的17 500美元的发票，该发票原本用于支付塔奇·罗斯会计师事务所在被罗格林恩解雇前为其提供的专业审计服务。

第三幕

1986年1月21日，卡迪洛公司雇用了KMG会计师事务所代替塔奇·罗斯会计师事务所。KMG会计师事务所立即讨论了卡迪洛公司关于联合航空公司支付款项的会计处理。在KMG会计师事务所与罗格林恩讨论这笔款项时，罗格林恩告诉他们自己与联合航空公司那个所谓的秘密协议取代了书面合同协议。罗格林恩称，这份秘密协议要求联合航空公司在任何情况下都不得要求卡迪洛公司退还这20.3万美元的款项。KMG会计师事务所拒绝接受这个解释。KMG会计师事务所的审计合伙人罗杰·施隆斯基作为卡迪洛公司审计业务的负责人，告诉罗格林恩这笔款项必须按照与联合航空公司签订的书面合同协议中约定的五年期限按比例逐年确认为收入。①

自1986年初，卡迪洛公司开始面临严重的资金流动性问题。几个月后，在一场民事诉讼中，卡迪洛公司被判定支付68.5万美元，导致了公司资金流动性问题进一步恶化。在法官做出裁决后，雷蒙德·莱利向罗格林恩和劳伦斯发出警告，这项不利判决应被视为重大事件，需要在向证券交易委员会提供的8-K表格中披露。在向上级提交的备忘录中，莱利讨论了不向证券交易委员会披露该处理的严重后果："我之所以担心，是因为如果不披露这些报告和信息，卡迪洛公司的董事和高管们会由于没有向潜在投资者披露可能是重要的信息，而违反证券交易委员会法规中的规则10b-5。"

在收到莱利备忘录后的10天内，罗格林恩在公开市场上卖出了所持有的10万股卡迪洛公司股票。两周后，劳伦斯首次发布新闻稿，披露了这项不利的法律协议。然而，劳伦斯并没有披露协议的金额，也没有说明卡迪洛公司之所以能够坚持经营下去是因为罗格林恩把出售10万股股票所得的收益投入公司。此外，劳伦斯发布的新闻稿将公司在1985年的预期损失低估了大约300%。

在劳伦斯的新闻发布后，罗杰·施隆斯基约见了罗格林恩和劳伦斯。施隆斯基告诉他们，新闻稿中的信息严重低估了卡迪洛公司1985年度的预计亏损。这次会议后不久，KMG会计师事务所终止了对卡迪洛公司的外部审计业务。

后记

1987年5月，卡迪洛旅游系统股份有限公司的债权人要求该公司进入法定非自

① 卡迪洛的高管们还成功地向KMG审计人员隐瞒了一个事实，即联合航空公司的付款只是一笔预付款，用于支付新预订系统的安装费用。

愿破产程序。之后在同年，美国证券交易委员会结束了对该公司的长期调查。证券交易委员会发现，罗格林恩、劳伦斯和凯伊违反了联邦证券法规的多项条款，这些违规行为包括向外部审计机构作虚假陈述，未能保持准确的财务记录，未能及时向美国证券交易委员会提交财务报告。此外，联邦机构指控罗格林恩违反了联邦证券法规的内幕交易规定。最后，根据这些调查结果，证券交易委员会对三个人实施了永久性禁令，禁止他们在未来有任何违反联邦证券法的行为。证券交易委员会还试图从罗格林恩手中追回他在1986年4月出售的10万股卡迪洛公司股票时所得的23.7万美元。1989年1月，罗格林恩同意支付给证券交易委员会6万美元，双方最终解决了这个问题。

思考题

1.指出这个案例中面临道德困境的会计人员，同时指出各个困境的结果可能影响到的利害关系人。在各个结果中会计人员应该对这些关系人负有何种责任？此外，这些会计人员是否履行了这些责任？

2.描述审计人员在审查客户季度财务报表时应执行的程序。在你看来，在1985年第二季度塔奇・罗斯会计师事务所对卡迪洛公司的审查中，那名发现20.3万美元调整分录的审计人员是否采取了所有正确的步骤来证实该分录？这些审计人员是否应该立即通知审计合伙人海伦・谢斐德关于这条分录的情况？

3.在检查联合航空公司与卡迪洛公司的协议时，谢斐德收集到已记录20.3万美元的调整分录和证明该分类有误的证据，分别指出这些证据。审计准则要求审计人员考虑审计证据的哪些特征？根据这些特征分析谢斐德收集的有关争议分录的审计证据。

4.当上市公司更换审计师时，证券交易委员会要求提交8-K表格的规定的主要目的是什么？谢斐德在为卡迪洛公司关于更换审计人员的8-K表格提供证明信函时谈到了联合航空公司与卡迪洛公司的协议内容，她是否违反了客户保密原则？在你看来，谢斐德是否有责任向卡迪洛公司的高管们透露她将要写入证明信函中的信息？

5.审计准则是否明确要求审计人员评估潜在客户主要高管人员的诚信？指出审计人员可以用来评估潜在客户主要高管人员诚信的具体措施。

案例 5.2

美国国际集团

科尼利厄斯·凡德·斯塔尔的梦想是周游世界。1918年，这位26岁的加利福尼亚小伙子取出了银行账户里的所有钱，登上了驶向远东的轮船。在日本流浪了几个月后，凡德·斯塔尔来到中国上海，在那里他在保险公司找到了一份工作。不久之后，他发现卖保险是一本万利的生意，非常适合像他这样的想要创业的年轻人，所以他辞去了工作，成立了自己的保险公司——美亚保险公司。凡德·斯塔尔的生意蒸蒸日上。当他于20世纪60年代去世时，这家独资公司已经发展成为收入数十亿美元的大型跨国集团，分支机构遍布欧洲、拉丁美洲、中东以及美国。他在死前创立的斯塔尔基金是当时世界上最大的慈善基金。

1948年，凡德·斯塔尔将公司总部从上海迁至纽约。在他即将退休之际，凡德·斯塔尔选择了他的门生莫里斯·汉克·格林伯格接替他担任公司首席执行官。20世纪60年代早期，格林伯格改进了公司的经营模式。除了销售人寿保险及其他个人保险产品，他还劝说斯塔尔将公司的主要业务转为向大型公司提供保险和其他金融服务。1969年，格林伯格接管了公司，并将其更名为美国国际集团（American International Group，AIG），在纽约证券交易所上市。

格林伯格担任AIG首席执行官近40年。在他的领导下，该公司以不断开发的创新金融服务产品，以及用于营销这些产品的激进经营模式而闻名于世。这些努力为公司带来了惊人的财务业绩。在世纪之交的时候，AIG已成为美国前十大公司以及世界前二十大公司。

2001年初，AIG的部分高管提出了一种新的金融服务理念，这是一种可能会大范围吸引大型企业的服务理念。这项服务是为客户创建个性化“特殊目的实体（SPE）”。SPE通常是两个或两个以上公司成立的有限合伙企业，由于SPE属于不列入合并财务报告的子公司，因此拥有SPE的公司可以通过把不良资产和相关负债转移至SPE达到粉饰财务报表的目的。SPE的这种“资产负债表管理特性”是AIG

在推销其新服务时打算使用的主要卖点。[①]

事实上，许多大公司已经使用SPE来"粉饰资产负债表"。总部位于休斯敦的大型能源公司安然公司就是利用SPE粉饰报表的众多用户之一。[②]安然公司通过将不良资产和大部分未偿债务"隐藏"在其创建的数百家SPE中，显著改善了报表表面的财务状况。AIG的管理层相信，与安然不同，大多数公司都没有内部的专家来建立公司自己的SPE。

AIG的高管们意识到他们的新服务SPE实际上是一种会计处理手段，如果有知名的会计师事务所参与其开发和营销，他们的这种新服务看上去会更可信。出于这个原因，AIG聘请了安永国际总部的合伙人迈克尔·约瑟夫和一名"公认的国际知名结构性金融工具和SPE会计处理专家"[③]来帮助开发和推广这项新业务。"为了帮助AIG推广其新服务"，约瑟夫让安永根据"《第50号审计准则应用指南》出示了一份报告。[④]这份报告显示，把资产和负债转移到SPE并且不在合并报表中呈报的会计处理方法符合美国公认会计原则的要求。为了推销SPE服务，"AIG在其宣传材料中引用了安永出具的这份报告，并指出如果有任何与会计处理相关的问题，可以直接联系约瑟夫"。

最早表示有兴趣购买AIG的SPE服务的公司包括PNC金融服务集团（PNC），这是一家大型金融服务公司，旗下拥有美国第五大银行。在与AIG谈判期间，PNC就SPE产品的会计处理是否符合美国公认会计原则咨询了其独立审计师。事实上，PNC的审计机构就是安永，也就意味着该公司的审计人员联系了约瑟夫并向其咨询了SPE服务是否符合美国公认会计原则的规定。

约瑟夫把自己为AIG所写报告的复印件提供给了PNC的审计人员，审计人员"没有再进行其他任何必要的独立分析"，仅依靠这份报告就认为SPE服务是合规的。

2001年7月，PNC将1亿美元的不良贷款转移到AIG创建的SPE下，几个月后，PNC又将另外一笔超过1亿美元的不良贷款转移到AIG创建的另一个SPE下。到2001年末财务报表发布时，PNC报告称其有3.61亿美元的不良贷款，然而这一数字并不包括转移到SPE下的这2亿多美元的不良贷款。

2001年11月，美联储官员联系了PNC，询问了不良贷款的有关事项。当这些官员发现PNC将2.07亿美元转移到SPE下后，他们开始质疑这些转移是否合规。这

① J. Kahn,"Off Balance Sheet And Out of Control," *Fortune, 18 February* 2002,84.

② 参见案例1.1：安然公司。

③ 除非另有说明，本例中的后续引文均取自：Securities and Exchange Comission, *Accounting and Auditing Enforcement Release No.2523*, 11 December 2006.

④ 一般来说，会计师事务所准备这样的报告是为了向除审计客户外的第三方提供如何将现有会计原则应用于新型交易的技术指导。《第50号审计准则应用指南》(SAS No.50)已被纳入PCAOB审计准则AS 6105和AICPA职业标准AU-C 915条款。

时，PNC的高管要求迈克尔·约瑟夫出面向美联储解释。约瑟夫与美联储针对这一问题展开了讨论，约瑟夫坚持认为这种会计处理合规，但是美联储并不认同他的说法。2002年1月，PNC被强制进行反向交易，并在合并报表中披露这笔2.07亿美元的不良贷款。

美联储关于PNC对其SPE进行反向交易的强制要求，引发了美国证券交易委员会对该公司的调查。在审查PNC的SPE交易时，证券交易委员会发现它们并不符合美国公认会计原则的要求。美国公认会计原则规定，当一个SPE中来自外部实体的投资超过SPE总投资的3%时，公司才可以把这个SPE作为不列入合并报表的附属实体。AIG是PNC所有的SPE外部实体，但是AIG在这两个SPE中的投资都没有达到3%这个门槛，也就意味着PNC应在其合并财务报表中披露这两个SPE的财务状况。

后记

2002年7月，为了防止美国证券交易委员会对公司的指控，PNC的高管决定终止这些违反联邦证券法的活动。一年后，根据美国司法部对其提起的欺诈指控，PNC共赔付1.15亿美元。

2006年12月，美国证券交易委员会发布了一份会计和审计执行通告，重点关注了迈克尔·约瑟夫在PNC公司的SPE交易中扮演的不当角色。在该通告中，证券交易委员会指出"约瑟夫是导致PNC违反联邦证券法的一个重要因素"。美国证券交易委员会坚持认为约瑟夫应该早就知道PNC公司的SPE交易不符合美国公认会计原则的要求，同时指出约瑟夫在AIG和PNC的双重身份损害了其独立性。

> 约瑟夫参与了AIG公司SPE服务的开发和推广。他为AIG设计了该服务的结构体系，写过宣传材料，并代表AIG与潜在客户沟通交流……因此，约瑟夫在推广SPE产品时已经牵涉到个人经济利益，这也导致他在后期为PNC评价SPE是否合规时，存在着实际的利益冲突。

美国证券交易委员会接着指出约瑟夫的行为是"非常不合理的"，并损害了安永PNC审计项目组的独立性。《洛杉矶时报》采访的一位会计学教授用了一个形象的比喻来描述约瑟夫的行为对PNC审计项目组可能产生的影响："这起案例是否损害了审计师的独立性？这就像问某人得了肺癌是不是因为他吸了四十年的烟一样。"①

约瑟夫为上市公司执行审计业务的执照被证券交易委员会吊销了3年。2007年3月，由于约瑟夫的行为损害了审计项目组的独立性，美国证券交易委员会向安永开具了160万美元的罚单。同年4月，为了终止针对PNC丑闻对安永提起的集体诉讼，安永同意支付约900万美元的罚金。

2004年底，由于AIG在对PNC公司的SPE会计处理存在问题，公司支付1.26

① *Los Angeles Times* (online), "Ernst & Young in SEC Probe of PNC's Books," 8 December 2004.

亿美元的罚款和赔偿金。这些罚金与AIG在2005年由于编造虚假会计信息被罚的16亿美元来说，可谓是不值一提。在众多指控中，AIG被爆出为虚增利润，伪造了多起虚假的保单交易并低估其赔偿准备金。除了巨额罚款，汉克·格林伯格还被迫辞去了AIG首席执行官一职。[①]

2008年末，AIG再次被推到媒体舆论的风口浪尖，当时美国爆发了自大萧条以来最严重的金融危机，并迅速蔓延至全球。2008年9月，为防止AIG这个金融帝国崩塌，联邦政府接管了AIG。AIG在全球的信贷和保险市场中占有极其重要的地位，因此金融专家坚信如果这家公司破产的话，可能会带来全球性的经济灾难。联邦政府花费了850亿美元收购了该公司80%的股权。几个月后，数百亿美元的"紧急援助"资金又注入AIG以确保其正常运营，在2008—2009年的金融危机期间，AIG接受的政府援助资金超过任何一家美国公司。

思考题

1.注册会计师或会计师事务所为客户提供类似"盈余管理"的服务是否符合职业道德？请分别从咨询业务和独立审计业务两个角度来回答这个问题。

2.当客户与独立审计人员针对某一会计处理问题或交易发生争议时，客户通常会聘请另外一家会计师事务所就该特定项目的合理的会计处理出具审计意见报告。请指出这种允许其他会计师事务所向非审计客户提供审计意见报告的做法是否会带来职业道德方面两难的困境？

① 2009年8月，格林伯格同意支付1 500万美元罚款，以了结美国证券交易委员会对他提出的民事欺诈指控。该和解协议还禁止格林伯格在三年内担任上市公司的高管。

案例5.3

凯撒娱乐公司

“赌博场上的生意”容不得“生意场上的赌博”。

安布罗斯·比尔斯

20世纪30年代初，由于美国的经济大萧条，工程学专业学生威廉·哈拉从加州大学洛杉矶分校退学。被朋友们戏称为“骗子”的哈拉起初以经营一家赌场来养活自己。在与执法部门发生多次冲突后，哈拉将自己的业务转移到了内华达州，那里对赌博的法律限制跟加州的相比更为宽松。在接下来的几十年里，这位足智多谋、高深莫测的企业家开发了许多令人震惊的博彩房地产。[①]1971年，哈拉终于将公司上市，为其想要打造的商业帝国皇冠上的明珠——五星级酒店和博彩度假村“哈拉的塔霍湖”计划筹集资金。

1973年，威廉·哈拉于纽约证券交易所注册了哈拉有限公司，公司也成为首家在纽约证券交易所上市的博彩公司。2005年，在其创始人去世很久之后，哈拉有限公司更名为哈拉娱乐公司，并收购了拉斯维加斯豪华的凯撒宫和由其一个主要竞争对手运营的其余数十家大型博彩公司，一举成为美国最大的博彩公司。公司高管最终将公司更名为凯撒娱乐公司，并以股票代码CZR在纳斯达克上市。

多年来，由于凯撒公司采取激进的商业模式，因此公司高管及其前任们与监管机构发生了多次冲突。2013年初，美国证券交易委员会对凯撒展开了调查。讽刺的是，这一调查并不是由公司高管的任何行为或决定所引起，而是由该公司的审计事务所——德勤的前合伙人詹姆斯·特·亚当斯的行为所引发的。[②]2008年和2009

---

① 除了积累游戏财产外，哈拉最终还收集了1 000多辆老爷车——对于这些车，他坚持每年至少开一英里——并有六位前妻。1978年他去世时，已是第七次结婚。

② 在辞退安达信之后，凯撒于2002年5月成为德勤的审计客户。当时，安达信正缠斗于安然公司的破产案。

年期间，亚当斯曾在德勤担任凯撒审计项目组的咨询合伙人。2009年期间，亚当斯涉嫌在凯撒赌场从事某些"赌博活动"，这让证券交易委员会开始质疑德勤在2009年审计期间对凯撒公司是否保持了应有的独立性。附件1是凯撒公司针对美国证券交易委员会正在进行的调查所做的披露。

如附件1所示，凯撒公司和德勤分别被进行了独立调查，得出的结论是，亚当斯的行为并未损害德勤的独立性。另外需要注意的是，该公司还报告称，如果美国证券交易委员会最终得出相反的结论，可能会给公司带来"重大不利"的后果。

附件1　2013年5月，凯撒娱乐公司对美国证券交易委员会正在进行的调查所做的一段披露

德勤是我们公司委托进行独立审计业务的会计师事务所。2013年4月，德勤向公司建议声称，一名现已退休的德勤合伙人曾于2009年大部分期间担任德勤凯撒审计项目组的咨询合伙人，即他才应是美国证券交易委员会的正式调查对象。2009年，此人在凯撒公司的一家赌场从事赌博活动。德勤针对这些赌博活动以及此人作为咨询合伙人角色时的行为进行了审查，并向审计委员会报告了相关结论，即此人的各项活动并没有影响到德勤的独立性，因为在多方调查下，这些活动都没有违反美国证券交易委员会的独立性准则，同时他的行为在任何与凯撒公司有关的审计或审查中都没有实质性的影响。在外部法律顾问的协助下，凯撒公司进行了独立审查，随后公司董事会下的审计委员会接受了德勤的报告，并同意德勤的结论，即不论是过去还是将来，德勤的独立性都没有受到影响。如果监管机构在随后的调查中判定德勤事务所的独立性受损，那么这种判定可能会影响我们履行联邦证券法和部分债务协议规定的相关义务，同时将会对我们的业务和财务状况产生重大不利影响。

Source：Caesars Entertainment´s Form 10-Q filed with the SEC on May 8，2013.

1974年，詹姆斯·亚当斯从会计专业毕业后，在一家会计师事务所担任初级职位，该事务所是德勤的众多前身之一。1985年6月，亚当斯晋升为审计合伙人，实现了他职业生涯的主要目标。2005年，在亚当斯被任命为德勤公司（Deloitte LLP）[①]的首席风险官（CRO）时，他又到达了职业生涯的另一个里程碑。经过这次任命后，亚当斯同时兼任德勤公司的CRO和德勤的审计合伙人职务。虽然德勤母公司从未曾公开披露过其CRO应承担的职责，但在网络上获得的许多信息都表明，其CRO在经营过程中应监控、评估、管理和减轻组织面临的战略风险和运营风险。

2009年1月，亚当斯在德勤审计凯撒公司2008年度的业务期间加入了审计项目组，[②]直到2010年1月初，也就是一直到执行对凯撒公司2009年度财报的审计期

---

① 该公司是德勤有限公司在美国的子公司。德勤为其四家子公司提供行政管理职能，提供广泛的专业服务。这些子公司包括该公司。

② 当时，这家公司仍被称为哈拉娱乐公司。

间，他始终是该团队的一员。作为“咨询合伙人”，美国证券交易委员会报告称，亚当斯“主要是德勤与凯撒公司管理层和审计委员会之间的联络人”①。亚当斯在德勤凯撒审计组的主要职责包括出席凯撒公司的审计委员会会议，参加该委员会的电话会议，审查审计委员会成员履行职责的证明文件和其他相关材料。②

2004年6月，早在亚当斯成为德勤在凯撒审计项目组的成员之前，他就在凯撒公司的一家赌场中拥有10万美元的信贷额度。2009年，亚当斯曾多次在那家赌场“透支他的信贷额度”。2009年7月，在他当年第一次去该赌场赌博时，他借了8.5万美元。这笔贷款持续了6个多星期，直到2009年9月初才被还清。在接下来的几个月里，亚当斯又去了四次赌场，每次都是从他的信贷额度中提取贷款。前三次，这些贷款都是持续了一个多月的时间才被还清。

2009年12月16日，亚当斯再次去了赌场，并借了11万美元，随后亚当斯就一直拖欠了这笔贷款。2010年1月13日，德勤将亚当斯调出凯撒审计项目组。德勤做出这一决定与亚当斯在凯撒赌场的赌博活动无关，也与他在赌场的11万美元的贷款无关。事实上，尽管当时有德勤合伙人怀疑亚当斯做过类似行为，但是德勤的高管层并不知道亚当斯真的曾从该公司借钱。根据美国证券交易委员会的说法，亚当斯“在被问及是否拥有凯撒赌场的借款权限时，这位德勤合伙人撒了谎”。2010年5月，在从凯撒审计项目组退出4个月后，亚当斯从德勤退休。

2013年末，美国证券交易委员会主席玛丽·乔·怀特宣布，证券交易委员会将启动一个名为“破门行动”（Operation Broken Gate）的新项目，怀特主席表示，该项目的目的是“识别出那些忽视自身职责和必要审计标准的审计人员”③。6个月后，美国证券交易委员会公布了根据《会计与审计强制执行公告第3554号》（AAER No.3554）规定对詹姆斯·亚当斯的调查结果，在此次AAER会议上，美国证券交易委员会强调了审计人员保持独立性的重要性，“公众对公司财务报表可靠性的信任取决于公众认为外部审计人员是独立的专业人士这一看法”。美国证券交易委员会接着指出，“向审计客户提供贷款或从审计客户那里获得贷款”都与审计师的独立性“相悖”。

由于亚当斯从凯撒赌场贷款，美国证券交易委员会裁定其违反审计独立性准则，“从事了不当的职业行为”。在既没有承认也没有否认美国证券交易委员会对其指控的情况下，亚当斯接受了美国证券交易委员会对他的制裁，即“两年内不得以

---

① 除另有说明外，所有其他引用皆来自：securities and Exchange Commission，Accounting and Auditing Enforcement Release No. 3554,20 May 2014. 注：美国证券交易委员会在这个实施细则中并没有特别针对凯撒娱乐。美国证券交易委员会在提到该公司时，使用了“赌场博彩发行人”一词。

② 一般而言，德勤咨询合伙人是指拥有与特定客户相关的重要行业专业知识的高级审计合伙人。除了与审计业务团队成员就审计过程中出现的重要问题进行咨询外，咨询合伙人伴通常在审计业务完成之前审查审计工作底稿。

③ M. J. White，“Remarks at the Securities Forum，” http://www.sec.gov/News/Speech/Detail/Speech/1370539872100,9 October 2013.

会计师身份出现在上市公司或执业”。由于亚当斯已于四年前退休，这种惩罚也就变得无关紧要了。

美国证券交易委员会还裁定，亚当斯的行为还导致德勤违反了美国证券交易委员会的监管规定以及PCAOB“要求审计人员独立于客户”的审计准则。最后，在没有明确指明凯撒娱乐的情况下，美国证券交易委员会裁定，亚当斯的行为导致该审计客户违反了联邦政府的规定，即违反了美国证券交易委员会规定中要求上市公司的财务报表应由一家独立的会计师事务所进行审计。最终，美国证券交易委员会并没有对德勤或凯撒公司实施任何实质性的制裁，也没有要求凯撒公司对其2009年的财务报表进行重新审计。

在美国证券交易委员会发布第3554号公告当天，德勤发言人在接受《纽约时报》采访时严肃地批评了詹姆斯·亚当斯的行为：“这位前合伙人的行为明显违反了德勤的有关政策，他向德勤撒谎并隐瞒了自己的行为。亚当斯先生不再是我们组织的一员，我们强烈谴责他的这些行为。”[①]

思考题

1.你同意德勤关于亚当斯行为对2008年度和2009年度的凯撒审计没有“实质性影响”的说法吗？请阐述你的理由。

2.美国证券交易委员会以审计原则为执业基础，以减轻可能削弱审计人员独立性的相关风险。请描述美国证券交易委员会为保护上市公司审计人员独立性所采用的四项指导原则。

3.假设亚当斯曾用他的个人资金参与凯撒赌场的赌博活动。在这种情况下，他有没有违反审计人员的职业标准或道德准则？请阐述你的理由。

4.美国证券交易委员会在第3554号公告中指出，“向审计客户提供贷款或从审计客户那里获得贷款”都与审计师的独立性“相悖”。尽管如此，是否存在审计人员尚未偿清审计客户贷款的情况？请给出相关解释。

① R. Abrams and F. Norris, “Deloitte Partner Sanctioned Over Conflict of Interest With Casino Client,” *New York Times* (online), 20 May 2014.

案例 5.4

IPOC国际增长基金有限公司

我盗用《圣经》上的断章残句，
遮掩我赤裸裸的罪愆，
外表是圣人，内心是魔鬼。

威廉・莎士比亚

毫无疑问，盖伊・恩莱特在电话里与那个神秘的陌生人交谈时，那个人甚为焦虑。当时，这名英国籍的注册会计师正在为他的雇主毕马威做一项不同寻常的工作。[①,②]那时毕马威由百慕大（Bermuda）财政部长任命，负责审查和报告一家大型投资基金——IPOC国际增长基金有限公司的财务状况。虽然总部设在北美百慕大，但该公司的首席执行官却由丹麦律师杰弗里・加尔蒙德担任。据报道，他还是该公司的主要股东之一。

打电话给恩莱特的人自称尼克・汉密尔顿。在电话中，汉密尔顿告诉恩莱特，他需要和他探讨一个"对英国国家安全有影响"的问题。"汉密尔顿有着浓重的英国口音，"这让恩莱特相信他是一名英国情报官员，"他明确要求恩莱特不要告诉他的上级自己曾联系过他" 。

对于这个奇怪的要求，恩莱特考虑了几个月之后同意在公共场所和汉密尔顿见面。汉密尔顿随后约定两人几天后在百慕大的著名餐厅小威尼斯共进午餐。

---

① This case was coauthored by Carol A. Knapp and was originally published in the Journal of Forensic &Investigative Accounting, Vol. 6, No. 1 (January June 2014). 我要感谢《法医与调查会计杂志》(*Journal of Forensic & Investigative Accounting*)的编辑D. 拉里・克拉姆利(D. Larry Crumbley)，感谢他允许我将此案例纳入本书。

② 除非另有说明，本案例的大部分背景资料和引文均来自 *Businessweek*, "Spies, Lies & KPMG," www.businessweek.com, 25 February 2007.

百慕大骗局

2000年，美林集团的一位前任高管在获得百慕大政府颁发的运营执照后成立了IPOC公司，以作为共同基金开始运营。三年后，百慕大监管机构发现该公司创始人曾是一名重刑犯，于是解雇了他，并换由杰弗瑞·加尔蒙德接管公司。

接下来的几年里，IPOC公司迅速发展。该公司的主要投资对象是俄罗斯电信公司，这些公司是20世纪90年代俄罗斯联邦“私有化计划”的产物。该计划的内容是将苏联国内数以千计的国有企业都转化为私有企业，旨在将这些新公司的所有权利益分配给数百万名俄罗斯公民。然而，这些所有权的大部分被那些曾在苏联政府中担任高级职位的人或者是这些人的朋友、家人和商业伙伴所篡夺。

2004年，百慕大政府听到了一些关于IPOC公司的谣言和无证据的说法，并为之震惊。这些谣言和说法称，IPOC公司并不是作为共同基金在运作，而是一个洗钱的“犯罪集团”。对该公司持批评态度的人士坚称，杰弗瑞·加尔蒙德和IPOC的其他高管只是名义上的负责人，IPOC实际上是由俄罗斯电信部长列昂尼德·雷曼拥有和控制。

据称，雷曼利用职务之便控制了俄罗斯主要的电信公司，并将其置于IPOC公司的保护伞下。雷曼反驳了这种说法，坚称自己与IPOC无关，加尔蒙德才是该公司的首席执行官和所有者。

为了平息这些争议，IPOC的高管们聘请了安永事务所对他们公司的业务情况进行审计，并就调查结果发布一份审计报告。可是，从第三方获取的安永审计报告的副本却引发了人们对IPOC合法性的进一步质疑。安永的审计报告记录了IPOC公司一些可疑的现金转账，而这些转账似乎没有什么可信的商业用途。

几十年来，百慕大政府采取了大量强硬措施，防止百慕大沦为一个被有组织犯罪集团控制的公司总部所在地。同时，加勒比地区附近的几个小国家也制定了银行保密法，以吸引类似于IPOC公司的企业入驻。2004年，由于人们对IPOC商业业务真实性质的担忧日益增加，百慕大财政部长不得不聘请毕马威事务所对该公司开展调查。四年之后，百慕大当局准备根据毕马威的调查结果采取行动，与此同时，又有一条牵涉IPOC公司的头条新闻引起了轰动。

手机行业狂热潮

2003年末，俄罗斯公司阿尔法集团（Alfa Group）与IPOC展开竞争，成为IPOC公司在俄罗斯手机行业的主要竞争对手。当时，IPOC直接或间接持有俄罗斯第一大手机公司MegaFon集团40%的股权。而在过去的几年里，IPOC一直试图通过收购由俄罗斯裔美国公民列昂尼德·罗哲特金持有的MegaFon集团25%的股份，来取得集团的控股权。

1992年，26岁的哈佛大学法学院毕业生罗哲特金进入了美国一家律师事务所驻莫斯科办事处就职。不久之后，罗哲特金就辞去了这份律师工作，成为一名风险投资家。1996年，他于纽约证券交易所参与注册了俄罗斯电信公司——VimpelCom公司，这也是第一家在纽交所“主板”上市的俄罗斯公司。

罗哲特金的投资合伙人包括美国金融家兼亿万富翁乔治·索罗斯和俄罗斯最富有的商人之一米哈伊尔·弗里德曼。罗哲特金在俄罗斯的新兴投资界也享有盛名。由于他总是以咄咄逼人的形象出现，俄罗斯版的《福布斯》杂志曾把他的照片作为杂志封面，标题为“我们水域中最危险的鲨鱼”①。

IPOC公司的高管们坚称，他们已与罗哲特金达成了一份具有约束力的协议，协议要求他将自己持有的25%的MegaFon股份转让给他们公司。然而，出乎意料的是，罗哲特金没有将他在MegaFon的股份卖给IPOC，而是在2003年8月将股份卖给了阿尔法集团。在接下来的几年里，罗哲特金的这一决定引发了一系列的诉讼和反诉讼，相关诉讼牵涉到IPOC公司、阿尔法集团和罗哲特金本人三方利益，并遍布英国、俄罗斯、瑞典和瑞士的各大法庭。

午餐和谎言

2005年春天，盖伊·恩莱特出现在百慕大的小威尼斯餐厅，依约与尼克·汉密尔顿共进午餐。在那里，他不仅见到了汉密尔顿，还见到了一位迷人的年轻女士，这位女士介绍自己是“来自兰利（Langley）的莉兹”。毫无疑问，恩莱特自然而然地将“兰利”与美国中央情报局（CIA）总部所在地——弗吉尼亚州的兰利想为一处。汉密尔顿向恩莱特解释说，需要恩莱特协助完成一项“涉及英国国家安全”的“绝密”任务。

汉密尔顿告诉恩莱特，说他必须接受英国政府的背景调查，以确保他能胜任这项工作。汉密尔顿制作了一份官方调查问卷，上面盖着英国政府的印章，问卷内容主要包括恩莱特的父母、他的职业背景、任何犯罪史和政治活动等有关信息。

几周后，汉密尔顿约定与恩莱特在百慕大的一家酒吧会面。在这次会面中，汉密尔顿告诉恩莱特，他需要提供毕马威对IPOC调查的相关信息。汉密尔顿说服恩莱特“交出机密审计文件，包括毕马威在IPOC调查中进行的采访记录”。恩莱特奉命把这些文件放在一个塑料容器里，藏在百慕大一个僻静地区的一块大石头下面，然后汉密尔顿会去那里取回这些文件。

事实上，尼克·汉密尔顿并不是英国的情报官员，“莉兹”也不是恩莱特以为的美国中情局特工。相反，尼克·汉密尔顿真实姓名为尼克·戴伊，而“莉兹”则是戴伊的下属之一，真名为格雷琴·金。戴伊其实是一家位于伦敦的“商业情报”公司——勤奋公司的高管，该公司成立于2000年，金是被分配到勤奋公司纽约办事处工作的职员。戴伊的确曾有政府情报工作背景，他曾在英国特种部队工作，而英国特种部队是英国政府的一个秘密机构，主要负责处理反恐和其他威胁英国国家安全的事务。②

---

① *PRNewswire* (online), "Russian Oligarch Fridman, Corporation Sued for Racketeering, Fraud that Used U.S. Banks and Exchanges," 9 June 2006.

② 戴伊还曾担任英国热门电视剧《神出鬼没》(*Spooks*)的特别顾问。这部电视剧讲述的是英国国内一个情报机构面临的考验和磨难。

在围绕着列昂尼德·罗哲特金拥有的MegaFon集团25%股权所开展的一系列官司中，阿尔法集团聘请了BGR公司，[①]将这家总部位于华盛顿特区的游说公司作为自己的律师事务所。随后，BGR聘请了勤奋公司——这家在华盛顿特区距离白宫两个街区的位置设有办事处的情报公司。BGR希望勤奋公司可以通过调查获取IPOC公司的相关情报，以帮助于阿尔法集团保留从罗哲特金处购买得到的MegaFon集团25%的股权。

当时，勤奋公司的官网介绍，它是一家“商业情报公司，以帮助客户应对艰难的商业挑战”，该网站接着介绍，“作为一家商业情报公司，我们为客户公司提供相关情报和分析，令它们能够识别、管理和减少来自正常业务流程或意外事件的风险” 。在外行看来，勤奋公司商业模式的主要关注点是帮助跨国公司应对企业或真或假的间谍活动所形成的威胁。

威廉·韦伯斯特是唯一一位曾同时担任美国联邦调查局和美国中央情报局局长的人，他曾在勤奋公司顾问委员会任职多年，据报道他还曾于2000年帮助尼克·戴伊组建了这家公司。2006年，迈克尔·霍华德被任命为勤奋公司的董事长。几年来，霍华德一直是英国保守党的领袖，如果他的政党能成功击败托尼·布莱尔领导的工党，他就能成功成为英国首相。

盖伊·恩莱特并不知道他是勤奋公司调查人员长达数月以来为了获得有关IPOC内部情报的关注焦点。勤奋公司的管理层原本打算秘密完成这项任务。为避免对公司自身、阿尔法集团或BGR带来任何可能的法律后果，公司将其称为“尤卡计划”。《彭博商业周刊》获得的一份内部调查备忘录指出：“尤卡计划一旦公开，可能会使我们的公司被彻底推翻，因此我们不会让计划有被发现的可能。”

在被BGR聘用后，勤奋公司一直竭尽所能想找出一个或多个能够打入IPOC商业内部的人员。当调查人员得知毕马威参与了一项由政府资助开展的针对IPOC的调查时，他们联系了毕马威百慕大办事处的工作人员。在百慕大举行的一次法律会议上，两名勤奋公司的员工冒充会议组织者，成功地从毕马威的秘书人员那里打听到了被分配到毕马威IPOC调查项目组的工作人员名单。

接下来，勤奋公司的调查人员编制了心理档案来找出最有可能参与到“尤卡计划”的毕马威员工。据《彭博商业周刊》报道，这份心理档案建议，勤奋公司在女性员工中应重点寻找“缺乏安全感……不太诚实的年轻女性，这种人主要把钱花在她的外表、衣服和各类小玩意上，没有男朋友，只结交一些肤浅的朋友，与母亲有着十分密切的关系” 。同时男性员工的形象应为“20多岁的男性，生活单调……有派对情结，需要钱，喜欢冒险、运动和女人，工作中对经理不太尊重，经常乱花钱，但很爱国” 。在确定了所有被分配到毕马威IPOC调查项目组的员工都不符合

---

① 著名政治家黑利·巴伯是BGR的共同创始人之一。2000年，《财富》杂志将BGR列为美国最具影响力的游说公司。

他们所需的理想男性或女性人格特征后，调查人员决定将注意力集中在盖伊·恩莱特身上。在执行“尤卡计划”的几个月里，勤奋公司一直不遗余力地确保恩莱特不会是IPOC公司派来的“双重间谍”。他们采取的反情报措施包括跟踪恩莱特在百慕大的行踪、翻查他丢掉的垃圾等。

为此，BGR支付了勤奋公司28万美元的薪酬，同时还报销了勤奋公司在调查过程中产生的3万美元的相关费用。在这笔28万美元的薪酬中，有一笔6万美元的“奖金”是为了奖励当时尼克·戴伊说服恩莱特交出了毕马威IPOC调查报告的初稿。同时，由于恩莱特在这次秘密行动中也扮演了重要角色，勤奋公司送给了他一块价值“数千美元”的劳力士手表，并“说服他相信这块手表是英国政府的感谢礼物”。

后记

2007年7月，IPOC公司和阿尔法集团宣布，它们将结束这场旷日持久且代价高昂的法律纠纷。两家公司同意“结束所有官司并放弃对对方的法律诉讼”[①]，这也意味着阿尔法集团将保留其从列昂尼德·罗哲特金手中购得的MegaFon集团25%的股权。然而此时，IPOC的伪面孔已经被戳穿。一年前，一个瑞士仲裁小组证实了阿尔法集团对IPOC的一项重要指控，即俄罗斯电信部长列昂尼德·雷曼才是IPOC的“实际控权人”[②]。英属维尔京群岛的一家执法机构也得出了类似的结论，该机构也一直在调查IPOC。该机构报告说，IPOC公司“是俄罗斯电信部长列昂尼德·雷曼等人用来进行犯罪洗钱的一个幌子”[③]。

2008年5月，百慕大最高法院在审查了毕马威关于IPOC的调查报告和从其他来源收集到的相关信息后，裁定该公司必须解散其在百慕大的经营业务。在对这一裁决发表评论时，百慕大财政部长说：“我们始终致力于保护百慕大，并向全世界发出一个信号，那就是百慕大绝不允许任何人玩弄它的声誉。”[④]这位如释重负的官员接着补充说，这个“又长又复杂的案子简直比詹姆斯·邦德系列小说还要反转、曲折”[⑤]。

2005年底，有人在新泽西州的一家毕马威办事处匿名留下了一堆文件，这些文件揭露了盖伊·恩莱特所参与的勤奋公司“秘密诱捕行动”的相关细节。[⑥]在审查了这些文件之后，毕马威对这家英国情报公司提起了民事诉讼。尽管这起诉讼最终由双方私下解决，但许多消息来源称，勤奋公司为解决此事向毕马威支付了170万美元。虽然达成了和解，但勤奋公司的官员坚称，他们在这个臭名昭著的“尤卡

---

① N. Buckley, "Russian Phone Feud Peace Deal," *Financial Times* (online), 30 July 2007.

② Ibid.

③ J. Kent, "The Rise and Fall of IPOC," *The Royal Gazette* (online), 9 May 2008.

④ J. Kent, "The Rise and Fall of IPOC," *The Royal Gazette* (online), 9 May 2008.

⑤ J. Kent, "The Rise and Fall of IPOC," *The Royal Gazette* (online), 9 May 2008.

⑥ 有几方人士猜测，向毕马威递交这些文件的是一位对勤奋公司不满的前雇员。

计划”行动中没有做错任何事，这些官员表示，他们“是从一名告密者那里获得了有关毕马威IPOC调查的情报，主要是因为他们担心毕马威在对IPOC进行的调查可能会隐瞒真相”①。

在2006年底和2007年初，勤奋公司秘密行动的相关细节被泄露给了媒体。此时，盖伊·恩莱特已经离开了毕马威，转而加入了伦敦的一家德勤事务所的咨询团队。2013年11月，在拉脱维亚偏远地区发现了一副骨骼残骸，最终通过DNA测试证实，该骨骸是列昂尼德·罗哲特金的遗骸。

思考题

1. 百慕大财政部长聘请毕马威对IPOC经营业务进行“审计”，以确定该公司是犯罪企业还是合法经营。在此期间，毕马威提供了何种专业服务？这种业务是否属于鉴证业务、审计业务或咨询业务的一种？请阐述你的理由。

2. 当盖伊被要求将机密文件交给那些自称是英国和美国政府情报机构的人员时，他面临着哪些道德责任和职业责任？他违反了那些责任中的哪一项，又维护了哪一项？

3. 比较一下盖伊·恩莱特、尼克·戴伊等人的行为。这些人中谁更合乎道德准则（或更不符合道德准则）？请阐述你的理由。

4. 如果你面临着与盖伊·恩莱特类似的情境，你会如何应对？

5. 2005年，毕马威在得知了勤奋公司针对盖伊·恩莱特采取的“诱捕行动”后，对该公司提起了民事诉讼。请问提起诉讼的依据或法律原则是什么？你认为，如果毕马威没有庭外和解而是继续提起诉讼，它会取得成功吗？假设毕马威认为，它最终会赢得这起诉讼，那么毕马威为什么会选择庭外和解？请给出相应解释。

① S. Fidler, A. Ostrovsky, and N. Buckley, “MegaFon Diplomacy: A Disputed Stake Pits an Oligarch against a Putin Ally,” *Financial Times* (online), 24 April 2006.

案例5.5

乐自然公司（二）

2003年末，总部位于宾夕法尼亚州的饮料公司乐自然辞掉安永，改聘德豪会计师事务所（BDO Seidman）为其独立的第三方事务所。[①]几个月前，安永坚持要求该公司聘请一家外部事务所来调查该公司前首席财务官和另外两名前高管对公司提出的指控。这三人都表示，乐自然公司的创始人兼首席执行官格雷戈里·波德拉科对公司的会计记录存在操纵行为。特别值得一提的是，这三个人对乐自然公司所记录的销售业绩的可靠性提出了质疑。公司根据安永的要求展开了外部调查，结果却是"没有发现任何证据表明存在欺诈或渎职行为"，此后不久，公司就将会计师事务所从安永改为德豪。[②]

2003年至2005年，德豪对乐自然公司的年度财务报表发表了无保留审计意见。2006年，有关乐自然公司存在行为不当的指控再次浮出水面。特拉华州法院发布的一项限制令将波德拉科从乐自然公司总部逐出。在短短几天内，就出现了一名法庭指定的乐自然公司的托管人作证，据他称，他在公司内部发现了一场大规模会计欺诈行为。而在乐自然公司欺诈案后不久，一名由联邦法官任命的破产管理人开始对该公司进行清算。

在波德拉科策划的这场长期骗局持续期间，乐自然公司严重虚构了其年总收入。例如，在2005年，该公司报告的2.87亿美元营业收入中有超过85%的业绩是伪造的。十多年间，波德拉科和他的同伙们向公司的独立审计人员及其他第三方隐瞒了公司的欺诈行为，隐瞒手段主要是通过伪造大量的会计凭证和使用两套会计系统——其中一套系统使用公司的真实会计数据，另一套系统使用公司的虚假

---

① 参见案例1.6:乐自然公司。

② *Mark Kirschner v. K & L Gates LLP, et al.*, Superior Court of Pennsylvania, 46 a.3d 737 (2012), 2012 PA Super 102, 19 July 2012.

会计数据，而乐自然公司的审计人员只知道后一套会计系统。据此，波德拉科和他的7名家庭成员，以及公司的其他高管因涉嫌欺诈而被判入狱。

德豪会计师事务所也是乐自然欺诈案民事诉讼中的被告之一。一位曾购买过乐自然公司债券的投资者向加州法院提起诉讼，称德豪对波德拉科经常凌驾于公司内部控制之上的行为知情。①另一桩由其他性质的债权人向纽约法院提起的诉讼也提到了类似情况，该诉讼指控这家审计公司没有重视乐自然公司财务报表中发出的暗示报表存在欺诈行为的“危险信号”②。最后，乐自然公司的破产管理人向德豪提起了法律诉讼，指控该审计事务所在审计乐自然公司中存在过失，从而导致其未能发现公司中存在的大规模欺诈行为。③

与其他欺诈案民事诉讼中和解协议通常对外保密不同，在该欺诈案的诉讼过程中，破产管理人与欺诈案相关的各方当事人达成的和解协议被公开报道。最终德豪向破产管理人赔偿1 200万美元。然而不幸的是，这还不是德豪与乐自然公司长达三年的合作后得到的最坏结果。

在针对格雷戈里·波德拉科的刑事指控中还有一项是针对其逃税的指控。美国国税局在调查波德拉科的联邦所得税逃税情况时，对乔治·马克也进行了相关的平行调查，马克曾是德豪的审计合伙人。美国国税局没有披露为何对马克展开刑事调查，但一位会计学教授推测，这位审计合伙人与波德拉科的密切关系是导致联邦机构对其所得税申报表进行审查的重要原因。④

美国国税局发现，从2004年到2006年，马克在个人所得税申报表中共虚构了12.8万美元的差旅费。美国国税局的一份报告显示，马克工作并居住在费城，但却享受着一种“奢侈的生活方式”：他在纽约市拥有一套公寓，经常出去旅行，还拥有几辆豪华汽车。⑤针对这一报告，一位美国助理律师表示，贪婪才是解释这位千万富翁的审计合伙人犯罪行为的唯一动机。

美国司法部要求负责对马克提起刑事诉讼的法官诺拉·费雪将这位前审计合伙人判处监禁。根据美国司法部的说法，这一判决将向“有钱人”传递一个信息，即

---

① R. Gazarik,“Lawsuit Alleges Fraud in Le-Nature's Dealings,” http://triblive.com/x/pittsburghtrib/news/westmoreland/s_565150.html,1 May 2008.

② S. Melendez, “BDO Seidman Settles Investor Suit Over Le-Nature's Loan,” http://www.law360.com/articles/327372/bdo-seidman-settles-investor-suit-over-le-nature-s-loan,5 April 2012.

③ B. James,“Le-Nature's Trustee,BDO Spat Heads to Arbitration,” http://www.law360.com/articles/127203/le-nature-s-trustee-bdo-spat-heads-to-arbitration,8 October 2009.

④ D. Albrecht,“He Holds to a Lower Standards,” http://profalbrecht.wordpress.com/2011/08/04/he-holds-to-a-lower-standard,4 August 2011.

⑤ T.Ove,“Le-Nature's Ex-Auditor Gets 2 Years of Probation in Tax Case,” http://www.post-gazette.com/local/region/2011/08/05/Le-Nature-s-ex-auditor-gets-2-years-of-probation-in-tax-case/stories/201108050250,5 August 2011.

他们不可能在偷税漏税之后免于牢狱之灾。[①]

在反对监禁判决的过程中，马克的辩护律师列举了费雪法官判决的20多起逃税案件。在这些案件中，“富裕的、受过良好教育”的被告人都没有被判入狱[②]。马克的律师还暗示，他的当事人也不应该坐牢，因为他对自己的轻率行为已经感到十分悔恨，同时他还参与慈善，与希望国际等慈善机构有过广泛合作，而希望国际则是一家为第三世界国家中陷入困境的小企业主提供融资的慈善组织。

2011年8月，费雪法官发表了对乔治·马克的最终判决。除了罚款3万美元之外，费雪法官还判处乔治两年缓刑，这也意味着他不用在监狱服刑。2012年6月，宾夕法尼亚州会计委员会公开谴责乔治·马克，并透露他已同意自愿放弃注册会计师证书。在接下来的几个月里，宾夕法尼亚州注册会计师协会和美国注册会计师协会接连将马克除名。

思考题

1.与其他公民相比，注册会计师是否负有更多的道德责任来诚实地填写他们的所得税纳税申报表？请阐述你的理由。

2.你认为费雪法官只判处乔治·马克缓刑是正确的决定吗？为什么？你认为法官在决定判处时是否应该考虑到马克态度上的明确悔恨，以及他与慈善机构的合作经历，为什么？

---

① T.Ove,“Le-Nature's Ex-Auditor Gets 2 Years of Probation in Tax Case,” http://www.post-gazette.com/local/region/2011/08/05/Le-Nature-s-ex-auditor-gets-2-years-of-probation-in-tax-case/stories/20110805250,5 August 2011.

② T.Ove,“Le-Nature's Ex-Auditor Gets 2 Years of Probation in Tax Case,” http://www.post-gazette.com/local/region/2011/08/05/Le-Nature-s-ex-auditor-gets-2-years-of-probation-in-tax-case/stories/20110805250,5 August 2011.

案例5.6

会计人员理查德·格里姆斯

理查德·格里姆斯瞥了一眼手表，时间显示是2月一个阴冷的星期五早上6点25分，他溜进了麦卡莱布医疗公司（MMC）总部几乎空无一人的停车场。[①]MMC位于宾夕法尼亚州匹兹堡市南部的一个郊区，公司主要生产用于医学实验室的诊断仪器，并在一家著名的证券交易所上市。理查德是四大会计师事务所的专职会计人员，也是MMC审计项目组成员，他和他的同事正在审计MMC的财务报表，该公司的会计年度在12月31日前几周已经结束。

负责监督MMC审计工作的高级审计主管格温·汤姆林森允许理查德在当天下午4点离开，这样理查德就可以去距离匹兹堡有两个小时车程的家乡——马里兰州坎伯兰参加一个家庭聚会。为了能够稍微弥补一下自己早退带来的损失，理查德在他的同事们正式上班前大约一个小时就到达了MMC的总部。

理查德走进了客户总部大楼三层的会议室，然后打开了灯，这里是MMC审计项目组的大本营。会议室的一端有一个巨大的椭圆形办公桌，格温经常在那里工作，或是在她的笔记本电脑上敲着文字，或是查看审计工作底稿，又或者费力地翻阅大量的客户文件。会议室的其余2/3被分隔成了多个小隔间，供理查德和其他三名被分配到MMC审计项目组的会计人员使用。其中有两名会计人员是“新手”，工作经验不足三个月，还有一名会计人员和理查德类似，也开始了在注册会计师领域工作的第二个繁忙期。

理查德先花了几分钟时间整理了一下自己的办公桌，然后拿起记事本，在上面草草记下了六份设备租赁合同的标识信息，以便回头审查。随后，他朝三楼远处角落里的一排文件柜走去。这些文件柜摆在一个L形的凹角处，旁边就是MMC财务总监阿尔瓦·罗素的办公室。

---

① 这个案例的基本情况涉及一个大型审计公司的会计人员，涉案人员的姓名和其他背景信息已更改。

当理查德走近罗素的办公室时，他惊讶地发现，这位财务总监和MMC的总经理兼首席运营官丹尼尔·斯莱特两人，都身体前倾地站在罗素的办公桌前，背对着办公室敞开的大门，一边兴致勃勃地聊着，一边研究着桌上摆着的一张大型电子表格。因为不想打搅到他们，理查德轻轻地走过门前，然后立即向左拐进了放着文件柜的凹角处。

理查德尽可能安静地将装有MMC设备租赁合同的文件柜抽屉打开。他站在文件柜前，先是来回地翻着记事本，然后从抽屉里把他打算审阅的所有合同都拿了出来。

站在那里的时候，理查德与MMC两位高管就距离几英尺远，尽管他完全隐藏在他们两人的视线之外，但是他可以清楚地听到他们两人说的每一句话。斯莱特告诉罗素，他已得知MMC的一名最大的客户将在未来几周内申请破产保护，该客户是一家私营公司，其应收账款占MMC公司未偿还应收账款的28%。斯莱特告诉罗素，如果MMC能够从该公司收回“一些”应收账款，那就是非常“幸运”了。

罗素对这一坏消息做出了回应，他告诉斯莱特，在未来两周内MMC公司即将向美国证券交易委员会提交的财务报表中，必须“以某种方式解决”这笔巨额应收账款所带来的预期损失。斯莱特很快回复说，MMC不会“自找麻烦”，因为在10-K表格被提交给美国证券交易委员会之前，客户公司的破产几乎肯定不会成为“公开消息”。

两人之间的对话继续进行，罗素明显强烈反对斯莱特的决定。谈话快结束时，罗素恼怒地问斯莱特：“我该怎么跟审计人员说呢？”

“什么也别告诉他们，”斯莱特厉声说道，“他们不需要知道，这与他们无关”。

过了一会儿，当丹尼尔·斯莱特大步走出阿尔瓦·罗素的办公室，在距离他几英尺的地方经过时，理查德大吃一惊。理查德原以为斯莱特离开罗素办公室后会向右拐——那样的话，他就不会经过理查德站着的那个凹室。当斯莱特离开罗素办公室时，他回头看了一眼，正好发现理查德站在文件柜前面。于是斯莱特立即转身向他走来。

“你在那儿站了多久了？”斯莱特咆哮道。理查德还没立即回应，斯莱特就又补充说道：“你不是审计人员吗？”

理查德点点头表示承认。

“你是怎么回事？你觉得你可以站在这里偷听别人的私人谈话吗？”斯莱特很生气，非常生气。他深吸了一口气后，又继续他的长篇大论：“你是怎么偷偷溜到办公室门口却没有让我们注意到你的？”这时，阿尔瓦·罗素也已经走出办公室，和斯莱特肩并肩站在了一起。

理查德默默地站在两个人面前，嘴巴微微张着，不知道是该解释一下自己为什么会出现在这里，还是该道歉，还是两者兼而有之。

经过一段漫长而又尴尬的沉默之后，斯莱特低声咒骂了一句，走开了。罗素面对着理查德站了一会儿，然后耸了耸肩，回到了他的办公室。

思考题

1. MMC是否应该在其10-K表格中披露这笔巨额应收账款所带来的预期损失？如果应该的话，该怎样披露？请给出相应解释。

2. 如果你站在理查德·格里姆斯的立场上，在无意中听到了阿尔瓦·罗素和丹尼尔·斯莱特的对话后，他可以做出哪些选择？在这些选择中，他应该选择哪一个？为什么？

3. 当理查德站在罗素办公室外时，他是否有责任让这两位客户公司的高管意识到他的存在？为什么？

4. 你觉得如果这名审计人员是女性而不是男性，那么丹尼尔·斯莱特是否会做出不同的反应？请给出相应解释。

第六部分

职业角色

6

案例 6.1

会计职员李·安·沃克

李·安·沃克毕业于一所州立大学并获得会计专业学士学位。[①]在她的大学生涯中，沃克获得了平均3.9的绩点，并参与了多项课外活动，包括三项学生活动的组织工作。她最亲密的朋友经常取笑她，因为她总是被忙碌的学习计划所包围并时常处于过度“紧张”的状态。

1988年秋天，沃克参加了几家会计师事务所和大公司的面试，并获得了6份工作邀请。经过一番考虑之后，她决定接受一家大型国际会计师事务所提供的初级审计员的职位。她并不确定成为一名合伙人是否是自己的目标，但她知道，事务所为她提供的训练项目以及她将要从一系列业务中获得的广泛经验，将会使她的职业生涯有一个全新的开始。

沃克最初两周的工作是在公司的审计职员培训中度过的。6月，当她再次回到办公室的时候，她被分派去审计圣安德鲁医院。这是家大型宗教医院，以6月30日为会计截止日。沃克在这个审计项目中的直接上司是杰基·沃恩，一个具有三年工作经验的高级审计人员。在她进入项目的第一天，沃克被告知自己要审计医院的现金账户，并帮助审计应收账款科目。对于她的首次审计项目，沃克很兴奋，并且对她能为沃恩工作而感到高兴。沃恩作为一名要求严格的监管者，通常要求下属在预计的时间内完成审计工作。同时，她还同客户之间保持相当和谐的关系，对技术标准了如指掌，而且能够公平坦诚地对待下属。

就像许多新入职的审计人员一样，沃克对她的新工作有些担忧。她明白审计独立性的目的，也熟悉审计人员应当做的工作，但是她怀疑一门审计课程以及两周的入职培训研讨班是否已经为她扮演的新的工作角色做足了准备。在沃恩的监督下工

① 本案例来源于一系列真实事件，但涉及的人物姓名已为化名。就业安置公司的一名雇员提供了许多与本案有关的信息。这家公司由在本案例中名字叫李·安·沃克的学生拥有。

作，她的不安情绪有所缓解。她感觉到，虽然沃恩是一个要求严格的人，但是她对新任审计职员是非常有耐心的，并且善解人意。更重要的是，沃克认为自己可以在与沃恩的紧密合作中学到很多东西。沃克下定决心努力工作，以给沃恩留下一个好印象，她希望沃恩能够在她职业生涯最初几年给她提供指导。

在沃克审计圣安德鲁项目的第二周，一天饭后，杰基·沃恩随意地问她是否参加了5月份的注册会计师（CPA）考试。一个短暂的停顿之后，沃克答道，她并未参加，但打算在接下来的5个月里抓紧时间学习，然后参加11月份的考试。沃恩指出这是一个很好的策略并提出要借给沃克一套CPA复习指南，但被沃克婉拒了。事实上，沃克在5月的第1周回了趟家并参加了CPA考试。由于担心考试失败，或者说害怕承认失败，所以沃克决定先不告诉她的同事她参加了这次考试。她知道她的大部分同事不会在第一次考试的时候通过所有科目。虽然如此，沃克还是希望能够避免在自己以后的职业生涯中因为不是"一次成功者"而产生尴尬。

整个夏天，沃克继续为圣安德鲁项目工作。她在预期内完成了现金审计，完成了整个审计程序中的工作底稿。沃恩对沃克的工作很满意，经常称赞并鼓励她。当她们的工作在8月初终于要结束的时候，沃克在一个周五的晚上收到了她的CPA考试成绩单的邮件。让她惊讶的是，她通过了所有科目的考试。她立刻打电话给沃恩，想让她知道自己这一令人难忘的成绩。然而，让她惊讶的是，沃恩似乎对这一消息显得很生气。沃克想起来，她原本告诉过沃恩自己没有参加5月份考试的。沃克立刻向沃恩道歉并解释了自己为什么不告诉大家她参加了考试。在她解释了之后，沃恩似乎仍未消气，所以沃克决定先暂停这一项目并稍后再独自完成这个项目。

在接下来的一周，从周一到周三沃恩都是和其他的客户在一起，而沃克则和圣安德鲁项目组的其他职员一起继续完成这家医院的审计工作。在周三的早上，沃克收到了丹·罗伯茨办公管理合伙人以及圣安德鲁审计项目的合伙人）的电话。罗伯茨让沃克在当天下午去他的办公室见一面。她以为罗伯茨仅仅是想要祝贺她通过了CPA考试的事。

下午当沃克踏入他的办公室的时候，一向乐观的罗伯茨显得十分严肃。在她坐定之后，罗伯茨告诉她，在过去的几天里，自己曾经和杰基·沃恩交谈过很多次，同时，他也和其他三位审计合伙人就沃克身上发生的事情商量过。罗伯茨告诉沃克，沃恩对她在CPA考试这件事上撒谎表示很失望。沃恩指出在今后的项目中和一个自己不能完全信任的下属合作会很不舒服。沃恩还建议公司解雇沃克，因为她的所作所为显示她是一个不诚实的人。

在一个短暂的沉默之后，罗伯茨告诉不知所措的沃克，他和其他的审计合伙人都同意沃恩的观点。他告诉沃克，她有六天的时间去找另一份工作。另外，罗伯茨告诉沃克，如果雇主有兴趣雇用她的话，他和其他的审计合伙人将不会泄露她是被公司"劝退"的。

思考题

1.在你看来，沃恩对沃克没有如实地承认自己参加CPA考试这件事上是否反应过度了呢？如果你认为是，那么假设你是沃恩，你会对此事做出什么样的反应呢？假设你是罗伯茨，你又会做出什么样的反应呢？

2.沃恩很明显是在质疑沃克的诚实。如果一个专业人士缺乏诚信，他是否还能履行其职责？解释你的原因。

案例6.2

会计主管比尔·德伯格[①]

“比尔，你下午有没有把存货备忘录做好？”

“嗯，山姆，我正在弄，下午五点左右会做好。”

“三点左右做完，行吗，比尔？”

比尔微笑着点了点头作为回应。他和山姆·哈克斯关系很好，山姆是他在审计玛塞尔公司时的领导。

比尔·德伯格是一个会计主管，在一家国内大型会计师事务所有着8个月的工作经历。比尔的公司将会计职员和高级审计师中间的职位称为“主管”。其他一些被用于类似职位的词语包括“高级职员”或者“半资深职员”。总的来说，比尔的公司会将在公司工作满一年的人升为主管。在此之后又获得一年或两年工作经验并且通过了注册会计师考试的职员，才有资格被提升为高级审计师。主管并非是一个恰当的用词，至少比尔是这么认为的。据他所知，即使是在一个很小的审计项目中，也没有一个“主管”能够担当主管的角色。以比尔的经验看来，那些高级审计师或者管理人员希望主管在工作时只有很少或几乎没有监管权。“这是一些应付项目的审计，请于接下来的5个星期完成这12个审计步骤……有问题尽量自己处理。”这好像就是给主管们分配工作时普遍的态度。

当他的思绪回到堆在他眼前的账簿的时候，比尔强迫自己考虑玛塞尔公司的存货，这笔存货共有5 000万美元。比尔的任务是将他与另外两名会计职员，以及5名内审人员在过去两个月中900个工作小时的结果汇总成一个两页的备忘录。这900个小时还不包括和比尔同一公司的其他办公人员对8处存货的盘查。玛塞尔公司是一个由112家门店组成的区域连锁商场。它以繁多的产品种类、自选经营形式

① 这篇文章来源于一位曾经的会计师，他目前是某个学校的教师。文中涉及的人名均为化名，文中的部分背景有所改动。

为特色。在最近一个会计年度，该公司的经营状况并不理想。衰退的经济、日益激烈的竞争以及高昂的供货价格使得玛塞尔公司在过去12个月的利润大幅削减。在前一个年度，该公司列报了将近800万美元的利润，而在刚刚过去的会计年度里，该公司未审计利润一直在50万美元徘徊。

存货是玛塞尔公司财务报表中各项审计的关键点。今年存货审计则尤为重要。任何一项存货项目上重大高估的揭露，都将会使玛塞尔在这一年里正的净利润首次转变为经营亏损，这对于公司来说是一个巨大的灾难。

比尔的临时办公桌摆着两叠工作底稿，每一叠都有两英尺高。这些工作底稿包括了大量的价格测试、存货监盘程序、年末截止测试、对库存存货的报废损失的分析程序，以及大量其他审计程序。比尔的任务就是将所有这些审计证据汇总分析，形成对玛塞尔公司存货的审计意见。比尔意识到山姆·哈克斯希望在他的结论中包括这样的关键词："与公认会计准则相一致，在所有重大方面……公允表达……"

正当比尔打算为存货备忘录写一个大纲时，他逐渐意识到自己并不能肯定玛塞尔公司的存货在实质上是否是准确的。这些工作底稿中汇总了存货账户中单独的错报，共有72 000美元净利润的高估。这个数字对玛塞尔公司以往年度的净收入来说仍旧是微不足道的，然而比尔意识到这72 000美元的数值只是个猜测。玛塞尔公司对存货报废损失的准备账户使比尔特别困惑。他曾经听过这样一个传闻：玛塞尔公司打算终止其14家销售部门中的2家。如果这是真的，那么这两个部门下的存货将会以一个很低的折扣价格出售。这两个部门存货的总价值达到了600万美元，而现在对这些存货报废计提的损失准备仅仅为22.5万美元。在早些时候的审计中，比尔曾经问过山姆关于关闭两个部门的传言，向来很随和的山姆只是很简洁地回应说"别担心"。

比尔向来抱着严谨的态度对待他的工作，他希望能够在工作结束时提供一份足够专业的审计结果，他认为独立审计师在自由市场环境中扮演着极其重要的角色。比尔通常会因某些同事对他的观点不以为然而感到生气。他的一些同事似乎总是抱着种"敷衍了事"的态度。他们强调形式重于实质，"差不多就可以了"，将工作底稿弄得漂亮些，不用过于关注工作的结果，"无论发现了什么还是要签发无保留意见" 。

最终，比尔做出了决定，他不会不考虑这些后果就在存货账户上签字。他并不知道存货账户在实质上是否是精确的，这样的话，他也不打算编制一份存货备忘录。不一会儿，比尔走进了山姆·哈克斯所在的办公室并关上了门。

"什么事?"山姆问道，手指在一叠工作文件上轻弹着。

"山姆，我觉得我不能在存货账户上签字。"比尔脱口而出。

"什么?"山姆震惊道。

比尔顿了一小会儿，摆弄了一下他的领带，像是给自己一点勇气。

"嗯，就是说，我不打算在存货账户上签字了。"

“为什么?”这一次，一抹不安的红色从山姆的耳朵逐渐向他的脸部蔓延。

“山姆，我只是认为我不能签字。我是说，我不确定存货账户的金额是否正确。”

“你……不能确定?”在一个短暂的停顿之后，山姆用一种尖锐的语调，一字一顿地说道:“你是打算告诉我你花了将近1 000个小时在这个账户上后，还不能确定这个总账上的数字是否正确?”

“嗯……是的。你知道，得出一个结论，这并不是件易事，你知道这是一个庞大的任务。”

山姆靠回他的椅子上，清了清嗓子说道:“德伯格先生，我希望你回到自己的办公室，关上门然后坐下来写一份漂亮、整洁、精准，以及要点明确的存货备忘录，并且你给我听着，我并没有让你把什么写到备忘录里，但你必须把这个备忘录写出来，两个小时以后放到我办公桌上来。明白没有?”讲完这段话时，山姆已经满脸涨红。

“哦，好吧。”比尔回答。

比尔回到了那个被他当了两个月工作室的小型会议室。他坐在椅子上，望着挂在电话上方墙上他的两岁双胞胎女儿莱斯利和凯丽的照片。几分钟后，他拿起铅笔，身体微微前倾，开始写他的存货备忘录。

思考题

1.你认为比尔·德伯格将会在他的存货备忘录上写下什么结论?如果你处于他的情境中，你认为你会在存货备忘录上写下什么结论?为什么?

2.当你对存货的账户金额不能确定的时候，你的处理会和比尔不同吗?比如说，你是否会用另外一种方式向山姆·哈克斯重新提出这个问题?

3.评价一下山姆·哈克斯对于比尔说他不能在存货账户上签字的反应。山姆的处理方式正确吗?“专业”吗?请解释原因。

4.让那些相对缺乏经验的审计人员负责那些相对重要的账户，如玛塞尔公司的存货账户，是否适当?请解释原因。

案例6.3

会计主管汉密尔顿·王

在和其他6位同事一起挤在一个狭窄且不通风的会议室里工作了三个月之后，汉密尔顿·王希望赶紧投入到下一个项目中去。[①]汉密尔顿是一家大型国际会计师事务所旧金山分所的一名会计主管，他是在两年前即将从圣何塞州立大学获得会计学位的时候来到这家事务所工作的。他目前的客户是威利与洛马克斯公司（一家上市公司，也是汉密尔顿所在分所的第二大客户），其旗下的连锁零售商店遍布美国西部，从西雅图延伸至圣迭戈，东至丹佛和阿尔伯克基。

尽管威利与洛马克斯的商店在不同的城市以不同的名字经营，但是每一个商店都销售相同种类的商品，包括公文包和其他皮质商品、皮箱及旅行配件，还有各种各样的礼物商品，比如从太平洋国家进口的用在服装上的珠宝。该公司还有一个批发部门，负责把同类商品销售到遍布全美国的专门零售商那里。这个批发部门的销售额大约占整个公司年度销售额的60%。

威利与洛马克斯公司的总部位于旧金山闹市区的一栋普通大楼里，与热闹的市场大街仅有一个街区之隔。该公司的会计期末刚好是1月的最后一个星期六。在刚刚过去的3月末，汉密尔顿和他的同事“威利们”（他们分所对参与威利与洛马克斯项目同事的昵称）很快用光了分配给这个项目的时间。汉密尔顿在整理、编码和将每周每位“威利”的工作时间输入电子表格的时候就意识到这个项目已经落后于计划的进度。他用这些电子表格数据包做出了一个每周的时间和进程报告交给安吉拉·孙，她是监管威利与洛马克斯审计项目外勤工作的高级审计师。

除了汉密尔顿和孙，另一位会计主管劳伦·哈哲逊以及其他四位会计职员从1

① 本案例基于一位曾在一所著名会计师事务所任职的职员的经历改编。文中涉及的姓名以及其他相关背景信息，如地址等，均有所改动。

月初开始参加威利与洛马克斯审计项目。汉密尔顿和哈哲逊彼此非常熟悉。她们同时进入这家事务所，并且在过去两年的夏天同时参加了公司年度教育中心为期一周的职员和主管培训的讲习会。哈哲逊在最近的年度审计项目上的主要责任是审计应收账款，但她同时也审计固定资产以及租赁账户。汉密尔顿除了自己的领导责任——包括作为项目的记录员以及保管与审计相关的文档——之外，还需要监督并协调与存货、应付账款以及其他一些小账户相关的审计。

汉密尔顿很庆幸这已经是周五的下午了。在审计截止日期即将来临的最近几个星期，安吉拉·孙要求威利与洛马克斯项目组的全体成员每天至少工作到晚上8点，只有在周五，她允许他们“提早”到5点下班。项目组的成员已经连续三个周六待在客户的总部，而且需要在接下来的周六和周末继续伏案工作。汉密尔顿刚刚完成了收集和整理上一周项目组其他成员的工作时间，现在他需要将自己的工作时间输入电子表中，他也会在每天结束后将自己的工作时间记入自己的小“记事本”中。

在录入自己的时间之前，汉密尔顿决定穿过走廊去公司的休息室买一份快餐。事实上，他试图在此期间解决一个困扰他的问题。不到30分钟前，劳伦·哈哲逊告诉他在上个星期，包括之前的周末，她一共在应收账款账户上花费了31个小时，在租赁账户上花费了18个小时，并在固定资产账户上花费了3个小时。让汉密尔顿困扰的是，他知道哈哲逊上周在威利与洛马克斯项目上花费的时间绝对不止这些。这不是哈哲逊第一次少报了她的工作时间。有好几次，汉密尔顿注意到她偷偷地将工作文件塞到公文包中准备带回家去。到第二天，这些文件里就会多出一份完美的备忘录或者是已完成的工作计划，而这些在前一天还是没有完成的。汉密尔顿有意地将自己在客户总部工作的时间删减了几小时。总的看来，汉密尔顿很确信哈哲逊没有将她在家里花的时间算到报告的时间里，他也确信她每周在这个项目中总共少汇报了至少80个小时。

“少报工时”是审计人员禁止做的事情。尽管这种情形没有公开讨论过，汉密尔顿很确信许多审计合伙人及审计管理者都默许下属少报他们的工时。通过使自己的工作不偏离预算太远，这些合伙人以及管理者从表面上提高了他们管理项目的能力。汉密尔顿的同事中那些热衷于“少报工时”的员工往往就是那些被标榜为“高效率”明星的那些人。

当哈哲逊在下午向汉密尔顿汇报了她的工作时间之后，他像是不经意但又很有指向性地说道：“劳伦，你少报这么多工作时间是想要引起谁的注意呢?”他的话令这个平时行为举止温和的哈哲逊突然失控地说道：“嘿，花花公子，你只是负责记录时间，不是老板。所以还是关心你自己的工作吧。”汉密尔顿立刻为冒犯了他曾经当作朋友的哈哲逊而后悔，但是他还没有来得及道歉，她就已经跺着脚离开了办公室。

汉密尔顿知道哈哲逊这么做是给谁看的。安吉拉·孙几乎确定将要在夏天被提升为审计管理者，然后成为威利与洛马克斯项目的管理者。这意味着在这个项目组中将会有一个高级职位的空缺。汉密尔顿和哈哲逊都希望在夏天可以升职。这两个会计主管是最有可能接管威利与洛马克斯项目外勤工作的候选人。一般在项目中负有行政责任的会计主管会成为高级审计师的接班人。但是劳伦·哈哲逊和安吉拉·孙之间的密切友谊让汉密尔顿很担忧，而孙可能会影响他获得这个令人垂涎的职务。几乎每一天哈哲逊都和孙一起去吃午饭，从没有打算和汉密尔顿或者其他同事一起，即使一个客套的邀请也没有。威利与洛马克斯项目新的高级管理者将会由该审计项目的合伙人约翰·贝拉多选出，但是安吉拉·孙肯定会对他的决定有重要影响。

汉密尔顿几乎可以肯定哈哲逊经常性地少报她在威利与洛马克斯项目的工作时间是为了给孙和贝拉多留下更好的印象。其实哈哲逊不需要通过那些来树立自己的形象。她一次性就通过了注册会计师考试，而且她迷人的性格使她和上司及客户经理人员的关系都很好。此外同孙和贝拉多一样，哈哲逊拥有斯坦福大学的学历。而反观汉密尔顿，考了三次才最终通过了注册会计师考试，他性格内向，并且毕业学校是一所普通的公立大学。

在他与哈哲逊微妙的竞争中，最使汉密尔顿生气的是在过去的两周，他花了好几个小时帮助她研究关于威利与洛马克斯的几家零售店铺租赁合同中有争议的技术问题。在这个项目初期，哈哲逊也曾经请求他帮助分析一些不太好分析的日记账，包括客户的坏账准备项目。每一次，汉密尔顿都没有义务在这些项目上花时间，这些都是哈哲逊的责任。

在输入自己本周的工作时间之前，汉密尔顿又一次检查了他在那些主要账户上花费的总工作时间。无论是存货账户还是应付账款账户上，他都超过了预算。到这个项目结束的时候，汉密尔顿预计他将要超出两个账户预算时间的20%~25%。另外，哈哲逊，由于她高明的“时间管理”策略，看来将仅仅会在她的主要账户上超出预算时间几个小时，甚至在预算内完成——而这几乎没有听说过，至少在汉密尔顿所合作过的审计人员中间没有听说过。

在吃完了从休息室买的一袋薯片之后，汉密尔顿来到电脑前。过了一会儿，他输入了自己本周的时间，并打好了自己第二天将要交给安吉拉·孙的报告。在简单地扫了一眼报告之后，他将它塞入了有关的文件夹中，关上空荡荡的会议室里的灯，然后锁上门，打算愉快地度过他仅有的16个小时的周末。

思考题

1.假如你遇到和汉密尔顿·王相同的事情，你是否会如实报告你在威利与洛马克斯审计项目上花费的所有时间，为什么？你认为劳伦·哈哲逊在项目上少报工时是否违背了职业道德？请解释你的原因。

2.最近的科学研究显示，少报工时在注册会计师行业是普遍存在的。一个审计人员或某个审计项目组记录其在审计项目中花的工时最主要的目的是什么？少报工时对审计师个人或他们的同事以及独立审计的整体质量有什么影响?

3.会计师事务所可以采用什么方法来确保时间预算不会影响一项审计工作的顺利完成或不会对其他方面造成影响?

4.会计师事务所可以采用什么方法来减少同级审计师之间的竞争导致的工作混乱的可能性?

案例6.4

高级审计师汤米·康奈尔

汤米·康奈尔成为高级审计师一个月后，被分派到阿尔塔梅萨制造公司的审计工作团队。[①]阿尔塔梅萨的总部位于阿马里洛——得克萨斯州潘汉德尔地区的“首府”，因此汤米需要离开位于得克萨斯州沃斯堡的四大会计事务所办公室。这位年轻的高级审计师意识到，被分派到较为困难的阿尔塔梅萨项目中，意味着该项目的审计合伙人杰克·莫里森和办公室管理合伙人都非常重视他的工作。汤米在阿尔塔梅萨项目中担任高级审计员，这使得他与莫里森彼此之间更为熟悉。尽管这个项目给汤米带来了机遇和挑战，但是他不希望花费3个多月的时间在距离沃斯堡有5个小时车程的阿马里洛。

这是他结婚6个月以来第一次离开沃斯堡工作。他很害怕把这个消息告诉他的妻子苏西，因为苏西总是抱怨他在工作上花费了太多的时间。

阿尔塔梅萨制造的钢梁用于西得克萨斯州、新墨西哥州、科罗拉多州以及俄克拉何马州桥梁的建设和改造。公司的业务具有周期性，并且与阿尔塔梅萨投资于四个州的市场上的政府资金有很大联系。为了更好地了解该公司及其工作人员，汤米安排了同凯西·麦考尔共进午餐，前两年凯西·麦考尔在阿尔塔梅萨担任高级审计员。汤米从凯西那里了解到，阿尔塔梅萨的管理层在年终费用应计和收入确认方面采取了激进的方法，由于它的合同周期总是2~5年，阿尔塔梅萨的管理层对于年末的应计费用采用完工百分比法确认。凯西叙述了与该公司总会计师在估计其工程完工进度时的几次争论。为了尽可能多地在项目前期实现利润，总会计师总是坚持让某个项目已经完工的百分比记录超过实际测量的百分比。

和凯西讨论后，汤米对于如何处理阿尔塔梅萨审计项目的问题愈加忧虑。但他

① 本案例根据一系列真实事件改编而成。为避免对案例中涉及的个体产生影响，姓名及其他背景信息有所改动。

知道这个项目给了他一个很好的机会——他可以借此在办公室树立一个快速进步的形象。为了实现50岁前升到管理层的目标，汤米需要证明自己在处理复杂问题上的能力，正如这次阿尔塔梅萨的审计项目一样。

对汤米来说并不愉快的“惊喜”

这是5月底，还有两周汤米即将前往阿马里洛开始对阿尔塔梅萨公司进行审计，这家公司是以6月30日作为会计期末。汤米、杰克·莫里森和一个审计管理者在沃斯堡北部牛仔镇的一家名为“牧场主人”的餐馆共进午餐。

“汤米，我决定让卡尔同你一起去阿马里洛，你觉得如何？”杰克·莫里森问道。

“嗯，好吧，杰克，可以。”汤米答道。

“在所有人当中，”汤米暗自想，“他却偏偏选择让卡尔·威迈斯和我一起去阿马里洛”。卡尔是一个仅有几个月经验的会计职员，是在刚刚过去的忙碌的审计季中期招聘而来的。除了同为审计人员并且年龄相近之外，这两个年轻人之间没有任何共同之处。汤米来自西得克萨斯州洛基特维利的一个乡村小镇，而卡尔则是在达拉斯中北部的高地公园社区长大的。汤米的母校得克萨斯技术学院是一所大型州立大学，而卡尔则是从东部沿海的一个小型私立学校获得的会计学位。

汤米并不欣赏卡尔那自大的态度，而且经验相对缺乏的卡尔对于阿尔塔梅萨项目来说是一个令人质疑的选择。汤米一边吞下面前的排骨，一边回忆起他所听到的关于卡尔工作表现的抱怨。在过去的6个月里，卡尔参加了两个审计项目。每个项目中他都表现得很好——应该说是“太好了”。事实上，每一次他都在远低于预算的时间内完成任务。有一次，卡尔用了不到60个小时就完成了任务，而分配给他的预算时间则是100个小时，而去年要求在110个小时内完成同样的任务。每一个带过卡尔的高级审计员都怀疑他没有完成所有的审计程序就在审计项目上签了字。分配给卡尔的任务是大量的交易测试，包括检查发票、收货报告、采购单以及其他各类大量文件。鉴于测试的性质，这些高级审计师很难证实自己的怀疑。

“老板”汤米

6个星期之后，也就是7月初，阿尔塔梅萨项目正在如火如荼地进行着。卡尔刚刚完成了他的第三部分审计任务，同样是在一个创纪录的时间内。“老板，这是支出项目的文档，”卡尔一边说一边将一叠文件放在汤米面前，“今天下午还有其他需要我做的事吗？因为我在计划前完成了工作，我想也许我可以离开去参加我的高尔夫课程”。

“不，卡尔。我认为我们这里还有许多可以忙的事情。”汤米努力克制自己的怒气，“你为什么不拿出这些合同文件，然后和销售部的杰基·克雷格谈谈呢？复印过去一年新签订的合同或协议，然后把它们放到合同的文件夹里”。

此时汤米没有功夫复核卡尔的现金支出工作底稿。他忙着解决阿尔塔梅萨公司经常费用复杂的归类方法。那天下午一点的时候，他和总会计师以及生产监督工程师就一个大的项目进行了一次讨论。汤米和总会计师已经就这个项目完工阶段的确定讨论了两次。之前凯西说的是正确的：很明显，这个总会计师追切希望尽早地确认在建项目的利润。倚仗自己有40年的经验，“守财奴”（凯西给这个总会计师起的外号）把这个年轻的审计师当作一个讨厌的人，也不喜欢他刨根问底。每当汤米问他关于某些重要事项的问题时，这个总会计师总会抿起他的嘴唇，把手放在自己稀少的头发上摆弄着，借此表达自己的厌恶之情，然后做出些漫无边际或是令人费解的回答，似乎目的是让人迷惑而不是解惑。

为了理解阿尔塔梅萨对其长期项目合同的会计政策，每天晚上汤米都额外花费好几个小时在他住的汽车旅馆里翻阅那些工作表以及合同的复印件。他也偶尔查阅以前年度的工作底稿、公司政策以及执行手册，甚至他在大学时用过的快成破烂儿的成本会计教材。而卡尔夜晚的大部分时间都在汽车旅馆的俱乐部里向他新认识的几个朋友学习“得克萨斯舞步”和“棉花眼乔”的游戏。在七八月的时候，汤米和卡尔每周要在阿尔塔梅萨项目上工作50到60小时，有几次汤米怀疑自己为了获得一个“明星审计员”的肯定而这样辛苦地工作是否值得。他也开始反思他的快速进步策略对自己婚姻的影响。每当他试图向苏西解释自己将会在成为合伙人之后弥补之前未实现的旅行计划以及一起相处的时光时，她却不为所动：“谁在乎你会不会成为一个合伙人，我只是希望和自己的丈夫在一起的时间多一点。”每次她都这样回答。

告诉还是不告诉

终于到了8月下旬，阿尔塔梅萨项目也接近尾声。杰克·莫里森也来到阿马里洛，他花了三天时间整理阿尔塔梅萨项目中的工作底稿。似乎没有什么能逃过他鹰一般锐利的眼睛。自从莫里森来了之后，汤米每天都花费将近12小时的时间来追查遗失的发票，检查最近的函证，以及给其他不是很精确的结论做个收尾。卡尔已经回到了沃斯堡，可能正在练习他的高尔夫挥杆动作。莫里森允许卡尔在完成对自己工作的复审意见的调整之后提前两天离开。

“汤米，我不得不承认自己之前对用一个缺乏经验的高级审计师来负责这项年审项目而有一点担忧。但是，天哪，你干得太棒了。”莫里森没有查阅放在他面前的会议桌上的文件就在上面签字了。“你知道，卡尔这个小孩干得很好，我从没有见过哪个会计职员能给出这么整洁、有条理的文件了。”

“因为他根本就没有完成自己签字部分的一半。”汤米心里嘀咕着。挨着莫里森坐在会议桌旁的汤米一脸苦相。这应该是告诉他实情的机会，在过去的几个星期，汤米一直打算和莫里森坐下来谈谈，告诉他关于卡尔的工作表现。但是现在他犹豫了。你怎么告诉一个合伙人你怀疑他查阅的大部分工作可能没有完成？况且汤米意识到作为卡尔的直接上司，自己应当为他的工作负责。汤米意识到自己处于四面楚歌的境地。他向后靠在自己的椅子上，保持安静，希望莫里森能快点看完剩下的一些文档，这样他们就可以在午夜前回到沃斯堡。

后记

汤米从没有告诉杰克·莫里森他对卡尔工作的怀疑。幸运的是，卡尔负责的部分没有发生——法律上的——任何问题。在一次性通过了CPA考试之后，卡尔离开了会计师事务所，参加了一个著名的MBA项目。毕业之后，卡尔在华尔街的一家大型投资银行获得了一份工作。汤米也实现了自己在5年内升为审计管理者的目标。一年后，他决定停止为了成为一名合伙人而努力，他从公司辞了职，并在一家私人工厂获得了职位。

思考题

1.比较高级审计师和会计职员的职业角色。思考每一个角色不同的责任，请分析这两个角色面临的与工作相关的压力，以及每一个角色在审计项目中对顺利完成审计工作的贡献，哪一个角色相对更加重要，并且相对压力更大。解释你所做的选择。

2.假设你是汤米·康奈尔，而且你知道卡尔·威迈斯将会在阿尔塔梅萨审计项目中同你工作。你会用与汤米不同的方式处理这种情形吗？请解释原因。

3.再次假设你是汤米，卡尔在你忙于阿尔塔梅萨项目时为了一些小事而来打扰你。你怀疑他没有完成他负责的全部审计步骤，但那时候你正忙于处理一个很重要且备受争议的会计项目。这时候你会怎么做？你会采取什么行动来证实你对卡尔没有完成全部审计步骤的怀疑？

4.假设杰克·莫里森正在查阅阿尔塔梅萨项目的工作底稿。到目前为止，你（汤米）还没有向莫里森说出你对卡尔的怀疑。你是否负有一个现在向莫里森提及此事的责任？请解释原因。

5.假设汤米在某个时间告诉了莫里森，他怀疑卡尔没有完成自己负责的任务，而汤米唯一的证据是卡尔在过去几个月内将分配给他的任务都在一个明显低于预算的时间内完成了。如果你是杰克·莫里森，你会怎么处理这种情形？

案例6.5

会计职员阿维斯·洛夫

“哦，不，不是51号店铺。”阿维斯·洛夫低声抱怨道。这是她第三次将现金收支日记账和相应银行存单上的日期进行核对。阿维斯轻轻摇了摇头，靠在椅背上。她的脑子里已经没有任何疑问了。很明显莫·瑞佩拉在10月末仍未结清51号店铺的现金收支日记账。[①]

阿维斯·洛夫是一家大型国际会计师事务所亚特兰大分所的一个会计职员。几个月前，阿维斯从伯明翰的亚拉巴马大学获得了会计学位。尽管她不打算在公共会计领域就业，但她还是接受了几个大型会计师事务所中一家的工作邀请。这个22岁的姑娘希望从大学毕业后获得2~3年的“假期”，并且同时为将来3年的法学院学习积累资金。阿维斯打算在一家大型律师事务所工作两年之后回到她位于亚拉巴马东部的家乡执业。

在过去的几个星期，阿维斯被分派到罗威尔股份有限公司的审计项目中，该公司是一家上市公司，在南方各地经营着近100家体育用品零售店，是一家销售运动商品的商店，其商铺遍布整个南方。阿维斯即将完成对罗威尔公司的20多家商店的年末现金收入进行截止测试的工作。她执行的这项审计程序中包括准备每一家商店在会计期末（10月31日）最后5天的会计记录中包含的现金收入明细表。之后，她从相关银行获得每个商店的对账单以确定每一次的现金收入是否及时地存入银行。在她的样本中，有3家商店在收到现金并记入企业现金收入日记账之后的3~7天才将收到的款项存入银行。很明显，这3个店铺的管理人员将下一个会计年度的现金收入提前入账，将它们记为阿维斯的公司正在审计的年度产生的收入。

阿维斯迅速意识到这个商店的管理人员并不是想要高估其单位期末的现金数

---

① 本案例根据一系列真实事件改编而成。为避免对案例中涉及的个体产生影响，姓名、地址及其他背景信息均有所改动。

目。事实上，这个管理人员的目的是高估其记录的销售额。在阿维斯进行截止测试之前，泰迪·唐克斯利，罗威尔公司今年审计项目中的高级审计师，也是阿维斯的直接上司，曾告诉她罗威尔公司今年有高于正常的现金收入风险和收入确认错误。罗威尔会计年度截止时恰逢3个月的促销活动结束。这项活动旨在提升罗威尔的销量，商店经理的奖金也取决于其是否超额完成季度销售额。这是罗威尔第一次组织这样的活动，并且取得了成功。刚刚结束的会计年度第四季度的销售额比上一会计年度的销售额高出6%。

当阿维斯第一次发现提前确认现金收入的情况时，她感到非常兴奋。在追踪发票和收货报告、对账以及进行其他常规测试的几个月里，这位年轻的会计偶尔会在客户的会计记录中发现一些独立的错误。但这次不同，这次是舞弊。

当她发现第二例现金收据过期时，阿维斯的反应大不相同。她突然意识到，她的截止测试结果将对好几个方面产生实质性的影响，主要是涉及欺诈计划的商店经理。在过去的几个月里，阿维斯走访了罗威尔的6家零售店，进行了各种控制措施的临时测试，并实施了实物盘点程序。一个有代表性的商店经理30多岁，已婚，有两个小孩。由于罗威尔公司给的工资低，商店长期人手不足，这意味着商店经理们工作时间极长，以赚取微薄的工资。毫无疑问，这些提前确认收入的管理者们将会被立即解雇。罗威尔公司的首席执行官克雷·山宾是一个精明的商人，他以守时、诚信并具有职业道德而为人们熟知。山宾对那些没有这些个性特征的下属显得没有足够的耐心。当阿维斯开始检查她的最后一个样本时，她显得有些犹豫。她知道51号店铺是莫·瑞佩拉管理的。三个星期之前，阿维斯曾经花费了周六一个下午的时间来观察51号店铺在亚特兰大郊区的存货盘点。尽管罗威尔公司的管理者通常都很谦逊有礼且很配合她的工作，但是很明显，莫总是不厌其烦地给了阿维斯帮助。莫允许阿维斯在商场狭小的办公室里用他自己的办公桌，在下午休息的时候和她分吃一块披萨，向她介绍刚好在那天下午来拜访的妻子和两个小孩。

“莫，你干了多傻的一件事，”阿维斯查阅了年度末截止测试的文档后，在心里嘀咕。“而且只是为了这么点钱。”很明显，莫提前确认了现金收入，但只是将之后一两天的收入提前确认了。根据阿维斯的计算，这些提前确认的收入仅仅使莫的年末红利多了100美元。而从罗威尔公司的角度看，莫的商店提前确认收入对整个公司这一年度的经营成果的影响明显是微不足道的。

在将这些截止测试的文件放到一边之后，阿维斯的脑海里冒出了一个想法。罗威尔审计项目需要她抽取20家商店为样本做截止测试……任意20家。为什么不放弃51号店铺而是用52号、53号店铺或其他的替代呢？

阿维斯在那一天剩下的时间及那天夜晚一直思考她截止测试的结果。第二天，她把工作底稿全部交给了泰迪·唐克斯利。阿维斯很犹豫地告诉了泰迪，她发现有三家店存在提前确认收入：12号店铺、24号店铺和51号店铺。泰迪祝贺阿维斯完成了这项艰苦的工作，并告诉她，克雷·山宾将会对她的发现很感兴趣的。

几天后，山宾把阿维斯叫到了他的办公室并感谢她发现了这些提前确认的收入。这位首席执行官告诉她，公司的内部审计师对剩下72家商店进行了截止测试，发现了另外7位管理者篡改了他们的会计记录。当阿维斯离开了这位首席执行官的办公室时，他再次感谢了她，并向她保证这些管理人员“将会很快需要在这个国家的其他地方找一份新工作……”。

思考题

1.当阿维斯发现51号店铺的会计记录确认收入方式有问题时，用其他的店铺来代替51号店铺是否恰当？请解释。

2.确定各方当事人给阿维斯面临的道德困境带来的潜在影响。如果阿维斯负有义务的话，她是否对所有当事人都负有义务？

3.《注册会计师职业行为守则》是否能阻止审计师与客户员工发展友谊？如果不能，审计师可以采取什么措施来阻止这样的友谊干涉其职业行为的专业性？

4.指出年末现金收入和销售截止测试相关的关键审计目标。

5.你会推荐什么方法给阿维斯或者她的同事，来评估已识别的截止确认的错误对罗威尔公司的年度财务报告是否具有重大影响？指出在评估时应考虑的要素或基准。

案例6.6

审计管理人员查尔斯·托里森

“不，这样就可以了，比。我会在周末写好备忘录并寄给菲尔德。”

“你确定吗？我不介意在这里多待一会。”

“谢谢，比，不过这个星期你已经加太多班了。”

当他让秘书离开之后，查尔斯·托里森花了几分钟时间翻阅了那些和桌子一般高的审计工作底稿，试图决定自己在周末要将哪些工作带回家做。最后，他只剩下一个决定未做：托里森不确定是否要将与存货相关的资料带回家看。托里森知道，如果自己将与存货相关的资料带回家，这会使他周末的工作负担从6个小时增加到超过12个小时。托里森为了做出决定而焦虑不安，他走向办公室的窗户，懒散地望着楼下闹市区高峰期的马路。

8月初的一个周五晚上，气温大约有36℃。一家大型国际审计师事务所的审计管理人员查尔斯·托里森刚刚度过异常辛苦的一周。他最大的审计客户正在为了并购一个小的竞争对手而谈判。在过去的两个月里，托里森负责对被并购方的会计记录进行集中并购审计的外勤工作。客户的首席执行官怀疑，该竞争者的首席执行官为了使被提议的并购得到执行而粉饰了公司的财务数据。由于该客户正通过并购其他公司而处于过度扩张中，因此首席执行官希望被并购方的财务数据是可靠的。这位首席执行官最为关注的是这个竞争者存货的价值，该价值在其账上达到了总资产的45%。

客户的首席执行官要求托里森来执行这次并购审计，因为她向来尊敬托里森并信赖他工作的质量。通常，一个审计管理人员只会花很少的时间“关注每一个细节”来监督每一天的审计过程。然而，由于这个项目的性质，托里森认为每天花10个小时、每周6到7天和他的下属一起来熟悉这家即将被接管的公司的会计记录是很有必要的。

当托里森凝视着下方拥挤的大街时，他认为这个并购的审计项目已经基本结束了。当他完成了一些存货文件的收尾工作后，他会把所有工作底稿交给审计项目的合伙人进行最终复核。

在刚刚过去的一周，因为发生了下面几件事而令托里森的日子更加不好过：由于参加了几个与客户员工充满火药味的会议而错过了女儿的8岁生日聚会，以及星期四早上在早餐时与办公室合伙人沃克·林顿的谈话。在早餐时，林顿通知托里森这次新提拔的合伙人不是他，这已经是第二次了。这个消息对托里森来说难以接受。在过去的13年，托里森一直是这家大型会计师事务所的一名勤奋工作、爱岗敬业的员工。他从没有拒绝任何一个困难的任务，没有抱怨在工作上花费太多的时间，并做出了无数次个人牺牲，最近一次还错过了生日聚会。在通知了托里森这个不好的消息之后，林顿应承他在下年会尽全力为托里森的晋升而活动，包括向其他办公室的合伙人呼吁投赞成票。尽管有了这个承诺，托里森知道自己只有很小的机会在下一年被提升为合伙人。很少有连续两次的“失败者”能够被成功提升。

尽管他往最好的方面想，但托里森也没有指望在合伙人选举大会上能有一个好的结果。在最近几个星期，他逐渐承认自己并不具备成为合伙人的条件。他不像他的朋友克雷格·艾伦那样是一个呼风唤雨的人。克雷格·艾伦也是一位审计管理者，艾伦的名字已经出现在新任管理人员的名册上，在接下来的一周就会发出正式通知。艾伦是几个重要市级组织里的成员，并与当地俱乐部的朋友组成了密切的关系网，这些关系网让他很受重用，这几年为事务所带来了几个新的客户。

相对于艾伦这样呼风唤雨的人，托里森更像是一个技术人员。如果谁在办公室里有会计或审计上的问题需要解决，那么他首先想到的一定是托里森，而不是这个办公室的6个审计合伙人。当一个新客户带来了复杂的技术问题时，这个审计项目的合伙人基本都会要求托里森参加该项目。托里森作为复杂项目的最佳选择的原因之一就是他对工作管理严格，兼顾该项目的每个方面。托里森的管理风格往往导致他在审计上的时间预算非常紧，尽管他基本都能按时完成任务。为了避免在一个项目快要完成时超过截止日期，托里森和同他一起工作的下属经常会超时工作，包括在周末加很久的班。

最终，托里森从窗户边走开，让自己瘫在椅子上。当他坐在那里时，试图赶走自己内心的苦闷。“如果吉姆还没有离开公司，我也不会处在像今天这样的境地中。”托里森在心里想着。吉姆·贝克利是一名审计合伙人，也是托里森在事务所里最亲密的朋友，三年前从事务所辞职并成为事务所一个大客户的首席财务总监。随着贝克利的离开，托里森再也找不到一个人能在这沉闷而又充满政治意味的合伙人选举过程中给予他支持了。相反的是，托里森在公司里大把的勤奋、有技能并且也渴求合伙人职位的审计管理人员面前，显得有些“不尽责”。

在星期四早上的早餐快要结束时，沃克·林顿告诉托里森他留在公司成为一名高级管理者的可能性。最近几年，托里森所在的事务所逐步放松其“要么升，要么走”的提升政策。但是托里森不确定自己是否想要以一个永不可能被提升为合伙人的管理者身份留在这个事务所。当然，作为一名永久的高级管理者也有很明显的优势。比如说，没有事务所的股份意味着不需要在公司面临诉讼风险时承担部分损失。但是，接受这个作为永久高级管理者的约定，在托里森的脑海里就等同于一张贴在他办公室门上“事业失败”的标签。

还差十分钟就七点了，是该走的时候了。托里森合上他那鼓鼓的公文箱，将存货文档留在他的办公桌上，然后向门口走去。将灯关上之后，托里森停顿了一会儿，然后他勉强地转过身，走向办公桌，将存货文档拿起来夹在胳膊下。

思考题

1.你认为查尔斯·托里森是否胜任事务所合伙人的职位？请解释原因。

2.托里森的事务所对他是否“公平”？为什么？

3.指出你认为大型国际会计师事务所在评估个人是否可提升为合伙人时应当采用的标准。在你看来，哪个标准对这些事务所来说是最重要的？小型会计师事务所在评估个人是否可提升为合伙人时应采用的标准是否会有所不同？请解释原因。

4.评价许多会计师事务所采用的提升政策——“要么升，要么走”——的优势和劣势。

案例 6.7

审计经理麦迪逊·威尔斯

麦迪逊·威尔斯最近应该很高兴。另一个繁忙的旺季即将结束，这意味着审计经理的标准工作量将从每周55小时至65小时，降至更合理的45小时。但麦迪逊并没有考虑旺季的结束，也没有考虑每周的空闲时间，更没有考虑未来几个月的好天气。

3月初的那个星期一早晨，当她坐在审计会议室里的时候，麦迪逊的世界似乎摇摇欲坠。她盯着面前会议桌上的手机。免提没有开，但无关紧要，她可以很容易地听到电话另一端的审计合伙人对她大喊脏话。

越过沟壑

对麦迪逊来说，即将结束的繁忙季节是很重要的，因为这是她第一次为雇主——一家四大会计师事务所——担任审计经理。5个月前，也就是10月1日，她从高级审计师晋升为审计经理。

在前两个忙碌的季度里，麦迪逊在史密斯与金德制造公司的审计工作中担任高级审计师。这是一家生产一系列家用电器的私营公司。作为现场审计主管，她的主要职责一直是鼓励和说服她的五个下属在预算之内完成他们的任务。当他们被“困”在艰难的技术问题中时，她负责审查他们完成的工作文件，并随时向审计经理通报工作的总体进展情况。她还担任客户的会计人员和财务总监的主要联系人。有几次，她直接与客户的高管打交道，其中最引人注目的是首席财务官。

当麦迪逊听到她被提升为审计经理的消息时欣喜若狂。她的新职位不是“在忙季里只参与一次审计工作”，而是同时协调多项审计工作。除了经常拜访她所监管的审计团队之外，麦迪逊还会花大量时间在公司位于市中心的私人办公室里工作——在过去三年里，她在审计部高级“牛棚”的一个隔间里工作。

麦迪逊第一个不愉快的惊诧出现在10月初，当时她从史密斯与金德审计团队被调走。她原以为自己会取代那个团队的审计经理，并被指派担任2~4个较小项目的审计经理。从高级审计师到审计经理——在史密斯与金德项目上的转变使她逐渐融入新的工作角色。但当她的办公室出乎意料地接待了一位新的石油和天然气行业的客户时，曾与她共过事的审计合伙人丹尼尔·阿兰尼斯，要求将那个新客户——勒·普里克斯石油和天然气公司分配给她。麦迪逊意识到阿兰尼斯提出这个要求是因为他认可她和她工作的质量。尽管如此，在她看来，将她派往这个新项目是一个值得怀疑的决定，因为在她5年的公共会计职业生涯中，她只做过两次石油和天然气行业的审计，并且还是在她担任初级审计师的头两年里完成的。

对麦迪逊而言，更大的挑战是工作的高风险性。在过去的一年里，石油价格的突然下跌使得勒·普里克斯公司的收入规模骤降，并迫使其管理团队匆忙缩减公司的运营和员工规模。勒·普里克斯公司迅速恶化的经营业绩放大了它的整体商业风险——公司高度杠杆化，负债权益比超过4.0。不过，显而易见的是，最大的审计风险因素是该公司的会计人员对会计和财务报告问题采取了咄咄逼人的态度。在麦迪逊被分配到勒·普里克斯审计项目后，阿兰尼斯在一次简短的电话交谈中告诉她，该公司在过去7年里曾两次被迫发布财务重述报告。“我可以想象，在目前的环境下，这些人会将他们的盈利管理努力提高好几倍，”阿兰尼斯警告麦迪逊，然后补充道：“所以，系好安全带，这可能是一个颠簸的旅程。”

当时，麦迪逊暗自纳闷，为什么她的部门要接待这样一个高风险客户。她没有向阿兰尼斯提出这个问题，因为她认为这样做不合适。在她的公司文化中，挑战或批评合伙人的决定是不妥当的。

好的一面是，阿兰尼斯给麦迪逊在繁忙的季节安排了一个轻松的其他审计任务。在冬季的几个月里，她仅有的其他审计客户是一家小型的家族式服装连锁店和一家拥有并运营“上门”诊所的地区性医疗保健公司。这些客户对麦迪逊来说都不是特别有挑战性。但对于石油和天然气公司而言，情况并非如此。

充满敌意的工作环境

在整个勒·普里克斯项目中，麦迪逊与公司的财务总监及首席财务官就会计和财务报告问题发生过多次争执。她发现，有些问题需要她花费大量时间，更好地理解石油和天然气行业独有的会计准则问题。尽管她没有担任审计经理的经验，对这个行业也不是很熟悉，但在这些对峙中，麦迪逊仍然坚持自己的立场。有两次，公司的首席财务官“越过她”与阿兰尼斯坐下来开会。在麦迪逊参加的那些会议中，阿兰尼斯完全支持她，以及她对当前问题的立场。

麦迪逊和她的下属在与客户的冲突中占主导地位，但也有一些不利的方面。在审计结束时，勒·普里克斯公司的首席财务官、财务总监和其他公司会计人员的主要成员显然对审计师团队不满意。麦迪逊意识到，在涉及财务报表金额、收入确认和其他技术等实质性问题时，客户认为她不够灵活，甚至是很顽固的。麦迪逊开始怀疑，客户与之前审计公司之间的关系是她和同事在该项目中遇到困难的原因。

该公司以前的审计师是一家地区性的会计师事务所——在过去的一年里，公司的主要贷款人要求公司聘请一家四大会计师事务所作为批准新长期贷款的条件。前任审计公司提供给麦迪逊的前一年工作底稿的副本表明，当审计过程中出现意见分歧时，客户经常强迫以前的审计人员屈服和让步。虽然有这样的印象，但勒·普里克斯向美国证券交易委员会提交的8-K表格在说明审计师的变更时并没有报告该公司与其先前的审计公司之间存在任何分歧。

有一天吃午饭时，阿兰尼斯告诉麦迪逊，他计划在审计结束后与勒·普里克斯的首席财务官和财务总监会面，试图平息在审计过程中出现的不愉快。因为勒·普里克斯是一家大客户，所以麦迪逊很明显地认为阿兰尼斯想要将公司管理层在一年后解雇他们的风险降到最低。在后来的一次午餐中，阿兰尼斯坦率地向麦迪逊承认，他们的事务所将“洗个澡”，因为审计费用“低于市场平均价格”。这位审计合伙人承认，他个人并不是“虚报价格”以获取新客户的“超级粉丝”。阿兰尼斯随后解释说，该公司的管理合伙人利用勒·普里克斯的合同作为“招揽顾客的廉价品”，从而提高公司在客户组合中招揽其他当地石油和天然气公司的机会。在当地市场上，该事务所正在追赶四大会计师事务所的步伐，在得克萨斯州庞大的石油和天然气行业招揽了相当数量的审计客户。

在会计和财务报告问题上麦迪逊经常与客户发生分歧，但这并不是她在勒·普里克斯项目中所面临的最大挑战。威廉·布莱克威尔是负责此次审计工作的高级审计人员，他于1月15日辞职，这让他的团队成员——尤其是麦迪逊和阿兰尼斯——感到震惊。他的辞职让勒·普里克斯审计组陷入了困境。由于办公室没有空闲的资深人员，阿兰尼斯被迫用一个没有经验的助理审计师取代布莱克威尔，让麦迪逊介入并监督剩余的现场工作，同时继续担任审计经理。

为了抵消她在勒·普里克斯项目中增加的工作量，阿兰尼斯安排麦迪逊去做分配给她的医疗审计工作。因为负责她唯一的审计客户——这家小型零售公司——的主要下属是一位“重量级”高管，麦迪逊每周只需在客户的网站上花费几个小时。

一场完美的风暴

3月初的一个周一的上午，麦迪逊和她的下属们正在为勒·普里克斯项目做收尾工作。她预计他们将在本周末彻底离开客户的总部办公室。三天前，也就是上周五下午，勒·普里克斯发布了财报，并向美国证券交易委员会提交了经审计的年度10-K表格。阿兰尼斯在其10-K表格中签署了无保留审计意见书。

麦迪逊坐在客户的会议室里，在过去的4个月里，这里一直是审计中心。她希望最后一次确认，每个审计程序都是由完成该程序的那个人启动并标注日期的——一些“总结”审计测试还没有完成。突然，一件事引起了她的注意。有两个审计步骤涉及审查客户的董事会会议记录。第一步是指在审计年度内举行的所有会议，第二步是指客户从年底至向美国证券交易委员会提交10-K表格之间的会议。麦迪逊第一次注意到，这两个步骤已经由威廉·布莱克威尔在1月10日实施测试并注明了日期。麦迪逊关心的是2月4日举行的董事会会议。她意识到，自从布莱克威尔在1月15日离开勒·普里克斯项目组之后，他不可能再审查2月4日董事会的会议记录了。1月6日，董事会召开了一次会议，布莱克威尔在审查了会议记录后，显然同意了第二步审计。

麦迪逊一时惊慌失措，强迫自己冷静下来。在2月4日的董事会会议记录中，不太可能有任何影响勒·普里克斯刚刚公布的财务报表的重大事件或情况被记录在案。不过，她打算立即调查这种可能性。

麦迪逊去了首席执行官秘书的办公室，要了一份2月4日的会议记录。那位乐于助人的秘书取回了那些会议纪要，并为她抄了一份。

过了一会儿，当她重新走进审计会议室时，麦迪逊的心一下子沉了下去。会议纪要的最后一段提到了“在年底修改贷款协议时，技术上违反了债务协议”。该段接着指出，违反合同的行为涉及经修订的贷款协议中修改的某些债务合同。9个月前，当勒·普里克斯获得了来自其主要贷款人——一家保险公司财团的额外长期贷款时，双方重新协商了其现有的长期债务协议。修订后的债务协议的一个要点是，要求勒·普里克斯获得一家四大会计师事务所的审核。

根据2月4日的董事会会议记录，在新会计年度的第一周，公司通过出售有价证券，然后用现金支付部分当前债务，“解决”了债务合同违约问题。由于这些违规行为是“轻微的”，而且“只存在了很短的时间”，勒·普里克斯委员会得出结论，认为没有必要将违规行为告知借贷财团成员，或者在年终财务报表中披露违规行为。

“对这些笨蛋来说，这是个公平的过程。”麦迪逊一边生气地嘟囔着，一边把董事会会议记录的复印件扔到杂乱的审计会议室桌子上。她不仅对自己没有发现违反债务契约的行为感到愤怒，而且对勒·普里克斯的管理人员和会计人员没有让自己或下属注意到该违规行为感到愤怒。

麦迪逊知道，违反债务合同的程度或违反债务合同的时间长短都不是问题，因为贷款协议中没有关于“轻微”债务合同违约的条款。她知道，勒·普里克斯能正确地解决事后违反债务合同行为的唯一方法是获得每个借贷财团成员的豁免。如果没有所有财团成员的豁免，该财团的累计长期贷款就会立即到期并需要偿还，这意味着这些贷款应在三天前上交给美国证券交易委员会的财务报表中反映为流动负债而不是长期负债。这一变化将对勒·普里克斯公布的财务状况产生严重和不利的影响。

在审计会议室后面的大型审计文件箱中搜寻之后，麦迪逊最终在永久工作底稿文件中找到了一个标有“修订贷款协议”的文件夹。然后，她找到标有红色标签的债务合同。契约中所包含的条件是勒·普里克斯在每个季度末几个流动性比率必须维持在最低水平以上，以避免引发其累计长期贷款的技术性违约。

接下来，麦迪逊检索了长期债务的工作底稿文件，并查看了电子表格。在电子表格中，威廉·布莱克威尔测试了勒·普里克斯是否符合债务合同中的流动性比率条款——她回忆起自己在两周前审阅了这份工作底稿。像往常一样，布莱克威尔的卷宗看上去无懈可击。电子表格包括详细的说明、对其他工作文件和文档的交叉引用，以及详细的脚注，准确地解释了她所执行的程序。在电子表格中，威廉·布莱克威尔在每个季度末计算了与勒·普里克斯债务合同相关的流动性比率，并将其与合同所规定的最低比率进行了比较。电子表格显示，在每一种情况下，勒·普里克斯的季度末比率都高于指定的最低水平。

由于布莱克威尔的工作质量明显很高，对勒·普里克斯项目的预算时间很紧，以及她经常被自己的双重责任压得喘不过气来，麦迪逊花了很少的时间去审阅那位高级审计师准备的工作底稿。相反，她把大部分审查时间分配给了审计助理准备的工作文件，这些工作文件已递给了勒·普里克斯公司。事实上，她只扫描了布莱克威尔的债务合同电子表格——并没有检查布莱克威尔的任何数学计算，也没有根据这些互为参照的项目追踪其他文件，比如勒·普里克斯的贷款协议。她盯着摆在她面前的会议桌上的工作文件，后悔当初的决定。

在与“修订后的贷款协议”中的标签页交叉核对电子表格后，麦迪逊发现布莱克威尔在债务合同测试中使用的最低流动性比率与文件中列出的比率不符。在深吸一口气后，麦迪逊从审计文件柜中取出另一个标着“贷款协议”的文件夹，这是勒·普里克斯公司和保险公司集团之前的协议，现在已经过时了。的确，在测试债务合同时，布莱克威尔提到了旧贷款协议而不是新贷款协议中每个流动性比率所需的最低水平。事实上，布莱克威尔电子表格上的一个脚注表明，这些最低水平是根据“贷款协议”得出的。工作底稿中没有提到勒·普里克斯公司的“修订后的贷款协议”。

在“修订后的贷款协议”所包含的修订后的债务合同中，规定的流动性比率的最低上限分别提高了10%~15%。在被审计年度的每个季度末，勒·普里克斯公司超出了之前一份贷款协议中规定的最低限额，布莱克威尔记录了这一比率。麦迪逊认为，该公司在今年前三个季度的新贷款协议中，也已经超过了这些比率的最低标准。不幸的是，在第四季度末，勒·普里克斯公司的两项流动性比率比新贷款协议规定的最低水平低了近10%。

在反复检查了所有相关的文件和计算之后，麦迪逊靠在椅背上，闭上了眼睛。她知道自己接下来要做什么，但她并不期待。

语言暴力

“怎么会这样呢？”阿兰尼斯在电话里尖叫。麦迪逊还没来得及回答，审计合伙人又喊道：“你明白吗？你是在告诉我，勒·普里克斯那份提交给美国证交会的财务报表是错的!”

“丹尼尔，就像我说的，我对不起——”

“对不起？”阿兰尼斯没等麦迪逊说完就打断了她的话。“你到底什么意思，对不起？当你把咖啡洒在别人的新衬衫上时，你会后悔的。当你撞坏你朋友的新跑车的门时，你会后悔的。对不起在这种情况下不适用!”

在打电话给阿兰尼斯之前，麦迪逊一直很担心他对她即将给他的消息反应不佳。但她没有料到他会做出如此恶劣的反应。她喜欢并尊敬这位比她大八九岁的年轻合伙人。他是个有家室的男人，有两个年幼的女儿，性格外向，口齿伶俐，在他们的事务所和市中心的商业界都很受尊敬。有几次，麦迪逊看见他心烦意乱，但他从来没有在她面前提高嗓门或使用任何不当的语言。

有好一会儿，麦迪逊放在会议室桌子上的手机没了声音。她想象着阿兰尼斯坐在他位于市中心办公室的皮椅上，试图重新控制自己的情绪。

“好吧……”他终于咬牙切齿地咕哝道：“告诉我到底发生了什么事。”

在接下来的几分钟里，麦迪逊解释了与她和阿兰尼斯现在面临的困境有关的一系列事件。由于精神高度紧张，她有一些逻辑错乱。有一次，她收回了自己的说法，解释说她那天上午一直在审查审计程序，以确保每一项审计程序都已签上了姓名的首字母和日期。这一披露再次挑起了阿兰尼斯的怒火。

“那么，你是在告诉我，你今天早上才开始审查审核程序以确定审核程序是否已正确签署!?”

麦迪逊咬着嘴唇，深吸了一口气，然后做出了回应。“在过去几周里，我曾多次检查过审计程序。我只是再检查一遍……一次。”麦迪逊停顿了一下，以便审计合伙人有足够的时间处理这些信息，然后才继续。“就像我刚才说的，当我早些时候检查审计程序时，我并没有想到，自从三周前辞职后，威廉就不会再看2月4日的董事会会议记录了。”他显然是在审查了1月6日的会议纪要后，才同意了第二步的审计工作。又是一阵沉默之后，麦迪逊轻声补充道：“他只是犯了一个诚实的错误……然后我……”麦迪逊的声音渐渐低了下来，她还没来得及道歉。

“那么，你们每个人都犯了一个诚实的错误?”阿兰尼斯用嘲弄的口吻问道。过了一会儿，他咆哮道：“我们不允许犯诚实的错误！我们是专业的!”

最终阿兰尼斯在再次说话之前，沉默了很长一段时间，这一次是短暂的愤怒爆发。“现在……为什么……不测试……债务契约，揭开……这些违法行为?”

麦迪逊使劲咽了口唾沫，然后平静而准确地向合伙人解释了布莱克威尔为什么没能揭露违反债务合同的行为。然后，她解释了为什么她对这位高管工作的审查未能发现他在测试债务合同方面的错误。

听完她的解释后，麦迪逊等待阿兰尼斯的回应。在她等待的时候，她听到电话线另一端传来低沉的声音，那声音听起来像是有人用拳头打在桌面上的声音。

“你……从没有注意到他在工作报告中提到了错误的贷款协议?”阿兰尼斯低声说出了“你”这个词，然后声调慢慢地升高，最后的“协议”是大声喊出来的。

麦迪逊曾一度想为自己和威廉·布莱克威尔辩护，指出两份贷款协议的类似标题导致了他们各自的疏忽，但她很快就打消了这个念头，因为她意识到，他们有责任采取措施，防止类似贷款协议的标题引发自己的此类错误。然后她想提醒阿兰尼斯，他也看过布莱克威尔的底稿，但他抢先了一步。“哦，我明白了。”阿兰尼斯说，他的声音因愤怒而颤抖：“我猜你希望我对他的工作做详细的审查。”

阿兰尼斯有权生气，非常生气。但是，尽管他们面临着可怕的情况，麦迪逊却不相信他有权利对她这么严厉，用最尖酸刻薄的话来斥责她。

“听着，有人要为这场灾难承担责任，”阿兰尼斯继续说：“而且肯定不会是我!”

到这时，麦迪逊觉得她已经受够了阿兰尼斯的愤怒和不尊重，她已经到了临界点。

在长时间的沉默之后，麦迪逊说话的语气略带讽刺：“别担心。我是审计经理，你是审计合伙人。所以，从这个角度说，一切都是我的错。”麦迪逊故意使用了煽动性的“别担心”这句话，并希望在阿兰尼斯再次谩骂时挂断电话。

毫无疑问，阿兰尼斯感觉到麦迪逊即将结束谈话。他费了九牛二虎之力，又一次控制住了自己的情绪。他咳嗽了几声，清了清嗓子，然后尽量装出一副彬彬有礼的样子。

“我现在有几件事要做，一旦我把它们处理好，我就开车去审计会议室和你见面。我应该在45分钟之内到。与此同时，不要向任何人提及此事，包括审计团队的其他人。”当麦迪逊没有回应时，阿兰尼斯补充道：“好吗？”

阿兰尼斯语调的突然变化对麦迪逊产生了意想不到的影响。她现在更多的是感到羞耻，而不是愤怒和怨恨。因为她不想让阿兰尼斯意识到她在流泪，她清了清嗓子，在挂断电话之前回答“好”。

当阿兰尼斯来到审计会议室时，他关上门，然后脱下西装外套，扔在一把空椅子上。

“我想从威廉的工作报告开始，他记录了他对债务合同的测试。”这位合伙人平静地说，同时避免与麦迪逊眼神接触。

“我已经帮你把那张工作底稿拿出来了，我还密切关注了新贷款协议和旧贷款协议中与债务合同中的流动性比率条款相关的具体条款。”在把工作底稿和两份贷款协议交给阿兰尼斯之后，麦迪逊问他还需要什么。

“不，现在不需要。”如果我需要别的东西，我会告诉你的。

麦迪逊很感激阿兰尼斯也能够保持镇静。尽管如此，会议室里的紧张气氛几乎让她无法忍受。

阿兰尼斯在会议桌的另一边坐下后，麦迪逊注意到他做的第一件事就是看了一眼预格式化工作底稿右上角的那个方格。10天前，阿兰尼斯已经草签并注明他已经审阅过了。麦迪逊的姓名首字母和相应的日期也在那个方格里。

阿兰尼斯研究了工作底稿，浏览并重读了两份贷款协议的相关章节。然后，他检索了审计程序，并转向审计部分，其中包括两项审计步骤，要求对董事会会议记录进行审查。

在花了20分钟甚至更多的时间查看这些文件后，阿兰尼斯向后靠在椅子上，低声说了一句粗鄙的脏话。而此时麦迪逊在自己的笔记本电脑上更新审计工作底稿的数据，她听到了这个咒骂，但装作没听见。

过了一会儿，阿兰尼斯疲倦地站了起来，穿上了西装外套。“我现在要回办公室了。”他低声说了一句。

当阿兰尼斯讲话时，麦迪逊从工作中抬起头来。这是他们两人在短暂的会面中第一次也是唯一一次进行直接的目光接触。在点头之后，麦迪逊把注意力重新集中在她的笔记本电脑上。然后，阿兰尼斯一言不发地离开了会议室。

后记

周五下午晚些时候，麦迪逊和她的下属们完成了关于勒·普里克斯项目的剩余工作。四天前，麦迪逊向阿兰尼斯报告了该公司违反债务合同的行为。接下来的一周，麦迪逊每天都在她位于市中心的办公室里规划和组织两项新的审计任务，这两项任务是她在6月30日会计年度结束时公司分配给她的。那个星期的周四下午晚些时候，麦迪逊鼓起勇气去了阿兰尼斯的办公室——在过去的10天里，她没有收到他的任何消息。

麦迪逊敲开了门，阿兰尼斯抬起头，冷漠地问道："我能帮你吗？"

"我只是在想，如果……如果……你需要我在勒·普里克斯项目中做更多的事情。""不，"阿兰尼斯坚定地回答。

有好一会儿，麦迪逊在阿兰尼斯的门前徘徊。最后，她主动问道："你解决了……嗯……呃……在审计结束的时候？""是的。"对方简洁地回答道。

当他们两人互相盯着对方的时候，麦迪逊很快就明白了，阿兰尼斯不会告诉她这个问题是如何解决的。麦迪逊也没有去追问，而是转身走开了。

在接下来的几个月里，麦迪逊多次访问了edga.gov网站，在这个网站上，上市公司将其提交给美国证券交易委员会的文件上传。勒·普里克斯公司从来没有提交过8-K表格的信息备案文件，也没有向美国证券交易委员会提交过其他任何披露其违反债务合同的备案文件。10月初，就在年底审计业务计划开始执行时，麦迪逊辞去了她在四大会计师事务所的工作，转而在市中心一家大银行担任金融分析师，薪酬相当高。

思考题

1. 审计人员在审计报告提交之时发现了未知的可能影响其出具报告的情况时，应采取哪些措施？

2. 你同意阿兰尼斯所说的审计师无权犯"诚实的错误"吗？请阐释你的理由。

3. 把布莱克威尔和麦迪逊所犯的错误定性为"诚实的错误"、疏忽或者鲁莽，并为每一种定位说明理由。

4. 在审核长期债务的工作底稿时，麦迪逊和阿兰尼斯都没有发现布莱克威尔在测试是否符合其债务合同时所犯的严重错误。要求审计工作底稿由审计小组的高级成员审查的标准是什么？审核工作底稿时审核过程的性质和目的是什么？审核工作底稿应如何做得彻底或详细？

5. 在你看来，麦迪逊应该如何应对阿兰尼斯发脾气？在类似的情况下你会怎么做？

6. 当阿兰尼斯拒绝与麦迪逊讨论勒·普里克斯违反债务契约的问题时，她都有哪些选择？设身处地地为她想想，你会选择哪一个？

案例6.8

办公室管理合伙人蒂尔曼·罗林斯

12月11日，星期六，晚8：00

“那么，在招聘方面有什么好消息吗?”索菲在咬着圣诞饼干的间隙问道。

“没有，”蒂尔曼·罗林斯愁眉苦脸地回答道，“可能还缺两个人”。

蒂尔曼·罗林斯和妻子正在为这个作为四大会计师事务所之一的事务所举办一年一度的圣诞派对，他是事务所的执行合伙人。在派对的最后时刻，罗林斯召集了审计人员招聘委员会的临时会议。该委员会由罗林斯、审计经理怀特·伊格尔和资深审计人士杰里·马丁组成。

“有可能从其他办公室借到更多审计人员吗?”马丁问道。“借不到，”罗林斯抱怨道，“每个人都想到了。我们非常幸运地从丹佛办事处借来了高级审计师和会计职员。如果不是那里的OMP沃尔特·奥尔康欠我一个大人情，我们还借不到那些家伙呢”。

由蒂尔曼·罗林斯管理的办公室是遍及美国大陆东海岸和西海岸的数百个四大办公室中最小的一个。该办事处位于北美山地时区的一个偏远都市地区，其专业工作人员约有40人，其中2/3是审计员。现年57岁的罗林斯兼任OMP和审计业务总监。他的两位合伙人中，一位年轻的审计合伙人是最近刚从该公司达拉斯办事处借调过来的，另一位是一位即将退休的税务合伙人。

对罗林斯来说，管理办公室审计人员的规模是一个反复出现、令人烦恼的问题。每年，不可预见的情况都会影响到员工的理想规模。10月初，罗林斯的办公室意外地得到了一家当地银行作为审计客户。然后，在11月底，该办公室最大的审计客户哈沙制造公司要求对其拟收购的一家当地公司进行“收购审计”——该客户坚持要求在3月15日之前完成一次收购审计，这意味着它将与该办公室的旺季重叠。这两项新的审计工作促使罗林斯为办公室的年终审计工作匆忙地安排人员。不幸的是，他做得不够好，这迫使索菲·怀特·伊格尔、杰瑞·马丁和他们的同事加班工作。罗林斯知道人力短缺会导致他的下属在几个星期后旺季的关键时刻加班加点，这让他非常担心。

蒂尔曼·罗林斯与四大OMP的一般特征并不相符，他是公司里唯一拥有农场的合伙人，尽管他表面上粗犷的个性被他高大的身材和饱经风霜的面孔放大了，但罗林斯比那些“大城市”的对手更有家长式的作风并且让人觉得平易近人。自10年前被任命为OMP以来，他一直致力于与下属建立密切关系。

在职业生涯的最后几年里，他一直保持着现在的位置，这被认为是罗林斯的主要职业目标——他和妻子周末基本都住在距离他的办公室70英里的农场里。罗林斯意识到，如果他被替换，他几乎肯定会被调到几百英里以外的另一个办公室。他还很清楚，国家总部办事处在评估OMP们年度业绩时考虑的两个关键指标是该办事处的盈利能力及其专业工作人员的士气。不幸的是，令这两个指标最大化的因素常常是相互冲突的。例如，过度加班提高了办公室的盈利能力，与此同时，他努力培养的下属对他的好感也在减少。“嗯，我想我们可以试着从布恩和萨德曼或者泰勒和福鲁哈迪中挑选几个审计师。”马丁建议道。“当然，在接下来的几次国家协会的地方分会上，这将导致一些紧张的局面。”他笑着补充说。

其他四大都没有在距罗林斯办公室250英里的地方设立办公室。它的主要竞争对手是两家当地会计师事务所，每一家都有20~30名专业人员，其中大多数是税务专家。

“相信我，我已经考虑过这个选项。”罗林斯回答说。“事实上，今天早些时候，我强迫自己去看那些公司的名单。但我觉得在这种情况下给那些人打电话会不舒服。因为我知道如果有人想在旺季开始的时候把我们的一名员工挖走，我会是什么感觉。”罗林斯喝完了一杯苹果酒。“昨天，我确实收到了一封来自沃伦州立大学一名毕业生的信和简历。我打电话给他，邀请他周一早上来面试。”罗林斯看着他的手机停顿了一下。“他的名字是尤金·史密斯。我想让你们两个带他去吃午饭，然后在一天结束前给我你们的反馈。先定下午5点来我的办公室，这样我们就可以讨论他了。”

罗林斯的办公室招募的入门级税务和审计人员主要来自该州的旗舰大学和邻近州的一所私立大学。沃伦州立大学是该州高等教育系统的四所大学之一。与其他三所州立大学类似，沃伦州立大学最初是作为一所师范学院成立的。州立法机关已逐步将这四所学院的课程扩大到其他专业学科。由于沃伦州立大学和另一所提供会计学学位的州立大学每年的会计学毕业生人数很少，罗林斯所在的办公室没有在这些学校招生。但他的办公室通常会考虑这两所学校的毕业生。事实上，办公室大约20%的专业人员是这两所学校的毕业生。

12月13日，周一，下午5：00

“嗯，你觉得怎么样？”伊尔曼·罗林斯向索菲·怀特·伊格尔和马丁提出了这个问题，他们坐在两把椅子上，对面是他那张巨大的西式风格的黄松桌子。

罗林斯的两个下属互相对看了一眼。双方都希望对方能主动回答罗林斯的问题。一阵尴尬的沉默之后，索菲回答：“就我个人而言，我没有深刻的印象。我是说，他是个好孩子，彬彬有礼，但是，你知道……他显然有一些缺点。”

“你看过他的简历，对吧?”罗林斯从桌上拿起一张纸开始浏览：“这个孩子的总平均绩点是3.6，而他的会计课程的绩点是3.8。此外，除了几笔小额奖学金外，他通过每周工作20~30个小时，以及在夏季的几个月里的全职工作来支付大学学费。你有什么不喜欢的呢?”

“蒂尔我看到了他的简历，我相信我和马丁从他那里得到的背景信息和你一样，只是……”

“只是什么?”罗林斯尖声问道。

当索菲转过头去看时，马丁向罗林斯说：“呃，蒂尔，我想索菲和我的想法一致。”马丁看了一眼索菲，然后继续说：“午饭后，我们讨论了尤金的情况，基本上得出了同样的结论。”马丁紧张地搓着手掌：“我们只是认为尤金不适合……我们的办公室。”

“为什么不适合呢?”罗林斯叫了起来。

索菲插嘴道：“你肯定不认为这个孩子有潜力成为四大会计师事务所的一员吧?”短暂的停顿之后，她补充道，“这孩子太不上心了！他在……他在……就在农场外面，你没注意到他穿着白色运动袜来面试？还有那件西装……”他说：“我不反对沃尔玛，但是……”

“哇，那我们现在是在招聘走T台的模特和艺术学院毕业生?”“不，当然不，除非……”由于索菲与罗林斯的良好关系，当她不同意他的立场时，会毫不犹豫地向他挑战。“但让我们面对现实吧。这里的问题不在于这个孩子是否能在繁重的工作上应付自如——”

“嘿，就像我之前说过的，我不喜欢这个词，听起来是一种冒犯。”

索菲对罗林斯的拒绝一点也不生气，一边摇头一边放声大笑。“我们说的是雇用这个孩子，而不是为办公室写一个社交礼仪准则。”

面对索菲的反击，罗林斯笑了。“好吧，好吧。很明显，这孩子不够……不够……‘圆滑’。”罗林斯话音里原有的尖酸刻薄现在已经消失了，取而代之的是一种疲倦的恼怒。“但是，在这一点上，如果我们还算明智，我认为我们应该雇用他。如果不的话，你知道这意味着什么吗？那就是每个人都要加班，包括你们两个。”罗林斯强调了他的最后一点，他向他们俩人点了一下右手食指。

索菲点点头，做了个鬼脸。她很感激罗林斯对她和马丁的坦诚。她还意识到，大多数OMP不会与下属进行如此激烈、公平的对话。在罗林斯的位置上，大多数合伙人会在没有咨询任何一方的情况下直接聘用史密斯。

“索菲，我不是问他是否有潜力在我们公司或四大取得成功。我想问的是，他是否能像你说的那样，在一些低级别的任务上‘胜任’。举个例子，我知道在哈沙项目中有很多低级的、单调的工作。你可以在客户办公室里找个小隔间，让他一天干10~12个小时。必须有人做那样的事。”索菲担任哈沙项目的审计经理，马丁则担任审计监督高级经理。

“我知道我们是无法选择的，”索菲以和解的口吻回答：“但我和马丁都认为，如果我们仅仅因为人手不够就雇用他，这对尤金是不公平的。如果我们这样做，我们就是在让他失败。”

罗林斯靠在椅子上，目不转睛地盯着索菲。“第一，索菲，我们会给他一个机会来证明他属于四大的世界；第二，至少，他余生的简历会反映出他曾经在一家世界领先的会计师事务所工作过的事实。这是向他发出邀请的两个充分理由，对吧？”罗林斯的语气表明，就连他自己也怀疑他论点的逻辑。

索菲紧皱眉头，淡漠地说了一句“随便”，而马丁则盯着桌子后面墙上的那只巨大的麋鹿头，避开了罗林斯的目光。

“‘随便’？就这样？我很高兴你们能接受我的建议。”

对方尖刻的评论促使索菲用善意的语气回应：“第一，你打算给他一个忙季来证明他属于四大吗？因为这孩子要花很长时间才能克服23年的校园生活。第二，如果你在忙季或一年之后解雇了他，那么他将不得不在他的职业生涯的剩余时间里解释他简历上的污点。”

罗林斯开始想回应索菲，但后来决定不这么做。相反，他站在那里，双手放在臀部。“嗯，我想让你知道，在尤金和你们两人共进午餐后，我就向他发出工作邀请了，并且……他立即就接受了。”罗林斯开始挪动放在桌子角落里的一叠文件，以表示会议已经结束。“我已经将他分配到哈沙项目，这意味着你们两个在接下来的几个月里会更加熟悉他。”

4月29日，星期四，下午3：30

索菲、马丁和其他审计人员度过了漫长的忙季。从公司丹佛办事处借调的高级审计师和会计职员完成了哈沙制造公司要求的收购审计的大部分工作，但索菲和马丁花了大量时间协助他们进行审计。

随着收购审计在3月初接近完成，哈沙的一个竞争对手出人意料地收购了他们所审计的目标公司。罗林斯原本希望哈沙能够成功收购该公司，因为合并后的实体需要一个更大的审计团队为其提供服务。审计范围的扩大将有助于弥补罗林斯办公室未来的损失。4月初，该办公室第二大审计客户钱德勒与海登公司的股东宣布，他们将搬迁公司总部。审计客户的流失让罗林斯很苦恼。该办公室的人手现在不是不足的问题，反而变得有些过剩。对罗林斯来说，更令人不安的是，在漫长的夏季，即使在正常的人员配备条件下，也没有足够的项目让每个人都忙个不停。

在4月的最后一周，罗林斯让索菲和马丁去他的办公室。他提出了两个问题，其中一个令人愉快，另一个则不那么令人愉快。

“我想再次为你们两个在过去的忙季被迫加班而道歉。但仅仅道歉是不够的。

所以，我给你们每个人两周的休假时间，当然，这取决于任何客户的需求或限制。”

“谢谢！”索菲和马丁异口同声地说。

“第二，我想让你们两个快速了解一下人事问题。今年夏天晚些时候，我将安排一次会议，讨论我们今年秋季的招聘计划。罗林斯清了清嗓子，在椅子上不安地扭动着身体。“失去钱德勒与海登公司让我们陷入了混乱。我们从人手不足变成了人手过剩。在夏季的几个月里，由于人手过剩，工资发放出现问题，这几个月尤其不正常。”

索菲预想接下来会发生什么。

“无论如何，我想我应该亲自通知你，我已经决定建议尤金离开公司。我希望这是我唯一要削减的开支。”罗林斯紧张地摆弄着领带，“我听说卡莉·怀特正打算辞职。如果她这样做了，那么我们就应该有足够的人手进入夏季。”

罗林斯停下来，估量了一下他的两个下属对他解雇尤金决定的反应。马丁的反应是把注意力集中在罗林斯的麋鹿头上，而索菲则一动不动地坐着，怒视着他。

罗林斯又清了清嗓子说：“我读了尤金在哈沙项目的绩效评估报告。我知道他是一个勤奋的员工，从不抱怨加班时间过长，与同事和客户相处得也非常愉快。但我认为你们俩一开始是对的，尤金不适合进入四大会计师事务所。他属于别的地方。”

罗林斯说得越多，索菲就越生气。在过去的4个月里，她开始尊敬并喜欢上了尤金。她一直反对雇用他，但是一旦他被聘用，她认为他应该得到一个公平的机会在公司取得成功。但在她看来，罗林斯并没有那样做。

随着房间里的紧张气氛越来越浓，马丁决心尽量少说。他不想卷入审计合伙人和审计经理之间的激烈冲突中，这可能会降低他在未来几个月被提升为经理的机会。

“索菲，如果表情能杀人，我已经被你的表情杀死了。”罗林斯开玩笑说，试图缓解紧张的气氛。

“嗯，我很失望，”索菲最终回应了罗林斯，然后补充说：“非常失望。”

“好吧。这是你打倒我的机会。来吧，所有事都冲我来。”罗林斯继续开着玩笑。

索菲没有回应罗林斯轻率的玩笑话，而是把目光投向地板。她害怕说出任何以后会后悔的话。

因为意识到自己轻松的评论使事情变得更糟，罗林斯又恢复了严肃的态度。

“这可能不会让你对我的决定感觉更好，但我已经批准给尤金两周的遣散费和整整一周的假期工资。”

在长时间的沉默之后，罗林斯靠在办公椅上，把注意力完全集中在索菲身上。“索菲，如果我们带着这个孩子度过这个夏天，他会降低办公室的效率。这对我们任何人都不好。”

“尤其是你！”索菲厉声说道。话一出口，她就后悔说了那句话。

在30秒或更长的时间里，三位审计师坐在一起，一言不发。马丁感觉压力太大，以致呼吸凝滞。

“哦，我很遗憾你有那种感觉。”罗林斯的语气透露出他被索菲的话深深伤害了。“也许这是真的，但我必须考虑更多。我做了我该做的。不管我雇用那个孩子还是解雇他。这就是为什么他们付钱让我坐在这把椅子上的理由。”

后记

在办公室会面一个月后，索菲辞职了。她和丈夫共同决定在丈夫的家乡南加州寻找工作机会。

7月1日，马丁被提升为审计经理，他一直在焦急地等待着。在接下来的忙季，他将接替索菲担任哈沙项目的审计经理。

思考题

1. 列出OMP应该具备的主要个人品质。按照重要性的降序排列这些特征，并阐释你的理由。这个排序是否同样适用于审计合伙人？如果不是，请指出OMP应该具备的个人特质与审计合伙人应该具备的特质有何不同。

2. 美国职业行为准则的一个基本道德原则是“正直”，蒂尔曼·罗林斯在对待尤金·史密斯时是否做到了这一点？请阐释你的理由。

3. 你想在蒂尔曼·罗林斯担任OMP的办公室工作吗？请阐释你的理由。

4. 在罗林斯决定解雇尤金·史密斯之后，罗林斯、索菲和马丁可以采取什么措施来提高史密斯在未来职业发展成功的概率？

第七部分

职业问题

7

- 案例7.1　配体制药公司
- 案例7.2　会计人员萨拉·罗素
- 案例7.3　安永华盛顿委员会
- 案例7.4　互联网丑闻
- 案例7.5　弗雷德·斯特恩公司
- 案例7.6　芝加哥第一证券公司
- 案例7.7　得克萨斯药品仓库
- 案例7.8　会计人员弗兰克·科尔曼
- 案例7.9　高级审计师奥莉维亚·托马斯

案例 7.1

配体制药公司

20世纪90年代末，詹姆斯·拉齐奥实现了会计职业中大多数注册会计师梦寐以求的目标——成为“四大”的一名合伙人。在十多年的时间里，拉齐奥担任加利福尼亚州圣迭戈德勤事务所的审计合伙人。与德勤和其他主要会计师事务所的同事相似，拉齐奥的职业生涯被安然与世通公司的突然倒闭打乱。世纪相交之际，这两家大公司突然申请破产，公众哗然，大声疾呼，要求对上市公司财务报表的运行实施更为严格的监管。联邦政府对公众的回应将使已经颇为复杂和紧张的如詹姆斯·拉齐奥这样的“四大”合伙人的职业角色变得更为复杂。

偷窥者

2002年夏天，美国国会仓促地通过了《SOX法案》。在联邦政府层面，《SOX法案》是自1933年《证券法案》和1934年《证券交易法案》以来最具深远意义的财务报告改革。这些改革包括要求上市公司建立财务报告内部控制机制，并经外部独立审计鉴证。该项法案于2004年在大部分上市公司范围内生效，强制要求上市公司花费数十亿美元来重新考虑、在许多情况下甚至要全面检查其内部控制体系。

对于德勤和其他位列“四大”的会计师事务所而言，《SOX法案》为其带来了经济利益，因为事务所可以为成千上万的公司提供《SOX法案》规定的内部控制审计服务。为了充分利用这项新的巨额收入，这些事务所重新设计了审计程序，改革了自身的组织机构，并雇用了大量新员工。

《SOX法案》还建立了一个新的监管机构——美国上公司会计监督管理委员会（PCAOB），这个机构对于大型会计师事务所产生了深远的影响。PCAOB的主要任务是加强并提高上市公司的独立审计功能，将审计失败的可能性降到最低。多方曾断言，安然和世通公司的财务报告如果经过更为严格的审计，其失败本可以避免或至少可以减轻。

PCAOB的总部设于华盛顿特区，被审计从业者称为“偷窥者”，属于美国证券交易委员会（SEC）职权范围内的监管机构。PCAOB的运营由SEC委任的五位委员监督管理，它拥有几百名员工和超过2.5亿美元的年度运营预算。上市公司需要定期将财务报表归档并向SEC备案。PCAOB的授权监管责任包括受理登记和监督那些审计上市公司的会计师事务所，其他职责包括建立这些公司的审计、道德和质量控制标准，并进行纪律调查。

《SOX法案》的执行给四大会计师事务所提供了有利可图的机会，但同时也给它们带来了巨大的挑战。没有人确切地知道这项新的议事程序和制度设计将如何影响美国上市公司的财务报告和独立审计功能。尽管面临着不确定性，但在当时，詹姆斯·拉齐奥和其他的“四大”审计合伙人面临着更为迫切的问题，那就是监督他们客户的日常业务和与之相关的职业责任。

2003年德勤对配体制药公司的审计

2004年初，43岁的拉齐奥负责总部位于圣迭戈、股票在纳斯达克上市交易的配体制药公司的审计工作。作为审计合伙人，拉齐奥承担了一系列的责任。以下内容是从德勤《会计与审计实务手册》中摘录的，同时列示了审计合伙人的作用和责任。

合伙人有责任对财务报表形成审计意见或否定意见。

合伙人对计划和履行审计协议约定负有最终责任，包括分配、在职训练、专业人员的审计工作，以及关于以咨询为主题的事件决议的实施。

合伙人的知识与技能应与需求和协议特点相匹配。

几年来，拉齐奥一直参与其办公室“高新技术组”的工作，因为他有在新兴成长型企业工作的经验，因而十分适合担任作为仍处在发展阶段的配体制药公司的审计合伙人。在公司的新闻发布会上，配体制药公司将其定位为“以生物技术为主导的新兴研发型公司”，其主要产品包括止痛药和一些癌症治疗药品，也有一些正在研发中的新产品。尽管该公司从未报告经营利润，但对该公司未来前景看好的预期使得公司股价从2003年低于每股4美元激增到每股近24美元。

德勤要求每个审计项目团队都要评估审计过程中产生的“审计业务风险”[①]，由于配体制药公司与销售退回相关的会计处理问题，拉齐奥和他的下属认为配体制药公司2003年的审计风险为超过正常水平。配体制药公司的分销渠道主要由三大药品批发商构成，这些批发商购买配体制药公司的药品，随后向全美药房和医疗保健医院销售。尽管批发商有权退回没有向顾客实际销售的任何商品，配体制药公司仍将向三家批发商装运发货即视为完成销售。因为这项收入确认政策，配体制药公司被要求在每个会计期末计提预期未来销售退回的准备金。

2004年初，德勤事务所在审计配体制药公司的2003年财务报表时发现，该公司销售产品的时间很短，这意味着配体制药公司的会计师在估计未来的销售退回时仅基于有限的历史经验。而更加复杂的是，配体制药公司从三家批发商获取销售收

① 审计业务风险可分为正常水平、超过正常水平、远超正常水平三个层次。

入和存货数据十分困难。

配体制药公司通常在产品到期日前12个月内向那些批发商发货。批发商通常有权在产品有效期前后延长6个月，也就是有12个月窗口期退回从配体制药公司收到的货物。为了合理地估计未来的销售退回数量，配体制药公司的会计人员需要从批发商处获得最新的销货完成数据。然而，三大批发商经常不能及时提供这项数据。事实上，配体制药公司通常从三大批发商处收到大量的、没有预料到的退回产品。

可获得的2003年配体制药公司有限的销售退货数据表明，该公司大大低估了其产品退回率。例如，某一种附有退货权的产品（open lots）①销售退回率经历了由13%到高达20%的大幅波动。公司管理层坚信那些销售退回率并不代表产品的整体退回率。因此，当决定2003年产品销售退回的备抵比率时，管理层指示会计人员用更低的2.5%的比率。

2004年3月初，在德勤完成配体制药公司2003年审计不久，配体制药公司从批发商处收到关于主要产品退回率的额外信息。尽管这些信息可从公司会计人员处得到，但德勤的审计师没有审查。与德勤审计师之前已审阅的数据相似，更新后的销售回报率数据表明，2003年末对于未来销售退回的备抵金额估计不足。在某些情况下，2004年初收到的2003年销售退回数量超过了2003年终销售退回总数。

拉齐奥清楚地知道配体制药公司在估计未来销售退回时存在问题，并且从公司批发商处得到的实际销售退回数据表明，公司采用的计划退回率与事实不符。尽管如此，在2004年3月10日，拉齐奥还是对配体制药公司2003年的财务报表出具了无保留的审计意见。

随后的几个月，拉齐奥监督了德勤对配体制药公司2004年第一季度财务报表的审计工作。期间拉齐奥和他的下属获得了2004会计年度前两个月的销售退回数据。

这些数据表明，2003年底销售退回的备抵数额被显著低估。配体制药公司会计人员也向审计人员提供了预测数据，指出在2004年剩余的几个月里，公司将从2003会计年度的销售中获得大量额外的产品退回。尽管有大量证据表明配体制药公司2003年度的销售退回被显著低估，但拉齐奥仍然没有建议公司召回并重述其2003年的财务报表。

詹姆斯·拉齐奥的审判与灾难

在对配体制药公司2003年财报的审计中，这个有争议的会计问题并不是詹姆斯·拉齐奥面临的唯一问题。在审计开始前的几个月，拉齐奥的直属上司——负责德勤圣迭戈分所的审计合伙人要求与他会面。在那次会面中，拉齐奥得知关于他工作上的表现已被关注。事实上，德勤管理层已提出不允许拉齐奥再审计上市公司。

---

① 配体制药公司所称“lot”，是指一个给定数量的相同产品，它们的生产时间与到期时间均相同。“open lot”是指产品出库后批发商仍有权退回未售出的库存商品。

2004年2月，在审计配体制药公司的过程中，拉齐奥的直属上司再一次约见了他。在这次见面中，拉齐奥被告知，他被视为项目的“质量风险”并“劝他从公司辞职”①，德勤的几位高级合伙人参与了要求拉齐奥辞职的决定。这些合伙人包括德勤风险管理项目的主管，德勤西南太平洋地区的审计管理合伙人，以及德勤的国内审计合伙人。

2004年3月5日，圣迭戈审计管理合伙人以及区域审计管理合伙人约见了拉齐奥。这次见面之后，区域审计管理合伙人向国内审计管理合伙人发送了一封邮件，总结了这次会面中的商讨内容，这封邮件记录了拉齐奥被要求从德勤辞职的原因。

在德勤管理层成员给出的意见中，他们认为审计合伙人拉齐奥不能充分地监管上市公司业务以及存在高风险的其他业务，拉齐奥同时也不适合控制复杂而有风险的业务。②

5天后，也就是2004年3月10日，拉齐奥在德勤对配体制药公司2003年的财务报告上签署了否定审计意见。随着配体制药公司审计报告的发布，拉齐奥保留了审计合伙人资格。

2004年8月5日，德勤从配体制药公司的独立审计事务中退出。配体制药公司的股价在德勤突然退出后也剧烈地下滑，从2004年4月每股近24美元的高水平，最终降到2008年末的每股低于1.5美元。

后记

2005年5月，配体制药公司管理层宣布公司将会对2002年、2003年和2004年前三季的财务报表进行重述。管理层报告称公司审计委员会和新的事务所德豪国际已披露了财务报告中的实质性错误。错误主要产生于“向经销商发货的收入不合理确认”③。配体制药公司在2005年后期的财务重述减少了公司先前报告的2003年收入的52%，共计5 900万美元，也使得2003年报告的营业亏损增加了2.5倍。

配体制药公司坚持认为审计委员会和德豪事务所进行的共同调查“没有发现不合理行为、舞弊行为、管理层任何成员操作抑或是管理层在采用和执行公司历史收入确认政策时背弃信用的现象”④。公司还报告其打算采用基于零售会计的新收入确认模式。在该模式下，直到公司的批发商向客户出售了配体制药公司的产品，收入才能被确认。

---

① PCAOB,"Order Instituting Disciplinary Proceedings, Making Findings and Imposing Sanctions: In the Matter of Deloitte & Touche LLP," *PCAOB Release No. 105-2007-005*, 10 December 2007, 7.

② PCAOB,"Order Instituting Disciplinary Proceedings, Making Findings and Imposing Sanctions: In the Matter of Deloitte & Touche LLP," *PCAOB Release No. 105-2007-005*, 10 December 2007, 7.

③ J. McEntee,"Ligand to Restate Financials Back to 2002," *sandiego.com*, 20 May 2005.

④ J. McEntee,"Ligand to Restate Financials Back to 2002," *sandiego.com*, 20 May 2005.

2007年12月10日，PCAOB对拉齐奥及其涉及的2003年配体制药公司审计工作发布了联合整训计划，对拉齐奥和德勤做出了会计制裁。[①]PCAOB禁止拉齐奥两年内在任何一家PCAOB注册的会计师事务所任职。在2007年12月10日PCAOB的新闻发布会上，一个机构发言人报告，拉齐奥在配体制药公司2003年的审计中违反了几项审计标准。

拉齐奥先生没能履行适当充分的审计程序，这些审计程序与附有销售退回权的产品的销售收入报告有关，而且没能充分监管其他方以保证该程序的履行。

拉齐奥先生没有履行和保证程序的执行，未充分考虑配体制药公司对产品可能受到损害而退回进行合理估计的能力因素。

拉齐奥先生没有履行和保证程序的执行，未充分考虑配体制药公司对其产品持续和大量销售退回的低估。

在对配体制药公司的收入审计中，拉齐奥先生没能保持应有的关注和职业怀疑。

他也没有发现并合理地解决配体制药公司的会计政策问题，即从其对未来收益的估计中排除某些类型的收益，以及配体制药公司披露这一会计政策的充分性。[②]

由于德勤对配体制药公司2003年的审计业务没能承担“有意义的措施以保证审计工作质量”，PCAOB公开指责并对其处以100万美元的罚款。[③]根据PCAOB发言人所说，在2003年及以前年度的审计中，“德勤管理层某些成员断定拉齐奥先生应被上市公司审计项目开除”，而且“他应该从公司辞职”[④]。发言人继续指出，尽管对拉齐奥的胜任能力已表现出一定的担忧，但是他仍被允许继续作为配体制药公司2003年审计业务的参与方。

PCAOB的管理执法局局长发表了一份针对注册会计师职业责任的单独声明来确保他们有能力执行上市公司的审计工作。

会计师事务所必须采取合理的措施，以保证审计合伙人和其他审计专家有能力实施上市公司的审计工作。当对审计人员能力的担忧增加时，事务所须采取行动迅速处理，以保证审计质量。在拉齐奥负责的审计工作中，德勤事务所的措施未能达

① 尽管PCAOB针对此案发布了纪律报告，但SEC和PCAOB人员都参与了相关调查。2005年，SEC宣布将对配体制药公司展开独立调查，联邦机构显然在没有对配体制药公司或配体制药公司任何管理人员或雇员实施制裁的情况下完成了调查。

② PCAOB, “PCAOB Issues Disciplinary Orders Against Deloitte & Touche LLP and a Former Audit Partner,” www.pcaobus.org/News_and_Events/2007/12-10.aspx, 10 December 2007.

③ PCAOB, “PCAOB Issues Disciplinary Orders Against Deloitte & Touche LLP and a Former Audit Partner,” www.pcaobus.org/News_and_Events/2007/12-10.aspx, 10 December 2007.

④ PCAOB, “PCAOB Issues Disciplinary Orders Against Deloitte & Touche LLP and a Former Audit Partner,” www.pcaobus.org/News_and_Events/2007/12-10.aspx, 10 December 2007.

到审计委员会的标准。[①]

对于德勤实施的制裁是PCAOB对四大会计师事务所实施的首次制裁。美国证券交易委员会官员指出，配体制药公司一案在新机构PCAOB的短暂监管历史上是一个具有里程碑意义的事件。“它显示了PCAOB执法部门的成熟性，可以期待在短时间内还会查出类似案件，并且不仅针对‘四大’，也包括其他事务所。”[②]

德勤发表了一个公开声明来回应PCAOB的处罚。德勤发言人在声明中宣称，该事务所“建立并执行了改善措施以直接解决PCAOB担忧的审计质量控制问题”[③]。德勤发言人接着说：“德勤的审计政策和程序是行业内最好的，并且符合甚至超过所有适用标准，对此德勤有十足的信心。”[④]

思考题

1.描述你所认为的“审计业务风险”。当评估一项审计业务风险时，德勤和其他事务所应考虑的重要因素有哪些？当一个审计客户的风险比正常审计风险水平高时，审计人员的职业责任将会受到怎样的影响？

2.大型会计师事务所应设置怎样的质量控制机制，以确保审计合伙人拥有足够的胜任能力和经验来完成审计工作？

3.明确会计准则对销售退回确认收入的规定。配体制药公司违反了哪些规定？

4.在回顾了配体制药公司2004年第一季度财务报告后，德勤审计人员获知该公司严重低估了其在2003年末的销售退回数额。德勤审计人员对这个发现将承担何种职业责任？

5.自成立以来，PCAOB曾遭多方指责。总结针对PCAOB的主要批评，你认为这些批评有道理吗？请解释。作为监管机构，PCAOB可以采取哪些措施来提高其监管效率？

---

① PCAOB,“PCAOB Issues Disciplinary Orders Against Deloitte & Touche LLP and a Former Audit Partner,” www.pcaobus.org/News_and_Events/2007/12-10.aspx,10 December 2007.

② C. Johnson,“Deloitte Settles in Key Case Over Faulty Audit,” *Washington Post*,11 December 2007,D01.

③ F. Norris,“Deloitte Agrees to Pay $1 Million Fine,” *The New York Times* (online),11 December 2007.

④ PCAOB,“PCAOB Issues Disciplinary Orders Against Deloitte & Touche LLP and a Former Audit Partner,” www.pcaobus.org/News_and_Events/2007/12-10.aspx,10 December 2007.

案例 7.2

会计人员萨拉·罗素

萨拉·罗素出生并成长在堪萨斯州西部平原的一个小镇上。[①]高中时，她是返校节皇后、毕业班的告别演讲人，当了两年篮球队的控球后卫，并在当地医院做护士助手（志愿者）。由于她的父母曾就读于堪萨斯州立大学，萨拉在18岁时就去了劳伦斯。

在大学一年级30个小时的课程中，萨拉最终拿到了A，随后，她在认真考虑过新闻、法律和金融专业后，最终决定主修会计。虽然萨拉从未修读过会计课程，但是在招聘会上大型会计师事务所一位女性合伙人的讲话给她留下了深刻的印象。萨拉欣喜于这个合伙人所描述的公共会计的机遇与挑战。这是一个她能够在短期内学到很多东西的职业领域，并且这个职业会迅速发展成为一个肩负重要职责的工作。此外，公共会计能提供广泛的事业选择，如果她真心喜欢公共会计，她可以在大型会计师事务所争取合伙人的职位，她也可在家乡“消磨单身时光”，在大型企业做内部审计人员，或是在拥有多年实务经验后返回学校攻读MBA。

萨拉在堪萨斯大学完成了艰难的会计课程，只在成绩单上留下了两个小遗憾——在个人所得税和企业所得税课程中得了B。大四的秋季学期，萨拉在八大会计师事务所之一获得了会计师职位。萨拉原本考虑留在她的家乡，但最终留在了芝加哥。她认为，在需要对事业发展和生活做出长期投入的情况下，大城市的生活能够令她做出更为明智的决定。

工作的第一年，萨拉共接到6个审计任务，其客户包括输油管道公司、宗教基金会和职业体育团队。她完成了这些审计项目并从直属上司那里获得了优异的业绩考核结果。萨拉在她第一年忙碌的工作中还挤出时间学习CPA课程。她对她所做

---

① 本案由俄克拉何马州立大学的助理教授卡罗尔·纳普授权。本案以一位之前受雇于大型会计师事务所的年轻女性的经历为基础，涉案人物的姓名及其他背景，如地点等都有所改动。

的一切感到满意，她是办公室里为数不多的第一次尝试CPA考试就通过的新人之一。跨过了这个障碍之后，萨拉将精力投入到如何尽快晋升为高级审计师上。

在萨拉工作的第一年里，一些人给她提供了极大的精神支持，其中包括一位审计合伙人阿·杰·贝尔。贝尔40岁，做审计合伙人已有8年。办公室有传闻说，他在未来几年内很可能会成为新的执行合伙人。贝尔试着去了解被指派为审计人员的新会计师，并帮助他们适应新工作。在这一年内，贝尔有几次邀请了少数会计师与他和他的家人共进晚餐。意识到萨拉对芝加哥还很陌生，他做了一些特别的努力帮助她融入社交环境中，并给了她一些体育和娱乐活动的优惠票。在萨拉曾在学校使用的旧车报废后，他帮助她从当地银行获得贷款。萨拉很感激贝尔为她提供的帮助和指导，她认为拥有这样一位支持员工的审计合伙人是事务所的福气。

在萨拉于事务所工作满一年后不久，一个星期六的下午，萨拉在家接到了贝尔的电话。一开始，萨拉以为有客户突发情况需要她的帮助，但是贝尔在谈话中没有提到任何客户，反而告诉萨拉自己只是打电话闲聊。萨拉对这样的状况感到不适应，然而在找到理由挂断电话之前她还是与贝尔交谈了一阵。

第二天，一向热衷于慢跑的萨拉在她经常跑步的城市公园小路上完成了4英里慢跑后走向自己的车时，发现贝尔的车停在旁边。“嗨，萨拉，跑得怎么样？”贝尔平淡地问道：“我只是路过，想到你可能想在锻炼后会喝一杯可乐。”

萨拉走近贝尔的车，她感到尴尬却又试着表现得自然些，好像这次不期而遇只是巧合。“谢谢，贝尔，可是我真的要回家了，我还有一些任务得完成，还得打一些电话。”

“这样啊？可是我已经买好可乐了。”

“真的，我最好还是回家。”

“那好吧。”

在随后的几周里，贝尔努力发展自己与萨拉的私人关系，以工作时间之长出名的贝尔却几乎每晚都要从办公室里给萨拉打电话“闲聊”，一周一次到两次，邀请萨拉工作后与他小酌一杯。有几次，萨拉接受了，她希望这样做能够阻止贝尔再次邀请她，然而不幸的是并没有。最后萨拉开始在办公室回避贝尔，并且在觉得电话是贝尔打来时也不去接。贝尔曾有两次在晚上拜访萨拉的公寓，这着实令萨拉惊慌失措，萨拉拒不开门，希望他能够立即认为自己不在家。

贝尔的坚持令萨拉越来越感到压抑和无助，她不知道该怎么做或该求助谁。她不愿与朋友在办公室谈及此事，因为她不想散布谣言。她也不愿与其他伙伴和家人谈论此事，因为这让她感到尴尬。最糟糕的是，萨拉开始怀疑自己是否在某种程度上鼓励了贝尔的行为，她绞尽脑汁地回忆着工作第一年里她与贝尔交谈或见面的情景，她不曾记得说过任何使他误解的话，但是可能在不注意时说过给他造成错觉的话。可能贝尔将尊敬和崇拜之情误解成了对他的爱慕，可能她问过他一个不合适的问题，也可能……

后记

在贝尔超过六周的持续求爱之后，星期五下午，萨拉鼓起勇气在贝尔的办公室约见他，当萨拉告诉贝尔她希望将两人的关系维持在单纯的职场关系层面上时，贝尔紧张地没有做出任何反应。最后，他意识到萨拉肯定是误解了他在过去几周的行为，他只是尝试着让萨拉对自己的工作感到更加舒适。“我用尽可能友好的方式与尽可能多的审计人员相处。”贝尔随后告诉萨拉，考虑到这种情况，他向萨拉保证以后不会指派她到他所在的任何业务中。沉默了许久之后，他简短地问道：“我还有什么其他的能为你做的吗，罗素小姐？”萨拉轻轻地摇了摇头，然后起身离开办公室。

星期五下午的见面后，萨拉再也没有与贝尔联系或交谈，几个月后，她决定回堪萨斯州，和她的家人离得更近一些。最新的消息是，萨拉已经成为一家慈善机构的首席财务官。

思考题

1.在你看来，萨拉应该如何处理这件事？列出萨拉在处理该情况时应考虑到的因素。同时，找出事件中萨拉、贝尔和其他相关人员的职业责任和个人责任。

2.在本案例中，对于萨拉的雇主而言，其成本和潜在成本是什么？会计师事务所应该做出怎样的尝试以防止类似情况发生？假设萨拉没有与贝尔交谈，而是将自己面临的问题告诉执行合伙人，事务所执行合伙人应该如何处理该问题？

3.本案例事件发生在几年前，你认为如今是否还可能发生与本案例类似的事情？请解释。

案例 7.3

安永华盛顿委员会

2012年，英国路透社——一家总部设于伦敦的国际新闻机构震惊了整个美国会计界。路透社报道称，其从安永华盛顿委员会提交的公开报告中发现了一些信息，安永华盛顿委员会（Washington Council Ernst & Young，WCEY）是安永会计师事务所（Ernst & Young，EY）旗下的一家注册游说公司，当时正在为安永审计的三家上市公司提供游说服务。[①]而1995年颁布的《游说披露法案》要求，公司如若向联邦议员进行游说，需要在美国众议院和美国参议院注册登记，并向这两个机构分别提交游说活动的季度报告。

安进（Amgen）公司、药品连锁CVS公司和威瑞森（Verizon）通信公司均既是安永的审计客户，又是安永的游说客户。路透社还发现此前曾是WCEY客户的其他上市公司，同时也接受了安永的审计服务，这些公司里还包括美国电信巨头AT&T。

路透社指出，美国的审计师独立原则禁止审计公司为其审计客户提供游说服务。随后，该新闻机构质疑为什么相关机构允许安永和WCEY同时向SEC注册公司提供审计和游说服务。路透社的记者们向一名曾呼吁加强审计独立要求的参议员——卡尔·莱文，以及PCAOB前首席审计师道格拉斯·卡尔迈克尔提出了这个问题。作为回应，参议员莱文呼吁PCAOB调查此事。卡尔迈克尔则更是强调了这一问题的严重性，这位PCAOB前官员坚称，为审计客户提供游说服务不符合审计师的独立性要求，因为它让指定的审计公司成为“客户的辩护人”[②]。

在路透社联系安永的过程中，安永的一位发言人否认了WCEY向三个安永审计客户提供的服务损害了安永的审计独立性。这位发言人解释说，这些服务只涉及

---

① D. Aubin, D. Ingram, and S. Lynch, "Exclusive: Ernst & Young Tightropes Between Audit, Advocacy," www.reuters.com, 9 March 2012.

② D. Aubin, D. Ingram, and S. Lynch, "Exclusive: Ernst & Young Tightropes Between Audit, Advocacy," www.reuters.com, 9 March 2012.

“监督公共政策”和“教育”联邦议员了解“立法的潜在后果”[①]。

SEC和PCAOB没有回应路透社关于EY和WCEY共同服务同一客户行为的采访请求。然而，路透社这篇文章的发表，以及参议员莱文和道格拉斯·卡尔迈克尔的回应显然足以让这两家监管机构针对WCEY向安永审计客户提供服务这一行为展开调查。同样重要的是，路透社的文章再次将注意力集中在了会计师事务所“服务范围”的问题上，这是在美国会计界已经发酵了40年的问题。

会计行业的权势集团

20世纪70年代，美国国会进行了两项调查，首次揭露了数十年来统治美国会计行业的八大会计师事务所的内部运营情况。主导这两次调查的调查小组委员会创造了“会计行业的权势集团”这个词汇，并将八大会计师事务所都列为关键成员。事实上，美国参议院还将“会计机构当权派”这个略带贬义的词语作为调查报告的标题。

商业媒体通常把国会负责对会计行业进行这两项调查的委员会称为梅特卡夫（Metcalf）委员会和莫斯（Moss）委员会。美国参议员李·梅特卡夫担任参议院调查小组委员会的主席，而美国众议员约翰·莫斯则是众议院调查小组委员会的主席。参议员梅特卡夫和众议员莫斯都是民主党成员。政治批评家坚称，“八大”向共和党总统尼克松连任竞选活动提供的巨额现金捐款引发了国会的这两项调查。

梅特卡夫委员会的报告称：“八大事务所参与了其客户的商业事务，并在争议性问题上维护客户利益，这些都严重损害了其独立性。”[②]报告接着指出，八大事务所还“积极代表”其客户的经济利益来进行“商业游说”[③]。梅特卡夫委员会针对这一事实提供的具体事例包括八大事务所努力影响：（1）石油和天然气行业会计准则的选择；（2）当私人承包商与联邦政府进行交易时，确定哪些支出可被视为其可偿还成本；（3）联邦立法者纳入考虑的企业税收政策。

梅特卡夫委员会的报告还指出，在某些情况下，八大事务所提供的游说活动能获取一定收入；而在其他情况下，其游说活动是作为给予特定客户的“公共服务”。无论是哪一种情况，梅特卡夫委员会都认为游说活动“极不恰当”。

由于国会在联邦证券法中赋予了独立审计师一种特殊角色，他们能够因其公正性和客观性而享有公众声誉。而人们普遍认为独立审计师所做的发言和建议是独立提出的，因此这些发言都受到极大的尊重和信任。于是，独立审计师利用自己的特

---

① D. Aubin, D. Ingram, and S. Lynch, “Exclusive: Ernst & Young Tightropes Between Audit, Advocacy,” www.reuters.com, 9 March 2012.

② U.S. Congress, Senate Subcommittee on Reports, Accounting and Management of the Committee on Government Operations, *Summary of The Accounting Establishment* (Washington, DC: U.S. Government Printing Office, 1976).

③ U.S. Congress, Senate Subcommittee on Reports, Accounting and Management of the Committee on Government Operations, *Summary of The Accounting Establishment* (Washington, DC: U.S. Government Printing Office, 1976).

殊地位鼓吹其客户私利（特别是客户利润）的行为是极不恰当的。[①]

尽管“八大”遭到了批评，并且公众提出了改革独立审计职能（包括由政府机构履行这一职能）等强烈建议，但梅特卡夫委员会和莫斯委员会的听证会并没有促成任何立法的通过。不过在1978年，这两场国会听证会确实说服了SEC要求上市公司披露其独立审计公司向其提供的非审计服务的性质和规模。

在2003年出版的《美国公共会计职业历史回顾》一书中，斯蒂芬·泽夫教授指出：在20世纪70年代国会听证会举办之后，大型会计师事务所迅速恢复了游说活动。例如，德勤作为“客户的盲目拥护者”[②]，在80年代初曾准备了一份市场宣传册，帮助其客户应对美国财务会计准则委员会（FASB）提出的颇具争议的养老金会计准则。

导火索——“股票期权”改革提案

20世纪90年代初，一场雪崩般的争论让FASB措手不及。这一争议源自FASB提出的一项会计准则，该准则要求：当公司将股票期权授予特定高管和雇员时，需确认其股权激励支出费用。在该准则草案公布后不久，FASB就收到了数百封评论信，其中大部分都对股权会计准则的更改持严厉批评态度。

到目前为止，对该提议最具发言权的批评来自企业高管。由大型上市公司首席执行官组成的企业圆桌会议发起了一场公关战，反对FASB做出的改革和改进股权会计方法的努力。这些人意识到，如果运用该准则，将会导致许多公司不再发行股票期权。而多年来，股票期权一直是企业高管丰厚收入的主要来源。

20世纪80年代中期，当股票期权改革被列入FASB议程时，这些主要的会计师事务所就是它的支持者。但在企业界开始抨击原有股权提案后，这些公司又改变了立场。2004年7月，六大会计师事务所[③]联合起来，向FASB发了一封联合信。在这封信中，这些公司强烈支持规则制定机构保留现有的会计方法。[④]随着股票期权提案的讨论变得越来越激烈，会计行业内部的争论被搁置了。专业人士不再关注股票期权会计改革建议的合理性，而是开始争论会计师事务所是否应该就拟议的标准向FASB游说。一位会计学教授直言不讳地质疑“六大”试图反对股票期权改革提议的动机。这位教授表示，这些公司的努力是“彻头彻尾的政治”，并增加了“上市

---

① U.S. Congress, Senate Subcommittee on Reports, Accounting and Management of the Committee on Government Operations, *Summary of The Accounting Establishment* (Washington, DC: U.S. Government Printing Office, 1976).

② S. Zeff, "How the U.S. Accounting Profession Got Where It Is Today: Part I," *Accounting Horizons*, September 2003, 189-205.

③ 在过去的几十年里，由于安然的破产，八大会计师事务所通过兼并和倒闭逐渐缩减为四大会计师事务所。

④ P. B. W. Miller, "Ethics and Stock Options—An Update," *In the Public Interest*, Newsletter of The Public Interest Section of the American Accounting Association, October 1994, 3.

公司管理层的利益”[①]。这位教授坚持认为，这些会计师事务所的高管不但没有主张上市公司提供更可靠的财务报表，而且恰恰相反。[②]

美国证券交易委员会总会计师沃尔特·舒茨是会计界最知名的人物之一，他批评了六大会计师事务所为反对股票期权改革提议所做出的努力。舒茨声称这些事务所改变了对这个提议的立场，是“因为它们害怕失去客户或遭到其他形式的报复”[③]。舒茨继续质疑，在事务所决定自己是否要“服从”新会计准则时需要考虑其客户是否拥护这些观点的情况下，六大会计师事务所是否还能够合理地辩称自己独立于审计客户。[④]

莱维特，说客和《SOX法案》

2000年，SEC主席阿瑟·莱维特对大型会计师事务所的游说活动发起了下一轮攻击。同年5月，莱维特报告说，“利益冲突违规”现象在“所有大型会计师事务所中普遍存在”，有必要“恢复”这些事务所的“公众信任”[⑤]。莱维特坚持认为，必须采取措施确保上市公司审计师“完全独立”，而不是成为审计客户的“拥护者”[⑥]。莱维特建议，最全面的改革是限制会计师事务所向作为SEC注册成员的审计客户提供非审计服务。莱维特还坚持认为，不应允许隶属于会计师事务所的实体向审计客户提供会计师事务所本身被禁止提供的服务。

莱维特的一系列改革遭到了五大会计师事务所的严厉指责。莱维特随后报告称，他“从未经历过如此密集、贪婪的游说活动”[⑦]。这位联邦机构历史上任职时间最长的SEC主席说，他花了几个月的时间来回应五大会计师事务所及其代理人对他提出的改革方案的批评。正是在这个时间段内，安永收购了游说公司华盛顿律师事务所，并将其更名为安永华盛顿委员会（WCEY）。

五大会计师事务所为击败阿瑟·莱维特提出的改革方案所做的不懈努力在很大程度上取得了成功。2001年2月，莱维特辞去了SEC主席一职，新任总统布什任命了该机构的新负责人。当莱维特被问及他长期担任SEC主席的情况时，莱维特强调

---

① P. B. W. Miller, “Ethics and Stock Options—An Update,” *In the Public Interest*, Newsletter of The Public Interest Section of the American Accounting Association, October 1994, 3.

② P. B. W. Miller, “Ethics and Stock Options—An Update,” *In the Public Interest*, Newsletter of The Public Interest Section of the American Accounting Association, October 1994, 3.

③ *Journal of Accountancy*, “Schuetze Wary Over CPA Independence on Stock Option Proposal,” March 1994, 9-10.

④ FASB的股票期权改革提案的改良版本最终在1995年被采纳。然而不到十年，对该标准的持续批评导致FASB用更严格的标准取代了它。

⑤ A. McMillan, “SEC Urges Audit Reform; Commission Chief Says SEC Will Propose New Rules for Accounting Firms,” http://money.cnn.com/2000/05/10/investing/q_accounting/, 10 May 2000.

⑥ A. McMillan, “SEC Urges Audit Reform; Commission Chief Says SEC Will Propose New Rules for Accounting Firms,” http://money.cnn.com/2000/05/10/investing/q_accounting/, 10 May 2000.

⑦ S. Labaton, “Enron's Collapse: The Lobbying; Auditing Firms Exercise Power in Washington,” *New York Times* (online), 19 January 2002.

了他与五大会计师事务所就应允许它们提供的服务范围展开的“激烈斗争”。“他们有一种堡垒般的心态……他们花了一大笔钱在法律上和立法上与我们作斗争。”[①]莱维特表示，他与主要会计师事务所的斗争削弱了会计行业的声望和信誉，并创造了一种“该行业需要医治的长期后遗症”[②]。

莱维特辞职后不到18个月，美国历史上最大的两起会计和财务报告丑闻就猛烈打击了美国会计行业。安然和世通的会计欺诈案件重新引起了人们对莱维特所建议的一系列改革的关注。尤其是安然丑闻，表明了审计师与审计客户“过于接近”可能导致不良后果。监管机构透露，安然的独立审计人员为世通公司提供了大量非审计服务。这些服务包括协助公司的会计人员发展特殊目的实体（SPE），这些实体是扭曲世通公司经营业绩和财务状况的主要手段。[③]

2002年夏天，安然和世通公司破产后，公众的不满导致国会匆忙通过了《SOX法案》。美国国会将阿瑟·莱维特提出的许多改革方案纳入联邦法规，其中最引人注目的是，限制了会计师事务所向上市公司审计客户提供非审计类型的服务。该法规禁止SEC注册成员的审计师提供8种特定类型的非审计服务，包括财务信息系统设计和实施、精算服务、管理功能和与审计无关的法律服务。第9个类型则是“授予PCAOB董事会禁止其他类型服务的保留权力”。

美国证券交易委员会惩戒安永

在《SOX法案》通过后的几年里，“四大“逐渐增加了向SEC注册成员提供的非审计服务的范围和数量。一些公司显然采取了这样的立场，即《SOX法案》没有明确禁止的任何非审计服务都可以提供给SEC注册成员，这种心态能解释为什么安永决定允许WCEY向安永的上市公司审计客户出售其服务。

到2012年，“四大”中有三家（德勤除外）提供了“立法咨询”或游说式服务。然而，安永显然是唯一一家为自己的上市公司审计客户提供此类服务的事务所。此外，路透社再次指出，安永坚称，WCEY向其审计客户提供的服务并非真正的“游说”服务。

大型会计师事务所的国会支持者表示，即使WCEY实际上是在为审计客户提供游说服务，安永的审计独立性也不一定会受到影响。他们提出的关键问题是游说是否涉及“鼓吹”行为。一位美国参议员直接谈到了这个问题，他质疑游说活动是否符合“鼓吹”特征或仅仅是“事实教育”[④]。这位参议员建议SEC处理并澄清这个问题。

2014年7月，SEC发布了《会计与审计强制执行公告第3566号》，主要针对的是安永与WCEY的争议。该执行文件描述了WCEY向安永上市公司审计客户提供

---

① *New York Times* (online),“Levitt to Resign as S.E.C. Chairman,” 20 December 2001.

② *New York Times* (online),“Levitt to Resign as S.E.C. Chairman,” 20 December 2001.

③ 参见案例1.1:安然公司。

④ D. Aubin et al.,“Exclusive: Ernst & Young Tightropes Between Audit, Advocacy.”

的“立法咨询服务”的几个例子——这些公司的身份未被披露。表1列举了其中的一些示例。

表1 WCEY向安永上市公司审计客户提供的立法咨询服务

情境1，WCEY得知美国众议院即将举行投票。WCEY将投票结果通知了客户A，并收到了客户A一位高管写给众议院领导层的信，信中支持通过该法案。就在投票前几个小时，WCEY将信件寄给了各个国会办公室的工作人员。在这封电子邮件中，WCEY祝贺国会工作人员将该法案付诸表决，并指出所附的信件鼓励法案立即通过。投票结束后，WCEY给客户A发电子邮件，告知信件在投票前送到了众议院
情境2，WCEY给美国参议院和众议院的领导发了一封由客户A签署的信。该信敦促国会通过某些对客户A具有战略意义的立法。该信还列出了立法中应包括的具体项目
客户B聘请WCEY，是试图驳回其认为会对自己的商业利益不利的立法建议。WCEY会见了支持该提案的美国参议员代表。这些约见的目的是说服参议院工作人员撤回他们对该提案的支持。在这些约见之后，客户B要求对提案进行修改。WCEY确定了第三方，敦促他们接近美国参议员并要求其修正法案。WCEY向第三方提供了两份备选修正案草案，准备提交给参议员。WCEY还制定了一项策略，以推动一项比原先提议的立法更有利于客户B的替代法案。具体来说，WCEY和客户B与计划引入替代法案的一位美国众议院议员的工作人员密切合作，WCEY与议员交换了替代法案的草案，在一封写给WCEY的电子邮件中，该议员承认目前的草案包含了WCEY的一些建议

Source：Securities and Exchange Commission，*Accounting and Auditing Enforcement Release No. 3566*，14 July 2014.

美国证券交易委员会裁定，WCEY向安永的上市公司审计客户提供的立法咨询服务违反了安永的审计独立原则，因为这些服务使安永处于为审计客户辩护的地位。“在确定会计师（审计师）是否独立时，委员会将考虑所有相关情况，包括会计师与审计客户之间的所有关系，而不仅仅是向委员会提交的报告中所述的有关情况……在考虑了这个标准之后，委员会首先考虑的是这种关系和服务的提供是否会使会计师处于为客户辩护的地位。”[①] SEC依靠最高法院的意见来支持它的论点，即审计和辩护服务的双重服务提供削弱了其独立审计职能。“如果投资者认为审计师是公司客户的拥护者，那么审计职能本身的价值很可能会丧失。”[②] 安永除了违反了SEC的审计独立原则之外，美国联邦机构还发现，安永导致多家客户违反了美国联邦证券法的规定，即上市公司必须保留独立会计师事务所对其财务报表进行审计。SEC对安永发出了停业令，公开谴责安永，并对其处以总计410万美元的罚款。该机构最终没有制裁从WCEY购买游说服务的安永审计客户。

① Securities and Exchange Commission，*Accounting and Auditing Enforcement Release No.3566*，14 July 2014.

② *SEC v. Arthur Young*，465 U.S. 805，819 n.15（1984）.

思考题

1.一家国际新闻机构发现安永存在审计独立性违规问题，这是否意味着美国财务报告领域的监管执法松懈？请阐述你的理由。

2.SEC/PCAOB是否应提供一份完整的非审计服务清单，禁止独立审计人员向其上市公司审计客户提供这些服务？请阐述你的理由。

3.是否可以允许会计师事务所为非审计客户提供游说或立法咨询服务？请说明理由。会计师事务所是否应该就拟议的会计准则游说规则制定机构？请再次阐述你的理由。

4.你觉得应该由谁批准SEC注册成员从其独立审计公司购买非审计服务呢？

案例7.4

互联网丑闻

互联网，我善变的朋友，我多面的敌人，如果没有你，生活将怎样？何处还能匿名，或是匿名不复存在？

苏珊·斯勒

当第一封电子邮件出现在信息高速公路上时，历史学家们对此并不看好。但是毫无疑问，电子邮件是互联网上第一个“杀手级应用程序”。在商业世界中，电子邮件迅速成为主要的传播媒介，到2015年，全球每天发送的2 000亿封电子邮件中，超过一半涉及商业。在“典型”的一天里，一名商务专业人士可以收到88封电子邮件，并发送34封邮件。

基于电子邮件的特性，包括其对“隐私的低期望”，使得企业和公民在过去很快就遗忘的一些无心言论，现在已经成为数字世界的永久记忆。即使是像比尔·盖茨这样的商业偶像，也对电子信息的坚不可摧和永恒本质懊悔不已。在美国司法部对微软（Microsoft）进行的历史性反垄断案的诉讼过程中，盖茨坚称，他没有意识到自己的公司曾对其主要竞争对手使用过不当的商业行为，联邦检察官检索了盖茨多年前发给下属的电子邮件并驳斥了盖茨的这种说法。

与盖茨类似，会计师，尤其是那些新入职的会计师，经常会后悔自己按了电子邮件的发送按钮。2013年，美国中西部大学的一名会计学专业学生给在招聘会上遇到的一位“四大”的女性招聘人员，并写了一封电子邮件。为了让招聘人员记起他，这个年轻人在邮件中提醒她说，他是那个嘴唇上有个大“痘”的学生。[①]在对

① A. Moore, “College Kid Sends Ridiculous Email to Accounting Recruiter, Sees It Go Viral on Wall Street,” *BroBible*, 15 October 2013 (http://www.brobible.com/life/article/college-kid-email-accounting-recruiter).

招聘人员进行直白的解释之后，这名准员工问她，在他加入公共会计部门后，“四大”对入门级职位的严格要求是否会“压制”他的恋爱机会，他接着说，虽然他“喜欢”钱，但“恋爱”对他来说更为重要。据报道，这名年轻人不仅没有收到该招聘人员所在公司的工作邀请，在他这封令人尴尬的邮件走红之后，他已经收到的三份工作邀请也被撤销。

入职“四大”的会计专业毕业生很快就认识到，在大学环境中可能被认为是无害的高科技恶作剧在那些刻板、严肃的员工看来是一种政治上的不正确态度。几年前，在爱尔兰都柏林，一家“四大”的办公室曾将3名男性员工停职，这三个年轻人通过电子邮件向十几位男性同事发送了13名女性员工的照片，并要求他们对这些女性进行排名，以便列出该办公室新员工中“最具魅力女性”的前10名。最初的收件人将电子邮件转发给他们的朋友和熟人，这些朋友和熟人再依次将消息转发给他们的朋友和熟人……随着这些电子邮件在全球范围内飞速传播，互联网上的不法分子开始对这些女性“参赛者”发表越来越多的诋毁性言论，这些言论不仅给这些年轻女性带来不便，也让该事务所感到尴尬。讽刺的是，在不到一年前，英国另一家“四大”的女性员工也发过类似的邮件。在这封同样飞速传播的电子邮件中，霍莉让一群女同事对办公室里的男同事进行了9项评价，包括“谁最有可能通过性贿赂晋升到最高层”。这封邮件引起的负面关注迫使霍莉辞去了她在该公司的职位。在辞职后，这位天真的年轻女士对一家英国报社说：“一封电子邮件像这样散播真的令人震惊，谁想到它会如此失控。”①

在得克萨斯州，有一位受雇于“四大”实践活动办公室的年轻审计师，她声称自己撰写了一封会计界历史上具有传奇色彩的电子邮件。2013年末，这位年轻女士为了保护自己的隐私虚构了一个名字“格洛里”。她认为自己已经干够了审计工作。于是，她起草了一封辞职信，然后将这封邮件发给即将成为她前同事的人。在邮件中，格洛里违背了审计职业准则，她说道：“只有对那些真正没有其他选择的人来说，审计才是一项工作，他们不知道他们除此之外还能做些什么。”②她还认为，审计人员把大部分时间花费在收集“无用的文档”上，以装满那些毫无目的、一无是处的工作文件。接着，格洛里开始对以往的工作同事进行地毯式轰炸。她坚称，自称“热爱”工作的同事都是“假装”的，他们都试图讨好老板。她指责她的一个同事曾一再试图排挤她，并贬低另一个同事总是喋喋不休地谈论她的猫——“你那只烦人的猫的故事让人难以忍受”。同样，格洛里也没有放过她之前的合伙

① E. Andrews, "Deloitte Girl Quits After Email Asking Colleagues to Vote on Office's Most Attractive Men Is Sent Around the World," *Daily Mail*, 23 December 2009 (http://www.dailymail.co.uk/news/article-1235129/Deloitte-girl-quits-sending-email-asking-colleagues-vote-office-men.html).

② A. Gonzalaz, "Failed PwC Auditor Finds Success in Burning Bridges," *GoingConcern*, 7 November 2013 (http://goingconcern.com/post/failed-pwc-auditor-finds-success-burning-bridges-ridiculous-fare-well-email). 注：本例中的引文及其他引文皆来自该文章，除非另有说明。

人，她嘲笑她的同事们对待合伙人的态度“就像他们是皇室成员一样”，事实上，他们只是“普通人”，只不过他们的“口袋”比其他人都大。格洛里还抨击了她所在办公室的导师制计划，她明显不情愿参加这样的互助项目。格洛里的愤怒受到了很大重视，媒体们也纷纷对她进行采访。在一次采访中，一位记者问这位前审计师，她是如何处理她的网络丑闻的，以及她是否后悔自己发送了这样的电子邮件。“当我按下发送按钮，我释然了……不，我没有任何遗憾……我并不是真的在乎职业道德。”[①]她在接受采访时承认，她从未对审计工作有过浓厚的兴趣，选择这一领域是因为她的父母坚持让她从事该职业。她还承认，屈服于父母的要求是一个错误，她现在是“为自己而活，做自己喜欢做的事情，而审计不是其中之一”[②]。毫不意外，许多审计师和前审计师反对格洛里邮件中的言论。比如，一位与格洛里在同一家事务所工作了四年的人认为，就职业发展和受益而言，她的这段工作经历“无与伦比”[③]。

思考题

1.如案例中所示，电子邮件通常具有“隐私的低期望”特性。你如何理解这句话？它对商务专业人士有什么影响？

2.在写电子邮件或在社交媒体网络上进行交流时，审计师应该考虑哪些职业道德或职业准则？如果审计师违反这些准则，他们会面临什么后果？

3.该案例中，格洛里女士对独立审计的工作角色和工作环境并不感兴趣。大学生应该采取哪些措施来降低选择不适合自己的工作或职业角色的可能性？

4.如果你是格洛里，你将如何表达你的辞职决定？

---

① “Kenyan-Nigerian Auditor in US Quits Her Job with Epic Email,” *Jambonenewspot*, 20 November 2013 (http://www.jambonewspot.com/kenyan-nigerian-auditor-in-us-quits-her-job-with-epic-email).

② “Kenyan-Nigerian Auditor in US Quits Her Job with Epic Email,” *Jambonenewspot*, 20 November 2013 (http://www.jambonewspot.com/kenyan-nigerian-auditor-in-us-quits-her-job-with-epic-email).

③ V. Wells, “Beyonce Wins & Now That I'm Out of Here, I Win Too,” *Madame Noire*, 19 November 2013 (http://madamenoire.com/324620/glory-the-i-quit-e-mail-that-went-viral/).

案例7.5

弗雷德·斯特恩公司

（厄特马斯公司诉道奇事务所）

在经济蓬勃发展的20世纪20年代，商业世界中的那些诡计多端的艺术家和自信者都是传奇人物。联邦政府层面缺少一个强有力的监管系统来监管证券市场——而美国证券交易委员会直到1934年才成立。当时的环境即使没有鼓励，也在一定程度上助长了各种类型的金融欺诈。在20世纪20年代，大多数从事商业活动的人都非常诚实。然而，那10年的文化孕育了数量不成比例的机会主义者，他们采取"不择手段"的交易方式。弗雷德·斯特恩公司（以下简称斯特恩公司）就是一个明显持这种自私自利态度的例子。在20世纪20年代中期，斯特恩公司的高管们骗走了公司三个债权人的几十万美元。

斯特恩公司总部位于纽约，主营业务是橡胶进口，橡胶是20世纪初期许多行业有大量需求的一种原材料。仅在20世纪20年代，美国的工业用橡胶需求就翻了3倍多，橡胶进口贸易需要大量流动资金，因为斯特恩公司长期缺乏资金，公司严重依赖银行和其他贷款机构为其日常运营提供资金。

1924年3月，斯特恩公司向厄特马斯公司寻求10万美元的贷款，厄特马斯公司的主要业务是应收账款保理。在考虑贷款请求之前，厄特马斯公司请斯特恩的管理层提供经过审计的资产负债表。几个月前，总部位于伦敦和纽约市的著名会计师事务所——道奇事务所对斯特恩公司进行了审计。自1920年以来，道奇事务所一直担任斯特恩的独立审计公司。表1列示了其在斯特恩1923年12月31日的资产负债表上发表的无保留意见。斯特恩的管理层获得了32份连续编号的审计报告。道奇事务所知道斯特恩打算使用审计报告来获得外债融资，但是不知道可能收到审计报告的具体银行或金融公司。

在审查了斯特恩的审计资产负债表（报告资产超过250万美元，净资产约100万美元）和附带的审计报告后，厄特马斯公司批准了10万美元贷款。厄特马斯公司后来又向斯特恩提供了两笔总计6.5万美元的贷款。与此同时，斯特恩向两家当地银行提供了1923年12月31日的年报、资产负债表和审计报告的复印件，并从它们那里获得了30多万美元的贷款。

对于厄特马斯公司以及向斯特恩公司提供贷款的两家银行来说，不幸的是，该公司于1925年1月宣布破产。随后的法庭证词显示，1923年底，当公司审计资产负债表报告净资产价值为100万美元时，公司实际已经资不抵债。斯特恩公司的一名会计，罗姆伯格在法庭记录中只透露了自己的名字，他向道奇事务所的审计人员隐瞒了斯特恩的破产事实。罗姆伯格通过在公司的会计记录中做一些虚假的账目掩盖了斯特恩真实的财务状况，这些分录中最大的一笔是借记70多万美元的应收账款，被确认为销售额。

表1　道奇公司对斯特恩公司1923年12月31日资产负债表发表的审计意见

1924年2月26日

道奇事务所

公共会计师

艾特·梅登·兰恩

纽约

审计人员证明

我们已查阅了弗雷德·斯特恩公司截至1923年12月31日的账目，特此证明所附资产负债表与该账目相符，并附上我们提供的资料和解释。我们进一步证明，根据联邦所得税法的规定，我们认为上述声明对弗雷德·斯特恩公司截至1923年12月31日的财务状况提出了真实和正确的看法。

斯特恩公司破产后，厄特马斯公司起诉道奇事务所，要求收回借给斯特恩的16.5万美元。厄特马斯公司声称，该审计公司在审计斯特恩的财务记录时存在欺诈和疏忽。《纽约时报》指出，对厄特马斯公司案中所称的玩忽职守的处理，可能为未来原告希望从审计事务所追回损失开创法律先河。[①]过失侵权索赔的新颖之处在于道奇事务所和厄特马斯公司之间没有合同关系。道奇事务所对斯特恩公司1923年12月31日资产负债表的审计合同完全是由斯特恩管理层编造的。当时，一种根深蒂固的法律原则规定，只有与另一方有密切关系的一方（与另一方有明确的合同协议）才能获得对方过失造成的损害赔偿。

厄特马斯公司诉讼案另一个有趣的方面涉及道奇事务所创始人乔治·亚历山大·图什爵士。乔治·图什在第一次世界大战期间担任了两年的伦敦市警长。他在19世纪90年代初将自己的会计业务与移居纽约的年轻苏格兰会计师约翰·B.尼文的公司合并。这家新公司生意兴隆，乔治·图什于1917年被英国国王乔治五世封为爵士，最终成为新兴公共会计行业最受尊敬的领导人之一。约翰·尼文在这个行业也十分有影响力。具有讽刺意味的是，当弗雷德·斯特恩公司宣布破产时，尼文

① "Damages Refused for Error in Audit," *New York Times*, 27 June 1929, 50.

正担任美国会计师协会主席，该协会是美国注册会计师协会的前身。厄特马斯公司诉讼提出的一个问题是，乔治·图什及其未参与斯特恩审计的同事是否能够对被指派到斯特恩审计工作的道奇事务所审计人员的任何不当行为承担个人责任。厄特马斯公司通过将道奇事务所的每个合伙人都指定为共同被告而提出了这个问题。

厄特马斯公司起诉道奇事务所案：旷日持久的法律战

这起针对道奇事务所的超级民事诉讼在纽约州法院的陪审团面前进行了审理。厄特马斯公司的主要指控是，道奇事务所的审计人员应该很容易就能发现斯特恩在1923年12月31日的资产负债表中虚报了70万美元的应收账款。如果这个错误得到纠正，斯特恩报告的净资产将减少近70%，厄特马斯公司向该公司提供大量贷款的可能性也将大大降低。

一个名叫西斯的年轻人在斯特恩审计事务中进行了大部分的实地调查工作。当西斯于1924年2月初到达斯特恩办公室开始审计时，他发现公司的总分类账从上一年4月初开始就没有被公布过。接下来的几天里，他把客户的日记账都汇总到了总账上。在西斯完成这项任务后，斯特恩的应收账款总计达到约64.4万美元。斯特恩的会计罗姆伯格在西斯准备试算公司账目的前一天拿到总分类账。在检查了分类账之后，罗姆伯格预先借记了一笔应收账款，并确认销售额约70.6万美元。在应收账款账户的分录旁边，他记录了一个数字，将记录的金额与该公司的销售日记账相互对应。

第二天，罗姆伯格把他在总账上记录的账目通知了西斯。罗姆伯格告诉西斯，这个账目代表了斯特恩去年12月的销售数据，而这些数据被无意中从会计记录中删除了。在没有质疑罗姆伯格对大额账目的解释的情况下，西斯将这70.6万美元计入了应收账款余额。事实上，应收账款并不存在，相应的销售也从未发生过。为了支持这个数据，罗姆伯格和他的一个下属匆忙准备了17张伪造的销售发票。

在随后的证词中，西斯最初报告说，他不记得自己是否审查了据称代表斯特恩12月份销售的17张发票中的任何一张。原告律师随后证明，“只要看一眼”发票就会发现它们是伪造的。发票缺少发货号、客户订单号和其他相关信息。在这之后，西斯承认他没有检查任何发票。[①]道奇事务所的律师试图证明这种疏忽是合理的。他们指出，审计涉及“测试和抽样”，而不是对整个会计群体的检查。[②]因此，律师们辩称，12月虚构的销售发票没有出现在斯特恩公司审计抽样的200多张发票中，这并不意外也不奇怪。

法院裁定，在大多数情况下，抽样审计是合理的。但是，鉴于罗姆伯格记录的12月份大宗销售记录的可疑性质，法院认为，道奇事务所应该详细审查12月份的销售发票。

通过测试和抽样进行的核查很可能是对在正常经营过程中定期记入账簿的账目

---

① *Ultramares Corporation v. Touche et al.*, 255 N.Y. 170, 174 N.E. 441 (1930), 449.

② *Ultramares Corporation v. Touche et al.*, 255 N.Y. 170, 174 N.E. 441 (1930), 449.

进行充分的审计……（然而）被告应该警惕这些涉及12月份应收账款的账目，并应特别仔细地进行审查。[①]

厄特马斯公司的律师在庭审中指出，道奇事务所应该质疑年底应收账款大幅增加的真实性，这不仅仅出于对罗姆伯格12月份销售记录的怀疑，还有更多的理由。在审计公司的存货时，道奇事务所的审计人员发现了几个错误，这些错误导致存货账户被高估了30多万美元，高估了90%。审计人员还发现，斯特恩的应付账款存在重大错误，并发现该公司不当地抵押了与几笔银行贷款抵押品相同的资产。鉴于道奇事务所审计所暴露的问题的程度和性质，法院裁定会计师事务所应该特别怀疑客户的会计记录。法院认为本应如此，尽管道奇事务所在之前的审计中没有任何理由质疑斯特恩管理的完整性。

毫无疑问，调查必须在多大程度上超越表象，这是一个判断的问题，至于采取哪种观点往往会引发分歧。毋庸置疑，事后诸葛亮会（对之前的事情）造成猜疑和不信任，老朋友和良好的名声可能在一开始就消除了应有的疑虑和不信任。[②]

厄特马斯公司案的陪审团驳回了对道奇事务所的欺诈指控。陪审团裁定，厄特马斯公司的律师未能证实审计公司故意欺骗了厄特马斯公司和国际社会——这是欺诈的必要条件。关于疏忽指控，陪审团做出了有利于厄特马斯公司的判决，并命令道奇事务所向其支付18.6万美元的赔偿金。

主持厄特马斯公司案的法官推翻了陪审团对疏忽指控的裁决。在解释他的裁决时，法官认定厄特马斯公司的律师已经明确证实了道奇事务所在1923年对斯特恩公司的审计中存在过失。同时，法官裁定陪审团忽略了一个长期存在的法律原则，即只有建立契约（合同）的当事人才能对被告的过失造成的损害提起诉讼和赔偿。[③]

厄特马斯公司的律师迅速对审判法官的判决提出上诉。纽约最高法院上诉法庭对此案进行了审查。上诉法庭以3票对2票裁定，初审法官错误地推翻了陪审团对疏忽指控的裁决。正如上诉法院法官麦卡沃伊所指出的，本案的关键问题在于，“在没有直接合同关系的情况下”，道奇事务所是否对厄特马斯公司负有责任。[④]麦卡沃伊法官的结论是，尽管这家会计师事务所只与斯特恩签订了明确的合同，但道奇事务所确实对厄特马斯公司负有责任，同时对依赖于斯特恩财务报表的其他各方也负有责任。

审计师不能发表无保留的声明（审计意见）……然后放弃对其工作的责任，银行和商人，如这些被告所知，要求独立的会计师出具经认证的资产负债表，并在这些审计之后再提供贷款。因此，这些银行和商人有责任在编制和公布经审核的资产

① *Ultramares Corporation v. Touche et al.*, 255 N.Y. 170, 174 N.E. 441 (1930), 449.

② *Ultramares Corporation v. Touche et al.*, 255 N.Y. 170, 174 N.E. 441 (1930), 444.

③ “赔偿损失是错误的。”

④ *Ultramares Corporation v. Touche et al.*, 229 App. Div. 581, 243 N.Y.S. 179(1930), 181.

负债表时谨慎行事。[①]

麦卡沃伊法官和他的两名同事坚持认为，道奇事务所对厄特马斯公司负有法律义务。然而，上诉委员会的其余两名法官同样坚定地相信，不存在这种义务。在反对意见中，芬奇法官坚持认为，让道奇事务所对之后依赖斯特恩财务报表的第三方负责显然对会计师事务所不公平。

> 如果原告（厄特马斯公司）告知会计师，他们可能会依据其签发的审计意见决定是否发放贷款，那么会计师就有机会衡量他们的责任和风险，并在承担向原告履行签发审计意见的责任之前，据此确定他们应如何彻底地对账户进行审核。[②]

在上诉法庭对厄特马斯公司案判决之后，道奇事务所的律师向纽约州司法系统下一个最高法院上诉法院上诉。该法院最终做出了该案件漫长司法史上的最终裁决。纽约上诉法院首席大法官本杰明·卡多佐是一位得到全国认可的法律学者，他的观点受到其他法院的高度重视。

卡多佐法官和他的六名助理法官一致裁定，负责审理厄特马斯公司案的法官已经适当地推翻了陪审团关于疏忽索赔的决定。卡多佐法官重申了芬奇法官的观点。他坚持认为，让道奇事务所向第三方承担法律责任是不公平的，而第三方在进行审计时并不知道道奇事务所，但该第三方恰好获得并使用了斯特恩的经审计的资产负债表。然而，卡多佐法官继续表示，如果厄特马斯公司被明确指定为斯特恩-道奇事务所合同的受益人，他的裁决将会有所不同。

不幸的是，对于会计界来说，卡多佐法官的意见并没有以他对厄特马斯公司案中疏忽问题的评论而结束。在解决了这个问题后，他尖锐地批评了道奇事务所对斯特恩的审计工作。法官暗示，厄特马斯公司可能已经成功地以重大过失为由起诉道奇事务所："疏忽或盲目，即使不等同于欺诈，也是支持欺诈推论的证据。至少如果这是过失……（在厄特马斯公司一案中）陪审团可能就会发现……（道奇事务所的审计人员）对显而易见的事情视而不见，盲目表示同意。"[③]

厄特马斯公司的决定：对会计行业的启示

回想起来，厄特马斯公司的决定对公共会计行业有两个主要影响：第一，大法官卡多佐的观点开创了一个先例，即审计的某些直接受益人，通常称为主要受益者，有权要求过失审计人员进行赔偿。在厄特马斯公司裁决之后，很少有原告能够成功地确立自己作为审计的主要受益者。[④]因此，事实证明，审计师法律风险敞口的这种"扩大"是相当微不足道的。

厄特马斯公司案的第二个关键意义在于，它为原告律师在代表非当事人起诉审

---

① *Ultramares Corporation v. Touche et al.*,229 App. Div. 581,243 N.Y.S. 179(1930),181.

② *Ultramares Corporation v. Touche et al.*,229 App. Div. 581,243 N.Y.S. 179(1930),186.

③ *Ultramares Corporation v. Touche et al.*,255 N.Y. 170,174 N.E. 441(1930),449.

④ 几十年后，信贷联盟案确立了第三方必须满足几个限制性条件之后才能成为主要受益人，具体参考 *Credit Alliance Corporation v. Arthur Anderson & Company*,483 N.E. 2d 110(N.Y. 1985).

计人员时提供了一种新的策略。在厄特马斯公司案判决之后，代表这些原告的律师预测针对审计人员重大过失指控的诉讼会开始出现。在此之前，如果非利害关系第三方想要弥补审计不当行为造成的损失，就面临着证明欺诈的沉重负担。由于认定重大过失要比证明意图欺诈容易得多，因此厄特马斯公司的决定使审计人员对非利害关系第三方的法律风险敞口显著扩大。

卡多佐法官在厄特马斯公司案中处理的第二个问题是，乔治·图什爵士及其同事与斯特恩的合同订约没有直接关系，是否应该对斯特恩审计的不足承担责任。由于这项指控已被驳回，因此这一问题对于疏忽指控毫无意义。但这个问题仍然与欺诈指控有关，因为卡多佐法官裁定，厄特马斯公司有权进行重审，以确定道奇事务所的过失是否严重到足以推断其存在欺诈行为或重大过失。[①]由于被指派到斯特恩会计师事务所的审计人员是该会计师事务所合伙人的代理人，卡多佐法官裁定，道奇事务所的所有合伙人都要对这些人的行为承担法律责任。

后记

在厄特马斯公司案之后，公共会计师与第三方财务报表使用者的法律风险逐渐扩大。第一次扩大是在厄特马斯公司案之后，1933年通过了《证券法案》。联邦法规对审计人员强加了一项非常重要的法律义务，即对在州际市场上新证券的初始购买者负有非常重要的法律义务。

根据1933年的法案，原告不必证明审计人员存在欺诈、严重疏忽，甚至过失。基本上只需证明原告遭受了投资损失，并且相关的财务报表包含重大错误或遗漏。如果原告确立了这些证明要素，被告会计师事务所就要承担举证的责任，证明其雇员在执行审计工作时“尽职尽责”[②]。为了争取尽职调查辩护，会计师事务所必须表明，经过“合理调查”后，它有“合理的理由相信并确信”审计后的财务报表在实质上是准确的。如果原告已经明确地证明有关财务报表包含重大错误，联邦法院就不会接受尽职调查辩护。[③]

在过去几十年中，审计机构在普通法下的法律风险敞口也有所扩大。1965年，美国法律研究所发布了《侵权重述》，这是一份在许多司法管辖区被高度依赖的法律纲要。该纲要指出，除了主要受益人之外的“预期”受益人，应有权向存在疏忽的审计人员追讨损害赔偿。[④]预期受益人是有限集团或第三方财务报表使用者，审计人员通常了解这些独特的潜在财务报表用户，但不知道组成该群体的具体个人或

---

① 无论出于何种原因，厄特马斯公司都没有选择对道奇事务所继续提起诉讼，该诉讼是对严重疏忽进行指控。

② 根据1933年的《证券法案》，会计师事务所还有其他抗辩事由。这些抗辩事由包括：超过法定诉讼期限，证明原告在购买证券时知道相关财务报表具有误导性，证明原告的损失并非由误导性财务报表造成。

③ 案例7.6“芝加哥第一证券公司”反映了1934年《证券交易法案》对公共会计师事务所的法律影响，该法案是1933年《证券法案》的“姊妹”法令。

④ American Law Institute, *Restatement of the Law, Second: Torts* (Philadelphia: American Law Institute, 1965).

实体是谁。

1983年罗森布·鲁姆的裁决超越了《侵权重述》所确立的界限。该司法裁决表明，即使是"合理的可预见的"或"普通的"第三方财务报表使用者，也应被允许向有过失的审计师索取损害赔偿金。[①]合理可预见的第三方包括比"可预见的"第三方多得多的潜在财务报表用户。"合理可预见的第三方"最宽泛的定义包括碰巧获得已审计财务报表的副本并据此做出决定的个人投资者。

思考题

1.会计行业的观察人士指出，许多法院试图通过将审计人员的责任扩大到第三方财务报表使用者，使投资损失"社会化"。讨论这种政策对会计师事务所、审计客户和第三方财务报表用户（如投资者和债权人）形成的收益和成本。你认为，法院是否有权将投资损失社会化？如果没有，应该由谁来决定投资损失在社会中的分配？

2.根据1934年的《证券交易法案》和1933年的《证券法案》，审计人员的法律责任存在显著差异，简要指出这些差异，并对其存在的原因进行评述。同时也评述一下普通法和1934年《证券交易法案》下审计人员诉讼风险的差异。

3.现行标准审计报告与20世纪20年代发布的版本有很大不同。找出这两份报告的主要差异，并讨论导致审计报告演变为现有形式的因素。

4.为什么在20世纪20年代，公司通常只准备一份经过审计的资产负债表以分发给外部的第三方？经过几十年的发展，是什么因素导致大多数公司需要向外部第三方提供大量财务报表？请作简要评论。

5.在评估审计风险时，审计人员是否应考虑最终可能依赖客户财务报表的第三方的类型和数量？审计人员是否应该坚持要求审计业务约定书确定客户打算向哪些第三方分发经审计的财务报表？这种做法是否会消除审计人员对审计业务约定书中未提及的非利害关系方的法律责任？

---

① *H. Rosenblum, Inc. v. Adler*, 461 A. 2d 138 (N.J. 1983).

案例 7.6

芝加哥第一证券公司

（霍奇费尔德等人诉安永）

1921年，拉迪斯拉斯·奈尔从匈牙利移民到美国，年仅18岁。这片新土地提供的机会让这位勤劳的年轻移民兴奋不已，他向自己保证，他会充分利用这些机会。到美国后不久，奈尔去了芝加哥，在蓬勃发展的证券行业里的一家小型经纪公司找到了一份工作。在接下来的几年里，他花了很长时间学习证券业务。

不幸的是，大萧条对证券业的打击尤为沉重，像他这样的年轻股票经纪人是在强制裁员时第一批被公司解雇的人。在萧条的20世纪30年代，奈尔经历了几次换岗和两次失败的婚姻。1942年，第二次世界大战之后，美国开始走出大萧条，奈尔也在瑞安·尼科尔斯证券公司找到了一份稳定工作。

加入瑞安·尼科尔斯公司后不到两年，奈尔就晋升为总裁，最终他成为该公司的主要股东，获得了超过90%的未发行普通股。1945年，公司成功申请加入中西部证券交易所，并更名为芝加哥第一证券公司。在接下来的20年里，奈尔的事业和个人生活蒸蒸日上。奈尔和他的妻子伊丽莎白参与了广泛的社区事务，包括在几个著名的市政委员会任职，并最终在海德公园的上流社区买了房子。不仅如此，奈尔在附近的芝加哥大学中也结交了许多教职员工朋友。事实上，他的许多优质客户都与这所名校有联系。

奈尔对其客户个人财务需求的关注赢得了他们的尊敬和钦佩。他的一位客户形容他是个和蔼体贴的人，就“像一个负责家庭事务的老式英国律师”。他保守的投资策略特别吸引退休客户和那些即将退休的客户。他为这些客户提供了许多机会来投资于他亲自管理的一只有利可图的基金，该基金不是第一证券的资产，也没有任何其他第一证券的工作人员知道它的存在，奈尔称该基金为“托管财团”。

奈尔将客户投资于托管财团的资金借给突然出现营运资金意外短缺的蓝筹股公司。这些公司支付的利率远远高于现行市场利率，因此投资于托管财团的个人投资收益能达到7%～12%，远高于当时银行对储户支付的利率。

奈尔最亲密的朋友之一阿诺德·舒伦在30年内向他委托了共超过40万美元的投资，并授予了他对这些基金做出投资决策的权力。奈尔将舒伦储蓄的很大一部分投资于托管财团。另一个严重依赖奈尔给出投资建议的人是芝加哥大学著名的科学家恩里科·费尔米的亲密同事的遗孀。这位妇女后来作证说，奈尔多年来一直管理着其家庭投资，但是直到她丈夫去世后，她才有机会投资托管财团。[①]奈尔告诉她，他只把这个投资机会给他“最亲近的朋友”[②]。在他另一位客户诺曼·莫耶去世后，奈尔说服了莫耶的遗孀将她丈夫9万美元的遗产投资于托管财团。总的来说，共计17位奈尔的朋友和/或他们的遗孀在托管财团中投入了大量资金。

哲基尔博士与海德先生：悲剧性结局

1968年6月4日早上，拉迪斯拉斯·奈尔开车去芝加哥的圣卢克医院接他的妻子，他妻子前一周摔倒并摔断了臀骨。那天早上早些时候，奈尔打电话给他的秘书，告诉她，由于犯胃病他当天不能去办公室。中午前不久，他妻子正拄着拐杖走向他们公寓厨房的时候，奈尔取出了他的12号口径猎枪，从近距离向她背部开枪。随后，他把一张自杀遗书放在了卧室的梳妆台上，并坐在床上，把枪口放进嘴里，扣动了扳机。

谋杀-自杀的消息令奈尔的朋友和同事十分震惊。当芝加哥警方公布奈尔遗书的内容时，这些人再次被震惊到。遗书中透露，这位好心的股票经纪人曾伪造哲基尔博士与海德先生等人的身份几十年。在这封写给“相关人员”的信中，奈尔承认自己30多年来一直在偷取客户的投资资金。他最亲密的朋友所投资的托管财团并不存在——警方猜测奈尔在股市中损失了投资者的资金。不仅如此，因为他定期邮寄支票给投资者，把托管财团赚取的利息分发给投资者，所以成功地隐瞒了资金损失的事实。这些定期支付的利息让骗局的受害者没有质疑他们投资的安全性。

在遗书中，当奈尔提到80岁的莫耶夫人时，他表现出了一些悔恨，莫耶夫人由于他的行为而身无分文。他还解释了为什么决定结束自己的生命。1967年阿诺德·舒伦去世后，他的遗产执行人要求奈尔归还舒伦在托管财团的投资资金。奈尔在遗书中表示，他已经“拖延”了尽可能长的时间，但遗嘱执行人要求他不能再拖延，所以他自杀了。最有可能的是，奈尔杀了他的妻子是为了“拯救”她，以防当她发现他的欺诈计划被揭露时感到过于羞愧。

---

① J. M. Johnston, "How Broker Worked $1 Million Swindle," *Chicago Daily News*, 13 December 1968, 42, 43.

② J. M. Johnston, "How Broker Worked $1 Million Swindle," *Chicago Daily News*, 13 December 1968, 42, 43.

欺诈案受害客户起诉要求收回投资资金

奈尔托管财团的投资者对几家公司提起了民事诉讼，试图收回他们逾100万美元的集体投资。最初，投资者起诉中西部证券交易所，在那起诉讼中，投资者声称，证券交易所没有充分调查奈尔的背景就允许奈尔成为公司会员。根据这些投资者的说法，如果证券交易所进行了更彻底的调查，可能就会揭示奈尔尽管隐藏得很好，但曾经有过的不道德商业行为。投资者认为，一旦发现奈尔过去的不道德行为，证券交易所就会拒绝奈尔公司的会员申请，并可能阻止他参与托管财团欺诈案。审理此案的法庭很快驳回了投资者的指控，认为在批准奈尔成为其会员之前，证券交易所已经对其背景进行了充分调查。

奈尔托管财团的17位参与者或他们的遗孀还起诉了芝加哥第一证券公司。法院裁定，该经纪公司显然促成了奈尔的欺诈行为。但是，由于证券公司已经破产，这些投资者发现自己再次受挫。

最后，奈尔的老客户向安永提起了诉讼。安永是一家会计师事务所，20多年来一直对第一证券公司进行审计。这起诉讼声称，在第一证券公司的漫长司法历史中，安永的疏忽导致其没有查出奈尔的"邮件规则"。据原告法律顾问的说法，"奈尔禁止除了他自己以外的任何人打开寄给他的邮件，在他不在的时候，即使邮件被寄到了第一证券公司，这些邮件也只是堆在他的书桌上。"[①]奈尔的"邮件规则"奠定了其向下属和第一证券公司独立审计人员隐瞒托管财团的基础。原告声称，如果安永发现了"邮件规则"，就有必要对其进行调查，这样的调查很可能揭露托管财团欺诈案。

霍奇费尔德等人诉安永

受害投资者根据1934年的《证券交易法案》对安永提起诉讼。该法规并未明确规定对美国证券交易委员会注册公司的股东进行民事救济。然而，自从1934年法案通过以来，联邦法院允许股东利用该法令作为对公司官员、投资经纪人、审计人员和其他向美国证券交易委员会提交虚假财务报表的有关当事人提起民事诉讼的依据。这些诉讼指控案件违反了1934年《证券交易法案》中规则10b-5的一个或多个条款，具体如表1所示。

在第一起证券欺诈案中，原告指控安永在未发现奈尔"邮件规则"方面的过失违反了规则10b-5。

> （投资者诉讼的）的前提是，安永未能在对第一证券公司的审计中使用"适当的审计程序"……受访者（投资者）认为，如果安永进行了适当的审计，就会发现这种"邮件规则"。这样一来，安永就会将这项规则作为阻止其有效审计的不规范

① *Securities and Exchange Commission v. First Securities Company of Chicago*, 463 F.2d 981 (1972), 985.

程序向中西部证券交易所和美国证券交易委员会进行披露。[①]

表1　1934年《证券交易法案》规则10b-5

操纵性和欺骗性手段的使用。如若有任何人对州际商业贸易直接或间接采取以下手段或工具，或对国家证券交易所邮件或设施进行以下使用，均属非法：
（1）利用任何手段、计划或方式诈骗
（2）对重大事实做出任何不真实的陈述，或者省略陈述了财务报表说明中必须披露的某项重大事实，需据实陈述，不得误导
（3）从事、购买或出售任何以欺诈或欺骗方式进行的证券相关行为、实践或商业过程

为了支持自身观点，即"邮件规则"应被认定为一个具有重要审计影响的关键内部控制缺陷，受害投资者提交了三名专家证人的证词，这些专家在会计行业有着丰富的经验资历。表2列出了部分证词。

表2　摘自专家证人对于奈尔"邮件规则"的证词

3号专家证人：如果我在对证券经纪业务进行审计时发现，总裁已经制定了一个办公室规则：除了他以外，任何人都不能打开寄给他的邮件，即使邮寄地址为公司，也不能打开；每当他不在办公室的时候，这些邮件就会原封不动地堆积在他的办公桌上。我不得不提出这样的问题：这种规定或做法是否可能是为了防止他人发现任何性质的违规行为而制定的？至少，在这种情况下必须实施额外的审计程序，以独立地对后一个问题做出否定的答复；如果没有这样的程序，要么审计人员退出审计业务，要么拒绝对企业的财务报表发表意见

最初主持霍奇费尔德等人的案件的联邦地区法院很快驳回了诉讼。[②]该法院认为，没有实质性证据支持安永对第一证券公司的审计存在过失。当投资者对这一判决再次提出上诉时，美国上诉法院撤销了地区法院的判决，并下令将此案开庭审理。上诉法院在裁决中裁定，地区法院忽视对于安永的过失指控存在的疑问。上诉法院还建议，如果原告认定安永存在过失，根据1934年法案规则10b-5的规定，安永需要对受害投资者承担民事责任。

霍奇费尔德等人的诉讼案件在联邦地区法院开庭审理之前，针对美国上诉法院的裁决，安永向美国最高法院提起了上诉。安永在最高法院辩称，受害投资者的过失指控的证据不充分，即使相关指控被证实，也不足以构成其对规则10b-5的违反。这一问题已经出现在了依据1934年《证券交易法案》提起的许多民事案件中。在这些早期案件中，联邦法院通常裁定或认为过失构成了对规则10b-5的违反。也就是说，欺诈或重大过失（其中任何一项对原告来说都比普通过失更难以证明）不

① *Ernst & Ernst v. Hochfelder et al.*，425 U.S. 185（1976），190.

② *Hochfelder et al. v. Ernst & Ernst*，503 F.2d 1100（1974）.

需要根据规则10b-5确立被告对原告负有民事责任。安永对这些早先的裁决提出异议，称规则10b-5不能对过失行为进行解释。鉴于围绕这一问题的长期争论，最高法院决定在霍奇费尔德一案中对这一问题进行裁决，这一裁决将为未来规则10b-5下的诉讼确立一个先例。

在最高法院审理安永的上诉之前，美国证券交易委员会向最高法院提交了一份法律文件。这篇短文支持了受害投资者的论点，即规则10b-5包含对欺诈和过失行为的规定。美国证券交易委员会指出，无论这些报表中的错误是由欺诈还是过失造成，投资者对虚假财务报表采取行动的最终结果是相同的。由于联邦证券法规的核心目的是确保投资者获得可靠信息，美国证券交易委员会认为规则10b-5中的模糊性应该得到解决，以有利于投资者。

令人惊讶的是，最高法院对霍奇费尔德案的大部分意见都是对美国证券交易委员会的法律文件做出回应，而不是回应受害投资者或安永的论据。最高法院大范围驳回了美国证券交易委员会的论点，转而关注于规则10b-5的制定者是否打算将过失和欺诈行为都包括在内。在处理这一问题时，法院回顾了1934年法案的立法历史，并对规则10b-5的语义进行了认真的分析。

最高法院最终断定，规则10b-5潜在含义的关键信号是“操纵”一词。如表1所示，规则的标题清楚地表明它属于“操纵性和欺骗性”规定。法院认为，独立审计人员或与虚假财务报表有关的其他方的过失不能被解释为操纵行为。法院建议，在大多数情况下，要想认定行为具有操纵性，必须存在欺骗意图，其法律术语为“故意”（scienter）。

> 当一项法令特别提到操纵和欺骗，以及实施手段和诡计（通常被理解为故意犯罪的术语），在它的立法历史中并没有反映出更广泛的意图时，我们非常不愿意将法令的范围扩大到过失行为。[①]

九名最高法院法官中有两名不同意霍奇费尔德案的判决，一名法官弃权。法官哈里·布莱克门不同意多数法官的决定，站在了美国证券交易委员会的立场上。他指出，尽管这一决定可能符合1934年《证券交易法案》的语义，但这一决定与该联邦法规的根本意图相冲突。他指出：“在我看来，一个投资者受到伤害的原因，既可能包括正面欺骗，也可能包括过失行为，而在这两者之间划出明确界线是不合逻辑的。”他说：“国会显然是想要明确前者而不是后者。”[②]布莱克门法官接着评论了独立审计人员角色的“关键重要性”，以及审计人员为“公共利益”服务的最终

---

① 安永起诉霍奇费尔德等人，最高法院需要解决的一个特别棘手的问题是规则10b-5中第二条的基本含义。该规则的第一条和第三条明确提到欺诈，暗示过失不是严重到足以构成违反规则10b-5的不当行为。然而，第二条没有明确提及欺诈行为。证券交易委员会解释了这一遗漏，认为第二条包括欺诈行为和过失行为。最高法院驳回了这一论点，反而坚持认为，在第一条和第三条中明确提及欺诈行为表明欺诈行为也是第二条中隐含的（尽管没有明确说明）的罪责行为。

② *Ernst & Ernst v. Hochfelder et al.*, 216.

责任。[1]布莱克门法官认为，鉴于这种社会使命，存在过失行为的审计人员应该对那些被损害了利益并依赖虚假财务报表的投资者负责。

悬而未决的问题

一开始，最高法院对霍奇费尔德等人诉讼的意见似乎一劳永逸地确立了判定违反规则10b-5的罪责标准。不幸的是，这种观点并不像它最初出现时看起来那样精确。该意见的一个脚注表明，在某些情况下，明知或意图欺骗可能不是原告在民事诉讼中指控被告违反规则10b-5的必要证据。法院指出，有些司法管辖区将“scienter”等同于故意或鲁莽地无视事实，或者更简单地说，等同于“鲁莽行为”。当参与鲁莽行为时，当事人实际上并不具有有意欺骗的意图；也就是说，“scienter”不存在。无论出于何种原因，法院拒绝就鲁莽行为是否会被视为等同于“scienter”行为——从而构成对规则10b-5的违反做出裁决。这一疏忽导致后来的原告通常指控独立审计人员是因为鲁莽行为违反规则10b-5，因为这种类型的职业不当行为比实际的“scienter”行为更容易证明。

后记

关于最高法院对霍奇费尔德等人诉讼案的裁决，来自国会的批评者坚持认为，规则10b-5中所谓的“缺陷”应该通过立法予以纠正。1978年底，美国国会议员在众议院提出了一项法案，要求玩忽职守的审计人员对那些依赖于向美国证券交易委员会提交的虚假财务报表的投资者承担民事责任。对于独立审计人员来说，幸运的是，国会否决了这项法案。

思考题

1.根据目前的技术标准，审计人员是否需要披露与奈尔“邮件规则”类似的公司政策？请阐述原因。假设在这个案例发生的时候需要这样的披露，那么这种披露是否会导致“邮件规则”的终止？

2.安永辩称，“邮件规则”与其审计的第一证券公司无关，因为该规则只涉及奈尔和托管财团投资者的个人交易。你同意这种观点吗？为什么？

3.本案在涉及独立审计人员的法律案件中使用了“过失行为”的定义。那么过失与欺诈的区别是什么？鲁莽与欺诈的区别又是什么？对于这三种类型的职业不当行为，请在审计情境中给出此类行为的示例。

4.假设被奈尔欺骗的投资者可以根据1933年的《证券法案》对安永提起诉讼，你认为他们的诉讼结果会受到怎样的影响？

5.《侵权重述》是美国法律研究学会颁布的法律纲要。许多司法管辖区的法院都以这份纲要作为法律裁决的基础。根据《侵权重述》，法院裁定，如果过失审计

---

① *Ernst & Ernst v. Hochfelder et al.*,216.

人员知道可能依赖于已审计财务报表的使用者，则可以追究其对第三方的责任。如果在霍奇费尔德等人的诉讼案中援引了这一法律原则，受害投资者会不会成功地根据普通法向安永提出过失索赔？请说明理由？

案例 7.7

得克萨斯药品仓库

19世纪90年代中期，毕马威会计师事务所的皮特·马威克审计了位于达拉斯州的一家小型连锁药店——得克萨斯药品仓库（TDW）。在开始对这家公司1995年的财务报表进行审计工作之前，毕马威“做出了一个商业决定，即减少TDW审计所花费的时间，并使用缺乏经验的人员来执行审计”[①]。毕马威没有将这一决定告知TDW管理层。在完成1996年的审计之后，毕马威向TDW管理层表示，它将于明年提高审计费用。这一决定导致TDW解雇了毕马威，并选择了一家规模较小的会计师事务所——金·格里芬与亚当森事务所（以下简称格里芬）担任独立审计任务。

在1997年开始审计后不久，格里芬审计团队发现TDW的会计记录存在重大错误。审计人员无法将应付账款和现金的总分类账余额与公司的明细分类账以及这些账户的其他证明文件一一对应。进一步调查发现，自1995年起，公司的会计记录中就存在错误。在获悉这些错误后，毕马威向一直依赖于TDW 1995年和1996年财务报表的各方发出了一封信，其中附带了不合格的审计意见。信中指出，这些财务报表“存在重大错误，不应再被依赖”。

1999年，TDW起诉毕马威，指控该会计师事务所在1995年和1996年的审计中玩忽职守。在该诉讼的调查取证阶段，TDW的律师获悉，在1995年审计之前，毕马威会计师事务所已经减少了审计工作的预算时间，并指派了经验较少的审计员加入审计业务团队。这一发现促使TDW的律师修改了诉讼，并指控毕马威未能向TDW管理层通报其降低“服务质量”的决定，从而也从事了“欺骗性商业行为”。

在民事案件审理之前，被告通常会提出动议，要求首席法官驳回对他们的上

① 本案中的事实和引文均取自下列法律意见：*Chemd. Inc. d/b/a Texas Drug Warehouse v. KPMG Peat Marwick*, 2001, Tex. Appl. LEXIS 5402.

诉。如果这一动议获得批准，法官将做出有利于被告的“简易判决”。令TDW管理层惊讶的是，负责TDW-KPMG案件的州法官批准了毕马威要求简易判决的请求。TDW立即向得克萨斯上诉法院提起上诉。上诉法院于2001年底就该上诉发表了意见。

上诉法院对下级法院判决的审查主要集中在两个关键问题上。第一个问题涉及下级法院法官对TDW总裁和首席财务官在1995年和1996年审计前签署的聘书所作的有争议的裁决。第二个问题是审计公司是否必须向客户管理层披露其计划在审计性质和范围上做出的重大改变。

在每一次开始TDW审计之前，毕马威都要从公司总裁和首席财务官那里获得一份标准的业务约定书。这些高管在信中表示，“据我们所知，并相信……不存在任何重大交易没有合理记录在财务报表所依据的会计记录中”。在下级法院，毕马威的律师曾辩称，TDW在1995年和1996年的会计记录中出现的错报表明，信中的说法是错误的。毕马威的律师随后坚称，业务约定书中的这一虚假陈述免除了毕马威未能发现1995年和1996年财务报表重大错误的任何责任。尽管毕马威的律师从未暗示TDW的总裁和首席财务官在签署每封业务约定书时都知道公司的会计记录存在重大错误，但下级法院法官还是同意了这一论点。

上诉法院推翻了下级法院法官的判决，恢复了TDW对毕马威的过失起诉，并将此案发回下级法院进行进一步的审理。[①]上诉法官指出，业务约定书中“据我们所知，并相信”的宣示意味着，TDW的总裁和首席财务官对于向毕马威通报其公司会计记录中的未知错误没有责任。后来，在法律意见书中，上诉法院指责毕马威的律师在试图减轻会计师事务所的法律责任时缺乏说服力。

看来，毕马威的论点是，TDW在聘请毕马威就这一问题发表专家意见之前，应该知道其财务记录没有公正地反映公司的真实状况。然而，在现实中，公司和审计人员都应意识到，由于若干原因，公司的财务报表可能存在错报的风险，而公司聘请独立审计人员的原因正是为了获得专业人员对财务报表的专业意见。

TDW对毕马威诉讼的一个新特点是，指控该会计师事务所从事欺诈业务。TDW的高管们辩称，毕马威本应提醒他们注意1995年度审计计划的范围和性质的变更。该公司首席执行官还表示，一个更妥善的审计计划“可能会发现财务报表中的错误”。

下级法院法官驳回了TDW针对毕马威欺诈行为的指控，因为相关的州法规豁免了“基于提供专业服务的索赔，其本质是提供咨询、判决、意见或类似的专业技能”。在这一上诉中，TDW指出，得克萨斯州的法律中后一条款有一个关键的例外。这一例外允许原告起诉专业服务提供商，即如果服务提供商故意不披露有关其

① 尽管TDW对毕马威的过失控诉被发回下级法院审理，但是没有进一步发现关于该诉讼的公开报告。双方很可能私下解决了这件事。

服务性质的信息，以诱使潜在客户购买这些服务时可以起诉。

在研究了欺诈行为指控之后，上诉法院维持了下级法院驳回该指控的决定。上诉法院指出，毕马威人员从未与TDW讨论过审计计划的性质和范围，因为这些事项属于“专业判断”，会计师事务所有权自行解决，无须咨询或通知客户。因此，TDW不能合理地辩称，毕马威不恰当地隐瞒了关于其审计服务性质的信息。不过，上诉法院表示，如果毕马威没有为TDW审计项目预留足够的时间，或指派足够有经验的审计人员，该公司可能会以专业渎职为由起诉该事务所。

思考题

1.列举出应记录在审计业务约定书中的关键项目。聘书是具有法律约束力的合同吗？请阐释原因。

2.什么因素或情况可能导致毕马威减少1995年TDW审计的预算工时，并指派经验较少的人员从事这项工作？对于你所认为的每个因素或情况，阐述你是否相信它是做出决定的正当理由。

3.当会计师事务所减少计划的审计工时时，审计的“质量”是否会受到负面影响？当会计师事务所指派缺乏经验的人员执行审计业务时，审计质量是否会受到负面影响？请阐述你的理由。

4.你是否同意上诉法院的裁决，即应允许会计师事务所在不咨询或不通知其客户的情况下确定其审计的性质和范围？请阐释原因。

案例7.8

会计人员弗兰克·科尔曼

弗兰克·科尔曼狠狠地敲着计算器，试图把他的后进先出法储备金号码和客户记录的数字进行核对，但徒劳无功。[①]弗兰克既沮丧又疲惫，他瞥了一眼手表，简直不敢相信已经是晚上9点40分了。弗兰克立即站起来，开始整理铺在他面前桌子上的工作文件。毫无疑问，他的妻子玛姬，会因为他又工作到那么晚而生气。幸运的是，弗兰克和玛姬的家离他客户位于达拉斯市中心的公司总部只有15分钟的车程。

他的一位长期客户决定公开上市，弗兰克被分配到S-1审计业务部门。由于该公司的管理团队制定了一个过于乐观的时间表，以便向美国证券交易委员会提交S-1注册表，弗兰克及其审计团队的其他成员需要在夏季中旬每周工作70小时，而这段时间是公共会计领域的“淡季”。

自从两年前从得克萨斯基督教大学毕业并接受了一家四大会计师事务所的审计人员初级职位以来，弗兰克已经参与过几次审计工作。他的客户包括一家经纪公司、一家折扣零售商、一家银行控股公司和一家为Xbox一代开发视频游戏的软件公司。弗兰克几乎喜欢公共会计的方方面面，包括富有挑战性的任务、对财务会计和报告“真实世界”的深入了解，以及与其他专业会计师密切合作以实现共同目标的同志情谊。对于他的工作，他只有一个地方不喜欢：需要占用大量的业余时间加班。

在过去的两年中，弗兰克的事务所经历了持续的人员流动，其中最引人注目的便是拥有两年或更少工作经验的审计人员。弗兰克确信，大部分员工的流动是由于公共会计部门需要长时间加班。弗兰克办公室的人员流动如此频繁，以至于当他认识的人一个星期都没到就离开公司时，他感到十分惊讶。事实上，他的一群同事创

① 本案例是根据一位在一家大型国际会计师事务所工作多年的注册会计师提供的信息发展而来的。

造了一个“死池”，用来打赌他们中谁将是最后一个“站”在公司的人。

由于“四大”的审计人员需要在如此短的时间内接受极好的培训和经验，因此他们在私营部门是极受欢迎的宝贵“商品”。过度劳累的审计人员长期处于工作倦怠状态，他们很容易成为企业猎头在寻找私营部门会计职位人选时的目标。与“四大”相比，这些职位通常不仅工作量更合理，而且薪水和福利也要高得多。

当弗兰克从上司那里得到了精神上的支持，长时间的工作似乎可以忍受了一些。S-1项目的审计合伙人经常提醒弗兰克，公司最终会因为他的勤奋和长时间加班而奖励他。但是，弗兰克已经开始认真地思考，审计合伙人这个职位带来的高级职位、声望和丰厚的薪水是否值得做出这么多的个人牺牲。此外，他还意识到合伙人意味着他对公司的承诺不断增加。开发客户、招待客户以及其他下班后的义务意味着“生活和呼吸”都在公司。在弗兰克看来，成为“四大”的合伙人并不是一份工作，而是一种消耗无度的生活方式。

大型国际会计师事务所认识到，它们的雇员需要大量加班，这是高离职率的一个关键因素。会计行业的领军企业在非管理层的年度流动率一直接近（不超过）20%。近年来，各大会计师事务所员工繁重的工作负担已成为这些公司更加紧迫的问题，但原因各不相同。

《商业周刊》2007年报道称，在过去几年里，关于“加班”的诉讼案“激增”，而这类诉讼是“迄今为止就业领域”面临的“最大问题”①。《商业周刊》报道称，就连公司辩护律师也私下承认，公司经常违反州劳动法和联邦劳动法（要求支付员工加班费）的规定。

最初，专门从事加班诉讼的原告律师的主要目标是金融服务公司，包括华尔街的主要经纪公司。其中几家公司支付了接近1亿美元的和解费来解决此类诉讼。原告律师接下来将注意力转向了一群潜在的被告群体，他们有可能从这些被告那里获得几倍于此的赔偿费用，即大型国际会计师事务所。

自2006年以来，四大会计师事务所和众多二线会计师事务所都被列为集体诉讼的被告，它们被指违反了要求它们为初级员工加班补偿的法律规定。2008年，加州一名联邦法官“证实”了普华永道前雇员对普华永道提起的集体诉讼。这是联邦法官首次签发这类证明的诉讼，这意味着原告可以在法庭上提出法律诉讼。2012年，另外一名联邦法官也证实了毕马威前雇员对该事务所提起的类似诉讼。

具有讽刺意味的是，2008年，加拿大四大会计师事务所中的每一家都同意向某些基层员工支付加班费。②当时，类似于美国会计领域的加班费诉讼正在等待审

① M. Orey, "Wage Wars," *Business Week* (online), 30 September 2007.

② 通常情况下，加拿大公司现在会向非注册会计师的会计人员和年长者支付加班费。个人进入公共会计行业后，通常需要2到3年的时间才能成为特许会计师。

理。据报道，加拿大公司选择改变它们的加班政策，因为它们担心如果原告在这些诉讼中获胜，它们不仅要被迫支付补偿性赔偿金，而且还要支付大量的惩罚性赔偿金。

加拿大毕马威实施了一项“加班补偿计划”，该计划追溯性地支付了合格员工自2000年1月1日以来的加班费。当这个项目被宣布的时候，公司高管也向那些被他们忽视的人道歉。“我们非常遗憾没有支付加班费，而这是现任和前任员工应得的。虽然这是一个错误的疏忽，不是强制性命令，但它不应该发生。毕马威未来的所有薪酬都将体现（加班补偿）计划的原则。”[①]

迄今为止，美国“四大”在少数几起加班诉讼中得到了喜忧参半的结果。2015年，普华永道同意在加州提起的集体诉讼中达成和解。该和解协议要求事务所向原告及其律师支付一笔据报道高达500万美元的诉讼费用——普华永道在诉讼中估计产生了300万美元的律师费。而在2014年，毕马威打赢了一场两年前由联邦法官认证的加班诉讼。[②]“四大”在2013年和2015年又取得了两次“胜利”，当时两家不同的法院都驳回了针对安永提出的技术性加班诉讼。在后两起案件中，法院裁定，原告受雇于安永时签订的雇佣合同要求这些人通过具有约束力的仲裁解决加班纠纷。

大多数针对会计师事务所的集体诉讼仍在通过法庭审理。法律专家建议，这些诉讼的最终解决将取决于特定的法院是否裁定原告在公共会计任期内具有“豁免”或“非豁免”雇员的资格。

州劳动法和联邦劳动法都没有要求如果员工有一项或多项加班费豁免规定时，雇主需要对员工加班进行补偿。使雇员有资格免除加班费的具体条件因管辖地区而异。对于专业公司来说，在大多数情况下，那些执行与工作相关的职责并拥有相当程度的自主权的员工都可以获得加班费豁免。例如，在加州——许多加班诉讼都起源于该州——如果一个人在履行其工作职责时例行公事地行使“独立裁量权和判断力”，则专业公司通常不需要支付该员工加班费。[③]

毫不奇怪的是，在加州，被控不支付加班费的大型会计师事务所坚持认为，初级员工不需要密切监督，事实上，他们在工作任务中能够行使“独立的判断力和裁量权”。原告律师反驳说，会计界普遍认为，这些员工必须受到密切监督，而且在完成分配的任务时其做出重要判断的能力会受到限制。

后记

在晋升为审计高级职位后不到一年，弗兰克·科尔曼就辞去了原来在“四大”

---

① *Consultant-News.com* (online), “KPMG Canada Implements Unpaid Overtime Compensation Plan,” www.consultant-news.com, 20 February 2008.

② 联邦法院裁定，毕马威没有支付初级员工加班费是正当的，因为这些人都是“专业人士”。

③ *Public Accounting Report*, “BDO Hit with Overtime Class Action Lawsuit,” 30 November 2007, 3-4.

的工作，转而接受了另一家四大会计师事务所的咨询工作。他的新职位带来了大幅加薪，并且新公司承诺他将拥有更合理的工作时间。一个月后，一名参与集体诉讼的原告律师联系了弗兰克。弗兰克最终拒绝了律师提出的作为原告加入诉讼的邀请：他担心的一个问题是，会因此而得罪新雇主。

思考题

1. 一般来说，你认为“专业人士”应该得到加班费吗？请阐述你的理由。

2. 在许多针对会计师事务所的加班诉讼中，一个关键的判断标准是，级别低于高管的员工是否有能力和权力行使“独立裁量权和判断力”。在你看来，低于资深级别的审计人员是否拥有独立的裁量权和判断力？请阐述你的理由。

3. 未来雇主的加班政策会影响你的工作选择吗？为什么？

案例 7.9

高级审计师奥莉维亚·托马斯

10月1日

“对不起，请问你是杰克·塔洛克吗？”

“不，我叫艾利。艾利·阿雷佐。”

“你好，艾利。我叫奥莉维亚。奥莉维亚·托马斯。很抱歉。有人告诉我这是杰克的隔间。”

“没有必要感到抱歉，杰克的隔间就在拐角处。”艾利指着左边回答。

“谢谢。我想你是新来的，所以欢迎加入。”

“是的，我是新手，谢谢你的欢迎。”艾利站在那里和奥莉维亚握手时说道。

和大多数恋爱关系一样，奥莉维亚和艾利的关系开始于简单的问候。他们第一次见面是在办公室的员工休息室里，这是一个由20个小隔间组成的大房间。四大执行办公室的未分配员工就在这间大房间“闲逛”。

10月1日是艾利正式入职的日子。那天，他和其他12名刚刚毕业的会计专业毕业开始了他们的公共会计职业生涯。与艾利不同的是，奥莉维亚是个经验丰富的专业人士。她在这家公司工作了两年半，三个月前晋升为一名高级审计师。

尽管他们的职位不同，奥莉维亚和艾利却都是25岁。在四年的时间里，奥莉维亚快速完成了她本需五年完成的本硕连读课程。艾利最初主修新闻专业，但在大三的时候，他发现新闻与传播专业的学位在毕业后提供的就业机会有限，于是他转到了会计专业。专业的转换也让他的大学生涯增加了一年半的时间。

10月12日

“奥莉维亚，我想让你见见艾利·阿雷佐。”

“嘿，没必要介绍我们，卢克。我们是老朋友了。对吧，艾利？”

“哦，是的！”

奥莉维亚和艾利“嘲笑着”审计经理卢克·斯托茨，当三个人一起在办公室附近街角的一家星巴克排队时，斯托茨曾试图介绍他们两人认识。在奥莉维亚解释了她和艾利是如何相遇之后，卢克付了钱，然后离开了。

“艾利，你愿意和我一起去吗?”奥莉维亚边问边从柜台边走开，手里拿着一杯拿铁咖啡。“如果你愿意的话，我们可以在这里消磨一点时间，等交通不再拥堵的时候再去。”

“听起来不错。任何可以避免交通堵塞的方法都可以。”

在一个多小时的时间里，奥莉维亚和艾利一起坐在一张小桌旁，讨论的话题从即将到来的大学橄榄球比赛到全球变暖，再到他们即将到来的客户任务。最后，奥莉维亚瞥了一眼她的手表。“哇，现在都过了六点了。我猜，当你玩得开心的时候，时间就会过得很快。”奥莉维亚紧张地笑着说，她本不想这么坦率。

“嗯，是的，我也玩得很开心。”艾利一边摆弄着领带一边回答。

两位审计师之间的分手之所以尴尬，有两个原因。首先，他们都意识到他们彼此之间互有好感。其次，他们意识到，虽然他们的雇主并不禁止办公室恋情，但公司内部普遍认为这并不“专业”。公司的政策手册要求合伙人和员工避免任何可能“损害或影响他们判断”或对他们或公司造成“利益冲突”的私人关系。

11月2日

在一个周五的早上，也就是奥莉维亚和艾利在星巴克偶遇三周后，奥莉维亚做了一件她发誓永远不会做的事情：邀请一位同事出去约会。因为在之前的三个星期里，奥莉维亚大部分时间都在客户的办公室里，所以她没能顺路到工作人员的休息室去确定艾利是否签字——如果是这样的话，就顺便和他谈谈。于是，那天早上，她给他发了一封简短的电子邮件，问他是否愿意和她及她的几个朋友一起参加当晚在当地城市公园举行的免费音乐会。

奥莉维亚并不急于约会。她很有魅力，也很外向，总能得到很多“邀约”。但大多数约她出去的人要么很无聊，不是她喜欢的类型，要么更糟糕的是，是她某个审计客户的员工。艾利不是其中之一，但这位英俊且口齿伶俐的年轻人是她的同事，她很清楚，邀请他参加音乐会是一次经过深思熟虑的冒险。

当艾利回复了奥莉维亚的电子邮件时，她的忧虑消失了。“听起来棒极了！我在那儿见你们好吗？还是要我到你的住处来接你?”

奥莉维亚很快回答，给艾利指路去她的公寓，并告诉他什么时候可以去接她。

音乐会结束后，奥莉维亚、艾利和她的朋友们一起分享了几份披萨。后来，当他带她回家的时候，她在下车前犹豫了一下。

“你愿意上来尝尝我说的那些巧克力曲奇饼吗?”几分钟后，他们俩坐在奥莉维亚的沙发上，喝着牛奶，吃着饼干。一个小时后，他们的谈话出现了停止，艾利决定是时候离开了。他不想过犹不及。

“嗯，有点晚了，我想我最好还是上路吧。”

“嘿，我玩得很开心。谢谢你今晚加入我们，”奥莉维亚热情地说，“我的朋友们真的很喜欢你。”

“那是一个很棒的乐队，你有一些很酷的朋友。谢谢你邀请我。”

当他们坐在一起微笑的时候，他们都意识到这是第一次约会快结束时的尴尬时刻。谁会采取行动？他们中的任何一个会采取行动吗？

最后，奥莉维亚靠过来，轻轻地吻了吻艾利的左脸颊。“好吧，再次感谢艾利。”

艾利不知道该怎么办，但他觉得最好的选择是谨慎，而不是逞强，于是他站起身，向门口走去。奥莉维亚跟着他，然后为他打开了门，但在艾利走出来之前，她轻轻地抓住了他的左臂。

“我们都知道这……有点奇怪，”在转身面对他后，她试探性地说。“你知道，因为，嗯，事实上公司会有点麻烦……”在短暂的停顿之后，奥莉维亚继续说，“但是……我只是觉得你是个整洁的男人，我们有很多共同之处。”

说到这里，艾利把谨慎抛到了九霄云外，他用胳膊搂住了奥莉维亚的腰，俯下身来，亲吻着奥莉维亚的嘴唇。

12月24日

随着圣诞节的临近，奥莉维亚和艾利一起度过了他们的周末。他们知道是时候在他们的关系中迈出一大步了，那就是去见对方的家人。他们决定和奥莉维亚的家人一起过平安夜，和艾利的家人一起过圣诞节。

随着大日子的临近，奥莉维亚变得越来越焦虑。毫无疑问，她的家人会喜欢艾利，因为他有着迷人的意大利人性格——艾利的父母在他出生前不久从意大利移民到美国。她知道她的母亲和妹妹会被他漂亮的外表所震撼。问题是，她的父亲也是一名会计师，在职业生涯初期曾在公共会计领域工作过几年。他曾经告诉奥莉维亚，在“过去的日子”里，大型会计师事务所有严格的政策反对“办公室恋情”。他意识到，这些公司已经改变了这一政策，至少在公开场合上，对办公室内约会问题采取了中立的立场。尽管政策已变，但当奥莉维亚接受公共会计工作时，他仍建议她将个人生活与职业生活完全分开。

前几周，奥莉维亚、艾利和他们的同事玩起了猫捉老鼠的游戏。他们千方百计地避开餐馆和其他公共场所，在那儿他们可能会遇到公司里的人，这也意味着他们大部分时间都待在公寓。对奥莉维亚来说，最大的压力是避开办公室里两个最好朋友的提问，他们越来越怀疑，为什么当他们约她出去时，她总是显得心不在焉。

在平安夜的早晨，奥莉维亚和艾利从她父母家前门走出来30分钟后，奥莉维亚的父亲终于问出了他们一直担心的问题。

“艾利，奥莉维亚几周前跟她妈妈说你也是会计。你在私人会计部门工作吗？”

艾利瞥了奥莉维亚一眼，深吸了一口气：“不，先生，我和奥莉维亚一样是公共会计。”

“哦，真有意思，”奥莉维亚的父亲回答：“你是在四大会计师事务所工作，还是在当地或地区事务所工作？”

艾利停顿一下，清了清嗓子，奥莉维亚就插嘴了：“爸爸，艾利去年10月份去我办公室上班了。”奥莉维亚停顿了一下，好让她父亲对这一消息消化一下，“他是审计人员，当然，我们不为同一个客户工作”。

奥莉维亚的父亲点了点头，努力保持脸上的微笑：“这……很有意思。”

1月22日

在奥莉维亚作为高级审计人员最初的忙季里，事实证明工作比她预想的要多得多。在1月份的第一个星期，奥莉维亚和她负责监管的电子产品制造商杜克劳斯兄弟公司审计工作的四名会计开始每周工作65个小时——他们唯一的“休息日”是在周日下午。由于奥莉维亚的事务所前几个月一直经历着出乎意料的高人员流动率，因此人手不足。令事情更加复杂的是杜克劳斯的大量库存导致了复杂的会计问题，这些库存占了公司总资产的一半以上。不幸的是，奥莉维亚的下属中没有一个人精通这些问题，他们都只有不到一年的公共会计经验。

一个周二的清晨，负责杜克劳斯公司审计的经理莎拉·托尔伯特告诉奥莉维亚，因为审计工作越来越落后于进度，她要求办公室的人事经理把另外两名工作人员调到杜克劳斯公司进行审计工作。几个小时后，当莎拉走进客户会议室时，这个会议室是杜克劳斯审计小组的工作区，奥莉维亚吃了一惊，后面就跟着两个新来的会计人员。

“奥莉维亚，我想让你见见艾比·埃德扎兹和艾利·阿雷佐，”莎拉宣布。“他们会帮你完成那些存货的价格测试，并在未来几周内你需要的任何地方补位。”莎拉在向艾比和艾利做了个手势之后，她走到一边。奥莉维亚僵硬地从她坐着的椅子上站起来，奥莉维亚伸出右手，首先走向艾比，然后是艾利。

奥莉维亚恢复平静之后，终于开口说话了。“好吧，呃，我们当然可以把你们留在这里。欢迎来到杜克劳斯工作。”

在接下来的30分钟里，奥莉维亚坐在会议室桌旁，详细解释了艾比和艾利将共同进行的存货价格测试的性质。然后她带他们到助理管理员的办公室，他们将从助理管理员那里获得完成那些测试所需的文件。

几分钟后，当奥莉维亚沿着狭窄的过道回到会议室时，她听到有人从后面快速地接近她。

“对不起，我能问你一个问题吗？”当奥莉维亚转过身来面对来人时，艾利气喘吁吁地问道。过了一会儿，他放下了伪装，向前探身低声说：“很抱歉，我没能告诉你我要来。莎拉和我一起过来的，所以我没有机会给你发短信。”

奥莉维亚在走廊里朝两个方向看了一眼，以确定附近没有人。“好吧，好吧，”她紧张地回答：“我们只能尽力做到最好。”她接着命令艾利回到助理管理员的办公室。

那天晚上晚些时候，快到晚上7点了。奥莉维亚告诉艾利、艾比和杜克劳斯审计组的其他会计人员，他们可以离开了。当其他会计人员整理他们的小隔间时，艾利慢吞吞地走着，等着他们一个接一个地离开会议室。最后，只剩下他和奥莉维亚。

“咻，”奥莉维亚摇摇头说，“我认为我们俩的表演都应该获得奥斯卡奖提名”。

“忘掉提名吧，你肯定当之无愧地赢得奥斯卡。”艾利尖锐地说道。

奥莉维亚听了艾利的声音，走到会议室门口，关上门，然后转身面对他。“你有什么不开心的事吗？”

艾利漫不经心地耸了耸肩，然后穿上了外套。

随后奥莉维亚走上前，把手放在他的肩膀上：“艾利，怎么了？”

“没什么，没什么，只是忘记它。”

“不，我不会忘记的。这到底是怎么回事？”

“等一下，你可能是我的主管，但你不是我的母亲，”艾利回答，“如果我不想谈论困扰我的事情，就不必谈了”。

在他们的恋爱关系中，奥莉维亚和艾利有过几次不和。因为奥莉维亚不是一个允许问题慢慢发酵的人，她决定最后一次试图说服艾利讨论困扰他的问题。

“不，我不是你妈妈，但我是你女朋友。我不喜欢看到你难过。”奥莉维亚停顿了一下，确保她接下来说话时是平静的：“事实上，你很不高兴，这让我很不安。那么，我们可以坐下来讨论一下吗？”

奥莉维亚说话时，艾利拒绝面对她。在她简短的询问之后，他转向她。“呃，好吧，只是……你对我这么冷淡真是很不舒服了，我想这对我来说有点太奇怪了。”他不好意思地补充说。

和往常一样，奥莉维亚试图用幽默化解紧张的气氛。“哦，好的，我告诉你，明天，每当我需要你做某件事的时候，我都会给你一个大大的吻，然后说，亲爱的，你介意为我做这件事吗？”

当艾利没有笑着回应时，奥莉维亚继续说道：“噢，拜托，我只是在逗你。”然后她伸手去吻他的脸颊，用手抚摸他的头发。

艾利终于笑了，他轻吻奥莉维亚的额头：“你知道吗？所有这些滴答作响、打结声和紧张气氛都让我感到饥饿。我们去我的公寓，我给咱们端上一大盘我祖母做的有名的意大利通心粉怎么样？”

奥莉维亚和艾利从短暂的争吵中恢复过来。接下来的几周里，他们在杜克劳斯的审计项目组继续装模作样，丝毫没有引起同事的怀疑。

2月10日

随着2月15日完成杜克劳斯兄弟公司所有主要审计测试的截止日期越来越近，奥莉维亚的压力越来越大。无论是审计经理还是审计合伙人，都没有注意到这样一个事实：在15日之前还有许多有待解决的问题。他们似乎相信，所有悬而未决的问题都会奇迹般地解决。让奥莉维亚感到奇怪的是，她的两位上司完全相信她有能力按时完成审计工作，尽管杜克劳斯项目是她监督现场工作以来的第一次重大审计工作。

虽然奥莉维亚完成审计工作的压力越来越大，但包括艾利在内的其他会计人员的压力正在减弱。在繁忙的大型审计工作的最后一周，剩下的大部分工作是关键的总结过程，必须由审计高级人员、审计经理和审计业务合伙人共同完成。因为奥莉维亚发现让下属忙起来越来越困难，于是她经常每天下午5点把他们打发回家，让他们“摆脱烦恼”。

2月9日晚上，奥莉维亚在晚上9点回到了她的公寓，期待着艾利会在那里，但他没有——在之前的几周里，他们俩每天晚上下班后都会在她的公寓见面。当她打电话问他在哪里时，艾利回答说，他“和杜克劳克斯审计项目组的一些人出去了”。然后他告诉她，他们正在庆祝审计的结束，这让奥莉维亚心烦意乱，因为对她来说，审计项目还没有结束。虽然她没有向艾利提出过这个问题，但她认为，考虑到接下来一周她所面临的工作负担和责任，他本应该更加支持她。

更令奥莉维亚感到不安的是，在杜克劳斯审计项目组中，有一个“家伙”很可能和艾利在一起聚会，这个人就是艾比·埃德扎兹，这名大学前啦啦队队长，与艾利在同一天加入了杜克劳斯审计小组。在过去的一周里，奥莉维亚很明显地发觉，艾比和艾利有点太“健谈”了。有几次，当她走过客户会议室里两人共用的小隔间时，她无意中听到艾比问了与正在完成的审计测试无关的问题，其中一个问题涉及艾利对网球的兴趣。在加入大学啦啦队之前，艾比曾是大学网球队的成员。毫无疑问，在奥莉维亚的脑海中，艾比很快就会向艾利，一个全面发展的运动员，发起挑战（如果她还没发起过的话），一起打一场网球比赛。

2月10日上午将近10点的时候，奥莉维亚在审计组的其他成员面前对艾利说，她想和他共进午餐，以便共同讨论杜克劳斯审计的业绩评估。因为她是被分配到该审计团队的直接主管，她负责为他们每个人填写一份绩效评估报告。她决定单独与下属共进午餐，讨论他们的评估报告。艾利将是第一个收到报告的人。事实上，奥莉维亚更热衷于讨论他前一天晚上的非工作活动，而不是他在职工作的表现。

“好的，阿雷佐先生，这是你的报告。”奥莉维亚勉强笑着说，他们面对面地坐在离杜克劳斯兄弟总部几个街区的一家餐馆里。

在浏览了奥莉维亚给他的高分数后，艾利高兴地说：“哇，我想和老板做朋友是有帮助的!”

奥莉维亚没有心情被取笑，所以她忽略了艾利的轻松回应。相反，她决定巧妙地提出她头脑中的问题，这是她最关心的问题。“你们昨晚一定开了个派对。你在外面待到多晚?”

“哦，我想我们一直到半夜才出去。”就在他说话的时候，艾利还在继续研究他面前桌子上的业绩报告。

“‘我们’包括了谁?”奥莉维亚边吃沙拉边问。

“哦，就像我昨晚告诉你的那样，只有审计团队的那些人。”艾利回答说。

奥莉维亚提醒自己保持冷静，她试图想出一个委婉的方式来获得她想要的信息。“你是说迈克斯、柯克和安德鲁吗?”她一边问，一边列举了另外三名被分配到杜克劳斯审计小组的男性职员的名字。

“嗯?”当艾利终于从他的业绩报告中抬起头来时，他发现奥莉维亚盯着他看。

“你和迈克斯、柯克以及安德鲁出去了吗?”奥莉维亚的问题，有一种明确但非故意的尖锐。她说话的语气立刻引起了艾利的注意。

艾利把业绩报告单叠得整整齐齐，然后把它放在一边。随后他双手合十，身体前倾。“换句话说，昨晚艾比和我们在一起吗？”

奥莉维亚意识到她被揭穿了，再也没有理由在这个问题上蹑手蹑脚了。“是的，我想这就是我想问的。”她停下来吃了一口沙拉，然后继续说：“我只是想知道你晚上是不是出去打网球了。”奥莉维亚刚说完最后一句话就后悔了。她坦率并且直截了当，但“暗讽”并不是她的性格特征。

艾利向后靠在椅子上。现在是他做出善意回应的时候了，但他想到了更好的方式，他选择了礼貌的回应，语气中没有一丝讽刺或愤怒。“奥莉维亚，我们昨晚在奥康奈尔有五个人：我，迈克斯，柯克，安德鲁和……夏洛特。艾比前一天告诉我们，她还有其他计划，没有办法跟我们一起。”

后记

在接下来的12个月里，奥莉维亚和艾利继续约会。最终，他们的关系成为办公室小道传言的热门话题。即使他们的关系不再是秘密，他们也从未公开承认过，只是在办公室里和最亲密的朋友讨论过。

随着艾利第二个忙碌季节的结束，他决定不再做公共会计工作。几个月后，他被一个MBA项目录取，这个项目距离他和奥莉维亚居住的大都市几百英里。那年8月，在他离开之前，艾利和奥莉维亚承诺将他们的关系长期维持下去，但最终没能继续。几个月后，他们两人决定分手，在又一个萧条期结束后，奥莉维亚离开了公共会计行业，在一家大型石油公司接受了一个中层会计的职位。

思考题

1. 你认为奥莉维亚或艾利的行为是否是“不专业的”或是“不道德的”？请阐述你的理由。

2. 奥莉维亚和艾利的关系是否会影响到他们办公室里的其他人？请阐述你的理由。

3. 多年来，你认为大型会计师事务所为何越来越接受办公室恋情？你认为这种政策的转变是恰当的吗？请阐述你的理由。

4. 你是否同意奥莉维亚父亲关于公共会计人员应该把他们的个人生活和职业生活严格分开的观点？请阐述你的理由。